新世界新思想译丛
New World New Ideas

For the Common Good
Redirecting the Economy toward Community, the Environment, and a Sustainable Future

为了共同的福祉
重塑面向共同体，环境和可持续未来的经济

〔美〕赫尔曼·E. 达利（Herman E. Daly）
〔美〕小约翰·B. 柯布（John B. Cobb, Jr.）　著

王俊、韩冬筠　译／杨志华、郭海鹏　校

中央编译出版社
Central Compilation & Translation Press

目 录

中文版序言 ·· 1
致　谢 ··· 1
导　言 ··· 1

第一部分　经济学

第一章　经济学和其他学科中的错置具体性谬误 ·············· 3
第二章　错置的具体性：市场 ································ 23
第三章　错置的具体性：对经济成就的衡量 ·················· 42
第四章　错置的具体性：经济人 ······························ 68
第五章　错置的具体性：土地 ································ 80

第二部分　新的起点

第六章　从学科到为共同体服务的思想 ·····················105
第七章　从理财学到家政学 ·································123
第八章　从个人主义到共同体中的人 ·······················146
第九章　从世界大同主义到由共同体组成的共同体 ···········164
第十章　从物质和租金到能量和生物圈 ·····················178

第三部分　为美国的共同体提出的政策

第十一章　自由贸易 VS 共同体 …………………… 199
第十二章　人　　口 …………………………………… 228
第十三章　土地使用 …………………………………… 245
第十四章　农　　业 …………………………………… 263
第十五章　工　　业 …………………………………… 280
第十六章　劳动力 ……………………………………… 297
第十七章　收入政策和税收 …………………………… 316
第十八章　从世界霸权到国家安全 …………………… 335

第四部分　向目标迈进

第十九章　可能的步骤 ………………………………… 367
第二十章　宗教观 ……………………………………… 389

后记　货币、债务和财富 ……………………………… 416
附录　可持续经济福利指数 …………………………… 455
参考文献 ………………………………………………… 534
主要译名对照表 ………………………………………… 554
译后记 …………………………………………………… 562

中文版序言

小约翰·B. 柯布

非常高兴,本书现在有了中文版。这让我有更大的信心相信,已经有很多中国人意识到了后现代思想之价值。过去我一直忧虑,很多人认为只有在现代化之后,后现代思想才有用。而令人痛心的是,等中国犯完现代化之全部错误之后,再谈后现代思想就为时太晚了。

我希望本书读者明白,对生态文明的后现代之追求,可以而且应该替代对现代化之追求。中国可以寻求那种为共同福祉服务之发展,而不是寻求旨在增加各式各样市场活动之发展。当然,至于何种经济政策能够最好地服务于共同福祉,可能有不同看法,这个话题可以在可靠信息的引导下展开认真讨论。

本书附录可在这方面提供帮助。[①] 可持续经济福利指标(the Index for Sustainable Economic Welfare,简称 ISEW)也应该被巨细靡遗地讨论,而且这样的讨论也已经发生了,可持续经济福利指标也有了一个改进版,即真实发展指标(the Genuine Progress Indicator,简称 GPI)。[②] 但不可置疑的是,ISEW 和 GPI 所评价的经济政策,要比国民

---

① 指本书附录中的可持续经济福利指标(ISEW),有助于讨论什么样的经济政策能够最好地服务于共同福祉。——译者注

② 小约翰·柯布和克里福德·柯布等人,先后于 1989 年和 1995 年提出了"可持续经济福利指标"(ISEW)和"真实发展指标"(GPI)。这些指标区分了经济增长与福利发展并重点关注后者,试图克服传统的经济总量核算及其相应的经济核算指标 GNP 和 GDP 之不足,以更加准确描述和客观反映人类经济活动的真实结果,并引导经济政策朝着为共同体福利服务之方向调整。在测评经济成就时,这些指标考虑人类经济活动所带来的资源耗竭和环境污染等外部不经济性,因而也被认为是绿色总量指标,即"绿色 GDP"指标。——译者注

生产总值（GNP）和国内生产总值（GDP）所评价的更接近共同福祉。当GDP（现代的经济评价标准）已到如此地步①，还迟迟不将其改为GPI，是没有道理的。

请考虑另一个例子。现代经济学教导我们，国际贸易越多越好。而本书的研究则表明，基于比较优势原理的这种教导是错误的。基于错误原理制定经济政策，并且要一错再错之后再改正，这有什么道理呢？

显然，在写本书时，我们并没有考虑中国的情况。我们是专门为犯了现代化错误很长时间的那个国家所写的。这些错误并没有铺就通往后现代之路，只是使得转向后现代变得更困难了。

中国读者可能会感兴趣的是，作为一个哲学家，我是如何与一位经济学家合作写下这本书的。我将从我这方面说说来龙去脉。在（20世纪）60年代末期，和其他人一样，我也开始关注我们文明彻底的不可持续性。我们的大多数同胞，那些使同胞们很少关注不可持续危机之人，还有别的一些人，他们不无安慰地写道，技术将解决所有问题。少许其他人则情绪激昂地写道，灾难即将来临。

在我看来，我们需要的是一些真正有意义的关于如何改变的建议。一些学生和我一起寻找这类人物，最吸引我们的两位是保罗·索拉里（Paolo Soleri）和赫尔曼·达利（Herman Daly）。索拉里展示了城市怎样能够建造得具有最小生态足迹。达利则提倡稳态经济。我们曾请他们两位来克莱蒙参加过"避免大灾难之替代方案"学术会议②。直到索拉里最近去世，我们都一直保持着相互合作之谊。我仍然相信，在1972年，这些③都是真正的避免灾难之替代选择。而今天，灾难则难以避免了。

早先时候，经济学家曾就稳态经济思想争论过，然而，支持者却输掉了。经济学几乎被定义为研究经济如何增长（明确地讲，如何增

---

① 指明显不利于共同福祉之地步。——译者注

② 即1972年在克莱蒙举行的"Alternatives to Catastrophe"会议。在此次会议上，达利提出"稳态经济"，索拉里提出"生态建筑"作为替代方案。——译者注

③ 指索拉里之生态建筑和达利之稳态经济。——译者注

强市场活动）之学科。由于现代经济是为增长设计的，因此经济学家认为，如果不能增长，经济就会崩溃。达利看到，只要现代经济体系以增长为基础，追求可持续性就是不可能的。

需要说明的是，对现代经济理论的挑战并不意味着反对市场活动中一切形式的增长。问题在于这种永无止境的增长是否是必需的。如果是这样，那么全球经济就必须在一个并不增长的星球上永远增长。而这是不可能的，因此，该理论将导致灾难。替代方案则是建立某种"充足"的概念，知道在充足时让稳态经济作为增长经济之理想替代品。[①] 当然，一些经济体可能已经过于庞大，所以它们的当务之急是去增长。

经济学家同行对待达利的方式，让我开始明白他们是多么强烈地信奉现代思想。达利的观点基本上被忽略，即使有人承认其存在，也轻蔑地不予理会。没有严肃的讨论随之而来。自然，他失去了他的学术地位，从那时起，他就被排除在经济系的门墙之外，被禁止教授经济学。现代人以对思想和信息开放而自豪，但当这些思想和信息威胁到他们学科之假定时，这种开放性就消失了。

然而在大学之外，则有更多人欣赏达利的思想。教会领导愿意接受其思想，环保人士则强烈支持，后者还逼迫世界银行对其支持的开发项目做环境影响研究。为了安抚环保人士，世界银行聘请了达利。因为达利会讲葡萄牙语，他们把他安排在巴西部，但是巴西政府提出抗议。巴西想以现代方式开发，这意味着对环境给予最小关注。世界银行不希望因解雇达利而引起公众关注，因此把他调到了一个智库，让他做他想做之事。这使得他有可能写作。这样，后现代才幸存于现代世界之中。

我越来越确信，现代社会中最具影响力的思想都表达在现代经济理论中。我注意到，GDP 在评估国家成就方面扮演重要角色，又由

---

① 稳态经济学认为，真正意义的增长，应该是一个为了达到一定程度的充足状态之暂时过程。——译者注

于 GDP 明显误导国家奋斗方向，因此我决定，我们应该换一种评估标准。感谢我儿子克里福德·柯布的努力工作，我们开发了 ISEW。

我也开始就经济学和发展问题展开教学。我没有读很多经济学，但我从达利那里获得了一个视角，让我能够看清我们的政策是如何经常被误导的。在（20世纪）80年代中期，我们决定一起写一本书。鉴于现代经济理论是基于极端个人主义的，因此我们当时心中想的书的题目就是"共同体经济学"（economics for community）。当时乃至如今，我一直相信，共同体之健康决定了生活之质量。最近关于幸福的研究，也证实了这一判断。现代人继续被那些不承认共同体之存在或者不承认共同体具有重要性之政策所引导，但在采纳有益于共同体的政策之前，实无必要继续那些错误之政策。本书大部分内容涉及人类共同体，但我们也强调，人类共同体是更大的共同体之部分，这个更大共同体之健康，对我们所有人也很重要。

当英文出版商提议将题目改为《为了共同的福祉》（*For the Common Good*）时，我们没有异议。这是一个很好的表达，具有悠久的历史和深厚的文化意蕴。但读者可能会注意到，这个术语在本书主体部分并没有出现。

显然，许多人知道，共同体对人类是很重要的。然而，这种常识性的知识在学术工作中并没有多大地位。怀特海的哲学，其"摄入"（prehensions）学说或"内在关系"（internal relations）学说，使我们能够理解共同体之重要性。在此意义上，整本书中所采取的方法都是基于怀特海的。但由于怀特海在本书中的作用，主要在于确定常识①之价值，因此对怀特海哲学毫无所知之人，也能理解本书。

我们在25年前就写了这本书，之后发生了许多事，越来越多的人意识到，经济学家们已将我们带入了可怕的境地。然而遗憾的是，他们很少改变其教义。那些被视为"专家"之人，继续在其领域误导那些跟随他们之人。看到心地善良之人，想做正确之事之人，是怎样

---

① 指共同体对人类很重要这类常识。——译者注

求助于这些专家，听从他们的建议，真令人痛苦。一个人只有同意他们理论所出之假定，才应当对这种理论言听计从。悲哀的是，检讨这些假定在美国的研究型大学几乎是不可能的。

我希望中国之情况有所不同。我相信，支持全球资本主义的新自由主义经济学，还没有完全盘踞于中国大学。我确信，马克思主义经济学教授也不愿彻底排除对人类共同体和自然界之关心。中国政府已经表现出兴趣来使用比GNP和GDP内涵广泛的发展指数。也许，中国大学的经济学系会受本书影响，提出新的后现代经济理论，从而强化以促进生态环境和人民福祉为宗旨的生态文明建设政策，以惠及中国的环境和广大中国人民！

许多人对中文读者手中这本书作出了贡献。衷心感激两位译者，王俊博士和韩冬筠博士以及中央编译出版社，是他们的辛勤劳作使此书得以早日与广大中国读者见面。杨志华博士是生态文明专家，他的审校无疑确保了中译本的质量。郭海鹏博士的无私奉献帮助勘校润色需要特别提及，这里送上我的谢意。

当然，我也要衷心感谢王治河博士、樊美筠博士、严耕教授、林震教授，正是他们的独具慧眼和不懈的努力促成此书在中国出版。

（杨志华译）

致 谢

感谢给予知识和道义支持的许多朋友和同事，以及那些提供资料的组织机构。杰伊·麦克丹尼尔（Jay McDaniel）与溪地计划组织的两次会议，对本书的写作起到了不可估量的推动作用，在此感谢所有的参与者。在书稿写作后期，我们受邀参加伊利夫神学院围绕此书召开的夏日专题研讨会，学生们提出的重要建议使我们在定稿时做了完善。路易斯安那州立大学和克莱蒙特神学院则提供了必不可少的基本支持。

一些同事通读了全部原稿，其贡献是超出职责范围之内的。特别感谢丹尼尔·费恩（Daniel Finn），罗伯特·古德兰（Robert Goodland），丹尼斯·古利特（Dennis Goulet），大卫·格里芬（David Griffin）和大卫·奥尔（David Orr）提供的帮助。包括大卫·巴特克（David Batker），谢尔顿·戴维斯（Shelton Davis），库尔特·道夫（Kurt Dopfer），沙拉·埃尔·塞阿弗（Salah El Serafy），乔治·佛依（George Foy），罗伯特·哈姆林（Robert Hamrin），莱斯·莫莉（Les Muray），罗伯特·舒茨（Robert Schutz）和泰德·温斯洛（Ted Winslow）在内的许多人，在不同时期看过部分原稿，并给予了我们很多帮助。卡罗尔·约翰斯顿（Carol Johnston）为我们提供了古典经济学家的详细注解和引文，并对原稿的部分内容提出重要意见，可谓贡献良多。

书稿第二章大部分，第十八章一部分及附录这些关于经济措施的资料，得益于经济福利研究小组的工作，这与克莱蒙特神学院米勒社会伦理学基金的支持密不可分。这个研究小组由主席小约翰·B. 柯布（John B. Cobb, Jr.），桑迪·道森（Sandy Dawson），迪恩·费登伯格（Dean Freudenberger），克里斯·艾夫斯（Chris Ives）和卡罗尔·约翰斯顿（Carol Johnston）组成，时幸·信原（Tokiyuki Nobuhara）担任助理。其中很多具体细节和写作由克里福德·柯布（Clifford Cobb）完成，因此需要充分说明。

玛西亚·达利（Marcia Daly）不仅打印了各版本手稿，而且拒绝打印任何看来说不通的内容，从而帮助我们澄清了许多要点。

本书不足之处与以上个人或组织机构无关，他们也不必赞同我们所说的每件事情（或任何事情！）。就赫尔曼·达利（Herman Daly）而言，本免责声明应该明确包括他现在的雇主——世界银行，虽然本书写作期间，他还在路易斯安那州立大学任教。

导　言

言辞应该狂野一些，因为他们是对教条主义死脑筋思想上的冲击。
约翰·梅纳德·凯恩斯（J. M. Keynes）

狂野的事实

在这个时代，正是狂野的事实冲击着刻板的经济学教条。对此，我们无需夸大其辞。世界观察研究所发布的各类《世界形势》报告，就以平静的言辞总结了这些狂野的事实，特别是1987年度报告第一篇文章所列举的。文章题目是《变化的极限》，作者是莱斯特·布朗（Lester Brown）和桑德拉·波斯特尔（Sandra Postel）。其中包括：

1. 保护地球的臭氧层出现了一个空洞，现在有更多的紫外线辐射到达了地面，可以预言这将增加人们患皮肤癌的危险，阻碍农作物生长和损害人体免疫系统。对此，来自31个国家的代表一致同意，把可能导致臭氧层破坏的氟氯碳化合物的排放限制在一定的数量范围内。

2. 有证据显示，二氧化碳诱发的温室效应已经造成了我们可以感受到的全球变暖。近至1983年，人们没有预料到在接下来50年里会发生如此明显的变化。而现在细心的学者正在将全球变暖与1988年发生在美国中西部的干旱联系起来。

3. 生物种类在不断减少，原因就是生物栖息地被蚕食而导致物种灭绝速度加快，特别是热带雨林地区。而世界50%的物种栖息在仅占陆地面积7%

的热带雨林。①

此外，酸雨毁掉了温带地区的森林，也让湖泊的酸性达到了许多物种所能承受的临界值。因为工业事故，生活在切尔诺贝利、戈亚尼亚（巴西）和博帕尔地区的人们正因空气污染、水污染和辐射而死去。

所有这些都在某种程度上指向一个重要的基本现实：相对生物圈而言，人类活动范围已经变得太大。在过去 36 年里（1950—1986），人口已经翻了一番（从 25 亿增长到 50 亿）。而同一时期，世界生产总值和化石燃料消耗几乎都翻了两番。超过现有规模的进一步增长极有可能使得消耗比收益增长更快，从而进入一个"不经济的增长"的新时代，这会让我们变得贫穷而非富有。然而到目前为止对这些狂野现实的表述，仍不足以成功冲击沉迷于经济学话语而麻木不仁的民众。实际上，与凯恩斯所说的相反，如今无论是狂野的文字还是现实，似乎都被当成谎言的例证。道德担忧是"不科学的"，而所谓的事实都是"杞人忧天"。

在《对人类前途的追问》（1974）中，经济学家罗伯特·海尔布罗纳（Robert Heilbroner）反思了人类经济给生物圈带来的这种压力的意义，他特别考察了经济增长不再可能时将会引发的政治灾难。在 1980 年修订版中，他预测经济增长会持续到 21 世纪第一个十年中期（但会逐渐放缓），而后则需要有高度集权的政府来控制经济由盛而衰的转变（与之前 1974 年版的观点一致）。②

极少有经济学家愿意像海尔布罗纳那样，把经济增长和生物圈极限结合起来考量，我们对此表示赞赏。这同样是我们研究计划的核心所在。我们认为，思想、深谋远虑和富于想象可以让转变的破坏性少得多。但是海尔布罗纳认为，除了资本主义和社会主义，不存在任何

---

① R. J. A. Goodland, "How to Save the Jungle: Opportunities for Personal Action." (Mimeograph), Nov. 7, 1987.

② Robert Heilbroner, *An Inquiry into the Human Prospect: Updated and Reconsidered for the 1980's*. New York: Norton, 1980, p.167.

其他选择（两者都是增长型经济），对此我们不能苟同。本书便是试图勾画这样一种完全不同的经济模式，为此我们必须对经济学做全面思考，并且也对生物学、历史、哲学、物理学和神学做全面思考。狂野的事实也部分冲击了现代大学里作为组织（生产、包装和出售）知识手段的学科分类。

似是而非的经济成就

今天狂野的事实，以及它们与标准的经济理论之间的冲突，大家都已经知道很久了。过去的两个世纪里，经济活动已经改变了地球的面貌，特别是人类生活，而这些主要是通过工业化来完成的。工业化极大地提升了工人的生产效率。生产效率的提升如此之高，以至于尽管工业化国家的人口大量增加，每个人可享用的商品和服务却增长得更多。对北大西洋公约组织国家和日本来说，大部分人的生活水平经历了从勉强糊口到生活富足这样一个迅猛增长的过程，新加坡、中国香港、中国台湾以及韩国也都分享了这种繁荣，这些都是巨大的成就。

在同一时期，对经济的研究也成熟起来，取得了作为一门科学的地位。在社会科学研究中，只有经济学有时会被自然科学家授予"科学"的标签。与物理学、生物学一样，经济学也有诺贝尔奖。其他人文社科学者常常羡慕并效仿经济学，就像经济学家效仿物理学家一样。

公共政策深受经济学家想法与建议的影响。没有这种帮助，经济不可能发展到现有程度。经济学家有理由相信，只要政治家和政府官员对他们的观点给予更密切关注，那么政府的施政意图就能得到更有效的实现。他们能够一次又一次向人们展示，无视市场规律的干预措施，只会造成资源浪费。甚至现在东欧的经济学家也鼓吹要更多地依赖市场，而理由与那些西方同行类似。

但是工业化的经济会影响到更重大的生命的经济。一直以来心理学家对个体身上所发生的一切感到困扰。1937年，卡伦·霍妮（Karen Horney）列举了工业化、竞争和物质社会给美国人带来的压力。她注意到出现了三种基本的价值冲突:"进取精神如此迫切,以至于它无法再与基督教宣扬的兄弟之情相调和;对物质的渴求如此强烈,以至于它永远不可能获得满足;对自由的渴望如此高涨,以至于它无法与我们的众多约束和责任相一致"①。沃尔特·威斯柯夫(Walter Weisskopf)最近致力于一项大研究,研究的内容就是经济在道德上和存在意义上对人类的影响。② 他看到,经济反对客观的价值判断,鼓励道德相对主义。而且,经济只强调人类存在的几个方面而以牺牲其他方面为代价,因此导致了异化。

其他批评者则指出了经济发展带来的负面社会效应。伟大的经济史学家卡尔·波兰尼(Karl Polanyi)把伴随市场崛起的社会发展生动地描绘为"撒旦的工厂"。在1944年著作的卷首语中,他这样说道:"在18世纪工业革命中心那里,生产工具获得了几乎奇迹般的提升,但却给普通民众生活秩序带来了灾难。"③ 约瑟夫·熊彼特同样对此感到忧虑,他把经济思想看成主宰19世纪的功利主义哲学的一部分。"18世纪发展起来的这一思想体系,只承认利己主义的调节原则……基本的事实是,不论作为原因还是结果,这种哲学非常清楚地表达了19世纪的激情和世俗(更准确地说是被世俗化的)社会特点,那就是逃避社会责任。在道德迷茫中,经济成就只会使得一个世纪以来经济自由主义必然产生的社会和政治问题更加严重。"④

最近,尤其是生态学家以及被他们唤醒的人们已经把经济视为巨大的罪恶之源。他们意识到,经济增长意味着自然原料投入和废物排放将呈几何式增加,而且经济学家极少关注资源耗竭或污染问题。他们抱怨,经济学家不仅忽略投入来源和废物处置,而且鼓吹投入和产出最大化,然而在世界上过简单生活的话,投入产出量需保持在足以

---

① Hazel Henderson, *Creating Alternative Futures*. New York: Berkeley, 1978, p.25.
② Walter Weisskopf, *Alienation and Economics*. New York: Dutton, 1971.
③ Karl Polanyi, *The Great Transformation*. Boston: Beacon, 1957 (Reprint), p.33.
④ Joseph Schumpeter, "The Future of Private Enterprise in the Face of Modern Socialistic Tendencies", *History of Political Economy* 7, No.3 (1975): 294–298.

满足人类需求的最低限度。

大多数经济学家并不理会这些批评。他们鼓励商品生产，因为他们相信绝大多数人更关心商品，而非心理或环境问题。他们怀疑，那些谈论工业化苦难的人在夸大其辞。他们指出，新兴工业化国家的财富增长迅速，这是大多数人都能分享的，尽管存在不公平。同时他们相信，为环境未来担忧的那些人也低估了繁荣经济所具有的解决问题的能力。哪里有资本和创新，哪里就会有技术突破。既然环境问题让人忧心，那么富有创造力的天才会去解决这些新挑战。

走向经济学范式转换[①]

当人们对一门学科毁誉参半时，有人可能认为它的假设和方法在某些领域非常适用，而在其他领域则不尽然。经济学的关键假设与**经济人**（也就是人性理解）相关。经济学理论建构的基础就是，个体行为倾向于使自身利益最大化，而这种倾向在市场交易和许多日常生活领域明显存在。经济学家通常把理性等同于聪明地追求个人利益，这也就意味着其他行为模式都是非理性的，包括利他行为和谋求公共福祉的行为。

理性排斥利他行为的这种假设具有深刻而矛盾的根源，那就是西方神学对人性的理解。神学家们坚持利他行为是一种道德理想，然而特别是圣·奥古斯丁之后的许多人，视利己行为为"堕落"世界中的主流。这种堕落被宗教改革家及追随者所强调，鼓励了对新教文化真正存在利他行为这一断言的普遍质疑。因此，生活在这样一种文化中的慈善家罗伯特·欧文，因为基督教的个人主义而拒斥它，也就不令人意外了。[②]天主教神学则追随圣·托马斯，更加信任人类活动所具有

[①] 很难对这里的"范式"一词下定义，还有它在社会科学中的适用性也是存疑的。参见：Richard J. Bernstein, *The Restructuring of Economic and Political Theory*. New York: Harcourt Brace Jovanovitch, 1976, pp.84-106. 我们认为这一词语可以用在经济学，当然这是在宽松意义上讲的。

[②] Karl Polanyi, *The Great Transformation*. Boston: Beacon, 1957 (Reprint), p.128.

的关注社会和构建共同体的方面。

加尔文主义对人类美德的怀疑态度，是与其对教会和国家的世俗权威的怀疑相关联的。他们认为，与上帝的联系是直接的，也是最为紧要的。这就要求实现世俗事务和宗教事务中的个体自主权，抵制政府干预。罗马天主教文化对共同体的强调则与教会和社会的等级结构相关联。

现代经济学理论的产生和发展受到加尔文主义的影响。两者都追求个体自由，反对世俗权威干预。他们所基于的信念就是：除却非常有限的领域，自利动机都是处于绝对支配地位。经济学理论与加尔文主义的区别仅仅在于，前者当作理性加以赞美的东西，后者视之为罪过。

加尔文主义鼓励真正基督徒式的利他行为，尽管它认为这并非易事。天主教则把利他行为看作自然美德加以鼓励。当基督教占主导地位的时候，他们大张旗鼓地制止追求自我利益的行为，尽管并不能阻止这种行为的发生。经济学家则认为，这种对自利的限制不仅无必要而且有害。正是这种理性行为，即自利的行为，才使所有人受益最多。政府反对或阻止这种行为，此举用意虽好，却弊大于利。随着这种观念取代传统基督教，以及按这些规则行事的市场在社会中发挥越来越多的作用，经济学家的批评中提到的心理问题、社会问题和生态问题也变得更加尖锐。

经济学把个体从等级权威中解放出来，这是它的贡献。而且它还提供了更为丰富的商品和服务。这些成就如此耀眼，以至于在众多怀着良好愿望的人看来，理应把经济学的负面作用视为次要的，这也是实现重大进步必须付出的代价。很长一段时间里，这种态度可能都是正确的。然而随着岁月流逝，经济成果开始变得不显著，破坏性的后果却变得更大。改弦易辙的呼声日益强烈。这种改变很可能是范式转换。认识到托马斯·库恩提出的物理学中范式转换的重要性，为思考社会科学中的范式转换开辟了道路。

施洛莫·麦特尔（Shlomo Maital）做过一次问卷调查，对象是50所重点大学的经济学教授。一个问题是这样问的："经济学是否有一种风雨飘摇之感？"2/3 的受访者做出了肯定回答。① 麦特尔认为，经济学正面临危机。"与经济学传统思想相矛盾的证据不断增多"，"当与一门学科的核心命题不一致的证据增多并对其进行攻击时，该学科的信徒们只能用杂耍般的花招来摆平"。② 在麦特尔看来，所有这一切都是范式正在转换的信号。

在《危险的趋势》中，莱斯特·瑟罗（Lester Thurow）的观点与之类似。他说："经济学离不开简化的理论假设，但诀窍是在合适的时机使用合适的假设。至于何时使用何种假设，必须来自于对世界是怎样的经验分析（包括历史学家、心理学家、社会学家和政治学家所做的那些分析），而不是来自于由经济学课本告诉我们的世界应该是怎样的分析。"③ 他还指出："心理学、社会学和政治学都有这样一些理论，它们产生的一系列期望可能与归属于**经济人**的期望相异。社会化模式、文化和种族历史、政治制度以及守旧的人类意志力，都会影响我们的期望。"④ 讲到新范式的方向时，他说："社会不仅仅是忙于自愿交易的个体的统计汇总，而是某种更微妙、更复杂的东西。如果分析是从单独的个体出发，那么就无法理解群体或者共同体的概念。社会明显大于其部分之和。"他赞同史蒂芬·马格林（Stephen Marglin）把"私人—个人偏好"与"个体—社会偏好"区别开来⑤，并斥责经济学家只考虑前者。

人是极其复杂的，而且能够从许多观点进行研究。每个观点都是从具体现实中抽象出来并集中于人类行为的特定方面。**宗教人**认为人是宗教性的，**政治人**认为人是政治性的，而**经济人**则认为人是经济性的。这本书的重点是经济人，然而我们不会忘记人也可以被看作宗教性的和政治性的。我们想的是听从瑟罗的告诫，避免只从私人—个

---

① Shlomo Maital, *Minds, Markets, and Money*. New York: Basic, 1982, p.17.
② Ibid., p.262.
③ Lester C. Thurow, *Dangerous Currents*. New York: Random House, 1983, p.237.
④ Ibid., p.226.
⑤ Ibid., p.224.

人偏好角度看待**经济人**。相应地，我们提议把**经济人**看作共同体中人（person-in-community），而不是纯粹个体。① 这更符合其他社会科学以及经济学家自己所揭示的证据。这并不否认在市场中，共同体中人的行为与已有理论归于**经济人**的行为具有相似之处。但关于经济生活目标的规范性结论，不应该仅从这个事实得出。波兰尼指出，在资本主义社会，"不是经济被置于社会关系中，而是社会关系被置于经济体系中"②。共同体经济学不能容忍的正是这种颠倒。

我们提出的模式不能说完全满足麦特尔对新范式的要求。他写道："在一套新的、更有说服力的公理出现之前，没有哪门科学会同意把经过验证的正确公理抛弃，即使当这些公理变得恼人而且不真实"。③ 我们并不是在提供一套新的公理。事实上，我们将在第二章指出，把经济学视为从公理推导出的体系正是部分问题所在。但我们确实相信，经济学能够从共同体中人这一角度反思其理论，且仍然保留从个人主义角度那里获得的真知灼见。它无需"抛弃"其公理，因为其中很多公理仍然有效，只是需要对其局限性有更多的认识。这种改变包含修正和扩展，一种更为经验和历史的态度，少以"科学"自吹，以及愿意让市场服从于不适合由其决定的目标。这就是我们想说的部分内容。

---

① 这并不是一个新词。根据马克思·L. 斯塔克豪斯，"基督教社会学家们"在应对美国的工业革命时，"与他们可用的最好的社会理论进行交流……也同样完全坚信将圣经的见证作为他们努力的源泉和规范"，并且"清楚地表达'共同体中的人'的这一尝试为基督徒思考经济生活建立决定性的边界的教义"。参见：Max L. Stackhouse, "Jesus and Economics." In *The Bible in American Law, Politics, and Political Rhetoric*, ed. James Turner Johner, Philadelphia: Fortress, 1985, p.132. 至于新教现在所做的寻找第三条道路的努力，参见乌尔里希·杜赫罗指出的："没有替代方案的说法是错误的。新的经济道路是存在的，它把满足人类基本的具体需要同生态可持续性作为经济系统的出发点。"参见：Ulrich Duchrow, *Global Economy: A Confessional Issue for the Churches*. Translated by David Lewis, Geneva: WCC Publications, 1987, pp.158-162. 杜赫罗在制度经济学家，特别是基督徒莱佩特（Leipert）和 R. 斯坦帕歇（R. Steppacher）的研究那里找到了对这个方向的支持。

② Karl Polanyi, *The Great Transformation*. Boston: Beacon, 1957（Reprint）, p.57.

③ Shlomo Maital, *Minds, Markets, and Money*. New York: Basic, 1982, p.262.

导　言

新范式和旧选择

面对一项经济提议，许多人头脑中冒出的第一个问题就是：它是左的还是右的。达德利·希尔斯（Dudley Seers）画了一张图（见图1.1）。这张图表示了许多人至少模糊存在于其头脑中的东西。[①]

除去极端的无政府主义和法西斯主义，图1.1中的这条轴线存在着许多值得争论的重要议题。但希尔斯指出，引入另一条轴线可以更好地表述更大的议题，这点非常正确。他以民族—国家主义者和反民族—国家主义者为两极划出另一条轴线（见图1.2）。

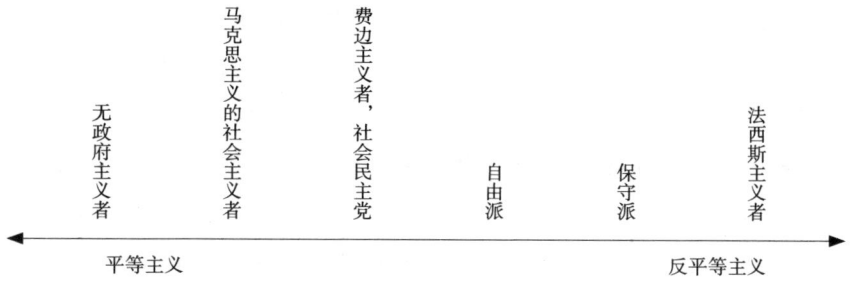

图1.1

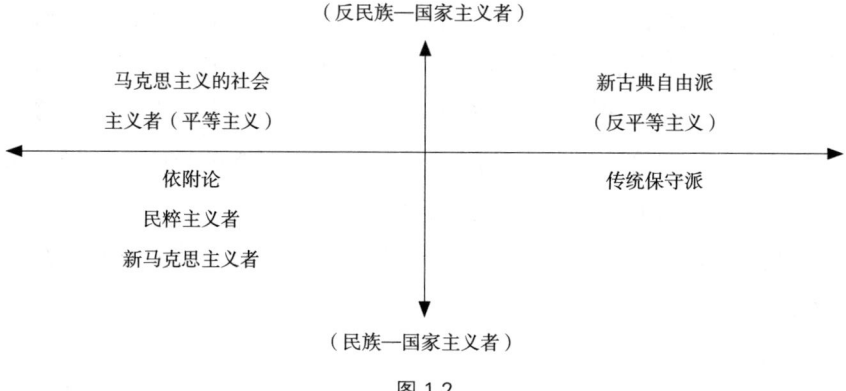

图1.2

---

① Dudly Seers, *The Political Economy of Nationalism*. Oxford: Oxford University Press，1983，pp.46-48.

希尔斯不仅讨论了民族经济，而且还讨论了欧洲经济共同体。《民族主义的政治经济学》这个题目有点误导性，因为这个标题更贴近19世纪经济民族—国家主义这一悠久传统，而不是落在他对问题的新解读。我们想进一步讨论他对传统民族—国家主义的说明。民族—国家仅仅是要得到重视和服务的共同体众多层面之一，第九章会着重讨论这些层面。我们画的图把"民族—国家主义"和"反民族—国家主义"替换成"共产主义"和"反共产主义"这些词。然而，民族—国家是一种有吸引力的群体形式，而且今天在很多情况下，民族—国家是唯一能够有效地坚持自我、对抗各种反群体力量的群体形式。因此，出于实际的原因，希尔斯提出的这些重要选项会在我们的分析和观点中扮演相当重要的角色。在做了这些说明之后，我们接受其构想。与希尔斯一样，我们着眼的是纵轴线。

基于此点，在题为"马克思主义和其他新古典经济学"一章中，希尔斯详细阐述马克思主义和标准的西方经济学非常相像。其他共性还有：他们都特别反对民族—国家主义，而且通常反对关注共同体，至少是含蓄的。我们认为，经济究竟对健康共同体构成支持还是破坏，要比从左到右对其定性更重要，因此与希尔斯一样，他所画水平轴线上的任何内容都不会成为我们的观点。[①] 理解希尔斯和我们观点的最大障碍是一直以来广泛流传的假设，即所有观点都一定可以归属于这条水平轴线。所有经济要么是社会主义的，要么是资本主义的，抑或二者之间的折中产物，这是一种固定观念。除非读者抛开这个假设，否则就不可能理解本书内容。为了能够抛开这一假设，我们会告诉读者这种情况是如何产生的，以及当这些选择似乎就是全部的时候，余下的有限选择是什么。

---

① 本杰明·R.巴伯同样反对那种认为只有资本主义和社会主义两种选择的观点。参见：Benjamin R. Barber, "Against Economics: Capitalism, Socialism, but Whatever Happened to Democracy?" In *Democratic Captitalism*? ed. Fred E. Bauman, Charlottesville: University of Virginia Press, 1986. 他呼吁对经济实行民主控制，这需要共同体的控制。他的头脑中似乎存在共同体的民族这一层面。

这种思维方式是工业时代的产物，源于其面临的难题和所做的承诺。对工业社会而言，资本主义和社会主义就是唯一的选择，正是它们共同构建了工业化道路和结构，这就决定了两种制度之间具有广泛的相似性。①工业化的某些特征对于任何制造业占重要地位的社会而言都是必需的，而其他特征则并非如此。因为要在两种工业化形式之外另辟蹊径，就必须谈谈我们对工业化基本特征的理解。

工业化众所周知的特征包括：（1）新能源的使用：先是煤炭，后是石油和天然气；（2）新材料的使用：铁和钢；（3）新发明：蒸汽机、珍妮纺纱机；（4）交通运输和通讯方式的进步：蒸汽轮机、火车、电报和收音机；（5）新技术：生产工厂体系；（6）科学不断地应用到技术当中。在英国，与之伴随的是圈地运动，它为城市工厂"解放了"农村劳动力。随后就是农业机械化程度不断提高。

作为这其中一项特征，工厂体系的出现地位突出。它实际上是一种经济发明而非技术创造。工厂不是新工具，而是一个生产组织。它消除了工具、机器和人的空闲时间，而空闲恰是农业生产和手工业生产的一种特征。在手工作坊里，当工匠使用铁锤的时候，钢锯、凿子和锉刀等都处于闲置。而在工厂，专业人员同时使用着所有的工具，生产是"流水线"而不是"顺序生产"。但是流水线生产要求大规模产出才可行。正如亚当·斯密所说，劳动分工受到市场大小限制。而交通运输、城市化和国际贸易则提供了规模足够大的市场。当然在农业那里，在播种的时候，收割设备处于闲置；而在收割的时候，播种设备处于闲置。农业生产的季节性特征限制了工厂组织方式在农业上的应用。可以肯定的是，不论好坏，受经济因素推动的现代基因工程将

---

① 其他人指出，马克思主义和资本主义只是现代工业社会的两种形式，现代工业社会更多地取决于人类状况和生态状况，而不是取决于二者的区别。参见：Robert Nisbett, *The Sociological Imagination*. New York: Basic, 1966. 罗伯特·海尔布罗纳也认为，资本主义和社会主义社会都能把工作、生活，甚至是思想"按照使人适应机器而不是更为困难的其他选择方式"进行组织。参见：Robert Heilbroner, *An Inquiry into the Human Prospect: Updated and Reconsidered for the 1980's*. New York: Norton, 1980, p.94。

减少季节性的影响,并培育出能够适合大规模生产的植物和动物品种。"养鸡场"就是例证,它实际上就是养鸡工厂。

工业革命的特征是转向化石燃料能源和矿产,而我们没有充分意识到其中的含义。这是从地球表面取得收成到深入地下采矿的转变;或者用乔治斯库·罗根(Georgescu Roegen)的话说,它是从目前依赖太阳能向依赖地球储存能量的转变。[①] 这种转变极其重要,因为这两种维系生命的终极源泉就稀有程度而言存在区别。太阳能(储量)实际上是无限的,但它的流量——就是说,一段时间里抵达地面的数量——有着严重的局限。化石燃料中的能量和矿产在总量上(存量)存在严重局限,但流量相对无限——就是说,它什么时候能够用完很大程度上取决于我们自己。我们不可能把明天的太阳光拿到今天用,但在某种意义上我们则能够把明天的石油、煤炭、铁和氢拿给今天用。工业革命从依靠相对丰富的终极资源转变成了依靠相对稀缺的终极资源:低熵物质—能量。

低熵物质—能量是终极自然资源,我们需要对此做些解释。乔治斯库·罗根对热动力学定律做过一个简单阐述,借此我们可以很容易理解。假设有一个沙漏,它是既没有沙子流入也没有一粒沙子流出的封闭系统。沙漏中沙子数量不变——因为没有沙子产生或者消失。这类似于热力学第一定律:物质—能量既不能产生也不能消灭。尽管沙漏中沙子数量不变,但质量的分布却在不断变化:当全部沙子流到底部时,顶部就会变空。这类似于热力学第二定律:熵(底部的沙子)总在增加。顶部的沙子(低熵)在下落过程中能够做功,就像瀑布顶端的水一样。底部的沙子因为做功(高熵)而耗费了能量。沙漏不可能反转过来:耗费的能量不能被循环利用,除非消耗能量使之循环,但消耗的能量多于能够循环回收的能量。如上所讲,我们拥有这两种终极自然资源——太阳和地球,而且从依赖前者转变成了后者。

---

① Nicholas Georgescu-Roegen, *The Entropy Law and the Economic Process*. Cambridge, Mass: Harvard University Press, 1971.

这种转变并非有意识，但绝非偶然。新发现的地球资源具有优势，化石燃料是比太阳光甚至木材都更浓缩的能量源。不同于木材和石头，铁和钢具有的强度和耐久性特征，使得它们可以被用来制造能够利用更高密度能源的机器和锅炉。技术利用了这些新特性。而且新的材料和能源来自地下，这意味着它们不会与能够捕捉到太阳光的地表区域构成竞争（直到出现露天采矿）。当人口增长时，以前用来给耕畜提供草料的土地种上了更多粮食。新"铁牛"吃的是来自遥远地下的化石燃料。人们热心于增长并且无条件地信赖技术，却没有意识到工业化的好处是有代价的，即我们对更稀缺终极资源的依赖不断加深。

在今天的传统社会里，工业革命仍在重复上演，而且几乎与"经济发展"同义。朝着更大规模和更专业化方向发展的结果是，整合度和相互依存度不断提高，系统故障越来越容易出现。与此同时，与所有其他生产方式相比，工业化让更多人的生活水平得到了提高。因此工业化席卷世界，这点并不令人吃惊。

尽管历史上工业化是在资本主义背景下发展起来的，但它与社会主义相容这点已经得到了证明。资本主义和社会主义的对立，不是关于要不要或能不能工业化，二者都视工业化为必然。双方的冲突在于，哪种经济体制能够更好地提供更多数量的商品和服务，以及公平分配工业化生产方式带来的利益。不管在意识形态方面有何差别，两种制度都完全依赖实行分级管理的生产单位，这些生产单位规模庞大，都是能源和资本高度密集并且专业化的工厂类型。两种制度都特别依赖不可再生资源，都在不可持续地利用可再生资源和滥用地球吸收废物的能力。

资本主义意味着生产资料私人所有，以及利用市场来配置资源和分配收入。企业自身利润最大化和消费者满意度（效用）最大化是资本主义的发展动力。而竞争（市场中存在许多的购买者和销售者）则引导着私人利益为社会福利服务，这就是著名的看不见的手。政府公共行为仅限于：（1）为法律赋予的财产权利提供制度保障；（2）提供某些公共产品或自然垄断产品，并限制私人垄断；（3）让总需求保持在通货膨胀率和失业率都可以接受的水平；（4）提供最低社会福利保障网络从而让人们摆脱贫困；（5）为了纠正"外部效应"而干预（"外部效应"是指彼此互利并且自愿的两方交易对第三方有重要影响）。

社会主义是生产资料归政府所有，资源配置和收入分配受中央计划调节，但当中央计划不胜负荷时，也对市场有某种依赖。社会主义发展动力由道德激励和物质鼓励两部分组成，而对市场的依赖具有程度差别，波兰经济学家扬·德鲁诺斯基（Jan Drewnowski）把市场经济划分为第一级、第二级和第三级。[1] 在第一级的市场经济中，消费品数量由计划制定，但家庭具有买或不买的自由。计划的商品可以通过排队或者价格实施配给，但计划不会根据商品短缺或过剩的情况对生产数量做出相应调整。在第二级的市场经济中，计划则根据实际的商品短缺和过剩情况，或者如果条件允许则根据价格变化对生产数量做出相应调整。然而这只是在现有工厂中重新配置当前的资源，并不会根据消费需求信号投入新的资本。在第三级的市场经济中，新的投资模式也对消费者需求做出回应，但总投资规模、消费多少和投资多少仍然由计划决定。

当家庭储蓄和投资可以影响社会总投资时，那么这就是第四级的市场经济，但它属于资本主义而非社会主义。如果家庭要像个体一样对生产资料进行投资，那么就必须拥有生产资料。第一级、第二级和第三级的市场经济与社会主义相一致。正如在资本主义世界里集体因素的影响以各种形式存在，包括诸如法国或瑞典这些国家的指导性计划和广泛社会福利制度，在共产主义国家中市场影响的范围也很广，包括像匈牙利和前南斯拉夫的相对分散经济。

沿着社会主义和资本主义这条线提出的议题都很真实。因此，一旦说对我们讨论的共同体而言这些都是次要的时候，我们就有必要做出说明。在我们看来，中央计划就经济效率而言是低下的。也就是说，

---

[1] Jan Drewnowski, "The Economic Theory of Socialism: A Suggestion for Reconsideration." *Journal of Political Economy* 69, No. 4, 1961.

与计划相比,资源在市场中能得到更有效的配置。政府角色是设定市场可以运行的公平机制,它也有责任设定市场的总体大小(规模)。市场不是社会发展的目的,它也不是确定社会发展目标的合适手段。我们支持生产资料为个人所有,支持获得这种所有权的人尽可能最多,包括工厂为工人所有,但反对它集中在少数人手中。

然而不赞同马克思主义,并不意味着我们反对社会主义思想家提出的所有政策和观点,我们只是反对这些政策和建议必须通过中央计划来实施。我们希望开诚布公地对待各方的观点,而且只要这些思想家是致力于追求正义和减少苦难,我们就格外乐意倾听。我们发现,今天许多来自传统社会主义国家的学者不再关注中央计划,他们实际上同我们一样质疑集权而且一样关心共同体。和我们一样,他们一些人明确支持政治分权和经济分权,支持工厂为工人所有或支持工人参与工厂管理,以及让经济服从于按民主方式确定的社会目标。这种类型的社会主义与以上所描述的不同。① 相反,它也是对人类是否可能生

---

① 作为持有同样观点的激进社会思想的一个例子,参见:Samuel Bowles and Herbert Gintis, *Democracy and Capitalism: Property, Community and the contradictions of Modern Social Thought*. New York: Basic, 1986。他们所提倡的对经济进行民主控制涉及权力分散而非中央计划。迈克尔·哈灵顿(Michael Harrington)新近的研究不同于我们的研究,他几乎不关注社会主义。但他提出包括缩短工作周、赋予市民权利以及工人参与工业生产决策的观点与我们非常一致,参见:Michael Harrington, *The Next Left*. New York: Henry Holt, 1986。他对激进右派和左派的计划之间的相似之处做过评论。他说,它们的区别在于右派想要自上而下推行计划,而左派则想自下而上。按照这个定义,我们赞成左派。这非常不同于中央计划。但是我们发现左派和右派都没有认识到经济扩张受到生态限制。

活在共同体中的一种新思考。①

第三种模式

缘于关心人类共同体而对第三种模式产生兴趣并非新鲜事。19世

---

① 我们希望向前推进，实现一种不同于过去所理解的资本主义和社会主义的新型经济。但是对那些仍然认为很难想出不同于这两种经济模式的人来说，我们认为他们应该想想封建制度。无疑，封建制度既不是资本主义也不是社会主义，然而它在欧洲存续的时间比资本主义和社会主义可能存在的时间都更长。资本主义和社会主义都反对封建主义，然而封建主义有助于说明人们如何反对资本主义和社会主义。封建制度无论在理论上还是在实践上，都比社会主义和资本主义更强调共同体的地位。然而自启蒙时代起，那些需要消除人类生活中共同体的持续影响力以获得自身利益的人，对封建主义进行大肆中伤。即使从经济角度讲，成熟的中世纪社会更为成功和富足，同时也更为公平和更有人情味，而现代人不太愿意承认这些。约翰·斯图尔特·密尔指出，中世纪后期广泛的所有权使得英国拥有"曾被称为英国荣耀的自由民，但自从他们消失以后，却令人如此惋惜"。参见：John Stuart Mill, *Principle of Political Economy*. ed. William Ashby, Clifton, N. J.: Kelly, 1973, p. 256。当然，正是资本主义在农业中的应用摧毁了这些封建社会产物。马歇尔也对封建社会特征做了正面表述，他说："在中世纪……众多居民通常享有充分的市民权利，为他们自己决定城市的对外和对内政策，同时用他们的双手劳动并以此为荣。他们自己组织并加入行会，因此提高了凝聚力，并在自我约束中教育自身"。参见：Alfred Marshall, *Principles of Economics*（8th ed.）. London: Macmillan, 1925, p. 735。

我们引述这些观点并非呼吁恢复封建制度。封建制度有许多缺陷，而且无论如何它都不能直接适用于工业化的社会。但是我们认为在更大范围内考察各种经济体系能够让我们看到新的可能选择。在这些可能选择中，封建制度值得仔细考察。

彼得·拉斯莱特把封建社会末期的英国生活与现代生活进行了非常仔细的比较。参见：Peter Laslet, *The World We Have Lost*. New York: Scribner, 1965。那些一直认为中世纪体制具有优越性的观点有兴趣的人应该看看希拉尔·贝洛克的著作。参见：Hilaire Belloc, *The Service State*. London: T.N.Foulis, 1913。贝洛克把中世纪的生产资料所有权体制与资本主义和马克思主义做了对比。在中世纪体制中，生产资料为许多人所有；在资本主义体制中，生产资料为少数人所有；在马克思主义那里，生产资料为国家所有。利奥波德·柯尔指出，成熟的中世纪经济体系做得比我们更好。参见：Leopold Kohr, *The Breakdown of Nations*. New York: Rinehart, 1957。尼古拉斯·乔治斯库·罗根则认为，在人口过多和生产效率低下的条件下，与资本主义制度相比，封建制度能养活更多的人。参见：Nicholas Georgescu-Roegen, "Economic Theory and Agrarian Economics". *Oxford Economic Papers* 12, 1950。换言之，在贫穷的国家里，与资本主义制度相比，封建制度使得更少人挨饿。我们希望以一种后现代的形式恢复前现代社会所具有的公共优势，就是说它没有牺牲现代社会在个人自由、人权和政治平等方面取得的成就。

纪罗马天主教会就曾致力于此。天主教对资本主义和社会主义的批评与我们很相似。理查德·E.穆尔卡伊对此做了如下总结：

> 个人主义认为，社会并不存在真正统一。所谓的"社会"，仅仅是不同个体追求各自利益行为相互影响的一种机制，或者仅仅是一种经济关系的总和。它假设存在一种建立在无拘束的自由基础上的自然秩序，所有的福利都仰仗其正常运作。国民经济是独立单位总和，交易关系是它们结合在一起的唯一原因……在社会主义那里，社会统一的概念则遭到歪曲。它所要求的集体社会表现了"一"的统合，而非"多"的结合。个体只是"附属物"，而不是一个独立人格。①

穆尔卡伊阐述并肯定天主教经济学家亨利希·帕斯的经济理论，亨利希·帕斯的研究既影响了罗马教皇的通谕，同时也受到通谕的影响。帕斯把经济学理解为"人们经济生活的科学（提供物质商品的过程），作为社会单位，人通过政治—社会的共同体生活而结合在一起"②。穆尔卡伊说，"帕斯的互助体系（solidaristic system）拒绝仅仅从总量来理解经济以及拒绝单单受社会控制的经济，因为它们都是片面的。他提出建立一种经济秩序和一种道德有机统一体，以及由许多独立私人经济组成的共同体"③。因此帕斯的目标是"充分实现共同体目的"④。

这很容易让人怀疑天主教教义仅仅是要求恢复更加专制的等级体制，但情况并非如此。天主教教义的核心是"辅助原则"。罗马教皇庇护十一世指出，"大的高等级组织擅自承担本来可由小的低等级组织有效实现的功能，这是不公正和严重的罪行，而且是对正当秩序的扰

---

① Richard E. Mulcahey, *The Economics of Heinrich Pesch*. New York: Holt, 1952, p.161.
② Ibid., pp.13–14.
③ Ibid., p.27.
④ Ibid., p.161.

乱"①。对此，伯纳德·W.邓普斯写道："所有高级社会都是辅助性的，也就是说要为较低级社会提供帮助，而不是相反：那些更为底层社会的人们不是为社会服务的工具。有着紧密联系的自然共同体（如自治市）也不应被大而更遥远的组织（如地方政府或州政府或民族国家）当作手段。"②

这些天主教教义与托马斯·杰斐逊提出的原则非常相似。托马斯·杰斐逊写道："与我想法最相近的是对各个县进行分区。这些分区是纯粹和基本的共和体，所有分区的目标合在一起组成州，而且就这些分区的事务而言，它会让所有人理解真正的民主。更大地区（县、州和联邦）的事务将委托给人们自己选出的代表，而不容许人们之间进行私人交易。当个人行为变得不合时宜，其代表资格将会被取代。"③

亚历克斯·德·托克维尔也强调共同体在美国生活中的重要性。在解释美国民主运行机制时，他指出"重立法而轻习俗"。这些习俗在地区共同体中得到发展，正是"习俗的影响造就了不同程度的秩序和繁荣，这使得几个英美民主国家都具有各自的特点"④。

在阐述了杰斐逊和德·托克维尔的观点之后，爱德华·施瓦茨说："不幸的是，今天大多数领导人和作家普遍把杰斐逊、德·托克维尔和早期美国人对共同体的关注忘记了。颇具讽刺性的是，现在大量证据从经验角度证实了这些传统理论家仅凭直觉就能肯定的东西。现在似乎很明确的是，一个强大的本地共同体对心理健康、个人成长、社会秩序和政治效用来讲都是必需的。这样的结论现正成为所有社会学科

---

① Pius XI, *Quadragesimo Anno*. 1931, p.80.

② Bernald W. Dempsey, *The Funtional Economy*. Englewood Cliffs, N.J.: Prentice-Hall, 1958, p.281.

③ Edward Dumbald (ed.), *The Political Writings of Thomas Jefferson*. Indianapolis: Bobbs Merrill, 1955, pp.97-98.

④ Alexis de Tocqueville, *Democracy in America*. New York: Vintage, 1945, p.334.

的核心。"①

施瓦茨的观点有些夸大，而约翰·C.雷恩斯则更为谨慎，他说："在美国的大多数社会学和人类学那里，社会对人而言是首要的这一观点如今与其说是要求，倒不如说是理所当然的出发点。但这个出发点很少贯穿于美国的政治思想或经济思想中。"②

在帕斯写下那些文字的60年前，强调共同体是很重要的。而今它正变得非常迫切。在《粗暴的议程》的前半部分，艾米特依·艾特奥尼分析了共同体分解为个体之后美国面对的严峻局面。他恰如其分地指出，"个体和共同体相互共生，也互为依靠"③。他进一步说，"一个社会及其成员完全为了生存也需要彼此相互尊重。如果向自我的倒退不能得到遏制，共同体无法得到重建，那么冲突和沮丧的程度将会加深。缺少共同关怀将导致社会失灵而且'一无是处'。社会状况持续恶化，甚至最终可能出现毁灭"④。很不幸的是，在书的后半部分，当转向经济学问题时，他好像忽略了经济学个人主义思想意识形态和实践在削弱共同体中所发挥的作用。

我们的研究方法有一个重要方面与帕斯以及教皇通谕存在明显区别，那就是在帕斯的时代几乎没人预料到的某些议题，在今天开始变得非常重要。如今，重要的是把经济为其服务的共同体视为持久的存在。同样重要的是，帕斯设想的人类共同体是更大共同体的组成部分，它包括与人类共同分享这个地球的其他生物。工业经济仅仅是温德尔·贝瑞所说的"大经济"（the Great Economy）——供养整个生命之

---

① Edward Schwarz, "Economic Development as If Neighborhoods Mattered." In *Community and Capital in conflict: Plant Closing and Job Loss*, John C. Raines, Lenora E. Benson, and David Mc I. Gracie (eds.), Philadelphia: Temple University Press, 1982, p.264.

② John C. Raines, "Economics and the Justification of Sorrows." In *Community and Capital in Conflict: Plant Closings and Job Loss*, John C. Raines, Lenora E. Benson, and David Mc I. Gracie (eds.), Philadelphia: Temple University Press, 1982, p.295.

③ Amitai Etzioni, *An Immodest Agenda*. New York: McGraw Hill, 1983, p.25.

④ Ibid., p.185.

网和依赖大地的万物——的一部分。正是"大经济"具有极端重要性。

本书计划

与帕斯一样，对共同体经济学的研究，我们将从市场经济角度切入，并探讨新古典理论和现实资本主义实践需要做出哪些修正，才能终止对共同体的破坏。因此，这本书必然像是对当下经济学的一种攻击，从某种意义上说的确如此。我们强烈认为，就解决经济问题而言，人们需要明显不同于现今大多数经济学研究者所支持的方法。这些研究人员只是谨慎而可敬地陈述当前理论的含义，但我们批判的正是这种理论。只有把现实经济学的缺陷展示出来，我们才更有可能在不同的基础上重构经济学。

尽管这本书是对当代经济学的严厉批评，然而我们的目标不是要否定该理论的核心内容。相反，我们认为该理论对市场的描述大体正确，也承认市场在实现某些目标方面的卓越表现，这正是古典经济学理论和新古典经济学理论的核心。我们相信与现在如此盛行的政府打补丁式的调控相比，按市场规则行事可以更好地实现许多公共目标。因此，我们不是让经济学理论另起炉灶，而是在一种新范式基础上进行重建，这个新范式要既能解释经济学以往工作的卓越，又能把经济学纳入更大的背景。牛顿的科学就在爱因斯坦的世界观中继续发挥着极其重要的作用。在经济是为共同体服务这一前提下，市场可以继续发挥极其重要的作用。

这本书的作者，一个是经济学家，一个是哲学家。我们都具有强烈的生态关怀，都对标准发展模式在第三世界产生的后果深感忧虑，从而形成了自己的经济学观点。我们都是新教徒，都受到阿尔弗雷德·诺斯·怀特海哲学的深刻影响。

我们知道这本书许多内容都不属于人们理解的经济学范畴。但是我们认为，经济——"大经济"——所包含的内容远远超过现有经济学研究领域。我们的研究是一种反思，许多来自不同背景的国民也需

导　言

要进行这样一种反思。美国不久之后做出的决策将影响子孙后代赖以生存的世界，而且结果很可能是不可逆转的。因此，不应该在现今统摄经济学的狭窄视野下进行这些决策。

本书分为四个部分。第一部分检视经济学的实际状况。经济学的最大成就是变成了一门"科学"。这需要具备两个要素：一是学科特征，二是采用演绎模式。沉迷其中使人们很难意识到这门学科的抽象性，也很难因意识到其抽象性而使其科学结论大打折扣。在第一章解释了这个问题之后，我们会就选取的几个基本概念阐明其对经济学的影响，这些概念包括市场、经济成就的衡量、**经济人**和土地。

第二部分给出了另一套经济学方法。与让研究符合学科要求不同，这种方法让反思为现实世界的需要服务。这并不是要抛弃抽象，因为所有思想都抽象，但它会提供一个基础，从而能够选择更佳的抽象并一直考虑被抽象掉的要素。从这个角度出发，我们对第一部分讨论的问题按相同顺序逐一做了重新思考，尽管章节并非直接对应。

第三部分阐述从这一不同角度会得出什么政策。抽象地讲，任何地方的政策内容都具有某些相似性，而且在某时政策规划也比较通用。但政策既要有整体视野，也要结合特殊情况。为了避免过于抽象，我们会以美国为例进行说明。很显然，如果美国真正决定沿着我们倡导的方向发展，那么就需要做更多确切详细的分析。

第四部分探讨朝着倡导方向发展需要做出怎样的改变。尽管不如其他几部分，这部分也力尽其详。我们的主要任务是描绘一种经济秩序的图景，用世界基督教会联合会的话讲就是，它是公正的、参与式的和可持续的。我们需要借助许多观点的帮助来思考如何才能将其实现。然而，我们想抛出这个主题，开启一些讨论。我们采取了两种方式。第一，我们给出现在可以采取的多种变革，并推荐一些提高公众意识的方法，以便使更深层次的改变成为可能。其中一个变革提议是，采用一种更适合衡量国民经济状况的方法，本书附录对此做了具体说明。第二，我们探讨一些新兴的世界观，它们为宗教层面的深层次改变带来希望。我们的判断是，如果没有这一更深层面的转变，那么对危机的回应则只会是暂时的和不充分的。因此，澄清所需的宗教世界观就是当务之急。在本书很多地方，我们已勾勒自己的宗教信念，在此对比其他信念详加说明。

结语：我们试图遵循学术惯例，公正描述，不带感情色彩地分析论证。我们赞成这些惯例。我们尤其不想贬低为推动经济学发展和制订符合经济规律的政策而付出终身努力的那些人。我们尊重他们的品格，为人类福祉所做的努力以及敏锐的洞见。

但在内心深处，我们发现很难压抑那痛苦的呼喊，恐惧的惊叫——狂野的事实需要用狂野的语言来表达。人类正被引入一个**死胡同**——一点也不夸张。我们以一种死亡意识形态为生，相应地，我们摧毁人类自身，也杀害地球。即使我们这种破坏所取得的伟大成就，即物质上的富足，现在也正让位于贫穷。人们热情拥戴的全球经济政策给亿万人带来了苦难，美国此刻正预先尝到这种苦难的滋味。如果我们继续沿着现有的路走下去，如果我们还有后代的话，那么子孙后代必定会遭受苦难。许多怀有良好愿望的人看不到这是一条死胡同，这实在是令人遗憾的事实。这也是我们写作此书的主要原因。

维克托·佛克斯生动地描绘了我们的处境："当今社会陷入了四个需要打破的正反馈循环：变本加厉的经济增长、变本加厉的人口增长、变本加厉的技术进步，以及收入不平等模式，而这种模式似乎一直持续，且有助于刺激其他三方面的增长。生态人文主义必须建立一种这样的经济：停止经济和人口增长、控制技术，以及消除严重的收入不平等。"[①] 我们还要加上变本加厉的军备竞赛。我们认为，追求共同福祉的经济学才是生态人文主义所需要的，更有甚者，是托管上帝造物所需要的。

未来40年里，全球体系将会改变，因为按照自然法则，它必须改变。但如果到了现实逼迫我们不得不改变的时候，那时的选择将会很

---

① Victor Furkiss, *The Future of Technological Civilization*. New York: Brazilier, 1974, p.235.

少，而且不会具有任何吸引力。如果在不得不改变之前改变，在仍有改变选择之时改变，也可能不会避免苦难和危机，但带着对更加美好世界的现实期盼，全球体系可以在苦难和危机中建立。

因此，我们不希望人们从学术角度看待我们的建议，至少**不仅仅**从学术角度看待。有两条路摆在我们这一代人面前，生存之路和死亡之路。愿人类选择的是生存！

第一部分 经济学

Economics as an Academic Discipline

第一章　经济学和其他学科中的错置具体性谬误

在现代大学里，知识按学科来分类，而且这些学科都具有明晰的规范。这些规范成为各类学科划分研究主题的标准，并为每个学科内部结构设定目标。这种知识分类极富成效，但是也存在内在的局限和危险，特别是面临犯阿尔弗雷德·诺斯·怀特海所讲的"错置具体性谬误"这一危险。这种谬误盛行的原因是知识按学科分类需要高度抽象，一门学科越符合设立的标准，其抽象程度就越高。不可避免的是，许多成就卓著的学者都习惯于这些抽象思考，并把得出的结论应用到现实世界中，而没有意识到其中的抽象程度。

除却自然科学，没有哪个研究领域能像经济学那样完全符合学科的理想形式。恰恰因为其成功，经济学才特别容易面临犯错置具体性谬误这一危险。这一章既强调了经济学在学科成就方面的完美表现，也强调了这种成就必然伴随的局限。我们给出一些非常显著的例证，来说明颇负盛名的经济学著作中存在的错置具体性谬误。接下来的各章将进一步阐述这种谬误所带来的普遍影响。

许多现代思想都受到17世纪和18世纪物理学光辉成就的影响。物理学家建立起自然的概念模型，并由此产生了很多预言。这些预言接受验证之后，有一些被发现是正确的。而没有得到经验结果验证的，则要求概念和理论必须做出修正。之前几个世纪纯粹因理论需要发展起来的大量数学方法，后来被用于建立能够解释世界和进行预测的模型。

从两种非常重要的意义上讲，物理学是经验性的。首先，世界模型所用的假设是通过观察和实验得出的。其次，模型的有效性需要通过推论并考察与所观察到的是否一致来验证。然而，把物理学和其他对自然的考察区分开来的不是经验，而是其形式和演绎层面。亚里士多德鼓励经验收集并对其进行分类，但是他没有预料到会产生如此精细的演绎体系。很长一段时间里，对有机生物的研究都是循着亚里士多德而不是牛顿这条线进行的，但科学的理想是发现从中可以推导出事实的规律。

当然从严格的经验意义上讲，观察到的事实并非与规律直接对应。例如伽利略的著名论证，即物体掉落地面的速度并不受自身质量的影响，这就不符合经验。所有人都知道一块石头比一片树叶下落得快。只有在真空中，不同物体下落速度才是一样的。然而这需要做进一步的说明。从经验意义上讲，月球根本不会掉到地球上。在现实当中，这个规律只能应用于相对地球而言静止或相对运动相同的物体。而且，这个规律只适用于受地球引力影响而不受其他引力场影响的物体。

早先的物理学家对这一切都有很好的理解。为了解释经验现象，有必要建立将现实简化从而显示其基本特征的模型。简化模型中所体现的抽象能够使人们做出更有效力的分析和预测。

简化模型所做的预测和研究对象的实际行为之间存在的差别，使得人们必须对其他影响因素进行研究。例如，尽管存在地球引力，月球却不会掉到地球这一事实，让我们注意到任何移动的物体都会继续沿着一条直线运动。月球运动实际上受地球引力和自身动量的共同作用。月球运动如果与这种共同作用的预测结果存在任何即使是很微小的偏差，人们也必须找寻是不是还存在其他的影响因素。

对物理学成就的钦羡导致了两种有些不同的知识分类理念。一种是要建立统一的学科。也就是说，自然的所有方面都可以从物理学规律那里找到最终解释。这意味着化学会成为物理学分支，而生物学则会成为化学分支。一些人还想将人类社会现象和心理学作为生物学分支，从而最终成为世界机器的一个部分。

这种想法仍然在西方人的头脑里扮演着重要角色。然而根据物理学规律来推导生物行为，这种对生物的研究现在已经证明不可能取得很大进展。化学反应如此新奇，以至于不可能归属物理学。出于现实原因，化学必须按照自身方式进行研究。生物学现象和社会学现象就更不待言了。具备物理学特征的科学形式通过构建若干相对独立的学科，目的是获得类似物理学的那种规律，也就是找寻可以预测现实的规律或者模型。然而，这个目标在其他自然科学中也没有实现。化学中也存在着大量这样的原始事实，它们不能从任何一小组前提中推导出来。然而理论工作却受这种演绎理念引导。

尽管物理学非常有威望，但一些领域里却并不接受物理学的这种模型，特别是对人类的研究。至少到目前，历史很大程度上都被认为与自然存在着根本区别。历史学家关心的问题是，事实上发生了什么。不应该尝试从历史规律或者不变的模型去推导发生了什么。其他研究历史的学者则强调，根本任务是理解而不是预测。他们专注于解释学，并将其作为独特的研究方法。

19世纪出现的知识分类，受到第二种物理学的影响类型（也就是独立学科的划分）以及人类研究领域所用独特方法的影响。德国大学是把知识分类为学科（Wissenschaften）的先锋。Wissenschaften 通常翻译为"科学"，因为英文的"科学"与物理学非常吻合，然而却排斥历史学，因此把 Wissenschaften 翻译成"学科"会更好。因此在德国，知识分为两种类型的学科，以物理学为代表研究自然的学科和研究人类思想或精神的学科。

把人类社会现象研究纳入任何学科都不恰当，因此社会研究揭示了这两类学科之间存在着张力。社会研究既具有人文的一面，也具有与自然科学相联系的一面。然而在美国，社会研究有归入社会"科学"的趋势。

科学学科和人文学科的一个根本区别是，前者聚焦于普遍和必然，而后者聚焦于特殊和偶然。当然，科学的普遍性在大多数情况下都不可能是绝对的。经典物理学可以把自然结构看作是绝对的，生物学研究的只是对生物体而言普遍的东西，而社会科学研究的至多是对人类而言普遍的东西。社会科学研究的往往是对特定社会类型而言普遍的东西。然而，探寻普遍的模式或规律，而不努力辨识和理解现实的偶然性，就是社会研究所采用的方法，它们大都强调自己是社会科学的一员。

经济学的地位

亚当·斯密和其他早期英国经济学家的研究中，有强烈的历史因素和人文因素。但是由他们发起，尤其是大卫·李嘉图强调的经济学运动，却朝着科学方向发展。从某种程度上讲，他们力图找到适用于所有社会的模型和规律，但这些研究主要关注的是支配现代工业经济的那些规律。在说明这些规律所适用的社会类型时，这些研究有时并不像期望的那般谨慎。

经济学家对经济进行的是科学研究而非历史研究，这个选择决定了它的命运。一方面，这使得发展强有力的分析和预测工具成为可能。另一方面则造成严重的扭曲。一旦做出这种选择，这些就不可避免。

当物理学崛起之时，它认为其研究对象自其诞生之日起就永远不变。当然，物质的具体配置已经发生了变化，但支配它们的规律被假定是不变的。这种观点相对那时人们所掌握的资料来说是恰当的，同时也为物理学取得重大进展铺平了道路。今天，物理学家们知道这种观点并不完全正确。现在普遍的观点是，物理学规律源于自然结构，而自然结构是在宇宙大爆炸中演化而来的。关键的东西可能产生于刹那间。尽管这意味着自然规律不是永恒的，在某个时刻它们可能不再有效，但是所有证据都表明，在事情发展的整个中间过程中，它们都是很稳定的。对物理学家而言，从他们的研究对象的演进式变化中进行抽象并没有多少害处。

然而，物理现实及其规律并非一成不变，这一事实提醒"规律"这个概念中通常包含的微妙错误。这表明，规律与所描述的事物行为相关。没有电磁场的存在就不会有电磁定律。从这个意义上说，所有规律都是偶然的。规律中的必然性是指某种模式必然会描绘出特定种类事物的特征。不"遵守"电磁定律的就不是电磁场。

当研究对象实际上不发生改变时,规律与主题相互关联这一点事实上并不重要。当生物学家只对物种成员现在如何行为感兴趣时,那么可以忽略这一点。但是当生物学家对物种如何产生和如何变化感兴趣时,那么规律的局限性就会显露出来。更为根本的规律是进化规律,即进化的普遍特征。但即使进化规律也会随着有机体类型的进化而改变。

美国人类社会研究若干分支学科的奠基人,对科学的理解更多以物理学而不是以进化生物学为模式。也就是说,他们关注的是能够为研究证明的规律,而不是这些规律揭示的行为方式如何产生,或者如何随着时间变化为其他形式。这就意味着那些规律"支配"的是特殊社会类型,而当被其他社会类型取代时,这些规律就不适用了。但这里存在着一种危险,那就是各学科研究者习惯专注于规律,这使他们试图在这些规律适用的有限范围之外套用这些规律。

经济学家们知道他们研究的结构不是永恒的,而且大多数结构一般而言与人类的存在并不一致。亚当·斯密的出发点是把研究的制度(也就是劳动分工在其中高度发达的制度)与几乎没有任何劳动分工的早期人类社会形式进行对比。他非常清楚,令他感兴趣的英国工业革命实际上并没有在波兰发生。很显然,他研究的东西从历史角度看是偶然的现象,而且他还是个很好的历史学家。

早期经济学家从理论上阐明了工业体系的产生及其发展方向。古典经济学家看到的是经济增长的一个短暂阶段,这个阶段必然在达到一个高潮后,终止于一种新的稳定状态。因此,即使发现了适用那个时代经济活动的有效模型和规律,他们也知道在未来某个时刻起作用的将是不同的模型和规律。简言之,他们认识到"支配"经济体系的规律随着体系变化而改变。

人们从来没有否认或完全忽略经济的进化特征或历史特征。黑格尔和马克思在19世纪对其给予了非常多的关注。新古典经济学创始人阿尔弗雷德·马歇尔对现实经济的历史特征也高度关注。然而,从总体上说经济学家想要把经济学变得更为科学,而他们关于科学的概念是以物理学而非进化生物学为基础。那意味着,经济学必须专注于阐述模型和发现"支配"当下经济活动的规律,而不是寻找"支配"经济体系变化的规律,或者追问偶然的历史事件。因此,当有效模型被找到、假设被证实的时候,这些模型和假设就会被看作可与物理学的模型和假设比拟,而它们相对特定历史条件具有的局限性则被忽略掉了。在《纯粹经济学要义》中,里昂·瓦尔拉斯要"为经济学完成牛顿在两个世纪以前为天体力学所做的事情"[1]。20世纪的经济学沿袭了瓦尔拉斯的传统。米尔顿·弗里德曼提到经济学家时说:"我们向马歇尔致敬,但我们要追随的是瓦尔拉斯。"[2]

这种追随物理学方法的选择已经取得了部分成功。到目前为止,经济学成为社会科学中最具理论性和最严谨的学科。它使得经济学至少在某些历史时期成为引导者和预言者,其他任何社会科学都没能做到这一点。但是选择成为一门科学,突出的问题在于经济学付出的代价是抽离于研究内容所发生的深刻变化。如果经济学沿袭马歇尔的传统[3],那么就会观察到这些变化并做出改变,从而适应这些变化。马歇尔曾说过"经济学家的麦加圣地是经济生物学而不是经济动力学"。由于追随了瓦尔拉斯,对事实的观察则要服从于对理论的关心,那些与理论无关的事实大都被忽略。

追随物理学也就是将经济学数学化。数学只对可以公式化的内容有效。在经济学那里,这实际上是指可以测度的内容。因此数学化使经济学偏向于研究主题中可以测度的方面。在《教育经济学》一书中,约翰·瓦伊泽伊以异乎寻常的坦率承认了这一点,他说:"我的直觉让我必须承认,不能测度的事物可能并不存在。"[4] 这种"直觉地确信"

---

[1] Leon Walras, *Elements of Pure Economics*. Homewood, Ill.:Irwin, 1954; Shlomo Maital, *Minds, Markets, and Money*, New York: Basic, 1982, p.15.

[2] Milton Friedmann, "The Marshallian Demand Curve." *Journal of Political Economy* 57, 1949, p.489.

[3] Alfred Marshall, *Principles of Economics*(8th ed). London: Macmillan, 1925, p.14.

[4] John Vaizey, *The Economics of Education*. London: Faber & Faber, 1962, p.14.

更可能是学科社会化的结果。但不管怎样,瓦伊泽伊的这种意识倾向指导着他处理教育中不可量化的方面。也有其他人拒绝这样做。经济学的声望越来越多地与数学工具应用的复杂程度相联系,而与经济学可以如何解释现实关系较少。

并非所有数学家都欢迎经济学数学化。诺伯特·维纳这样尖锐地评论说:"如同原始人照搬毫无自身特色的西方着装方式和议会制,这是出于一种模糊的感觉,那就是这些魔术般的仪式和外衣会立刻使他们与现代文明和技术并驾齐驱。经济学家也习惯于用无穷微积分这样的语言来粉饰其并不精确的观点……因此,所有假称应用精确公式的都是一种欺骗和浪费时间。"[1]

早期经济学家也没有一致接受把其学科数学化的做法。J. E. 凯尔恩斯对朋友杰文斯支持的新数学方法提出了这样的挑战:"就我目前所能见到的而言,利用数学这种工具发现不了经济学真理。很简单的驳斥方法就是找出一个通过数学方法获得而且之前不为人所知的经济学真理,就知道这种观点并不合理;但是到现在,我还没有发现存在任何这样的证据可以对数学方法的有效性加以佐证。"[2]

一个世纪以来,一些经济学观点确实是借助于数学获得的。然而大多数情况是,数学工具只是被用来对通过其他更直观思考方式获得的经济学真理再进行更加严密的表述。我们并不轻视严密性,但是不应该像经济学那样对其盲目崇拜。经济计量学本应为解决所有重要的理论和政策争议提供经验验证,但实际上它却无能为力。事实是争论各方都培养出了自己的计量经济学家(或者像一些批评家所称的"华而不实的经济学家")。从历史上看,把数学用于进一步推动经济学探索的尝试确实合情合理。但必须承认,结果令人失望。即使像尼古拉斯·乔治斯库·罗根和里昂惕夫这样的数理经济学家也认为,朝着数

---

[1] Nobert Weiner, *God and Golem*, Inc.Cambridge, Mass.: MIT Press, 1964, p.89.
[2] J. E. Cairnes, *The Cahracter and Logical Method of Political Economy*(2d ed). London: Macmillan, 1875, p.vi.

学化进一步努力，结果会适得其反。

诺贝尔经济学奖获得者里昂惕夫对这种经济学数学化感到十分担忧。在给《科学》杂志的一封公开信中，他指出，就像皇帝新衣故事中赤裸着身体的皇帝，经济学界中几乎没有人认识到这一点，而那些认识到这一点的人又不敢大声说出来。他说："经济学的学术期刊每一页都充斥着数学公式，这些数学公式引导着读者，从一套一套或多或少合理的但却完全武断的假设中，得到表述精确但却毫不相关的理论结果……计量经济学家把所有可能形式的代数函数套用于本质相同的一系列数据，却没能让人们加深对现实经济体系结构和运行的系统性理解。"①

学科的局限性

经济学的一些局限和失误，源于把物理学而非生物学或者历史学当作榜样。但是如果经济学把自己确立为生物学或历史学的分支，也会具有其他局限。问题在于知识的学科化，这种学科化支配着现代大学并通过大学支配着对当代世界的思考。正是这种学科化迫使经济学家选择对研究对象进行科学理解还是历史理解。

亚当·斯密的生活和思考早于这种把所有知识学科化的努力。他把经济看作整个人类活动的一部分，并从历史和经验的角度对经济进行考察。亚当·斯密对这些考察进行了被证明是别具启发性的归纳，之后他再从中得出结论。

作为一门学科，经济学必须在两个方面与亚当·斯密的研究有所区别。第一，它必须把研究主题与现实其他部分进行更大程度的分隔。第二，它必须清楚地表述最适合其主题的研究方法，这是经济学成为一门学科的依据。这些需要不是出于有助于对现实经济的理解，而是迫于对知识的学科化组织的要求。

---

① Wassily Leontief, *Science*, 217（09/07/1982）, pp.104–105.

这种对知识的学科化组织要求每个学科都具有一个与其他学科有明确区别的主题。这必然要求在学科之间划出界限，而对早期经济学家来说，并不存在这样的界限。学科的确立还要求有自己的方法论，而且研究方法必须不仅能够说明被研究的对象，还要能够进一步挑选研究对象的那些会被注意和处理的特征。此外，它还限定了可以把自己称为经济学家并拿那份薪水的研究者数量。

早期经济学家把经济当作整个社会生活的一个方面来研究，因此，经济与社会生活其他方面的联系，和经济自身的内在规律同样重要。例如，经济学家的很多争论，都是因关注经济发展与人口之间的关系而产生。但是自从经济学成为了一门学科以后，这种及对类似问题的关注就都被排除在外。人口研究变成了人口统计学的事情。而早期经济学家的那些争论，现在只能出现在跨学科的领域里，学科化的知识组织使这些争论边缘化了。在作为一门学科的经济学内部，经济增长对人口影响的复杂性，以及人口增长对经济影响的复杂性，很大程度上都被忽视了。再次说明，并非因为这些联系不重要，而是因为学科化的知识组织要求经济学、人口统计学、社会学等具有各自独立的研究主题。

以抽象代替具体的整个过程进一步得到强化。这种学科化导致大学被划分为不同的院系。此外，一个院系成员与外界的联系，最重要的不是与其他院系成员的联系，而是和其他大学相同学科研究者的联系。大学教授的忠诚，主要表现为参与学科行会和提升学科地位，而非大学或者学生。对许多人来说，推动学科发展的确是人生意义的源泉和生活的中心，值得他们全身心的投入，学科成了他们的上帝。我们把这种现象称为"学科崇拜"。学科崇拜在经济学那里显得尤为突出，保罗·萨缪尔森在就任美国经济学会主席发表演说时，就默认了这一点，他说："从长远来看，经济学学者是为了唯一值得拥有的回报——我们对自己的歌颂——而工作。"①

---

① Paul Smauelson, "Economists and the History of Ideas." *American Economic Review*, 52 (1962), p.18.

为学科及其未来奋斗的人，对招收以这个学科为专业的学生很感兴趣。这表现在，为一般学生群体讲授课程，更多地是要吸引主修这个专业的学生，并帮助他们在这条研究道路上发展，而不是帮助局外人理解学科的研究主题。不管怎样，人们的注意力集中在将学生吸引到这个学科，并通过研究生项目为将来储备领军人物。

一旦被纳入这个行业，与行业内部其他成员的关系，要比与行业外部人的关系更令人感到舒适和满意。存在着广泛的共同观点，这些观点也体现在共同的价值观中。因此，这些观点和价值观面对的外在威胁，就被降到最低的程度。当然结果就是，学科一开始的假设似乎成了不证自明的东西，也不需要做批判性分析。新的研究建立在前辈的工作基础上，而无需问先前成果是否真正与新情况有关联。实际上，人们也不鼓励对新情况做新研究。

经济学研究生教育的一项最新研究成果表明，"经济学研究生教育在缩小学生的兴趣范围方面取得巨大成功"。针对人们意识中其他领域与经济学相关性所做的调查显示，物理学得分最低，而生态学或是任何其他生物科学甚至没有列入参加排名的候选研究领域清单。[①]难怪经济学模型有时与生物物理现实存在冲突。

那些对此提出根本质疑的本学科学者几乎没人欣赏。实际上，他们发现工作很难找，而且出版研究成果时也会遇到重重困难。他们很可能失去参加学术会议的机会，同时在那里也会感到不受欢迎。简言之，他们被放逐了。学科能够通过渐进方式发展，而发展方向越来越受到过去所接受、现在认作"主流"的观点左右。人们普遍接受的那些抽象被当成了现实。

这一过程在经济学那里尤为突出。在写给《科学》杂志的信中，里昂惕夫对此也表示了抗议。他认为，只要经济系中拥有终身教职的成员继续牢牢把持对培训、晋升、教职和研究资助的控制（主要通过

---

① D. Colander and A. Klamer, "The Making of an Economist." *Economic Perspective*, 1（1987）: 95–111.

期刊编辑职位），那么他所反对的毫无生气的学院派就会继续存在下去。他说，在经济学里，用于保持这种知识"学科化"的方法，"不时让人想起那些被海军陆战队用来维持帕里斯群岛纪律的方法"①。而里昂惕夫似乎没有认识到，这个问题与其说是那些有偏见的资深教员滥用权力，不如说是知识学科化本身产生的必然后果。现今学科领导者的继任者，不太可能以更宽广的眼界来看待经济学及其对社会所承担的责任，除非人们对那些迫使经济学关注这些抽象知识的力量进行有意识地批判。②

错置具体性的谬误

经济学的问题就在于，按照学术界的标准它太成功了。经济学是一门成功的学科，而且就成为一门演绎科学而言，它比任何其他社会研究都更为成功。这些成功包含了一种高度的抽象，然而一般来说，大学特别是经济学院系的整体风气，并不能让我们充分认识到其中的抽象已经达到了何种程度。结果是，人们从这些抽象中推导出关于现实世界的结论，而没有意识到其中存在的危险。

阿尔弗雷德·诺斯·怀特海指出，经济学很早就出现了这种倾向：

非常值得讨论的是，亚当·斯密之后，政治经济学这门学科早期的研究究竟是弊大于利还是利大于弊。它消除了许多经济学的谬误，并教授如何思考那时正在进行的经济革命。但是它把人们固定在了一套抽象的体系上，

---

① Wassily Leontief, *Science* 217, July 9（1982）.
② 由于这本书的作者之一是一位神学家，因此最好要说明一下的是，神学作为一门学科具有与经济学相类似的问题。科内尔·韦斯特把他赞同的神学工作与学术神学做了如下对比：为避免学术机构中对知识分子的工作做狭隘的界定，位于哥斯达黎加圣何塞的DEI拒绝把我们官僚化了的神学院进行学科划分。相反，DEI推进和鼓励横跨政治经济学、圣经研究、社会理论、教会历史和社会伦理等领域的神学反思。这样，DEI就揭示了学术神学在知识上的贫乏化，学术神学在高度专业化的领域上进行的是像鸵鸟般回避现实的研究，因为他们几乎对我们当前这个危机时代的大众所面对的紧迫问题熟视无睹。

而这些抽象对现代思想产生了灾难性的后果。它使工业变得非人性化，这只是内在于现代科学中的普遍威胁的一个例子。它的方法论过程是排外和不容异己的，而且确实如此。它把注意力固定于一组明确的抽象，而忽略了所有其他的东西，同时探明所有信息和理论细节，只要与它保留的东西相关。假使这些抽象是审慎的，那么这种方法是成功的。然而虽然是成功的，但它有局限。对这些局限的忽视导致了灾难性的疏忽……①

那时经济学的这些倾向就已被意识到，伟大的瑞士经济学家西斯蒙第在19世纪早期就看到了这一错误：

新一代英国经济学家让人很不解，我们必须下很大力气才能理解他们，因为我们的思想反对强加给我们的抽象。当我们在所有事情都互相关联的道德科学中努力抽象出一个原则，且除此原则外目无所视时，这种抵触本身就是一个我们正在远离真理的警告……人类应该警惕所有对观念所做的、让我们看不到事实的归纳。而且最重要的是，应该警惕那种把公共的善与财富相等同的错误，它忽视了创造财富的人所遭受的苦难。②

在《经济研究》中，沃尔特·白芝浩写到李嘉图时说："他认为他思考的就是现实情况下的真实人类本性，而实际上却是虚构环境下的虚构出来的人类本性。"③ 怀特海称之为"错置具体性的谬误"。他对这种谬误的定义是，"当思考现实实有（actual entity）时，仅仅因为这个现实实有能够作为某些范畴的思想例证，就忽视了其中所包含的抽象程度"④。更普遍的是，每当思考者忘记思考中所涉及的抽象程度，并从中推出关于具体现实的毫无根据的结论时，这种谬误就会出现。尼

---

① A. N. Whitehead, *Science and the Modern World*. New York: Macmillan, 1925, p.200.

② J. C. L. Simonde de. Sismondi, *Nouveaux Principles d'Economie Politique ou de la Richesse dans ses Rapports avec la Population*, Paris, 1827.

③ Walter Bagehot, *Economic Studies*, Stanford, Calif: Academic Reprints, 1953, p.157.

④ A. N. Whitehead, *Process and Reality*. New York: Harper, 1929, p.11.

古拉斯·乔治斯库·罗根这样写道:"毫无争议的是,标准的经济学的原罪即犯了错置具体性的谬误。"①

西斯蒙第、白芝浩和怀特海并非反对所有对抽象的使用。问题在于忽视概念抽象的程度,就会忽视现实中被抽象掉的其他部分。用怀特海的话说就是,"推理的方法论需要对所涉及的抽象有所限制。相应地,真正的理性主义必须不断地通过回归具体情景寻找灵感来超越自我。自满的理性主义事实上是一种反理性主义。它意味着武断地停留在一系列特殊的抽象中"②。

那么政治经济学在经济思想上所固守的以及它自满地停靠在那里的这套抽象是什么呢?其中最重要的一个就是,国民产出和收入在一个完美的竞争市场的调节下形成一个循环流。这被设想为一个从社会共同体和生物物理相互依赖中抽象出来的机械模拟物,其动力由个体对效用和利润的最大化来提供。这里强调的是资源最优配置,它是个体自利行为机械的相互作用结果。它忽略了个人福利通过同情和人类共同体纽带对其他人福利产生的影响,也忽略了个人生产和消费活动通过生物物理共同体对他人的实际影响。当从现实中抽象掉的因素在经验中变得越来越明显时,其存在就通过"外部性"这个概念得到承认。外部性是出于虚饰的需要而引入的修正,就像托勒密天文学的本轮一样。外部性这个概念确实表明,人们认识到了具体经验中被忽略的方面,但是以外部性这样一种方式提出,目的是尽量减少对基本理论的重构。只要外部性涉及的是一些不太严重的小问题,那么这也许是一种合理的做法。但如果是极其重要的问题(例如地球支撑生命的能力)不得不被划归为外部性时,那么我们就需要重构基本概念,并以一套包含先前被归为外部性因素的不同的抽象原理为起点。(第三章中对局部外部性和普遍外部性所做的区分是朝这个方向迈出的一步。)诉诸于外部性因素的频率,是经济学理论中具体性错置的整体问题严

---

① Nicholas Georgescu-Roegen, *The Entropy Law and the Economic Process*. Cambridge, Mass: Harvard University Press, 1971, p.320.

② A. N. Whitehead, *Science and the Modern World*. New York: Macmillan, 1925, p.200.

重性程度的一个很好的指标。但是也有更为特殊的例子。

经济学当中，错置具体性谬误的经典例证也许就是"货币崇拜"。它体现于把交换价值的量度和抽象符号——金钱——的特性，应用于具体的使用价值——商品——本身。因此，如果货币是在孤立的循环中流动，那么商品也是如此；如果货币余额能够以复利永远增长，那么GNP实际上也能够如此，而且养猪业、汽车业和理发业同样能够如此。

即使像约翰·洛克那样才智非凡的知识分子，在其私人产权理论上也犯了这样一种错误。他一开始也认为，一个人财产的合理积累，限于这个人在财产变质之前能够使用的东西。因为这些财产可能会变质、生锈、腐烂，这就给实际财富的积累设定了一种自然限制。但是洛克认为，随着货币经济的出现，这种自然的限制就消失了，因为货币不会腐烂，而财富能够以货币的形式积累起来。注意：这种抽象符号的特征（不会变质），开始主宰被象征的具体现实特征（会变质）。即使财富仍然会腐烂，然而洛克提到的财富的局限性消失了。人们同样可以说，黄油的积累就不会受到变质的限制，因为黄油数量是用磅来衡量，而我们可以在账簿里无限地按磅计算数量而不用考虑腐烂问题。

很明显，百万富翁并非必然意味着他们拥有正在腐烂的大堆商品。实际上，货币余额根本不是指任何现实商品的存在。人们希望持有货币，是因为以货易货的交易不方便，而且货币是一种相对**未来**产品而言的契约或留置权，因为它还不存在，所以不会腐烂。但是即使在货币经济中，社会的真实财富也仍然是由有可能腐烂的商品构成。因此积累的货币不可能无限与积累的实际财富相一致。因此就某个时刻而言，累积的货币就变成了一种对未来产品的留置权，而不是对同时存在的商品的索要凭证。未来的生产者是否愿意兑现那些以前提出的对其当前产品的留置权，在某种程度上会变成一个问题。事实上，像这样一种货币留置权超过真实财富数量的情况，可能会造成因通货膨胀而引发的债务拒付危机。当前的生产者会对其产品要价更高从而获取更多利益，因而使那些持有按照固定数量货币标明的留置权的人，不能得到这些产品，因为这些人的留置权并非针对当前的生产。重视货币和市场而非物质商品,以及将模型建立在物理学的方法(而非内容!)基础上,成了整个现代经济学的特征。这就为演绎方法的首要地位以及强调数学模型和计算机模拟奠定了基础,而这些都成为经济学当前实践的特征。如此精致复杂和美妙的逻辑结构,助长了重理论而轻事实,以及为了适用理论而重新解释现实的倾向。

这种倾向的极端例子,是加里·贝克尔和尼格尔·托姆斯所创造的收入代际分配模型。[1]他们尝试以严密的逻辑将个体效用最大化的模型扩展到跨越代际,并用其解释财富和收入分配产生的长期变化。这个模型需要一个超越代际、自身同一而且明确的决策个体。然而,所有个体都会不断死去,因此无法满足这个模型的要求。家庭也不行,因为尽管能够延续,但他们既非自身同一也非独立的。家庭的延续必须通过有性生殖融合和混合其特性才能实现,因此就跨越代际的时间而言,既不是独立的,也不是明确定义的。

你的曾曾孙也将是当前一代中另外15个人的曾曾孙,他们许多人现在都是未知的。假设你曾曾孙的幸福将从你这里和另外15个人那里继承的话,那么对你来说,过于担忧某个特定的后代,或者代表他(或她)采取任何特殊的举动,则是没有意义的。未来那个假想的后代离现在的时间越久远,他在当前一代中的共同祖先数量就越多,因此为遥远未来所做准备,在性质上就越属于公共的善。就关心你后代的福利而言,你也应该关心当下这代所有他人的福利,你的后代会从这些人那里继承或好或坏的特性。因此对未来后代的关心,应该加强而非削弱对当代公正问题的关注——这与通常的观点相对立。尽管从字面上讲,我们并不是兄弟或姐妹,但是我们彼此又确确实实是遥远后代的共同祖先。

这些人类生育所产生的明显后果,推动着我们向共同体方向发展,同时摆脱个人主义——这种推动通常为传统经济学特别是芝加哥学派所抵制,贝克尔就是芝加哥学派很出名的一员。为了避开这种情况和

---

[1] Gary Becker and Nigel Tomes, "An Equilibrium Theory of the Distribution of Income and Intergenerational Mobility." *Journal of Political Economy*, 87(1979), No. 61.

为个体最大化保驾护航，贝克尔和托姆斯采取了很明显、如果说是很极端的权宜之计，那就是设想无性繁殖！对偶然的东西进行抽象来强调本质是一回事，而对本质的东西进行抽象来拯救一种模式，则是另外一回事。当人类生育的具体事实与个人利益最大化的抽象发生冲突时，这些人继续坚持把其抽象当作某种更加现实的东西。贝克尔和托姆斯试图让读者们相信，这种荒唐的设想仅仅是为了解释方便，而没有包含什么重要含义，但在我们看来，这种做法很不成功。[1]

用对数学的关注取代对真实世界的经验关注，在朱利安·西蒙所著《终极资源》的一个重要论证中，也产生了不好的影响。他希望表明，我们无需担忧自然资源的绝对短缺。他写道："就线段具有两个端点而言，一英寸的长度是有限的。但是在端点之间的线段包含着无限个点；这些点的数量是无法计算的，因为它们没有确切的大小。因此一英寸长线段中的点的数量是无限的。同样道理，我们可以使用的铜的数量也是无限的，因为没有合适的方法（即使在原则上）对其进行恰当的计算。"[2]

我们要注意的是，西蒙从无限可分的概念，转变到无限数量的概念，从一条线有无数的点，转变到地下有无数的铜，他仅仅用了"同样道理"这个词来弥补两者之间的差异。毫无疑问，数字的抽象性质可以用来描述很多关于铜的事实，但并非每一个抽象数字的性质，都必须传达关于铜的一个具体真理。

最后一个例子也与资源的可获得性有关。瑟罗认为：

在经济零增长和其他国家的背景下，经常有人提出一个错误的"不可能观点"来证明我们需要经济零增长。这个观点的论述从这样一个问题开始：如果现在世界所有人都按照美国人享受的消费标准来生活，那么这个世界将

---

[1] Herman E. Daly, "Chicago School Individualism Versus Sexual Reproduction: A Critique of Becker and Tomes." *Journal of Economic Issues*, 1982.

[2] Julian Simon, *The Ultimate Resource*. Priceton, N. J.: Princeton University Press, 1981, p.47.

需要多少这种或那种不可再生的资源？与现有这些资源的供应相比，其答案也是惊人的。但这个问题及其答案的错误在于，它假设世界其他国家的人口都将达到美国人平均的消费标准，与此同时，却没有达到美国人平均的生产率水平。从数学角度上讲，这当然是不可能的。这个世界只能消费其能够生产出来的东西。世界其他国家的人口要达到和美国人同样的消费标准时，他们就必须以同样的速度生产和增加世界范围内商品及服务的供应，来满足对商品和服务的需求。[1]

瑟罗教授非常欣赏这个观点，因此五年后在本来应该令人钦佩的著作《零和社会》中又把这个观点逐字复述了一遍。[2] 瑟罗借助交换价值循环流动的这种抽象解释传统，为的是"证明"资源的物理流动绝不可能成为经济增长的限制。他告诉我们，不仅整个世界都可能达到美国的资源消费标准，而且"从数学角度上讲"，情况如果不是如此，才是"不可能的"！不必担心我们需要多少不可再生资源，也不需要考虑所有那些"被设计出来"的令人吃惊的数字。总生产等于总收入，那就是所有事实！但就瑟罗的观点而言，关于生物物理资源是否足以支撑整个世界都达到与美国人均资源使用水平，不幸的是，循环流动的代数恒等式对此根本没有提供给我们任何信息。

我们已经提出了足够多的例子来证明之前所述乔治斯库·罗根的观点，即错置具体性的谬误是标准经济学犯下的大错。这些例子不能视作无足轻重而不予考虑。我们仅引述了不同思想流派受人尊敬的经济学家观点，这些教授来自芝加哥、麻省理工、马里兰和耶鲁这些声名显赫的大学。我们不是要质疑他们的学术地位，只是认为最好的经济学家都如此容易地掉进了这个陷阱，因此更应该关注这个陷阱的存在，并对其保持更多的警惕。

---

[1] Lester Thurow, "Implications of Zero Economic Growth." In *The Steady-State Economy*, Vol.5 of *US Economic Growth from 1976 to 1986: Prospects, Problems, and Patterns*. Joint Economic Committee, Washington, D. C.: U. S. Government Printing Office, 1976, p.40.

[2] Lester Thurow, *Zero-Sum Society*. New York: Penguin, 1981, p.118.

避免谬误

那么如何才能避免经济学的错置具体性谬误呢？首先，可以在讲述经济学原理的教材的头几章中针对这一谬误提出告诫，如同对待写作的谬误所做的那样，包括**后此谬误**（post hoc ergo propter hoc）、**循环论证**（petitio principii），以及其他违背理性的拉丁语错误。到目前为止可以肯定的是，还没有什么教材提到错置具体性谬误。他们的确讲到抽象，但主要是为了强调其强大而非危险。

必须承认，避免错置具体性谬误并不容易。没有抽象，我们就不能思考。"抽象"在字面上意味着"从某物中抽离出来"。我们能够从不同的方向和不同的距离，对具体经验进行抽象。期望人们在为每个论证选择恰当的抽象方向和距离中都具有完美的判断，并在论证中从不把层次搞混，这样的要求太高。似乎总会在某种程度上犯这种错误，因此我们必须思考尽量减少这种谬误，而不是完全消除它。因此，它是一种非常微妙的谬误——它更多是概念性思考普遍存在的局限，而不是一种逻辑错误。

然而，还是有两个比较简单有效的方法，可以帮助我们减少错置具体性谬误。其中一个用怀特海的话说就是，"重回具体以找寻灵感"。回归具体的一个方法就是，考察亚里士多德的四因说。这四因（质料、动力、形式和目的）可以通过一幢房子来解释。质料因是木料、砖块和其他房屋建材。动力因是木匠及其工具，正是木匠及其工具改变了材料的形式。形式因是木匠所遵循的设计图。目的因是建造房屋的目的——比如说为了遮风挡雨和保护隐私。在经济学那里，我们的注意力过于集中在动力因和形式因。如果我们同样记得质料因和目的因，那么我们触犯错置具体性谬误的可能性会降低。怀特海说过，"令人满意的宇宙论，必须解释动力因和目的因如何相互交织在一起"[1]。让人

---

[1] A. N. Whitehead, *The Function of Reason*. Boston: Beacon, 1929, p.28.

满意的政治经济学也是如此。

我们不能指责《数学原理》的合著者怀特海对抽象思考抱有一种粗俗的偏见。与优秀的经济学家一样，他只是坚称我们应该不断地在特殊抽象所带来的好处和付出的代价之间进行平衡，以及我们应该要不时地重回具体。

怀特海对抽象的代价和好处做了如下表述：

把注意力限于一组抽象的好处是，你为你的思考界定了清晰、明确的关系……我们都知道那些头脑清晰敏锐的学者们坚定不移地信奉着抽象。他们纯粹是通过个人的魅力使你继续为其抽象所吸引。

然而完全专注于一组抽象（无论这种抽象如何有充分的根据）的不利之处就在于，就事物本质而言，你抽离了事物的其余部分。如果在经验那里这些被排除掉的事物很重要，那么你的这种思维模式就不适合处理它们。[1]

第二个相关的经验法则就是避免过分的学术专业化。

专业主义带来的危险非常大，特别是在民主社会，因为理性的指导力量被削弱了。处于领导地位的学者则缺乏平衡能力。他们看到的是这种情况或那种情况，而不是把两者放在一起来看。协调二者的任务就留给了那样一些人来完成，他们缺乏在某个特定领域内取得成功所必需的力量或者品格。简而言之，社会专业化层面得到了更好的执行，也获得了更大的进步，但是人们却不清楚整体的发展方向。就协调无力而导致的危险而言，这种细节上的进步只会使问题更加严重。[2]

在接下来的段落中，怀特海表明这种危险只是错置具体性谬误的一个方面，他说，"特殊的抽象得到了发展，对具体现实的关注却遭到

---

[1] A. N. Whitehead, *Science and the Modern World*. New York: Macmillan, 1925, p.200.
[2] Ibid.

了压制。整体迷失在它的一个方面之中"[1]。

我们应该更多地关注那些更多地处理整体和具体问题的经济学领域，像经济史、比较制度经济学、经济思想史和经济发展。这不仅仅是为了其自身，而且它还是针对"核心课程"中过于精炼几乎到有害程度的抽象的一剂解毒剂。

认识错置具体性谬误，对于建构共同体经济学特别重要，因为共同体正是现代经济学最经常抽离掉的现实特征。我们需要的，不是用更强大的数学推导，从个体主义方法论的假设中得出又一个定理，而是为了提出一个新的假设，以恢复那被抽象掉的现实的重要方面——即共同体。

---

[1] A. N. Whitehead, *Science and the Modern World*. New York: Macmillan, 1925, p.200.

第二章　错置的具体性：市场

关于市场，经济学家们必须要说明的最重要一点就是，独立而分散的个体决定，如何产生了一种自发的秩序而没有造成混乱。这是一个不能为人们的常识所直接理解的真理。即使做了仔细解释之后，它还是让人觉得有点神秘，正如亚当·斯密"看不见的手"这一隐喻。市场经济社会并非无序，相反它们通常比计划经济社会更有秩序。

个体自由会产生群体秩序，这表面上看似矛盾的现象，也发生在语言交流之中。个体可以自由地按照期望的方式进行交流。但是为了取得成功，他们必须遵循某些共同体习俗。但结果不是出现了一个巴别塔，而是产生了一个让人吃惊的有着良好秩序的结构，如同所有语言的语法。语言不是人设计出来的，即使是法兰西研究院也无法做到。然而语言却有着一种秩序和逻辑，看起来像是理性安排的结果。而且，语言是共同体最基本的基础。市场也有其语法，即那些主宰独特交流方式的规则。虽说不像语言那样丰富和复杂，但是就收集、交流和使用大量分散而零碎信息这种能力而言，它又是那么不可思议。这些信息就像溶解于大海中的数百万吨金子一样，如果没有办法收集起来则毫无用处。

市场利用分散而零碎知识的能力是其最了不起的特征，就像 F. A. 哈耶克所强调的：

当我们尝试构建一种理性的经济秩序时,我们希望解决的问题是什么呢？如果有一些熟悉的前提做保证，答案就是非常简单的。如果我们拥有所有相关的信息，如果我们能够从一个既定的偏好体系出发，如果我们完全掌握有效的手段，那么剩下的问题就纯粹是逻辑的。也就是说，什么是对有效手段的最佳利用，这个问题的答案就蕴含在我们的假设中。人们已经回答了解决这个最优问题的必需条件，而且可以用数学形式做最佳表述。用最简单的话说就是，任何两种商品或要素的边际替代率在其所有用途中必须相同。

然而这显然不是社会所要面对的经济问题。为了解决这个逻辑问题，我们发展出经济微积分，尽管这是朝着解决社会经济问题方向迈出的重要一步，但它并没有为社会经济问题提供一个答案。原因就在于，经济学计算所赖以开始的那些关于整个社会的数据，无法被给予那个能算出其隐含结果的孤立个体，永远不可能。

理性经济秩序问题的独特性恰恰由这样一个事实决定，那就是我们必须了解的情况从来就没有以集中或整合的形式存在过，所有孤立个体拥有的不过是不完整而且常常自相矛盾的分散片段。因此，社会的经济问题就不仅仅是如何配置"给定"资源的问题——如果"给定"这个词的意思是指，假定个体会谨慎地解决这些"数据"所产生的问题。

如何让已知的资源得到最佳利用，来实现只有这些个体才了解其相对重要性的目标，这确实是个问题。或者简要地说，这是一个如何利用一种没有任何人能全部掌握的信息的问题。

我担心，经济理论所做的许多新修正，特别是许多数学方法的应用，与其说是阐明还不如说是掩盖了问题的这一特征。[1]

个体消费者比其他任何人都更了解自身的偏好，因此在市场中会直接采取行动满足这些偏好。个体生产者也比其他任何人更了解自身的生产能力和选择，因此他们也会基于这一信息在市场中采取行动。这些分散决策的本质特征在于，它使所有这些信息得到利用。如果决策是集中做出的，就像计划经济那样，那么所有关于特定目标和手段的信息就必须被收集和汇总达到一定数量，能够交由单个决策者处理，

---

[1] F. A. Hayek, "The Use of Knowledge in Society." *American Economic Review* 35（1945）, No. 4: 520.

尽管现在由于计算机的使用，可处理的信息量变大了。

为了具体理解这个信息问题，我们可以拿两种普通商品为例。首先看看羊毛，这种从绵羊身上得到的同质白色物品看起来并没有包含什么重要的信息问题。然而在世界羊毛市场，交易者认可的羊毛大约有5000个品种。这些羊毛在纤维长度、弹性、静电性质、韧性和对各种染料的亲和性方面存在差异，更不用说这些羊毛的产地和时间。将每种羊毛的品级与其他种羊毛的品级进行组合之后，得到的品种很容易超过5000个。如果有人认为这些区别无关紧要，那是因为他没有看到这样一个事实，即人们确实关心这些区别，以至于愿意为获得他们最想要的那些品质组合而多付钱。在计划经济那里，大量这类品质信息都不为人所知，羊毛就仅仅是同质的物品。事实上，在很多决策中，人们能够使用的种类可能甚至不是羊毛，而是"动物纤维"，或者这个种类也许甚至与棉花一起被归属"自然纤维"这个品种，或者更进一步，"自然纤维"与尼龙和其他合成物一起被简单地归属为"纤维"。

小小的螺丝钉则是一个更为合适的例子。那么它们有多少个不同品种呢？螺钉是根据英寸或厘米，或某种其他特殊公制单位测量的长度和直径来区分的。螺纹的螺距也有区别。螺钉的材料分为：铁制、铝制、黄铜、铜镍合金。一种金属制造出来的螺钉可以用另外一种金属做电镀：铬、镍、镉、铜等等。螺钉头部的区分更多：埋头平顶或埋头椭圆；圆的、方的、六边形；狭长的，菲利普或艾伦头；盘头。很显然，有无限多的螺钉品种，每种都有特殊用途。机器螺钉和成百种日常使用的其他螺钉也是如此。

市场制度能够处理所有这些品质差异方面的信息。而计划经济则不能，比如说只有12个品种的木钉和4种等级的羊毛供你选择，这就像用你的拳头而不是手指来弹钢琴。对于在不同的商品用途之间配置资源来说，市场是我们能够提出的最有效的制度，因为它具有充分利用信息的能力。市场对环境变化的反应也更为灵敏，而且更具参与性，因为成千上万的消费者和生产者，而不是那些可能都不知道应该拿螺丝刀哪一头的高高在上的官僚——甚或官僚委员会——决定生产哪些类型的螺钉。

是什么使得个体生产者对消费者的需要如此敏感,以至于要关心镀铬和镀镉的螺钉之间的区别呢?那就是竞争性的逐利。经济学家把利润既看作错误配置的信号,又看作纠正已知错误配置的刺激。如果从镀铬螺钉中获得的利润高于从镀镉螺钉中获得的利润,那么资源就会转移,从而增加前者的供应量并减少后者的产量,直到二者边际利润相等。利润既提供了信息,也提供了刺激因素。在高效经济中,所有非正常利润都会通过竞争而降到正常的水平。企业家的利润不会超过他们在最佳职业中能够获得的收入。

市场语法:最大化的等边际法则

前述段落中讲到除非利润"在边际上是相等的",否则资源会重新配置。这是经济学中一条重要的普遍原理中的一个例子,即"最大化的等边际法则"——当某种资源(时间、货币、能源等)要在不同的用途之间进行配置以实现某个目标(利润、福利)的最大化时,所使用的最后资源单位对目标的边际贡献或增加的贡献,在所有用途中应该相等。举个例子,一个消费者想在读书和徒步旅行之间分配闲暇时间。假设发现在当前的方案中花费在徒步旅行上的最后一小时会让他很疲惫,而用于读书的话,则会让他很愉快。那么这个消费者作为典型的经济人就会重新分配时间,目的是提高整体满意度或者说是整体效用。他从徒步旅行中减少了一个小时,从而牺牲了很小的边际效用。那个时间被用于读书,这样他就又获得了相对大的边际效用。由于损失的效用小于重新分配获得的效用,总效用必然会增加。只要徒步旅行的边际效用(花费在徒步旅行上的时间增加一个小时给总效用带来的增量)与读书的边际效用不相等,那么就可以通过减少较低边际效用的时间并增加较高边际效用的时间,从而使总效用得到提高。只有当边际效用相等时,通过重新配置来提高总效用才不再可能。不能进一步提高的量就必然是最大量。当然,在不同的商品之间分配收入,或者在不同的项目上分配资金也是同样道理。牺牲掉的选择（徒步旅行）称为"机会成本"，也就是做选择的时候所牺牲掉的其他最佳方案。由于这里的例子在阅读之外只有一种选择，它自然就是其他**最佳**的方案，也就是所说的机会成本。

经济学家关注边际的一个相关理由就是，边际是经济选择之所在。当边际变大或是不可逆转时（结婚或是保持单身、移居国外或者留守自己的国家、参加战争或是做一个和平主义者），相应选择的经济色彩就变得比较少，而"英雄"色彩则变得多一些。经济选择都具有很小而且可逆转的边际。

边际也和价格（交换价值）有着密切的关系。让我们看看卡尔·门格尔提到的这个著名例子：一个农夫刚刚收割了五袋玉米。第一袋留作来年的种子。第二袋直接拿来食用。第三代用来喂鸡，为的是有更多鸡蛋和肉吃。第四袋他用来发酵做威士忌。第五袋他用来喂养鹦鹉，因为这个鹦鹉的滑稽动作让他很高兴。① 任何一个想要与这个农夫交易一袋玉米的人，给农夫提供的东西都必须让农夫觉得更有价值。相比什么更有价值呢？当然是鹦鹉，这个鹦鹉就是一袋玉米的边际使用价值。正是边际或最不重要的使用价值决定着交换价值。价格——交换价值——衡量边际效用。需要注意的是五袋玉米的效用总和要比边际产品效用（价格）的五倍大得多。这个差额被称为"消费者剩余"。这使得很难用基于价格的价值来估算总福利。这个故事也向我们揭示了"边际效用递减规律"——那就是，明智的人会首先满足最迫切的需要，然后收入每增加一个单位，都会用来满足较不迫切的需要。

市场这些优势存在某些重要的条件和局限，但是在思考这些条件和局限之前，我们先把那些反对意见放在一边。有些人既谴责了市场及其对利润的依赖，也谴责了集权官僚体制过于集中的权力，但这必然导致前后矛盾。假使一个人拒绝利润这个概念，那么所有人必然都是拿薪水的雇员——没有独立的工匠、专业人员、小农场主、商人等

---

① Karl Menger, *Principles of Economics*. Translated by James Dingwall and Bert F. Hoselitz, Glencoe, Ill.: Harper & Row, 1950.

等。而如果所有人都是雇员，那么谁来当雇主呢？想必是国家——单一、庞大、集权的官僚机构来当雇主。如果一个人支持决策的独立性、参与性、分散性，并且支持企业小规模化或人性化，那么就必须接受利润是收入的合法和必要来源。很多抱怨针对的是垄断利润，但是这是反对垄断，而不是反对利润本身。那些想要取消利润这个概念，同时鼓励经济生活决策分散化和提高参与度的人们，并没有对其提议进行清晰思考。如果不喜欢集权的官僚决策体制，那么就必须接受市场和利润动机这些概念，如果不把后者看作一种积极的善，那么可以把它看作两种恶中较轻的那种。第三种方案（与两种基本方式变化组合相对立的）还没有找到。我们毫不犹豫地选择将市场作为资源配置的基本制度。在本书接下里的内容里，我们提出资本主义和社会主义之外的其他方案，并不是作为其他分配资源的方式提出来的。在配置资源这个问题上，我们明确赞同资本主义。

经济学家并没有把所有时间都用在对市场优点的赞美上。他们做了很多努力，既阐释市场作用的正常发挥需要什么条件，也说明什么条件会导致"市场失灵"。如果本书通篇都聚焦于市场的局限和失败，那并不是因为我们反对市场。恰恰相反，我们迫切需要识别和纠正那些引致市场失灵的条件，以此来提高市场作为基本制度的地位，从而发挥市场在不同用途之间配置稀缺资源的作用。经济学家已经发现三个与市场有关的重要问题：(1)竞争有自我消亡的倾向；(2)自利对作为市场前提的共同体道德环境具有腐蚀性；(3)公共产品及外部性的存在。其中，前两个问题谈的是市场会削弱自身存在的基础，这些会在接下来的部分中讨论。第三个问题则会在"公共产品及外部性因素"这个专题中阐述。

市场削弱自身存在基础的倾向

竞争不是敌对，而是说买家和卖家存在许多选择。那么一个竞争市场需要多少买家和卖家呢？只要没有人可以独自操纵价格就足够了。

竞争使利润保持在正常水平，并使资源得到合理配置。但是有竞争就有成功和失败，而且成功和失败都会呈现一种累积效应。上一年的胜利者会更容易地成为这一年的胜利者。胜利者会趋于成长，而失败者则会消失。随着时间的推移，企业数量会减少，竞争被削弱，而垄断势力会增加。从竞争会自我消亡的角度讲，必须不断地通过反托拉斯手段重新建立竞争。在当前兼并和接管成风的时代，重建竞争事实上成了一个被遗忘的词汇，而允许大规模扩张来重建国际竞争则是错误的努力，这是没看到，规模经济已变成规模不经济——就好像没看到，通用汽车公司已经不比丰田大多少。

　　垄断就定义而言是反竞争的，但即使没有达到垄断程度的大公司也仍然是一个问题。一个公司就好比市场关系大海中的一个人工小岛。① 在企业内部，中心决策或中心计划就是组织原则。在企业之间，市场或分散的决策占支配地位。当企业变得越来越大和越来越少时，受计划调节的经济生活会越来越多（在企业内部的层次），而受市场调节的经济生活则越来越少（在公司之间的层次）。最极端的情况是出现一个庞然大物，它与高度集中的计划经济没有多少分别。

　　企业规模的适度性，必须部分地由相互冲突的计划原则和市场原则之间的平衡来决定。决策有可能过于分散，也有可能过于集中。如果企业主必须就市场合约的每一个细节进行谈判的话，就会变得非常没有效率。如果工作上事必躬亲，企业主必须关注所有中间产品生产的全部细节，同样会很没有效率。如果只是企业规模很大，即使技术和管理变得没有效率，它也能够带来政治和经济权力上的优势。

　　在市场和完全放任主义之间存在着一种冲突。保持市场竞争就需要摒弃放任主义，至少政府必须承担起限制垄断和企业过分庞大的职责。里根政府倾向支持大企业而不是市场竞争。经济学家如何忽略了作为市场竞争守护者所要捍卫的反托拉斯传统，这点让人非常惊讶。因此应该更多地称赞为恢复这一传统而努力的沃尔特·亚当斯和詹姆

---

① R. H. Coase, "The Nature of the Firm." *Economica*, November (1937).

斯·布洛克。[1]

与市场削弱自身竞争基础的倾向相类似,个体自我利益对共同体的道德风气也具有腐蚀作用。尽管更多地受自利驱动,市场仍然完全依赖崇尚诚实、自由、进取、节俭和其他美德这样一些价值观的共同体。这些美德的权威性不会长久忍受被降低到个人喜好的层次,而作为现代经济理论基础的实证主义、个人主义的价值哲学却明确地对此表示赞同。如果所有价值都源自个人需要的满足,那么就没有什么能够限制这种自利的、只满足个体需求的动机。在《增长的社会极限》中,弗雷德·赫希认为,道德资本耗尽可能比物质资本耗尽付出的代价更高。市场不会积累道德资本,它只会将其消耗殆尽。因此,市场依赖共同体让道德资本重生,就像它依赖生物圈让自然资本再生一样。

不幸的是,市场作为经济概念,是从共同体和生物圈中抽象出来的。因此,这些议题在经济学科内部并没有得到关注。然而在现实世界中,漠视社会和生物物理共同体的限制,就是对市场经济社会的最大威胁。如何把经济学家的注意力吸引到这些重大问题上,以及如何在现实世界中处理这些问题,将是后面章节的主题。

公共产品及外部性

刚才讨论市场经济社会的前两个问题,与市场会破坏自身存在必需的社会基础有关。第三个问题完全是一个更加技术性的问题,涉及的是市场失灵。与前两个问题相比,它受到经济学家更多关注。即使竞争体制和共同体基本价值都完好无缺,市场仍然不能有效处理外部性和公共产品问题。

公共物品具有这样一种特征,即可以被所有人使用,而不会相互排斥。许多东西都具有这种性质,如信息、科学知识、高速公路、灯塔、国防、公园。不管由谁使用都不会给其他人带来损失,边际机会

---

[1] Walter Adams and James Brock, *The Bigness Complex*. New York: Pantheon, 1987.

成本是零，因此价格也应该是零。但是知识、公园、高速公路等等这些物品的成本却并不等于零。市场缺乏刺激企业免费提供昂贵公共物品的因素，因此这些物品从来不会单独由市场来提供。然而这些公共物品明显是有益的，也是个体所需要的。它们也是共同体的物质基础设施。

如果企业能够获准对公共物品索取使用费用——例如，一条私人收费道路——那么企业就会修建它，但仍然不会达到有效利用的结果。边际机会成本仍然为零——收费公路让多一辆车通行不会有任何损失——然而价格却不为零。因此，道路不会得到充分利用。这里，对某些人有利而又无损于他人的一些福利被舍弃了，这违背了帕累托效率原理。通常，私人物品的市场竞争会达到帕累托最优（以维弗雷多·帕累托命名），即不可能再改变某些人的境况，而不使任何其他人受损。那么这个标准就是，按照双方自己做出的判断，去做对某人而言有利同时不会伤害任何人的事。当不可能再做出这样的行为时，那么社会福利就不可能明确得到改善——也就是说，我们达到了一个最优值。注意：任何重新分配收入的行为都被排除掉了，因为某个人的境况会变坏。因此所有可能的收入分配方式，都存在一个不同的帕累托最优，而收入分配方式则有无穷多个。

市场需要政府帮助来有效提供公共物品。很多努力都用在了评估个人为公共物品付费的需要和意愿上。所有个体愿为公共物品所付费用（假设对调查问卷做了诚实的回答）总和，就被看作公共物品的总价值，将这个总价值与总成本相比较，而总成本通常能够更为客观地为人所知。经济学坚持把所有价值都简化为个体的支付意愿，而不是公共利益或共同财富这样的有机概念，其极端个人主义在这里表露无遗。尽管肯尼斯·阿罗在不可能定理中证明，某种基本而且合理性质的社会福利功能，并不能从众多个人福利功能那里推导得出[①]，但经济

[①] Kenneth Arrow, *Social Choice and Individual Values* (2d ed). New York: Wiley, 1966.

学个人主义仍在延续着。我们对公共物品没有更多的东西要说,但对外部性倒是有很多东西要讲,外部性是市场失灵最普遍和最难处理的例证。

在经济学家的印象里,市场是一种只有当所有各方认为交易对其有利时,才会自愿交易的体系。而令经济学家倍感振奋的是,所有的市场参与者都获利了。但这种观点是从现实世界中抽象出来的。在现实世界里,所有发生的事情都会产生更为广泛的影响。实际上,市场交易产生的后果所影响的,不仅限于那些参与交易的人。

市场所处的共同体环境和自然环境仍被排除在经济学研究范围之外,与之不同,市场交易的这种"溢出效应"在经济学内部得到了关注并得到了命名。"外部性"这一名称很重要,它揭示了这些现象不仅外在于市场,而且作为一个经济学概念,它也是处于以市场为基础的主流经济学理论体系之外的。

经济学思想中相对市场而言的"内部"和"外部",并不是由现实世界而是由对现实世界的抽象决定的。经历这一番抽象之后,真正的现实世界常常遭到忽视。在20世纪20年代之前,经济学家都没有注意到这些溢出效应。当发现某些事物不符合建立在抽象基础上的体系时,或者改变这些抽象,或者把新现象看作一种"外部性",这种外部性只能被孤立地看待,而且遭到边缘化。托勒密天体学就因为相反证据的存在,只能通过增加本轮来维护其天体按圆形轨道运动的核心体系而著名。在当代经济学那里,对外部性的处理也与此相像,这就证明了最早的抽象对经济学家的影响。我们认为,把"溢出效应"——即事物之间的相互联系——内在化到经济学基本理论中的模型,才是较好的做法。如前所述,频繁借助外部性这一概念,恰恰表明经济理论整体存在错置具体性的问题。

当一家企业的生产或一个消费者的消费直接影响另一家企业或另一个消费者时,外部性就产生了。这里所说的"直接",是指这种影响并没有通过市场的调节,因此是无法估价的。"非市场化的相互依赖"是与外部性相近的同义词。人们通常使用的同义词——"溢出效应",

指的是个人行为以市场为媒介对其他人的福利产生影响，但偶尔会超出市场控制从而"殃及"第三方。

这种非市场化的相互依赖，可以对福利产生正效应或负效应。至于正效应，可以考虑如果某些人接种了脊髓灰质炎的疫苗，那么即使没有接种的人也会因此受益，因为感染这种疾病的可能性就降低了。因此，那些付钱接种的人，给其他人带来了一种外部收益（正外部性），但却没有得到任何补偿。我们可能想，人们会为此感到高兴，但经济学家则认为，这样会产生大量"搭便车的人"（只要其他大多数人接种了疫苗，那些拒绝接种的人仍然会得到有效保护），这会导致不满和混乱。要达到公平，就必须让愿意付钱接种疫苗的人获得这种外部收益，而拒绝付钱但也受益的人则必须对此进行偿还。通过征收一定量的税，然后给接种疫苗的人提供补贴就会达到这个效果。然而这种解决方法是集体行为，而不是自由市场产生的结果，它需要在道德观点上取得足够的一致，即同意为了公共利益对搭便车的人征税，并对接种疫苗的人提供补贴。这就超越了纯粹的个人主义。如果个体自我身份受共同体各种关系的制约，那么搭便车的情况就会变得极少。但经济学家却把这种自我身份看作独立于共同体各种关系之外，他们认为搭便车的行为是惯例而不是例外。尽管他们确实认为，社会的凝聚力和共识达到一定程度，那么就足以制定法律来减少搭便车的机会。

负外部性则更常见。典型案例就是，一个工厂排放到河流的污水损害了下游的渔业。工厂并不必须对渔民所受的直接损失进行赔偿。通常的解决方法是，对工厂征收排污税，这个税在价值上与排污的外部成本相等。这就是说，河流的渔业用途要比把河流当作废物排放场所更重要。如果情况相反，那么渔民就必须支付足够的税，来补偿工厂处理废物从而减少对鱼类损害的成本。不论哪种情况，外部成本都得以显现并反映到产品的价格上。在一种情况下，河流属于渔民，在另一种情况下，河流则属于工厂。谁事实上应该"拥有"河流是一个重要问题，但是上面讨论的任何一种情况，都把外部成本内在化了，不论是由工厂承担还是由渔民承担。

如果上游的工厂和下游的渔民同属一个企业集团，那么外部成本对这个企业集团而言就变成了内在的。这并不意味污染会停止——它只会保持在一个"最优"的水平。在这个"最优"的水平上，鱼类损失的边际成本，恰好等于采用更廉价的废物处理方法所获得的边际收益。因此，最优水平就是污染达到利润最大化的水平，这里污染算作一种成本。

当然这种描述与经济学中大多数对外部性的处理一样，把现实问题大大简化了。事实上，除渔民之外，河流免受污染通常是出于许多人的利益，他们有很多不同的理由反对这样做。因此，总的社会成本不可能被内化到新的企业之中。第十章会解释，对河流鱼类的影响不能完全只从给人类造成的损失角度来衡量。另一方面，工厂减少排污所受的经济损失会导致它搬迁或者关闭部分设施，结果可能是工人丧失生活来源和社会遭受损失。当探究这些影响的范围时，我们开始认识到，让思考服从于学科要求，必然会导致如此极端的简化。这是错误的，而且可能会误导政策制定者。

"外部性"是这样一个无所不包的词语，所以需要进行一些区分。我们把其区分为局部外部性和普遍外部性。前者至少通过价格调整或稍作改变就可以得到比较合理的解决。而普遍外部性因为范围广泛，价格的相对调整并不能有效解决这一问题。它们需要数量限制或者重要的制度转变。还有一些介于两者之间的例子。例如，对所有类型的外部性而言，煤炭行业是很好的例证。尘肺病是局部外部性，因为很明显与采煤有关，只有矿工及其家庭才会受到直接影响。与煤炭有关的普遍外部性包括二氧化碳的排放（温室效应）和酸雨。在这些情形下，不只是哪一个群体要付出代价，我们也不能把原因只归结于一个局部行为。这一章主要考察局部外部性，因为所有标准的经济理论都知道如何处理局部外部性。第七章将处理普遍外部性这一更具挑战性而且更现实的问题。

经济理论所有关于完全竞争和自由市场的社会效益结论，其前提都明显缺乏对外部性的考量。当今世界，外部性具有无可否认的重要性，它对这些结论是否中肯提出了严峻挑战。这种挑战已经得到了非常明确的回应，即所有外部成本和收益都必须内化到任何商品和服务的价格当中，这导致了外部成本的产生。通常这种调整是通过税收实现的，通过计算税收来衡量商品的外部成本。给市场交易增加这种庇古税（以 A. C. 庇古[①]命名，他最先提出这种调节办法），会实际反映出在内部成本或私人成本基础之上增加的外部成本，由此反映社会总成本。那样的话，消费者和生产者就会在考虑所有的成本后再做决定。在没有外部成本的情况下，庇古税应该是负数，也就是说它变成了一种补贴。在理论上，这种解决办法既简洁又简便——如果消费者支付的价格没有反映全部成本，那么就要通过增加一定数量的税收来调整价格，从而使这些价格体现所有的成本，市场效率也就因此得以恢复。

我们可以要求煤炭企业为工人尘肺病支付所有费用。为此，企业会提高煤炭价格用以支付工人的全部治疗费用。假使天真地问道："社会有能力负担那些费用吗？"——答案是社会已经在为此支付费用。这不是一个选择要不要支付外部成本的问题。成本就摆在那里，必须由某个人来付：要么是工人，要么是通过社会化的医疗由普通大众承担，要么是让价格提高到足以支付这些费用的程度。如果矿工得不到医疗救助，那么代价就是病痛和早逝。内化原理认为，煤炭企业应该负担这些费用，因为这些费用正因它们而产生。增加的所有或部分费用会通过更高的煤炭价格传导给消费者，似乎理应如此。节约使用更加昂贵的煤炭意味着煤炭产量会减少，而尘肺病的发病率也会降低。内化对减少外部成本产生了一种激励。如果外部成本没有内化到煤炭的价格中，而是通过税收体现，那么这些外部成本还是会得到消化，但不是由使用者承担。这种方式对于减少外部成本并没有刺激作用。相反，如果由普通公众而不是煤炭企业和消费者承担治疗尘肺病费用，那么煤炭企业就会发现，由他们来降低工人尘肺病发病率根本就是无利可图的，因为费用已经由别人支付了。内化原理不仅是公平的

[①] A. C. Pigou, *The Economics of Welfare*. London: Macmillan, 1920.

（成本由谁产生，谁就应该为此买单），而且对社会也是有益的（负担成本的也是支持减少这种成本并因此获益的人）。

在某些人看来，这个例子中公平和共同体两者与效率构成了冲突。因为所有人都需要煤炭并从使用煤炭中受益，就应该以税收的方式由整个社会共同承担治疗尘肺病的费用。这显然比没有人对煤炭工人做出补偿要好。然而，煤炭使用者承担这一增加的成本是共同体的要求。它既反对成本完全社会化的集体主义，又反对任由矿工承担不幸的个人主义。它认为，作为一个共同体要遵守这样一个规则，即商品价格应该反映为生产这种商品所做牺牲的全部价值。我们不想要那种以矿工患上肺部疾病为代价的廉价煤。作为煤炭使用者至少能够做的就是，给矿工治病或者最好为他们购买防护措施。使用价格而不是税收来承担外部成本这一做法，能够刺激消费者节约煤炭，而且还能减少给工人造成的伤害。我们可以刺激煤炭生产者降低尘肺病的发病率，正像促使他们减少所有其他成本。鉴于所有人都从煤炭中获益，因此作为纳税人应该共同承担外部成本，我们对这种观点的回答是，内化就是意味着所有人不仅要为使用煤炭付费，而且所付的费用要与使用量成正比。如果现实中大家都在使用煤炭，那么这种费用自然也将是普遍的。内化实现了社会化所要达成的所有目标，而且因为避免了错误刺激以及刺激成本减少，它完成的任务还要更多。

崇尚个人主义自由市场的人会争辩说，在完全竞争的市场中，矿工工资已经包括了患尘肺病风险的额外费用，因此一开始就不存在外部成本。这当然没错，但是这只是以另一种方式在说，如果没有患尘肺病风险的工作可以让工人选择，而且调换这种工作可以没有成本，那么他们就会这样去做从而逃离矿区。为了让他们回来，雇主就必须付出一笔额外费用让其觉得这样做是值得的。其他可供选择的工作以及无成本的工作流动，正是完全竞争所包含的意思。但在这里，完全竞争所做的这种抽象是不切实际的，因为矿工根本没有按照自身意愿变动工作的自由。

另外一个例子是路易斯安那州密西西比河沿岸的四家化肥生产企

业。这些企业每年要向密西西比河里排放 1000 万吨到 1200 万吨的磷石膏渣，其中包含镉和低放射性物质。这可能会给新奥尔良的淡水供应和路易斯安那海湾的牡蛎、虾以及水产捕捞业带来负面影响。这些生产企业里堆积了大量的磷石膏渣，多到快没有地方存放。如果这些企业必须承担往深海倾倒磷石膏渣的费用，那么如其所言企业就会失去竞争力并倒闭，这样会减少路易斯安那州并不景气的就业岗位。这是大家都熟悉的一个故事。看起来这些企业似乎已经将化肥价格保持在低于全部成本的水平上，他们期望迟早有一天能将其一拖再拖的废物处理费用外在化——也就是说，把成本转嫁给渔民和新奥尔良的居民，事实上还有所有食用海产品的人以及饮用这些水的居民。这已经从局部外部性转向普遍外部性。即使如此，将处理废物的费用内化于化肥价格，仍不失为合理的解决办法。如果这会让化肥的产量减少，那么就减少好了，而绝不应该牺牲较高价值的东西，去换取生产更多较低价值的产品。当然，当倾倒废物的外部成本实际上可以忽略的时候，在原则上接受成本内化这种做法还是可能的。有人可能会说废物中所含的镉和放射性物质浓度很小，不会伤害水中的牡蛎，到目前为止没发生什么严重的事情，等等。然而在处理一个新问题时，总存在合理范围的不确定性，双方都能找到来自专家的证据——尽管很少有人站在与其雇主利益对立的那一面。

有时，不征收庇古税也能使成本内化。举一个例子，要让污染河流的成本内化，可以要求工厂进水管道放置在排放管道的下游。如前所述，如果处于上游的工厂与处于下游的工厂合并，可以达到同样的内化效果。合并后的新工厂就会考虑上游工厂污染给下游工厂带来的成本。再举一个微不足道但却很有启发意义的例子，它发生在大学的学生团体中。自动点唱机因为干扰了交谈而产生了外部成本。交谈的人要求把这个机器搬走，而音乐爱好者则不同意这样做，并认为这是一部很讲民主的机器——如果不喜欢听到的东西，你可以投币选择听别的东西。但是交谈的人回应说，他们想要的是安静，而这是没法选择的。巧妙的解决办法是，在唱片中加上一张三分钟的无声碟片。严格地讲，这并不是一个把外部成本内化的例子。但却很接近，因为它在市场选择中恢复了一个被排除在外的可选价值（安静）。

配置、分配和规模

市场除了这三个局限之外——保持竞争、限制自利和外部性——还有两点无能为力之处。其中一个很容易认识，在帕累托最优的相关简短讨论中已经提到，那就是效率不等于公平。另一点没有得到广泛的认同却与第一点有些相似，即效率并不等于相对生态系统而言最优的经济规模。甚至它也不等于生态上而言可持续的经济规模。

市场只做一件事情：通过提供必要信息和激励来解决资源配置问题。当有共同体或集体的足够支持来保持竞争、限制自利、处理公共产品和外部性问题时，它就会很好地发挥这一作用。但是市场其他两个局限则是不同类型的问题：它们根本就不是资源配置问题，而是关于分配和规模的独立问题。

就要素定价和分配利润而言，市场当然会影响收入分配。市场必须有一定能力改变收入分配从而刺激效率的提高。问题在于，市场分配收入的目的是实现资源有效配置，而不是公平。不管怎样，财产所有权的历史条件是决定收入分配的主要因素，与效率或公平并没有关系。这两个价值之间会发生冲突，而市场不会自动去解决这种冲突。这一点已为今天的经济学家所承认，但是他们心中仍然留有一丝残念，这来自约翰·贝茨·克拉克影响深远的边际生产率理论，即市场会根据最接近每个人对总产品贡献的比例来回报所有人。然而用边际产品来衡量个人对经济的贡献完全是不正确的，因为一种要素的边际产品由可供选择的其他要素以及技术状况所决定。

市场不会站在资源使用总量相对生物圈而言最优（甚或仅仅是可持续的）的角度，去思考限制自身规模的增长。将外部性内化是改善资源配置的一个好办法，但是解决不了最优规模的问题。

如果把经济过程看作封闭有限系统的一个开放子系统，那么相对整个系统而言，子系统规模应该有多大，则是一个很难回避的问题。那么这个问题又是如何被避开了呢？有两种方法：一是把经济看作对整个系统而言小到可以忽略的子系统，这样规模问题就变得无关紧要；二是认为经济与整个系统具有共同的边界——如果经济无所不包，那么对整个系统而言，其规模就不再是问题。这里可以参照博尔丁以"牛仔"和"航天员"为例所做的生动区分。[1]生活在一望无际平原的牛仔，从生活资料的获得到废物的排放都是直线式的，不需要循环利用任何东西。而生活在狭小太空舱的航天员，其生活则由密闭的物质循环和即时反馈构成，所有控制都要服从于航天员的需要。对牛仔而言，其经济规模是可忽略的；而对航天员来说，其规模就是一切。在航天员那里，没有决定经济规模的独立生态系统；没有生态系统，只有经济。在这两个例子当中，唯一的问题就是配置——规模是无关紧要的。只有处于牛仔经济和航天员经济的中间地带，规模问题才不会和配置问题混合在一起。但我们所处的正是这个中间地带。在牛仔经济和航天员经济之间是各种程度不一的"公牛冲进瓷器店式的经济"（bull-in-the-china-shop economies），规模在这里成了主要问题。我们不是牛仔，因为相对环境而言，经济的现有规模远不是可以忽略不计的。我们也不是航天员，因为生态系统大量的物质能量转换并不在人类的掌控之中，无论是价格还是计划都做不到这一点。在一个遵守物质守恒定律的有限系统中，经济掌控得越多，留给自然自发控制的东西就越少。随着从生态系统索取的资源以及排放到生态系统的废物在规模上不断增加，引起的生态系统质变也一定会增多。这些对生态系统产生的加速改变令人吃惊而且不安。[2]这就把我们引向普遍外部性这一问题，第七章会进行讨论。

企图依赖市场进行资源配置，又期望市场也能解决分配和规模这

---

[1] Kenneth E. Boulding, *Beyond Economics*. Ann Arbor: University of Michigan Press, 1968.

[2] Charles Perrings, *Economy and Environment*. Cambridge: Cambridge University Press, 1987.

土地也是一种非常特殊的商品。生物圈就存在于这片土地，但是它并不按照测量员划定的界限，也不根据房地产市场中买卖的地块来划分其功能。土地是生物物理共同体和社会共同体的基础，后面的章节会对这个问题做更多说明。然而，我们不能给予劳动商品化问题同样的关注，更不用说遗产转化为资本这个问题。这是我们研究存在的一个局限。但是劳动和资本商品化已经广泛地讨论了许多年。我们承认这些问题很重要，但没有什么新观点。我们认为土地问题还有待讨论——因此，这正是我们关注的焦点所在。

第三章 错置的具体性：对经济成就的衡量

GNP：政治意义

经济学家希望市场秩序良好。他们深信，当市场秩序良好时，人们会普遍获益。相应地，他们大部分研究都在以这种或那种方式去理解，如何才能让市场秩序良好。

尽管许多市场运作理论都是演绎推理性质的，但经济学家对衡量市场成效也有兴趣，这既包括市场的特殊部门，也包括市场整体。而我国使用的一个最重要的衡量方法就是 GNP（国民生产总值）。几乎所有的经济学家，都把 GNP 或者人均 GNP 增长看作市场是否健康的信号，而市场健康就意味着经济健康。

经济学的某些观点，如反对政府干预劳动力市场，常常因为公众代表代为执行民意而作罢。而以 GNP 衡量经济增长，公众则不存在什么严重分歧。两个政党都承诺推动经济发展，对两党而言，那都是指 GNP 增长。当现今刺激经济充分增长出现困难预警时，就意味着政府政策不能充分地促进 GNP 增长。普通民众也接受这种判断经济是否健康的观点，当民众相信经济——主要指 GNP——在不断增长时，他们才更可能让一个政党继续执政。

其他国家也衡量国民产值。尽管完全的标准化还没有实现，而且国家之间进行比较也存在困难，但 GNP 却被国际金融机构用来衡量不同发展计划的相对成效。世界银行和国际货币基金组织都根据这一指标来制定政策。经济发展有成效，**意味着人均 GNP 增长速度令人满意。**

人道主义者也经常引用 GNP，目的是唤起对那些低收入人群的同情。他们经常表示，那些人均 GNP 很高的国家，应该设法把部分财富转移给那些人均 GNP 很低的国家。简而言之，GNP 作为衡量经济是否成功的标准，已为经济学家、政治家、金融家、人道主义者以及普通民众所接受。它非常重要，因此值得进一步考察。

所有群体都认为 GNP 能够衡量经济的某些重要层面，而且大部分人认为这事关人类福祉。当然人类福祉所包含的不仅仅是经济的，但经济因素确实非常重要，经济越强大，对人类福祉的贡献也就越大。经济通常也是福利中易受政治影响的主要领域。不管怎样，其他衡量方法很少能取得人们的共识，因此对公共政策的影响也无法与 GNP 比拟。

GNP 衡量的只是福利的某些层面，因此不能作为衡量一个国家总体福利的指标，忘记这一点就是典型的错置具体性谬误。这是显而易见的，毋庸多言。更多地展示如物质生活质量这些社会指标，可以扭转这种局势。物质生活质量衡量的是识字率、婴儿死亡率和预期寿命。我们还应该开发和公布生态健康指标。虽然在《世界形势》年度报告里，莱斯特·布朗（Lester Brown）没有采用统计指标的形式，但也会对此有所帮助。

GNP 衡量的经济福利可以简单地加到其他福利要素中，这个观点反映了学界对现实的普遍看法。他们认为，对整体的各个组成部分进行划分研究，就可以一窥全貌。但那有一个前提，即部分从整体中抽离实际上不会对其产生任何影响。很显然，这是错误的。因此第一个问题就是，GNP 衡量的经济增长到底有没有为人类整体福祉作出贡献。

直到现在极少有人提出这个问题，而且即使到今天，大多数经济学家和政治学家也没有认真地看待这一问题。然而，现如今这个问题摆在了世界面前。各式各样对 GNP 的批评在不断增加，批评者指出，GNP 的增长让我们在心理、社会和生态层面付出了沉重的代价。[①] 因此，GNP 与人类整体福祉的关系需要进一步讨论。

[①] Paul L. Wachtel, *The Poverty of Affluence: A Psychological Portrait of the American Way of Life*. New York: Free Press, 1983.

还有一个问题涉及 GNP 和经济福祉之间的关系，这个问题对经济学家而言并不陌生。实际上，没有哪个博学的经济学家认为 GNP 是衡量福利的完美工具。大多数经济学家承认，GNP 衡量的市场活动具有被忽略的社会成本，而且用于抵消这些社会成本的市场活动也被计入了 GNP。很显然，GNP 夸大了福利！其他缺陷也使 GNP 很容易受到指摘。但是普遍的观点认为，这些缺陷微不足道，GNP 足以反映经济福祉的真实情况。因此就整个现实而言，无需再为 GNP 的适用性争执不休。当经济学家或政治领导人忘记 GNP 所衡量的与经济福祉大不相同，然后根据 GNP 对经济福祉做出结论的时候，错置具体性的谬误又一次出现了。尽管经济学家很快承认了这一点，但也同样很快否认了其重要性。因此，我们要更进一步地考察 GNP 和经济福祉，从而判断这种经济学家获得广泛认可的一致观点其理由是否正当，或者这种谬误是不是比经济学家所认为的更为重要。我们会讨论两种不同于 GNP 的对策。首先是概念上更为准确的收入概念——希克斯收入。这里的问题根本不是要衡量福利，而仅仅是更好地衡量收入。当然收入和福利之间具有关联，因此更好地衡量收入的办法可能也是更好地衡量福利的指标，但是希克斯收入总体上并不与经济福祉直接相关。第二种对策是建立一套经济福祉衡量指标。我们会逐一地考察收入与福祉的关系，这一章会列举其他衡量方法，以及在附录中我们自己尝试设计福祉指标。

GNP：概念和衡量方法

经济学教科书对 GNP 是如何阐述的呢？这里以谢尔曼的《宏观经济学基础》为例。[①] 在我们看来，它与其他标准说法并没有多少差别：

[①] Howard J. Sherman, *Elementary Aggregate Economics*. New York: Appleton-Century-Crofts, Meredith, 1966.

国民生产总值（GNP）可以通过两种不同方式来计算，分别对应于从家庭到企业的货币流量，或者从企业到家庭的相同货币流量。第一种方法考察的是所有产品的总货币需求，即消费、投资、政府支出和净出口的货币流量，等等。

第二种方法是把所有企业的生产成本加在一起。这些成本绝大部分构成了家庭收入的货币流量。这些收入包括劳动者工资、土地使用租金、借贷资本的利息以及资本投资的利润。[1]

谢尔曼指出，第二种方法必须加入折旧和消费税。只有在这种条件下，第一种方法和第二种方法才会得到相同结果。利润的剩余性质保证了支出流等于收入流。支出流和收入流之间的任何差额要么是利润，要么是损失。当把利润或损失加入到收入流时，就可以保证支出流等于收入流。

谢尔曼接着指出，GNP减去折旧，可以得到**国民生产净值**；再减去间接商业税，可以得到**国民收入**；减去留存收益、公司收入税、社会保险支出以及加上政府转移支付和政府支付的净利息之后，可以得到**个人收入**；再从中减去个人所得税，就可以得到**个人可支配收入**。

如果直接被问GNP是不是一种衡量经济福利的方法时，我们不确定他会如何回答。但毫无疑问的是，他确实持有这种看法，而且还把这一点介绍给读者。他警告说，每个企业对国民产值的贡献只是其产出的增加值而不是全部价值，之后他写道：

如果我们希望准确地衡量国民福利年增长，那么还需要一个条件……必须通过价格变化来降低国民生产总值的货币价值波动造成的影响，从而发现国民生产总值的真实变化。

最后，我们感兴趣的也许不是国民生产总值而是人均国民生产总值……

---

[1] Howard J. Sherman, *Elementary Aggregate Economics*. New York: Appleton-Century-Crofts, Meredith, 1966, pp.30-31.

因此，如果我们希望衡量个体福利的提高，那就必须扣除因为人口增长导致的国民生产总值增长的那部分。①

人们可能认为，从这本教科书中看到国民收入账目中 GNP 的实际核算，仅仅是对市场活动的直接衡量这样的描述。确实有一些人发现这种限定在他们的研究中是有益的。②然而，这从来就不是事实。

GNP 从来都不只是以市场活动为基础的，原因在于这会极大地扭曲实际的经济状况。从账目的一开始，在市场活动中增加的两个主要内容，就是农户生产和消费的食物和燃料，以及自有住宅的租金价值。把这些包括进来的原因是显而易见的。我们考虑一个情景。假设一个人住在一间从其他人那里租来的房屋，同时他还在其他地方拥有一处房产并租给了他人。两方面的租金都构成市场活动。然后如果他搬回了自己的房子，市场活动就会减少。而如果只计算市场活动，那么 GNP 就减少了。然而从直觉上讲，没有人会感觉到经济受到了损害。诸如此类的还有提供给军队的食物和衣服的价值，以及银行给储户提供的免费服务。③

我们认为，从一开始在考虑 GNP 衡量的内容是什么时，就存在着一种张力，这在教科书的描述中就可以看到。一方面，重点被放在了市场活动。另一方面，还要关注对福利是否有改善做出判断。GNP 强调市场，但也朝着福利方向做了适度的调整，它核算了农户家庭用来自己消费的商品生产和用来自住的住宅的价值。但是如果把这些项目包括在内是合理的话，那么也应该把许多其他的东西包括在内。因此，

---

① Howard J. Sherman, *Elementary Aggregate Economics*. New York: Appleton-Century-Crofts, Meredith, 1966, pp.52-53.

② Otto Eckstein, "The NIPA Accounts: A User's View." In *The U.S. National Income and Public Accounts*. Murray F. Foss (ed.), Chicago: University of Chicago Press, 1983.

③ Richard Ruggles, "The United States National Income Accounts, 1947-1977: Their Conceptual Basis and Evolution." In *The U.S. National Income and Product Accounts*. Murray F. Foss (ed.), Chicago: University of Chicago Press, 1983, p.40.

人们提出了许多将其他价值包括在 GNP 核算中的建议。然而到目前为止这些建议一个也没有被采纳。就像奥托·埃克斯坦所说的，"NIPA（国民收入和生产账目）有许多目的：要衡量经济绩效，比较不同时期和不同国家的经济福利状况，衡量私人部门和公共部门之间以及消费和投资之间的资源使用组合，还要确定收入和税负如何分配才能发挥作用。不可避免的是，这些目标是相互冲突的，而这些账目只能是折中的产物"[①]。

折中的办法不可能让所有人都完全满意。然而我们关心的不是作为这个折中的结果对"不同时期和不同国家的经济福利"进行的比较是否被轻微歪曲了，而是仍然作为市场活动的主要衡量手段的 GNP，在通常意义上是不是一种令人满意的衡量经济福利的方法。拥有一种既能达到 GNP 所要实现的技术性更强的目的，又不需要为了衡量福利而做出任何调整的衡量市场活动的指标不是更好吗？那么，市场活动的增加和人们的经济福利之间关系多大这个问题，就可以被更加清晰、更加不偏不倚地提出来了。

GNP 在另一个方面也没能充当一个纯粹衡量市场活动的方法。在某些时刻，它还关心财富，更具体地说是资本。这明显地表现在，GNP 把资本折旧包括在内并将其作为一部分商业活动成本，这是一种很奇怪的做法。在某一给定年份中，企业的资本资产折旧越多，GNP 就越高（如果所有其他条件都不变的话）。工厂及其设备价值的减少增加了 GNP。人们已经认识到这种价值的减少并没有对经济福利作出贡献，在计算国民生产净值和国民收入时减去了资产折旧这一数字。但是我们要记得在大多数经济福利的比较研究中，正是 GNP 而不是其他这些数据在起作用。

这些评论说明，尽管资产折旧被计入了 GNP 的数据中，但是它被计入 GNP 的方式是与它和国民财富之间的关系相反的。GNP 中的某些

[①] Otto Eckstein, "The NIPA Accounts: A User's View." In *The U.S. National Income and Public Accounts*. Murray F. Foss（ed.）, Chicago: University of Chicago Press, 1983, p.316.

数字，的确表明了与国民福利增加之间的正向关系，某些数字在这一方面表现为中性的，还有一些数字，正如我们看到的，则表明二者的反向关系。因此有人可能就会问，与市场活动或GNP相比，国民财富的衡量方法与国民经济福利的关联程度是否并非更高。实际上，一位伟大的经济学家欧文·费雪坚决主张，事实就是如此。① 在费雪看来，几乎所有的消费品都被归为资本或财富，这些商品的消费就代表着折旧。对费雪而言，福利就是这种财富所提供的服务（需要得到了满足的心理感受），在大多数情况下都应被计入GNP——例如，你的大衣每年为你提供服务的价值，就是你如果租赁它需要付的租金，这个与计算自主房屋价值的方法相同，只不过更难计算而已，因为我们没有出租大衣的市场。但逻辑是一样的。至少非常重要的一点就是，没有人认为GNP衡量了国民财富，或者认为它与国民财富的增长或减少有什么必然联系。

所有这些评述都不是为了说明，美国政府的国民收入和生产账目或其他国家的类似账目是没用的。我们这里关心的是一个特殊的用途——即用于衡量经济福利。只有我们理解了GNP到底能够衡量什么和不能够衡量什么，我们才能够在这个问题上做出合理的判断。

就像世界上发生的大多数事情一样，对GNP为什么衡量了它所衡量的所给出的解释，都是历史性的，而不是系统性的。商务部在1934年开始报告国民经济净产出的统计数字。但是已经有人指出，"正是为第二次世界大战做动员及因此对与整个经济有关数据的需求，导致了这些账目的形成。战争提出的核心问题是可以生产多少国防工业产品，以及国防工业生产会给整体经济带来什么样的影响"②。

其他国家也经历了类似的发展，美国在1944年把它的方法与英国

---

① Irving Fisher, *The Nature of Capital and Income*. London: Macmillan, 1906.

② Richard Ruggles, "The United States National Income Accounts, 1947–1977: Their Conceptual Basis and Evolution." In *The U.S. National Income and Product Accounts*. Murray F. Foss (ed.), Chicago: University of Chicago Press, 1983, p.17.

和加拿大使用的方法做了比较。在接下来的一年,国际联盟召集了一场有关国民收入核算的会议。因此,到了1947年美国就准备好公布它新设计的国民经济核算体系。尽管这个体系在后来的岁月中以各种方式几经补充,并分别于1958年和1965年做了修改,但就我们关心的问题而言,它基本上没有什么改变。

然而对国民收入账目都有过重要的讨论,这些讨论提出了我们所关心的问题。特别是1971年召开的收入与财富会议,这次会议确实关注了福利问题。人们开始明白:"许多使用者认为,现在对有关市场交易的国民收入和生产账目的重视,导致了在衡量经济和社会绩效上一种过于狭隘的观点。已有令人信服的论证表明,我们还需要非市场活动,消费者服务和政府耐用品以及无形投资的服务,环境成本和收益等这些方面的信息"[1]。

有一些关于休闲评估的讨论。但这种考虑涉及将许多项目计算进来,这将致使这些账目对于"那些把国民账目用于分析短期经济活动,并关注通货膨胀、商业周期和财政政策的人"来说,不那么有用了。[2] 因为这个原因,那些对衡量长期经济和社会绩效有兴趣的人们所关心的问题,在国民账目中并没有得到处理。另一方面:

> BEA制定了一个新的计划,用于在GNP账目的框架内开发非市场经济活动的衡量方法。这项工作部分是对1971年收入与财富会议上对这个主题强调的回应,但是它也反映了商务部对环境研究的强烈兴趣。联邦政府对污染控制成本和环境损害衡量方法的关注,刺激了这个领域内工作的开展。然而BEA当前的计划不仅仅包括环境问题,还包括:(1)非市场经济活动时间和休闲时间;(2)耐用消费品服务;(3)政府资本服务。在这项工作中,

---

[1] Richard Ruggles, "The United States National Income Accounts, 1947–1977: Their Conceptual Basis and Evolution." In *The U.S. National Income and Product Accounts*. Murray F. Foss (ed.), Chicago: University of Chicago Press, 1983, p.332.

[2] Ibid.

与国民收入核算体系的紧密关系得到了强调,但它至今都没有被正式整合进去。①

那些制定国民收入账目的人也很明显感受到了,我们之前提到的衡量市场活动的方法,和衡量经济福利的方法之间存在矛盾。只要所有工作就是为了得到像GNP这样单一的概括性的数字,那么问题似乎就没法解决。

我们一直在沿用理查德·鲁格斯的历史描述,他总结道:

> 对非市场经济活动的范围以及哪些应该包括在其计算中,并没有明确的界定。所有可能的计算方法是不可胜数的。唯一可以使用的标准,就是这些计算方法对眼前的特殊目的而言是否有用和必需……
>
> 因为所有这些原因,清楚地区分市场交易与国民账目中的估算,似乎是很合理的……然而应该承认的是,只进行计算不可满足衡量经济和社会绩效所需要的信息……任何数量的计算都不可能将一个像GNP这样的单维度的概括性衡量方法,转变为衡量社会福利的充分或者恰当的方法。②

从GNP到希克斯收入和可持续发展

GNP不仅不适合衡量福利,而且也不适合衡量收入。同第七章以及附录一样,在这一章里我们的工作从GNP转向福利的一种衡量方法。这是一个非常困难的任务,包含着许多有争议的问题。在这部分,我们把焦点放在争议比较小的议题上,即把GNP转化为一种衡量收入的更好方法。与福利概念不同,收入这个概念具有相当清晰的理论定义,尽管这个定义的可操作性存在着很大问题。而在衡量福利的问题

---

① Richard Ruggles, "The United States National Income Accounts, 1947–1977: Their Conceptual Basis and Evolution." In *The U.S. National Income and Product Accounts*. Murray F. Foss(ed.), Chicago: University of Chicago Press, 1983, p.35

② Ibid., pp.41–43.

上，在很大程度上一个人不可避免地会根据自己的衡量办法对福利概念下定义。而对于收入，我们则有着清晰的独立定义，我们的衡量办法可能或多或少地与这个定义相对应。而对于福利，我们则没有这样的独立的理论定义。因此将这两个同 GNP 相区别的概念分开是有用的。

收入概念定义的核心标准，已经在约翰·希克斯爵士的《价值和资本》中得到了很好的表述：

在实际事务中，计算收入的目的是为了向人们表明他们可以花多少钱而不至于入不敷出。按照这个概念，似乎我们应该将一个人的收入定义为他一周所能消费的最大价值，而且还期望在这一周结束时他过得能像这一周开始时那样好。因此当一个人储蓄时，他计划在将来过得更好；当他的花费超过他的收入时，他计划将来的生活变差。记住，收入的现实目的就是指导人们谨慎行动。我认为这就是其核心意义所在，这一点相当清楚。[①]

同样一个基本的收入概念在国家层面和按年计算中都是适用的。收入不是一个精确的理论概念，却是指导一个国家能够消费的最大数量而不至于最终陷入贫困的现实经验法则。我们都知道，如果将整个 GNP 都消费掉，那么最终会落入贫穷，因此我们减去资本折旧从而获得国民生产净值（NNP），这个国民生产净值通常被认为是希克斯所讲的收入。需要注意的是，收入的核心定义特征就是**可持续性**。"可持续收入"这个词因此应该被看作是啰嗦的说法。但事实上这个词不是不必要的啰嗦，这就表明了我们在多大程度上背离了收入的核心意义，因此也就说明了在多大程度上需要纠正。

但我们真的能够年复一年地完全消费掉国民生产净值而不让我们自己变贫穷吗？不，我们不能。有两个原因：首先，因为现有规模的国民生产净值的生产，需要生物物理转换（从环境中提取物质和向环

[①] J. R. Hicks, *Value and Cpital* (2d ed), Oxford: Clarendon, 1948, p.172.

境排放物质），这种转换在生态上是不可持续的；其次，因为国民生产净值通过把许多保护性支出（保护我们免受生产的有害副作用影响而必需的支出）计算为最终产品而不是生产的中间成本，从而高估了可用于消费的净产品。因此，国民生产净值越来越无法引导国家做出谨慎的行为。

例如，一个发展中国家可以从它的木材出口中获得6%的GNP。也许其中2%是基于可持续的产量开采得到的，而剩下的4%则是靠滥伐森林获得的。最大的可持续的消费量被高估了4%，这个量甚至没有把森林提供的没有标价的对自然的服务价值的损失计算在内。4%这个数字听起来可能挺小，但在一个传统的GNP以3%增长的经济体中，减掉4%就意味着增长和衰退的区别，而这样一个区别会使这个国家对自己、本国的政策及其领导人的看法产生重大的质的差别。正是这个质的差别导致人们拒绝在收入核算中做出变动。没有哪个政治家愿意，因为自己当总理时在一年的时间里使国家从增长走向衰退而出名！假如最终将收入核算体系引入从而使国家摆脱贫穷命运，那么名垂青史的机会仍然存在。①

为了得到令人满意的希克斯收入的近似值以及更好地引导谨慎行为，需要对NNP做两个调整。一是把资本折旧原理直接扩展，以包括对因为生产而大量减少的自然资本的消费。二是要减去为了保护我们自己免受不断增长的总生产和消费的有害副作用的支出（很遗憾这是必需的）。保护性支出具有中间产品的性质，也就是说它们是生产成本而不是可供消费的最终产品。为了对把这种支出计入NNP进行纠正，就必须估算它们的数量并将这个数量减去，以得到可持续消费或者真实收入的估计值。

总而言之，我们将纠正后的收入概念，即希克斯收入（HI）定义为国民生产净值（NNP）减去保护性支出（DE）和自然资本的折旧

---

① Robert Repetto, "Creating Incentives for Sustainable Forest Development." *Ambio* 16, No.2–3（1987）: 94–99.

（DNC）。因此就是：

HI = NNP − DE − DNC

我们这个建议不需要对现有的国家核算进行干预（也不会丧失历史连续性或者可比较性）。我们引入两个额外的调整账户，并非由于轻率或赶时髦，而只是为了更好地接近收入的核心且公认的意义。由于这两个调整账户与我们衡量福利的尝试也有关系，在讨论福利问题时还会再讨论，在此不再深入阐述。

这里值得一提的是，随着布伦特兰报告的发布（1987），发展机构和第三世界国家最近对"可持续增长"或"可持续发展"产生了浓厚兴趣。尽管人们将这两个词当作同义词使用，但我们建议做一下区分。"增长"应该指经济体系的物质维度规模上的数量扩张，而"发展"应该指与环境处于动态均衡的、在物质上没有增长的经济体系的质的改变。按照这个定义，地球没有在增长，但是它在发展。地球是有限的和非增长的，地球的任何物质子系统最终也必须是非增长的。因此增长最终将变为不可持续的，那样"可持续增长"一词就会自相矛盾。但可持续发展不会自相矛盾。由于这些词已经成为发展机构的流行用语，因此对这些词进行区分是很重要的，更重要的是在操作层面上来定义可持续发展。如果我们早就在操作层面上把发展定义为希克斯收入的增加而不是 GNP 的增加，那么正如我们已经看到的，可持续性就已经得到保证了。

希克斯收入在操作层面的主要含义就是保持资本原封不动。我们的问题在于，我们所尽力保持原封不动的资本仅仅是人创造的资本，而"自然资本"这个范畴则被忽略。的确，只要资本被定义为"（人类）生产的生产资料"，那么根据这个定义自然资本就会被忽略。我们建议根据功能对资本进行定义，即资本是产生商品或服务流的原料。那样，就存在两个种类的资本，自然资本和人造资本。自然资本是用来生产自然资源和服务流的手段，而它本身不是被生产出来的。只有人造资本以及为私人所有的一些自然资本存量（牛群、人工林）被保持了完整无损。

为什么自然资本被忽略了呢？除了在过去由于人类经济的规模相对小使得自然资本并不稀缺之外，新古典经济学理论一直教导我们，人造资本是自然资源近乎完美的替代品，因此也就是生产这些自然资源流的自然资本的近乎完美的替代品。即使这种假设的近乎完美的替代性是真实存在的，要达到希克斯收入仍然需要保持整个资本（人造资本和自然资本）的完整无损。也就是说，消耗的自然资本必须通过积累相同数量的人造资本来补偿。以这种方式保持整个资本的完整无损可以被看作是"弱的可持续性"，因为它是建立在关于人造资本和自然资本的可持续性（这意味着资本和自然资源之间在生产函数上有着高度的可替代性）这个过于宽松的假设基础上的。相比之下，"强的可持续性"则要求人造资本和自然资本保持各自的完整无缺，它假设，在大多数生产函数中两种资本是相互补充而不是相互替代的关系（我们相信这是事实，理由在第十章中给出）。我们主张采用强的可持续性的方法来实施可持续发展。但相对当今的实践而言，即使弱的可持续性也是一种改进。

还有另一个方法，与使 GNP 成为衡量收入的更好手段且使可持续发展概念变得具有可操作性有关，它是沙拉·埃尔·塞阿弗提出的。[①] 埃尔·塞阿弗解决了这个难题，即在定义收入时如何处理从不可再生资源中获得的收益（或者换个说法，一个共同体如何能避免让不可再生资源永远留在地下而无助于任何人的荒唐做法，同时又能不让这些资源的开采导致共同体偏离可持续发展的道路呢？）。他认为，从不可再生资源中获得的收益，可以分为收入和资本这样两个部分。收入部分是收益中可以永远在每年都消费的部分，其假设是收益的剩余部分要投入到可再生的资产当中。每年可再生资产的回报和投资的数量应该是，当不可再生资源被耗尽的时候，新的可再生资产的产出将等于收益中的收入部分。

---

① Salah El Serafy, "The Proper Calculation of Income Depletable Natural Resources." In *Environmental and Resource Accounting and Their Relevance to the Measurement of Sustainable Income*. Ernst Lutz and Salah El Serafy（eds.），Washington, D. C.: World Bank, 1988.

埃尔·塞阿弗方法背后的基本逻辑就是，从资源中获得的一系列有限收入，例如连续10年开采会导致资源枯竭，必须被转化为一系列无限的真实收入，这样两个系列的资本化价值才相等。在每年的销售所得中，必须确定一个能够用于消费的收入部分，剩下的部分，即资本部分则年复一年地被留出来用于投资，以创造一个永久性的收入流，这样无论在有资源的时候还是在资源被耗尽之后，都可以让"真实"收入保持在同样的水平上。

为了将收益分为收入和资本两个部分，其结果就是，人们只需要知道贴现率（贴现率最终一定会与可再生资源的增长速度以及要素生产率的增长速度相关，尽管埃尔·塞阿弗没有讨论这种关系），以及不可再生资源可以开采多长时间（将总储备量除以年开采率）。对这些数量的社会选择或假设，可以让我们计算不可再生资源收益中的多大比例应该被算作收入。举个例子，如果一种不可再生资源可以开采10年而贴现率是5%，那么我们就可以看到，当前收益中的42%是收入，而剩余的52%则是必须用于再投资的资本。或者，如果贴现率是10%而且开采时间还是10年，那么收入部分就会变为65%。而10%的贴现率加上50年的开采时间会让收入部分变为99%。

埃尔·塞阿弗的方法就其信息需求而言是很简洁和精美的。开采成本的上升可以以资源储量减少的形式计入。可以在资源相对价格上涨的假设下重新进行整个计算，而不是为了简便而假设价格不变。作为对GNP的修正，埃尔·塞阿弗的方法比从NNP中减去自然资本的消耗更为激进，因为它改变的正是GNP计算本身。埃尔·塞阿弗用不同的方法计算GNP，而不是保持现有对希克斯收入的高估然后减去一个调整数字，从而他的方法从一开始就避免了高估。虽然这在逻辑上更为简洁，但在政治上很难说服国民收入会计师这样做，因为在记账方法上它牺牲了历史连续性。但是即使因为这个原因对自然资本折旧调整账目的估算获得支持，埃尔·塞阿弗的方法在计算自然资源折旧中仍然是有用的，它仍然是超过收入部分的收益，假设这一数量是被消费了而不是用来投资了。在附录里，我们采用埃尔·塞阿弗的这种方法，还会指出它在技术上存在的一些困难。

如果开发银行或机构把可持续发展当作其指导原则，那么理想的情况是它资助的每一个项目都应该是可持续的。当这不可能时，如对不可再生资源的开采，应该有一个补充性的项目来确保两者结合起来是可持续的。上面提到，从不可再生资源开采中所获的收益应该分成收入和资本两个部分，资本部分每年都要投入到可再生资源的补充上（长远意义上的替代）。此外，如果项目或项目组合必须是可持续的，那么，通过把它与不可持续的选项进行比较来计算项目或政策的替代方案的净收益，就是不合适的——就是说，使用的贴现率反映了本身就是不可持续的替代方案的资本使用回报率。例如，一个按照可持续理念管理的森林可以有4%的木材产量，而在贴现率为6%的基础上来看对土地的这种使用是不经济的，而经过仔细的考察，这6%的贴现率是建立在对资源的不可持续利用的基础上，包括对那片森林的不可持续的砍伐，那样的话，决策很显然就简单地归结为，是采纳可持续的利用还是采纳不可持续的利用。如果我们已经采纳一种可持续发展的政策，那么我们当然选择可持续的方案，至于按照不可持续的贴现率计算会得出这个方案有负的现值这个事实，则根本无关。现值标准本身并非无关，因为我们仍然关注效率问题——即选择最佳的可持续方案。但是贴现率必须只反映各种可持续替代方案的资本使用。以有效率地达到目标（最大化现值）为目的的配置法则，不应该破坏这个法则所必需服务的可持续发展这个目标！使用不可持续的贴现率则恰恰在这样做。我们怀疑超过5%的贴现率通常都反映了不可持续的方案。至少在采用10%作为贴现率之前，应该要求人们给出五个具体的产出达到10%的可持续项目的例子。

假使人们接受了将可持续发展作为目标，我们仍然面对一个问题，那就是在共同体的哪个层次上达到这个目标。国际贸易允许一个国家利用另一个国家的生态承载能力，因此单独来看是不可持续的，尽管作为一个更大贸易集团的组成部分是可持续的。贸易问题再一次提出了自然资本和人造资本之间是相互补充还是相互替代的问题。如果我们遵循强的可持续道路，那么就必须本国或者在国际层面上尊重这种互补性。一个国家可以在很高的程度上用人造资本替代自然资本，如果它能从在更高的程度上保留了自己的自然资本的其他国家进口自然资本的产品（自然资源和服务流）。换言之，互补性的要求可以在本国层面上被回避，但前提是在国际层次上要尊重这些要求。一个国家在很高程度上用人造资本替代自然资本的能力，要依靠其他一些国家做出相反的（互补的）抉择。出于我们将在第十一章中详细说明的原因，我们主张，在每个国家内部而不是国与国之间，寻求这种人造资本和自然资本之间的互补平衡。

　　人们一致支持"可持续发展"这个概念的一个原因，正是因为它一直都是相当模糊的——在布伦特兰报告中没有对发展与增长做出区分，也没有对强的可持续性和弱的可持续性进行区分。从政治角度而言，报告的起草者这样做是很聪明的。他们成功地把一个因其暗含意义太过激进而不能获得共识的概念，放到了国际日程的首要位置。但是通过这样做，他们确保了最终会讨论这些激进的含义。考虑一下，例如，任何把可持续发展定义为"满足现今需要但却不会损害后代满足他们自己的需要的能力"的发展的尝试，都会立刻提出两个问题。第一个问题是，如何把"需要"与过于奢侈的享受或不可能的愿望区分开来。如果"需要"是指 10 亿中国人每人都拥有一辆汽车，那么可持续发展就是不可能的。我们不能再回避整个充足问题。第二个问题是，不"损害后代满足他们自己的需要的能力"这个问题，需要对那种能力做出评估。它可以在强的可持续性或弱的可持续性基础上做评估，这取决于对于自然资本和人造资本之间相互替代性的假设。这会迫使人们对位于现今经济理论核心位置的相互替代问题做更深入的讨论。

　　我们非常感谢布伦特兰委员会在这个关键议题上所做的杰出工作，而且我们怀疑，他们并非没有意识到我们提出的这些困难，但却相当聪明地选择不尝试走得太快、太远。通过将可持续发展概念合法化，他们使得其他人能够更容易地推进这项议题。我们希望，国际开发银行和发展机构不会因为担忧可持续发展的激进性而放弃可持续发展的理想。然而我们希望他们放弃"可持续增长"这种矛盾说法,这种说法从一开始就起着对我们思维叫停的作用。

从 GNP 到对经济福利的衡量

若不声称要设计一个无所不包的社会福利的衡量办法,或许可能会开发出一种有说服力的、能衡量经济对社会福利的积极贡献的方法。这就是诺德豪斯和托宾创建经济福利衡量方法(MEW)的目的所在。然而对他们而言,这个目标只是达到另一个目标的手段,即向人们证明经济学家们取得的一致意见是正确的,现有的 GNP 与经济福利之间有着充分的联系,因此没必要使用他们设计出来的工具!这就是他们明确得出的结论,尽管他们之前声明"GNP 的最大化不是政策的恰当目标"[1]。我们将忽视这种让人困惑的自相矛盾,并描述他们在 MEW 这个新指标上所做的细致工作——在 MEW 中,他们"试图考虑 GNP 和经济福利之间更明显的差异"[2]。

诺德豪斯和托宾从 GNP 出发并做了三类调整:"把 GNP 的支出重新划分为消费、投资和中间产品;计算了消费资金服务、休闲和家务劳动的产品;纠正了一些城市化带来的不便之处。"[3] 除了环境成本和收益以外,他们涉及了 1971 年收入与财富会议上提出的所有问题。我们将对他们的观点进行归纳。

GNP 是衡量生产而不是消费的方法,然而经济福利却是一个消费问题。因此首要的任务就是把消费从投资和中间产品支出中分离出来。这就需要去掉资本折旧,这在 NNP 中就已经完成了。除此之外,诺德豪斯和托宾考虑了把所有耐用品当作资本品的影响,却发现这几乎不

---

[1] William Nordhaus and James Tobin, "Is Growth Obsolete?" In *Economic Growth*, *National Bureau of Economic Research General Series*, No. 96E (1972), New York: Columbia University Press, p.4.

[2] Ibid., p.6.

[3] Ibid., p.5.

会产生什么影响。更重要的是,考虑政府投资和把教育及健康支出重新划作资本投资的结果。

一个尤其令人感兴趣的调整源于,他们认识到福利与人均消费而不是总消费有关。为了维持不断增长的人口的人均消费,必须将NNP的某些部分进行再投资。为此,诺德豪斯和托宾相应地从NNP中进行扣减,从而得到一个"可持续的"人均消费数字。我们将只引用这些可持续的MEW数字。

他们也提到某些成本对福利没有贡献,但很遗憾是必需的。他们将通勤、警察服务、卫生设施、道路整修和国防这些成本归在这个范畴内。他们认为,当更多的人花更长的时间开车去工作的时候,GNP的增加并不意味着更多人的需要得到了满足。其他几项成本也是如此。因此,这些数字被减去了。

第二个任务是对资本服务、休闲和非市场活动做出恰当计算。后两者对统计数字有非常大的影响,还没有一个无可争辩的评估二者价值的方法。诺德豪斯和托宾提出了三种方法。问题是休闲和非市场活动是否会受技术进步的影响。他们更喜欢那种使休闲价值免受技术进步影响的衡量方法,尽管非市场的生产活动会受到技术进步的影响。我们将只讲述采用这种方法得到的统计数字。

第三个任务就是考虑城市化带来的不便之处。诺德豪斯和托宾认识到,存在着与经济发展相关的负"外部性",并指出这些负外部性在城市生活中是非常明显的。"城市居民更高收入中的某些部分,可能仅仅被用作对城市生活和工作所带来的不便之处的补偿。如果事实如此,那么,我们就不应该把一个人从农场或小城镇迁移到城市,而使NNP产生的全部增量都算作福利收益。"[1]

我们现在了解了诺德豪斯和托宾所做的全部调整。某些人可能认

---

[1] William Nordhaus and James Tobin, "Is Growth Obsolete?" In *Economic Growth*, *National Bureau of Economic Research General Series*, No. 96E (1972), New York: Columbia University Press, p.13

为这个或那个调整并不合适。例如，有人可能会认为警察保护对福利是有贡献的，因此不应该把它去除。然而如果我们的目的是为了比较不同时期的福利状况，相反的观点也是有道理的。在警察保护上不断增加的花费，并不意味着我们会比过去更少受到犯罪行为的伤害。如果社会状况发生转变以至对这种保护的需要更少，那么不应该将此视作经济福利的减少。

真正的问题在于，这些令人遗憾的必需品清单是否足以涵盖所有的东西。正如诺德豪斯和托宾所认识到的，"很难对最终费用和中间费用做出划分。例如，消费者需要的易变性所提出的哲学问题就太深奥，以至于无法在经济记账中解决。消费者很容易受到生产者努力的影响。也许我们所有的需要都只是令人遗憾的必需品；也许生产活动所做的仅仅是满足它所产生的需求；也许我们的净福利产品实际上是零"[①]。

说了这些之后，他们就不再理会这个问题。丹尼森和贾西也简要讨论了同样的问题，但后来也不再论及，他们认为，令人遗憾的必需品或者保护性支出应该就像现在的情况一样，被算作最终消费。[②] 他们认为所有的支出从根本上说都是保护性的；因此在食物上的支出是为了防止饥饿，在衣服和住房上的支出是为了御寒和防雨等等——甚至在去教堂上的支出就是为了抵制魔鬼！尽管这种回答可能很聪明，但它却没有抓住要点——即"保护性"意味着抵制**其他生产的有害的副作用**，而不是应对像寒冷、雨水等等正常的环境状况。事实也不是"我们净福利产品实际上是零"。保护性支出仅仅是其他生产活动使其成为"令人遗憾的必要"的那些支出，因此它们应该被算作其他生产活动的成本；也就是说，应该被算作中间产品而不是最终产品。

---

① William Nordhaus and James Tobin, "Is Growth Obsolete?" In *Economic Growth*, *National Bureau of Economic Research General Series*, No. 96E (1972), New York: Columbia University Press, pp.8-9.

② George Jaszi, "Comment." In *The Measuement of Economic and Social Performance*. Milton Moss (ed.), New York: National Bureau of Economic Research, Columbia University Press, 1973.

我们现在可以来考虑诺德豪斯和托宾所提出的新 MEW 的后果了。我们特别感兴趣的是它如何与 GNP 相关，因为 GNP 的增长是否表明经济福利的提高这个问题激发了整个研究。首先，我们会引述诺德豪斯和托宾的结论，然后我们会考察他们做出这种判断所依据的数据："尽管这里给出的数字具有相当的试验性，但是它们的确表明了下面这些观察。首先，MEW 与传统的衡量产出的方法很不相同。某些在 GNP 中被省略的消费项目在数量上是非常重要的。其次，我们所选择的人均 MEW 变量增长，比人均 NNP 增长要缓慢得多（在 1929—1965 年这段时间里，MEW 的年增长率为 1.1%，而 NNP 的年增长率则为 1.7%）。然而 MEW 一直在增长。当我们代入一个以福利为导向的衡量方法时，传统的国家核算账目显示的进步并没有像神话那样蒸发掉。"①②

如果我们在其他时期而不是在 1929—1965 年这段时期中更加仔细地考察他们的研究结果，人均 GNP 和 MEW 的增长之间相对紧密的联系就消失了。③例如，1945 年至 1947 年，人均 GNP 下滑了大约 15%（从 2528 美元到 2142 美元），而人均可持续 MEW 的上涨则超过 16%（从 5098 美元到 5934 美元）。当然，这是第二次世界大战之后军人复员的时期，因此不应该从这种短期的负相关关系中引出什么结论。然而其他时期的数据也没能证实 GNP 的增长可以合理地代表 MEW 的增长。1935 年至 1945 年，人均 GNP 增长了大约 90%（从 1332 美元到 2528 美元），而人均可持续 MEW 只增长了大约 13%（从 4504 美元到

---

① 实际上，1929 年至 1965 年人均 MEW 增长率每年只有 1.0%，而不是 1.1%。我们可以在诺德豪斯和托宾的研究第 56 页的表 18 中看到正确的估算值。

② William Nordhaus and James Tobin, "Is Growth Obsolete?" In *Economic Growth*, *National Bureau of Economic Research General Series*, No. 96E（1972），New York: Columbia University Press, p.17.

③ 我们选择把人均 MEW 和人均 GNP 做对比，而不是像诺德豪斯和托宾那样把人均 MEW 与人均 NNP 进行对比。我们之所以这样做是为了与其他研究（特别是下面将要讨论的佐洛塔斯所做的一个研究）保持一致。年均增长率的差异并不大，尽管人均 NNP 的增长比人均 GNP 的增长稍慢一些。

5098美元）。更值得注意的是，1947年至1965年的战后时期，无论经济萧条还是战争抑或经济复苏，都没有对增长速度产生主要影响，这时人均GNP增长速度大约是人均可持续MEW增长速度的6倍。[1] 人均GNP增长了48%或年均大约为2.2%，而人均可持续MEW则增长了7.5%或年均大约为0.4%）。而且，如果我们假设，就像诺德豪斯和托宾在他们的一个选择中所做的那样，家务劳动的生产率并没有以与市场活动的生产率相同的速度增长，那么人均可持续MEW在1947年至1965年实际上显示为下降了2%。或者我们可以考虑在不对任何休闲或家庭生产进行计算时的人均可持续MEW增长，因为正如诺德豪斯和托宾所承认的，"休闲和非市场工作的消费价值的计算，会造成严重的概念和统计问题。因为其数量很大，所以运用不同方法解决这些问题，会给整个MEW的估算带来很大差别"[2]。

如果这些计算被省略，那么1947年至1965年人均可持续MEW的增长速度是2%。总之，不管那段时期人均可持续MEW变化的合适数字是7.5%，2%还是-2%，每一个结果都表明实际上"当我们代入一个以福利为导向的衡量方法时，传统的国家核算账目显示的进步……就仅仅是一个瞬间蒸发的神话"[3]。通过他们自己的数据，诺德豪斯和托宾已经对国民收入账户可以很好地充当经济福利衡量方法的代表这一命题，提出了质疑。

诺德豪斯五年之后再一次反思了他和托宾的研究工作的意义。他对研究结果的解释并无改变："尽管GNP和其他国民收入总量不是衡

---

[1] 有趣的是，尽管诺德豪斯和托宾计算了1929年至1947年和1947年至1965年的人均NNP和人均可持续MEW的增长速度，但他们在讨论中从没有提到这两个时期存在的显著差别。如果提到了这个显著的差别就需要他们解释为什么即使当人均NNP保持上涨的时候，人均可持续MEW却不再上涨。

[2] William Nordhaus and James Tobin, "Is Growth Obsolete?" In *Economic Growth*, *National Bureau of Economic Research General Series*, No. 96E（1972），New York: Columbia University Press, p.39

[3] Ibid., p.13.

量经济生活标准的完美工具,但在修正了它们最明显的缺陷之后,它们所展现的长期发展的大致情形仍旧存在。"[1]

对于他和托宾所研究的最后18年中MEW增长和GNP增长缺少相似性这一问题,他仍然没有做出评论。

国民净福利:日本

尽管诺德豪斯和托宾认为,MEW和GNP之间的相似性,足以让人们不再寻求把前者作为一种独立的衡量方法,但其他人则开始从事他们停止做的事情。他们的工作在日本引起了人们的兴趣,一个由顶尖经济学家组成的团队开发了国民净福利(NNW)的衡量方法。尽管它是建立在诺德豪斯和托宾研究基础之上的,但这种衡量工具在几个方面都与其有差别。日本人的研究没有把环境损害的考虑排除在外,而且还加入了一项公路事故成本。另一方面,它没有把家务劳动或休闲计算在内。

日本这个团队提交了1955年至1970年这段时期的数据。这是一个日本经济增长速度极快的时期,不管用什么工具衡量,日本人的经济福利都是增长的。确实,人均NNW增长速度和人均国内生产净值(NDP)的增长速度之间的对应程度,从一开始就很高,并随着时间不断提高。从1955年至1960年,人均NNW每年增长率是6.3%,而同一时期人均NDP每年的增长率则是8.9%。在他们所研究期间的最后5年里(1965年至1970年),两者的差距变小。每年人均NNW的增长率为13.5%,而人均NDP的增长率为14.9%。日本NNW和NDP之间具有的这种紧密联系,与美国MEW和GNP之间缺少这种紧密联系之间的差别,也许是因为国家经历的实际差异,或者是因为在研究中使用了不同的方法。我们只有日本研究的总结性数据,因此我们不能判

---

[1] William Nordhaus, "Metering Economic Growth." In *Prospects for Growth: Changing Expectations for the Future*. Kenneth D. Wilson (ed.), New York: Basic, 1977, p.197.

定这两种可能性中哪个更重要。

福利的经济方面：佐洛塔斯

衡量经济福利的最新方法，是色诺芬·佐洛塔斯在他的著作《经济增长和不断下滑的社会福利》中提出的福利经济方面指标（EAW 指标）。[1] 佐洛塔斯与诺德豪斯和托宾的区别在于，他更加鲜明地关注当前商品和服务的流动，并在很大程度上忽略了资本积累和可持续性问题。而且，佐洛塔斯仅考虑总国民福利而不是人均福利的变化。

尽管存在这些重要的概念差别，佐洛塔斯的 EAW 中的大部分条目，与 MEW 中的那些条目非常相像：个人消费以及计算休闲和家庭服务。EAW 还在许多其他方面与 MEW 相似。与 MEW 相同，EAW 将通勤成本作为一种令人遗憾的必需费用减去了。它扣除了耐用消费品支出和公共建筑支出，但是增加了每年从这些项目中得到的服务。EAW 把大部分教育支出处理为投资而不是消费，但是与 MEW 不同，它没有在可持续性的范畴下再引入投资。佐洛塔斯根本没有把投资视为福利中的一个因素。另一个相对而言比较微小的差别是，在 EAW 中广告费用的一半被扣除了，因为佐洛塔斯假设只有一半的广告费用为消费者提供了有用的信息服务。

环境损害只是非常间接地被当作对城市生活不舒适的一个因素，被计算到 MEW 中。相比之下，佐洛塔斯则通过扣除控制空气污染和水污染成本的一半以及控制固体废物成本的全部，来直接处理这个问题。（他的目的是只减去那些由私人部门而非政府所付的防止环境污染的支出，因为前者被看作中间支出，而后者则被看作最终支出。）他还减去了所估算的空气污染损害成本。最后，他认为医疗支出增加中的大部分是因为要应对更大的环境压力，因此他把公众及私人实际医

---

[1] Xenophon Zolotas, *Economic Growth and Declining Social Welfare*. New York: New York University Press, 1981.

疗保健成本中人均增长的一半减去了。

EAW是第一个包括了资源消耗数据的指标。佐洛塔斯意识到这样做是特别有争议的,因此他定期地给出包括这一数据和不包括这一数据的简要结论。然而,他的算法是基于标准经济学的观点,即不可再生资源价格的上涨速度,应该等于"长期利率加上风险溢价和使用者成本"。由于资源价格的上涨速度实际上并非如此,因此佐洛塔斯推出的结论是,市场在为资源的最优消耗定价上没有恰当地发挥作用。因此,作为EAW的一部分,他将实际的资源价格和从长期利率与估计的风险溢价中计算得到的价格之差扣除掉。

为了将EAW与MEW进行比较,我们计算了前者的人均值。考虑到在各自的计算中包括的和排除掉的因素的重大差异,结果却有着惊人的接近。1950年至1965年,人均EAW增长大约是9%或者说年均0.57%。而对MEW而言,在最接近的可比时期中(1947年至1965年),人均可持续MEW增长大约为7.5%,那就等于年均0.4%。换言之,从1947年至1965年,两者的增长速度都不到每年人均GNP2.2%这个增长速度的1/3。佐洛塔斯更进一步把他的统计数据延长到了1977年。从1965年至1977年,人均EAW增长与GNP增长之间这个大约1:3的比率,保持与更早的时期一样。人均EAW每年增长0.71%,而人均GNP继续每年增长2.2%。因此EAW和GNP在增长速度上仍然存在差距,尽管这个差距还是小于战后早期MEW和GNP增长速度的差距。

结 论

这一章里,我们阐明了不管是国民生产总值还是国民生产净值,都与真正的国民收入不完全相同,而且从NNP中减去间接营业税,就像在国民收入核算中为了得到"国民收入"而所做的那样,仍然不是一个准确衡量国民收入的方法。真正的收入是可持续的,要计算这个希克斯收入,就需要一种非常不同的方法。

这一章也揭示出，在 GNP 所衡量的内容和经济福利之间，存在明显差别，而且根据人们提出的两种判断美国经济的方案，后者的增长速度远远慢于前者。支持继续将 GNP 作为指导政策的指标的人可能会辩称，即使存在上面所说的情况，经济福利已经随着 GNP 的增长而提高了。如果福利衡量指标的任何提高都真是一种收益的话，而且 GNP 的增长又倾向于增加这种收益，那么提高 GNP 仍然是令人满意的。意识到如果要使实际经济福利有小幅提升就需要 GNP 获得极大增长，这可以被用来主张需要做更多的努力来提高 GNP。

要对这样一种观点做出反驳，需要做出两点说明。第一，GNP 的增长对一些社会和生态指标产生不利影响。不是所有的这些指标在有关福利衡量的方法中都涉及。对于无处不在的外部性问题，这一点尤其正确。

第二，当 GNP 增长时福利指标也表现为增长，这主要是因为这些福利指标中将 GNP 的最大一个要素，即私人消费，作为福利指标自身统计数据的一部分。这些福利衡量方法假设，公众消费的物品和服务越多越好。例如烟草、酒精和高脂肪食品的过度消费，都被当作正面的因素计算进来。几乎没有人认为这些物品实际上会使福利增加，但是把人们认可的和不认可的支出分门别类，这个任务的确是太困难了。而且，经济学家通常把任何进行这种区分的工作当作一种他们所拒斥的精英主义。一个人无论在市场上怎么花钱，都被认为是为了满足个人的需要，而对价值做进一步的思考是不可能的。我们不是要反对，出于这些统计目的，假设在通常情况下对消费做出正面评价是必要的。但是我们的确认为应该指出，正是因为人们不能或不愿做出这种判断，才使得所衡量的福利在 GNP 大幅提高的时候有那么一点点的增长。如果把最有问题的项目从私人消费这一栏中删除，那么伴随着 GNP 大幅提高而出现的那一点点在福利上的增长，都可能彻底消失。

这里所做的概述，并不足以建构一种衡量经济福利的方法。如果我们更加仔细地考察在任何这样的指标中必须做的决定，我们就会了解随心所欲的成分有多大。任何衡量方法都是从现实经济福利的许多些独立的问题，那么只会让局面变得更糟糕。这些问题都构成共同体环境的一部分，而共同体的环境既是市场经济社会的先决条件，也为其提供着支撑。市场需要规模和分配这些信息来解决配置问题，而他们却不是市场所能解决的变量。第七章会再回到规模和分配的问题。

波兰尼对"Market"和"market"所作的区分

在商品交易会和集市期间交易商品是由来已久的活动。这种市场在封建社会有，甚至在共产主义社会也会继续存在。波兰尼用开头字母小写的"market"来表示产品的交换，它不是基本经济组织原则。而作为基本社会组织原则的"Market"，其历史源于封建主义到资本主义的转变。这个"Market"就是今天经济学家所说的"要素市场"。它的产生，需要把自然变为土地，把生命变为劳动，并把（继承的遗产）变为资本。对波兰尼来说，这是"伟大的转变"——将生产资料（不仅是其产品）转变为由市场进行配置的商品——或者就是这里所说的"Market"。土地被抽离于自然世界这个整体，并被当作了一种可交易的商品。被抽离于生活的工作时间或劳动，变成了需要被估价并根据供需来交易的商品。资本被抽离于社会遗产，不再作为集体的遗产或继承物，而是个人可以交易并从中获得非劳动收入的来源。[①]

与其他商品不同的是，劳动不仅仅是一种可以通过供求关系来定价的商品。如果必须取消市场，那么其他商品的价格可以变成零，但劳动工资不能低于生存保障最低标准，这一标准在贫穷的国家可以根据生理需要确定，在富裕的国家可以通过习俗和社会标准来确定。福利也许不仅限于工资能够购买的商品，还要看工作条件如何。这些都是显而易见的，而且还催生了一门称为劳动经济学的子学科。30年前，劳动经济学强调劳动与其他商品之间存在的区别，但是现在似乎更多地宣扬劳动商品化。

---

① Karl Polanyi, *The Great Transformation*. Boston: Beacon, 1957（Reprint）.

特征中抽象出来的，而使用这种衡量方法会导致人们忽略其中所包含的抽象程度。正是这样的一种衡量方法**引起**了错置具体性的谬误。但无论是不是应该设计和使用一种新的衡量方法，或者所衡量的福利是不是一种人们应该抛弃掉的虚幻的目标，结果都使得人们清楚 GNP 不足以用来衡量经济福利，也不应该继续用它来衡量经济福利。将 GNP 用作重要的经济福利指标——更糟的是将它用于衡量总体福利，这是错置具体性的谬误的一个异乎寻常的例子。从 GNP 向希克斯收入的转变面临许多相似的问题，但是因为目标更为适度，所以困难也会相应少一些。希克斯收入（最大的可持续消费）从内在意义上讲比经济福利更可测度。尽管希克斯收入不是用来衡量福利的，而是一个避免因过度消费而导致贫困的实际指标，但是可持续消费这个组成部分在大多数福利指标中都很突出。因此人们会期望，希克斯收入和大多数福利指标之间存在一种明显的正相关关系。此外，因为自然资本的消耗和保护性支出属于最难衡量的范畴，相比于我们的可持续经济福利指标（见附录），希克斯收入在操作上所具有的优势是不应该被夸大的。

第四章 错置的具体性：经济人

作为价格理论基础的经济人

作为当代经济学理论基础的最重要的抽象，就是从现实有血有肉的人类中抽象出来的**经济人**。没有人怀疑这涉及相当多的抽象。但是大多数经济学家认为，这对经济学科的目标并无任何害处。他们确信，从他们的模型中他们掌握了有关人类行为的足够信息，因此无需对实际的人类行为做详细考察。在这一章里，我们将考察这一抽象在经济学理论中发挥的作用，来判定它在多大程度上造成了错置具体性的谬误。

交换价值或价格理论对经济人做了最清晰的描述。这里有两个假设。第一，它假设个体的所有需要是无法满足的。第二，当个体得到了某一商品时，对相同商品的消费欲望（被称为那种商品的效用函数）就会减少。作为新古典经济学基石的边际分析，就是建立在对第二个假设的深刻理解以及价格是由边际效用决定的这个认识基础上的。这意味着我们愿为一种商品所付的价格，就是给定我们已经拥有的那种商品的数量，额外一单位的那种商品对我们而言所具有的价值。一个人很可能对第三盘冰激凌的兴趣要比第一盘冰激凌的兴趣少得多，或者说对第十双鞋的兴趣就不如第二双。如果一个人已经有了五条领带但只有一件衬衫，那么他宁愿多出些钱再买一件衬衫。从某种程度上讲，一个人一旦满足了对某种商品的需求，那么无论价格多少，他都不会再有兴趣购买更多的相同商品。

这是经济学理论一个非常合理的基础，我们也承认边际分析的价值和有效性。但是价格理论迈出了更大的第二步。成为一种能够量化的演绎科学的需要导致价格理论宣称，只有被个体消费的商品，才会对那个个体的满足程度或"效用函数"有贡献。这里所说的"消费"也包括礼物。一个人会为朋友买礼物，这个人从朋友的幸福中获得的快乐被包括在效用函数中。因此一个人因为其他人快乐而快乐也是有价值的，只要他为此付了钱。只要满足这个条件，经济人可能就会很慷慨。

而对于他人那些不表现为市场活动的快乐或痛苦，经纪人不会关心。例如，当一个人从其他人那里得到一份礼物，或者工作得到晋升，或者当慈善家为贫困儿童捐资修建一座公园时，经济人就不会为此感到快乐。这使慈善家的效用函数有所增加，但共同体其他成员的效用没有增加。同样的，经济人不会嫉妒邻居的新车，也不会因为竞争荣誉失败而感到痛苦。在所有这些例子中，经济人既不知道善良也不知道恶毒，只知道漠不关心。

当从这些角度把经济人与有血有肉的人进行对比时，两者的差异是令人吃惊的。经济人对社会地位是漠不关心的，而在现实世界中，个体在生活中获得的许多满足，与他们和其他个体有怎样的关系相关，换言之，就是与他们在共同体中所处的相对地位相关。总体而言，那些境况相对好的人，比社会中那些境况不太好的成员感到更幸福。这是我们大多数人都能预料到的。但对不同时代或不同的社会进行比较时，不同社会中人们的幸福感则没有多少差别。也就是说，生活年份较近的大多数人正在消费更多的东西这个事实，对于幸福丝毫没有影响。总体说来，生活在富裕社会中的人们，也不认为自己就比那些生活在贫穷国家的人们更幸福。简言之，经济福利的绝对水平对个人满足没有多少作用，然而在一个给定的社会里，其相对水平却起着相当大的作用。忽略了这一点而做出的抽象，根本就不能为政策提供适当的指导。

当代经济学理论不能因为经济人和现实的人们之间存在的这些不一致而轻易调整。很多经济学理论需要这个模型，没有它就无法得到确切的阐述。它需要假设效用函数是独立的，这意味着每个个体的需要都是从市场获得的商品中得到满足的。没有这一假设，它就会变成一堆棘手的数学问题，特别是它也不能表明完全竞争会导致资源的最优化配置。一般均衡会变得更加不可能实现，"看不见的手"不仅对肉眼而言是看不见的，而且对理性来说也是看不见的。

这里所描绘的经济人的主要特征就是极端的个人主义。其他人那里发生了什么情况不会影响经济人，除非他或她通过赠送礼物导致了这种情况。甚至经济人与其他人的外在关系，比如在共同体中的相对地位，也没有影响。此外，只有那些在市场中进行交换的稀缺商品才是有用的。自然的馈赠是不重要的，经济人所属共同体的士气也不重要。当经济学家从这个模型中得出关于现实世界的结论时，他们毫无疑问地犯了错置具体性的谬误。

虽然我们肯定了边际效用规律，只是对以如此有限的方式得到效用提出质疑，但是我们更加怀疑价格理论提出的**经济人**的其他基本特征：对商品有无法满足的欲望。边际效用递减的规律适用于收入，因此也适用于普通意义上的商品。如果收入的边际效用递减，在超过了一定的数量后，那么实际上所拥有的收入就是足够的。而欲望无法满足的假设则否认了这一点，认为新的商品和新的需要以及休闲是一种我们想要更多的商品。但是，休闲不是也具有递减的边际效用吗？我们不会感到拥有足够多的休闲吗？如果我们还没有学会应付旧的商品，接二连三的新商品就不会让我们厌烦吗？看起来欲望无法满足的假设是缺少根据的，它与拥有更好依据的边际效用递减规律之间如果不是矛盾的，也是处于严重对立状态的。即使是支持欲望无法满足假设的常识性论据，即非常富裕的人们似乎享受高消费，也不是一个具有普遍性的观点，因为富人要雇佣其他人来从事与消费有关的维护工作。他们把时间留出来仅仅是为了骑马，让他们雇佣的人帮助梳洗马匹和清理马厩。有人可能反驳道，这正是休闲稀缺性的一个方面。如果拥有更多的闲暇，富人可以有更多的时间来骑马和清理他们自己的马厩。但是那样的话，清理马厩这项令人讨厌的事情就会对他们骑马加以限制。如果没有穷人帮助他们，富人消费的就要少很多。而如果所有的人都富了，那么从哪里才能雇人来帮忙呢？

如果无法满足是人性的天然状态，那么就没有必要那么积极地为了刺激需求做广告，也没有必要因为去年的款式不尽人意而不停地推陈出新。这个理论体系尝试改造人们以适应它自己假设的事情。如果人们的需要不是天生就无法满足的，那么我们就必须让需要天生无法满足，以使这个理论体系继续发挥作用。20世纪40年代约翰·斯坦贝克就意识到了这一点，他在《啼笑姻缘路》中描写的人物——长满痘痘的卡尔森（Carson），用一半的收入去看医生以及购买广告里说可以治疗痤疮的药膏，剩下的钱则去购买广告中声称可以给劳动人群快速补充食物能量的糖果棒和甜馅饼。这样，卡尔森变成了需求无法满足的消费者，这给糖果棒和痤疮药膏生产商带来了很多好处，却害了他自己。

支持人的欲望无法满足的观点的人可能提出，即使非常富裕的人——或者说他们中的一些人——也会为了得到更多而努力工作。他们的欲望似乎的确是无法满足的。但是经济理论认为，对其有无尽需求的那些商品，这些人的个体消费通常相对很少。他们努力工作的动力，似乎是为了追求权力或者获得与其他富人相对等的地位，而经济人对这些因素却并没有兴趣。

如果人们强调了慈善行为，也许这是人类欲望无法满足命题的一个更好的例子。慈善家从那些因为收到他们赠与的礼物感到的快乐中得到享受，这种享受也许是无法满足的。因为人们能够想象无限的给予要比无限的消费更容易，没有人强调这个论据确实出人意料。

人们的解释可能是，**经济人**的效用函数差不多全都是从普通意义上的消费来理解的。经济学家们承认把给另一个人购买礼物当作消费，却没有对**经济人**模型的基础做任何修改。如果强调**经济人**从礼物接受者的欢乐那里得到了快乐，那么不承认他或她从他人的任何其他快乐中得到快乐，就会产生一种令人无法接受的显著矛盾。因此，经济学家们承认，人们可以从慷慨行为中获得快乐，这样给其他人购买礼物就不必从效用函数中减去。但经济学家并不认为，这种情况是**经济人**的一个重要心理特征。经济学理论要求**经济人**是贪得无厌的，而且它就是以这种方式展开论证的。

经济人受自身利益驱动的有限性偶尔也会得到清晰表述。F. Y. 埃奇沃斯写道："经济学第一个原理就是，每个行为主体都是受自利驱动的"[1]。埃奇沃斯认为，这适用于战争和合同的问题，但不适用于其他领域。德国经济学家赫尔曼·海因里希·戈森在《人类关系的法则》中对自利学说的表述可谓典范[2]，他的著作因为预见了杰文斯[3]和门格尔[4]的边际理论而从默默无闻变得受人瞩目。戈森的黄金法则就是："为你自己的利益来安排你的行动。"上帝把自利作为取得进步的动力植入人心。追求自利就是服从上帝的意志。与自利背道而驰就是阻碍上帝的计划。因此，戈森愤然说道："造物怎能如此傲慢到想要完全或部分地阻止造物主的意图呢？"[5]但是上帝的意图不会被傲慢的说教者所阻碍，因为由神的力量植入人心中的利己主义的势力太强大，以至于难以被克服。

经纪人模型的社会后果

不管人们对经济人做出某些慷慨行为的可能性会得出什么样的结论，有一点是毫无疑问的，那就是建立在这种人类学基础上的经济学理论，鼓励了人们在商业世界中对私利的放任追求。那并不是说，私利在以前的人们那里没有发挥重要的作用，只是那时人们普遍不赞成，

---

[1] F. Y. Edgeworth, *Mathematical Psychics*. London: C. K. Paul, 1881.

[2] Hermann Heinrich Gossen, *The Laws of Human Relations*. Cambridge, Mass: MIT Press, 1983 (Reprint).

[3] William Stanley Jevons, *The Theory of Political Economy* (4th ed), London: Macmillan, 1924.

[4] Karl Menger, *Principle of Economis*. Translated by James Dingwall and Bert F. Hoselitz, Glencoe, Ill.: Harper & Row, 1950.

[5] Hermann Heinrich Gossen, *The Laws of Human Relations*. Cambridge, Mass: MIT Press, 1983 (Reprint), p.4.

把追求私利这个目标作为一个人如何生活和行动的决定性因素。那些坚守清贫誓言的僧侣们，通常都比成功的商人更让人钦佩。作为个人目标，荣誉是与财富相媲美的。

现代经济理论教导人们说，没有必要为了整体的利益来限制对财富的追求，而且这种限制实际上妨碍了整体利益的实现。当每个个体都寻求最大化自己的经济利益，那么社会的总产品就会增多，所有的人都会受益。如果人们曾经希望政府为了实现对所有人的公正而影响经济活动，那么现在它的干预就被视为阻碍总产出的增加，而总产出增加就能带来普遍的繁荣。经济人几乎没有动机为了其他要考虑的事情而节制对财富的追求。

在过去，对个人利益的不受限制的追求，会因为对公正、公平或者整个共同体的福利的关心而有所收敛。这是现实中人的一个维度，也是经济人所缺少的。经济学家强烈地倾向于将正当的或正确的商品分配，等同于作为不受限制的市场交易结果的分配。例如，米尔顿·弗里德曼就说："（自有住房的）恰当比例，只会出现在购买住房既没有补贴也没有罚款的自由市场中。"罗伯特·萨缪尔森也持类似论调，他说："帮助小企业阶层并不比扶持大企业阶层更道德。"他们两人可能都是正确的，但是由市场行为来决定道德规范却不正确。

当经济学家们面对人们的行为并不与追求利益最大化的计算相一致的时候，他们有关经济人的观点就出现了对立。史蒂文·E.罗兹（Steven E. Rhoads）研究了最新的文献，并表明经济学家如何强烈地倾向于认为，这样一种行为，或者出于更加难以琢磨的自利动机，或者出于一种无知。它看起来还是，最大化计算的主导地位使得经济人的理性偏向了狭隘的自利。罗兹总结了一些特别有趣的实验。在这些实验里，很多测试组被给予了代币，他们可以把这些代币或投资于个体交易，这种交易可以让个体投资者每投资一个代币就可以获得1分的回报；或投资于小组交易，这种交易可以使每个代币获得2.2分的回报，但却要把这些收入分配给每个组员而不管是谁投资的。换言之，在小组交易中，实验对象会分得他自己投资回报（如果有的话）的一个份额，同时也会从其他组员从小组交易的投资中得到的回报中，分得同样的一个份额。大多数经济学家会预言，自利的个体不会为小组交易投一分钱，因为小组交易不会让个体的利益最大化。（因为从小组投资交易中获得的更大的总利润的绝大部分，都会分给其他组员。而且，那些没有为小组交易投资的人，也可以从其他人投资交易获得的收益中分一杯羹，也就是说他们"免费搭车"。）但事实上，在很多实验中，人们都自愿地把大量的资源——通常在40%到60%之间——提供给了小组交易（即公共产品）。许多参加实验的人还说，"公平"的人的投资甚至会比他们更多。[1]当在一组经济学研究生中做这一实验时，模型的效力就尤其显现出来了。"他们只把20%提供给了小组交易，认为公平这个概念很陌生，而且可能只有半数的人表示，他们在做决定的时候考虑到了公平问题。"[2]

对经济学家而言，关心公平是很难处理的，这在他们对实验所做的评论中得到了揭示。比如在罗兹的引述中，A.拉帕波特（A. Rapaport）和A. M.夏玛（A. M. Chammah）这样说（没有讽刺的意思）："很明显，普通的参与者在策略上还没有老练到弄明白，DD（自私的策略）才是唯一在理性上能够站得住脚的策略。"[3]

资源经济学家也认为公众缺乏经验，他们在调查公众对意愿评估问卷的反应时，遇到了相当程度的缺乏合作的问题，在调查问卷中，受访者必须规定他们愿意购买或出售的环境产品数量。萨格奥夫认为，这种拒绝合作才是实验最重要的结果："因为著名的米尔格伦实验已经表明，在社会科学研究的背景下，人们受到权威的胁迫，以至于被要求时会愿意做任何事情，甚至是折磨人和谋杀。似乎大量受访者拒绝的实验类型，只是由资源经济学家组织的意愿价值调查。为什么是这样？"萨格奥夫对他自己这个问题的回答是："受访者相信环境政

---

[1] Steven E. Rhoads, *The Economist's View of the World*. Cambridge: Cambridge University Press, 1985, p.161.

[2] Ibid., p.162.

[3] Ibid.

策——例如国家公园所能容许的污染程度——涉及道德的、文化的和艺术的问题，社会必须慎重考虑这些方面的价值，而且这与偏好满足的边际定价根本没有关系。"①

当经济学家试图把他们的概念扩大到其他领域（如投票）的分析时，他们把人看作是狭隘的和自私自利的倾向是显而易见的。然而证据并不支持他们的观点。罗兹指出，那些现在为年长者的社会保障付费的人，会从年长者早逝中受益，在一些经济学家看来，他们反对以延长社会保障接受者的生命为目的的公共基金支出是合理的。他认为，事实上大多数人都支持这种支出。他还引用同样忽略了道德思考的经济学关于犯罪行为研究的文献。他不认为经济学家普遍赞同这些完全没有道德原则的观点，但是他指出，表述这些观点的文章都是在威望很高的杂志上发表的，而其他经济学家对此没有任何反对的声音。

我们得出的结论是，经济人模型没有很好地刻画出现实的人。经济心理学最新的主要研究支持了这一论断。在仔细考察相关的证据之后，研究者得出结论说："我们必须抛弃人人都是贪婪的这个观点，因为与**经济人**不同，现实的人并非是贪得无厌的。"② 这里不是说用经济人模型来描述现实的人有些轻微的瑕疵，而是说从这种模型中推导出的有关人类行为的结论，会导致在有限界定领域之外的系统的扭曲。而且更为重要的是，这一模型的使用影响了人的现实行为，使其离开关心共同体的模式而走向了自私自利。我们在上面提到的实验中指出，经济学系的学生朝着这个方向明显地偏离了通常的模式。这种描述性的抽象在无意识中就变成了这些学生的规范，但是整个社会也受到了影响。约翰·肯尼斯·加尔布雷斯就已经指出，对财富赤裸裸的无限欲望源于这样一个事实，那就是当代社会是"根据人们拥有的产品来

---

① Mark Sagoff, "Some Problems with Environmental Economics." *Environmental Ethics*, 1988, p.62.

② Stephen E. G. Lea, Roger M. Tarpy, and Paul Webley, *The Individual in the Economy: A Survey of Economic Psychology*. Cambridge: Cambridge University Press, 1987, p.111.

评价他们……这一价值体系进一步推动了消费的强烈愿望"[1]。

经济学和价值判断

经济人具有无限的需求，但是没有与那些需求强烈程度截然不同的价值等级。因为这个原因，不管人们想要什么，经济学家通常都把其视为常态。经济的任务就是尽可能多地满足人们的这些愿望，而不管这些愿望可能是什么。

拒绝对不同类型的价值做出评判，经常成为经济学家和经济学的批评者之间争论的一个主题。批评者认为价值是有高低之分的，因此社会应该鼓励价值比较高的东西，而阻止价值比较低的东西。他们抱怨说，当让市场本身做决定的时候，市场会通过不断地给消费商品做广告而鼓励价值比较低的东西。这就是说，政府可能需要干预或者通过直接鼓励较高的价值，来抵消对较低价值的宣传。

经济学家通常反对这种形式的政府干预。他们坚称，区分价值高低是一种精英论。就像有些人喜欢莎士比亚，而另一些人则喜欢情色电影。经济学家不想政府提出规范判断来支持这个或者那个价值。

在反对政府以补贴或审查形式进行干预的过程中，经济学家很明显在阐述他们自己的价值观。从经济学的创始者亚当·斯密开始，经济学就重视不受政府干预的个人自由。当然，人们可以争辩说这仅仅是一个客观的主张，即市场是商品最有效的分配者，当参与者完全不受政府限制时，市场才能发挥最大作用。但是在现在的情况下，它已经不只是一个客观主张，而是坚称，不存在更好和更差的客观标准来指导社会制定政策。而支持这一观点的人为什么会继续参与政策讨论，这真是令人费解。

有一个问题，为什么在其他领域仍在不断争论的主题上，经济学

---

[1] John Kenneth Galbraith, *The Affluent Society*. New York: Mentor, 1958, p.126.

家会取得如此近乎一致的意见呢?答案就是,他们所使用的机械的、数学的模型忽略了终极因。经济学家们一贯推荐的那些政策,都是用来增加有购买力的人们购买的商品的总数量。把有关相对价值的判断或者与价格无关的目标引入这个局面中,会让整个学科陷入混乱。

史蒂文·罗兹巧妙地指出,大多数批判其自身行为的人,才会做出相对价值的判断。那些吸烟成瘾的人很少会说,他们对烟草的欲望,应该与用于充饥的食物,甚至与享受好的文学作品同样重要。经济学家应该承认,因为他们的学科不能处理这些问题而忽略这些事实,而不是否认这些事实。但是否认这些事实以支持他们理论的诱惑更大。

经济学家的确希望判断其政策提案是否会对受影响的人们的福利有所助益。但是他们回避将快乐相加和将痛苦扣除的功利主义计算方法。不同个体的满意度(经济学家所说的效用函数)是不能比较的,因为没有衡量的单位。因此经济学家拒绝把不同人的效用函数加在一起来确定能够获得的总利益。

按照经济学家的观点,我们的确不能说,对于饥饿的人来说的食物,比一个富裕家庭的第二套房子里的第三台电视带来更多的效用。我们也不能说,一条腿被截肢的琼斯,比被一个钉子刺伤了的史密斯更痛苦。我们只能说,如果没有人境况变差而同时至少有一个人境况变得更好,那么社会福利(总福利)就提高了,这就是著名的帕累托效率准则。值得注意的是,怨恨的存在会损害这一准则。如果我因为其他某个人境况变得更好了而感到境况变差了,那么按照帕累托准则,我们永远不会看到社会福利有提升。为了使这个准则具有可操作性,我们就必须将人们的怨恨或敌意排除在考虑范围之外。经济学家或者会做出人们事实上既没有敌意也没有怨恨的实证陈述(positive statement),或者做出人们不应该有怨恨和敌意的规范判断,建立在这些动机基础上的满意就不会被考虑在内。作为一种实证陈述(positive statement),这一观点明显是错误的。只有作为一种规范陈述,它才值得广泛认同。这是具有讽刺意味的,因为正是为了回避规范判断,才从一开始就将个人之间的效用比较排除在外,从而产生据称是"价值中立"的帕累托准则，但我们现在看到，这个准则本身就是一种规范表述。甚至，定义一个有效配置所依据的标准，也要直接依赖于一种规范判断。就其本身而言我们认为，标准依赖于一个合理的规范判断，这比把它建立在一个错误的实证陈述的基础上更为可取。但是我们也认为，任何人宣称建立在这个基础上的理论架构是一种价值中立的"实证"科学，是令人啼笑皆非的。

由于科学家借助于电学或化学手段能够直接刺激人的下丘脑的愉快中枢，对那种把满足人们欲望当作目标而无需进行价值评判的观点，最具颠覆性的反面证据现在正变得越来越清楚。之前，大脑的愉快中枢是个体无法直接进入的，对它的刺激是以恰当的平衡和适度方式进行的其他活动的副产品。当你饿的时候，吃对你来说就是一种快乐；当你疲倦的时候，睡觉对你来说就是一种快乐；性行为则需要两情相悦，以及信任、爱恋和为获得最大快乐而营造情趣的氛围。快乐通常是一些行为混合在一起的副产品，这些行为有利于个体或人类的生理性特征。直接进入愉快中枢就不需要借助这些平衡活动。因此毒品可以给愉快中枢一个直接的化学刺激，但无论对个体还是对社会而言，其影响都是致命的。然而对毒品的需求数量无论如何都是有限的。通过这种方式直接让主观满足最大化的个体，对其他商品和服务的兴趣就减少了。

在一个曾经做过的最有代表性和让人恐惧的实验中，电极被植入到一些老鼠的愉快中枢。老鼠有三个可以控制的按钮，按下其中一个按钮老鼠就可以得到一点食物，按下另一个按钮老鼠就会得到一点水喝，按下第三个按钮则会直接刺激它们接有电极的愉快中枢。老鼠们在了解每个按钮代表什么之后，它们就只去刺激它们的愉快中枢，直到它们在愉悦中饿死，虽然食物和水很容易得到。还没有哪个神经外科医生会为我们的愉快中枢植入电极，但那却是一种完全建立在个体主观满足最大化的价值理论基础上的自然结果。同样，当前毒品的泛滥可能就不仅仅是一种不幸的时尚，而是一种哲学的逻辑结果。这种哲学把个体的快乐作为所有价值的源泉，而个体的快乐是尽可能独立的，与所有其他关系不相干的，而且被简化为是用一种东西来刺激另一种东西。但是只以自我为中心地关注主观的个体快乐，确实是致命的。

结　论

我们已经表明，经济人是从人类对他人身上发生的事情以及一个人在共同体中所处的地位的感受中抽象出来的。它也是从对公平的认识和相对价值的判断中抽象出来的。我们已经在前面揭示出，这种抽象导致了假设的经济人与现实的人的行为不同。

对当代经济学家而言，避免忽略在他们的模型以及建立在这些模型基础上的理论中所涉及的抽象程度，在原则上是可能的。他们可能认识到，他们的理论同真空中不同密度的物体都以同样速度下落的物理学理论是一样的。物理学家并没有就此推导出，在一个有风的天气里，从悬崖的顶部落下的石头和羽毛会同时到达地面。物理学家知道现实世界并不是真空的，经济学家应该记得现实的人也不是经济人。但他们通常都忘记了他们对现实人的各种特点做了抽象。

我们并非要说，"纯粹"的经济学不可能存在或者不受欢迎。而是经济学作为一门科学，它对现实的关怀还不够。它对现实世界中发生的事情的形势给予解释，并为政策制定者和商人提供建议。对此，我们感到很欣慰。但是更经常的情况是，在这个过程中，它忽略了在其概念和论证中所包含的抽象程度。而且当其推论被直接应用到现实世界的时候，它会对公众的福利带来危害。

在绝大多数情况下，在塑造人性观和理论的时候，经济学着眼于"分析的方便"而不是经验根据。因此，政策如何决定都取决于数学定理，这些数学定理的长处在于它们在推导上的富有成效，而不在于它们与现实世界的联系。经济学在抽象的这条路上走得太远，而研究经济学的学者却几乎没有人意识到这一点。错置具体性的谬误因此而泛滥。

第五章　错置的具体性：土地

土地经济学

我们在前面的章节中说明了，经济学要成为一门演绎科学的目标，使得在处理交易、衡量成就以及人的问题上做了高度抽象——然后经济学再从这些抽象中得出结论，就好像这些抽象与具体的现实是一致的。这一章把土地问题加入到讨论中，然而也存在一些差别。市场、**GNP** 和**经济人**这些抽象对经济学思想的形成有重大的影响，而将土地描绘为经济的一个与众不同的方面而进行的抽象，则被边缘化或者完全消失了。

因此这一章有两个目的。第一，需要弄清楚经济学家是如何看待土地的。第二，需要揭示为什么他们对土地的抽象已经被证明是不重要的或者不令人感兴趣的。对经济学家来说"土地"的无关紧要，不意味着对它的忽视是不重要的。完全忽略土地，至少与描述土地的那些特定抽象所直接产生的结果一样影响深远。

经济学家所使用的"土地"，是一个涵盖范围很广的术语，包括整个自然环境，开篇认识到这一点很重要。没有关于海洋或空气或太阳能的单独讨论。在土地这一标题下处理的东西，可以被称作自然、受造物、世界、环境或者说地球。之所以称为土地是因为，"土地"的使用与农业相关，还因为农业是经济学家探讨的一个主要问题。一旦在经济学理论中发挥作用的抽象是在这个基础上形成的，那就几乎不存在考虑自然的其他方面的联结点。因为这样一些因素的存在，很难让经济学家去关注狂野的事实。

第一部分 经济学

土地并没有完全从经济学那里消失。经济学有一门分支学科叫"土地经济学",理查德·T.伊利(美国经济学会的第一任主席)可以被看作是这门分支学科的创始人。1922年,他在《土地经济学原理》中发表了对这一思考的初步看法。在一开始,他表达了对经济学家忽略土地而感到的困惑。他说:"作为生产的必要条件,土地是社会的共同财富。但它作为一个经济学概念所受的关注却相对很少。这个问题很不寻常而且让人非常难以理解。"① 他提到了大量的有关劳动、资本(另外两个传统的生产要素)的文献,然后说他自己所从事的似乎是第一个持续对土地问题给予相似处理的研究。

我们可以在伊利的研究中,特别在当他确定其任务时所进行的抽象过程中,找到作为生产要素的土地为什么缺少关注的一些线索。他首先指出:"经济学家所使用的土地,就是指那些具有经济意义的自然力量。"然后他指出,土地在许多学科得到了研究,因此土地经济学的问题就是经济方法的独特性。"是什么为土地经济学划出了一个研究领域?那就是财产概念。"② 在脚注中,他说,他最初想给他的书起名为《土地所有权和地租》。

尽管在从"自然之力"到"土地产权"的变换中,出现了相当的抽象,甚至可以说是转变,"财产"这个词仍然能够让人们去关注拥有的是什么。伊利清楚地表示这是无意之举。"经济学总的来说是研究人类关系的科学,土地经济学作为经济学的一个主要分支,也是研究人类的关系。"③ "财产观念"就是"财产关系"。在"土地经济学"这个标题下要处理的问题就是,"城市及乡村中的租赁、土地价格、单一税、公有制、集体所有制、广袤的草原、大片田产、保护区和城市人口的拥挤"④。

---

① Richard T. Ely, Mary S. Shine, and George S. Wehrwein, *Outlines of Land Economics* (Vol. 1), *Classification of Land*, Ann, Mich: Edwards, 1922, p.3.

② Ibid.

③ Ibid., p.4.

④ Ibid.

81

伊利似乎回答了他自己提出的问题，那就是为什么土地没有像其他生产要素一样受到人们的重视。如果"土地"确实被经济学家看作是"具有经济意义的自然力量"，那么就有必要对土地这种独特的重要因素给予重大关注。它就不仅是一种生产要素，而且是整个经济生活（同样也是普遍意义上的生活）的前提条件。狂野的事实就无疑对经济学意义有着不言而喻的重要性。但是如果当土地成为一种仅与其他财产关系差别甚微的财产关系，那么它就（只不过是）众多商品中的一种。"自然之力"以及一般来说的自然就从人们的视野中消失了，而经济学也由此超然于世外。

然而非常重要的是，当"土地"被抽象到这种程度，对这一主题的关注就会使得一个人对经济学家通常忽略的问题变得敏感起来。土地保护问题就包括在1922年讨论的主题中，而且当伊利和乔治·S. 韦尔温两人合作在1940年出版《土地经济学》一书时，他们对大多数美国人直到很晚才意识到的问题就表现出了相当的敏感性。尽管这本书大部分内容都是把土地作为财产来看待，而且重点也是放在财产关系上，但作者非常清楚现实与这种关系之间存在差距，因此要求对其给予应有的重视。因此，"土地政策必须建立在自然法则的作用和人的经济驱动的基础之上"①。这种对自然法则的重视，与经济学家普遍近乎漠视这些自然法则，形成了鲜明对比。对物质世界的这种关心，使得伊利和韦尔温注意到经济活动和作为一个在经济活动之外的整体的自然之间的相互作用。"在绝大多数情况下，对当代人有利的'征服自然'，会导致人类被那些永远发挥作用的自然之力征服。"因为"人已经与风、水、气候一起成为一种地理因素，正在改变环境的特征，而且有时会加速对环境的破坏"，因此土地经济学"必须关注土地使用中的'私人'经济因素，甚至要更多地去关心自然资源的保护、恢复和增加的'政治经济学'"②。关注土地是出于长远考虑，而且要反对将后

---

① Richard T. Ely, Mary S. Shine, and George S. Wehrwein, *Outlines of Land Economics* (Vol.1), *Classification of Land*, Ann, Mich: Edwards, 1922, p.25

② Ibid., p.27.

代人的资源折现。

令人失望的是，人们会发现与这些观点同时出现的是更多的其他论述，大意是在经济物品和服务的生产中，"地球是被动要素，而人是主动要素"[1]，"土地本身是不能生产的"[2]。这部书整体内容展现的是这些标准的经济学观点，而不是认为人类经济会对生态造成破坏。因此他们提出的经济学，对于鼓励他们所提倡的土地恢复和增加没有什么作用。然而我们可以期望，当代经济学家们作为整体会像伊利和韦尔温一样，给予作为物质环境的土地同样多的关注。但不幸的是，我们扫一眼与《土地经济学》这本书具有相同名称的期刊的当前内容就会发现，即使在这个分支学科里，也很少有人像伊利那样关注土地。对具体现实和自然的关注，在土地经济学那里已经成为更加次要的内容，而土地经济学大体上对经济学而言，仍然是边缘学科。

正如根据一门对人类共同体一无所知的学科而产生的政策，对那个共同体而言是破坏性的，根据一门对物质世界一无所知的学科而产生的政策，对那个世界而言也是破坏性的。狂野的事实大部分就是那种破坏性的后果。必须从一种更为恰当的土地模型的角度来重新思考经济学，正如我们需要从一种更为恰当的**经济人**模型的角度来重新思考经济学。

用具有经济重要性的自然之力代表"土地"并不新鲜，它确实具有一个非常悠久的历史。新鲜的是自然之力被归入了财产关系这个范畴，对土地的整个看法因此发生了变化。为了理解在经济学中对土地思考存在的更为丰富的其他认识，我们建议对土地的最初看法做一简短回顾，特别是犹太人经书中传达的观点。这些文本一直在引发人们的共鸣或思考，它们大大缓解了当代经济学所涉及的抽象程度。

---

[1] Richard T. Ely, Mary S. Shine, and George S. Wehrwein, *Outlines of Land Economics* (Vol. 1), *Classification of Land*, Ann, Mich: Edwards, 1922, p.25.

[2] Ibid., p.50.

古老的土地观念

在典型的以狩猎和采集为生的民族那里，土地被看作生命的赐予者和所有东西的源泉。在现代的专业术语中，土地是生产要素，但它绝非仅仅如此。人们属于土地，敬重它并感激地接受它的慷慨赐予。土地包括所有与人类共享土地的植物和动物。

土地还是人们的立足之所。这不是指各个大陆，而是指人们了解的那片土地。通过这片土地，人们把自己与祖先和后代联系起来。没有所谓的土地所有权概念，土地属于人类，也属于所有与人类共享这片土地的动物。更确切地说，他们都属于一个整体。用现代的语言说就是，他们构成了一个生态系统。

在这里，灵魂和神灵都是地域性的，他们或与地貌相关，或与祖先坟墓相关，或与特殊的动物相关。土地本身被当作给予一切（而且也许也会消融一切）的母亲，而受到人们的崇拜。

新墨西哥作家南希·伍德（Nancy Wood）的诗歌就表达了一些这样的主题。她对于塔奥斯印第安人所面临的文化困境的深深忧虑，在她关于这些人由于西班牙、墨西哥和美国殖民者而被迫离开他们的土地的诗歌中，有所反映。

> 一切都曾经存在于这个永恒之所
> 一切都曾经存在于人类灵魂与大地之间。
> 这曾是一块
> 流淌着我们的大江大河的土地
> 自然搏动的心流过
> 我们无法记忆的时间。
> 这曾是我们的土地。
> 为我的人民供给一切美好事物的土地。
>
> 随后土地从我们手中被夺走。

现在它是你的土地。
你知道如何向土地说话吗，我的弟兄？
你有去倾听它在向你说什么吗？
你能仅向它索取你所需的东西吗？
你能保守它的秘密吗？
我的弟兄，你要出卖土地？
如果土地可以出卖
那就如同太阳、月亮、星辰也可以出卖。

因为一个人的生命和生长着的物的生命
并没有区别。
谁能说一个人不可以是一棵树？
我们向整个自然祈祷，绝不伤害它分毫。
所有的人和所有的树
都是我们的兄弟。
我们自身的某个部分
就存在于大地、天空，无所不在。
［选自伍德编著，《呼唤太阳》（*Hollering Sun*，1972）］

随着人们驯养动物，出现了其他一些趋势。过着游牧生活的人也许把土地当作一个流浪的地方而不是定居的地方。土地仍然很重要，但是它们不是以与狩猎和采集为生的人们相同的方式成为土地的一个部分。自然中的行动原则可能与太阳和降雨有关。大地得到的多过它所给予的。人类的行为扮演了一个更重要的角色，而且人类的行为可能更多地被理解为与天上的神灵有关系，而不是与大地有关系。

随着农作物的种植和农业革命的出现，人们被牢牢地束缚在更小块的土地上。就像对狩猎和采集的人那样，土地具有最重要的作用，尽管太阳和雨水也很重要。最重要的是，人们将注意力集中到了繁殖力。自然带给人们更多的东西，这被看作是伟大的奇迹，它将一粒种子变成一棵植物,这棵植物又生产出许多种子,或者使家畜的数量越来越多。动植物的繁殖,特别是人类的繁殖,作为富饶的一种象征,具有了宗教意义。

古代人对土地的看法,通过犹太人的圣经对欧洲文明产生了极大影响。和其他古代民族一样,对古代犹太人而言,土地是一个核心范畴。实际上,犹太人的生活和思想可能就是以人民(以色列人)、他们的上帝(耶和华)和应许之地为中心的。[①] 这些就是古代犹太人的三个生产要素!它们都是相对独立的因素,但只有在它们的相互联系中,它们才有各自的意义和完全的现实性。犹太人记得那段在埃及游牧流浪的生活和农业定居的生活交织在一起的历史。因此土地不只是古代犹太人明显的栖身之所,离开土地他们将丧失集体的生活方式。土地是耶和华赐予他们的,如果他们不能在土地上恰当地生活,他们就会被流放。对他们而言,与应许之地相分离是最大的凶兆,能够永远居住在应许之地是最重要的应许。因此他们在土地上的居住以及他们希望的实现,都取决于他们与土地、与他们的上帝形成良好关系。

在三个要素中,土地不是一个被动要素。它结出果实并给人们好的礼物。它受到尊重并在安息日那天得到休息。人们可能描述土地在悲痛或者欣喜,甚至描述土地因为人们数不清的罪过而唾弃人们。土地可能被人的罪恶所污染并需要净化。

土地通常被看作是以色列人的"遗产",但它不意味着现代意义上的财产。土地被托付给了以色列人,只要以色列人履行与耶和华以及与土地的契约。而且,这种遗产被个性化了。每个家庭都有自己的一份遗产,并且有责任保留这种遗产。而耶和华让共同体作为一个整体来负责维持每个家庭保持和传承其遗产的秩序。看护权比所有权更为接近表达这种关系。但是,保持这样一个广泛的土地权利分配制度被

---

① 我们这里的很多观点参考了沃尔特·布鲁格曼的《土地》(Walter Brueggeman, *The Land: Place as Gift, Promise and Challenge in Bibllical Faith*. Philadelphia: Fortress, 1977.)。土地与经济学的关系在阿切尔·托雷的《土地与圣经经济学》(Archer Torrey, *The Land and Biblical Economics*. New York: Henry George Institute, 1985.)里得到了更详细的表述。

证明是极其困难的，因为某些人会通过购买他们邻居的"遗产"来扩大自己的田产，特别是当发生危机的时候。这种情况在公元前 8 世纪达到顶峰，城市精英把农业从乡村生活的支柱，变成了为了出口而进行单作①的用途，迫使农民成为在大片地产上耕作的临时工而不是独立的农户。先知的指责许多就是针对这种违背契约的行为。犹太教规定在安息年，所有土地都应该归还给最初的继承者。②

古代犹太人把他们自己看作是"植根"于土地中的。最重要的是，他们就"住在"那里。他们属于土地或者至少是和土地在一起的。他们就是生活在那片土地上的人。它就是家，当他们住在那里的时候，他们爱它。当他们离开的时候，他们渴望回到那里。与土地分开的生活是不完整的。永远住在他们继承的土地之上，忠实于与耶和华的契约，这对他们来说就是救赎。

但是不管与土地的这种关联程度有多么深，这种关系都是居于倒数第二位，而不是终极的。人们可以离开土地生活，但在这种生活中他们没有与耶和华分开。耶和华居留于大地之中，但耶和华却不受土地的束缚。耶和华可以离开甚或是被驱逐出。还有一个更复杂的传统观点认为，在这个意义上，耶和华根本不可能是属于某个地区的。

犹太人对土地的独特看法，是在具有游牧和农业经验的人们的特殊历史中产生的。他们对耶和华的看法更多地与游牧生活经验有关，而他们对土地的看法则更多地与农业生活经验有关。这两种观点在他们的相互关系中得到了改变。结果是为大多数西方关于土地的思想萌芽提供的宝贵文献，至少在现代之前。

与某片土地亲密相连同时又可以与之分离这一独特的意识，被犹太人保留了下来。这在今天的世界政治中是很重要的一个因素。在基督教世界，统一体趋向于土崩瓦解。从新约本身开始，特别是在非犹

---

① 在一块土地上只种植一种作物的种植方式，称为单作。——译者注
② 马丁·L.钱尼非常详细地阐述了这些观点，参见《社会科学对犹太圣经及其社会的批判》[N. K. Gottwald (ed.), *Social Scientific Criticism of the Hebrew Bible and Its Social World*, Volume 7 of Semeia 37, 1986, pp. 53–76.] 中他所写的"对以色列国的系统研究"一文。

太教教会里，与特定土地的亲密关系逐渐衰退。叙述或者至少暗示与土地的可分离性这类主题占据了支配地位。基督徒真正的归宿不是任何特定的土地，而是即将到来的上帝国或者一种彼世的天堂。基督徒是生活在大地上的流浪者和朝圣者。因此，犹太人那些源于他们有关游牧生活的记忆和放逐经历的愿景，比农业生产者对土地的那种爱显得更为恰当。但是，（在前现代的时期）基督徒通常都是农业生产者，因此对土地的热爱仍然是优秀基督徒必备的体验。有时，这两者会再次结合在一起，比如像清教徒认为新世界就是应许之地那样。但基督徒的主题意识是与土地相分离的。

人们可以从犹太教经典到基督教经典的这种逐步转变中，以及在基督教思想的某些字里行间，发现一种强调土地的超越性和对象化的倾向。人类生活与土地的可分离性与对人与上帝关系的强调一起，趋向于降低土地的重要性。这些倾向为现代哲学和经济学的进一步对象化和抽象化铺平了道路。但是在我们转到这个主题之前，我们应该考虑，迄今为止，人类与土地的关系中的一个方面没有得到强调，即和人类一起生活在这片土地上的生物的关系。犹太人对这个问题的看法在创世纪第一章中得到了最好的体现。

在这个故事中，在大地与洪水分开之后，泥土中产生出了植物，而水中则产生出了各种海洋生物，上帝创造了鸟和兽。在每个阶段，上帝都认为他所造的物是好的。然后在第六天，上帝创造了一个男人和一个女人，只有他们是上帝按照自己的形象创造的。然后上帝把所有的造物放在一起来看待，并认为它是"非常好的"。

用哲学的话语来说，这意味着所有的生物都有内在价值，而人类的加入则为整体提供了特别的卓越性。一般来说存在，特别是生命，是通过他们自己，而不仅仅是通过他们与超越他们的目的之间所具有的关系，得到肯定的。世界的美好通常不可以只简单地理解为它对人类所具有的价值。

另一方面，人类也不仅仅是其他物种中的一个物种。他们被专门授予了统治地球及地球上植物和动物生命的权力。这就是说，所有这些也作为满足人类目的的手段起作用。其他生物因此既是目的，也是手段。但是人类将其他生物作为手段，特别是作为食物这个事实，并不能成为这些生物灭绝的正当理由，因为它们也同样被赋予了欣欣向荣和繁衍的权利。人类使用它们的权利，不可以取代它们在世界上有一席之地的权利。

人类与其他生物都是需要繁衍兴旺的生物，以及人类主宰着其他生物，这两层含义在犹太教那里比在基督教那里得到了更好的保存。两者都趋向于更多地强调人类的主宰性这一点，而不是强调人与其他生物共同参与成就造物的辉煌。但是基督教把焦点集中在了人是按照上帝形象创造的这个问题上，并把它作为一种对救赎的更为灵性化理解的基础，这种理解只适用于人类，并因此将造物的其他部分贬低到救赎这个故事不显眼的位置。直到最近，只有像圣·弗朗西斯和艾尔伯特·史怀哲这样与众不同的人，才强调所有造物的内在价值以及人类与其他生物共享的共同体。

基督教的教义确实延续了《圣经》关于土地最终属于上帝和土地要为共同福祉服务的观念。但这一观点并没有反对私有财产，而只是反对滥用它。所有的经济决策都应该为共同福祉服务。不幸的是，天主教会将自己与地产利益如此紧密结合，以至于它对共同福祉的定义在新兴的工业阶级那里失去了可信性，因此这一传统变得日益衰微。然而有趣的是，它偶尔会重新出现在世俗的讨论中，包括那些经济学家的讨论。一个非常好的例子就是约翰·斯图尔特·密尔的《政治经济学原理》。在描述完地主无情地对待佃户之后，他写道："当土地产权将自己置于这样一个基础之上时，它就不再站得住脚，这时候就要对这些事情进行某些新的安排。没有人创造了土地，它是整个物种最初继承的东西。对土地的使用现在完全是一个通常的权宜之计的问题。只要土地为私人所有不是一种权宜之计，它就是不公平的……土地所有者对土地拥有的权利完全从属于国家的总体政策。"[①]

[①] John Stuart Mill, *Principles of Political Economy*. Wiliam Ashby (ed.), Clifton, N. J.: Kelly, 1973, pp.232-233.

现代哲学和经济理论中的土地

经济学经常被人批判为是物质主义的。事实上,在它把人类看作是一心想要占有和消费商品并支持对这些需要的满足的意义上,它是物质主义的。但在一种更深的哲学意义上说,它更多地与唯心主义有关。它忽视土地,即人类存在的物质基础。在这一部分,我们将考察经济思想与现代哲学在这种唯心主义方向上的发展。

"土地"不是一个哲学术语,哲学中的土地概念更多来自希腊人而非《圣经》。但现代哲学对物质或自然以及非人类世界的讨论,通常对土地概念具有直接和明显的影响。

在哲学中,现代性起始于笛卡尔。尽管大多数哲学家在许多重要的方面并不赞同笛卡尔的观点,但他为今天哲学的很多内容设定了议程。在笛卡尔之前,哲学通常都是把思考者是更大世界的一部分作为出发点。人们如何了解世界这个问题,是在假定了认识者和认识对象都存在的条件下解决的。笛卡尔在怀疑一切的基础上重建了哲学。这意味着一个人是否了解某件事,以及如果是了解的话,他是如何了解的,这个问题成为了哲学探索的出发点。

笛卡尔的普遍怀疑,很快就被他对于自身存在的自信取代了。他认为,如果他怀疑了,那么他是存在的。没有怀疑者,就无所谓怀疑。但仍让人存疑的是,一个人如何能够从主观存在的纯粹事实得到一个客观的世界,要知道客观的世界包括了人的身体。

笛卡尔借助上帝存在的一种本体论证明解决了这个问题。笛卡尔从一个完满的观念引出一个完满的存在,这个证明令他自己感到满意。这样他就可以证明,一个完美的存在将不允许他在对感官经验的解释中受到根本的欺骗。这样,除了认识的主体或精神实体,他能够确信还存在客体或物质实体。因此笛卡尔把世界分成了两个形而上意义上不同的序列:精神和物质。

很少有哲学家会接受笛卡尔引入上帝来确保物质世界的真实性的

观点，但是他二元论的思想却在两个方面继续产生深刻影响。第一，对常识意义上的现代世界的很多内容而言，主客体的清晰区分似乎是显然和必要的，而且一直存在把它们等同于精神实体和物质实体的强烈倾向。第二，除了某些唯物主义者之外，主体的首要性仍然是哲学的出发点。

当笛卡尔把世界分为精神主体和物质客体时，他把动物完全归于后者。这意味着，动物是没有主观体验的复杂机器。笛卡尔这样说道："既然艺术复制了自然，而人能够制造没有思想的自动装置，看起来自然应该生产出它自己的、比人造的自动装置更好的自然装置是合情合理的。这些自然的自动装置就是动物。"[1] 尽管许多现代哲学家本身不能完全同意这一立场，但现代思想仍然保留着主客二分，即人与其他所有事物的二分——特别是把人作为精神的主体。人们认为这种二分是非常基础的，而且在笛卡尔那里被当作是一种形而上学的二元论。对伦理思考而言，这意味着人的享受或美德构成它自身的价值所在。所有其他事物都是实现该目的的一种手段。

很明显，笛卡尔的这种世界观为经济学思想提供了背景和假设的基础。对经济理论而言，只能从对人的欲望的满足找到价值。主观价值论已经完全取代了早期"真正"的价值理论，即把土地或劳动当作价值的核心。根据笛卡尔的思想，由于只有人具有主体性，结果就是只有人才能成为价值的核心。自然的其他部分被视为土地，或者提高土地价值的东西或者产品。土地代表所有的自然资源，包括所有需要土地供养的生物，除了在饲养这些生物中所耗费的劳动。劳动包括人们在种植马匹所吃的食物中所耗费的劳动，而不包括可归为马匹的劳动贡献的那些价值。就经济学的目标而言，马匹就像在笛卡尔那里一样被看作是一种机器，其价值就是对人的价值，最终要由市场来决定。

简而言之，典型的现代二元论在从亚当·斯密到现代经济学家的

---

[1] Samuel L. Macey, *Clocks and Cosmos: Time in Western Life and Thought.* Hamden, Conn: Anchor, 1980, p.76.

经济理论中再次出现了。一方面是人，满足其需要是经济活动的唯一目标。另一方面是其他事物，它们只有在作为工具满足人的需要这一目的意义上，才会被考虑。

尽管无论在笛卡尔那里还是在经济理论那里，把这一观点称为二元论都是正确的，但是我们要看到，这两种类型的存在所发挥的作用并不相同，这很重要。其中一个是为另一个而存在的。"另一个"当然就是指人。相应地，现代思想中比"二元论"这一标签更具有启发意义的就是"人类中心主义"这一标签。现代思想是彻头彻尾的人类中心主义。

尽管笛卡尔的思想属于人类中心主义，但是他认为物质世界是一种完全客观的现实。与之类似，亚当·斯密对"土地"的物质现实也是很重视的，并将其视为一个生产要素，但同物质一样，土地仍然是被动的，其生产完全依赖于人的劳动。自从笛卡尔和斯密那个时代以来，西方思想中有一种强烈的倾向，那就是仍然沿着人类中心主义的道路走得更远。这个结果被称为唯心主义。

从人类主体出发去证明二元论的困难在于，很难证明从确定无疑的主观现实到客观现实的转变是合理的。主体的世界似乎受到主体体验内容的局限。然而人们的常识强烈地认为，这些经验内容是外部带给主体的，甚至是强加给主体体验的。如果不去批判这种感觉经验是被动的观点，那么二元论就仍会在现代情感中占据绝对统治地位，即使哲学家很难证明它是合理的。

如果笛卡尔开创了现代哲学，那么现代哲学中的最伟大革命则是由康德发起的。19世纪伊始，他就提出了人类思想就其经验而言绝不是被动的，因而受到了知识界的关注。思想在构建其世界的过程中是主动的。事实上，我们能够称之为世界的任何事物，在某种意义上都是人类思想的一种产物。尽管康德假定将一个不可知的实在作为感官经验的来源，但后来的许多哲学家则抛弃了这一观点而支持纯粹的唯心论。

主流的哲学传统抛开物质现实与经济学漠视土地之间，没有什么直接的联系，但是他们观点的相似性却值得关注。19世纪和20世纪知识界的风潮，与经济思想从关注人们从经验中得到的自然和经验事实,转为关注经济学家头脑中的产物,是一致的。因此,人们全神贯注于经济理论、模型和数学公式,就表现出现代思想从二元论到后康德唯心主义的转变所鼓励的方向。人们的注意力从土地、劳力和资本转变到地主、劳动者、资本家,然后到租金、工资和利润,这与人们对物质世界兴趣的丧失是一致的。

经济学家不应该因为参与所处时代辉煌思想的创造而受到批评。然而他们需要参与到对二元论的现代世界观和唯心主义的现代世界观的局限性的不断认识中。今天,有现实的理由来认真对待物质世界的现实性。例如,核战争的威胁和随之而来的大多数人类的毁灭,就无法从唯心主义的角度得到很好的理解。我们都知道,这样一种战争会给现实的物质世界带来现实的改变,而不管人们怎么看待它。同样,空气污染和海平面上升似乎都与人们如何看待它们无关。而且在理论层面上,人类与其他物种在进化上具有的亲缘关系,使得形而上学的二元主义毫无道理,也致使人们怀疑伦理学家从那种二元主义中得出的所有结论。如果不承认自然世界是现实的以及人类就是自然的一个部分,似乎就没有办法严肃地对待科学和普遍经验的证据。在政治层面上,几乎没有人会完全否认这些观点。然而唯心主义的理论却构成了许多学科的基础,并使人们的注意力偏离于自然事件本身的完整性。有时候,这些理论引导学者包括经济学家得出极端的观点。

例如,乔治·吉尔德写道:"美国必须克服唯物主义的谬误:它幻想着,资源和资本在本质上是可以耗尽的东西,而不是人类处于自由状态的意愿和想象的取之不竭的产物。"为了使这个观点尽可能的清楚,他还指出:"因为经济是受思想统治的,它们反映的不是物质的法则而是思想的法则。"[1] 而且朱利安·西蒙指出:"请看,最后铜和石油是从我们的头脑中蹦出来的,事实就是如此。"[2] 这些论述

---

[1] George Gilder, *Wealth and Poverty*. New York: Basic, 1981, p.232.

[2] Julian Simon, Interview with William F. Buckley, Jr. Reprinted in *Population and Development Review*, March (1982), p.207.

以夸张的方式体现了错置具体性的谬误。然而这两个经济学家的观点在华盛顿是很有影响力的，他们很少因为他们极端的唯心论而受到其他经济学家的批评。

作为生产要素的土地的消失

现在让我们进一步考察，在经济中曾经占据突出位置的土地实际上已经从这个位置上消失了。在农业社会，通常来说非常明显的两个生产要素是土地和劳动力。问题不是二者是否都是必要的，而是如何看待二者之间的关系。威廉姆·配第爵士（1623—1687）就因为提出劳动是财富的主动要素，而土地是被动要素的观点而著名。而后，约翰·洛克（1632—1704）继续强调了这点，他认为，价值是所耗费的劳动的函数，正是这种劳动的耗费证明了私有财产的正当性。事实上，尽管配第赋予土地以"母亲"的角色，但洛克却认为就经济秩序而言，土地是可以忽略的。自然的赠礼对所有人而言都是一样的，直到有劳动凝结在上面。

另一方面，法国重农主义者则把土地看作财富的主动源泉。在生产中，土地与劳动一起发挥作用。实际上，剩余产品被认为是仅仅来源于土地的贡献。亚当·斯密以相似的方式把地主的租金解释为土地对生产贡献的结果。约翰·斯图尔特·密尔也再次提出土地作出的积极贡献，他说："然而，自然提供的不仅仅是各种材料，她也为我们提供力量。地球上的物质不是烙上人类双手印记的形式与性质的被动接受者，它有着主动的能量，通过这种能量它能与劳动合作，甚至可以替代劳动。"[①] "那么在物质世界里，劳动总是单独被用于使物体处于运动中；余下的事情则由物质的性质、自然法则来决定。"[②]

后来，阿尔弗雷德·马歇尔也为自然的积极贡献进行辩护。他说：

[①] John Stuart Mill, *Principles of Political Economy*. Wiliam Ashby（ed.），Clifton, N. J.: Kelly, 1973, p.23.

[②] Ibid., p.25.

"从某种意义上说，生产只有两个发挥作用的动因，自然和人。但另一方面，人本身在很大程度上是由他所处的环境塑造的，自然在这个环境中发挥了很重要的作用。"[1] 尽管人们偶尔会有这种认为自然或土地是极其重要的生产要素的想法，但经济思想的发展实际上承继了洛克的思想。李嘉图发展了洛克的劳动价值理论，否认土地在交换价值或者价格决定中的作用，甚至在农产品的情况中也是如此。

卡尔·马克思对土地也持有这样的观点，因此土地被排除在价值形成之外而继续被视作被动的。由于马克思使用了劳动价值论，作为回应，非马克思主义经济学家不再使用这一概念。但是他们没有回归到分析自然对生产做出的贡献。相反，他们试图找到一种通过市场计总的主观的个人偏好自发形成价格的方式。不管在哪种情况下，土地都不再对价值的形成有影响，而且由于被看作是被动的因素，在生产分析中它也不再重要。

亚历山大·汉密尔顿创始的美国学派得出的结论是，土地是资本的一种形式，而不是一种单独的生产要素。亨利·C. 凯里在《政治经济学原理》（1965年再版）中指出，地球只是用来生产机器的原料，它代表的是农民的资本。这一观点也得到了威廉·冯·赫尔曼的支持，他把资本定义为一种耐用的并产生收入的商品。土地就符合他的定义。如果土地仅仅是跟其他资本形式一样的一种资本形式，那么资本作用的理论就足够了，而不需要单独处理土地问题。这一理论反映的是普遍存在的现代观点，即资本能够替代土地，因此可以继续实现增加资本的目标，而不用关注土地那里具体情况如何。

一些经济学家反对这种倾向，马歇尔就是其中之一，他认为土地对经济具有主动的作用。他指出，"土地和其他生产要素具有这样一种差别，即从社会角度看，土地永远都会产出盈余，而人类制造的易变质的东西则不能"[2]。

---

[1] Alfred Marshall, *Principles of Economics* (8th ed). London: Macmillan, 1925, p.139.
[2] Ibid., p.823.

这里讨论的议题不仅仅是理论上的，因为理论是与实践相关联的。当按照马歇尔的观点去看待土地时，人们可能这样对待土地，使得土地的产量确实一直都会增加。而当土地被看作资本时，它的生产能力就会像其他资本一样被折旧。马歇尔的观点中残留着古人和《圣经》对土地的看法。当土地被包括到资本范畴中时，原有的联系就消失了。然而在今天的世界，不把土地当作惰性的、被动的和不易损坏的基础材料，而是像资本一样尊重，通常就是一种成就。

李嘉图在区分土地与资本的过程中，也谈到了土地具有不易损坏的特征。与马歇尔一样，他也把土地的肥沃性包括在了土地的特征当中。后来的经济学家把土地的肥沃程度当作是资本，但保留了土地仍然具有某种不易损坏的特征，即广延。他们开始把空间称作"李嘉图式土地"。

这种情况的最后结果就是，尽管存在许多不同的意见，经济学这个学科开始把土地当作空间与可消耗的或容易替代的资本的混合物。两者都被看作是商品，即受到市场交换的限制，并且它们的价值仅仅由这种交换决定。无论从何种重要的意义上讲，土地都不再是一种生产要素。在估算资本和劳动在生产中的相对作用的经济计量模型中，土地被降低到"残值"这样一个地位。

即使当土地被当作空间和可消耗的资本时，有人可能会以为人们会关注土地的物理特性。但是一般而言，经济学从商品的物理特性中进行抽象，只关心其价格。只有当产地不同或其他特性影响到价格时，商品的物理特性才会被简略地提到。但是经济学家想要尽可能地从他们所处理的具有千差万别的物理特性的商品中进行抽象。人们所偏好的观点是，尽管土壤的肥沃程度以及不同矿的矿石丰富程度有差别，但给定恰当的技术，所有的物质和能量都有可能是有用的。巴奈特和莫尔斯这样说道："基础科学的进步使得利用物质/能量守恒定律成为可能，这种守恒使得我们可以避开地壳特征强加的数量约束，而没有预先指定的限制……通过使资源基础更加同质，科学消除了那些人们曾经认为存在于缺乏同质性情况中的限制。在一个新李嘉图的世界里，似乎人类起初所依赖的特定资源越来越成为一种无关紧要的物质。因此保留特定的资源留待将来使用，可能对人类的后代的福利没有什么贡献。"①

尽管这样明确的表述是很少见的，但它所表达的假设在经济理论中发挥了最重要的作用。这在对科布-道格拉斯生产函数所表示的生产所做的标准分析中清晰可见。即使当它把资源（也就是"土地"）包括在内时，它允许资源接近为"零"而保持产出不变，只要资本或者劳动的增加量能够补偿资源数量的减少。资源可能只是接近于零，但实际上却不可能到达零，某些人已经接受这一事实，并认为这是对资源重要性的重大认可。②

将边际分析过于专注地应用于一个混乱的土地定义，导致了一个更进一步的矛盾。这就是说，土地一旦被理解为包括自然资源的流量，那么边际产品概念对资本甚或劳动而言就实际上没有意义。边际产品只对资源而言有意义。要计算一种要素的边际产品，需要其他要素保持不变。如果劳动和资本保持不变而资源流量增加，那么，通过提高劳动强度或效率，或者延长劳动时间，生产更多的产出是可能的。但是如果资源投入的流量保持不变，那么就生产不出更多的产品，甚至提高劳动强度、效率或者延长劳动时间也无济于事。当物质投入（资源）保持不变时，物质能量守恒定律决定了物质产出不可能增长。而要计算资本或者劳动的边际生产率，就需要保持资源流量不变。当然，固定的资源流量可能包括某种废弃物，这种废弃物可以通过额外的劳动或资本而得以回收利用，但是一旦这少量的闲置部分也被有效利用，只要资源投入保持不变，那么资本和劳动的边际产品就一定为零。为避免这一矛盾，经济学家所采取的方法，是在分析中完全舍弃对资源

---

① Harold Barnett, and Chandler Morse, *Scarcity and Growth*. Baltimore: Johns Hopkins University Press, 1963, p.11.

② J. E. Stiglitz, "A Neoclassical Analysis of the Economics of Natureal Resources." In *Scarcity and Growth Reconsidered*. V. Kerry Smith (ed.), Baltimore: Johns Hopkins University Press, 1979.

的考虑，而代之以"李嘉图式土地"，他们所谈论的"李嘉图式土地"仅仅指空间。只有那样，人们才能在保持土地不变时通过提高劳动或资本来增加全部的产品。即使空间是不变的，通过不变的空间进入生产的资源流量仍然会变化，而且这个流量不在分析范围之内。但是经济学家在不变的李嘉图式土地假设基础上定义了资本（或劳动）的边际产出之后，他们通常会退回到土地的资源定义，而没有意识到，他们由于假设资源投入不变而让物质产出提高，违反了热力学第一定律。如果资源流量不变，那么资本和劳动的边际产出一定为零。如果劳动和资本的边际产品为零，那么对生产和分配的边际理论来说则是毁灭性的，因为那会意味着工资率和利润率都是零！因此这个理论要求把资源排除在考虑外，或者继续作为不可见的、被动的背景的一部分，就像空气一样，同时它需要把土地简化为空间。[1]

在这些例子中，土地的被动性被推到了极点。甚至它所具有的使某些物质更适合某些目的的有差异的特征也失去了重要性。在严格的哲学意义上，土地是物质，是由劳动和资本塑造的纯粹潜在的东西，或者用笛卡尔的话说，土地是广延的物质实体。既然地球表面的所有空间都是由某种物质占据的，单是李嘉图式的空间就需要仔细考虑。

几乎没有人怀疑土地是以空间和可开采资源（如土壤和矿物质）为特征的。也几乎没有人怀疑，经济实践越来越以这种方式对待土地。但可能也几乎没有人怀疑，与前现代时期在人们的理解中的土地是完全真实的相比，这种土地模型是高度抽象的。问题是这些抽象是否有帮助，以及当这些抽象影响政策和实践的制定时，是否以最好的方式来引导人们的关注和努力。很明显，任何对狂野的事实忧心的人，都不会认为情况是这样。

---

[1] 对这一观点的历史性分析参见：Paul P. Christensen, "Historical Roots for Ecological Economics: Biophysical versus Allocative Approaches." *Ecological Economics* 1, No. 1, 1989.

租　金

在土地被转变为李嘉图式的空间和可使用的资本以前的很长时间里，经济学家从关注作为生产要素的土地，转向了关注作为价格和利润的一个要素的土地使用租金。这与从对劳动的关注转向对工资的关注相类似。货币是土地和劳动以及资本的一般表示单位。正是货币商品使得经济学作为一门精确的、演绎性科学的量化成为可能。这个世界中不能用货币价格表达的那些特征，最终会从现代经济学中消失。对整个经济学来说，问题不在于土地作为具体现实消失了——一旦做出了关于经济学本质的基本决定，那么这就是不可避免的——而在于租金的作用以及对租金的解释。

亚当·斯密已经把注意力放在土地的租金而非土地本身。他根据土地是否总是能够提供租金或者只是有时提供租金，而把"土地的产品"分为两种类型。在他的描述中，土地仍然对生产有作用。

正是随着李嘉图对劳动价值理论的系统发展，人们完全用劳动来解释租金了。斯密认为，在土地开始变为私有财产以前，事物的相对交换价值完全依赖于获得或制造它们所包含的劳动，但是一旦土地变得稀缺，那么土地产生的租金就要增加到交换价值之中。相反，李嘉图认为，租金是相对价值的结果而非原因，这些价值仍然要由劳动来决定。李嘉图把资本视为凝结的或者存储起来的劳动。[1] 按照李嘉图的说法，租金就是"为了使用土壤的原初的和不易损坏的力量而支付给地主的那部分土地产品"，"雇佣劳动力从事的一部分额外劳动与所获得的相应报酬并不相称，也就是说报酬总是更少，这部分土地产品正是来自这里"。[2]

在引用了这些话之后，路易斯·H. 黑尼总结说：

---

[1] Lewis Haney, *History of Economic Thought* (4th ed). New York: Macmillan, 1949, pp.294-295.

[2] David Ricardo, *Principles of Political Economy and Taxation*. Sraffa Edition, Cambridge, 1951, p.55.

相应地，想想国家的土地是如何一步步被用于耕种的用途，就可以发现地主所处的地位。只要最好的土地是充足的而且每个人都可以通过占据土地而拥有它，那么很显然就不会有租金这回事。然而当人口增长、人们的需求越来越多时，最好的土地逐渐被占据直到没有任何剩余。现在就有必要依靠质量次一级的土地，可以将其称为二级的土地。相比那些被迫占据二级土地的人，现在那些已经拥有一级土地的人占了明显的优势。二级土地必须支付劳动者的工钱以及一般的资本利润，否则土地就得不到耕种。但是一级土地也是如此，而且更多。这种更多的东西就构成了地主的租金；农民给予地主的如此之多，而且仍能获得通常的利润率并支付劳动者的工钱。①

这个分析里面的含义是很清楚的。农产品的价格同工业产品的价格一样是由劳动决定的，但那并没有让租金变得不重要。租金构成了地主阶级的收入，而在李嘉图生活的时代，地主阶级是社会的一个主要阶层。从地主阶层角度出发所写的经济学当然不会忽略租金！

但是经济学不是从地主的角度书写的。经济学是以工业为导向的，其兴趣在于资本和工资。如果工资决定了土地产品以及工业产品的价值，那么作为地主阶级收入的租金就会被放在一个反常的位置上。它是"非劳动所得"。这一分析本身成了上升的资产家和顽固的地主之间权力斗争的思想武器。经济学中租金的重要性与社会中地主阶级的重要性是密切相关的，而经济学家本身从意识形态角度发挥了削弱地主阶级的作用。

这意味着现在作为租金被抽象出来的土地和资源的重要性的下降，与地主阶级的政治失势有很大的关系。在所有的农业经济中，地主都是非常强势的。像重农主义者那样，把生物生长看作净产品的来源，以及把净产品归于土地的生产能力，都是自然的。但是不管土地为谁所拥有，它都是生产性的。李嘉图的理论分析，就把土地租金与所有

---

① Lewis Haney, *History of Economic Thought* (4th ed). New York: Macmillan, 1949, p.295.

其他收入的区别就在于它是"非劳动所得"这一点讲得很清楚。这一观点为那些出于生计为地主工作的人们总会对地主感到愤恨提供了理论基础。随着工业主义的兴起,地主和资本家之间出现了为雇佣劳动而进行的竞争。而且资本家喜欢便宜的食物(低工资),而地主则想要为食物和其他土地产品(包括自然资源)索要高价。当然资本家更喜欢资源价格低廉。随着工业主义的进一步发展,资本家占据了统治地位,而产业工人为保护自己组成了工会。因此资本家变成了统治阶级,其后是组织起来的产业工人,而以前居统治地位的地主则处于远远的第三位。

资本和劳动在工资上有着直接的冲突,但在赞成食物和资源低价格上,是一致的。工业时代的主要社会矛盾,即资本和劳动之间的冲突,通过牺牲地主的利益而得到缓和。当然如果食物和资源价格降得过低,那么土地就不会再被投入生产,供给就会下降,那么价格就会再涨回去。农业的资本化阻止了这一结果的产生,它提高了土地生产率,使得供给保持在高位而价格处于低位,同时也没有造成对劳动力的竞争性需求。事实上,劳动力从农业中被推出来,对工业的工资产生一种下行压力。

总而言之,希望资源保持高价的那个阶级,与希望资源保持低价的两个阶级比较起来,已经失去了势力。资本和劳动之间存在基本冲突这一事实,只是对地主阶级更为不利。对于社会来说,非常危险的劳资冲突通过以地主为代价的更低资源和食物价格政策而得到缓和。到目前为止,政府通常是最大的土地所有者,但是它没有发挥地主的保持资源高价的作用。相反,政府通常实行的是资源低价政策,正是为了促进增长和求得劳动与资本之间的和平,而牺牲的不仅是地主的利益,还有后代人的利益。

要了解这种阶级力量重新调整产生的巨大的长期经济意义,我们有必要记住一条基本的经济学原则:效率需要我们最大化最稀缺要素的生产率。从长远来看哪个是最稀缺要素,土地(资源)、劳动,还是资本?给定资源和食物,劳动是可再生的;给定资源和劳动,资本是可再生的；但是资源是不同的物质。某些资源，特别是工业最需要的矿石和化石燃料，就人类存在的时间范围而言，都是不可再生的。而且如果开采超过再生限度的话，甚至可再生资源也可能被耗尽。因此从长远来看，资源是最稀缺的要素。古典经济学家并非无缘无故地把土地称为最重要的生产因素。甚至在李嘉图意义上的空间中，随着人口增长，土地一定会变得越来越稀缺。最稀缺要素的高价将迫使我们节约这种要素。不管地主租金的非劳动所得性质有多么不公平，地主阶级为了保持资源高价而做出的努力，都会引导社会将最稀缺要素的回报最大化。地主的没落和资本家的上位，导致了对资源低价格的追求以及能够让资源最大化利用的技术和政策，并尽可能减少资源的边际效率，为的就是提高劳动和资本，尤其是资本的生产率和收入。从长远看，使最稀缺要素的生产率最小化，恰恰是我们不应该做的。

  我们不是说，李嘉图对租金的分析是一个错误，或者应该避免地主阶级势力的衰落。考虑到不同时代和不同地方的具体情况，通过牺牲地主利益来缓和劳资冲突可能是最佳的解决办法。我们不支持重新确立地主阶级的统治地位。我们也认为非劳动所得在经济中发挥一个如此重要的作用并不可取。但是对我们而言，这又一次提出了这样一个问题，即把注意力从土地转到租金是否没有考虑很多非常重要的事情。因为想要削弱租金在经济中的地位而放弃对土地的兴趣，表明了错置具体性的谬误是多么普遍。

第二部分　新的起点

New Beginnings

第六章 从学科到为共同体服务的思想

超越学科

第一部分从讨论经济学这个学科的一般性质开始,我们得出了两个基本的观点。第一,经济学是一门"学科",而且是一门非常成功的学科。第二,它是一门演绎学科。因此经济学思想必然带有抽象性。我们指出了这种抽象性的三个层次。第一,一门学科从整体中抽象出一个独立的主题,仿佛它与世界其余部分的联系并不重要。第二,它发展了一种适合于研究这一主题的方法,又从该主题中抽象出该方法能够处理得了的那些特性。另外,经济学选择成为一门演绎学科,因此把其研究对象的历史特征及所有事实上不能被量化的东西都抽象掉了。这就意味着,它把所有不能赋予货币价值的东西都抽象掉了。在第一部分的其余内容中,我们考察了经济学的主要议题,以理解它们如何受到这种抽象过程的影响。关于每一个主题,我们发现除了其长处和深刻的见解之外,还有由于未能充分认识到构成其基础的假设所具有的抽象性而导致的严重弱点。在错置具体性谬误问题上,经济学家犯的错误并不比其他学者更大,而且经济学家作为一个群体不比其他人缺少智慧、缺少对学科的热爱或者缺少思想性。问题不是源自个人的缺陷,而是来自一般意义上学科的性质以及特殊意义上演绎学科的性质,特别是当把形式化应用于变化相对来说比较快的主题的时候。正是经济学成功实现了它开始时设定的目标,并成为学术界如此羡慕的学科,导致了我们在第一部分中所描述的消极后果。

如果事实如此,那么一般意义上的知识的学科化组织,以及特殊意义上演绎方法的理想化,就是有问题的。因此,本书所提倡的经济学不是一种演绎学科,尽管在本书的阐述中用到了许多演绎方法。这就是为什么在导言中,我们没有声称我们提供了麦特尔所要求的那种范式转变。麦特尔想要一种能够扩大经济学的演绎能力的新范式。而我们在这里提倡的转变则更为激进,它首先就是要远离演绎学科的理想。

第一章揭示了并非所有的学科都是演绎性的。因此放弃对演绎形式的信奉本身,并不否定当代大学对知识的组织。经济学可以放松对演绎模型的信奉,并对不同文化和时代经济发展的实际过程进行更多的历史研究。特别是经济学只是在近期才选择成为一种演绎学科而非一种重视历史的学科,很显然这种对演绎的信奉并非是经济学基本理论的固有成分。新古典经济学的创始人阿尔弗雷德·马歇尔支持并践行着一种颇具历史敏感性的方法。要求经济学家反思他们为什么选择瓦尔拉斯而不是马歇尔,这并不是要挑战其学科的完整性。

此外,在这种情况下演绎方法仍然可以很重要。区别就在于,如果经济学家支持马歇尔的观点,那么人们将在假设的情况下阐述演绎的因素,并且只有在仔细确定所需要的条件都满足之后,才会将所得的结论应用于现实世界。如果满足条件A、B和C,那么D、E和F就会出现。如果一个社会主要是由自给自足的农民和一小部分商人阶层构成的,而没有工业,那么……如果社会的首要目标是提高它的GNP,那么……如果大多数人无法获得自己的生产资料,那么……如果能源是丰富的,而且使用能源没有负面的副作用,那么……如果经济的规模相对于环境吸收废物的能力足够大,那么……

如果一个学科是以这样一种方式表达的,那么就有这样几个任务。一是要详尽阐述这些预设可能产生的影响。这可能是一个演绎系统,有的时候非常复杂。二是要考察社会来判定,这些预设是否准确地体现了这个社会的重要特征。如果是,那么人们就会期望演绎的结果在该社会得以显现。三是要做一种经验考察来了解是不是确实如此,如果不是,就要查找理论中的错误在哪里。

但是这类学科不会只专注于这些假设性的演绎系统和对它们的验证。它也会引导人们对经济变化过程中事件的经过进行更为纯粹的经验—历史研究。它会寻求对变化和随后的状况中所展现的模式进行概括。例如，如果自由市场只能在持有某种价值观的社会中才可以良好地运转，如果市场作用的不断增大腐蚀了这些价值观，那么这就提出了一个值得经济学家持续考察的问题。然而当人们的主要兴趣在于演绎系统的发展时，很少有人会注意这个问题。我们的观点就是，一般来说如果经济学一直以来是以这种方式为人们所理解，那么变化的全球局势则会导致新的演绎系统的出现，而不是对一种更适合早期状况的现有系统进行更详尽的阐述。那样的话，我们就可能会忽略掉某些狂野的事实。

超越学科崇拜

尽管经济学与狂野的事实之间的负面关系，部分是由于经济学在自身的形成过程中选择了演绎方法而不是历史方法，但是，假使经济学变成一种完全不同的学科，所有的问题也并不会都消失。部分问题就在于这类学科本身的性质。我们倡导取消知识的学科化组织。我们特别提倡一种非学科化的经济学。

在受过教育的人的头脑中，通常意义上的学科化思维方式与特别意义上的学科之间的联系是如此紧密，以至于提出让学科从属于其他思维方式很可能会引起恐慌。我们应该指出，在雅典，在苏格拉底、柏拉图和亚里士多德生活的时代，就存在着学科化思维方式。在中世纪盛期的巴黎也存在学科化思维方式。在现代早期的数学—物理学家的研究方法还没有形成，以及他们的研究主题还没有同其他主题分开之前，他们中间也存在着学科化思维方式。在所有的这些例子中，学科化思维方式采用的都不是学科的形式。只是在过去的两个世纪里，学科才开始产生，然后占据了主导地位。

而且，在美国的高等教育中，学科分化占据统治地位是非常新近的事情。在第二次世界大战之前，高等教育并没有被学科分化所支配。相反，文理学院是高等教育的基本模式。文理学院鼓励学科化思维，但是这些学院的教学都是为了人文主义的目的。它们中的一些学院成功地将这种博雅教育保持至今，但他们这样做面临极大的困难，因为他们所聘用的博士，完全是由学科化教育的研究生课程培养出来的。因此我们的争论不是为了反对学科化思维，而是反对它将各学科分离，以及反对它将那种鼓励过分抽象的方法理想化。在这一部分，我们将讨论学科分化的局限性，特别是经济学，即便是经济学实践带有非常明显的历史敏感性特征。

因为马歇尔是这种对历史敏感的经济学的一个很好例子，因此可以以他为例，说明内在于知识的学科化组织自身中的问题。马歇尔无疑非常真诚地指出，经济学的主要目标就是"致力于解决社会问题"。然而他的研究工作与那个目的之间是一种非常间接的关系。这是因为他让这个学科本身而不是社会问题来决定他的任务。尽管他想要在满足人类需要方面有所贡献，但他的工作不是由对这些需要的分析来组织安排的。相反，它是由经济学这个学科的问题以及解决这些问题的需要来组织安排的。

假定学科的进步会自动地有助于满足人类需要，那么这种矛盾就能大大得到缓解，而且在某种程度上，大学、不同学科的研究者以及整个公众似乎确实做出了这个假设。但是人们只提出了最粗略的理由来支持这一假设。其中一种观点就是，人有求知的内在欲望，因此可用知识的增加本身就会是人的需要的满足。各个学科就是增加现有信息存量的极佳途径——因此如果信息等同于知识的话，而且上述各点都是正确的，那么这个观点就有效。第二种观点认为，解决人类的问题需要大学所产生的那些种类的知识，因此，通过学科而使知识得到的扩展提供了我们所需要的东西。

这两种观点都值得怀疑，但是这种质疑超出了任何一门学科。它曾一度被认为是神学或哲学的责任，但就目前神学和哲学已经成为学科而言，他们已经放弃了这个任务。一旦人们决定接受知识学科化，那么大学的任务、大学与社会的关系、大学的结构组织以及与之伴随的知识组织，就不再适合成为研究的主题了。因此，对于人类的需要正在以现有的方式得到满足的自信，只是一种未经检验的信任。因为那种信任从个体和全体的层次上主导了如此之多真诚的、有思想的和忠诚的人们的生活，因此它在性质上是宗教性的。因为其对象并不值得我们那么虔敬，因此我们把它称为"学科崇拜"，而且我们认为它是大学里占有绝对支配地位的宗教。在大学内部对其提出挑战是一种"亵渎"行为。在我们看来，它是我们时代最强势和最具破坏性的偶像崇拜之一。

对知识的渴求是人的内在愿望或能够满足人的一种内在需要，我们赞同这种观点给出的解释。人们需要更好地理解他们自身、彼此、在一起的生活以及与他们所生活的更广阔背景之间的关系，而且人们也总是会从这种更好的理解中受益。在这种理解中有一种内在的满足。似乎并不是每个人都受到强烈的激励来获得这种理解，但是即使是那些优先考虑其他事情的人，也普遍欣赏那些被认为具有这种理解的人。因此在大学里获取的知识不管在何种程度上增进了这种理解，大学至少部分地得到了维护。而且毫无疑问的是，大学的确提供了这样的知识。

那么我们反对的是什么呢？那就是大学里知识以如此的方式进行组织，以至于对其促进更广泛的人类对理解的需要是不利的。这没有阻止它以一种形式提供的零碎信息进入到另一种的确提升了人类理解的知识组织中。它没有阻止大学教员们自己以提升理解的方式使用知识。但是它确实使得这些贡献变得最小而不是最大。学科的目标越成功、越排外，学科对真正的理解的贡献就越少，其结果是一个"信息时代"，但却对我们的真实处境知之甚少。

第一章谈到了其中的一些缘由。最根本的原因就在于，我们所要理解的东西是具体的，并且有着真实的内在联系。我们所要理解的自我，不是由一捆彼此独立的方面组成，其存在离不开它与社会和自然环境的关系。要理解它，首先且最重要的就是要理解这一点。但是学科却从这种具体中抽象出来某个方面，并将它与其他方面分割开来进行研究。它在处理这个方面时，就好像这个方面是独立的，并且与从中抽象出它的整体之间只有外在的关系。对于某些目的而言，这种做法本身在方法论上是合理的，而且如果人们从来没有忘记抽象的程度，那么它是可以接受的。但是人们经常忘记抽象的程度，实际上有时甚至从一开始就没有承认这种抽象，这一点在大学里一次又一次地得到了证明。由此产生的知识通常是与真正的理解背道而驰的。

那些受知识学科化影响很大的人，通常的言谈和举止就好像这些学科加在一起涵盖了所有要了解的东西。这就假设了真实的世界是由被各学科分割了的那些要素和方面相加而成的。但由于每个要素和方面都是从它与所有其他要素和方面的关系中抽象出来的，因此在这里被加在一起的不是这些要素和方面本身，而只是那些为某些特定目的而从那些关系中抽象出来的特性。这些抽象的相加为我们提供了大量的信息，但它没有让我们获得理解。而且那些受知识学科化影响很大的人对信息的描述，忽略甚至否认了其抽象性，结果是它对理解更为不利，而不是有助于理解。

当那些参与到知识学科化中的人认识到它的局限性时，知识学科化这些根深蒂固的预设就表现得最为明显。每一门学科都涉及从整体中抽象出一个主题，这是人们想要的并且得到了肯定。因此人们认识到，有一些主题在任何一个学科中都没有得到充分讨论。这导致了人们对跨学科研究产生了兴趣，尽管在大学里科系的组织是具有决定性的，以及一个人的地位取决于他对某个特定学科所作的贡献，因此富有成效地从事跨学科研究存在很大困难。不幸的是，即使跨学科研究，也没有解决知识学科化所产生的问题。

在第一部分，我们反复提到完全从一门学科的角度看待现实所采用的方式，在这里就是指现代经济理论的抽象，已经导致了对现实的扭曲。一些致力于推动第三世界经济发展的人已经认识到了这一点。他们派出学者队伍去研究那些需要发展的国家或地区。这些队伍通常由社会学家、政治理论家、工程师和经济学家组成。无疑，比起那些仅从一个角度进行的研究，他们的联合研究呈现了更多的事实。但是

第二部分 新的起点

把几个学科的解释加在一起所得出的结论，仍然与现实相差很大。①

那种认为跨学科研究会解决学科分裂带来的问题的观点，表明了人们并没有认识到每个学科所做出的抽象的本质。这种期望反映了错置具体性谬误是普遍存在的。如果在现实世界中，政治理论家、社会学家、经济学家和人文学家所研究的主题都是分开的或可分开的，那么政治理论家、社会学家、经济学家和人文学家可以共同努力把这些碎片重新加在一起。碎片化的问题可以在系统内得到解决。但现实状况却并非如此。在现实中，人类生存的政治方面、社会方面、经济方面和文化方面有着不可分割的内在联系。从生活的社会方面、经济方面以及文化方面中抽象出来研究的政治行为，不是现实社会中现实的人的实际政治行为。当然**可以**从这种抽象中获得信息，而且这种信息也**可能**对理解有帮助。当现实中那些来自不同学科的学者在一起交谈时，通常他们的理解会获得增长，不同学科产生的信息会得到交流。但这种增长与其说是学科化的功劳，倒不如说是跨越学科化的成果。这通常是因为人们认识到他们所一直研究的这些观点具有抽象性。因此跨学科研究应该得到鼓励。但是它不能让已经分裂的学科重新成为一体。

学科抽象化问题因为**方法**在学科自我理解中具有核心地位而放大了。每一种方法都需要进一步的抽象，而数字化作为一种理想方法，其优势更强化了这一点。使用方法本身没有错，事实上所有学科化思维都拥有自己的方法论。自觉思考方法的运用是好的。但另一方面，并不只有一个正确的方法。无论在何种程度上，一个学科仅致力于一种方法或者一套方法，都会对其能够处理的原初主题的方面产生限制。从某种程度上，它会对研究主题进行重新定义以服从于方法，这样抽象就会得到加强而且变得无形。如果一个人拥有的唯一工具是一把锤子，那么每件东西开始看起来都像一颗钉子。

而且，有许多没有任何学科承认的理解方法。这些方法中有一些就是为了使事物完全的具体性展现在人们面前。佛教徒已经为此发展

---

① 把文化人类学家或地理学家包括在内可以减少抽象性和学科分裂，因为这些领域比较少屈从于占主导地位的学科化理念。正因为这个原因，他们在大学中的地位通常都不高。

出自己的方法。现代西方现象学的一些形式也有这样的目的。这类方法会使所有学科都接受的基本概念弱化或者相对化。作为追求知识的方法，它们在大学里仍然处于边缘地位，这种情况并不会让人感到吃惊。

类似地，在各个学科里大都没有对预设进行批判性考察的方法，尽管这种方法的某些因素有时会出现在关于"批判性思考"的专门课程中。例如，本书第一部分对经济理论中假设性的要素所做的考察，就不可能被看作是一种对经济学的贡献。但与此相似，它在哲学和神学这些学科里也是没有地位的。我们所用的方法不为任何学科所涵盖，因而也就位于大学之外，然而我们认为它有助于人们的理解。

为知识的学科化组织辩护的第二个理由，就是它有助于解决人类所面对的问题。无疑，人们会因为想解决心理问题而为心理学研究所吸引；对社会学有兴趣是为了有助于解决社会问题；学习经济学是为了能解决经济问题。我们从不怀疑，这些学科中受这些目的激发进行研究的有些学者已经有效地解决了人类的问题，或者在学科研究中获得的某些知识已经被证明是有用的。但问题是，知识的学科化组织到底是有助于，还是有害于问题的解决。现有的证据支持后一个结论。[1]

---

[1] 艾伦·布罗姆对学生主修经济学的动机做了一个不那么宽宏大量的解释，他说："MBA 的明确效应在于报考经济学，即商科的预科课程的人数激增。在顶尖的大学里，有 20% 左右的本科生在主修经济学。与其他社会学科相比，经济学具有压倒性的优势，而且它也扭曲了学生对其他社会学科的观念——它们的目的和在了解人类方面的相对重要性。相比之下，一个学习了很多生物学知识的医科大学预科生，不会忽视物理学的重要性，因为物理学对生物学的影响是明显的，物理学的重要地位得到了一致认同，物理学受到生物学家的尊重。但对参加商科预科课程的人来说却并非如此，他不仅对社会学、人类学或者政治学没有兴趣，而且他相信他所学的东西能够处理所有属于那些领域研究的问题。而且，他的动力不是来自对经济学的热爱，而是来自对经济学所关心的东西——金钱的热爱。经济学家对财富的关注这一无可争辩的实际情况给予他们某种理智的可靠性，而这不是文化提供的。人们可以确定，他们谈论的不是无意义的事情。但是与财富的科学截然相反，财富不是最高尚的动机，在大学里，没有其他地方像在经济学科这里一样，科学和贪婪是一致的。唯一可以与之相比的可能是，如果有一门性科学，还有热诚和真正学院派的教授，这门学科会确保他的学生获得性爱上的极度满足。"
（Alan Bloom, *The Closing of the American Mind*. New York: Simon & Schuster, 1987, p.371.）

回到阿尔弗雷德·马歇尔那里，他无疑热切地想解决他那个时代的经济问题，人们毫不怀疑他的学识、兴趣的广度、博爱和对实现他的目标的投入。但是在他将这些天赋对准了那个目标时，他却借助了经济学。如果从他对经济学的贡献角度来衡量，那么他的成就是巨大的。但是如果从他对解决他头脑中的问题所作的贡献来衡量，那么他的成绩则是微小的。

有人可能会说，从长远来看，边际分析的发展或者某些其他学术成就会对解决人类问题有所贡献，人们无疑能够为这种观点提供论据。但是人们也可以证明，新古典经济学理论的主导地位和经济学取得的巨大成就，已经产生了一种有害的影响，它妨碍了对人类境况的真实理解，而且把人们的努力引入歧途。如果各个学科的发展必然会对提升理解有所贡献，那么也可以说这种发展提高了应对人类问题的智慧。但是如果就像上面所说的，这种特殊的知识组织没有帮助我们理解而只是增加了信息，那么也不能认为它提升了我们的智慧。

当然，这不是说对人类经济所做的学科研究不能提升我们的理解和智慧。它已经做到了这一点。但是这种研究的大部分在经济学发展成为一门学科之前就出现了，许多最近出现的这种研究不是在学科的直接影响下做出的。贡纳尔·默达尔（Gunnar Myrdal）就是一个成功地针对他所处时代的紧迫问题而对经济进行思考的学者，而他对理解和智慧所作的贡献可能更加重要。

使经济思想服务于解决人类问题与促进学科的发展，并不需要截然分开。约翰·梅纳德·凯恩斯就使用了经济学的研究成果来解决大萧条时期的主要问题。在这个过程中，他进行了系统的阐述，这些阐述已经被整合到了经济学中。这个例子说明，并不需要完全取消学科。经济学这个学科在经济学的研究中是有其地位的。但是总的来说，研究应该更多地解决经济中非常明显的人类问题，而不是为了推动学科本身的发展。那个任务应该是次要的。经济学的存在应该是为了对理解和智慧尽可能作出贡献。它不应该代替理解和智慧作为经济思考的目标。

这种与扩大理解和提升智慧相适应的思维方式与学科化的思维方式的不同，还体现在另一个方面。正如知识学科化预设了一个拥有独立题材的世界，所以它认为处理这些题材的学科也是独立的。而且这些学科研究所用的概念都带有互相排斥的共同特征。但是还有其他的思维方式，最彻底地反映在多极思维和辩证思维中。

乔治斯库·罗根强调，在经济学思想中，把辩证概念和分析概念区分开来是很重要的。[①] 分析的或者说"计算形态的"（arithmomorphic）概念就像数字一样是分散而且彼此相区别的，与其他的同类概念——他们的"他者"（other）没有任何重叠。辩证的概念则并非如此，而是互相有重叠。根据乔治斯库·罗根的定义，辩证概念只是部分地重叠。土地不是大海，大海也不是土地。但是一个由潮汐形成的咸沼泽则同时属于两者。一美元钞票是金钱，一件衬衫不是金钱，但是一张信用卡从某些角度讲是金钱，而从另外一些角度讲则不是金钱。为了用逻辑和矛盾律来建构一种理论科学，经济学家们偏爱分析的概念而驱除辩证的重叠。但是有着明晰定义的、具有同一性的分析概念不能把握演进的变化。如果事物在任何阶段都不跟他者重叠，那就没有东西能进化为他者。如果不承认辩证概念以及一定量的矛盾的话，我们就不能应对变化。无法应对变化，是越来越热衷于采用分析概念和以数学化为导向的经济学所要付出的代价。乔治斯库·罗根提醒我们，我们能够用数字处理的东西是有限度的，就像我们不使用数字能够处理的东西也是有限度的一样。

在促进人类智慧方面，学科化的核心局限是其公开宣扬的价值中立。这一点带有很大的自我欺骗的成分，这已经被人们经常而且有说服力地指出来。价值中立的理想本身通常非常有利于维持现状。研究哪些经济问题和以什么样的方式进行研究，即使是在学科允许的范围之内，也都经常取决于经济学家的兴趣或者甚至是某个委托进行这项

[①] Nicholas Georgescu-Roegen, *The Entropy Law and the Economic Process*. Cambridge, Mass: Harvard University Press, 1971.

研究的人的兴趣。事实上，通过公开阐明价值观并进行讨论，而不是通过否认学科在价值观方面的立场，这才更为客观。我们认识到区分"实然"与"应然"通常是可能的，而且努力这样做也是思维清晰的一条基本准则。但要认为某些学科应该专注于"实然"方面，而其他学科应该专注于"应然"方面，这充其量是一种错觉，而在最坏的情况下就是根本不想面对"应然"的问题。正如我们所见，即使现在的学术哲学，也都是以其实证主义的方法论来引以为傲。

只要各个学科阻碍其研究者对价值观问题的兴趣，它们就不可避免地阻碍学科的研究服务于解决人类的问题。经济学就是这方面一个有趣的例子。当迫不得已时，经济学家通常会说，他们只是在描述可供人们选择的事物，以及这些选择可能产生的后果。政治家如何选择则要看他们的价值立场。实际上，经济学家为了赞成某些类型的政策而反对另一些类型的政策进行游说。很容易识别他们共有的价值观，最重要的就是经济增长。如果要挑战这一点，就意味着把自己置身于经济学这个学术团体之外。（我们中的一个人已经亲身感受到了这种排斥。）坚持价值中立所发挥的作用，与其说是支持了事实上的中立，不如说是抑制了人们对基本价值观有不同意见。

经济学所共有的另一个价值就是个人自由。人们正是从价值中立的角度来为赞成这个价值进行辩护的。经济学的价值中立意味着，我们不应该采用那些将某些人甚至是大多数人的价值观强加到其他人身上的政策。

如果经济学者可以开放地讨论他们的研究如何支持社会某些成员的利益而反对其他人的利益，开放地讨论他们个人在这方面的努力以及他们所肯定的普遍价值，那么这会是一种健康的发展。这种讨论将会使人们清楚认识到，我们需要和社会学家、哲学家、神学家一起来思考经济研究和经济政策建言。这种由多学科参加的讨论并非要成为跨学科的讨论，它们也不在于分享若干价值中立和自主的学科的成果。它们将成为那些其社会化和特殊信息各不相同的人们之间有关人类共有问题的讨论。在进行这样一种讨论的背景下，人类的真实需要就能变得越来越清晰，而且可以确定为了满足这些需要所要求的专门进行探索的路径。

我们不是提议抛弃专业化，那会是一种没有希望的做法。对任何人而言，要处理他的所有问题，需要思考的东西太多。我们的观点毋宁说是，知识学科化并不是实现专业化的最佳方式。

尽管需要专业化，但它也不必像现在这样走得这么远，或者采取学科内的这种形式。这里，专业化是由主题和方法的组合来定义的。随着人们获得的关于主题某方面的知识越来越多，任何一个人了解该主题全部的可能性则越来越少。同样，使用的方法越多，任何人能够使用所有方法或者跟得上那些研究者得出的结果的可能性则越来越小。"对越来越少的东西知道得越来越多"这句谚语，因而成了知识学科化的一个部分。

因为价值中立是理想，所以信息的每个部分都被假定与信息的其他部分具有相同的价值。要谈论一个学科的核心知识变得越来越困难。因此，即使在一个学科内部，各子学科中的统一性也越来越少。有关哪些信息的哪些部分要传给下一代的问题，不可能得到合理的回答。当大学不可能对所有的学科及其子学科都给予资金支持时，那么从价值层面来决定要保留哪个学科、放弃哪个学科，对此并没有合理的答案。这个问题也许可以由以学生需求为基础的市场原则或者由教职员权力的政治原则来回答。由于合理的观点必须求助于在任何一个学科那里都无法明晰的规则，因此这些观点听起来就像是特殊利益的合理化。

在知识学科化内部，对于这种全然的分裂只有一个选择方案。它基于这样一种观点，即各个学科之间具有一种演绎或者准演绎的关系。物理学被认为是构成化学的基础，化学被认为是构成生物学的基础，而生物学被认为是构成社会科学的基础。也许可以确定各学科内部存在类似的联系。某种程度上确实如此，譬如物理学研究的内容可以应用于所有的事物，生物学研究的内容只能应用于具有生命的物质实体，化学则处在两者之间。这种关系模式为课程设置排序提供了一种基础。①

克服学科崇拜：一些例子

最近对现实问题进行认真思考的几个例子开始引起我们的注意，我们这里简单地讨论一下这几个例子，目的是给出摆脱学科崇拜的严格学术研究的具体例子。与我们这本书联系最紧密的例子是托马斯·迈克尔·帕沃尔的《对质量的经济追求》②，这本著作重新考察了美国社区经济发展的基础。其他两个例子是亚马逊地区经济发展问题的研究，一个是一位利用生物学和历史学进行研究的社会学家所写的③，另一个是一位生物学家所做的研究，他把承载能力概念进行修改应用于人们对亚马逊地区的占用。④ 这两项有关亚马逊的研究在很大程度上都得益于罗伯特·J. A. 古德兰和霍华德·S. 厄温对热带雨林的破坏问题所做的开创性研究工作。⑤ 把注意力放在特定地域中现实人们的现实问题上，会使人们不再沉湎于学科化的惯例中。

帕沃尔教授认为即使在经济的商业部门，我们实际上购买的是质量，而不是数量。当收入超过一个相当低的水平，我们就不会把钱主要用于购买大量的食物或高热量的食物，而是会用于满足口味、营养、品种等。同样，我们购买衣服并不会把钱都花在同款式的衣服上，而

---

① Frederic Turner, "Design for New Academy: An Edn to Divison by Department", *Harper Magazine*, September (1986).

② Thomas Michael Power, *The Economic Pursuit of Quality*. Armonk, N. Y.: Sharp, 1988.

③ Stephen G. Bunker, "Modes of Extraction, Unequal Exchange, and the Progressive Underdevelopment of an Extreme Periphery: The Brazilian Amazon." *American Journal of Sociology* 89, No.5, 1985.

④ Philip M. Fearnside, *Human Carrying Capacity of the Brazilian Rainforest*. New York: Columbia University Press, 1986.

⑤ R. J. A. Goodland and Howard S. Irwin, *Amazon Jungle: Green Hell to Red Desert?* Amsterdam: Elsevier, 1975.

是会去购买在质量上有特色的、时髦的衣服。还有许多重要的生活品质是经济的商业部门所提供不了的，例如清新的空气、优美的景色、安全及和谐的感受。正是这些商业和非商业的品质加在一起，构成了整个经济福利的内容。当然这些品质不是独立于物理维度的，但也不能只把它们简化为物理维度。经济发展是指地方社区中的个体可得的能从市场购买和不能从市场购买的品质总和的提升，就像下面公式所总结的：

个人的总实际收入 = （当地可获得的工资 / 当地的生活成本）+ 不能从市场购买的当地可获得的环境质量的价值

作为人口自由流动的结果，这三个要素以这样的方式相互影响，即：总实际收入倾向于在全国范围内保持不变。纽约市的人们拥有高工资并享受更多种类的可以从市场购买的品质，但是他们的生活成本也很高，并且缺少许多不能从市场购买的品质，如安全、安静和容易获取的公共空间。如果 A 地区的工资比 B 地区高得多，人们会迁居到 A 去，直到两地区劳动力的供应变化缩小了两地工资差距，以及 / 或者改变了非市场生活品质的相对易得性和生活成本的差距，使得从迁居中获得的净利益都消失。相反，那些人口拥挤和几乎没有什么非市场的舒适品质的地区，就必须提高工资以阻止人们离开。这样，当一个国家对移民和贸易不存在区域限制时，一个社区比另一个社区更富裕的程度是有一个限度的。这种倾向于平等的趋势是不显著的，它并不意味着大家都有同样的迁移意愿。一些人特别喜欢纽约市，而其他人则特别喜欢米苏拉、蒙大拿，即使对于数量很少的移居者来说，两者的有利之处和不利之处是相当的。因为人口自由迁移所施加的这个限度，帕沃尔建议地区发展政策应该以那些对社区忠诚的永久性成员为目标。换言之，那些通过吸引新的工人进入到社区来寻求扩大就业的项目，实际上并没有使社区得到发展，相反那些用于提升当地居民的经济活动范围和效率的项目，确实使当地社区得到发展，而且间接推动了国家这个更大的共同体的发展。美国公民拥有宪法所赋予的移居到另一个社区的权利,对此帕沃尔并不反对。但是他坚称,没有必要鼓励这种迁移,而且他认为服务于发展的数量指标,确实趋向于鼓励这种迁移,这通常会损害质量的真正发展。

帕沃尔批评了将以出口为目的的生产作为经济发展的"基础"或推动力,以及将供应当地市场的生产当作附属并依赖于出口生产的那些"经济基础"模型。出口的唯一理由是为进口支付费用。如果进口的货物和服务可以在本地生产,那么出口的理由就不存在了,而且本地活动的种类也会增加。这不是反对所有的贸易和专业化分工,而是缩短供应链条和扶持地区的自力更生,除了那些以实际技术效率的损失来衡量的成本过高的情况。在逻辑上,经济基础模型同样可以被用来为进口替代政策辩护,因为地区收入的提高是出口收入与一个乘数相乘的结果,一个社区自给自足的程度越高,这个乘数就越大。进口替代提高了这个乘数,而出口提高了乘数所乘的那个数值。这对任何一个因数的给定比例变化的相乘结果产生的影响是一样的。然而因为某些原因,经济基础模型几乎总是被用来支持以出口为导向的发展政策。一个社区的真正经济基础不是出口,而是"由所有那些使它成为一个适于生活、工作或者经商的地方的因素构成的。那意味着经济基础包括自然环境的质量、当地文化的丰富程度、社区的安全和稳定、公共服务和公共基础设施的质量以及劳动力的素质。这些因素没有一个是商业经济生产的或者为出口生产的"[①]。

帕沃尔批评许多追求经济在数量上增长的弄巧成拙的策略,例如增加商业活动规模(销售额),提高收入,增加工作岗位,或者增加总人口。这些数量指标没有一个能衡量真正的发展。发展政策应该集中在人们真正想要的东西,而不是集中在对经济过程的某些抽象的描述。人们真正想要什么呢?帕沃尔为地区发展政策提供了以下一系列目标:

---

① Thomas Michael Power, *The Economic Pursuit of Quality*. Armonk, N. Y.: Sharp, 1988, p.127.

(1) 为社区成员提供让人满意和有用的工作；(2) 确保社区成员获得生存必需品和社会必需品；(3) 社区保持稳定；(4) 社区成员能够获得使生活丰富多彩、催人奋发和让人满意的品质；(5) 一个欣欣向荣和有活力的社区。

国家和地方政府通过提供税收优惠和宽松的环境法规来吸引不受约束的工厂企业，在这场零和博弈中相互竞争的可悲场景，在地方和国家层面上，都只会削弱社区发展的真正基础。帕沃尔绝非要否定经济学的思考方式。但他要求在决定地方共同体个人福利的商业品质和非商业品质之间，取得一种更好的平衡。他的著作对于朝着共同体经济学的发展作出了很好的贡献。

亚马逊盆地的可持续的、非掠夺性的发展这个问题，初看上去可能显得与我们的共同体经济学这个主题没有什么关系。但是生态学家菲利普·费恩赛德（Phillip Fearnside）则指出，发展亚马逊的关键，实际上是生态共同体的概念问题，或者更确切地说，是自然共同体或生态系统（这里就是指热带雨林）的承载能力的概念问题。通过把生态学、农学、系统分析、经济学和计算机建模以及在亚马逊多年的生活经验高超地结合起来，费恩赛德证明了承载能力概念对发展政策的形成是有用的，即使他并没有提出一个具体的数字。他也从（缺乏对）承载能力的（尊重的）角度，解释了亚马逊地区在历史上和当前发展中的失败。

许多人反对把承载能力的概念应用于人类。把概念应用于动物当然比应用于人类容易。对动物来说，承载能力几乎完全可以从动物总数的角度去考虑。这是因为动物的平均资源消耗是不随时间变化而变化的（动物不会去发展经济），而且在种群中个体成员之间也是不变的（动物没有贫富社会阶层的划分）。后者并不是说，动物是平等主义者。在动物那里，很明显存在着等级制度和领地意识。但这些不平等主要与繁殖后代有关，而不是与平均消耗上的巨大差异有关。而且对动物来说，技术是一个遗传性的常量，而对人类而言，技术则是一个文化变量。对人类而言，我们不能只从人口数量的角度来谈论承载能力，我们还必须说明，人均消费的某个平均水平（"生活标准"），个人消费分配中存在的不平等的程度，以及技术的某个给定的水平或范围。费恩赛德不仅考虑了这些复杂因素，而且还将每年产量变化的随机因素考虑在内。大量人类和非人类的苦难，都可以通过尊重热带雨林的承载能力和重视费恩赛德细致系统的研究（却是非学科化的！）而避免。我们将在第十九章"最优规模"部分中，通过对巴拉圭的查科地区人类承载能力所做的一个简单计算，来进一步阐明承载能力概念的非凡用途。

斯蒂芬·邦克（Stephen Bunker）从发展理论转向把社会历史、经济历史和环境历史融合在一起来解释，为什么到目前为止的发展政策，导致了亚马逊地区的发展不足。除了繁荣与萧条这个开采循环的历史之外，他还解释了地区发展官僚制度的社会学和政治学、商品开采和环境破坏的关系，以及在亚马逊地区的不平等贸易关系的结构。他把亚马逊当作开采型经济的一个例子进行分析，这种经济是帕沃尔所批评的以出口为导向的地区发展模型的一个极端例子。亚马逊出口商品的价值，反映的不仅是当地人的劳动，还有被耗尽的生态基础设施的价值。"对于受限于它们自己的生态系统的社会而言，哥伦布发现新大陆之前的土著社会维护的那种开采型经济可以良好运转，但是为了适应世界贸易而采取开采型经济，往往会让他们自己变贫穷。"[1]邦克给出了下面一个例子：

用减少亚马逊的 2000 只海龟蛋来换一加仑油以满足欧洲的奢侈消费所涉及的不平等，比起计算不同商品包含的劳动所展现的不平等更大。按照每年超过 4800 万个海龟蛋这个速度……它最终会导致海龟种群濒临灭绝，对海龟的掠夺直接降低了亚马逊地区的人类承载能力。动物种群或植物种群——海牛、凯门鳄、鱼、树木等等——的大量灭绝可能会造成以它们为食

---

[1] Stephen G. Bunker, "Modes of Extraction, Unequal Exchange, and the Progressive Underdevelopment of an Extreme Periphery: The Brazilian Amazon." *American Journal of Sociology* 89, No.5（1985）, p.1055.

物的种群的缩减。同样，各种各样对传播种子和花粉不可缺少的动物的数量减少，也会限制植物的繁殖……就对资源的开采减少了环境本身的使用价值来说，损失的价值必须也要被包括到不平等交易的计算中。①

从开采橡胶的时代到今天从矿山中开采矿物，以及农业和放牧活动对土壤的无休止利用，出口—开采的导向持续存在。邦克指出，尽管产品发生了变化，尽管出口的目的地现在更多地转到巴西南部而不是海外，但开采型经济的依赖特征仍然没有改变，而且自从前殖民时代开始，其承载能力就已经降低了。最近投资亚马逊地区的财政刺激措施偏爱那些以出口—开采为导向的大规模企业，而巴西马瑙斯市的自由贸易区对进口的刺激危害到了本地生产。

用这些简短的结论来总结，对这些著作并不公平。我们的目的主要是指出一些我们提倡的那种系统的，但不是学科化的具体例子。同时，这些例子也为我们关于自然和共同体的重要性的论述提供了支持。

---

① Stephen G. Bunker, "Modes of Extraction, Unequal Exchange, and the Progressive Underdevelopment of an Extreme Periphery: The Brazilian Amazon." *American Journal of Sociology* 89, No.5 (1985), p.1054.

第七章　从理财学到家政学

作为理财学的经济学

亚里士多德曾对"家政学"和"理财学"做过非常重要的区分。当然我们所讲的"经济"一词是来源于前者。目前，要在完整没有删节的词典中才能找到"理财学"这个词。理财学可以被定义为政治经济学的一个分支，它与管理财产和财富以使拥有者的短期货币交换价值最大化有关。与之形成对比的是，家政学则是对家庭的管理，目的是在长期中增加它对家庭所有成员的使用价值。如果把家庭的范围扩大，将更大的共同体如土地共同体、共享价值的共同体、资源共同体、生物群落共同体、组织机构共同体、语言共同体和历史共同体包括进来，那么我们就得到了一个"共同体经济学"的很好定义。

似乎在现代用法中，经济学这个学科更接近于理财学而不是家政学。华尔街就致力于理财学中那种最纯粹的类型。现代世界充满了理财学家。古代世界也有它的理财学家，但是也许那时的理财学家并没有如此严重地高估他们的活动的重要性。例如，米利都的泰勒斯就是一个兼职的理财学家。按照亚里士多德的说法，米利都的市民取笑泰勒斯个人的贫困，并以此作为证明他的哲学实际上毫无用处的关键证据，他们说："泰勒斯，如果你很聪明，那你怎么富不了呢？"为了让这些愚蠢的人闭嘴，泰勒斯决定致富。通过他的天文学知识，他预见到橄榄不久会获得大丰收。当还是冬天的时候，他就以很低的价格租借了这个地区所有的橄榄压榨机，到了丰收的时候赚取了一大笔垄断利润。许多其他的老师都从那时起尝试效法泰勒斯的教育方法，但却没有多少明显的成效。

但无论是亚里士多德还是泰勒斯，都没有非常认真地看待这种小伎俩。毕竟泰勒斯没有种过一棵橄榄树，没有制造过一个橄榄压榨机，没有发现橄榄油的新用途，而且除了他自己，没有使任何其他人变富。实际上，他是以牺牲其他人利益为代价使自己变富了。泰勒斯用他的思想丰富了这个世界，这比他通过垄断橄榄压榨机来赚钱要伟大得多。但对现代理财学家来说却不是这么回事，这些理财学家包括：好打官司的律师、在税收上耍花招的会计师、公司合并的操纵者、绿票讹诈者、垃圾债券的交易者，以及所有从事非生产性活动的寻租者。

家政学有三点不同于理财学。第一，它着眼于长期目标而不是短期目标。第二，它考虑的是整个共同体而不仅仅是交易各方的成本和收益。第三，它关注具体的使用价值及其有限度的积累，而不是抽象的交换价值及其对无限积累的刺激。使用价值是具体的：它有一个物理维度，有一个可以被客观满足的需要。这些特征一起限制了将使用价值积累到超过限度的愿望和可能性。相反，交换价值则完全是抽象的：它没有物理维度，或者任何自然可以满足的需要，来限制它的积累。无限的积累就是理财学家的目标，对亚里士多德来说，这就是活动的非自然性的证据。真正的财富受到具体需要的满足的限制。对家政学来说，足够用就可以了。但对理财学来说，则总是越多越好。

这对现代经济学家而言都不重要，他们确信现代经济学的伟大成就是借助看不见的手，发现理财学和家政学并无二致。经济学这门学科立即变成了管理财产和财富以使短期货币交换最大化的研究，变成了人们作为一个整体如何从这种管理中获益的研究。理财学因此打算把家政学吸收进来。因此就不需要培育人们关心更大的共同体，或者与这种关心相联系的任何美德了。理性的自利就足够了。见证一下前美国总统经济顾问、现为布鲁金斯学会高级研究员的查尔斯·L.舒尔茨的陈述："类似于市场的安排……减少了对作为社会进步推动力的同情、爱国主义、兄弟般的爱和文化团结的需要……利用物质上的自利这个'基本'动机来增进共同的福祉，也许是人类取得的最重要的社会发明。"①

公正地讲，舒尔茨的确用的是"减少"而不是"消除"一词，而且他确实认为共同的福祉是由自利增进的，而不是等同于自利。那也许就是布鲁金斯学会和美国传统基金会的区别所在。我们当然同意，建立在人们都是无私的利他主义者的假设基础上的机构，可能会遭到失败。正是基于以上观点，我们支持把外部成本内在化而非社会化。舒尔茨的观点是早期经济学家普遍所持观点的一个更易让人接受的修改版本。例如，D. H. 罗伯特森就问了一个颇具启发性的问题，他说："经济学家节省掉了什么？"他的回答是："爱，所有资源中最稀缺和最珍贵的东西。"②保罗·萨缪尔森在他颇具影响力的教科书中，对罗伯特森的观点表示了赞同并作了引用。我们在第四章中提到，在更早的时候戈森就表达了这一观点，那就是人们根本就不需要爱，因为上帝就是让这个世界在利己主义的基础上运转的，任何以爱来取代利己主义，即使是部分地取代，都相当于对神的计划的傲慢反抗。

在戈森之后，经济学一直在发展，但是它仍然倾向于过分强调利己主义。虽然我们不否认自利的影响力，然而我们也不愿将同情、兄弟般的爱、爱国主义和文化团结描述成如此稀缺的可耗竭资源，以至于我们几乎就不应该使用它们。我们更愿意将它们比作因为缺乏使用而已经萎缩的虚弱的肌肉。因为它们是虚弱的，那么太快和过多依赖它们会是不明智的。但是要恢复就需要进行锻炼，而不是卧床休息。尽管我们通常支持类似于市场的安排，但我们当然没有把市场看作是像 T. S. 艾里托（T. S. Eliot）所说的，"如此完美以至于无需任何人是好人的一个系统"。

许多经济学家已经指出事情并非那么简单。亚当·斯密自己就在他的《道德情操论》中强调，市场是一个如此危险的系统，以至于他将共同体共享的价值观这个道德力量作为市场必需的约束条件。市场

---

① Barry Schwarz, *The Battle for Human Nature*. New York: Norton, 1987, p.247.
② D. H. Robertson, *Economic Commentaries*. London: Staples, 1956, p.154.

不会节约道德资本，它只会耗尽它。道德资本必须由共同体来再生。而且市场交易还会对第三方产生溢出效应。第二章中讨论了市场与共同体的这些关系，经济学家已经认识到并处理了这些关系。这里一个关键的词就是"外部性"。第三章中讨论了衡量经济成就的方法所存在的问题。GNP在本质上是一种理财学的模型，另外它还假设个体的经济福利与市场作为整体的增长有关。经济学家已经认识到这并不正确，特别是因为市场活动包括许多中间成本。第二章和第三章讨论了经济学家建议如何处理这些问题，而不必改变基本的理财方法。

现代经济学成为理财学的一个主要原因就在于，它选择成为一门演绎性学科。家政学不适合成为一门演绎性学科，而理财学则不然。在前面一章中，我们建议它既要从演绎的模型转变为历史的模型，也要从学科的各种要求所强加的束缚中摆脱出来。如果它这样做了，那么它就可以研究共同体的管理，从而增加所有成员的使用价值。这就形成了两个重要的对比。那些意识到外部性的理财学家们试图把外部性内化于市场中，并由此内化于理财的系统中，家政学则把共同体作为一个整体来研究，并将市场活动定位于这个共同体内。当理财学家认识到，许多市场活动并没有为经济福利作出贡献而某些非市场活动作出了贡献时，就提议将前者从经济福利中减去并将后者加到经济福利中，与之对照，家政学认为没有哪个共同体的可量化特征能够衡量其真实健康状况。在这一章里我们会就这两点做出说明。

家政学和市场

在第二章里，我们区分了局部的外部性和普遍的外部性，并讨论了通过标准的内化措施来合理解决局部外部性的问题。这里我们必须考虑更难解决的普遍外部性的问题。要更好地理解通过庇古税或者某种同样零碎的办法把普遍的外部性内化在操作上的困难，可以考虑把温室效应的外部成本内化为所需合理税赋的计算问题。假设温室效应的主要物理影响是海平面上升，和一种以可预见的方式改变降雨和生长季节的气候改变。在现实中，这些改变无法预测，超出了进行广泛概括的范围，单是这一事实就会使内化不可能实现。但是为了讨论的需要，我们假设变化是可以预测的。即使这些物理影响不存在争议，但对经济损失的评估也会存在广泛的争议和不确定性。应该从公众愿意为避免发生这种变化付多少钱的角度来衡量成本吗？或者应该从实际消除这种变化并使事物恢复原状需要多少花费的角度来衡量成本吗？因为根据定义，普遍外部性所涉及的变化，不是某种可以在市场上一件一件购买并可以用任何有意义的边际方法来衡量的东西，公民们将不得不根据他们对假设的问题所做的回答，而不是通过实际的买卖行为，来表达他们的评估。他们的回答会诚实地反映他们的偏好吗？还是他们会参与"策略性的投票"？或者，就像早先提到的，他们会简单地拒绝回答这类愚蠢的问题？

为了讨论方便，假设这个问题以某种方式得到了解决。让我们来计算一下。把因为海平面上升而损失的所有事物的价值加起来。把所有海滩和所有地势低洼的城市如开罗、威尼斯和新奥尔良的房地产价值，以及重新安置人们和财产的费用包括进来。再加上由于降雨模式和气温变化而损失的农田价值、重新安置农民的费用和食物供应遭到破坏的损失。相对这些损失，一定会有一些使其平衡的收益，如新海滨地区和新农田的价值。当然盐碱滩以及河口会因为额外海水的涌入而被完全破坏掉，需要很长时间才能在新的地区重建它们。因此我们必须减去虾、牡蛎、鲑鱼、斑点鲑鱼和其他生活在河口的生物种群的损失。还要再加上重新安置渔民的费用、捕虾船只的资本损失等。这里我们就不再继续描述更进一步的后果了。现在我们必须考虑这种大致估算的、非边际的和被我们武断地截去了未来一系列后果的成本，并按照某个武断确定的利率将这些成本进行贴现以获得它们"等量的"现值。然后我们必须将那个被我们大致估算的、武断截取的、暂时被贴现了的外部成本，按比例在所有造成温室效应的相互依赖的活动中进行分配。正如经济学家所意识到的，联合成本的分配是带有武断性的。

我们承认，或许只有拉普拉斯妖勉强才可以想象，这样一种计算涉及如此之多的猜测、不确定性和武断的假设,以至于它成了一种迷惑人的东西、一种妄想、一种转移注意力的事物。这种变化太过巨大、太系统化和普遍化,以至于它使得价格没有任何意义。然而那却正是内化的逻辑所严格要求的。有没有一种更具操作性并且少些武断的方法,以使得我们能够接近庇古理想中的价格涵盖全部成本,并且能够同时认识到,像温室效应这样的变化实际上不是用钱可以解决的,而是我们必须避免的?

幸运的是有这样一个方法。我们不从计算包括全部成本的价格这个不可能的任务出发,然后让市场在这些价格的基础上决定正确的数量,相反,我们可以从"恰当"的数量出发,并让市场计算相应的价格。但是,我们所说的"恰当"的数量是指什么呢?它只不过是指经济的运行要受到资源流的规模的限制,这些资源的规模要在生物圈的可再生能力和吸收废物能力的范围之内。环境承载的能力和自然的源与汇的可持续利用率,可以从具体层面做粗略的定义。我们之所以用"粗略"一词,是因为我们认识到承载能力这一概念具有含糊性。但是与用处理局部外部性问题相同的方法来内化普遍外部性所需要的计算(实际上是不可能的)相比,这些含糊性就显得微不足道了。给市场经济加上一个可持续的生物物理的限制条件,会导致市场价格的变化,而这些价格会反映这些新增加的限制。这些新的价格会把可持续性的价值"内化",而牺牲可持续性的价值,在以前是一种外部成本。市场会进行复杂的价格重新调整,以反映重新计算的可持续性(或者更精确地说,最优规模)的价值,我们在下面将会给予讨论。

我们实际上主张的是,经济要具有一个与生态系统相对应的适当规模。我们这里所说的"规模"是指物理大小,换句话说,就是人口乘以人均资源使用率。当经济增长时,这个数字就会变大!有时候,我们忽略的就是最显而易见的东西。经济是生态系统的一个子系统,而生态系统却不会增长。很显然,世界不是静态的,而同样显而易见的是,地球也不会变大。不管利率或 GNP 的增长率如何,太阳辐射流和生物地球化学循环的周转率,大体是保持不变的。因此,经济(子系统）相对于生态系统变得更大，并在更大的程度上对母系统造成压力。这种普遍的压力导致了某些外部性具有普遍的和非边际的特征，并使得作为应急手段的零碎的庇古税不足以解决这些外部性。

也许衡量作为生物圈一部分的人类经济规模的最佳指标，就是整个世界光合作用产品中为人类使用的那部分所占的百分比。净初级生产量（NPP）是初级生产者在光合作用中所捕捉到能量的数量，减去初级生产者自身生长和繁殖所使用的能量。因此 NPP 是地球上所有不能进行光合作用的生物的基本食物来源。维托塞克等人计算出地球（陆地的和水中的）潜在 NPP 的 25% 现在都为人类占用了。[①] 如果只考虑陆地的 NPP，那么这个数值就会上升到 40%。构成这些数字基础的人类占用的定义，包括人类的直接使用（食物、燃料、纤维、木材）加上因为人类改变生态系统而减少的那部分潜在的 NPP。后者反映在森林采伐、沙漠化、占地铺路和人类向生产力更低的系统（例如农业）的转变等方面。以整个世界的 25% 这个数字为例，很显然人类规模扩大 4 倍的话，这个数字就会上升到 100%。这会意味着没有任何能量留给所有非人类的和非家养的种群，而人类离开由其他种群构成的生态系统提供的服务就无法生存，因此很明显，人类规模扩大 4 倍在生态上是不可能的，即使它在计算上是可能的。假设人均资源消耗保持在一个不变的水平上，那么人口加倍的时间就等于人类规模加倍的时间，这个时间通常是 40 年。当然，现今的经济发展目标是增加人均资源消耗，因此人类规模的倍增所需要的时间低于人口统计学的增长速度所暗含的时间。此外，人类占有的 40% 的陆地 NPP 这个数字，事实上是一个更为重要的数字，因为我们不可能大量增加从海洋中获取的能量。如果我们还没意识到规模极限的存在和临近，那么温室效应、臭氧层的耗尽和酸雨将只是就要来临的灾难的一个预演，这些灾难并不是在人们还不清楚的遥远的未来，而是会发生在我们下一代身上。

---

① Peter M. Vitousek（eds.），"Human Appropriation of the Products of Photosynthesis." BioScience 34, No. 6（1986），pp.368–373.

我们应该从两个最优的角度来思考：最优配置和最优规模。借助庇古税进行边际调整的价格体系，会使一个给定的资源流达到最优配置，不管其规模如何。但是价格系统不会导致最优规模。如果我们将现有规模加倍或是减半，价格系统仍将给我们提供一种帕累托意义上的最优配置。我们是否对资源产出的总体规模漠不关心？只要我们保持在承载能力之下，也许会这样。增加对生态系统的压力引起的反馈是微不足道的。但是在某一个点上，不断增长的规模会把太多之前是免费的商品变成稀缺商品。规模增长的边际成本最终会变得大于其边际收益。但是市场不会去衡量规模变化所带来的边际成本和边际收益，而只会去衡量交易和重新配置的边际成本和收益。强加的边界条件处理最优（或者至少是可持续的）规模问题。这样产生的市场价格能够在资源产出总体规模的既定范围之内，从而实现特定资源在各种竞争性用途中的最优配置。选择规模所体现的价值，在某种程度上就内化于规模约束导致的价格变化中了。

从某种意义上说，我们对最优规模问题的强调，是对经济学标准理论所做的具有深远意义的修改。之所以要做这种修改，就在于现有的理论要求进行不可能的计算，以把普遍的外部性内化。不足为奇的是，经济学理论家并没有弄清楚把庇古税应用于当今世界的逻辑后果（logical implications），他们更愿意假装我们还活在庇古的世界中，那里外部性是局部的而不是普遍的！然而从另一种意义上说，这些观点完全是在正统经济学的逻辑中得到的。存在一个类似最优规模这样的事物的见解，对经济学家而言并不新鲜。所有的微观经济学无非就是确定某种活动的最优规模，像应该生产多少鞋子、消费多少冰激凌、每星期工作多少小时等。经济学家为活动定义一个成本函数和一个收益函数。最优化法则就是增加活动的规模，直到增加的边际成本与降低的边际收益相等这一点上。但令人吃惊的是，当经济学家从微观经济学转到宏观经济学时，我们再也听不到最优规模的问题。每个微观活动都存在一个最优规模，但所有微观活动的总和，也就是宏观经济却被认为永远会增长，而且从来不会超过一个最优规模！怎么可能会是这样呢？有人可能想回答说，任何微观活动的扩张所面临的限制，只是其他互补性的微观活动的扩张保持不变或者缓慢，而当所有的互补性活动在宏观经济增长中一起扩张的时候，这些限制就相互抵消了。但正是这种推理应该让我们认识到，当互补性的活动是一种水文循环或者二氧化碳的吸收率时，认为这个活动会随着经济部门成比例增长的观点，则是荒谬的。总经济规模的不断增长，只有在环境是无限的条件下才有意义。

然而，在我们提出相对于生态系统的宏观经济最优规模是一个重要的问题（而且与最优配置无关），并不意味着跳出了当前的经济学范式，因为我们极力主张现有范式中宏观经济学和微观经济学这两个主要分支应该更加一致。然而另一种理解这个问题的方式是提醒我们自己，经济理论家很早以前就认识到了最优配置和最优分配有区别。我们一直在强调的最优配置和最优规模的差别，与之完全相似。正如最优分配的概念基础是基于正义这个伦理标准而不是用效率来定义一样，最佳规模的概念也不是用效率而是用生态可持续性来定义的。市场只考虑效率——它不会去听或感受或察觉正义或是可持续性。如果我们认为可持续性实际上是延及未来的正义问题，那么这两者就更加相似了。

因此，看起来的确需要进行某种范式转变，以使"承载能力"这个特洛伊木马能够进入经济理论的堡垒。一旦那个概念得到严肃对待，那么从理财学到家政学的转变就有望开始。慢慢地，产品产量的纯粹增长就不再会被看作既是最好的事物又是万能药了。那的确将会是根本的观念转变。

家政学和衡量福利的方法

在离开微观经济理论和宏观经济理论之间的一致性这个问题之前，我们应该注意到，宏观经济学中的某些议题同样提到了从理财学到家政学的转变。这些议题与国民收入核算有关，特别是将 GNP 或 NNP 用作福利指标，甚或是可持续消费指标。经济学家从来没有设想所有的福利都来自国民产出。福利的很大一部分被认为具有不同于生产的来源。因此公式为：

总福利 = 经济福利 + 非经济福利

然而，就像第三章中提到的，经济学家的假设就是，总福利和经济福利总是朝着相同的方向变化。[①] 换言之，经济学家没有认真对待这种可能性，即经济福利的增加会要求非经济福利更大幅地减少，从而总福利的净值减少。然而这正是理财学和家政学之间的差别所在。在过去50年中出现的人口爆炸、各种各样的人工制品、为了人类的用途而被利用的动物和植物等，可能被称为"内向爆炸"会更好，因为它发生在有限的环境里。内向爆炸这个词的意思是压缩到一起而不是扩张到分开，这是一个增加拥挤程度、相互干涉和自相抵消碰撞的过程。因此国民产品的一个不断增加的份额，将反映出用于保护我们自己不受聚爆式生产产生的有害的负面影响（冲突、溢出、外部成本）而付出的费用。这些额外支出都及时地记录在NNP中，它们具有中间产品的性质（生产最终产品的成本），而把它们包括在内造成了NNP的膨胀。再加上自然资源资本的迅速消耗现在被算作收入，我们必需得出的一个结论就是，NNP不再发挥它最初的用来指导谨慎行为的作用。就像第三章中讨论的，在实际事务中计算收入的目的，是给人们指出他们可以消费而不至于让他们自己变贫穷的数量。一个人或一个国家的收入，被定义为在某个时期能够消费的最大价值，而且人们可以预期在末期仍能够像初期那样富裕。[②] 很显然，我们不可能消费掉中间支出的价值或者耗尽自然资本而最终不会陷入贫困。现在所计量的NNP高估了实际收入，因此不能够再指导人们谨慎行动。

[①] Moses Abramovitz, "Economic Growth and Its Discontents." In *Economics and Human Welfare*, M. Boskin（ed.）, New York: Academic Press, 1979.

[②] J. R. Hicks, *Value and Capital*（2d ed）. Oxford: Clarendon, 1948, p.172.

需要注意的是,"收入"这个概念的核心特征就是可持续性。因此"可持续的收入"这个词应该被看作是一种同义反复。这个同义重复的词在经济学文献中经常出现,这个事实就说明了我们偏离收入的核心含义有多远,因此也就说明了我们多么需要进行改正。在一个空的世界里,现在所计量的 NNP 在未来很长的时间里将是可持续的。而在一个满的世界里则不然。这些数字反映了一种不同的现实,即使核算过程是保持不变的。因此微观经济学中的普遍外部性,从宏观经济学的角度上看也是可见的。解释是相同的,即相对于起支撑作用的生态系统,经济的规模在不断增长。

早在这些议题凸显出政治的重要性之前,古典经济学家劳德代尔[①]就对它们做了说明。[②] 劳德代尔对"公共财富"和"私人财产"做了重要区分。公共财富"包括所有人都想要的、对人有用或者使人快乐的东西"。私人财产"包括所有人想要的、对他有用或令他快乐的东西;而这种东西又是稀缺的"[③]。一件物品如果要具有交换价值,则必须是稀缺的。对于某物被归类为公共财富而言,使用价值是一个充分条件,但对归类为私人财产来说则不然。后者还要求交换价值。劳德代尔提醒人们注意到这样一种矛盾,即当公共财富减少的时候,私人财产可能会扩大,这只是因为,之前丰富的具有很大使用价值但却没有交换价值的物体变得稀缺了,这样它就获得了交换价值,并因此被算作了私人财产。尽管稀缺性是交换价值的一个必要条件,"但对于有用和必需的物品,人们通常不会赞赏那些通过创造其稀缺性来增加财富的提议"[④]。在伊甸园中,私人财产会变成零,而公共财富则会非常

---

① James Maitland Lauderdale, *An Inquiry into the Nature and Origin of Public Wealth and into the Means and Causes of Its Increase* (2d ed). Edinburgh: Constable, 1819.

② George Foy, "The Extension of Economic Principles to Provide a Conceptual Framework for Environmental Accounting." (Ph. D. diss) Lousiana State University, Baton Rouge (In progress), 1987.

③ James Maitland Lauderdale, *An Inquiry into the Nature and Origin of Public Wealth and into the Means and Causes of Its Increase* (2d ed). Edinburgh: Constable, 1819, p.57.

④ Ibid.

多。当伊甸园开始变得拥挤而且之前免费的东西变得稀缺时，我们看到了私人财产的增加并荒谬地为此庆祝，却没有注意到公共财富的减少。另一些古典经济学家则驳斥劳德代尔的公共财富的概念过于宽泛，没有什么用处。在一个承载能力与经济相比非常大的世界中，它可能确实没用。但是当我们的经济给环境施加的压力不断加大时，劳德代尔的观点就显出其优势所在了。它迫使我们把发现新资源与将之前免费的物品变成稀缺资源这二者区分开来。只有前者增加了我们的福利，后者实际上减少了我们的福利，两者都提高了NNP。就像佛依巧妙表达的那样，劳德代尔的悖论现在仍然存在。它似乎是我们用交换价值来定义财富和收入所付出的代价。在劳德代尔的时代，这个悖论仅仅是一种几乎没有什么实际影响的、令人烦恼的异常情况。伴随经济规模的巨大增长，这个悖论就具有了非常重要的意义。

在某种程度上，家政学和理财学之间的区别在我们这个时代继续存在，它体现在经济的盈利部门和非盈利部门之间的区别。在非盈利部门，我们认为家政学可以胜过理财学。非盈利部门包括政府服务、慈善、公共教育、公共研究和信息机构、军队和大学——极端的情况是在社会主义国家，几乎一切都属于非盈利部门。非盈利性的实体也不能摆脱在预算内生存的规则。它们必须获得某种利润，或者至少将它们理财方面的损失，限制在社会愿意予以补贴的那个数额之内。但是它们"功用上的善"（goodness function），它们真正重要的东西，却是不同于利润的。非盈利性的实体最大化的不是利润，但也必须接受将某种程度的最低利润（或者最大的损失）作为追求其实际目标的一种限制。

当然，非盈利性的实体同盈利性的实体一样，也会对成功和效率进行评价，但是它们却没有类似于利润那种用来衡量成功的明显方法。尝试使用这样一种替代方法，在其结果上通常是不幸的，就像下面举出的例子那样，尽管我们得承认这些例子带有某种轶事性质，然而却是非常真实的。

公立肺结核医院的院长收到指示，要通过采用一个量化目标管理的计划来提升效率。院长被要求确定医院的目标、制定一种是否成功地达到目标的可测指标,并根据对那个目标所作的贡献来评估所有的活动和医护人员。很难对底线理论做一种更为清晰的表述。设定这个目标是很简单的:让肺结核病人恢复健康。设定一个衡量是否成功的指标则更为困难,但不是不可能。肺结核患者咳嗽得很厉害,当他们病情好转时,他们的咳嗽就会减轻。每个患者枕头旁边放置了一个麦克风来记录他们的咳嗽。很快,医护人员甚至还有病人们就会意识到那些极小的麦克风的重要性。医生通过在药方里增加安定和可待因使得咳嗽频率大幅降低。得到缓解的病人咳嗽减轻了。咳嗽减轻的病人一定是变得更加健康了,对吧?错。他们的情况变得更糟糕了,正是因为他们不咳嗽了,不能把该咳出的东西咳出来了。咳嗽这一指标因此被放弃了。

据传闻,美国海军尝试将"每月的拔牙数量"作为评价他们牙医工作的一项指标,却出现了可以预见的不幸后果。保留的牙齿数会是一个更为合理的指标,但太容易被夸大。一个更好的指标,是拔出该拔的牙加上保留下来的应该保留的牙的数量。但是现在我们这个明确的数量指标,在进行质量判断的困惑中消失了,我们回到了相信牙医的判断和诚实——人们设计客观的指标以追求一个"如此完美以至于不需要人向善的系统",正是为了避免这个。

就像通过拔出的牙的数量来衡量牙医的工作一样,大学教授也是通过出版的文章来得到评价。出版物的数量出现了奇迹般的剧增。这是因为教授现在工作更努力了吗?他们在出版文章上当然更加努力工作了,但在许多情况下,他们在教学上的努力则更少了。他们也在更加努力"去有创意"地适应:直接去满足指标,至于这些标准所要反映的事实却全然不顾。一种明显的适应方式就是写更短的文章,以最小出版单位为目标。通过这种方式,你可以发表三篇短小却难以理解的文章,而不是一篇长一些、完整的和更容易理解的文章。此外,增加合作者的数量使同一篇文章可以养活更多的教授,这让人回忆起上帝让饼和鱼翻倍这个奇迹。我们不是反对合著这种做法(这是很显然的），但是它可能达到荒唐和滥用的程度。新的期刊可以在每个子学科的子学科创办，进一步对知识的整体性进行分割。因为计算机的出现，快速大量处理数字相对思考来说成本更低，因此另一种适应方式就是思考越来越少而处理数字越来越多——把任何一个事物与所有的事物联系起来，只要预设似乎得到了事实的证明，就把结果当作一种经验验证的东西发表出来。

我们经历过不著书立说就无出路的阶段，并且承认大学教授在那个时候可能工作也不是那么努力。但是书籍和文章确实得到了出版。因为那时对出版没有大的额外奖赏，那么内在的奖赏就是最主要的动力。文章和书籍之所以要出版，是因为有人发自内心地认为这值得他们付出努力。从读者的角度来说，那是一种好的筛选机制，可能对知识的连贯性、整体性以及相关性有很大的贡献。

18世纪伟大的瑞士经济学家西斯蒙第提出了一种相似的社会筛选机制，来抵制那些对人类而言错误的贡献。西斯蒙第反对把专利赋予发明者，理由就是，这只会让发明的唯一目的变成让发明家致富。而依赖内在的动力，我们更有可能做出有益于人类而不是只让发明者致富的发明。同样的，一篇只是因为作者有话要说并且进行了呕心沥血的创作而发表的文章，比起那种主要为了晋升而写作的文章，可能更值得人们阅读。

一会儿我们将会回来讨论大学的底线，但是首先让我们简要地看一下非盈利组织的极端情况，即社会主义国家。它也是有底线的，一种终极的功用上的善——在无阶级社会中出现新的社会主义者。但是根据马克思的唯物主义，那需要物质极大丰富这个前提条件，它反过来需要经济快速增长，而这反过来又需要完成五年计划所制定的指标。那个指标是通过物理单位来表示的。如果社会主义国家钉子工厂的指标是用磅来计算的话，那么它生产的笨重长钉就会太多，而生产出来的饰面钉和大头钉则不足。如果指标是用钉子数来算的话，我们得到的大头钉就太多了，而长钉则不够。如果这个计划试图对每种大小和质量的钉子的数量都做出具体规定，那么由于在第一章中讨论到的原因，它会被详细的信息要求所淹没，从而这个计划永远无法制定出来。类似的例子还有很多，这使得苏联在某些部门试着把利润作为底线，因为它看起来是有用性这个性质的一个更好的数量反映——由拥有最多信息的人做出判断，而这个人也就是购买这个产品的用户。物理单位提供的定性的网太过粗糙，无法捕获质量——有用或无论出于什么原因被需要的性质。货币交换价值绝不是衡量价值的一个完美的指标，但它至少意味着某人愿意为获得这一件商品支付那笔钱。那种信息不应该被轻视。

但是如果货币指标使得一个非盈利组织对其基本目标感到困惑的话，那么它的吸引力也可能是危险的。这是可能发生的——即使在大学中。

什么是大学的底线？我们中有一个人的毕业证书上写着，授予学位的母校"其创立是为了**将更大的荣耀**归于天主，拥有探索以冷静无畏地追求真、美、正义和所有高尚神圣的行动的自由"。人们可以理解为什么它是在非盈利的部门！它的目标不是服务于现有个体的偏好，而是通过追求客观的价值去告诉我们并提升那些偏好。注意，这里没有提到获胜的球队，或者制造出一支适于雇佣的劳动力。后者可能是花了四年时间对真、美、正义进行默默追求所产生的一种副产品，但它本身却不是底线。

把金钱作为底线的诱惑是如此强烈，以至于有时大学似乎把它们自己看成是追求利润最大化的实体——某教授得到称羡是因为除了工资以外还带来了研究经费——似乎"研究经费减去薪水就是利润"，似乎利润就是底线。对理财学家来说，研究经费是衡量成功与否的一项指标，但是对真正的经济学家来说，它具有衡量投入而非产出的致命缺陷。如果研究经费可以让更多研究真、美、正义的文章获得出版，那么它的益处已经被计入出版指标了，这个指标尽管存在不足，至少是一种产出的指标。如果研究经费没有导致额外的出版物的产出，那么我们几乎不会想要为该教授非生产性的吸收公共资金而奖励他。事实上资助的投入是一种社会成本，应该被算在效率比率的分母里，而不是分子里。恰当的衡量效率的方法，是计算**投资于某教授身上每一**

美元资助的研究产出。资助通常被计入分子中,我们提出的把它计入分母中的建议会被认为是完全无法容忍的这些事实,这些并没有改变作为我们建议基础的不言自明的逻辑。如果有人能冷静地看待我们的这一建议,那么他就是一个真正的经济学家。如果我们的建议会引起他的惶恐,那么他就仍然是一个理财学家。

把未来贴现

理财学处理的是短期的交换价值,而家政学处理的则是长期的使用价值。当今世界中,外部成本不仅是普遍的,而且还是长期的。今后的 25 年,人们仍会因切尔诺贝利核电厂的事故而患癌症。实际上,考虑到对基因可能产生的影响,其后果会延续数个世纪。有毒废物形成的垃圾堆、酸雨和温室效应在未来的很长时间里还会造成损失。现在必须征收庇古税。如何将现值与将来的价值进行比较呢?经济学家采用市场的实际做法,即通过一定的利率把未来的价值贴现,从而获得一个相当的现值。一个未来金额的现值是指这样数额的一笔钱,如果以今天的利率把它进行投资,那么这笔钱在未来精确确定的日期会增长到与未来金额相等。因此完全成本价格在很大程度上反映的是未来的成本,需要我们去贴现。这意味着要选择一个贴现率并假设它会保持稳定。

即使是局部外部性也可能产生长远的影响,因此贴现问题绝不限于普遍外部性的情况。贴现是一难以处理和有争议的事情,对此经济学家自己也存在不同意见。[①] 市场是不是就像许多人所指责的那样目光短浅?我们认为是这样,因此尝试独立于市场而将可持续性纳入进去是有价值的,就像我们在讨论规模与配置以及希克斯收入的含义问题时所建议的。然而许多人还是认为,贴现是对福利进行跨时期比较这

---

① Talbot Page, *Conservation and Economic Efficiency*. Baltimore: Johns Hopkins University Press, 1977.

个社会问题的一种合理方法,它不仅普遍存在于竞争迫使人们进行贴现的市场中,而且也普遍存在于人们自由选择而非被迫进行贴现的成本—收益分析中。因此我们愿意努力更加仔细地审视贴现问题,以弄清楚为什么它不是一种把未来需要反映到现今的可靠方法,以及为什么我们更喜欢通过数量限制和安全的最低标准这种更直接的方法来确保可持续。

每一个人都认识到,市场中为了自己的利益而采取行动的个体,事实上确实在贴现未来价值。如果不是因为其他的原因,人们必然会死亡的事实和不确定性,会使得这种做法在个体的层面上是明智的。但是与个体不同,共同体类似于是永恒的。因此就死亡这个问题来说,社会决定应该以零贴现率进行贴现。社会决定在市场中也比私人决定的风险更小,因为社会项目不会因为消费者突发奇想的需求而失败或者成功。

贴现的操作基础是,存在把钱存入银行而这笔钱在银行里以一个给定的利率增长这样一个具体的过程,这个过程被看成是把钱投资于任何特定项目的一个可供替代的选择方案。在经济学家的模型中,他们似乎把所有好的东西都看作是等同于存在银行中的一笔钱,并因此预期这些好的东西(不管它是什么)都会像银行里的钱一样增长。但是当经济学家在其模型中将未来的效用或幸福贴现的时候,就已经犯了错置具体性的谬误,因为现实世界中没有哪种做法可以把今天的满足存入一个基金中,即使有,也没有理由期望这样一个基金会增长,以在明天提供给人们更大的满足。金钱可以在银行账户中增长,鱼的数量可以在池塘中增长,树木可以在森林中成长,等等,这些可能都会证明,短期地将未来的钱、鱼、木材的数量贴现为现值的做法是正当的。但是由这个过程推导出可以将未来的满足进行贴现本身是有问题的,而且把这个过程扩展到长远,会导致因为复利的指数性质而产生不切实际的微乎其微的数字。毕竟一个池塘能有多少鱼以及一片森林能有多少树是有限的,但是一个银行账户中可以有多少钱却是无限的。甚至银行里的钱与"效用"相比是相对具体的。许多经济模型都是建立在未来效用的现值最大化基础上的。实际上,被最大化的"量"甚至不是"效用"(不明确的)。它是未来的、贴现了的总效用。这里几乎不会有任何具体性可以被错置!

如果要对荒谬的贴现做法进行评奖的话,获奖人一定是那些将未来的死亡事故贴现为"相当的"现值的那些人,就像接下来讨论的与核电厂有关的辐射诱发的死亡的情况那样:"如果把所有未来年份可以预见的死亡人数加在一起,那么总数会是非常巨大的,平均为每个核电厂100—800人。一些分析家提出,将这些影响进行贴现以得到它们现在的对应量,就像将未来的收入进行贴现以反映未来事件在现在的计算中的更小值。如果将这些影响以适当的比例,如5%,进行贴现的话,那么每个核电厂每年将分摊到0.07到0.3之间的死亡事故。对问题的这样处理必然是有争议的,然而这种权宜之计在这里却被当作一种合理的折中解决办法而被采纳了。"①

没有人尝试去找到现实世界中的某种运算,通过这种运算可以将今天的许多死亡事故换算为明天更多的不幸。然而我们必须在某种意义上将死亡事故想象为会像银行里的钱或者森林中的树那样增长,如果与复利相反的计算(即贴现)有任何操作上的意义的话。很显然,这种语言被广泛使用在其他场合中。这些作者号称是把似乎什么也没有排除掉的未来"影响"和"事件"都进行了贴现。银行里可替换的货币增加因此变成了典型和示范性的规范,所有可以想象到的未来事件都必须用这个规范进行衡量。至少可以说,这是一种相当狭隘的形而上学。关于本体论上正确的贴现率,我们被告知的只是它应该是一种"合理"的贴现率,如5%。那10%也会是合理的吗?在选择贴现率时,理性所诉诸的标准是什么?这些作者认识到他们的整个方法是有争议的,但他们为这种方法作为一种"合理的折中解决方案"进行辩护。如果它是一种折中方法,那么它要调和的相互冲突的方法是什

---

① Sam Schurr (ed.), *Energy in America's Future: The Choices before Us*, Baltimore: Johns Hopkins University Press, 1979, p.355.

么呢？如果它是"合理的"，那么就要给出支持它的一些理由。因为没有人给出理由，人们就无法不怀疑，整个荒谬的计算背后的动机，仅仅是要在被神秘化的数学运算中，把一个"非常大的数字"转变成非常小的数字。

如果将同一组个人的早发生的死亡事故和晚发生的死亡事故进行比较，那么我们有根据说，晚发生的死亡事故并不是跟现在就发生的死亡事故一样糟糕，因为我们都很看重长寿。威廉·拉姆塞和米尔顿·罗素已经尝试做过类似的比较。① 然而即使在这里，对于指数函数的反函数是否是一种把长寿价值考虑在内的合理方法，人们还远远没有确定。数年的生命是不可替代的，也没有理由认为，人们预期寿命的所有年份在他们活着的时候不具有同样的价值。尽管认识到了这些最根本的反对理由，这些作者为了继续进行计算而无视这些理由。

与不存在使未来的满足（或死亡）得以增加的具体过程相比，更大的问题是未来经历满足（和死亡）的并不是同一个人，而且未来越久远，做决定的那群人与承受其后果而受苦或受益的那群人相互重叠的几率就越少。被贴现的现值，反映的是现代人通过考虑未来人们的福利所得到的对现在的人来说的价值。它没有反映未来人们自己的福利，甚或没有反映我们对他们福利的估计。它反映的是与关心我们自己相比，我们有多关心后代。因为对生产率提高的普遍预期，人们认为未来的情况当然会更好，因此即使平等地对待未来，也会要求依据生产率提高的"自然"速度来将未来的消费进行贴现。这样一种对遥远未来的生产率持续增长的预期，只不过是一种希望，过去的100年对这种预期的经验支持，看起来早已走到尽头。当高质量的资源被耗尽时，当环境为人类提供的服务因为污染和动物栖息地的破坏而被削弱时，当更为强大的技术寻求补偿这些损失时，我们看到了更大的技术风险（辐射、有毒废物、事故），这些风险的成本如果被包括在生产

---

① William Ramsay and Milton Russell, "Time-Adjusted Health Impacts from Electricity Generation." *Public Policy* 26, No.3（1978）.

率的计算中，那么它们可能反映的是生产率的下降而不是上升。如果化学公司被要求为清理有毒废物支付所有费用的话，他们最近10年来生产率的提高不会是负数吗？如果人们预期生产率的增长是负数，那么我们应该用一个负的增长率将未来贴现，这实际上意味着未来同等的消费，需要我们现在将未来的价值"升值"而不是贴现——就是说，未来一美元的价值要比现今一美元的价值更大。

我们不希望太过强烈地强调这一点。我们的目的仅仅是表明贴现不是自然的法则，而是建立在许多对价值和事实所做的令人质疑的判断基础上的。因此当贴现的方法不能提升福利时，我们应该坚决拒绝贴现这个原理。指导市场使其为整体的福利服务，也一样需要在某些社会决策中拒绝贴现的做法，包括共同体的未来或者与其他种群的共同相处受到威胁这样的社会决策。到目前为止，我们论述了关涉未来的问题。现在让我们考虑一下对其他种群进行贴现的后果。

众所周知，贴现可以导致"在经济上合理的"物种灭绝，即使不存在其他市场失灵。[①] 人们更为清楚的是，共同财产的外部化可能导致物种灭绝，但这被看作是一种市场失灵而且没有人会为它辩护。然而因为贴现造成的物种灭绝，通常被看作运作良好的市场的合理结果，而不是市场失灵。

这个问题可以这样表述："什么时候杀掉下金蛋的鹅在经济上是合理的？"任何在一种可持续生产的基础上为人们明智使用的物种（鱼、木材等），就像一只永远都能下金蛋的鹅。民间智慧告诉我们永远不要杀它。现值最大化的原理则告诉我们，在某些情况下，即当银行里钱的增长速度要比为人们利用的物种的繁殖速度快（而且捕捉成本相对价格而言不是高得无法接受）的时候，就可以杀掉这只鹅。鹅的主人有两条路可以选择：继续持有这只鹅，以后可以永远卖金蛋；杀掉鹅，卖掉它，然后把钱存到银行里以后可以永远获取利息。如果利息收入流比卖金蛋的收入流高，那么就杀掉鹅。同样的，按照现值进行的等

---

① Colin Clark, *Mathematical Bioeconomics*. New York: Wiley, 1976.

值计算，就是将卖金蛋的收入流以利率进行贴现，如果贴现后的金额比你从今天把鹅做成菜肴中获得的价格要低，那么你就杀了鹅。

个体资本家通过杀鹅并把他们的钱投入增长更快的资产中而致富的事实，并没有改变社会失去了源源不断获取金蛋流这一事实。当然，社会已经从资本家的新投资中获得了另外一种更大而且不断的价值流。因此，经济学家认为，现值最大化对社会是有益的，因为在其他条件都相同的情况下，获得的价值大于失去的价值。问题就在于，其他条件并不相同。与有效需求（通过一个任意的收入分配和任意的贴现率加权得到的人类偏好）相应的混合种群，不太可能与长远来看生态上可持续的混合种群相一致。而且，从新的投资中获得的增加的价值流，可能反映对不可再生资源短期的不可持续的消耗，或者，在这样一个世界中（在此，公司合并、收购、绿票讹诈、税收补贴、诉讼和其他寻租形式对个体理财者来说都是有利可图的选择方案，而社会产品却丝毫没有增加），它可能根本就不具备任何现实基础。

从致力于把私人收益最大化的个体资本家或者资源所有者的角度上看，这个计算是正确的。但是它明显地暴露出现代经济学的个人主义假设前提。从共同体中的人的角度上看，事情看起来是相当不同的。每个人都这样做的长远后果是什么？任何具有商业价值、捕捉成本不是太高而且就所有人口数量而言其繁殖速度都低于利率的物种，将会被人们利用到灭绝为止。如果利率代表的是所有被利用物种的生物学增长速度的一种平均值，那么我们就会有一个真正具有毁灭性的过程。当增长较慢的物种灭绝时，剩下物种的平均增长速度（和利率）将会提高。某些物种的增长将总是低于平均值，因此就可能成为灭绝的物种，直到只剩下一个物种为止！当然还有其他影响利率的因素，并将有可能在还没有达到荒谬的程度之前停止这个过程。纯粹的时间偏好率可能会足够低以至于利率的增长会被停止。随着物种的大大减少，捕捉的价格也可能变得特别昂贵。如果捕捉是一项高度资本密集型的活动，情况就尤其是这样，因为利率的增长本身提高了捕捉成本。但是所有这一切都是相当偶然的，我们可以想象存在相反的可能性。技术的发明可能会降低捕捉的成本。以非常快的速度对不可再生资源进行开采，可能会给投资带来更高的回报率并推高利率，从而给增长速度慢的物种带来更大的压力。当然利率是诸如货币政策和国际收支平衡政策等的一个目标变量。美国联邦储备理事会（美联储）在制定货币政策时，会担心利率变化对物种灭绝产生的影响吗？当更高的利率需要巴西出口更多的货物来偿还债务时，我们可以肯定，亚马逊盆地的破坏速度将会加快。如果说我们对利率有什么了解的话，那就是它们是变化的和不确定的——与被迫长期与利率进行竞争而且注定要失败的生物繁殖速度相比，就更是如此。

接受将现值最大化作为一条普遍规则似乎是微观理性相加得到宏观非理性的一个例子。这样的情形对经济学来说并不陌生。例如在家庭层面，对中国或印度农民来说，生养许多孩子可能是理性的，但从宏观的或者共同体的角度上说，则是非理性的。与之类似，在个人主义的假设下，杀掉低于平均水平的下金蛋的鹅可能是理性的，但是这样一种政策从共同体中的人的角度上看则是非理性的。如果在某种程度上将共同体的范围扩大到被利用的物种，这很明显是有问题的，而且由于上面给出的理由，从人类共同体的角度看它也是非理性的。

在这里必须为了共同体的利益对市场的数量范围进行限制。很难想象庇古税如何能够纠正这种异常的情况，因为它不是由市场的不完美引起的，而是由在现值最大化的逻辑内市场恰当地发挥功能引起的。这是让我们尝试通过直接设定数量范围来实现可持续性，并让市场决定价格，而不是试图用贴现的庇古税来计算合理的价格，并让市场决定可持续的数量的一个进一步的理由。外部性太普遍而且非边际化，即使在不存在市场失灵的情况下，现值最大化也不能给共同体以足够的尊重。

另一种考虑物种灭绝的方式就是把它视为相对于生态系统的经济规模的变化。通常规模变化是由生态系统保持不变的情况下经济增长引起的。这里相对规模的变化源自生态系统有效"规模"的减小，即其物种数量的减少。我们已经看到，最优规模不同于最优配置。当带来物种灭绝时，为了解决配置问题而进行的贴现会导致相对规模的变化。因此最优规模可能与建立在贴现基础上的最优配置是不相容的。因此看待这一问题的另一方式就是，一旦最优规模得到确定，就不允许任何配置过程使我们偏离那个最优数量。应该仅仅针对某一给定规模来定义最优配置，因此必然包含着规模变化的配置过程超出了配置问题的范围，并使我们陷入到将最优配置与最优规模混为一谈的惯常做法中，将它们分开是极其重要的。

理财学把市场从共同体中抽离出来并寻求无限的增长。当必须承认市场增长并不总是会对共同体的福利有贡献时，它就会做出一些临时的调整，但仍继续为市场的增长效力。这是用交换价值来衡量的。

家政学是从共同体的总需要的角度来看待市场的。它发现市场在执行某些功能（特别是资源配置）上是一个很出色的工具。它也看到市场是危险的。管理共同体从而（长期来看）增加所有成员的使用价值，要求市场保持适度的规模以作出积极的贡献，同时尽量减少它的有害后果。对共同体经济学来说，最优规模问题是最重要的。

第八章　从个人主义到共同体中的人

经济人的个人主义

在第四章里，我们把构成价格理论基础的人的概念，描述为一个致力于通过获取无限的商品而使效用或满足程度最优化的人这样一种概念。第七章表明这种思考方式导致的是理财学而不是真正的家政学。真正的经济学本身关心的是整个共同体的长期福利。它需要一种对经济人的不同理解。

肯尼斯·博尔丁写道："经济学从亚当·斯密头脑中突然出现的时候至少是未完全发育的，人们将他视为统一的抽象讨论领域的经济学的奠基人，也许是非常恰当的，经济学仍然散发着大量18世纪理性主义和自然神论的气息，但人们几乎没有意识到这一点。"① 我们认为他说的是事实。不管有人多么赞赏18世纪的成就，我们都不认为它的人类学足够我们今天使用。源于那种人类学且仍然构成现在这个学科基础的经济人观点，从根本上说是个人主义的。社会作为一个整体，被看作是这些个体的集合。我们想用作为共同体中的人的经济人形象来取代它。

在它通常所假设的纯粹自利行为中，现今经济理论的个人主义是明显的。在它那里既没有公正、恶行和善行的位置，也没有为维护人类生命或任何其他的道德关怀的位置。经济理论通常所描绘的世界是

---

① Kenneth E. Boulding, *Beyond Economics*. Ann Arbor: University of Michigan Press, 1968, p.187.

这样的：个体都在寻求他们自己的利益，并对参与同一活动的其他个体的成功或者失败漠不关心。这里根本没有办法考虑集体的利益——唯一可能的就是，某些人的境遇在没有牺牲其他人利益的情况下，可能会有所提升。即使这种社会收益理论，也只有通过忽视相对地位以及对善意和恶意的感受的情况下，才是可能的。很难想象一个对现实人类存在的社会特征或共同体特征所进行的更为一贯的抽象！

并不是所有这些现代理论的特征，都可以归因于亚当·斯密对人类的看法。如果说亚当·斯密对于把人们凝聚在共同体中的情感漠不关心，则是荒谬的。他写过一本有关伦理学的重要著作《道德情操论》[1]，在这本著作中同情是核心的主题。然而在《国富论》[2]中，他开始搁置以仁慈为基础的人际关系，目的是关注那些以利己为基础的人际关系。仁慈影响的只是我们人际关系的一小部分，而我们为了生存都要依靠无数的人。只有在每个人发现为他人提供服务是出于自利的时候，这种依赖才奏效。这是通过交换手段或者最终由市场来实现的。

因此在其著作中呈现出来的就是，斯密意识到了在亲密的人际关系中的同情纽带，但却否认同情纽带在亲密人际关系之外还有其他作用。在同情或仁慈不能可靠发挥作用的地方，只有自爱才能成为一种动机。在标准的经济理论中，这种尖锐的二元化表现在把家庭当作经济活动的单位这一点上。人们假设在家庭内部，仁慈起着决定作用；在家庭之间，决定性的因素则是自爱。

很明显，构成整个讨论基础的，是对人类的深深的个人主义理解。在亚当·斯密看来，个人被看成能够以不同的方式（或者以仁慈的方式，或者以利己的方式），把他们自己与其他人联系起来，但他们不是由这些关系或任何其他关系构成的。他们在根本上是彼此分离的，并且他们从彼此分离的位置上彼此发生联系。他们的关系外在于他们自己的身份。斯密的经济学坚持这种外在关系论，然而严格说来，斯密

---

[1] Adam Smith, *The Theory of Moral Sentiments*. New York: Garland, 1971.

[2] Adam Smith, *Wealth of Nations*. New York: Random House, 1776.

本人却并非坚持这种观点。就像我们将在第十一章中更加全面讨论的那样,斯密认为,资本家的自利反映了与文化、语言、传统之间的内在关系,以及与他们出生国家之间存在的其他联系。一个英国资本家会选择在英国投资,即使海外投资利润更高。就像我们将在第十一章中解释的那样,对于要求资本不能在国家间流动的比较优势学说而言,这一反常情况[①]是必要的。但是一旦比较优势被稳固地建立起来,人们就放弃了对共同体的诉求,就好像它只是一个脚手架。

社会的人

对人类的这种描述是极端错误的。人们是由他们的关系构成的。我们是在关系中产生并通过关系而存在,离开了这些关系我们就没有身份。我们依赖其他人不仅仅是为了获取商品和服务。我们如何思考和感受,我们想要什么和不喜欢什么,我们的渴望和畏惧——简言之,我们是谁——这些都是社会地形成的。这么说并不是否认,每个人不仅仅是一种社会产物。人们还有某些自由来构建自我。人的责任就是建立在那种自由的基础上的。但是这种对关系的超越,并没有引出某种可与社会关系相分离的事物。它可能只是对那些关系的部分超越,正是那些关系的性质,使得现实的自由成为可能。我们不仅是社会的成员,而且我们也依赖这些社会的特征。人的存在所具有的社会特征是最重要的。而经济人是从社会现实中做出的一个极端的抽象。

在现实世界中,自给自足的个体并不存在。为了生存,一个婴儿不仅需要经济学家非常熟悉的商品和服务,而且还需要爱。那种爱的多少、性质和特征以及所有跟爱有关系的事物,影响着一个人成长的各个方面。但我们发现在成年人当中,一些人设法在最低程度的社会交往中生存。当我们调查最充分地表现出这种与世隔离而存在的可能性的实例的文献,看起来就是鲁滨逊了。鲁滨逊是最杰出的自给自足

---

① 指放弃海外更高利润而投资本国共同体。——译者注

的个体。相应地,他就成了经济理论最受欢迎的例证。这种将有局限性的案例选择作为标准模型的做法,明显地揭示出经济学如何从平常的社会现实进行极端的抽象。

经济学家可能抱怨说他们被误解了。他们说,他们表明的是随着市场作用的增加,社会作为一个整体会受益。在市场中,共同体的成员可以自由地交易,结果就是更多的社会的整体需要会得到满足。

但正是这一回答暴露了构成经济理论基础的个人主义。作为整体的社会的收益,被看作是个体成员获得的商品和服务增加的数量总和。但这样的社会并没有出现。没有理由认为,构成社会的关系的质量已经因为商品增加而得到了提升。相反,有大量的证据表明,用于增加产量的手段通常会导致社会关系质量的下降。社会变得更像是经济理论所描述的那样的个体的集合。这一"实证"模型不可避免地开始作为一种规范发挥作用,而从这种模型得到的那些政策,迫使现实符合这一规范。

这种对现实的看法,同样也支配着经济学家所使用的颇具影响力的衡量福利的手段。人均国民生产总值,就是整个国民生产总值除以这个国家的人口数量。它忽略了构成生命中如此之多值得珍视的内容的人际关系。同样地,人均世界生产总值,就是整个世界生产总值除以世界总人口。它忽视了文化和民族的多样性。

我们在第三章中讨论的由诺德豪斯和托宾提出的衡量经济福利的方法(MEW),在这方面也只是稍微好一些。通过考虑增加的生产所产生的某些社会成本,它确实表明,它间接意识到了为通常衡量方法所忽略的各种关系。

另外,"生产率"被定义为整个产值除以所需要的劳动时间。其劳动被计算的人们,被认为完全是原子式的。当"生产率"提高时,一些工人就会被取代。效率低的工厂会关门,导致大规模的失业。根据经济理论,如果一切顺利,那么工人们就会流向新工厂或其他产业,只要资本发现投资这些新工厂或产业有利可图。按照主流经济理论的说法,这就是经济"发展"的本质。很明显,这里也完全缺乏对社会关系的关注。在它看来，只要工资没有下降，工人们从一个地方流向另一个地方，就不会失去什么重要的东西。现有社会的解体是无关紧要的。

经济理论的个人主义在许多第三世界国家甚至表现得更为显著。在传统社会仍然存在的那些地方，"生产率"是非常低下的。与所花费的劳动时间相比，他们生产出来交换的商品和服务非常少。为了提高生产率，就需要更高的效率。这就意味着自给自足的农业生产要被商业化的农业生产取代，而在商业化的农业生产中，使用更多的是化石燃料而不是大量的人力。农业生产不再需要的工人，为了生存就必须迁移到城市中。在城市中，他们可以去工厂工作，而这些工厂是用农产品的出口收入建成的。现在，无论是农民还是工人的生产率都更高了，因此国民生产总值就会增加，这就是基本的"发展"模式。

我们不会过多讨论通常发生在这个情景中的许多问题，只是想指出当一切正常运转时，它给社会带来的成本。现有自给自足农民之间的社会关系被彻底瓦解了。它们被商业农场中的农民劳动者的新组群所取代。在理想的情况下，这些工人能够得到足够的工资，能够消费比他们在自给自足生产时更多的产品。但是即使在这些罕见的例子中，某些非常珍贵的东西也丧失掉了。实际上，他们的传统文化在很大程度上被破坏掉了，他们必须使自己满足于更少私人交往的人际关系。先前共同体的其他成员必须背井离乡前往城市工业中心，甚至经常不带家人。即使我们假设他们找到了收入足以满足他们需要的工作，但社会关系的质量乃至个人的生存质量都急剧下降。

我们讲述这些情景的目的仅仅是要指出（如果需要指出它的话），经济理论的个人主义模型，导致了提倡削弱现有社会关系模式的政策。因为人们之间的关系并不属于作为经济理论出发点的这个模型的一部分，这个理论就没有显示出这些关系受到的损害。现有社会的解体，并不计入旨在增加总商品和服务的政策的成就。

杰里米·西布鲁克采访过许多英格兰工人阶层的老一辈人。他在《出了什么问题？为什么拥有更多没有让人们更幸福？》这本充满激情的书中讲述了他的发现。① 就绝大部分而言，按照经济理论的标准，他所采访的人相比他们的父母都更加富裕。然而这些人对于他们的新处境完全不满意。他们有一种与其他人疏离的感觉，包括他们的孩子。西布鲁克认为孩子的处境是最糟糕的，他这样写道：

> 除了受市场影响之外，孩子们不再受其他社会影响。所有地位、作用和阶级意识都弱化了，地区和宗族特征、邻里或乡亲的特征都减弱了。个体除了欲望、愿望和喜好以外一无所有，从任何人类的责任或者承担的义务中被生生拉走。它是一个切断联系的过程；一旦完成了这个过程，我们聊以自慰的，就是从我们周围的事物和商品以及它们产生的幻想和迷雾那里重构被缩略的人性。一种文化变成了决定道德、信仰和目标的主要因素，霸占了越来越多之前属于父母、老师、共同体、牧师和政治之类的领域。②

即使有人认为这个说法言过其实，但几乎没有人可以反驳它的基本观点。

以被视为自利个体的**经济人**为基础的经济学，称赞那些不可避免要损害现存社会关系的政策。这些社会成本可能被看作只是外部性，实际上即使在"外部性"这样一个标题下，也很少会考虑这些社会成本。就绝大部分而言，人们几乎都没有注意到这些社会成本。我们认为，这些社会成本是非常重要的，以人类幸福为代价来提高世界生产总值的做法应该停止了。我们认为，人类在根本上是社会性的，经济学应该在认识这一现实的基础上重新建构。我们呼吁，在把**经济人**看作是共同体中的人这一新概念的基础上，重新思考经济学。

迈克尔·沃尔泽最近强调了重视和复兴共同体的紧迫性。他指出，"分配公正的理念是以一个有界限的世界为先决条件的，在这个世界中，分配是这样进行的：一群人从事于社会产品的分割，交换和分享，

---

① Jeremy Seabrook, *What Went Wrong?* New York: Pantheon, 1978.
② Ibid., pp.95–96.

最主要是在他们中间进行。那样一个世界……是政治的共同体"①。一个拒绝承认这种政治共同体重要性的经济体系，会削弱谋求分配公正的基础。

即使**经济人**是共同体中的人，这个事实并不会把个人主义因素排除在外。所谈的人都是个体，而且在他们行为的某些方面，这种个体性以及与其他人的相对可分离性非常显著。市场交易的特征通常能够很好地用个人主义的术语描述。而且毫无疑问，这些个体对于获得商品是有兴趣的，他们的很多行为表现出理性的自利，这正是主流经济学所讲的**经济人**的特征。因此，许多古典和新古典经济学的原理，如果给它们加上恰当的历史限制性条件，在以把**经济人**看作共同体中的人这个不同模型为基础的经济学中，将会发挥它们的作用。

但对新模型来说同样重要的是，要认识到共同体作为一个整体的福利是由每个人的福利构成的，传统模型那里就没有这种认识。这是因为每个人都是由与他人的关系构成的，这种关系模式至少与拥有商品一样重要。这些关系是不可以在市场中交易的。然而它们可能会受到市场的影响，而且当市场增长到不再受共同体的约束，其结果几乎总是毁灭性的。因此共同体中的人这个模型，不仅要求为个体提供商品和服务，而且要求一种经济秩序，支持构成共同体的人际关系模式。

作为独立个体的**经济人**，是现代经济学家关于作为消费者的人的模型。工人就是那些把劳动卖给出价最高者的人。因为工人与他们的劳动是不可分的，因此他们自身就发挥商品的作用。出卖劳动是为了获得收入，有了收入，人就可以成为一个消费者。因此两个角色之间有一种密切的关系，这两个角色都涉及谋求自己收益最大化的因素。

作为共同体中的人的**经济人**，同样与充当消费者和工人这两个角色的人们有关。两者都是由与他人的关系构成的。尽管一些人可能不得不做无意义的或者对社会来说具有破坏性的工作，忍受不适和厌烦的痛苦，但这是经济失败的一种信号，就同贫穷妨碍了从市场中受益

---

① Michael Walzer, *Spheres of Justice: A Defense of Pluralism and Equality*. New York: Basic Books, 1983, p.31.

的能力一样。共同体经济学的目标,是既要提供有意义的和让个人满意的工作,又要提供足够的商品和服务。

共同体的发展

从定义上讲,共同体经济学支持发展领域中所谓的"共同体发展"。今天沿着这一方向做出的给人印象最深刻的努力,就是在斯里兰卡由 A. T. 阿里雅拉奈领导的利益众生运动(Sarvodaya Movement)。这个运动涉及针对乡村的整体性的方法,包括道德、宗教、教育、政治以及经济。它部分地受到甘地对印度未来展望的启发。[1]

就具体应用于乡村发展的共同体发展而言,通常需要将这个乡村而不是个人或者国家作为发展单位。然后人们会问,乡村如何能更好地满足其需要。村民们自己来做出决定,从而决定他们自己的命运。结果通常是提高了他们的生产能力。他们可能通过引入一台抽水机来增加他们的水源供应,或者通过用铁犁代替木犁来提高他们的粮食生产。不管决定是什么,共同体在从事它作为一个共同体想要做的事情上,更加富有成效。它的共同体特征及其生产能力一起得到了加强。

像现存的印度乡村或者斯里兰卡乡村这些共同体,不应该被理想化或浪漫化,但在另一方面,也不应该轻视它们。它们是实际存在的单位,社会的、政治的和经济的单位,有着可识别的长处和弱点。它们有能力确定它们自己的需要和目标,也有能力参与到实现这些需要和目标中。有时,为推动共同体经济的发展,它们所需要的主要是去除上级强加给它们的障碍。有时取得进展需要外来的技术帮助。在那些致力于提供这种帮助的机构中,最好的机构之一是世界邻居(World Neighbors)。[2]

---

[1] A. T. Ariyaratne, *Collected Works* (Vol. 3). Nandansena Ratnapala (ed.), SriLanka: Vishna Lekha, 1985.

[2] Roland Bunch, *Two Ears of Corn: A Guide to People-Centered Agricultural Improvement*. Oklahoma City: World Neighbors, 1982.

没有人能够确保当一个乡村确定了它自己的目标时，它就会明智地去这样做。然而这类共同体发展所犯的错误数量和严重性，都远远低于那些当由个人主义理论决定要做什么时所犯的错误。后者可能带来的农业改变（如绿色革命），会破坏传统的乡村生活，或者命令人们修建一座淹没乡村土地的大坝。有人可能会争辩说，国家作为整体会从 GNP 的增长中获益，但我们对此表示怀疑。有关的村民无疑遭受了损失。另一方面，共同体发展通常的后果是经济得到了真正的发展（即使是很小的），大多数村民都会因此得到某种利益。社会和环境的成本大都会很小。

共同体经济学支持这种在本质上是甘地式的发展道路，但是我们认为印度并没有接受甘地的思想。如果印度接受了甘地的经济观点，那么那里的重工业会少得多，而城市贫民窟也会少得多，农村生活也会健康得多。富有的中产阶级群体会更加小，处于绝望的穷人也会少得多。看起来，今天的斯里兰卡选择了不去追随阿里雅拉奈，其结局会与印度相似。

整个世界经济发展的主导模式，正好与共同体的发展背道而驰。它们一直在系统地摧毁现有的传统共同体，特别是在第三世界国家中大多数人仍旧生活的农村地区。城市工业"发展"是以牺牲农村共同体为代价的。阿图罗·沃曼用生动的语言证明了这个观点："剥削农民的主要机构是政府，为维护资本主义的统治地位，它为资源分配、流通和定价设定一般条件……剥削农民的主要机构，那些让自己与农民处于尖锐和无需掩饰的矛盾中的，都是好的和爱国的，是依赖性的工业主义或者不计代价的'现代化'的倡导者，是以牺牲创造财富的人们为代价而将增长本身确定为目标的倡导者。"[①] 迈克尔·利普顿提出了相似的观点："无论在城市和乡村内部的资源配置，还是在城乡之间的资源配置，它们反映的都是城市优先而不是平等或者效率。具有误

[①] Arturo Warman, *We Come to Object*. Baltimore: Johns Hopkins University Press, 1980, pp.5–6.

导性的意识形态的输入，以及城镇成功地收买部分乡村精英从而把这个过程的大部分成本转嫁给农村穷人，这些都加剧了这一损害。"①

尽管发展战略的主要压力在这一方向上继续着，但一些重要的关注发展的西方思想家已经认识到，利普顿的观点是正确的，即基于对现有共同体漠不关心的城市偏见，已经"使得发展过程不必要地缓慢和不公正"②。丹尼斯·古利特就是这样一个理论家，他为国家的全面发展战略提供了具体建议，而这个发展战略考虑到了现实人的现实需要。他在为墨西哥提出的建议中包括，"关心总的经济增长，优先考虑把增长的经济和社会成果进行重新分配，资源配置的目标应主要为国家最贫穷人口提供生活必需品，以及在传统基础上，制定一个积极推进文化多样性的政策"③。这一建议明显是在朝着共同体经济学的方向前进。古利特对墨西哥面临的两个基本选择的总结，非常鲜明地陈述了这两个选择：

新自由主义模型赞成：（1）决策高度集中，因此使现存的模式永远存在下去；（2）精英掌握信息、权力和资源，同时形式上对"民众"及其组织表示敬意；（3）给予工业和农业的工业化一种文化的优先性，它带有一种使墨西哥在全球市场具有竞争力（以及成为赚取外汇收入的强国）的强烈导向性。

相反，"民族主义"战略则赞成：（1）在所有层次实行更大程度的分权——政府内部、资金的分配、责任归属和信息传播；（2）在正式组织的情况下，人民自下而上广泛参与决策，在与政府或者经济权力组织（银行、政府机构等）打交道的情况下，人民从系统之外广泛参与决策；（3）优先考虑提高小型农业生产（或者单独的或者在集体组织中的合作农场耕种者，

---

① Michael Lipton, *Why Poor People Stay Poor: Urban Bias in World Development.* Cambridge, Mass: Harvard University Press, 1976, p.13.

② Ibid.

③ Denis Goulet, *Mexico: Development Stategies for the Future.* Notre Dame, Ill.: University of Notre Dame Press, 1983, p.156.

农户家庭等）的生产效率，因为一系列支持会使得小型农业生产在经济上和技术上能与更大的主要面向出口的商业农场竞争。更小的农场部门将首先以满足那些在其中工作的人的基本需要为目标，而后以为经济福利创造一个更大的基础为目标。①

构成人们要发展的共同体的要素是什么，这个问题通常是很复杂的，它涉及在种族、文化或宗教上不是必然相同的个体组成的群体。其思想明显以共同体为导向的甘地，也曾面临这样的复杂情况。他所面临的最困难的问题，就是在走向独立的转变过程中，消除印度教徒与穆斯林之间的矛盾。甘地对这个问题的回应可以提醒我们，把一种形式化的模式应用到现实世界是复杂的。

在印度分裂以前，印度既存在强大的穆斯林共同体，也存在着强大的印度教共同体。印度成千上万的农村中都可以找到这些共同体的组成部分。甘地争取将村庄作为村庄进行巩固，强调印度教徒和穆斯林共享的共同体。真纳（Jinnah）呼吁穆斯林共同体将自己与印度教共同体分割开来。真纳成功了，在巴基斯坦和印度之间出现了大量的人口交换。流离失所和双方相互残杀导致的死亡带来的痛苦，随着情感上升到狂热的程度，构成了一种可怕的代价。这种痛苦的遗留问题，仍对两国关系造成阻碍。

我们在以下这两方面都赞同甘地：支持维护包括印度教徒和穆斯林在内的多元化共同体，而且相信保持这样一种共同体是可能的（如果穆斯林领袖支持）。历史本来可能会走上另外一条道路。既有印度教徒又有穆斯林的乡村，在维护共同体上要比维护由同一类人构成的共同体更加困难。但许多乡村在很长的时间里都比较成功地做到了。长远来看，共同体会由于其内部的多样化而更加富有。我们为那些共同体的毁灭感到痛心。

---

① Denis Goulet, *Mexico: Development Stategies for the Future*. Notre Dame, Ill.: University of Notre Dame Press, 1983, pp.70–71.

共同体的定义

我们所讲的"共同体"的含义，尽管用这些例子也可以像用抽象的阐述那样很好地表达，尽管某些含义只有当我们在第三部分中详细说明共同体的政策时才会变得清晰，但还是有一系列问题可以在这里做学术性的讨论，以使我们的意思更加清晰，并解释我们的政策。

与所有重要的词汇一样，"共同体"有许多用法。不存在一个固定的含义。因此，我们在一个相当广阔的范围内，可以自由地给它一个看起来对我们的任务非常重要的定义。我们还希望，我们这样做不仅仅是创造出一个读者只能去死记硬背的技术词汇。我们希望我们的这一用法，可以与现有广泛的用法和含义之间建立起联系。

我们基本的看法是，人们是彼此内在关联的（也就是说，他们的关系确定了他们作为人的身份），因此任何把人看作独立个体的观点都歪曲了现实。这种观点通常被称为社会观。这在社会心理学中是个常识。知识社会学以它为先决条件。为了表达这一观点，我们本来可以提出把社会的人或者社会中的人作为我们的范式。我们本来可以以那种方式来证明我们的观点，但我们选择了谈论共同体中的人。它们的意义没有重大区别。大学版的《韦氏美语新世界词典》对"共同体"给出的第一个定义是："居住在同一个区、城市等，处于同一法律之下的人们。""社会"的第一个定义是："在同一环境下生活在一起，并被视为构成了同一类单位或实体的一群动物或植物，特别是指被视为形成一个单一共同体的一群人。"很明显，可以从这两个术语的任何一个开始解释我们提出的含义。不过，这个选择还确实有一定重要性。

这种重要性尤其来自德国学者费迪南德·滕尼斯对社会学讨论的影响。他对德语单词"Gemeinschaft"和"Gesellschaft"给出了大不相同的含义；而且因为它们被翻译成"共同体"和"社会"，因此在美国这种区别也是重要的。在滕尼斯的用法中，"共同体"是基于亲缘关系和邻里关系的人的自然群体，他们有着共享的文化和社会习俗。最明显的例子就是部落和农村。而社会则基于独立于其他共性的客观的契约关系和法律关系。一个现代城市或国家必然是一个社会，而不是一个共同体。①

如果我们被迫采用对这些词汇极端化的用法，我们就不得不将"共同体中人"写成"共同体和社会中的人"（person-in-community-and-society）。我们关心的是小型的、亲密的、人与人相互联系的共同体，而且我们希望看到一个能促进这些共同体繁荣的经济。但我们也对民族国家甚至诸如欧洲经济共同体这样更大的群体感兴趣，而这些当然不是滕尼斯意义上的共同体。

在滕尼斯之后，"共同体"一词的使用历史对他的定义提出了质疑。很明显，他将之与"共同体"一词联系在一起的共性和紧密关系，通常与同一性相关联——包括文化的、宗教的和种族的同一性。那么，要建立共同体就可能反对所有这些形式的多元性。在纳粹时期的德国，它就是以这种方式发挥作用，结果"Gemeinschaft"成了敏感的德国人今天特别小心使用的一个词。

尽管我们不是要致力于摧毁世界所有同一的共同体，尽管我们认为，应该特别严肃地对待基于语言和文化的民族抱负，并反对武断划定界限，但在我们多样化的社会里促进同一性，当然不是我们的兴趣所在。多样化可能使得建立积极的关系变得更困难，但它大大地增加了整体的丰富性。在美国，我们有一个独一无二的机遇和挑战，在国家层面、在所有更大的区域、同样也在大多数更小的地方，来继续"合众为一"。如果"社会"这个词避免了赞美同一性的危险，那么用它可能更合适。

然而恰恰是在这个例子中，我们想要保留共同体这个词。在我们的城镇、州和国家里，我们想要的统一不仅仅是法律和契约意义上的统一。这些安排都属于外部关系的模式，这种模式使得人们可以彼此

---

① Ferdinand Toennies, *Community and Society*. Charle P. Loomis, New York: Harper & Row, 1965.

保持距离，对彼此的命运漠不关心。我们想要的，是一个表明人们彼此联系在一起、尽管存在分歧仍可以共有一个共同身份的词。我们想要强调的是，人们要一起参与塑造一个更大的群体，所有人都是这个群体的成员。共同体这个词似乎比"社会"这个词更好地表达这些内涵。

肯定共同体这个词的另一个问题，来自许多美国读者所理解的这个词所具有的含义。他们记得他们年轻时所生活的农村共同体、小城镇或者郊区，是与压迫性的法条主义、狭隘的利益、顺从的压力、偏见和警觉性联系在一起的。对他们来说，城市或者大学的这种隐姓埋名的生活是很大的解脱。他们不想参与重建他们已经从中逃脱出来的压迫。为了回避"共同体"的这些负面含义，社会可能是一个更安全、更中性的词。

但是我们还是想继续使用"共同体"这个词。共同体当然可能是压迫性的，而且我们并不怀疑许多人在成长的过程中需要逃避它们。我们希望，我们所展望的多元化共同体会少一些限制，而且能让其成员有更长远的发展。但即使某些共同体是非常狭隘的，我们也不应该夸大这些共同体生活的负面特征。大部分长大之后摆脱了这些共同体的人能够如其所愿，因为那样一种社会母体提供了基本的保障。而其他人——事实上有许多——从来不需要离开。如果他们离开，那通常是因为反共同体的力量所导致的经济压力，而不是出于对过一种隐姓埋名的城市生活的需要。

当把农村、小城镇和郊区生活的负面特征与市中心生活的负面特征进行对比时，共同体的优势非常明显。在城市，犯罪团伙表达了他们用别的方法未能满足的对群体身份的需要。他们对团伙成员带来的压迫性，比正常的共同体大得多。毒品文化实际是广泛存在的，但在共同体最衰落的地方，这个问题最难解决。即使在最好的共同体内这些问题也存在，我们相信人们会处理和解决共同体生活的问题。但个人主义的世界大同主义或者隐姓埋名，并非解决之道。

人们对在地理上界定的共同体存在的敌意，当然部分是对在现实的共同体中出现的现实个人问题的反应。但在众多有关破坏共同体而导致的灾难的证据面前，固执于这种敌对态度会让人同情 40 年前贝克·布朗尼对"受过教育的人"的大声痛斥："正是当代世界那些最有影响力的人一直认为，大规模的组织和当代城市文化，可以在某种程度上提供他们所摧毁的人类共同体价值的合适替代品。因为缺乏一个更好的词，我把这些人称作'受过教育的人'……他们可能是资本家，或者共产主义者……但是在这些比较表面的区别下面……他们有着一种更深层的联盟关系。他们都与现代城市抽象的、没有特色和极其广泛的文化有联系。"①

无论如何，共同体有各种规模和类型。那些喜欢城市的人可以住在里面。新型的共同体可能受到欢迎。我们要说的只是，相比"社会"，"共同体"中个人的或人际的内涵听起来更清晰，这是我们的部分意图。

我们没有像滕尼斯那样，把"共同体"和"社会"并列为两种类型的人类群体，一个是亲密的而另一个则是冷漠的，我们更愿意把共同体看作社会的一种形式。在这种用法里，每个共同体都是一个社会，但是一个社会可能如此冷漠以至于缺乏社群特征。这与勒内·柯尼希的用法类似但并不完全一样。他说"共同体是社会的基本形式"，它既包括城市，也包括小城镇和农村。但他把像民族国家这样的更大群体排除在外。不过，他所做的明确定义仍能被我们广泛应用："共同体表现为一个'社会系统'；那就是说，共同体是一种关系，这种关系的基本特点（除了别的特点以外）是，与之相关的人们能意识到这种关系，意识到其局限性，也意识到它与其他类似关系的不同。"②

在这一用法中，具有社群特征并不需要所有成员之间都有亲密关系。它确实要求社会的成员身份有助于自我身份认同。我们接受这个要求，此外还要再加上三条。一个社会能够被称为共同体，就需要：

---

① Baber Brownell, *The Huamn Community: Its Philosophy and Practice for a Time of Crisis*. New York: Norton, 1950, pp.19–20.

② René Koenig, *The Community*. Translated by Edward Fitzgerald, New York: Schocken, 1968, p.28.

(1)它的成员能广泛参与到支配其生活的决策中;(2)社会作为一个整体对其成员要负责;(3)这个责任包括要尊重其成员多样化的个性。按照这些规定,可能会有一个极权主义的社会,但不可能有极权主义的共同体。换另一种方式表述就是,对大城市里被疏离的年轻人来说,他们所在那些城市仍然还是社会,但是对他们来说这些城市不是共同体。

很显然,这样定义的"共同体"是一个程度的问题。社会在何种程度上对其成员的身份有所贡献、社会成员在何种程度上参与社会治理、社会在何种程度上对其成员负责,以及社会在何种程度上肯定成员自决的多样性,都会发生变化。我们所使用的"共同体"与柯尼希的不同,我们的是一个规范性术语。我们支持不同层面的社会,按照上述共同体的所有四个标准,变得越来越共同体化。共同体经济学鼓励这些方面的发展。

如果共同体这个词是一个规范性术语,那么我们不应该接下来描绘理想的共同体是什么样的吗?随着本书不断推进,我们偏好的共同体形式会越来越清楚。但是在强调参与和阐明政府的形式与实践之间,存在一种张力。在美国,我们几乎不能想象民主的参与形式之外的其他参与方式。我们支持参与式民主。但是在某些文化里,我们所说的民主是一种外在的强制,它阻碍了而不是唤起了人们的参与。因此,我们很不情愿地增加上面提到的规范性要素。我们希望接受社会能够作为健康的共同体运作的许多不同的方式。

基本的共同体通常应该在什么层面上存在,或者在多大区域内存在呢?在导言中我们赞许地讲到了达德利·希尔斯对民族经济体的提倡。今天,民族国家是非常重要的社会。在许多情况下,只有它们有实力有效维护自己,反对那些侵蚀所有共同体的势力。在很多情况下,它们确实强有力地促进了国民的自我认同感,而且至少有一些民族国家允许其成员广泛参与国家治理。它们中的大多数都关心国民的福利,而且有一些还肯定国民的多样性。因此国家可以成为共同体,而且一些国家还是非常好的共同体。此时此刻,我们和希尔斯一道,提倡为国家共同体服务的经济学。

重要的是要看到这将会产生什么样的不同。现今的经济理想是，国界不应该阻碍全球经济。这越来越多地意味着，对一个国家的人民来说至关重要的经济决定，是由那些在任何情况下都对他们不负责的人做出的。简言之，不管这个国家的政府形式是什么，它的人民都不能参与和他们日常生活息息相关的最重要的决策。这就降低了一个民族国家成为一个共同体的可能性。相反，建立起一种民族经济体，人民就有可能通过他们的政府参与决策。一个健康的国家共同体是可能的。

如果人们不能填饱肚子，不能满足他们的基本需要，那么就不可能存在有效的民族经济体。因此，为了共同体的民族经济体将是一个相对自给自足的经济体。这并不排斥贸易，但是它确实排斥对贸易的**依赖**，特别在一个国家不能参与决定贸易条款的情况下。

当然，这并不能保证民族经济体就一定会为人民的利益服务。它可能服务于一小部分统治阶级的利益，并对人民进行剥削。我们不认为有哪个制度将会确保公正和正义。然而，比起参与其他国家的决策或者一个跨国公司的决策，人们参与他们自己国家政府决策的可能性更大。

在一些情况下，民族国家可能太小，在这个层面上难以谋求相对的自给自足。欧洲共同市场可能提供了一个多个国家组建一个更大的共同体的正面例子。然而，现在欧洲集中化的发展趋势可能会威胁到民族共同体。与之矛盾的是，一些区域共同体（如加泰罗尼亚）乐于弱化民族国家，以期望在更疏离的共同市场的管理下，获得更多的地区自主权。中美洲可能需要一个共同市场。只有具备世界所有地方不断发生变化情况的专业知识，才能说明什么时候这种形式的国家群体才是可取的。

我们认为相反的问题更普遍。在许多情况下，民族国家的规模已经太大，离普通民众也太遥远，以至于他们不可能实现有效的参与。国家内部经济的分散化，应该与国有化（与全球化经济相比较）相伴随。美国的许多地区可以成为相对自给自足的地方。随着经济分权还可以出现政治分权。首要之点在于，如果一个政治共同体不能对它的经济生活行使重要的控制，那么它就不可能是健康的。第二点就是天主教教义的"辅助原则"：权力应该尽可能设置在离民众最近的地方，即在可行的最小单位。我们特别要强调的是，撇开一些功能，不能影响经济秩序的政治权力是无效的。因此，我们把政治分权与经济分权结合在一起。

因为经济的自给自足不是一个绝对原则，因此，设想具有相当大的经济自主权的非常小的共同体，而不需要假设它们能够全部自给，就是可能的。在美国各州的层次上，既拥有很大程度的自主权，又拥有分散经济，这是可能的。如果经济朝这个方向发展，那么各个州就越来越成为美国国父们所想象的那种自我治理的单位了。国家政府就又一次成为一个当初设想的联邦政府。因为在全国层面集中权力的一个主要原因是为了促进国家经济，因此随着经济向分散化方向发展，自然会伴随着这种政治权力集中化趋势的逆转。

然而，权力国有化不应该被简单地逆转过来，还有第二个因素。各州的权利有时会因为好的理由（如环境保护）而得到维护，但是它们经常作为这个州的一部分人压迫另一部分人的借口而得到维护。要求州拥有权利，特别与南方白人剥夺黑人的公民选举权以及剥削黑人联系在一起。

尽管详细规定各州采用哪种政府形式，不应该是联邦政府承担的任务，但这却是它的责任，即确保各州至少具有共同体最基本的特征：允许所有公民参与、承担对所有人的责任，以及尊重他们个性的多样化。这意味着，有些人权是联邦政府可以正当地要求各个州尊重的。大多数的公民可以决定很多东西，但是他们不能决定剥夺少数人的公民权，或者拒绝尊重少数人的特殊性而强求一致。我们现在的法律体系在处理经济议题时应该更为分权化，但在公民权利和人权方面，它应该保持现有的权力集中化程度。

第九章　从世界大同主义到由共同体组成的共同体

地区共同体组成的共同体

美国人既是他们所在州的公民，也是国家的公民。现在，国家层面的自我身份认同，通常比在州层面的自我身份认同更为强烈。部分原因是美国国内的流动程度很高，这是国家经济一体化的需要，也是现在全球经济一体化的需要。它还因为权力是集中在国家层面上的，因此最重要和最有吸引力的决定，都是在那里做出的。但是，尽管作为美国人的这种自我身份认同程度很高，美国人的政治参与程度却很低。例如，尽管选举权的范围得到了普遍扩大，但参加投票的人口比例却很小，而且在不断下降。公民自身对各种议题和候选人的了解程度很低，这是令人忧虑的。美国现在并不是一个健康的共同体。

但是如果权力和决策制定是分散的，而且自我身份认同将受到州公民身份更大的影响，那么这一状况是不是就不会进一步恶化了？我们认为，各个州会变成更加健康的共同体，但是参与国家事务的问题将继续存在。在此，返回到美国国父们的最初意图，可能会有所帮助。在总统选举中，可以从国家政党制度和直接选举转变为由州民意代表来选举出有权选举总统的人。选举团可能成为最初设想那样的重要组织。

把经济权力和政治权力分散到州的层面，并不一定是那个过程的目的。在后面的章节里我们将表明，即使小得多的共同体，也能生产它们大部分的必需品。那样的话，地方就可以行使更多的政治权力。托马斯·杰斐逊起草文件的那个时候，经济上的相对自给自足居于支配地位，因此他不必关心经济权力的分散。在那种情况下，他提议把各个县分成 5 平方英里或者 6 平方英里的行政区，而且"把这些行政区最能胜任的那部分自治责任赋予它们，把照顾穷人、道路、警察、选举、陪审员的提名、在小的案件中主持公道，以及民兵的基础训练委托给它们"①。今天逐字逐句地遵照杰斐逊的提议会很荒唐，但赋予小范围地区的人民管理它们自己事务的权力则并不荒唐——如果这些小范围的地区有能养活自己的经济的话。

尽管我们强调政治权力和经济权力之间的协调关系，但即使在不存在经济权力的情况下，仍然可以行驶某些政治功能。一个没有独立的经济生存能力的城市某地区，仍然可以召开会议选举代表，以在行使更重要权力的层面上代表他们的利益。在州和国家的层面上，都可以从人们直接选举转变为在地方层面的真正参与，与之相结合的是选举更高级别官员的代议制过程。

小一些的共同体应该如何与大一些的共同体建立联系，这一政策建议反映了我们的偏好。现今，一般的模式是在各个层面上直接参与共同体的管理。选民对他们投票选举的候选人的个人了解，与这些候选人将要做出的决策的重要性之间，有一种负相关性。因为选民所获信息不足而且选民的参与毫无意义，因此他对参与国家事务没什么兴趣。选民参与的缺乏，与将个体视为任何层面的共同体的一员这种观点有关。

另一个可供选择的办法，就是把更大的共同体普遍看作是由共同体构成的共同体。那样的话，一个人所属的当地共同体就成为自我身份认同的主要基础，而个人参与当地共同体的事务具有更大意义，原因有二：第一，当地决策的重要性会有所增加；第二，当地选举出来的代表，会参与更高层面的重要决策，并参与选举更高级别的代表。个人的身份认同，将在几个层面上，发挥程度不等的作用。

这一模式可以适用世界的其他地方。印度、中国和苏联这三个世

---

① 参见：Harry Gevetz ed., *Democracy and Elitism*. New York: Scribners, 1967, p.115。

界上最大的国家,都已经建立了国民经济体系。现在它们处于加入全球体系的压力之下。我们的这一主张会促使它们走向另外一条道路。它们可以将目标定为,成为在经济上和政治上由共同体构成的共同体。

这一权力分散的过程,并不排斥与其他国家组建共同体的另一过程。如果人类要生存,那么就必须有一个"由各个国家组成的大家庭"。即使经济权力的分散使得联合国没有责任监管全球经济(而它的能力现在也不足以承担这个任务),但是越来越多的其他问题正在变得全球化,特别是环境问题。如二氧化碳导致的气候变化、臭氧层空洞、酸雨、物种灭绝和海洋开发这些事情,都不可能只在地区乃至国家的层面上得到解决。各个国家都必须把足够的权力赋予包括人类共同体在内的包容性共同体,来承担减轻即将到来的灾难这一异常艰巨的任务。同样,国际法庭的力量也需要得到加强,这样,未来像美国这样的国家就不能无视其判决和不受惩罚。

这并不是要求建立任何通常意义上的世界政府。必须在世界这个层面上,有足够的力量去处理在其他地方无法得到解决的那些紧迫的问题。如果经济变得越来越全球化,而经济决策不受任何政治体控制,那么我们将会在一种很强意义上需要世界政府。只是基于跨国公司的利润,做出有关人类生计的最重要议题的决策,这是令人无法忍受的。经济必须处于某种监督之下。如果经济是全球化的,那么全球政府迟早必须建立起来。但是我们这本书里的建议,恰恰是在国际层面上避免随着经济权力集中而出现政治权力集中。经济权力的分散将有可能使政治权力分散。然而,在无限制地开采自然资源和填埋废物的时代,地球发生了如此深刻的变化,以至于由各个国家组成的整个共同体采取全球行动,成了减少灾难的唯一希望。

我们提出的把世界看作由共同体组成的共同体的建议,是一种对主权理念的弱化。不应该存在拥有至高无上权力的州、国家或者全球政府。现在的主权民族国家还会继续承担重要职责,但会把其他的职责移交给小一些的单位,并将剩下的其他职责交给联合国。所有的共同体都会行使某种"主权",但它们又都不是现代政治理论意义上的主权。从历史的角度来看,作为这些现代政治主权理论基础的社会契约神话,是明显错误的。它们既歪曲了理论,也歪曲了实践。

欧洲经济共同体提供了一个令人关注的模式。很明显,它不是一个拥有主权的超级政府。然而,组成欧洲经济共同体的这些国家,也对它们自身进行自主决策的能力做了限制。如果这些国家进一步朝着内部经济权力和政治权力分散的方向发展,那么这会是一个非常好的模式。

到目前为止,"国家"和"民族国家"被人们当作同义词使用。这就模糊了一个重要问题。在许多地方,现有的国家边界并不与人们的国家身份认同相对应。像苏联这些地方,在一个国家的边界内会有许多民族,经济和政治权力的分散,可能有助于缓和矛盾。但在现有的政治边界把具有共同身份认同的人们分开的地方,解决办法更加难以确定。这里存在压迫和分离倾向加深的恶性循环的危险,这种恶性循环又导致暴力。不过,权力分散和放弃主权在这些例子中也会有所帮助。

库尔德人就是这个问题的一个很好的例子,他们被分开住在土耳其、伊拉克和伊朗三个国家。从这些国家创立一个新的民族国家的可能性,实际上是微乎其微的。但是作为分权的普遍政策的一部分,每个国家政府给予库尔德人更多的地区自治权是可能的。生活在这三个民族国家里的库尔德人自治权的提升,将会降低敌对和暴力的程度。还有可能的是,新的自治区域会彼此之间建立文化和经济关系,这些关系能够表达他们作为一个民族的很多认同感。他们甚至可能就跨越现有民族国家界限做出某些政治安排。一旦民族国家的理念被普遍弱化,更少的权力在那一层面行使,库尔德人可能会满意这种类型的民族身份表达。

权力分散不是一个解决所有政治问题的魔法棒。印度乡村的印度教徒和穆斯林的任务是一起组建共同体,尽管他们之间存在深深的分歧。我们认为他们本来可以获得成功。但也可能是别的情形,他们成功无望。人们长时间的彼此混杂生活程度很高,以至于他们不可能建立各自独立的经济共同体，但是他们彼此之间的仇恨又如此之深，以至于他们不可能在政治上和文化上共同参与组建一个单一共同体。在解决这些问题上，新的经济安排不会大有前途。解决这些问题需要双方达成各个层次上的相互谅解，这在人类历史上还是空前的。

非地缘性的共同体

词典对共同体给出的第一个定义谈到的是生活在同一地区的人们。到这里为止，我们的讨论都是在这一定义指导下进行的。地缘意义上的地区，无论对政治共同体还是对经济共同体来说都是很重要的。这样的共同体必然具有一定的首要性。但是，共同体并不都是从地缘角度定义的。例如，人们会谈及科学家共同体或犹太人共同体，肯定了科学家之间和犹太人之间具有相互扶持的关系，而不管他们的地理位置在哪里。许多科学家和犹太人自我身份认同的大部分，都来自他们是科学家或者是犹太人。许多人都参与了塑造他们各自共同体的过程，他们对其成员负有一种特殊的责任，并且肯定这些成员的多元化。它们是好的共同体。这两种共同体都超越了国界，这对于反对最近几个世纪以来过分地根据国家来确认身份是有帮助的。

我们时代一个重要而且宝贵的特征就是，许多人都是数个共同体的成员，包括那些并非由地理位置确定的共同体。这一事实能够丰富地缘意义的共同体，许多人发现，这些地缘意义的共同体，因为它们狭隘的地方主义而令人感到压抑。非本地化的共同体能够推动许多必要的行动，而地缘意义的共同体或者不能或者不愿对这些行动给予足够的支持。

与国际性的科学家共同体和犹太人共同体相对的，是在相对小的地区内发挥作用的非地缘性共同体。它们在那些地区为当地的共同体生活提供大部分的基础，包括当地的教堂、兄弟会、市民组织、工会组织和商业组织。在许多这样的方面，共同体经济学应该支持共同体，这是很重要的。这样，它们就能反过来为地缘意义的共同体服务。同样，促进某个特定行业内部的共同体，以及该行业与它的服务对象之间的共同体，是为地缘意义的共同体服务的一种重要方式。爱德华·J.奥博伊尔为这一观点提供了很好的实例：

1972年，圣路易斯的建筑业……深受损害行业里许多人利益的严重问题的困扰，然后组建了一个叫PRIDE的组织……

在PRIDE出现之前，建设项目通常都要晚于计划完成，而且超出原来的成本估计。造成这些问题的一个主要原因就是，只要出现了一个司法争端，工程就会停下来。而且该行业也受到不适应技术进步要求的工作条例的束缚。因为PRIDE的组建，以及部分是由于（承包商、工会、设计者、供应商和顾客）1977年签订了协议备忘录，人们处理法律争端不会造成停工，而且工作条例也随着技术改变的要求得到了更新。结果是，项目都及时完成且成本没有超支。①

这个例子表明，共同体经济学能够提高生产效率。我们所谈论的生产效率主要是整个行业的生产效率。因为行业的工作效率更高了，因此按照传统方式所衡量的"生产效率"也会得到提高。但是在这个例子里，生产效率的提高还提升和壮大了共同体。

人们引用PRIDE这个例子，认为它表现了强调共同体的天主教社会教义。与亨利希·帕斯以及教皇通谕一道，我们也强调非地缘共同体在地缘共同体中所发挥的经济和政治作用，无论这些地缘共同体是城市、州还是国家，而且我们欢迎代表工人、管理人员和各行业人士的强大组织。这些组织应该构建起专业化的共同体，来制定行为准则，培养对整个共同体的责任感，以及监管他们自己从而减少对政府干预的需要。在这些协会之间也应该存在一个公认的利益共同体，这样他们就能够为了更大的利益一起工作。在任何共同体经济学中，也的确

---

① *Technology, and Economic Systems*. Workshop of the Institute for Theological Encounter with Science and Technology, 1985, p.12.

应该有这些共同体的一席之地。那样的话，宗教共同体和那些围绕其他共同关心的事情组织起来的共同体，也能发挥很大的作用。

马丁·布伯也意识到，多元化的共同体在保持一个健康的地缘共同体中发挥着重要作用。在《乌托邦之路》中，他写道："发达资本主义的时代已经瓦解了社会的结构。在此之前，社会是由不同的社团组成的；它是复杂的，结构是多元的。这就给了它独特的社会活力，并使它能够抵制内在于前革命状态中的极权主义倾向……这一抵制被法国大革命的政策削弱了，这个政策反对自由联合体拥有的特殊权利。此后，在旧的中央集权制失败的地方——在原子化的社会中，新的资本主义形式的中央集权制成功了。"①布伯的著作研究了，如何通过构建新的共同体和赞扬以色列犹太社区的成就，来努力扭转原子化的趋势。

一些政治因素

我们已经展示出一幕由共同体组成的共同体的世界远景，以及经济在其中所处的位置，目的是要表明，我们提出的**经济人**模型所需的政策，非常不同于源自启蒙运动及其个人主义的世界大同主义模型的政策。但是有人可能反对说，这一模型也是从具体的现实中抽象出来的。遵循从共同体中的人这一模型引出的政策，却没有充分意识到这一抽象模型所源自的现实，这只是增添了错置具体性谬误的新例证。有些政策可能和本书第一部分批评的那些政策一样危险。

这个反对意见是正确的。没有什么可以让我们免于这种危险，除非反复求助于抽象所源自的更完整的现实，并且力图识别任何与现在讨论的议题可能有关的现实特征。我们在政治学范畴内应用我们的模型时，还没有追问这样一个问题。如果我们继续提出政策建议而不检查具体现实的其他方面，那么我们也会犯如前所指的错误。

---

① Martin Buber, *Paths in Utopia*. Translated by R.F.C. Hull, London: Routledge & Kegan Paul, 1949, p.139.

第二部分 新的起点

因为本书是有关经济学而不是政治学，因此我们不可能在提出政治理论方面走太远。但因为我们强烈地反对各个学科彼此间的分离，而且因为在世界中以及在对世界的说明中，经济问题和政治问题是不可分割地联系在一起的，所以我们必须多说一点，在影响我们的建议影响世界的方式的东西当中，什么东西被抽象掉了。

在对共同体中的人的描述里面，人作为政治动物被忽略的一个最重要特征，可能就是对权力的欲求。归属的欲求和参与的欲求可以从共同体中的人的模型中引出来，但大部分被人们理解为权力欲的内容，则不能从这个模型中推导出来。然而，它深刻影响着所有的政治活动和经济活动。我们没有谈论任何在个体层面上控制他人的欲求，或者政治实体具有的把其规则强加给其他共同体的欲求。然而在现实的政治和经济生活事务中，这些都是主要的现象。共同体中的人可能寻求支配共同体中的其他人，由此削弱了共同体，或者可能寻求让共同体支配其他共同体，由此削弱了由共同体组成的共同体。

很显然，这种现实要求，所有层面的共同体和由共同体组成的共同体必须拥有力量，让自己及其成员抵抗权力欲这种支配他者的表达方式。然而，什么能够避免他们为了维持正义的和平所拥有的权力，不被用于压迫和战争呢？答案是，不可能有终极的保障，但是在第十八章里，我们会提出与这个问题有关的建议。

因为作为支配欲的权力欲，至少一万年以来，已经成为政治现实的一部分，因此任何政治秩序都必须把它考虑进去。同时，问一下在什么程度上这真的是自然的和不可避免的，以及在什么程度上社会变革能够把它减少到更容易管理的比例，也是恰当的。

人们是由与其他人的关系构成的，因此这些关系的具体性质是极其重要的。如果有些人的行为特征并不是内在于人性本身的，却又非常普遍，以至于给共同体造成主要问题，那么，问一下共同体是如何运行的，以致产生了哪些模式，就是很自然的。不管对它们理解的程度如何，人们都可以提出建议进行改变。尽管人们是共同体的产物，但他们也会超越共同体塑造他们的方式。人们总是做出那些不是由其他人为他们做出的决策。希望就在于,我们相信许多破坏性的东西在社会属性上都是一种社会产物,同时我们相信,通过许多社会成员的自由决定,产生那种破坏性行为的模式是可以改变的。如果人们是共同体中的人,那么基因决定论就不可能是绝对的。如果它是,那么我们就会像群居的昆虫一样——既不是个体,也不是共同体,而是一个由基因决定的、作为一个单位行动的独特的社会有机体。遗传这个事实本身是共同体的一个重要方面。我们从过去继承的遗产和我们留给未来的遗产,都包含两个部分:基因的和文化的。基因库和文化遗产都是公共财产资源。虽然坚持自由和选择的现实,我们绝没有否认基因或者文化对我们构成的限制。基于第二十章里所要详尽阐述的理由,我们认为基因决定论是站不住脚的,而且我们认为,减少侵略性是处于我们能够选择的可能性范围之内的。权力欲所采取的形式,受到社会上关于权力的观念的影响。观念的变化的确影响到行为。

在最近几个世纪里影响权力欲的表达方式的观念,与经济学家在传统的**经济人**概念中所表达的人的形象有密切联系:经济人是自我封闭的个体,他与他人的关系是外在的。控制或支配是外在关系,它最清楚地表现了权力表达。然而,即使支配也不只是一种外在关系。黑格尔分析了主—奴关系(master-slave relation),以揭示主人如何受到这种关系深刻且不利的影响。这已经再三得到确证。在深层上,支配剥夺了被支配者的权力,也剥夺了支配者的权力。

如果个人主义的思维方式让位于一种共同体主义的思维方式,那么对权力的理解就会改变。当然,毫无疑问那种支配关系是存在的,观念本身的改变不可能结束这些关系。但是,社会广泛认识到人们所追求的支配不会产生想要的权力,就可以为重新确定权力欲的方向开辟道路,这样的事例多了,将造成公共的影响。难道没有引导权力欲的其他更好和更令人满意的表达权力的关系吗?我们做出的四点区分,会有助于肯定地回答这个问题。

首先就是说服性权力和强制性权力之间的区别。当我们理解了最重要的关系是内在的,那么我们就想在一个比外显行为更深的层面上去参与构建他人。我们想要影响他们。达到这一目标的一个重要方法就是,向他们传播我们希望他们持有的观念。当然,另一方面就是愿意倾听他们希望我们持有的观念,真诚地让观点来说服彼此。这样,我们行事就是基于这样一种信念:观念而不是人最终具有说服性权力;使得我们认为那些能让我们信服的观念,也能让其他人信服。相信说服力就是相信真理的存在,不管我们对它的理解可能有多么朦胧。如果像许多人似乎相信的那样,没有像真理这样的事物存在,那么进行说服的努力就没有任何意义,我们剩下的就只有强迫或欺骗。不管怎样,说服永远不可能对每个人都有效。有些人不能被劝服不去抢银行、卖毒品和杀人。社会对这样的人进行法律强制仍然是必需的。

还需要做第二个区分。施加影响的欲望可能表现为试图控制其他人的思想。那样行为就能够被操控。其结果尽管与直接控制行为的努力不同,但对共同体而言可能不是更有利。宣传、广告、教导和洗脑都是这种权力使用的代名词。它们的作用就是扩大决定其他人思想和行为的范围,以及减少他们的自由。简言之,它是强迫的一种形式,违背了共同体的基本原则。

影响人们的另一种方式是,就他们可能如何思考提出新的建议,推荐扩大他们的选择范围的新的可能性。这一对权力的表述给予他人自由、赋予他们权力并提升了他们的人格。这是影响另一个人的权力的更高形式。好的教导和好的交流通常说明了这一点。我们希望本书成为这方面的一个范例。本书提出的看待经济秩序的方法,不同于大多数人一直以来看待它的方法。这不是强迫任何人做出改变,而是说之前被决定的思想、感受和行为,现在应该开放,让大家选择。自由得到了扩展,这就增强了共同体。

第三就是善于接受的权力和主动施与权力的区分。善于接受的权力,是把他人的感受和思想整合进自身的权力。这样的整合正是一个人的自我的一种扩展。在这个过程中,一个人理解、感受和思考的能力都得到了提高。简言之,一个人通过行使善于接受的权力而变得更强大。

同时,善于接受的权力也赋予了他人力量。奈拉·莫顿教导我们以"聆听促进演讲"（hearing into speech）的方式进行思考。[①]当人们感受到他们真正被人倾听时，他们能够把他们之前几乎没有意识到的深层次的东西清楚地表达出来。这就是许多好的心理治疗的秘密所在，也是友谊的秘密所在。共同体在这一过程中成长。

第四是共享权力和个人权力的区分。当共同体得到了深化，人们就能一起完成单靠他们自己不可能做到的事情。一个人作为共同体努力的一部分所体验到的权力，要远比他独自体验到的权力强大。当然，这可能正是最具毁灭性的那种力量，因为它可以成为凌驾于其他共同体之上的力量。但是，共同体的行为可以被引导到许多其他的方向，而不会表现为凌驾其他共同体的力量。再说，在最起码的意义上，我们俩没有哪个人可以独自完成这本书的写作。这本书也不是我们俩观念的相加。通过一起思考和一起工作，我们能够获得与把我们各自的成果相加非常不同的东西。同样，与把个体行为目标加起来相比，通过环境组织或工会的集体行动所达到的目标，也是很不同的。

这些形式的权力的特征是：这些权力行使得越多，所有人所获得的权力就越多。它们都增强共同体。对一个从外在关系的角度看待权力的人来说，这种现象几乎是无法理解的。从外在关系的角度看待权力的观点意味着，一个人拥有的权力越多，其他人拥有的就越少。但从共同体中的人的角度去看，那种剥夺被支配者权力的力量是一种蹩脚形式的力量。剥夺他人的权力，也意味着不再有人们正在实施控制的任何权力。在控制被剥夺了权力的人的过程中，几乎很少涉及任何权力！

尽管认为新的权力思考方式将终结支配和剥夺他人力量的欲望是天真的，然而，揭露表现在那种权力中的弱点却并不愚蠢。当前社会的思维习惯确实影响人的行为。在这个重要问题上，我们应该追寻每一种有希望的途径。如果支配他人的欲望特别是连同个人主义模型兴盛起来，那么，也许对共同体中的人的一种基本描绘，可能鼓励权力

[①] Nelle Morton, *The Journey is Home*. Boston: Beacon, 1983.

欲采取其他的形式——那些将增强共同体的形式。

现实的人的第二个方面是牺牲的意愿。这个方面对政治生活很重要，而且共同体中的人是从中抽象出来的。这是大多数共同体都鼓励的一个人类特征。共同体经常要求其成员要有使个体利益服从于共同体整体利益的意愿。它可能要求关注公平。毋庸置疑，这在政治生活中发挥了重要作用。但通常共同体对其成员要求的会更多：除了他人的尊重以及自己的自尊外，在几乎得不到任何个人利益的情况下，去为集体冒生命危险。

人们很容易赞美人类的这一特征，并把它完全看作是共同体生活的一个有利条件。但这一点实际上是非常含糊不清的。人们从古代史中获得的一种印象是，小的希腊军队有时能够打败庞大的波斯军队，这部分是因为，波斯军队中的许多人来打仗是不情愿的。他们冒着生命危险去跟希腊人战斗，只是因为不这样做面临的危险更大。他们的行为符合**经济人**这一经典模型。另一方面，希腊人做好了为他们的城邦献出生命的准备。

如果没有数百万人愿意为他们的国家献出生命，那么现代国家间的战争将是不可想象的。当然，一些人打仗只是出于畏惧他们的长官，或者更普遍的情况是畏惧耻辱和羞辱。但这远不是故事的全部。大多数人内心如此之深地相信，他们应该准备牺牲他们自己，以至于许多人实际上自愿为他们的国家付出生命。

这种自我牺牲如此受到赞美，以至于青春少年和年轻人经常希望有一种他们能为之冒险的事业。因此，他们经常是国家沙文主义的狂热支持者。这种能量有些可以被引导到体育中，在运动场上为了所属的队伍及其代表的共同体而做出伟大的牺牲。但是，这样做减少了还是加强了为政治自我牺牲的愿望，则并不清楚。

为了理解这一现象的重要性，我们暂时假设古典的**经济人**学说足以解释政治行为。那么，每个接到参加第一次世界大战入伍要求的德国人和法国人，都会考虑响应或是不响应入伍要求对个人的好处。即使他们认为他们的国家获胜对他们有利，许多人也不可能认为参加战斗符合他们的个人利益。只有在不响应要求比响应面临更大的危险时，他们才会去打仗。

当然，可能会有惩罚措施。人们可能想，公众舆论会让一个拒绝响应国家召唤的人感到羞愧。但是，如果所有人都是理性的最优论者，那么公众就不会因为仅仅按照这一规范行事而表示轻蔑。在对自我牺牲不钦佩的地方，理性行动就没有什么不光彩。对政府而言，尽管实施惩罚（也许使其入狱）可能是理性的，但那会不会被认为比作战的危险更糟糕，则是令人怀疑的。但不管怎样，我们头脑中的理性算盘都知道，其他人也会进行理性的盘算。监狱不可能把所有应征士兵都关进去。政府使他们脱离正常的生产和消费体系，将得不到什么好处。为关押他们修建监狱也不理性。这将意味着，由于政府知道人民将这样回应，那么它就不会把战争的威胁用作一种政策工具，因为这种威胁并不可信。如果没人参与，那么发动一场战争就没有任何意义！

当然，这种情节是荒唐的。它只是突出了经济学家的**经济人**标准模型如何具有误导性。法国人和德国人都愿意为他们各自的国家牺牲他们自己，而且许多人都这样做了。政府之所以利用战争的威胁，那是因为所有人都知道，人民愿意牺牲他们自己。因为这种巨大的权力被赋予了国家政府，因此行使这种权力的诱惑总是很强。

这一事实再次表明，共同体中的人这一模式，比理性的原子式个体的模式更接近对现实的表述。但这是不是意味着对共同体的强调可能会强化这种自我牺牲的愿望，并因而增加发生战争的危险？可能会发生这种情况。生为法国人或德国人，对古典经济学来说似乎是偶然的，但却是构成共同体中的人的基本要素。而且把生为何国人放到突出位置，可以增强共同体中的人的力量。

对共同体的强调将强化这种自我牺牲的愿望，那将是不幸的，而且，如果深刻理解了我们在共同体中是如何彼此紧密相联，就不应该得出这一结论。社会关系是一种相互关系，其关系准则并非一人有所得时另一人就有所失；而是一荣俱荣，一损俱损。当然，那不是全部的情况，因为人们也是彼此竞争的个体。但我们的模型所强调的是共生共荣这一特征。在这种情况下，对共同体的恰当服务不是牺牲某个体的生命，而是通过提升个体自己的方式来同时提升共同体。

当对共同体的奉献与另一个根深蒂固的人性特征（共同体中的人就是从这个特征中抽象出来的）相结合时，问题就产生了。这个特征就是人类无法抗拒把世界分成"我们"和"他们"的倾向。"他们"这个词至少是指"他人"，人们如果不是用竞争的眼光，也是用怀疑的眼光去看待"他人"的。竞争很容易就转化成了敌意。考虑到这一根深蒂固的倾向，对一个共同体的感情，就变成了对其他共同体的敌意。人们开始希望他们自己的共同体比其他共同体更出色。这通常变为一种损害其他共同体的愿望，并对他们的困境幸灾乐祸。

伴随着这种强烈的竞争，做出牺牲的意愿可能上升到不寻常的高度。在相互关系中为自己的共同体作贡献不再是足够的。惩罚其他自称更为优越的共同体，并抵挡一种现实的或想象的威胁是必要的。为了自己共同体的更大荣耀，死亡本身是可以接受的。

这将是一种不会消失的社会心理现实，但是可以从共同体组成的共同体角度减轻它。在单个共同体内部如此重要的亲密关系，对于共同体之间的相互关系也是非常重要的。共同体之间的社会关系强调这样一些方面，即一个共同体获益促进所有共同体的福利。例如，如果一个共同体控制了大气污染，所有共同体都受益；如果一个共同体没控制住，那么所有的共同体都受损。对于任何把社会群体视为独立实体的模型而言，竞争因素都是最重要的，但对亲密关系而言，竞争则是第二位的。

对权力的欲求、做出牺牲的愿望和人类的其他特征（共同体中的人的模型是从这些特征中抽象出来的），都是极其重要的。它们可能导致最终浩劫。它们将不会消失。针对未来提出的建议，必须把它们考虑进去。但是本书主题不是关于政治学的。本书探究的是经济生活对我们共同面对的问题起了多大的作用，通过这种探究，经济可以从生活的敌人变成生活的朋友。为了防止把我们的（抽象）模型看得比它本身更具体，像正统经济学家需要帮助一样，我们也需要批评家的帮助。

第十章　从物质和租金到能量和生物圈

作为能源的自然资源

　　第五章的结论是，现代经济学思想的路线把自然简化为土地，以及把土地简化为空间和物质。经济学从计算中丢掉这些内容，或者留下的残余部分也在不断消失。从一种早期的观点来看，经济学把注意力从土地转到了土地的租金，认为租金是由价格决定的而不是决定价格的，之后成功地支持了降低其在经济中的角色。因此，土地这一在经济理论中唯一表明自然环境的因素，在当代经济学学科中没有发挥重要的作用。人类中心主义的二元论和唯心主义在哲学中的支配地位，支持了这一趋势。

　　就像经济理论不承认共同体导致了经济实践中人类共同体的破坏一样，经济理论对自然世界的忽略，也造成了经济实践中物质世界的退化。把自然简化为无形被动的物质或者简化为人们大脑中的构想，我们不认为可以为此找到正当理由，而且我们怀疑任何人能够在那些条件下持续地生活和思考。因此我们极力主张根据我们掌握的最佳信息对自然重新做一个根本思考。为了经济的或任何其他的反思，对自然世界全部的丰富内容进行抽象是必要的，但是进行抽象不必像过去两个世纪中在经济学中进行的那样具有误导性。我们提议用"自然"替代"土地"。

　　说自然是物质是有道理的。然而，"物质"的内涵已被证明是非常具有误导性的。第五章已表明，自然作为"土地"如何开始在它与人类劳动和资本的关系中被看作是被动和无形的。这一思想运动来自亚里士多德传统对"物质"所做的最具影响力的哲学讨论。在这一传统中，任何实体都有一个形式或者形式因，但如果它真的存在，它就不仅仅是形式。它是具有那个形式的某物。与纯粹的形式区分开来的是质料因或者物质。那就是说，人们可以有一个与球形事物分开的球形的观念，而且立体几何学中的许多内容都是从这一观念中得来的。但是，如果有一个现实的球体，那么它既有物质，也有形式。

通常，在亚里士多德的传统中，"物质"是一个相对概念。球形物体可以是由橡胶做成的，因此橡胶就是它的物质。但是橡胶也有一种使它区别于钢铁或木料的形式。因此，橡胶的形式（如果你愿意的话，可以称之为橡胶性）可以与橡胶的物质区分开来。这种反思的过程，将分析引导到对质料因进行化学的和物理的解释。

很长一段时间里，人们都认为这一分析过程到原子那里就停止了。的确，从语源学和哲学的角度上讲，不可能对"原子"再做进一步的分析。一个原子具有形式——如某种形状——但是形成一个原子的物质没有形式，它是无形的。因此它是纯粹的物质，或者物质本身。

亚里士多德把这种形式质料说（物质—形式）的分析，与那种认为形式或形式因是形成因素，而物质是形式的潜在性、形式的被动接受者的观点，结合在了一起。接受了原子形式的这种对物质的理解，因而就具有了某种纯粹被动的或者潜在的但非现实的特征。它只有在形成之后才具有现实性。只有形式是主动的。

对亚里士多德而言，自然总是既是形式又是物质。因此物质的被动性对他而言并不意味着自然是被动的。然而，在制造的行为中，人类赋予了形式。例如，雕刻匠雕刻木料。因此与人类相比，人类使用的自然资源是作为物质来发挥作用的——因此是被动的。

经过人类历史的漫长发展，男性的想象力把自然与女性联系在了一起。与人类行为相比，自然的被动性与女性在与男性的关系中处于被动地位联系在一起。例如，第五章里提到，配第阐述在财富生产中劳动和土地各自的贡献的方式时是这样说的："劳动是财富之父和主动要素，就像土地是财富之母一样。"① 人们几乎不会高估这种形象化的描述在逐步否认土地所发挥的作用中的重要性，而土地、女人和被动性意味着物质或者形式的潜在性。对形式而言的潜在的东西，不可能形成它自身；它必须从形式转化为现实。土地作为物质，在讨论过程中逐渐被否认形式上的区别，需要劳动完成它通往现实的重要转变。最重要的是，土地被看作是惰性的，它自身没有生命原则。②

很难想象任何看到过荒野的人怎么能够这样看待土地。但是一种先验的思考模式施加了很大的控制。土地是物质，而物质是被动的，因此只有人类劳动才能赋予土地以形式。没有被人类赋予形式的土地是"未开发的"，被动地等待着其潜在性的实现。它是"原材料"。因此，相对于人类的利益，它是无形的。无形的东西就是"空的"。

我们祖先的意思是，"缺乏欧洲人定居的空"。对他们而言，丰富的植被和动物生命并没有让美洲大陆"充实"。甚至人类居住者使得大多数土地"空着"，因为他们没有充分地支配土地和重新安排土地以供人利用。即使今天我们仍把处于自然状态的土地描述为"未开发的"。而且，当世界把目光转向亚马逊地区的时候，同样的反应再一次被唤起。它看上去好像是"空的"和"未开发的"，而且不管给它现在的居住者带来什么样的代价，现代人都决定去"充实"和"发展"它。事实上，在亚马逊地区，处于自然的被森林覆盖状态的土地被归类为"非生产性的"，因此在土地改革下更容易被重新分配。结果就是，森林被焚毁来进行"改良"，目的是强化所有权——给予它一种更适合发展农业或者畜牧农场的形式。人们不认为处于自然的、"空的"、"被动"状态下的森林有任何价值。

相反我们认为，在其支撑生命的能力是为许多物种的现存种群所充分共享的意义上，把世界看作总是"满的"要好得多。那么问题就

---

① William Petty, *The Economic Writings of Sir William Petty* (Vol.1). C. H. Hull (ed.), London: Cambridge University Press, 1988, p.68.

② 卡罗琳·麦茜特揭示了女性与自然的关系，以及自然与物质的关系，如何对他们的地位产生不利影响。

变成了恰当的组合是什么,太阳照耀下的有限地方应该如何为人类群体和其他物种所共享。不管有没有人类,荒野实际上早已经是主动的和有形式的。它为工业用途提供的"原材料",并非真正亚里士多德意义上的"质料"。就像亚里士多德所说,它是有形式的物质,而且它的形式是非常重要的。煤炭的形式与钻石的形式有很大的不同(而且与灰烬的形式相比更是如此),根据这些不同的形式,不同的用途才变成可能或者不可能。

没有人怀疑这点,但把自然看作"质料"的观点,导致低估了形式的重要性,而强调了物质的一种形式与另一种形式之间的可替代性。因此煤炭可以转变为钻石,出于这个原因无需为钻石的稀缺而担忧。从一个层面上说,这是正确的,而且像巴奈特和莫尔斯所讲的,这种可替代性没有任何可以预先设定的限制。① 但是他们没注意到的是,这一转变需要大量的能量。自然被人们发现时所具有的形式,决定了它满足人类需要的能力。这是不要把自然看作"物质"的一个原因。

还有第二个原因。物理学已经揭示了亚里士多德的表述中存在一个错误。如果我们继续把"物质"和"形式"区分开来,(而这是很有用的)并且如果我们穷究目前可能得到的最终答案,就会发现事物的基质不是被动的而是活动的。人类的一个思考行为和夸克的一个行为都是能量的形式,而不是惰性物质。亚里士多德意义上的"质料因",被证明是不具有他赋予"物质"的那些属性(或者说缺乏这些属性)的。如果"质料因"仍然被称为"物质",那么就必须强调这一点。

爱因斯坦认识到,物质的旧有观点行不通,他建议使用"物质—能量"的概念。一直以来被称作物质的事物,也就是物理对象的实质,和一直以来被称作能量的事物,是可以相互转化的:$E=mc^2$。但是作为谈论"物质—能量"的一种方式,"能量"这个词要比"物质"这个词更少误导性。

---

① Harold Barnett and Chandler Morse, *Scarcity and Growth*. Baltimore: Johns Hopkins University Press, 1963, pp.111–112.

强调能量而非物质作为自然事物的质料因的一个实际的优越性，就是它更直接地对这样一种思维习惯提出了挑战，即否认自然资源普遍短缺的事实。当自然资源被理解为具体化的能量时，人们就更难假设可以无成本的、无限的用一种物质替代另一种物质。我们就此考察一下经济学家是如何对特定的局部短缺进行处理的。

当然，经济学家认识到存在资源的地区稀缺性。例如，有几百万人无法获得他们需要用来煮饭的木柴。但是根据标准的经济理论，这是因为他们缺少买木柴的钱（挣钱的能力），而不是因为没有木柴。人们以前可以从附近的山坡上免费获得木柴，而现在必须从很远的地方运来。这需要劳动，而必须给劳动付工钱。因此，直接短缺的东西是货币收入，而不是木柴。经济学家指出，在有了足够的资本以后，当地就可以供应大量的木柴。

而且，从标准的经济学观点来看，如果相对于现在的需要来说，木柴成为全球短缺的东西，这在经济上不是一个重要的问题。煤炭可以很容易地被用来取代木柴，以满足取暖和做饭的目的。碰到的困难还会是缺少买煤的钱，而不是一种绝对的短缺。如果资本充足，那么就不存在短缺，这是新古典经济学的核心教义。在世界银行关于其环境政策的讨论中，这一教义得到了强有力的再次肯定。《科学》杂志报道说："参加会议的经济学家驳斥了资源可能是有限的观点。一个经济学家说：'那种认为存在有资本不能解决的极限的观点，必须遭到驳斥'。"[1]在资本短缺的地方，地下丰富的石油或煤矿的存在，不能避免供人们使用的物质的短缺。但有了足够的资本，这些短缺就会消失。因此经济学家认为，继续只关注资本和劳动而忽略土地的做法是合理的。

作为其基础的假设是，所有的物理事物都最终是由同样的不可毁灭的物质构成的，这种物质在生产中被配置，在消费中被打乱，再在生产中被重置，等等。经济是一个从生产到消费再到生产的封闭式流

---

[1] *Science.* 15/05/1987: 769.

动。什么也没有被用光，只是被打乱了。如果相反，经济学家将诸如树木和煤炭这样的物质事物都看作能量的体现，那么他们就必须反思，在所有那些过程中，有用的能量是如何被用光的。

熵

对能量使用的反思直接指向热力学第二定律。这一定律指出，当做完功时，熵是增加的。熵的概念经常被误解，因此需要对它做一个简要的解释。

热力学第一定律表明能量（或者物质——能量）既不能被创造，也不能被消灭。这似乎意味着，能量的使用不会减少可以被再次使用的能量的总量，但这并非事实。热力学第二定律说，任何时候做完功，任何时候使用了能量，那么可用的能量的总量就减少。可用能量的减少就是熵的增加（可以回忆一下导言中的类比，即沙漏底仓中沙子会增加）。例如，当一块煤燃烧后，煤炭中的能量就被转化为热能和灰烬。这也是能量，而且热能和灰烬中的能量等于之前煤炭所含的能量。但是现在它消散了。消散的热能不可能以它原来被使用的方式再次得到使用。而且，重新集聚这一能量的任何程序所使用的能量，都比它能再生的能量更多。换句话说，之前集聚的能量的消散会增加，没有任何办法让这一过程逆转过来。燃烧一块煤，是把低熵的自然资源（the low-entropy natural resource）变成只能做少得多的功的高熵形式。尽管经济学家庆祝循环流转这一过程，但有某种东西不可改变地被消耗了，即重新加工的能力（capacity for rearrangement）。经济过程（生产及随后的消费）产生熵。来自自然的原料和最终回归自然的废物虽然在质量上相等，但却有着本质的区别。熵就是对这一本质区别的物理量度。正是因为低熵这一性质，才使得物质——能量容易被打上人类知识和目的的烙印。高熵的物质——能量具有非可塑性和抗拒性。所有现在能够想象的技术，都不可能让大海包含的热量为一艘轮船提供动力，尽管大海包含着巨大的热能。同理，我们也不能用沙子或者灰尘来建造风车。

当自然及其为人类使用的资源被看作是可用能量而非被动的物质的集聚时，我们将不可能再忽视尼古拉斯·乔治斯库·罗根提出的资金流模型。我们感谢他在《熵定律和经济过程》[①]中所做的开创性分析，我们从中汲取了其思想。

乔治斯库·罗根提出的资金流模型是从这样一个认识开始的，即自然的贡献是一个低熵的自然资源之流。这些原材料借助许多东西（劳动和资产设备）进行转化，而这些东西本身没有物化到产品上。劳动和资本资金构成了财富的动力因，而自然资源是质料因。经过很长的时间，劳动和资本资金被"耗尽了"和被替代了。资源流在短时间之内被"用完了"或者被转化为产品。尽管在劳动和资本这两种资金之间，或者不同的资源流之间（例如，铝可代替铜或煤炭可代替天然气），可能存在重要的可替代性，但在资金和资源流之间，几乎不存在可替代性。你可以使用更少的木匠和更多的电锯来建同一所房屋，但用多少木匠和电锯，也不可能让你大幅减少木材和钉子的数量。当然，有人可能用砖块而不是木材建造房屋，但那是用一种资源流替代另一种资源流，而不是用一种资金替代一种资源流。在生产过程中，资金和流量，动力因和质料因是相互补充的，而不是相互替代的。

从常识的角度来看，当前新古典经济学的生产模型非常让人难以理解。这些模型：（1）通常根本不把资源包括在内，将生产描述为只是劳动和资本的函数；（2）即使它们把资源包括了进去，它们也假设"资本是土地和其他自然资源的一个近乎完美的替代品"；（3）它们不承认有任何物质平衡的限制，也就是说它们没有把这样的情况排除，即产出的质量比所有投入质量的总和更大（这会违背热力学第一定律）。它们对最后一个问题已有某种认识，并努力用限制生产函数的物料平衡，来限制替代。经济学家偶尔会因为违反第一定律而感到困窘，

[①] Nicholas Georgescu-Roegen, *The Entropy Law and the Economic Process*. Cambridge, Mass: Harvard University Press, 1971.

但是他们对第二定律的更加异乎寻常的违背,到目前为止几乎没有让他们感到羞愧。

乔治斯库·罗根认为,所有的资源,实际上所有有价值的物品都具有低熵的特征;但并不是所有具有低熵特征的物品都有经济价值。价值不可能只从物理的角度得到解释,但是它也不可能像新古典经济学试图做的那样,完全用效用这个心理感受的术语而不涉及熵来解释。因为我们既不能创造,也不能毁灭物质——能量,因此很清楚的是,我们生存所依靠的是自然资源和废物之间的质的区别,也就是熵的增加。我们可以把通过我们的技术过滤器筛选这一低熵的工作做得更好或更糟,以从中获得或多或少的需要的满足,但是没有那个来自自然的熵的流动,生产就是不可能的。低熵的物质——能量是价值的一个必要条件而非充分条件。因此,分析低熵(有用性的普遍物理共同特征)的来源及其稀缺性的模式是非常重要的。

就像在导言中提到的,从根本上说我们具有两种低熵来源:太阳和地球。它们在稀缺性的模式上有很大区别。太阳资源就存量而言实际上是无限的,但受到其达到地球的流量的严格限制。地球资源(矿物质和化石燃料)在存量上受到严格限制,但可以在一个范围很宽的限度内,按照我们自己选择的流量来使用。工业主义代表了一种从主要依靠存量丰富的太阳来源,向主要依靠存量稀缺的地球资源的转变,以利用我们使用地球资源的可变的(可扩大的)流量。仅仅依据这一基本考虑,早在20世纪60年代,当大多数经济学家还在谈论这个世界以汽油为能源的时候,乔治斯库·罗根就能够预测,恰恰是相反的替代就会发生:我们将用从吸收当前阳光的粮食作物中提取的酒精,来为我们的汽车提供燃料。巴西已经开始这样做了。巴西人已经同机械汽车族就阳光照耀之地展开了直接竞争。用来提炼燃料的甘蔗正在取代用作食物的大米和豆类。

回到资本与资源的可替代性问题上,我们的方法是思考在两个场景中所需要的资本量:一个是资源普遍耗竭和资本高度积累的世界,与之对比的是一个资源得到保护和资本积累减少的世界。显然,在一个可再生资源变得稀缺的世界里人们需要的就越多。可以通过水栽法生产食物，但同在天然肥沃的土壤中生产同样数量的食物相比，这需要多得多的资本。注意，我们在这里谈论的是用人造资本替代自然资本（土地），而不是用资本替代资源流。通过水栽法生产的胡萝卜包含的物质和能量，与花园里生长的胡萝卜是一样的。在水栽法中额外投入的人造资本不仅仅是设备、化学制品和水的直接成本问题。它还包括水的供应，那时的水将比现在更为昂贵。砍伐森林将减少水的流量，增加洪水泛滥，加速水坝的泥沙淤积，以及加快地下蓄水层的消耗。那时，控制洪水、建造新的水坝、让远处的河流改道以及淡化海水都将需要资本。

现在，让我们假设当可再生的自然资源被不可持续地开采的时候，资本能以更快的速度积累。但人造资本的超额积累足以补偿自然资本的超额损失吗？我们认为，与通过不可持续地使用资源（其结果是土地的荒废）来积累足够的资本去满足人类的需求相比，通过可持续地使用资源来积累足够的资本，从而让这种使用能够持续下去的做法，要容易得多。我们认为，即使我们把考虑的因素限制在食物、燃料、住所和衣物的需求上，这也会是正确的。如果我们把对美丽和一个宜居的环境的需要也包括进来的话，那就不会有问题。

因此我们认为，经济学家正当谈论的资本与土地的相对可替代性，在地球现在所面临的大规模环境危机面前失灵了。说得粗略一点，如果没有汽油，那么精炼厂所代表的资本的益处是什么呢？货币资本的可替代性，并不意味着一个炼油厂可以变成一个太阳能集热器。可替代性是一个具有部分真实性的原则。在过去的大部分时间里，那个部分的真实性足以为许多目的提供实践指引。但是，当人们已经习惯于将这一部分的真实性用于实际的目的，而没能认识到情况已经发生了变化，这部分真实性中的错误因素在实践中开始超过真实性的因素的时候，就有很大危险了。

如果在经济实践中拒绝做出这种改变不只是因为无知和惰性，那么它或者需要用事实来否定资源和地球容纳废物的有限性，或者需要一个对该理论产生相同作用的替代假设。后面那个策略非常普遍，而且存在于对无限的"终极资源"的"探索"中，因此，就像原先假设资源和地球容纳废物是无限的观点，它具有同样的废除限制的效果。这种无限的终极资源，可以是技术、信息、知识或者人的思想。于是任何声称存在限制的人，都被指责是想要对知识加以限制，而且人们会给他提出一系列曾认为永远不可能做到而后来做到了的事情。当然，给知识规定限制是一件危险的事情。但是，假设新知识不包括对新限制的发现，而只包括对旧限制实际上不具约束力的发现，这甚至更危险。说知识会增长（那是没有人否认的）是一回事，但是假设新知识的内容废除旧的界限的速度会超过它发现新的界限，则是另外一回事。铀的发现增加了我们资源基础的新知识。对铀存在放射性危险的进一步发现，没有进一步扩大铀的有用性；这个发现缩小了铀的有用性。石棉纤维致癌的新知识限制了而不是增加了石棉储备的有用性。

而且，最基本的科学规律几乎都是表述不可能性：超光速是不可能的；创造或者毁灭物质——能量是不可能的；永动机是不可能的；生命体的自然发生是不可能的，等等。如果知识在过去取得的进展在如此大的程度上依赖于发现不可能性和界限，那么有什么理由认为未来将会逆转这一模式呢？我们获得的最重要的新知识将涉及对新的不可能性的表述，这是不可想象的吗？甚至是不可能吗？同样，在被人类思想是一个能够保证经济无限增长的终极资源这一观念弄得飘飘然之前，我们要记住，尽管人的思想不能简化为物质的或机械的术语，但思想不是独立于肉体的，而肉体是物质的。弗雷德里克·索迪（Frederick Soddy）提醒我们，"没有磷就没有思想"。或者像劳伦·艾斯利（Loren Eisley）对此进行的说明，"人类思想是如此脆弱，如此易逝，充满着如此之多无尽的梦想和渴望，但它需要叶子提供的能量来运作"。与增长型经济通常所展示的相比，能有如此洞见的思想应该表明它受到叶子和磷的更多限制。我们还应该记住，纯粹的知识对经济系统来说没什么重要意义，除非它物化在物质结构中。就像肯尼斯·博尔丁提醒我们的，资本是以不大可能的排列形式强加给物质世界的知识。但是借助任何能量也不可能让任何物质被打上知识的烙印。否则我们就可以利用波浪把一个风车以一种不可能的结构印在沙子上，然后用它从温和的海洋微风中捕捉到的能量，从海洋中提炼金子。知识进入物质经济的狭窄进入点，就是低熵资源的可用性。无论知识怎样，没有低熵就没有资本，除非热力学第二定律被推翻了。也许有一天它会被推翻，尽管爱因斯坦和埃丁顿坚定地否定这一点。如果是这样的话，我们就不得不借助于新的具体经验去寻找新的灵感。然而，在那发生之前，把经济理论和政策建立在第二定律将是无效的这一假设上，是极其不负责任的。就像在重力定律将暂时失效这一假设下设计一架飞机。

总而言之，在我们看来，所有那些认为作为终极资源的知识和思想会抵消有限性、熵和我们对生态的依赖所强加的限制的谈论，反映出它们不能使用恰恰被它们称为拥有这样无限力量的工具。知识无疑能够帮助我们确定界限，并以最合理的方式做出调整以适应这些界限。我们甚至能够学到从同样的资源流那里挤出更多也许是无限的福利。但那并不能消除由有限性、熵和我们对生态的依赖产生的对经济的物质规模的限制。

生物圈

当提出的问题是"自然资源"的时候，能量这个范畴指的是对于自然最重要的事物。而且，没有任何不可以被当作一种能量形式的事物。一只鸟或一条鲸鱼就跟煤炭或铜一样，都是一种能量形式，人也是如此。奥尔多·利奥波德将自然经济的特征描述为"通过土壤、植物和动物循环流动的能量来源"[①]。但是在对待人的问题上，能量就成了一个过于遥远的抽象而无法让人接受。经济理论在把人作为工人的讨论中谈论"劳动力"时，就非常接近于这样做。其结果就是非人化和异化。无论是其作为消费者的作用还是其作为工人的作用，我们都

[①] Aldo Leopold, *Sand County Almanac*. New York: Ballantine, 1966, p.253.

把人当作共同体中的人来看待，而不是当作能量单位。"能量"可以恰当地用来命名那些人们使用和用完的东西，而不能用来命名使用这些东西的人。

这种二元论延续了现代时期一个根本性的思想，即将人类当作目的和将自然当作满足人类需要的手段。就煤炭和铜来说，这似乎是无可非议的。问题是，人类现在使用这些东西的速度和方式牺牲了未来人们的利益，而不是人类使用这些东西而没有考虑这些东西自身的利益。把利益赋予煤炭和铜是无意义和不合理的。

但对鸟和鲸鱼来说也是如此吗？它们的存在仅仅是为满足人类需要吗？用它们对人类的用处来衡量它们的价值就足够了吗？或者它们也是应该被包括在世界的总体健康或者福利中的目的吗？

这些问题不会出现在唯心主义的语境中，因为在其纯粹的形式中，唯心主义认为除了人的思想，所有的事物都仅仅如其在人类思想中设想的那样存在。除了人的思想，任何事物都不会有内在的和自为的价值。对二元论来说，可能会出现这些问题。笛卡尔式的二元论完全是人类中心主义的，它将人类思想以外的所有事物都当作是物质或者广延的实体。由于物质没有内在的和自为的价值，因此其结果与唯心主义非常相似。在这方面，大多数伦理学和所有的经济理论都遵循了人类中心主义的二元论。

但是，问题一旦提出来，就可以在二元主义的框架内用其他方式来回答。自身具有内在的和自为的价值的事物，与仅仅作为服务这些价值的手段的事物之间的界线，可以在不同的位置划出。其他具有心理状态的脊椎动物可以与人类思想归为一类，而其他所有与此并置的事物作为纯粹的手段。二元主义思想方面的任何这样的扩展的问题在于，在看起来是一个连续统一体的某个点上必须划出一条线，这条线并不仅仅代表着一种区别，而是一种断裂。位于这条界线两边的事物，必须被看作具有形而上学的差别。汉斯·乔纳斯认识到了这一点，他提出对二元主义的思想进行扩展，以把所有的生命都包括进去。他愿意接受一种在有生命的事物和没有生命的事物之间的形而上学二元主义。① 但实际上，那条界线还是会因为模棱两可的情况而变得模糊不清，如对病毒，对其进行分类依赖于相当武断的定义。然而证据表明，二元主义思考本身就是一个问题。从形而上学角度上讲，只有一类现实，也就是说所有的事物都是能量的一个实例。但是这些实例在复杂性和丰富性、在主观性和价值的程度和特征上、以及它们相互联系的模式上，是非常不同的。

不存在不可逾越的形而上学鸿沟。然而，存在非常重要的区别，在这些区别中乔纳斯指出的那个是最重要的，至少对我们现在的目的而言。例如，狂野的事实不是对无生命世界的威胁。如果这些是指资源的耗尽和熵的不断增加，那么这些事实本身不是灾难。它们之所以令人不安，是因为它们对有生命的系统即生物圈的影响。温度不断升高和沙漠不断蔓延对沙子和石头而言都不是问题，但它们对植物、动物，特别是对人类则是威胁。因此对于自然世界的经济思考而言，与能量放在一起的第二个抽象范畴就是生物圈。

旧的二元主义认为只有人类本身才是目的，他们永远不应该只被当作手段来看待，但所有其他的事物都仅仅是手段。现在的建议是，为了实际的目的，无生命的世界可以被看作仅仅是手段，因此就环境的那个部分而言，自然资源的范畴就是相对有用和足够的，只要这些"资源"是从能量而不是从物质的角度来理解的。但是与人类一样，生物圈既是目的，也是手段。有生命的事物，无论个体的还是集体的，它们就其自身而言应该受到重视，而不应该仅仅被看作是对人类的目的有用。当然，它们互为"资源"，特别是对人类（人们彼此也是资源）。它们的内在价值和它们作为手段的价值都必须得到考虑。

当然，有生命的事物里面也有着巨大分别。因为理论原因和实践原因，需要在连续统一体中做进一步的区分。在某些情况下，非常关心单个生物的福利会是一种愚蠢的多愁善感，但在其他情况下则不然。有时，首要关心的应该是物种或生态系统，而不是个体。这引出了大

---

① Hans Jonas, *The Phenomenon of Life*. New York: Harper & Row, 1966.

范围的伦理问题,哲学家和神学家正在开始讨论这些问题。这些问题远远超出了本书讨论范围,尽管我们会在第二十章讨论几个问题(我们对这样一些问题的看法,以及对有生命的事物和无生命的东西之间区别的看法,在查尔斯·伯奇和小约翰·B.科布的《生命的解放》中得到阐述)。我们在这里要说的是,当经济学家对待有生命的事物时,尤其是对待大的生物系统时,他们不能把这些只当作为人类经济提供燃料的资源。相反,人类经济的发展需要考虑生物圈的健康。

应该如何理解生物圈呢?生物圈所有部分之间的内在相关性,不允许我们把它看作是由自我个体构成的,就好像整体是各个可分的单位的相加。生物圈的每个成员都是社会性的。生物圈是一个社会,或者是由各种社会构成的一个社会。字典里也可以将其称为由共同体构成的共同体,但它不符合我们在第八章中阐述的"共同体"的标准。这些标准包括:(1)社会的成员身份有助于其成员的个人身份认同;(2)成员参与社会决策;(3)那些代表社会的人关心成员的福祉;(4)成员个体的独特性和多样性受到尊重。只有具备一定程度的主观性才可能满足这些要求,而这种主观性在人类社会之外是很少见的。因此,根据上面采纳的定义,这些由社会构成的社会,不可能成为由共同体构成的共同体。

然而,确实有些共同体参与的近似活动,可以且应该用来刻画人类在生物圈中的参与活动。人类能够从其在生物圈的成员身份中获得他们的部分身份。他们能够参与生物圈做出的决策,他们能够照料整体,也能照料具有多样性的个体成员。在这个有限制的意义上,**对其人类成员而言**,整个生物圈能够而且应该成为一个由共同体组成的共同体。

对其他共享大地物种的某种亲近感和共同关注一直都是普遍存在的。在以狩猎和采集为生的人们那里,它是很普遍的。他们通常强调他们与某些其他物种的关系,要多过他们与异群的关系。在印度次大陆上,有一种强烈的把人类看作只是所有生命中的一个物种的倾向,其宗教和伦理都具有关怀众生的导向。西方动物保护协会表明了这种情感在这里并不陌生。艾尔伯特·史怀哲敬畏生命的激进表述获得了广泛共鸣。现代思想把所有这一切都当作是多愁善感，但却一直没能摧毁它。

颇具讽刺意味的是，杰里米·边沁（经济学家从他那里得到了他们的功利主义哲学）更愿意把他的哲学扩大，从而包括"低一级的动物"。尽管这个观点被放在了脚注部分，但边沁强调："问题不是，'它们能推理吗？'或者'它们会说话吗？'而是它们会痛苦吗？"① 与任何具有常识的人一样，边沁对动物能够感受到痛苦是没有任何怀疑的，而且他认为它们的利益在立法中被不恰当地忽略了。

在一种由共同体构成的共同体背景下去看人与其他生物之间的关系，必须进入一种以生命为中心的视角。它对人类该如何组织其经济的意义，与从经济学家把土地当作空间和物质的模型中得到的东西是截然不同的。我们看到了在当代社会的许多部门生物圈意识上升的迹象。我们希望它会很快开始影响经济理论和实践。

对经济学的意义

对经济理论和实践而言，其意义是广泛的，其中一些在前面的章节中已经简略阐述。尽管对更广泛环境的关心可能纯粹是人类中心主义的，但那些在培养这种关心中发挥领导作用的大多数人，都显示出对于生物圈本身的关切。例如，尽管人们为保护生物多样性给出的理由通常完全是人类中心主义的，人们能够感觉到那些最关心这样做的人，部分是受到对丰富的生物圈本身作为目的的深切关怀的激励。如果经济学家被要求从一种人类中心主义的观点去计算小块荒野的价值，而且如果他们将未来贴现，那么他们建议的政策将不会是保留很多。如果生物圈的健康本身成为了一种目的，那么实际政策的改变将是很

---

① Jeremy Bentham, *An Introduction to the Principles of Morals and Legislation*. London: University of London, 1971（Reprint）, p.282.

重要的。

人类经济最优规模的决定也会受到影响。当然,无论如何,这都将把生物圈作为必要的和合意的环境的部分加以考虑。但是如果那种考虑也受到对其他物种福利关心的影响,那么关于经济最优规模的决策将会受到影响。这个观点在第十三章有关土地使用的内容中做了表述。同样,如果人类感受到他们自己与其他动物处于一个共同体中,那么他们的农业实践也将受到影响。

另一个相关的议题就是基因工程,由于在本书的其他地方没有涉及它,可以用它来说明由对生物圈看法的改变所引起的实践改变。

除非在核聚变或核裂变能源方面取得突破,未来我们在很大程度上将必须依赖当下的太阳能流(flow of solar energy),而不是依靠旧石器时代夏日所积累的阳光。换言之,我们将从主要依靠不可再生的地球储备,回到依靠可再生的太阳能流量资源(solar flow resources)。李嘉图意义上的土地将是一种更加重要的储备资源,因为我们需要空间(场地)来获取太阳能。植物为获取太阳能而进化形成的自然技术将变得越来越重要,而且人们无疑将竭力要求利用植物遗传学来增加获取和储存的太阳能的数量,来满足人类的目的。如果我们终极的自然资源是低熵的太阳能流,那么我们终极的资本就是基因库,进化过程已经把利用这个基本的能量流产生生命的技术形成并存储其中。

随着基因工程的出现,出现了以增长为导向的、以重新设计基因库来服务经济指标为方向的技术突进。毫无疑问,主要的目标将是加快农作物和牲畜的生长速度。牛的生长荷尔蒙就是这一突进的实例,它是为解决农业产量过剩问题而开发出来的。大规模采用最快生长的基因类型导致了单一品种,并减弱了作物抵御病虫害和天气变化的能力。我们再次发现,在短期内最大化劳动和资本的生产率,与关注长期的效率、恢复能力和可持续性之间存在冲突。

未来,工业资本家可能走上地主那条路,而且可能被一个新的特权阶级所取代,这个特权阶级设法依靠为生命申请专利并通过种子和种畜的所有权,来垄断太阳能的获取途径。这一新情况不是不可避免的，但它是一个令人忧虑的可能性。想象一下所有生命的共同遗产，即基因库被当作私有财产接管，这就达到了个人主义经济学的最高点，而且是对共同体的终极否定。

　　自然选择越来越多地让位给作为进化的引导力量的经济选择。我们应该为此担心吗？毕竟这在选择育种的实践中已经进行了很长时间，基因工程仅仅是加快了这一过程。经济选择不仅仅让进化更理性和更先进，而且更快吗？谁能比市场更了解基因库应该由什么构成呢？个体偏好和竞相追逐利润之间机械的相互作用，就好像看不见的手，会把人们引导到一个基因库，这个基因库所有特征的组合，在没有哪个个体会因为任何重新排列变得更好却没有让其他个体的状况变差的意义上是最优的——一个帕累托最优的基因库！有人可能已经听说了芝加哥经济学家正在捍卫由市场引导的进化。

　　对此叫停是基于下面的考虑：当前这一代人未经教导的突发奇想、成瘾的个人渴望和对未来不切实际的期望所引起的短期的、个体经验的、主观的快乐或者痛苦——所有这些都因为财富和收入的不公平分配而加重了——将取代经历数百万年的经验才在基因库里积累起来的集体的生物物理智慧。而曾经作为自由市场商人的可取之处、他们对自由放任主义的信仰和对人类能够通过理性的集体计划来改善事物的怀疑，现在都被彻底地抛弃了。以经济为导向的进化是生物计划经济和生态计划经济！它是一种反自由竞争的罪，而且是一种认为我们拥有我们所没有的知识的自大。

　　经济学理论家会注意到，在提出帕累托最优基因库的芝加哥经济学家那里，这个不太异想天开的幻想中存在着一个逻辑循环，毕竟他们没有因为害怕而避开假设无性繁殖。个人主义的下一步就是提倡克隆繁殖，这样基因型能够在没有稀释其个人身份的情况下复制其自身。基因也在很大程度上决定着需求和偏好。偏好不再是如理论所要求的那样是外部给定的，而是自己内在决定的，而且会随着基因库的改变而改变。但是我们在谈到广告在心理上改变偏好的能力时，已经指出了同样的逻辑循环，而经济学家对那一观点不理不睬，因此一个新的具有同样逻辑循环的来源不太可能敲碎密封了如此多抽象的硬壳。

　　基因工程可能看起来与土地的使用关系甚远，但是它实际上并非如此。土地的最终使用是要获取太阳能量以维持生命，人类的和非人类的。捕捉太阳能的技术绝对是自然的，或者就像能源经济学家讲的，它是"间接的"。它体现在植物的基因库里。通过人造设备直接收集太阳能并不涉及基因工程，但是它的确需要空间。华尔街似乎确信，"加速开发"（soup-up）现有植物基因，将比发展直接收集太阳能的方法更容易。土地使用的核心议题是我们如何利用土地来获取太阳能？而那一定不可避免地立刻把我们带到基因工程的议题。我们重新安排造物的基础来更好地服务于我们自己的目的，在多大程度上是合理的？那要看我们的目标有多接近造物的目的。这些目的是什么呢？在我们对这个问题做更深刻和更严肃的思考之前（第二十章里我们思考了神圣目的问题），似乎在世界中最接近于正确行为的就是某些常识性的规律：如果它没有破，不要修理它；如果你必须修补，那就保留下所有的部件；而且，如果你不知道你要去哪里，那就慢下来。

第三部分　为美国的共同体提出的政策

Policies for Community in the United States

第十一章 自由贸易 VS 共同体

因此，我支持那些减少而不是增加国家间的经济牵连的人。观念、知识、艺术、酒店业、旅行业——这些在本质上就应该是国际化的。然而，只要价格尽可能合理且尽可能方便，就应该让货物本地化（homespun）；而且尤其是要让金融国有化。

约翰·梅纳德·凯恩斯（J. M. Keynes）

比较优势原理

在经济学家当中，没有哪个经济学说比基于比较优势的自由贸易理论获得了更为广泛的接受。麻省理工学院经济学家保罗·克鲁格曼说："如果存在一个经济学家的信条，它必定会包括以下誓言，'我信奉比较优势原则'和'我信奉自由贸易'。"[1] 在理论假设的世界里，比较优势的纯粹逻辑是牢不可破的。那些支持实施关税、配额或者其他贸易限制的人的观点十有八九可能被揭露为自私的、违背公共利益

---

[1] Paul Krugman, "Is Free Trade Passé?" *Economic Perspectives* 1, No. 2（1987）, p.131.

的。① 然而，我们发现有一个反对自由贸易的合理情况是很有说服力的，而且我们相信，如果亚当·斯密和大卫·李嘉图生活在这样一个世界中，资本自由流动，人口爆炸，生态不堪重压，民族国家不愿意放弃一点主权给世界政府，他们也会认为这个例子有说服力。我们将从回顾斯密——李嘉图（古典的）立场开始，这一立场除了在新古典经济学中关于不完全竞争和规模报酬递增方面有一些小困难外，在今天仍然占据支配地位。个人主义与共同体的针锋相对在自由贸易这个问题上体现得最为清楚。

亚当·斯密认为经济的繁荣依赖于专业化。正是这种专业化才使工人的生产效率更高。通过每一个工人都高效率地生产一个东西，有更多的总商品可以分配。但是如果没有一个商品市场，这就不会发生。

---

① 然而最近经济学家提出的一些问题使人们对这个信条产生了怀疑。首先，具有完全相同经济的国家不会在一个由比较优势支配的世界中进行贸易。然而在现实世界中，相似的经济体彼此之间的贸易似乎并不比不同经济体之间的贸易要少。同样，作为支配着所有的专业化的比较优势原理已经受到格伦·M.麦克唐纳和詹姆斯·R.马库森的抨击。他们指出，理论上工厂中的工人应该根据他们的比较优势被分派到专业化的任务。然而，就像他们指出的，"在管理上拥有最高比较优势的雇员应该成为总裁这一点是没有说服力的。貌似有理的说法是总裁这项工作与绝对优势相关⋯⋯缺乏管理技能的人不会被选为总裁，即使他在工厂里做每一份其他的工作都相对更糟"（Glenn M. McDonald and James R. Markusen, "A Rehabilitation of Absolute Advantage", *Journal of Political Economy* 93, No.2, 1985.）。我们发现这些反例是很有趣的，但是我们的观点简单得多：在国际贸易中作为比较优势基础的基本假设，即国际资本不流动，作为对今天世界的描述明显是错误的。我们在安东尼·布鲁厄的一篇文章中为我们的观点找到了支持。布鲁厄谈起他的模型时这样说："除了它的理论重要性⋯⋯它为人们通常抱怨国外竞争导致本国失业提供了一个可能的正当理由。例如，它可能为如果发达国家的工人抵制工资的减少（固定的工资），发达国家的跨国公司投资低工资的国家（流动的资本）的影响提供有用的深刻见解。"在这样一个例子里，一个国家可能在两种商品上都具有绝对优势，这意味着所有资本都会流向它，而另一个国家的所有劳动者都将失业。布鲁厄认为，这两个假设"单独使用是相对无害的"，但是当一起使用的时候就会产生问题（Anthony Brewer, "Trade with Fixed Real Wages and Mobile Capital." *Journal of International Economics* 18, 1985）。对这一点我们并不赞同。关键的假设是，流动的资本——正是它让全国承受代价。那个代价是表现为所有人都拿低工资还是一些人失业，是由工资是固定的还是可变的所决定的。然而，我们确实发现布鲁厄的分析很有帮助。

第三部分 为美国的共同体提出的政策

生产的专业化程度越高,需要吸收商品的市场就越大。用亚当·斯密的名言来说,劳动分工受到市场规模的限制。因此在市场规模和专业化可能出现的程度之间,以及在两者和繁荣之间有着高度的相关性。

支持高度专业化和大市场的观点没有止于国界。一国内部民众之间自由交易获得的好处,无需做出改变同样适用于不同国家的民众和企业之间的交易。理想的模型是建立一个完全开放的全球市场,商品和服务在所有国家之间自由流动。

当然,这个理论没有把有限的资源和地球容纳废物的能力对经济的物理规模所施加的限制考虑进去。在亚当·斯密的时代,考虑这样遥不可及的限制因素会很愚蠢。但今天不考虑这些限制因素才是愚蠢的,而且我们在前面的章节中考察了这些限制因素。这里我们将考虑与这个得到广泛支持的自由贸易理想模型相关的其他问题。

支持完全自由贸易的观点认为,它不仅对参与双方有好处,而且对整个共同体也有好处,这个观点需要我们密切关注。人们经常用鲁滨逊的例子来解释它。鲁滨逊能够在他自己的岛屿上养活他自己。但是假设在邻近的岛屿上还有其他的鲁滨逊。他们发现他们生产的商品是不同的,这或者是因为他们有不同的偏好,或者是因为有不同的自然资源禀赋。但他们没有谁会在彼此之间进行交易,除非他们对交易中获得的商品比他们在交易中给出的商品有更大的需要或者欲求。在交易的基础上,他们所有人的情况都将变得更好。因此他们之间交易越多越好。而且,如果一个人发现,他可以通过专门生产某种其他人想要的东西而生产更大的数量,那么他会这么做,并且他在交易中从其他人那里获得的商品,比他因为只专门生产那种东西而损失的更多。专业化的过程起源于总产量提高和所有鲁滨逊都获益。

人们设计鲁滨逊模型,是为了表明贸易对参与其中的个人而言总是有利的,而且它增加了在他们所有人中间分配的总商品数量。当然,他们获得的收益可能是不平等的。一个人可能变得很富有,而另一个人则不然。但是没有人会变得更糟,因为如果进行交易对某人不利,他会停止交易。

现在考虑一下在国家层面发生了什么。鲁滨逊模型本身没有告诉我们是否所有的国家会通过贸易受益。它仅仅告诉我们贸易者会受益，以及包括在统一市场中的地区的总产品会增加。它并没有保证每一个国家的产品都将增长，因为地区增长的总产品也许分配得很不平均。它也没有保证，鲁滨逊 A 和鲁滨逊 B 不会以牺牲鲁滨逊 C、D 和 E 的利益为代价，从事相互受益的贸易。这就是已经讨论过的"外部性"的情况。

为了让这一议题更适合参与自由国际贸易的各个国家，把**不存在**争论的问题讲清楚是恰当的。回到鲁滨逊的例子，并且让鲁滨逊及其岛屿代表一个国家，那么问题就不在贸易的第一阶段了。如果一个热带地区的国家出产大量的香蕉和芒果但是不出产苹果和梨，而另一个温带地区的国家出产苹果和梨但是不出产香蕉和芒果，那么交易对双方而言明显是有好处的。经济学家永远不需要为此做出证明。

经济学家想要展示的是，即使当两个国家都能够生产所有我们所考虑的商品，进行专业化生产和交换对他们而言也是有好处的。如果一个国家能够在地里更廉价地出产一种庄稼，而另一个国家必须支付很高的费用在温室里种植这种庄稼，那么很容易出现这种情况。但当一个国家能够比另一个国家更廉价地生产我们所讨论的两种商品的话，难题就出现了。那么，似乎不存在进行贸易的动机。

经济学家对这种情况做了更进一步的分析，并且论证了不管表面现象是什么，两个国家都会从自由贸易中受益。为此，他们引入了"比较优势"原理。这个观点回到了李嘉图那里，如果它不是称为比较优势的话。李嘉图所举的例子是英格兰和葡萄牙之间的贸易。葡萄牙被假设是最发达的经济体，与英格兰相比，它能以更少的劳动（也就是更少的成本）生产葡萄酒和棉布。然而他的观点是，葡萄牙专门从事葡萄酒的生产而英格兰专门从事棉布的生产并且交换各自的产品，这对葡萄牙和英格兰来说都有好处。他的推理如下：

英格兰可能处于这样一种情况，即制作棉布每年可能需要100人的劳动；

如果它尝试生产葡萄酒的话,每年可能需要120人的劳动。因此英格兰发现进口葡萄酒,并且通过出口棉布来购买葡萄酒是对自己有利的。

而在葡萄牙,生产葡萄酒每年可能只需要80人的劳动,而生产棉布每年可能需要90人的劳动。因此对它而言,出口葡萄酒来换取棉布是有利的。尽管葡萄牙进口的商品可以由自己用比英格兰更少的劳动生产,但这种交换甚至也会发生。尽管葡萄牙可以用90人的劳动来生产棉布,但是它会从需要100人的劳动来生产棉布的国家进口棉布,因为这对它是有利的,它宁愿将资本用于生产葡萄酒,用这些葡萄酒从英格兰那里获得的棉布,比从种植葡萄的资本中分出一部分来生产棉布,获利更多。[1]

这里所表明的就是"比较优势"。葡萄牙生产葡萄酒和棉布都具有绝对优势,而且葡萄牙生产葡萄酒具有比较优势。比较优势使得葡萄牙从英格兰进口棉布以及英格兰从葡萄牙进口葡萄酒变得合理。如果两个国家之间的成本比例是相等的,那就不会有贸易产生,不管绝对劳动成本是不是有差别。正是两个国家内部成本比例的差别决定了比较优势的存在,并决定了葡萄酒和棉布交换的贸易条件范围。葡萄牙用葡萄酒来交易棉布的条件如果比它自己的内部成本比例(一瓶葡萄酒=80/90或0.88的棉布)更为不利的话,它就不会进行贸易。而英格兰也不会在贸易条件比它自己的内部成本比例(一瓶葡萄酒=120/100或1.2的棉布)更为不利的情况下进行贸易。讨价还价将决定贸易条件位于这些界限之内的哪个地方。葡萄牙会朝着英格兰的内部成本比例推进,而英格兰则会朝着葡萄牙的内部成本比例推进。贸易条件决定了谁获益最多,但是两个国家都得到一些收益,或者至少不会更差。

这个观点很精巧,而且给定它所假设的情况,无疑是正确的。然而在现实世界中,这些条件并不总会得到满足。例如,假设葡萄牙人

---

[1] David Ricardo, *Principles of Political Economy and Taxation*. Sraffa Edition, Cambridge, 1951, p.135.

的资本继续流向葡萄酒生产,最终市场会饱和,在世界市场上葡萄牙的葡萄酒的价格就会下降,结果不管它的生产多有效率,利润都会下降。葡萄牙的资本家会寻找新的投资领域。由于他们制造棉布也具有绝对优势,因此资本就会流向生产棉布,而英国的棉布生产商就会被挤出市场。在现实的情况中,资本对其他投资机遇的追求,比李嘉图描述的局面能更好地展现现实世界的特征。

比较优势对资本非流动性的依赖

第二个限制已经由李嘉图指出。他强调,比较优势原理在一个国家里不能起作用,接下来他问为什么它能够在国际间发挥作用。"通过考虑资本为了寻求得到更加有利可图的使用从一个国家流向另一个国家存在的困难,以及在同一个国家里它总是从一个地方流向另一个地方的活跃性,就可以很容易解释一个国家和许多个国家在这方面的区别。"① 很显然,如果资本在国家间自由地流动,国家间的情况就会和一个国家内的情况一样。英国的资本会流向葡萄牙来补充葡萄牙的资本,葡萄酒和棉布将都会在葡萄牙生产。如果劳动力也在国家间自由地流动,那么英国的劳动力也会到葡萄牙去,因为英国将没有就业机会了。

在今天的世界,国家边界并不阻止资本投资的流动,但是它们确实阻止劳动力的流动,尽管与李嘉图的时代相比,这种障碍少多了。李嘉图没有讨论这一状况的后果。资本和商品(而不仅仅是商品)的自由流动意味着投资是由绝对收益而不是由比较优势支配的。劳动力不能自由流动意味着对一个没有投资的国家的工人来说,就业机会减少了。这表明,与比较优势原理相比,这能更精确地反映我们生活其中的世界,不管比较优势原理在李嘉图的时代可能是多么适用的。

---

① David Ricardo, *Principles of Political Economy and Taxation*. Sraffa Edition, Cambridge, 1951, p.136.

第三部分 为美国的共同体提出的政策

李嘉图指出，如果资本在英国和葡萄牙之间就像在伦敦和约克郡之间那样可以自由流动的话，那么两个国家之间的贸易将由劳动价值理论（用劳动力成本表示的绝对优势）而不是由比较优势来支配。对李嘉图而言，所有使国内贸易和国际贸易有所区别的事物，明显都依赖于资本在国际间的不流动性（国家之间劳动力的不流动性被视为理所当然的）。此外，李嘉图对资本不流动性的解释引出了共同体这个主题："然而经验表明，当资本不在其所有者的直接控制之下时，资本面临着想象中的或者现实的风险，以及每个人天生厌恶放弃其出生国和社会关系所在国，厌恶将其所有习惯已经固定下来的自己，交托给一个陌生的政府和新的法律，都阻碍着资本流到境外。这些感受（我很难过地发现减弱了），使大多数拥有财产的人宁愿在自己的国家里满足于很低的利润，也不会到外国为其财富寻找更有利可图的用途。"①

对李嘉图来说，正是共同体的力量将资本保留在了本国，即使在面对国外有更高利润的情况下也是如此。而且他肯定地说，他为看到这些共同体的情感遭到削弱而感到难过。也许他已经怀疑，这些情感会因为古典经济学的个人主义假设，以及古典经济学信奉看不见的手能把私恶（private vice）转化为公德（public virtue）而受到削弱。

有趣的是，亚当·斯密论述著名的看不见的手的段落，也是出现在为自由贸易辩护的语境中。斯密想当然地认为，国家资本用在国内是符合公共利益的。之后他继续指出，总的说来，因为与李嘉图提到的相同的对国内市场的共同体归属感，资本家会发现在国内投资符合他自己的个人利益。就像斯密所说的："选择支持本国工业而不是外国工业，这只是资本家为自身的安全做打算；按照使其产品具有最大价值的方式来指导那一产业，这只是资本家为自己的收益做打算。在这里，就像在许多情况下一样，资本家是受看不见的手的引导以促进公

---

① David Ricardo, *Principles of Political Economy and Taxation*. Sraffa Edition, Cambridge, 1951, pp.136–137.

共利益这个目标，而这个目标并不是他有意为之的一部分。"①

亚当·斯密预先假定资本家首先是国家共同体的成员。亚当·斯密所讲的资本家完全是英国式的，其个人身份由共同体与"资本家出生及发生关联的国家"之间的内在关系所决定。在这种情况下，它不是那种产生了看不见的手的竞争性的外在金钱关系，而是构成资本家特有身份的共同体内在关系。当然，他为了自己的利益行事，但当自我是由共同体的内在关系所构成的时候，私人利益促进了共同体福利这一点就不会让人感到惊奇了。至少在这种古典的表述中，看不见的手假设了在个体资本家的身份中发挥作用的共同体的力量。通过他的这种特有的身份认同，资本家有一种对投资海外的"自然厌恶"感觉，因此他会为了他自己的满足和安全而在本国投资，顺便促进了普遍的福利，即使那并非是他的直接目的。

很明显，斯密和李嘉图所设想的世界，由在根本上有道德的英国式、法国式资本家构成——而不是由世界性的短期资本经营者以及跨国公司构成，他们除了承担本国政府赋予他们的有限责任和名声外，现在他们超越于政府之上，并且不再将国家共同体视为他们的背景。他们可能冠冕堂皇地说，"世界共同体"才是他们的家，但实际上由于世界共同体是不存在的，他们从共同体那里逃出来，进入了共同体之间的空白处，在这里，个人主义拥有一个自由的王国。在回报率高10%的刺激下，他们并不"自然厌恶"以极快的速度把资本转移到海外。如果斯密或李嘉图今天还活着，那么我们怀疑他们将不会鼓吹自由贸易了。他们提出的论据的整个基础，即要素的不流动性，已经被时间和变化腐蚀了。另外，他们首先是现实主义者，对现实的状况给予密切的关注。然而他们的后继者是理想主义者、理论家和逻辑学家。学院派的经济学家变得如此迷恋比较优势的逻辑观点，并且发现它与他们对自由市场坚定不移的颂扬在思想体系上是如此一致，以至于他们很不情愿对其进行重新审视。他们阻止人们认识到整个古典自由贸

---

① Adam Smith, *Wealth of Nations*. New York: Random House, 1776, p.423.

易论证的经验基础,即资本的非流动性,已经崩溃了这一事实。

我们可以给出我们自己的证据来证明,把思想从自由贸易/比较优势教条中解放出来是困难的,但是给人印象更深的是凯恩斯的证明。他告诉我们,在1923年他认为自由贸易"不仅是任何理性的和受过教育的人都不会怀疑的经济学教义,而且几乎是道德律令的一部分"。10年以后,凯恩斯写文章支持国家自给自足:

> 国家集中全力获取外贸,国家经济结构被国外资本家的资本和影响所渗透,我们自己的经济生活更多依赖外国经济政策的变化,现在看来,这些显然都没有成为国际和平的保障。根据经验和远见,更容易证明情况是正相反的……明智的国内政策很可能更容易达到,如果,比如大家都知道的"资本外逃"现象可以被排除的话。作为股份制企业的结果,所有权在无数个体之间四分五裂,他们今天买股明天卖股,而且对短暂拥有的股权完全缺乏了解和责任,因此,所有权和实际管理责任二者的分离在一个国家内部已变得很严重。而当同一个原理被应用到国家之间时,在困难时期,它简直是无法容忍的——我对我所拥有的东西不负责任,而那些经营我所拥有的东西的人对我也不负责任。[①]

到1933年,凯恩斯开始明确意识到共同体和自由贸易之间的冲突,而且开始"怀疑自给自足的经济成本,是否超过了逐渐使生产者和消费者处于同一个国家的、经济的和金融组织的范围所带来的其他好处"[②]。凯恩斯明确地表达了共同体经济学的观点。

但是自从那时起,我们在这个问题上倒退了。当代教科书对自由贸易和比较优势的解释并没有提到要素非流动性这一假设。也许这个

[①] John Maynard Keynes, "National Self-Sufficiency." In *The Collected Writings of John Maynard Keynes* (Vol. 21). Donald Moggeridge (ed.), London: Macmillan Cambridge University Press, for the Royal Economic Society, 1933, p.235-236.

[②] Ibid., p.238.

重要假设被忽略的一个原因是，这个原理频繁地被人们依据个体间的专业化来解释。一个经典例子是一个比秘书打字更出色的律师。即使比起她的秘书，这个律师无论是对法律的了解还是打字都具有绝对优势，然而她发现专门从事法律工作（她的比较优势）并雇佣秘书来打字是更有利的。绝对优势的存在，使得劳动力或者任何其他生产能力不可能离开秘书工作而进入律师行业，因此要素不流动这个假设得到了保证，比较优势原理就能起作用。但是这个论证不能在没有明确要求国家的生产能力（要素）不能跨越国家边界流动的条件下，被普遍应用于各个国家。

例如，想想最好的且使用最广泛的课本对"廉价外国劳动力谬误"的不予理会："停下来想一想，如果把这个论证从国际背景中取出，并放到一个地区背景中（在此，支配从贸易中受益的原理是相同的），可能意味着什么。一个富人真的不可能从与一个穷人的交易中获利吗？如果当地的百万富翁自己做所有的打字、园艺和做饭的工作的话，她会过得更好吗？"① 在接下来的段落中这些作者使我们确信，"从贸易中受益，依赖的是比较优势而不是绝对优势"，如果资本不流动，那么所有的一切都是恰当的。但是讨论中却没有一个字提到国际要素流动。并且，从国家背景到个人背景的转变不但远远没有说明情况，而且通过抽象掉进行交换的实体之间生产能力的转移的可能性，反而是情况变得模糊了。错置具体性谬误又一次出现了！

还有一个因素让这个局面变得更加复杂了。在李嘉图的时代，可以认为所有地方基本的劳动成本体现了维持生存的工资。因此商品生产的实际成本可以用工作时间来衡量。后来被马克思接受的李嘉图的劳动价值理论既在直观上是合理的，也是使用起来非常简单的。

但是作为不断繁荣、工会和政府干预的结果，一些国家的劳动力工资上升到了远远高过维持生存的水平。当今天的资本家寻求他们的

---

① Richard Lipsey, Peter Steiner, and Douglas Purvis, *Economics* (8th ed). New York: Harper & Row, 1987, p.795.

第三部分 为美国的共同体提出的政策

货币最有利可图的用途时，他们首先问的不是需要多少工人制造产品，而是在每种资本投资方案中劳动力的成本是多少。李嘉图可能忽略了葡萄牙和英国的相对工资水平。比较优势的逻辑可以忽略成本的衡量单位（因为在计算每个国家的内部成本比例中它们被消掉了）。但是在从劳动力单位转向货币工资成本的过程中，我们打破了效率和廉价之间的联系。一个国家的绝对优势现在可能完全是依赖低工资（低生活水准），而不是依赖对劳动力更有效率的使用。

考虑到贸易对有关国家的重要性和快速变化的全球形势，经济学家应该将作为比较优势原理基础的假设对照事实加以检查。尤其是，因为他们建议的政策违背了"比较优势"发挥作用所需要的条件，则更是如此。这些政策大部分都是基于尽可能地扩大自由贸易的区域从而发挥专业化的优势。国家边界对经济活动的重要性被尽可能地削弱了。另一方面，就像李嘉图认识到的，只有当国家边界发挥着重要作用（限制资本和劳动力流动）时，比较优势原理才会取代绝对优势。以一个本身依赖于国家边界才能起作用的原理（比较优势）的名义，提倡在经济秩序中抛开国家边界，这样的措施并不合适。那个原理不仅依赖商品的自由贸易，而且依赖国家对资本和劳动力流动的限制。我们现在拥有商品的自由贸易和资本的自由移动。令人失望的是，对于重新思考在这一完全不同的情况下，参加自由贸易给各个国家带来了什么这个问题，经济学家几乎没有提供任何指导。约翰·M.卡伯特森是个例外，我们发现他的著作具有很高的启发性。[①] 不幸的是，卡伯特森教授对自由贸易教义提出的有力和让人信服的挑战，被他的经济学家同行如此胆大地忽略掉了，以至于他不得不自己出版他的著作。我们在这一章节里大量援引了他的著作。因为第一章中阐述的原因，对卡伯特森教授的研究受到学院派经济学家的这种待遇，我们并不感到惊讶。

---

① John M. Culbertson, *International Trade and the Future of the West*. Madison, Wis: Twenty-First Century Press, 1984.

自由贸易的作用

自由贸易的作用是，在把运输成本考虑进去的前提下，让自由贸易区域内的商品交易价格相等。关税具有与提高运输成本一样的效果，它导致不同国家的价格存在差异并阻止完全的价格均等化。价格均等化的相同趋势对生产要素也适用，即使后者没有超出国家的边界。这在所谓的要素等价定理中为人们承认，而这个定理不是古典经济学的一个部分，但被贝蒂儿·俄林加入到了新古典经济学的理论中。[1] 如果人们记得，商品和服务的贸易最终是商品和服务所包含的生产要素的贸易的话，商品和服务的自由贸易趋向于使非流动要素的价格均等化，就不会如此令人惊奇了。各个国家趋向于出口包含相对多的它们所拥有的最充裕生产要素的产品。这意味着对外出口所产生的对那些充裕要素的需求被计入了国内需求，因此降低了这些要素最初的廉价程度。同样，进口在本国生产需要相对多的稀缺要素的产品，趋向于降低那些要素最初的相对稀缺性和昂贵程度。[2]

然而，当一种生产要素（比如说资本）的自由流动被加入到商品的自由流动时，生产要素价格均等化的趋势就非常强了。高度流动的生产要素是资本。劳动力的流动性较差，但也绝不是不能流动的，所有人随意看一下在美国工作的墨西哥人、越南人、伊朗人和其他外国人的数量就能知道，更不用说在北欧的"外来务工人员"了。

---

[1] Bertil Ohlin, *Interregional and International Trade*. Cambridge, Mass: Harvard University Press, 1933.

[2] 要使要素价格完全均等化，必须保持许多条件不变。一些条件是很明显的，如商品和服务的运输成本为零以及完全竞争。其他条件则不是这么明显，如在国际上完全相同的规模报酬不变生产函数、不完全的专业化和一系列其他严格的条件，所有这些加在一起得出的结论就是，自由贸易导致的要素价格均等化尽管在理论上听起来像一个普遍趋势，但在现实世界中不可能作为一个强有力的经验力量被人们观察到。然而自由贸易，即使在要素不流动的情况下，也会推动我们，不管如何不彻底，朝着国际要素价格（要素价格包括工资率）均等化的方向发展，认识到这一点是很重要的。

资本或者劳动力的自由流动会产生同样的后果：使工资和资本回报均等化。劳动力可以向资本所在的地方转移，并为获得高报酬的工作竞争，从而使高工资降低，或者资本可以向有廉价劳动力的地方转移，从而使低工资率提高。在劳动力自由迁移情况下，工资均等化的趋势是非常明显的，而在资本自由流动的情况下，这个趋势的明显程度稍微低一些。那些提倡自由贸易和资本自由流动的人，同时也是工资均等化的支持者。

均等化工资有什么问题吗？当然，高工资国家的工资将下降，而低工资国家的工资将提高。那不是一种好的分享方式（如一些商业顾问所称的"生产分享"）吗？它的确是一种分享方式，但是"工资分享"这个名字会更好。高工资国家的劳动阶层与大量第三世界国家的工人分享其工资和生活标准。高工资国家的资本家从更廉价的劳动力中获益，首先是从海外，然后国内也是如此。资本家并没有与廉价的外国劳工分享什么，而且他们能够降低以前他们与自己国家共同体的劳动阶层的分享水平。有一些为数不多的美国劳工可能拥有足够的资本，这样他们作为工人遭受的损失将会由他们作为资本家获得的收益补偿。但这样的情况非常罕见。

凯恩斯用利率而不是工资提出了一个类似的有趣观点。[①]在自由贸易制度下，穷国的资本短缺会给富国的利率施加上行压力，而富国需要一个很低的利率来维持充分就业。这可能确实部分解释了今天富有国家的失业问题。

要理解当代自由贸易暗含的对共同体的巨大冲击，想想美国的资本家实际上对美国劳工都说了什么。他们说，劳动力必须在世界市场上与像墨西哥、巴西、中国香港等人口过剩的第三世界国家的大量穷人去竞争。美国劳工不再具有更高级的技术或管理优势，因为那些特

---

① John Maynard Keynes, "National Self-Sufficiency." In *The Collected Writings of John Maynard Keynes*（Vol. 21）. Donald Moggeridge（ed.）, London: Macmillan Cambridge University Press, for the Royal Economic Society, 1933.

征随着资本移动。而且，几乎占世界一半人口的印度和中国拥有巨大的廉价劳动力储备，这些劳动力以前并没有参与世界劳动力市场的竞争，而他们正打算参与进来。在英国殖民统治下，印度不能参与世界贸易的竞争。在毛泽东领导下的中国，实行的是与世界市场隔离的政策。现在两个国家似乎都在进入世界市场，它们具有非常低工资的竞争优势。此外，在大多数情况下，第三世界国家已经很庞大的人口还在迅速增长，提供了实际上无穷的廉价劳动力供应。工资的均等化意味着美国人、欧洲人和日本人的工资会降到第三世界国家的水平，而第三世界国家的工资水平则根本没有增长。通过在自由贸易的名义下把由相互分离的国家共同体构成的世界变成单一的、共同的和人口过剩的劳动力储备，美国将在竞争中使占其国民大多数的美国工人阶级丧失高生活水平。

高生活水平不是依赖共同体的唯一好处。一旦共同体的重要性在自由贸易的名义下被降低，社会就会普遍抵触共同体的标准。社会保障、医疗保险以及失业救济就像高工资一样增加了生产成本，它们也不会在进行使普遍的生活水平降低的竞争后继续存在。同样，共同体环境保护的标准也增加了生产成本，将会由于竞争被降低到人口过剩的第三世界国家所实施的标准。自由贸易作为一种消除国家边界影响的方式，同时也会导致公地的悲剧。很少有人会支持自由移民，因为他们凭直觉能看到灾难性的后果。自由贸易和资本自由流动对工资和共同体的生活水平来说，恰恰会产生相同的后果，但它们却得到了广泛支持，因为支持者错误地相信比较优势会保证双方都受益。

尽管有这样一个名称，国际贸易并不是国家之间的贸易，而是跨越国家边界的个人之间的贸易。个人而非国家才是决策单位。不同国家的个人之间彼此获得的好处并不保证两个国家也都能得到利益。通用汽车和通用电子之间的交易是发生在两个公司实体、两个共同体之间的。这两家公司的雇员不能自由地跨越公司的边界进行对自己有利的交易。每个公司的高级职员检查所有交易以确保这些交易符合公司的总体利益。国家也需要这样一种全面控制，一种自由贸易会阻止的

第三部分 为美国的共同体提出的政策

措施。国际贸易应该是一种在国家共同体之间进行的活动，就像公司间的贸易是在公司之间进行，而不是在代表他们自己、跨越公司或国家边界、经常以共同体其他成员的利益为代价而采取行动的不同个人之间进行。

例如，想想一个美国公司将它的生产跨越里奥格兰德河移入墨西哥。它解雇每小时挣 10—12 美元的美国工人，而雇佣每小时挣不到 2 美元的墨西哥工人。这样，美国资本所有者的境况好多了，墨西哥工人的境况得到稍微改善，而美国工人的境况则变糟了。这家公司想加入墨西哥的共同体，并在墨西哥产品市场上出售商品，以及在墨西哥要素市场上采购吗？绝不。这家公司不想成为任何一个共同体的成员。它想要的是，在低收入国家购买劳动力，而在高收入国家出售其商品。它想要利用美国产品市场的高收入，却没有通过在美国要素市场购买劳动力为维持那个高收入市场作出贡献。它也没有在低收入的墨西哥市场中提供适合提高其生活水平的产品的愿望。只要追问一下，如果所有的美国公司在低收入的墨西哥购买劳动力而在高收入的美国销售其产品将会发生什么，这个问题所具有的共同体性质就非常清楚了。很明显，美国将不再是一个高收入的国家。那么墨西哥会变成高收入的国家吗？它的工资会趋于与美国现有较低的工资相等。因此两个国家共同的工资水平，取决于墨西哥是否控制它的人口增长，以及处于低迷状态的美国人口是否会保持它的低生育水平，或者面对不断增加的不安全感和社会保险的减少是否会回到高生育水平，而工资降至勉强维持生活的水平。

在我们讨论正确的贸易政策问题之前，让我们考虑一下另一个自由贸易未来可能的后果的一个现实的情景。美国与日本的贸易可以提供这方面的例子，可以以电子产品和汽车为例做出说明。让我们按照李嘉图所阐述的比较优势原理的局限性来想想现实情况是什么。

首先，在日本和美国有大量的生产能力来满足对汽车和电子产品的需求。在日本把更多的资本投入汽车或电子产品的生产将不是为了满足对更多产量的需求，因为产能已经过剩了；它是为了以其他生产者的利益为代价保证自己的国际市场份额的稳定或增长。假设日本在电子产品和汽车制造上都拥有绝对优势,而美国在汽车制造上具有比较优势,那会刺激日本投资者只生产电子产品而从美国进口他们的汽车吗?很显然,日本不会那么做。有充足的日本资本来投资到每一个日本拥有绝对优势的地方。如果存在短缺,那么国际资本包括来自美国的资本会很高兴地流入日本来补足这个差额。

日本在如此多的领域内取得了对美国的绝对优势过程中,曾经从较低的劳动力成本中获益。这指的是用两个国家货币汇率来衡量的较低的工资。日本最开始时在大多数领域中并没有较高的劳动生产率。然而,当日本人从出口获得的收入增长时,更多的资本被投入了日本工业,生产效率得到了提升。现在日本大多数工业的生产效率都超过了美国。因此日本的工资会增长,而且增长幅度非常大,然而日本保持并增加了其绝对优势。(生产效率中还有一个因素就是高层管理和工人参与,但是我们为了简化表述对此做了省略。)

在美国没有限制进口的背景下(当然这时不时地被贸易保护主义者的措施所打断),结果是两国之间的贸易差额对日本极其有利而对美国极为不利。只要这样一种双边贸易模式在更广泛的市场中在多国之间相互抵消,它就可能无限期地持续下去。但事实上,日本对它的大多数贸易伙伴都保持着贸易顺差,而美国却多处于贸易逆差。这个模式可能持续一些时间,因为美国拥有巨大的积累财富,而且它有能力在国际市场上借到钱,特别是从日本那里,日本为美国联邦赤字提供了 25% 左右的资金。同样,美元是一种国际货币的事实,意味着大多数国家为了贸易目的会保持美元储备。这些美元储备构成了一种对美国的无息贷款,这进一步缓解了美国国际收支平衡的压力。外国人通过在交易中给美国提供实际的商品和服务而获得这些美元。只要他们持有这些美元而不是用美元购买美国的商品和服务,他们实际上在延长美国的无息借款。但是没有哪个经济学家相信贸易逆差可以无限期地持续下去。

一个国家的贸易可以通过增加出口、减少进口或者两者的某种组

第三部分 为美国的共同体提出的政策

合来达到平衡。在自由贸易的背景下，只有当美国的商品在世界市场上与其他生产者的商品相比更有吸引力时，这才会发生。那意味着他们的相对价格必须降低。

有三种方法可以降低美国商品的相对价格。一是相对于其他国家的劳动生产率，美国提高了本国的劳动生产率。如果投资以前所未有的规模流入美国产业，那么这种情况可能会发生。但是如果同样的投资在别处更有利可图，那么它就不会流入美国产业。因此解决办法的这个部分有待其他方面的改变。

第二个可能的变化是降低美国工人的美元工资。事实上，这种变化正在发生。今天的劳工谈判更多的是因为工资减少了而不是为了提高工资。然而这些工资的减少并没有将劳动成本降低到足以使美国产品具有竞争力的程度。

第三个可能的变化在于美元的相对价值。这个变化也在发生。相比日元，美元已经大幅下降。这迫使日本商品在美国的美元成本增加，同时减少了日本从美国进口的成本。

到目前为止，降低工资和美元贬值的组合并没有起到矫正贸易不平衡的作用。从一定程度上讲，这是个时间问题。日本承受了利润降低带来的许多代价。但是它也表明，将需要更大幅度的削减工资和美元相对日元的更大幅度的贬值。

假设就像经济学家普遍希望的，更多的是由于出口不断增长而不是进口不断缩减，贸易平衡得以实现，我们应该考虑进口成本不断提高的通胀效应。莱斯特·瑟罗写道："如果计量经济学家说的没错，那么美元贬值38%对于恢复1985年早期的贸易平衡来说是必要的。因为美国进口占GNP的12%，美元贬值38%意味着美国人购买的那12%的商品的价格会提高38%，结果美国人平均生活水平会下降4.6%（38×0.12）。"[1] 瑟罗指出，这只是美元贬值对价格产生的直接效应。

---

[1] Lester C. Thurow, *The Zero-Sum Solution: Building a World-Class American Economy*. New York: Simon & Schuster, 1985, p.93.

他预测，美国制造的商品价格的提高所产生的间接效果将"趋向于比直接效应更大"。①

这一问题的解决办法会让所有美国人付出生活标准降低 10% 的代价。因为劳动力还要遭受美元工资减少和在分配中相对地位的降低，他们的生活标准的降低要大得多。而且瑟罗指出，这将不会是一次性的调整。除非美国生产率的增长速度与其贸易伙伴的增长速度相当，否则生活标准每年都需要相对进一步降低。瑟罗得出的结论是，美国迫切需要快速提高生产率的增长速度，而且他对如何可以实现这点提出了许多有价值的建议。其他国家自然会付出更多的努力以比我们增长更快。

如果我们只考虑现有的主要贸易伙伴的话，瑟罗提出的在首次不可避免的调整之后，GNP 的指标级增长将成功地避免美国工人生活标准出现进一步大幅降低的观点可能是对的。美国工人的工资也远远高于维持生存的标准。但是瑟罗没有考虑自由贸易区域也包括许多第三世界国家，在那些国家里工资水平实际上是非常低的，而且那里的环境保护和社会保障水平也是非常低的。他也没考虑，由于英国殖民主义和毛主席的政策，印度和中国中占世界将近一半的低工资劳动力被排除在自由贸易竞技场之外，而实际上今天这两个国家都不再实施英国殖民主义或者毛主席的政策。美国的生产率只能通过大规模资本注入得到提高。问题是哪里会是资本认为进行投资最有利可图的地方呢？

答案越来越多的是第三世界国家的自由贸易区。那些国家对资本投资的渴望是如此强烈，以至于它们争先恐后地为投资者提供尽可能优惠的条件。因此，工厂被建立在不需要对东道国承担任何经济责任的地方。它们不用交税，而且通常没有租金。它们被确保获得廉价和听话的劳动力。除此以外，它们可以随其所愿在任何地方购买它们的原材料和出口它们的产品。它们不受任何共同体责任的束缚。按照每

---

① Lester C. Thurow, *The Zero-Sum Solution: Building a World-Class American Economy*. New York: Simon & Schuster, 1985, p.40.

小时的劳动产品计算,这样一些工厂的生产效率可能与美国类似。但是如果用产量除以劳动力**成本**,那么这个数字就高得多。实际上,这个数字在决定投资时更为重要。美国和第一世界的生产为获得资本通常将必须与这些投资机会竞争。这样的竞争会很难取胜。美国劳工的生活水平会继续降低,其他第一世界国家也会随后出现类似的降低。前景是回到基本工资由生存的成本来决定的古典状态中去。

这并不是说所有美国人的生活水平都会下降。美国社会中一部分人是靠资本而不是劳力生活的。这种资本在国际上流动的自由提供了获取利润的前所未有的机遇。贫富差距会继续拉大,共同体会进一步被牺牲掉。

重要的是要看到,这个情景中劳动力生活水平的下降不可能因为要求更高美元工资的讨价还价而受到遏制。工资的增长必然会因为美元的贬值而抵消。如果对更高美元工资的需要进一步打击了投资热情,那么最终结果将是负面的。

沿着这条脉络继续前进之前,回顾一下传统经济学对这些问题的看法是恰当的。事实就是,至少直到最近,我们提出的顾虑并没有得到认真的考虑。除了自满于比较优势原理以外,原因就是直到最近,贸易对像美国这样的国家有利。其他国家支付的低工资没有使美国的高工资降低。即使瑟罗认为自由贸易威胁美国的高工资,但他完全是从生产效率而不是实际的劳动成本角度来考虑问题的。担心和低工资国家进行竞争,一直都被看作是一种恐惧症。有一个例子对于表明被人们认为足以解决这个问题的论证是很有启发性的:

> 存在着一种……对和工资水平低于我们的国家进行贸易以及对购买用"外国廉价劳动力"生产的产品的普遍恐惧。在逻辑上,这种恐惧永远不会扩大到国内的商业,因为如果是这种情况,那么贸易和作为其基础的专业化模式就会消失。有着不错薪酬的炼钢工人,确实经常让工资远远低于他们的洗衣工人把他们的脏衣服洗干净;尽管通用汽车和伯利恒钢铁公司的重要高管的工资达六位数,但他们经常乘坐出租车,而且实际上收入只是这些高管

本身收入九牛一毛的政府官员都是为他们服务，包括总统……关注国际贸易的经济学家的大部分时间，都被用来消除当国家边界被跨越时使合理的经济活动看起来并不合理的神话。①

不幸的是，这里提出的类比离题太远。一个更好的类比是一家支付高工资的洗衣店与附近一家支付低工资的洗衣店进行竞争。在这里，担心收入颇佳的工人和其雇主身上将会发生什么，将不会被当作恐惧症。

高工资社会和低工资社会之间的贸易，为什么直到现在还没有威胁高工资的原因就在于，高工资是建立在高度资本化和先进技术的基础之上，而这些在低工资的国家还不能实现。因此低工资国家的商品并不像人们可能期望的那样便宜，而且无论如何，都不会包括主要的工业产品。有两个方面，首先，一些国家特别是日本在国内已经有足够的资本加入国际竞争并取得辉煌的成绩。其次，投资资本已经变得国际化了。正是后面这一点，就像我们反复强调的，会对美国经济未来产生最广泛的影响。

我们再来看看这个系统是如何运作的。当一个领域中生产效率的提高使得工人被取代时，其产生的利润就会被投资到其他领域。这会创造新的工作岗位，工人就会转移到这一新的产业中去，经济作为整体就得到了发展。

但是当投资资本成为超国家的时，就没有新的投资会留在丧失了工作岗位的国家的保证。事实上，由于投资者按照不受共同体约束的个人主义经济信条行事，他们为他们的投资寻求最好的回报。一个雇佣听话和廉价的劳动力，并且能够将其产品从海外出口到美国市场的工厂会比一个建在美国的工厂更有利可图。劳动力密集的产业自然会向劳动力更廉价的国家转移。工资水平将在资本投资减少的国家下降。

有人可能会主张，工资向着维持生存水平的下行压力最终会反转，

---

① Melvin A. Eggers, and A. Dale Tussing, *The Composition of Economic Activity*. New York: Holt, Rinehart, & Winston, 1965, pp.274-275.

而自由贸易使其成为可能的快速工业化,会使世界大量的劳动力参与到生产性工作中来。人们的期望就是,世界生产总值会是巨大的,而且所有人都会一起享受到目前为止都想象不到的繁荣。

但即使我们承认这一繁荣的梦想,第一世界的劳动力能期望在什么时候这种情况得到缓解呢?一个可能是,全球最低工资被设置在大大高于维持生存的水平之上。但在不存在世界政府的情况下,如何做到并实施这一点是很难想象的。第二个可能是,劳动者在全球范围内组织起来以使所有人获得高工资。但是资本可以如此轻易忽略掉的国家边界的障碍对劳动力而言仍是难以跨越的。在许多国家违背国家利益而取得成功的可能性的确是很小的。第三个可能是,全球经济增长会将失业降低到劳动力相对于需求是稀缺的这一点上。那么这将增加工资。但这同样是不可能的,即使它似乎是许多经济学家所预期的。

今天有上百万的失业人群,而且还有更多是半失业人口。作为人口爆炸的一部分,大多数第三世界国家的劳动力规模在非常迅速地增长。资本主义经济增长的方式需要少得多的产业工人。我们同样很难预期,自动化程度不断提高的产业会吸收这么大数量的劳动力。

当把工业化的进程放在自然环境背景下时,通过增长解决这个问题的可能性似乎更渺茫了。这幕场景所需要的资源数量和产生的废物数量是令人难以想象的。当然,全球变暖和冰盖融化的速度会加快,结果经历这一转变的各个社会也将不得不应对因此引发的大量混乱。在现实中,根本就不存在通过全球工业的增长来消除全球失业以保持或重新获得令人满意的工资的希望。

自由贸易有一个进一步值得思考的问题。在什么意义上它是自由的?鲁滨逊的模型对于这个问题的思考也是有用的。

故事的一开始是没有问题的,鲁滨逊自由地贸易,而且除非他被骗,他以对自己有利的方式进行贸易。但是随着情况的发展,他决定专业化。根据经济理论,应该是那样的。通过专业化,他增加了总产量,而且在交换中获得的东西比他继续进行多样化生产而获得的东西更多。他继续成功地跟其他鲁滨逊交易。但现在他处境的一个方面发生了变化。他自由地交易，现在他不再有不交易的自由。他的生存依靠于他从其他岛屿上的进口。

从经济上讲，这就是说他现在只不过是与所有人一样处于相同的状况。所有人为了生存日复一日地依赖于许多其他人，亚当·斯密早就强调这一点。新鲁滨逊的区别只在于他是自愿选择一种依靠别人的状态，而其他人从来就不知道还存在任何其他的状态。

另一方面，从政治上讲，存在着一个区别。那些相互依赖的人中大多数都加入到共同的政治单位，即共同体。这一共同体的政府，有责任维持一种保护它的公民至少在某种程度上不受其他人剥削的秩序。鲁滨逊们没有这样的政府。因此，鲁滨逊为了生存完全依赖的那几个鲁滨逊可能会设计一个计划。某一年他们获得足够数量的鲁滨逊提供的商品，这样他们在来年就不需要它了。而在来年他们拒绝给鲁滨逊提供他所需要的商品，除非他作为交换把他的岛屿给他们。他们允许他留在岛上，但是他生产的东西现在都是他们的了，要按照他们认为合适的方式进行分配。

经济学家们会说鲁滨逊仍然参与了自由市场。他自由地选择用他的岛屿交换他用以生存的食物。现在他出售的是他的劳动力。如果他不满意岛屿的新主人给他的条件，他可以从某个其他的鲁滨逊那里寻求更好的条件。因此他仍然是自由市场的参与者，因此也是一个受惠者。在每一点上，他只会从事对他有利的交易。然而，他当然远远没有一切贸易开始时那样自由！

在没有政府限制他们行动的情况下，鲁滨逊贸易者们是国际自由贸易的一个恰当的模型。发生在鲁滨逊身上的事情就发生在许多第三世界国家身上。在市场的压力下以及听从了经济学家的建议，他们放弃了他们相对自给自足的经济，从事专业化生产，并把他们自己托付给了市场的魔力。他们的经济建立在出口一种或两种商品的基础上。他们必须出口以维持生存，因为他们再也不能为自己提供食物，而且他们不能在没有出口的情况下为进口的食物付款。他们也不能在没有进口输入（如机器和化肥）的情况下生产国内的商品。他们对市场的依赖是彻底的。与此同时，贸易条件日益恶化。他们对自己出口产品的价格几乎没有影响力，在他们看来，这些产品的价格是由对低廉的价格感兴趣的跨国公司操控的。通常，第三世界国家的政府为跨国公司的利益服务。我们再一次面对这样一个事实，那就是自由贸易导致了不受任何政府控制的大公司在全球的经济势力。无论各个国家在何种程度上采纳了经济学家开的药方，它们变得依赖于一个受这种超国家经济势力影响（如果不是控制的话）的贸易体系。它们必须逐渐让国家政策符合这种经济势力的要求，因为它们的经济只有依赖于这样做才能幸存。

通过平衡贸易和减少国际金融来恢复比较优势

这一章所描述的情景，与标准的经济学教科书中的那些情景有很大不同。然而，它们都是从众所周知的经济学原理中得出来的。很大程度上取决于一个人采取哪个经济原理。我们认为，经验的检验很重要。我们没有发现比较优势原理决定了现实世界的国际贸易关系的证据。我们认为，经济学家不应该在没有经验证据证明它正确的情况下继续鼓吹它。

如果国际贸易不受比较优势原则支配，那么它应该受什么原则支配呢？遵循卡伯特森的思想，我们的对策是，如果被采纳的话，考虑那些会恢复比较优势预设条件的政策。就像在教科书中所举的比较优势例子一样，这基本上意味着我们要实现国家实体之间的贸易平衡。这意味着英国和葡萄牙之间作为两个共同体进行贸易，而不是作为个体的英国人和葡萄牙人之间进行只追求各自利益的贸易。当然最终从事商品贸易的还是个体，但他们要服从为了保护共同体利益而设计出来的规则。这些规则的首要一条就是贸易应该保持平衡。在教科书对比较优势原则所做的解释中，在使用易货贸易的例子时暗含了这样的条件：英国的布料直接交换葡萄牙的酒。货币是一层"面纱"，它只会掩盖实际的交易。但是易货贸易总是处于平衡的状态，而货币经济贸易不需要平衡，贸易差额通过金钱和流动资产的转移来弥补。易货贸易也是一层"面纱"，它掩盖了不平衡贸易的可能性。

在易货贸易的条件下，贸易没有导致净资本从盈余国家流向赤字国家的趋势，因为不存在盈余或赤字。更重要的是，不存在葡萄牙资本家出售葡萄酒和棉布的价格都低于英国，从而把工作岗位从英国转移到葡萄牙的可能性。在这一强制平衡的背景下，个体间的贸易是自由进行的。这种平衡必须是双边的（双方国家之间）还是它可以是多边的（每个国家和世界其他国家之间）？实际上阻止净工作岗位流失所需要的就是实现多边平衡。也许，实现平衡贸易最简单的办法是，通过发放进口配额许可证并在相互竞争的进口公司之间进行拍卖，从而使进口限制在与预计的出口大致相等的数量。在其有效期内，配额许可证可以转售，之后的有效期将从另一次拍卖开始。

我们只谈了实现贸易平衡——但是我们是不是只打算争取贸易账目的平衡，还是也争取资本账目的平衡呢？而且我们应该争取每个账目分别平衡还是两个账目合在一起的整体平衡呢？如果不对贸易账目的不平衡进行补偿，那么以实际价值计算的资本转移（借款和还款）就是不可能的。但是再说一次，比较优势和自由贸易的整个逻辑是以资本不流动为前提的。贸易平衡和资本不流动是一个问题的两面。实际上，一个国家借款的方式是进口多过出口。如果不允许那样做，那么国际贷款和借款也就被禁止了。后者也是不同国家中的个体或实体为了私人利益而进行的交易。在今天的世界中，很明显不存在任何保障来保护国家共同体不受过多国际债务的影响。债务国（不仅仅是个体债务人）正在被迫削减国内消费（扩大出口，减少进口），目的是赚取外汇来支付外债的利息。而在债务国拖欠债务的情况下，正是债权国的共同体（例如 FDIC 和美国的纳税人）遭受损失，而不仅仅是私人借款者。

贸易平衡和资本不流动是相互蕴含的。如果我们平衡了贸易，就不需要或者不可能有国际资本流动。通过坚持贸易平衡，我们自然地留意到我们在这一章的开头所引用的凯恩斯的警告："尤其是要让金融国有化。"国际金融自由活动（自由贸易的一种必要补充）的后果是使无法偿付的债务迅速增长。贸易不平衡引起大量过剩货币的积累，这些货币寻求实现指标增长的途径，并再次回到赤字国家为进一步的贸易赤字提供资金。银行把货币（石油出口国家的顺差）注入第三世界国家，注入货币的速率比那些国家的政府明智地建设国家或公正地管理国家的能力要高得多。政府官员和相关的精英们浪费了或者窃取了大量借来的资金，结果是这些资金并没有带来财富的增长。然而，这些借款必须要连本带息偿还——不是由那些少数受益的人偿还，而是由没有得到任何利益的普通公众来偿还。利益被私有化了，而成本被社会化了。

例如在巴西，普通的公众从政府非生产性的大型项目和获得了高额补贴的企业那里，几乎没有获取什么利益。为了偿还债务，出口需要大大超过进口。为了把商品用于出口，巴西人民的消费被削减了。这是通过降低实际工资（保持货币工资增长低于通货膨胀）和通过税收来降低中产阶级的购买力的方式实现的。举个例子，巴西制造的鞋在美国比在巴西卖得便宜，因为出口的鞋可以免除许多巴西的税，这些税提高了鞋在巴西的价格。

偿还债务产生的生态后果通常是很严重的。亚马逊热带雨林正被快速地烧毁并被转变成牧场和农田，其生产能力在3年或4年后就会被耗尽。但那为巴西提供了3年或4年的出口来满足偿还债务的需要。对收入分配的影响也是负面的，因为进行这些"投资"（如果生态资本的消费可以被称为一种投资，哪怕是带引号的投资）的大企业得到了大量税收补贴，从而刺激他们从事如果没有补贴将不可能有利可图的活动。政府的收入损失，通过增加向中产阶级征收税收，或者允许导致更高通货膨胀的更大财政赤字，而得到补偿。

这些不仅是自由贸易的结果，而且是增长狂热症的结果，即相信不受束缚的经济增长总是可能的，也是大家都想要的。而传统经济学家给债务危机提供的"解决办法"是进一步的增长。增长的方式就是投资，而投资的方式就是借债。解决债务的办法就是增加债务！但是从来没有人解释，为什么人们会认为这种新债的使用比旧债的使用富有成效得多。在某些案例中，鼓励新债务的主要动机，似乎是为了提供外汇从而使债务国能够满足现在偿还旧债的需要。这意味着，旧债并不是必然作为债权银行的损失而被一笔勾销。但是借钱来满足支付利息的需要会导致债务滚雪球式地增长，而且不过是一个庞式骗局而已。这在二级市场中已经为人们认识到，在这个市场中许多国家主权债务的交易贴现率超过了50%。

国际债务本身是一部书的主题。[1] 我们的目的是指出，现有的债务危机是自由贸易体制的重要部分，自由贸易体制允许出现大量的贸易不平衡、补偿性的金融转移，这很容易超过赤字国家的偿还能力。大量的贸易盈余积极地寻找实现指标增长的途径，急切获得增长的银行对许多债务国家政府的腐败和无能视而不见。或者也许它们并非如此盲目——它们最大的储户中有一些正是债务国家的官员和精英。贷款中提供的外汇可能被用来进行金融资本外逃而不是资本投资。[2]

贸易不平衡产生的债务后果在穷国那里更明显，但是就像我们所强调的，这些后果现在美国也变得明显了，美国正以令人吃惊的速度让它自己从世界上最大的债权国变成了最大的债务国。债务危机不可能在一个忠于自由贸易信条的世界中得到解决。解决办法需要对平衡贸易的信奉。

这是不是意味着发展中国家不能再从美国进口它们所需要的资本设备呢？绝不是。巴西仍然可以进口拖拉机和电脑，同时用咖啡和鞋来为这些商品付款。但巴西为进口拖拉机和电脑所借的钱，不能超过出口咖啡和鞋子所获得的收入。当然美国为进口咖啡和鞋子所借的钱，也不能超过出口拖拉机和电脑所获得的收入。但即使在我们看来，消除所有的国际借贷也是过于极端的，虽然我们认为应该大大地减少国际借贷。除了补偿贸易账目的不平衡以外，就不存在允许某种资本账

---

[1] 参见：Susan George, *A Fate Worse than Debt*. New York: Grove, 1988。

[2] James Henry, "Where the Money Went." *New Republic*, April 14, 1986.

目国际转移的空间了吗？我们认为可以将短期贸易平衡的平衡原则合理扩展到长期借款和偿付的平衡，如果从双方共同体的角度来判断，后者只限用于明显有益和有成效的项目的话。与国际贸易一样，国际借贷应该在作为共同体的国家之间进行，而不是在只追求各自私利的次国家实体之间进行。这是需要深入思考和研究的一个领域。

同时在不断增加的"对销贸易"实践中，似乎有一种事实上的朝着贸易平衡方向的发展，通过"对销贸易"，出口商同意进口一定数量的货物作为部分的货款。有时候，这些是简单的易货贸易协议，但通常是独立的平行贸易。显然这些贸易是达成协议的阶段上联系起来的，但它们都是独立进行或实施的。据估计，1981年对销贸易占世界贸易的10%—20%，而在西方国家和共产主义国家集团之间的贸易中则占50%。也许最大的对销贸易还包括投资和偿还货款——欧洲公司修建的从苏联到西欧的天然气管道，其贷款是通过向西欧输送双方都同意的一个数量的天然气来偿付的。①

很显然，在自由贸易和自给自足经济之间，存在广阔的中间地带。从来没有极端的自由贸易和自给自足经济，而且我们不支持任何一个极端。我们不能回答到底什么样的贸易政策才是最好的这个问题，但是我们认为，由于从比较优势中得出的观点中存在着错置具体性的谬误，当前政策的错误在于自由贸易的方面过多。我们已经指出，自由贸易是个人主义践踏共同体利益的一个例子。对此自由贸易者当然会回答说，正是他们在为共同体服务，为更大的世界共同体服务，而正是我们在破坏那个共同体。他们会要求我们克服我们狭隘的、个人主义的民族主义，并与他们一起为一个没有边界的大同世界的目标而欢呼雀跃。英国和葡萄牙之间的贸易与约克郡和伦敦之间的贸易不会有任何差别。

但这种大同世界的愿景真正必然导致的是什么呢？就像已经提到

---

① Leo G. B. Welt, *Trade Without Money: Barter and Countertrade*. New York: Harcourt, Brace, Jovanovitch, 1984.

的，首先，在一个没有边界的世界中，比较优势的整个逻辑失去了它的基础，而绝对优势原则和世界工资的均等化就是其后果。如果世界贸易者类似于和约克郡人交易的伦敦人，那么我们就需要某种类似于英国法庭和警察的事物来界定财产权和执行合约。我们没有这样的世界权威，而且即使是构建这样一个权威的适度尝试也都一次次地失败了。

自由贸易者们已经摆脱了国家层次的共同体的制约，并且经进入了全球化世界，**全球化世界不是一个共同体**。这样，他们就已经有效地使自己从所有共同体的责任中摆脱出来。至少就目前来说，世界共同体还是一种抽象的愿景。它绝不是一个会因为平衡贸易的政策而受到削弱的具体存在。现在，真正的共同体只在国家和次国家的层次上存在。建构由诸共同体组成的共同体，一个在世界层次上由民族国家构成的共同体，这是我们也赞同的目标。但是我们确信，这个目标不会通过牺牲国家层次的共同体的现实约束力来实现。对于一个已经使其大多数人民过上高标准生活的国家来说，如果让它的资本家对工人阶级说，"你们现在必须在世界劳动力市场中去跟其他国家挨饿的人们竞争，而且为了效率，你们的工资必须降到世界水平"。这将不是为了一个还不存在的更广泛的世界共同体的利益，而是为了一个确实存在的、小得多的"共同体"——一个富裕和拥有特权的阶级——的利益，而破坏现存的共同体。

具有讽刺意味的是，今天的自由贸易立场使人回忆起亚当·斯密观点所批判的重商主义者。为了出口和维持贸易顺差，重商主义者非常明确地想采用低工资政策以使他们的出口保持竞争力。保持低工资的最可靠方法就是使劳动力供大于求。劳动力快速增多，加上缺少工会以及社会保障，使工资保持在低水平。当一个国家的绝大多数国民都过着勉强维持生存的生活时，才是高效的和有生产力的！当然，这种荒唐性被这样一个事实掩盖了，即劳动阶层实际上并不被看作是共同体的一部分，他们更接近于奴隶而非公民。数个世纪之后，我们相信共同体的福利将包括工人阶级的生活水平。但是今天"主张自由贸易的重商主义者"同样极力主张将工人阶级排除在国家共同体之外。

美国资本家以"世界共同体"的名义要求美国工人与全世界的穷人分享他们的工资。美国的大多数人被要求降低生活水平，这样"我们"才能更"高效"。但是"我们"是谁？在什么事情上高效？当然不是在为我们的大多数国民提供像样的生活水平上高效！当我们打算为了效率而降低工资时，我们也不要忘记延长工作时间、降低最低法定工作年龄、削减退休和病假等。因为与世界劳动力市场达到均衡将不允许有这样的福利。

总而言之，我们认为，为了服务于并不存在的、假想中的世界层面上的共同体组织，而牺牲现有的国家层面上的共同体组织，是愚蠢的。更好的办法是，首先建设和加强国家共同体正在被削弱的约束力，然后将在工资、福利、人口控制、环境保护以及节约资源方面具有相似的共同体标准的国家共同体，联合成更大的贸易集团，以扩大共同体。真正的高效在于保护这些来之不易的共同体标准免受个体主义的自由贸易的退行性竞争，个体主义的自由贸易一直会下滑到最低的共同标准上去。

第十二章 人　口

共同体的人口政策

个人主义与共同体中的人之间的冲突在人口问题上表现得最清晰。作为个人主义者，我们尊重生育自由。但是作为共同体中的人，我们认识到这种自由可能产生不能接受的社会后果。即使在约翰·斯图尔特·密尔对个人自由做了经典辩护的《论自由》一书中，他也明确地敦促对生育自由加以限制：

"生育本身是人类责任最重大的行为之一……在一个人口过多或者可能会变得人口过多的国家，大量生育儿童将使他们在竞争中减少劳动力的报酬，这对所有靠劳动报酬生活的人来说都是一个严重的冒犯。在欧洲大陆的许多国家，法律规定，除非男女双方能够证明他们有能力养活一个家庭，否则禁止结婚，这样的法律并没有超出国家的合法权力。"①

在某些其他物种中，领地本能会自动限定那些拥有足够领土来养活其后代的物种才能繁殖。自然的方法并不总是最好的，但在这个情况下，与我们当前允许新生儿成为青少年（他们的天然性欲受到毒品、酒精、电视和不当的福利制度所刺激）性爱体验的意外副产品相比，自然的方法看起来是更负责任的。19世纪纯粹个人主义的解决方法与

---

① John Stuart Mill, *On Liberty*. Chicago: Encyclopedia Britannica Great Books, 1952（Reprint）, p.3191.

第三部分　为美国的共同体提出的政策

自然的方法相似：让不幸的后代饿死。今天几乎没有人会持有这个主张，我们当然也不会。但是如果要把共同体的利益作为一种权利或责任提供给所有新成员，那么这个共同体就必须也承担起相关的责任，也就是把新成员流入的速度，限制在一个每个人都能有过上体面生活的合理机会的范围内。这一规则既适用于净移民产生的新成员，也适用于人口的自然净增长所产生的新成员。奇怪的是，美国更愿意限制移民而不是限制人口的自然增长。我们在第十一章中讨论过这个原理的一个近似的推论，我们指出与自由移民具有相同均等化工资效果的自由贸易，也可能产生"由于竞争而减少劳动力报酬的效果"，至少对接收国来说是如此。有人可能会认为，输出国的工资会趋于上涨。但是当新人口是因为自然增长引发的时候，就没有"输出国"了，而这种补偿性特征也就不存在了。那么，更加让人好奇的是，我们不愿限制人口的自然增长，却不遗余力地限制移民。移民不可能是自由的，理由跟贸易不可能是自由的是一样的。而且一旦满的世界经济学取代了空的世界经济学，通过扩展，人口的自然增长也不可能完全摆脱共同体的控制。

实际上，对无限制生育的热烈欢迎，通常是上层阶级欢迎下层阶级队伍得到补充，它提供了愿意为低工资而努力工作的有用的公民。没有他们，我们能做什么！上层和中产阶级限制着他们自己的数量。穷人的生育率更高（实际上"无产阶级"与"多产"源自同一个词根），或者因为节育并非完全大众化，或者因为用高生育作为老来有保障的替代，或是为了其他家庭经济利益。人口增长的阶级后果在巴西表现的特别明显，巴西一直以来就遵循一种廉价劳动力的政策。最初非洲奴隶是廉价劳动力的来源。在奴隶制废除之后，政府为贫穷的南欧移民提供补贴以获取廉价的劳动力。现在工人阶层的自然增长率，超出了足以保证获得勉强维持生存工资的劳动力的无限供应程度。现在，为了保持廉价的劳动力以促进巴西经济增长，需要一种更加消极的放慢节育的政策。在巴西东北部，下层阶级的生育速度是上层阶级的两倍，这个事实本身注定了即使是最真挚的缩小人均收入差距的传

229

统努力也会失败。在现代化的部门采用资本密集型、节约劳动力的技术也是失业和廉价劳动力产生的原因之一。

美国和澳大利亚这些国家没有采用廉价劳动力政策，而是为了国家共同体中大多数人的福利寻求高工资，但他们现在或者以自由贸易、自由移民的名义，或者以资本自由流动的名义，被要求放弃那些福利收益并且让资本享受廉价劳动力带来的竞争优势。狐狸们总是为兔子们提倡高生育率和自由移动，却不会因此博得一个慷慨的名声。

人口问题带来的不仅仅是个人主义与共同体中的人之间的冲突，而且还有后者与集体主义之间的冲突。集体主义者通常比个体主义者更加鼓励提高人口的出生率。为祖国生养国民长久以来都被看作是对国家力量的一种贡献。更加倾向于集体主义的社会追求的人口规模，能让生活必需之上的剩余最大化，而不是让可用于个人消费的人均平均收入最大化。阿尔弗雷德·索维证明了集体主义的最优人口数量大于个人主义的最优人口数。① 但是，有时甚至在基本上是个人主义的社会里，也有集体主义的力量推动朝着人口更多的方向发展。一个恰当的例子就是军队，它在传统上就支持有更多的人口。最近本·瓦滕伯格和汉斯·津斯迈斯特使这种推理的方式重新流行起来：

"即使在原子时代，人们有时候会忘记只有庞大的人口才有足够广泛的税基来支撑作为国家力量和安全基础的国防系统。也许最明显的一个只有大国才可能建立的国家安全系统的例子就是战略防御计划，也就是大家所熟知的'星球大战'。由于估计耗资 3000 亿美元，只有庞大的人口对其分期偿还才可能获得这么多钱。"②

---

① Alfred Sauvy, *Théorie Générale de la Population* (2 vols). Paris: Presses Universitaires, 1948.

② Ben Wattenberg and Hans Zinsmeister, "The Birth Death: The Geopolitical Consequences." *Public Opinion*, December/January 1986.

我们认为，这个观点反对的是星球大战，而不是支持更加庞大的人口。但是如果推动力是要建造法老式的集体项目，无论是金字塔还是轨道激光反射镜，那么趋势就是最大化社会剩余，而不是最大化人均消费。前者比后者需要更多的人口。

与人口增长支持者被不恰当地冠以慷慨的美名相对应的是，新马尔萨斯主义者被冠以小气和厌恶人类这一同样不适当的名声。不是说新马尔萨斯主义者不想与其他人分享大自然的慷慨赠礼。恰恰是因为他们确实希望与工人阶级、未来的后代以及其他的生命形式一起分享，因此他们支持限制人口数量和人类机械式的扩张。随着时间的推移，最大化生命累计数量的唯一方法，就是避免同时拥有如此之多的生命，以至于地球的承受能力受到侵蚀。保存物种多样性的唯一方法，就是放弃把它们的栖居地变成农场和工厂，以养活更多的人口或者有着更高消费的人们的做法。100亿人的生命比50亿人的好，只要100亿人不是生活在同一个时间里。

然而，新马尔萨斯主义者使曾生存过的累积人口（cumulative lives）最大化[①]，这一目标是受限制的。首先是受一个可接受的人均消费标准的限制。就像马尔萨斯所讲的："一个国家的人口，不应该多于使每个人在晚餐时能享受一杯葡萄酒或是一片牛肉的水平。"这并不是对"最优人口"的精确定义，但它绝非是无意义的。每餐饭并不都需要有肉，以及丰盛的酒、烟和甜点。反正这些东西都对我们有害。但是一天享受一片肉和一杯葡萄酒代表的富余和舒适的生活水平是可以向往的（即使有人是素食主义者或者禁酒主义者）。如果新增加的人口不能得到这样的舒适，那么最好将这些人口的增加推迟到以后能够给予这些的时候。在我们看来，上帝并不急于让所有生命不久全部出

---

① 值得注意的是，这里的累积人口指的是累积的而不是渐增的人口。因为在柯布看来，新马尔萨斯主义者坚持控制人口以不损害地球承载生命的能力，实现人口与环境的可持续发展。以长远的眼光看，与短期内生育过多人口，但导致地球承载生命的能力下降甚至丧失的人口政策相比，新马尔萨斯主义者的人口政策恰恰能使地球养育更多的人口，能使生活的质量更高。——译者注

生。我们认为完美的折现率是零。至于那些问如果我的父母节育,我会在哪里的人们,我们的回答是,为什么你是你父母所生,而不是其他夫妇在某个其他时间和其他地方所生的呢?独特的自我身份意识和特定的出生这二者的配对完全是一个谜团,以至于它几乎不可能作为人口政策的一条标准。

在1974年的布加勒斯特世界人口会议上,中国支持自由放任的人口政策,而美国则敦促对生育采取控制措施。在1984年墨西哥城的世界人口会议上,两国的立场则倒转过来了:中国采取了现代最严格的人口控制政策,而里根政府领导下的美国则推动放任的、不受限制的人口政策。一方面,提出人口转变理论(下面将对此做出解释)足以作为解决人口增长的药方,但另一方面,里根政府的一些顾问甚至认为不那么需要这个理论,他们认为人口增长通常是一种经济优势,而且未来仍会如此。[①] 看起来美国现在似乎支持一种国际廉价劳动力的政策;让外国劳动力廉价,让资本流动,让贸易自由进行。其结果是,美国人的工资也会因为工作随着资本流往海外而减少。而不流动的国内资本会从廉价的国内劳动力中获益。美国的消费者,即那些仍然拥有高薪工作的专业人士和政府官员,当然会从较低的价格中获益。我们感到很高兴的是,中国的领导人看到了自由放任的个人主义的错误,我们希望美国近期有扭转的趋势。

规模问题

华盛顿官方的放任主义和鼓励提高人口出生率政策的趋势,反映在一份国家科学院的报告中,题目是《人口增长和经济发展:政策问题》(1987)。报告讨论了许多有趣的问题,但是最有趣的是一个从来

---

① Julian Simon, *The Ultimate Resource*. Princeton, N. J.: Princeton University Press, 1981. Ben Wattenberg and Hans Zinsmeister, "The Birth Death: The Geopolitical Consequences." *Public Opinion*, December/January 1986.

没有人提过的问题:经济的物理规模(人口与人均资源使用的乘积)是否有意义?这个问题在新古典经济学思想体系中没有出现,它只关注资源配置。它把所有的焦点都放在了可供选择的用途中任何给定资源流的配置上。如果配置在帕累托的意义上是最优的,那么那就是所有要考虑的东西。如果我们把资源使用的规模加倍或者减半,那么市场仍会产生出一种(不同的)帕累托最优的配置。就像我们在第七章中讨论的,最优配置的问题是一回事,最优规模的问题则完全是另一回事。在完全竞争的条件下(许多小买家和小卖家,具有完美的知识,不存在外部性),市场个人主义会产生一种最优的配置。但就像我们在第七章中详细说明的,不存在类似朝向最优规模的发展趋势。整个经济相对于支撑的生态系统的最优规模这个概念,在当前经济学理论中并不存在。因为生态系统的物理维度是确定的,所以经济规模的扩大(人口与人均资源使用的乘积)必然导致经济规模相对于生态系统的扩大。相对规模最好是多大是一个很明显的问题,它与在可供选择的用途中给定规模资源流(产出)的最优配置问题完全无关。新古典经济学设法把这些不相关的议题混在一起,并显然假设所有的规模问题都可以通过恰当的界定财产权利而转化为配置问题。但这是错误的。

假设在某个规模我们有一种最优配置。经济在发展,人口在增长,因此若干年以后我们拥有的经济规模更大。在这个更大的规模上,洁净的空气不再是一种大量存在的免费商品。那很好,新古典经济学家会说:那仅仅意味着空气过去的零价格太低了,因此我们以某种方式把清新空气中的财产权赋予个人或者公共组织结构,结果将是清新空气具有了某种正的价格而且通过重新分配达到一种新的最优配置。问题解决了。但只有配置的问题解决了。一旦空气变成了稀缺商品,那么试图让它保持零价格当然是蹩脚的经济学。但是还存在着一个问题,那就是当经济规模较小、空气的正确价格是零的时候我们的境况更好,还是当经济规模更大使得空气的正确价格应该是正数时我们的境况更好呢?这是一个经济规模问题,而不是配置问题。要处理最优规模问题,我们就必须无保留地愿意控制或者影响经济规模,一旦我们知道最佳的位置所在的方向。但是对规模的控制不能交给个人主义的方法。不存在引导受自利动机驱动的个人朝向最优规模社会福利发展的看不见的手。就它所发挥的作用而言，看不见的手指导我们实现的是一种最优配置。在已经超出最优规模的增长体制下，最优配置只不过总是一种对不断恶化的处境所做的可能的最佳的调整方式。

共同体中的人的经济学必须面对经济规模的问题：人均资源使用处于什么水平以及多少人同时生活对共同体而言才是最佳的？这里的共同体包括现在活着的人和后代人，以及非人类物种。接下来的问题就是，控制人口规模和人均资源使用的最佳方法是什么？

第一个问题是对最优人口这个众所周知的难题的重新表述。我们不需要一个精确的答案。一个足够的定义是，让所有人都过上好生活的人均资源使用水平，在很长一段时间内可持续。大量的证据表明，富裕国家的生产规模（人口与人均资源使用的乘积）在生态上是不可持续的。因此很显然，我们必须让这些因素中的一个或者两个减下来。当前全球范围内两者都在增长。因此，我们的第一个目标应该是尽可能快地稳定在现有水平或接近现有的水平。一旦我们学会了在某个水平上保持稳定，那么我们就可以操心向最优水平发展的问题了。值得注意的是，即使有人与我们的观点相反，认为我们还没有达到最优规模，这个支持学会保持稳定的观点也是成立的。继续增长最终会把我们带到这个更大的规模上，然后在这个规模上我们想要保持稳定。如果我们不知道如何保持稳定，那么，当我们的增长越过最优规模时，识别最优规模也只不过是让我们认识到它的存在，并对它挥手说再见。因此，那些认为除非你能先明确说明在哪个最优规模上保持稳定，否则讨论保持稳定就是没有意义的人，把问题弄反了。除非我们愿意并且能够保持稳定，否则知道最优规模也是无意义的。因此以保持稳定为目标的政策不需要等待对最优规模做出确切的说明，这需要经济学家、生态学家、哲学家、气候学家等之间的很多合作，而且永远不会得到精确的界定。但是精确的界定从来就不是存在的先决条件，而且因为有不可辩驳的证据表明现在的生产规模过于庞大，必须采取政策削减它。可以通过减少人口和人均资源使用这两个因素中的一个或者两个来削减生产量。通常第一种方法对穷国很重要,而第二种方法对富国更重要。我们会在下面的章节中考虑这两种情况。

人口本身问题在哪里

穷国的人均资源使用非常低,它是如此之低以至于我们也认为应该将其提高。当人口每30年增加一倍时,这一提高就不能实现。从全球角度讲,通过降低出生率而不是提高死亡率来减缓而后阻止人口快速增长,是最紧迫的事情。

现在这种需要得到了大家普遍的认同。45个国家的首脑(包括许多人口最多的国家,如中国、印度、印尼、孟加拉国、尼日利亚和埃及)签署了《世界领导人关于人口稳定的宣言》并于1987年4月24日将这份宣言提交给美国国会。它包括以下内容:

目前我们的星球每年出生的人口比死亡的人口多7600万。如果照现在的速度持续下去,到2000年出生的人口将比死亡的人口多1亿。过去的13年里已经增加了10亿人口,在以后的12年里又将增加10亿人口。

因为过度消费和人口过多,今天的世界存在着环境的退化、收入不平等和潜在的冲突。如果这种前所未有的人口增长持续下去,那么未来的儿童那代人将没有足够的食物、房屋、医疗保障、教育、地球资源和工作机会。

我们认为,现在是时候认识到在不久的将来整个世界都需要阻止人口的增长,每个国家都需要采取必要的政策和计划来这样做,以保持与自己的文化和抱负相一致。[1]

真正的问题不是人口是不是应该保持稳定,而是如何保持稳定。

---

[1] Werner Fornos, *Gaining People*, Losing Ground. Washington, D. C.: Population Institute, 1987, pp.110–111.

一个观点是经济增长本身就是问题的答案。截至1983年，12个欧洲国家在出生率和死亡率之间达到了理想的平衡，两者都处于很低的水平。对此，莱斯特·布朗是这样解释的："生育率的下降源于经济增长和社会进步。随着收入的增长和妇女就业机会的增加，夫妻双方选择了少生孩子。计划生育服务水平的提高，以及放宽对堕胎的法律限制，为夫妻双方做到这一点提供了途径。因此，这些国家的人口得以保持稳定是个人偏好的结果，也是经济力量、社会力量和人口力量汇聚在一起的产物。"[1]

这12个国家体现了弗兰克·诺德斯坦在1945年所提出的"人口转变"。这一转变是指从高出生率和高死亡率（寿命短）的时期，经过一个高出生率和低死亡率的阶段，达到出生率和死亡率两者都在很低的水平上（寿命长）的新平衡。当然第二个时期是伴随工业化产生的人口快速增长的时期。当上面所讲的社会和经济变化使得夫妻双方选择了较少的家庭成员时，第三个阶段就出现了。这种人口转变作为发展会带来什么的普遍理论的提出，使得人们对全世界的快速人口增长感到非常得意。这个观点的要点是，使快速的人口增长成为可能的经济发展，也能终止这一增长。

莱斯特·布朗悲哀地指出，在许多世界上最贫穷的国家里这一局面并没有出现。"理论家们没有说，当发展中国家陷入第二阶段却没能取得减少出生所依赖的经济成就和社会成就时会发生什么事情。这个理论也没有解释，当第二阶段每年3%的人口增长率——这意味着每100年增长20倍——无限地持续下去并开始完全压垮生命支持系统时会发生什么。"[2] 当然，结果就是饥荒和瘟疫重现，国家会退回到寿命短的高出生率和高死亡率的第一阶段。布朗看到很多国家已经在受到这种命运的威胁。

---

[1] Lester R. Brown, William Chandler, Christopher Flavin, Sandra Postel, Linda Starke, and Edward Wolf, *State of the World*, 1984. New York: Norton, 1984, p.2.

[2] Ibid., p.20.

即使人们接受人口转变的假设，它还存在着一个困难。这个假设说，实际上父母选择了耐用消费品和其他商品而不是更多的孩子。这个政策就是用更多的电冰箱、汽车、电视等来"购买"更少的生育。印度尝试用晶体管收音机来廉价地换取更少的生育，但并没有起什么作用。在人口转变理论里，没有讲有关婴儿和消费品"交换"的"贸易条件"，以及在生态上是否可行。中国有可能给每个家庭一辆汽车和一台电冰箱以换取只生一个孩子吗？从可接受的生态成本角度上讲，这是不可能的。普通印度人的人均消费水平必须提高到普通瑞典人的平均水平，才能使印度的生育率降低到瑞典的水平吗？所需要的产量水平对印度的生态系统意味着什么呢？对人口转变理论来说更糟糕的是这样一个事实，即：它在第三世界国家里发挥作用之前，必须提高最贫穷的2/3人口的人均收入，因为他们是生育孩子最多的人。而这需要先决条件：或者以大规模的重新分配作为经济发展的部分内容，或者总增长率非常高，以致即使涓滴到个人身上的量（trickle-down）也足够大。我们认为，这两种情况都不太可能。看到巴西生育率出现了实质性的下降是很令人鼓舞的。从表面上看，这似乎是证实了人口结构自动转变的论点。但实际上人口出生率的下降出现在较低的社会阶层，这些阶层的收入并没有增加，而且在某些情况下甚至还减少了。因此，这更多地与人口结构的转变相矛盾，但是它让我们有了这样一种希望，那就是计划生育大众化能够降低出生率，而与耐用消费品的增加无关。

幸运的是，许多第三世界国家没有依赖人口结构的转变来处理他们的人口问题。最引人瞩目的例子是中国，在那里施加了各种各样的压力来支持一个家庭只生一个孩子的政策。在10年中，中国把出生率从34‰降到20‰。努力为人们提供教育，提供便利的避孕和堕胎方法，为妇女参与家庭以外的共同体提供机会，以及确保老年人得到照顾，无论他们是否有后代。这些系统的努力在其他地方也取得了成效。然而在世界大多数的国家，这个问题仍然很尖锐。

我们认为，把市场原则用于解决这个问题是没有多少希望的。市场可以很好地配置商品，这比中国的计划经济少了很多强制性。但市场的弱点在于它不能正确地决定它自身的规模或者确保分配公正。可转让的生育指标计划[①]建议，人口规模和生育儿童权利的分配应该由共同体来整体决定，但是这些权利可以在自由市场中进行交易。

这一计划建立在这样一个观点上，即生育权不能再被当作一种免费的商品。它必须被看成是满的世界中的一种稀缺商品。与其他稀缺商品一样，生育权必须受到分配和配置的约束。生育指标计划是建立在保证更替生育率的生育权总量进行平等分配的基础上。但这些权利是可以转让的，因为人们承认，不是每个人都能够生育或者愿意生育，而其他人则非常想要比更替数字更多的孩子，在美国人口死亡率的条件之下，这个更替数字是每对夫妇有 2.1 个孩子。因为孩子只能是整数，所以这个小数就提出了一个问题。这个问题是通过颁发以 1/10 个孩子为单位的权利（1/10 个孩子的生育授权书）来解决的，需要 10 个这样的权利来合法地生一个婴儿。生育授权书可以通过出售或作为礼物自由地转让。因此最初的分配是以严格平等为原则的，但允许重新分配对配置效率有利——换言之，更好地使生育的权利与生育意愿和支付能力相匹配。而后者正是许多人所反对的——他们认为，支付能力不应该与生育有任何关系。这种观点不会得到自然界中有着领地意识的物种的支持，也不会得到人类历史的支持。在人类历史上，经济能力通常是婚姻的前提条件，正像我们所看到的，甚至连密尔都认为它是完全正当的。实际上，密尔可能由于这一方案过于宽松而反对它，因为它给予包括穷人在内的每个人平等的生育权，并且只是允许而不是要求进行重新分配。而且这一计划对于人均收入分配的影响，明显是使其趋于平等。更进一步和最重要的影响，是提高了一对想要并且

[①] Kenneth E. Boulding, *The Meaning of the Twentieth Century*. New York: Harper & Row, 1964. Herman E. Daly, "The Economics of the Steady State." *American Economic Review*, 1974. David M. Heers, "Marketable Licenses for Babies: Boulding's Proposal Revisited." *Social Biology*, Spring 1975.

能够负担起生养一个新生命责任的夫妇生育一个孩子的概率。从孩子的角度上讲，这当然是有好处的。如此多的争论都只关注了父母的个人主义的"选择自由"，以至于我们发现有必要强调一个明显的事实，那就是孩子的福利也需要进行讨论。

尽管这一计划遭遇的许多斥责，都是基于未经权衡的感情用事，但它还是存在一些现实困难。最重要的就是对那些没有生育授权书而生养孩子的人进行适当惩罚的问题。可供选择的惩罚范围，从事后获取生育授权书（也许以分期付款信贷方式），到被迫放弃孩子让他人收养。收养的父母当然需要拥有必需的生育授权书。任何控制人口的计划都面临类似的困难。这个计划远没有中国的计划生育严格，而且在我们看来，它最大程度尊重了个人自由，同时与人口控制相一致。生育授权书分成 10 份的可分割性，使得增长速度可能逐步改变，而且相比于中国的计划生育提供了进一步的优势。为了阻止人口增长，中国人不得不采用了一个家庭只生一个孩子的严厉措施。至于一个家庭只生一个孩子导致了怎样剧烈的社会变化，人们可以通过留意这个政策产生的影响来理解，即它意味着人们没有了兄弟、姐妹、堂表兄妹、叔舅和姨婶。而生育授权书计划中则不必要产生这些影响。这一计划可以针对人口的状况进行更精确的调整，并可以允许有更加循序渐进的改变。

我们发现有一点是很奇怪的，那就是这一计划激起了如此多的反对，而这些反对却来自那些接受代孕服务和为单身母亲提供诺贝尔奖得主精子银行这样现实的人，而我们对这些做法是有严重保留意见的。这一计划并不包括买卖婴儿，它只包括生育的合法权利的买卖。

我们的建议作为一种中国方法的替代方案，提供给那些既需要严厉的行动又有能力贯彻这些行动的国家。有一些国家有特别迫切的需要，但却缺乏这一计划得以实施的国家基础设施。另外一些国家采取更加温和且更加集中的措施就足够了，美国可能就是其中之一。

人均资源消耗问题在哪里

美国人口增长率每年大约为1%。这使得美国属于这类国家，即规模过度的主要问题不是源自人口增长而是来自人均消耗。本书后面的章节提出了一系列的政策，这些政策的效果，就是减少美国的人均资源消耗而不会降低他们真正的经济福利。鉴于狂野的事实以及美国经济在导致这些事实中所发挥的特别重要的作用，这种减少对整个人类来说都至关重要。

但是，即使一个相对缓慢的人口增长，也会大大减少这些政策给地球带来的好处，而且会使美国国内遭遇真正的经济困难的可能性增加。美国需要与欧洲一道来实现人口的稳定。如果它能够在稳定人口一段时间后，人口逐渐下降，那么它对处理全球生产规模问题的贡献将会更大。

美国人口增长是由净移民和出生人数超过死亡人数共同导致的。因此阻止人口增长需要这两方面都做出改变。移民可以进一步划分为合法的和非法的。我们支持将合法移民的数量维持在接近现在的60万人的规模，尽管逐步减少这一数字可能是必要的。但我们也支持对我们边界实施管制和终止非法移民的现有做法。

许多经济学家极力反对限制移民的政策。他们在鼓吹自由贸易的同时，也鼓吹人口的自由增长和自由移民。这三个政策在逻辑上是一致的，而且与作为空的世界经济学的基础的假设也是一致的。自然，它们与满的世界经济学的假设是不一致的。如果资源的替代或者人类知识不存在任何限制，资源因此"并非真正有限"，如果人类生存的目标是为了满足越来越多人的越来越多的需要，那么当然整个体系就是一部永恒增长的机器，而且那就是它的全部意义。

支持空的世界观点的人具有的一个很大政治优势，是他们看起来好像很慷慨。不要限制参加大自然的盛宴的宾客数量，这里还可以容纳更多的人！让大量可怜的人进入我们的国家，移民的子女怎么能对新移民说"不"呢？所有这一切听起来都是如此的胸怀宽广。但它真

第三部分 为美国的共同体提出的政策

是如此吗？如果资源是无限的，行慷慨是很容易的。但是即使当你知道资源不是无限的，以其他人为代价来行慷慨也是很容易的。想想"慷慨"的移民或者对非法外来人口的容忍所服务的利益吧。廉价、顺从的劳动力供应得到了增加。但工会被削弱了。工资降低了而利润上升了。资本从自由移民中获得了好处，就像它从自由贸易中获得了好处。正是我们的劳动阶层，为那些想让贫穷的移民来到美国的资本家所行的慷慨买单。

保持一个充足的合法移民配额的一个理由，是美国对难民负有一种责任，特别是如果美国的行动导致人们逃离的话。和其他国家相比，美国传统上一直以来对于接受难民都是很慷慨的。我们能够吸收的难民数量是有限制的，但我们认为还没有超过那个限制。

不幸的是，这些人道主义政策已经被极端政治化了，我们对美国对待来自萨尔瓦多和尼加拉瓜的难民的不同做法进行比较就可以看到这点。在尼加拉瓜，我们的国家政策是采取所有可能的方法来颠覆桑蒂诺的政府。为了达到这个目的，美国极尽所能地瓦解尼加拉瓜的经济，从而给尼加拉瓜政府制造困难和制造人们对政府的不满。它还招募和资助那些反对政府的武装叛乱分子。美国移民局欢迎任何选择逃离由此产生的贫穷和危险处境的尼加拉瓜人。这些人被视为受桑蒂诺政府压迫和桑蒂诺政权无能的见证。

在萨尔瓦多，美国长久以来支持政府镇压民众的反抗，这种反抗不需要得到外来的支持就可以存在下去。因统治家族的极端残暴和恐怖而加剧的持续很久的战争，使得许多人谋求到美国避难。然而美国政府的政策是拒绝提供庇护，除非有极特殊的情况。根据国际法，这些难民并不是"不合法的"，但只是按照美国移民政策的政治规定，他们则是非法的。

后面的章节里推荐采纳的那些政策会减少世界其他地区的摩擦，或者至少减少美国插手这些地区的事务。它会减少美国在接受难民方面所担负的责任，也会减少美国在接纳谁的决定政治化方面所承受的压力。

当然，尽管没有非法移民的准确数字，但据估计，如果非法移民得到阻止，那么美国的人口增长每年可以减少100万。我们认为这是一个合适的政策目标。

现在我们考虑一下，美国如何能够减少每年出生人数高于死亡人数而导致的过剩，这个过剩也促进了人口的增长。在制定任何全面性减少计划之前，除了出于稳定人口的考虑外，我们还因种种原因支持对个人和社会都有益的人口减少。我们提出三个建议。

第一，处于青春期的母亲生育的婴儿过多。美国人的青春期怀孕比率高于其他任何发达国家。而且只有在美国，这个比率还在升高。这个数字大约为50万。我们认为，大大降低这一数字，应该成为一个公共政策问题。

十几岁的女孩做妈妈并不是天生就是错的，在有的社会中，这是正常和健康的。即使今天的美国，也有很多幸福的青春期婚姻的例子，他们生育了身心都健康的孩子。我们承认这些。但是这并不是青春期母亲的一般特征。半数生了孩子的女孩都没有完成高中学习。她们竞聘工作岗位的能力被严重削弱了。她们中许多人的生活都陷入了贫困。而许多父亲都没有承担起抚养这些孩子的责任。

青春期母亲所生的孩子很可能在心理、社会和经济方面都有欠缺。许多这样的女孩，后来自己也在很年轻的时候做了母亲，从而使这种依赖、贫穷和无望继续循环。公众也为此付出了高昂的代价。"1986年，纳税人为所有未成年母亲家庭支付了近180亿美元，用于食品救济券、医疗护理和收入支持。"[①]

这一现象整体而言是共同体崩溃的表现。我们认为，既有经济秩序对这种崩溃负有很大的责任，而且我们所建议的变革将会提供这样一种环境，即其中的健康的地区共同体，将不会让现在许多地方普遍存在的破坏类型的青年文化继续存在下去。但是未成年母亲的数目太

---

① Susan Weber (ed.). *USA by Numbers*, Washington, D.C.: Zero Population Growth, 1987, p.70.

多这一问题是如此紧迫,以至于无法等待社会做出激烈的变革。这一危机也必须放在当下的社会背景来考虑解决。

问题是:"怎么办?"除了那些人们广泛讨论的解决办法以外,我们也没有别的答案。我们急切需要性教育,而且社会在面对 AIDS 威胁时,接纳内容直白的性教育,也会减少男孩和女孩在这方面的无知和不负责任,而这种无知和不负责任是未成年怀孕的一个原因。随着社会为女性提供更好的教育以获得所有的和更好的机会,随着拥有更美好的前程的希望成为更多少女生活的一部分,我们可以期望她们会更乐意推迟怀孕,直到她们完成了学业。我们应该努力创造一个充满教育、机遇和希望的环境,从而使未成年人怀孕率充分下降。同时,对那些已经怀孕的人来说,堕胎有时是剩下的选择中危害最小的一种做法。

下面对各个国家情况研究的总结为我们的建议提供了支持。"在政治上自由、女性地位相对高、大部分妇女能够得到计划生育门诊的服务、医疗救助基金可以用于堕胎以及公共教育开支和师生比例都很高的国家里,人口出生率很低(而且堕胎率通常很高)。与大众的想法相反,高福利国家拥有相对低的人口出生率。"[①]

减少因出生人口多于死亡人口而导致的过剩的第二个努力,应该聚焦于所有年龄段的母亲所不想要的那些孩子。在早期,当更多的孩子被视为整个共同体的财产时,妇女有责任生养孩子,而且从整体上讲要生养更多而不是更少。所有伟大的传统宗教都是在那个时期出现的,而且它们的教义深深地受到了那一社会需要的影响。然而今天我们需要一种不同的基本态度。生养孩子是一种特权,而不是一种责任。共同体不必否认任何真正想要生养孩子的夫妇所拥有的那种特权。出于同样的原因,那些选择不要行使那项特权的人,应该受到所有人的尊重和感谢。他们应该得到帮助,而且他们在道德上应该得到鼓励来

---

① Susan Weber (ed.). *USA by Numbers*, Washington, D. C.: Zero Population Growth, 1987, p.71.

按照自己的选择行动，而不是使他们自己陷入不想要的怀孕或生育孩子的困境中。

第三个焦点可能比到目前为止所讨论的那些内容的争议性大得多，但是我们感到需要提出这个在人口老龄化的时代变得更重要的议题。年老的人应该有权按照他们自己的意愿选择死亡。令老年人感到恐惧的一个问题是，在他们的生命对他们自己和其他人已经不再有任何意义之后很长时间里，继续活着会让社会付出很大代价以及给他们的孩子带来很多麻烦。在很大意义上，这是现代医学的成就带来的一个新问题。我们不可能在古代的宗教文本中找到正确的答案，因为它们来自于非常不同的社会环境和人口环境。社会正在开始朝着免除医生这方面的责任做出一些尝试，即不必采取极端举措来维持某个想死的人的生命。我们希望在适当谨慎的情况下社会能向前迈更大的一步。且不说任何一般的人口学考虑，对人的自由和老年人的需要所给予的恰当尊重，就应该赋予他们死亡的权利，并且帮助他们实现其决定。在人口给生态环境极限带来压力的世界里，采取这些人道的措施还有其他理由。

这些与因出生人口高于死亡人口而过剩相关的政策，都是用来尽量提高婴儿出生在那些想要孩子并能够照顾他们的家庭中的机会，以及尽量提高人们按照其意愿活多长时间的机会。因此，这些政策尽可能地不具有强迫性。但是我们要强调，我们并不排除共同体整体为了所有人的福利而对个人偏好加以限制的成分。

相应地，如果当前的人口趋势出现逆转，我们将留着上面描述的可转让的生育指标计划以备后用。在我们看来，这样一种逆转在美国是不可能的，然而，在20世纪30年代的人口统计学家看来，20世纪40年代的生育高峰也是不可能的。我们应该考虑所有可能的情况。

第十三章 土地使用

与其他物种分享土地

在经济学中,"土地"一词指的是自然界。在第十章里,我们建议不应该像现代经济学在很大程度上所做的那样把土地看作物质和空间,我们应该主要把它看作能量和生物圈。当然,空间与两者有着非常密切的联系。当我们把土地看作生物圈时,而且,当我们把生物圈理解为由各个共同体构成的共同体,而人类只是其中的一个共同体时,那么关于土地使用的范围最广泛的问题,就是我们如何与其他生物分享土地。这里主要是指野生生物。现在对地球拥有无可置疑的统治权的人类,应该把地球的多大一个份额留给荒野?留给荒野的那部分应该是什么?

甚至,主流的人类中心主义观点,也提出了这个问题。人类从存在于其自然栖息地的其他生物那里获得了满足,而且荒野还存在科学价值、艺术价值和休闲价值。因此野生动植物保护区、国家公园和荒野保护区被划拨出来。但是它们只占了很小的一部分土地,而且它们承受着来自人类持续不断的压力。它们中的大部分都太小,以至于无法养活主要的食肉动物。人们越来越多地谈论"野生生物管理",而与此同时,物种灭绝势头丝毫不减。

从生物圈的角度看,这个处境是很糟糕的。人类没有表现出真正与其他生物分享地球的意愿。人类不允许这些生物成为它们自己的样子,并继续按照自然法则进化。所有的地方都在进行驯养,而驯化的结果是基因库退化。这种生物的巨大多样性为生物圈所贡献的丰富性下降了。

人类的态度和习惯是随着时间发展形成的，而且就大部分人类历史来说，这种态度和习惯的形成，是在荒野与人类定居的世界相比非常广大的时候。地中海一带的文明从南到北被无边无际的荒野所包围。拓展开垦区和定居区，似乎而且确实可能是一种成就。在美国，这些态度被更新和强化了。在很长一段时期，相对于驻扎的人类，西部边疆看起来是广阔无垠的。

还存在另外一种人类的态度。有一些人居住在荒野中，他们与其他生物处于共生的关系中。在那些文明人也就是都市化的人看来，他们是很反常的。因为他们没有征服和支配土地，没有人认为他们真正地居住在那里。对那些将会在上面定居并驯服它的人来说，荒野仍然是空旷和可以征服的。早期的居民是一个障碍但是并不真的值得考虑。这种态度即使在今天也很普遍，正如巴西开始在亚马逊盆地建立住所并驯服它。幸运的是，一些变化正在出现。例如，世界银行现在就拒绝为需要迁移农民和土著人的开发项目提供资金帮助，除非这些人得到充分的重新安置被列入项目的成本，但那种保护还不充分。

荒野与人类稀疏的居所以及采猎相容，但与农业从事者的定居或者城市居民的开发利用不相容。正是后一类人的态度一直占据优势。只有当荒野在世界范围内开始变得明显供不应求时，态度才开始发生变化。现在农业从事者和城市居民虽然没有放弃他们早期的观点，但也逐渐产生保留旧世界的某些事物的兴趣。但是只要人类中心主义观点盛行，那么人们就没有多少意愿来保留足够的土地让真正的荒野存续下去。那将需要人类为了其他物种的利益放弃某些东西——猎人和靠采集食物生存的人可以理解这种放弃，但它仍然是大多数城市居民所感受不到的。

然而，对土地的一种新的认识正在出现，随之也产生了一种新的可能，即经济可能适应这个范围更大的共同体的需要。如果这真的发生的话，在美国什么样的政策是恰当的呢？

我们可以相对容易地采取一些重要措施。政府拥有大量的土地，

第三部分 为美国的共同体提出的政策

特别是在西部。这些土地中一小部分被宣布为荒野保护区,因为它们的原始状态被保存下来,那是一种进步。但是这些区域都太小了。让人庆幸的是,野生生物并不要求其生存环境处于原始状态。如果人类后来侵占的地方是局部的和暂时的,那么这些生物可以在人类修建了道路和进行砍伐活动的山坡这些地方繁衍生息。可以大大扩展荒野保护区而一般来说对美国经济只会产生微小影响。对现有荒野实行的分类保护可以应用于这些扩大了的地区。

另一个措施是使牲畜退出国家森林。这甚至会使那些长期为人类使用的地区的野生生物数量得到恢复。野生生物可以利用现在喂养牲畜的草地,而牧民也不再迫切要求捕杀食肉动物。人类存在的影响就会随之减弱。

这种把牧民放牧的权利收回来的经济成本,高于扩大荒野保护区产生的经济成本。但是这个成本还是很小。这些牲畜对美国经济或者大众饮食而言似乎并不重要。牛肉并没有供不应求,而且如果牛肉消费确实随之减少,那么这会对美国人的健康有帮助。不愿采纳这些政策反映的只能是人类中心主义,它把对人类而言最无关紧要的经济收益看得比丰富其他动物的生命更高。尽管这些最初的措施可以做到很多,但应该做更多的事来矫正人类和其他物种之间的平衡。另一个措施是从西部牧场的所有者手中买回大量土地,这些牧场过度放牧的情况很严重。在迁移走家畜之后,这片土地会逐渐恢复其供养一大批野生生物的能力。与家畜相比,野生动物破坏生态系统的可能性要小得多。

作为对为保护野生生物而使牧民退出牧场的部分补偿,可以把现在用来种植庄稼的一些土地变成牧场。正像牧民在牧场过度放牧,更适合做牧场的土地被用来耕种了庄稼。因此许多土地都需要灌溉,而许多灌溉用水都来自正被快速耗竭的蓄水层。按实际情况对这部分用水收取费用,会大大减少用水量以及使人们放弃许多地区的灌溉。因此这些土地对于耕种不再有用但却非常适合放牧。现在的粮食产量将减少一些,但是让枯竭的蓄水层得到补充会为将来需要耕种更多庄稼

247

的时候提供水源。今天并不存在食物短缺的问题。人们在超级市场上几乎不会注意到牧场和庄稼地的减少，这种减少也不会缩减世界其他地方的食物供应。现有生产过剩的问题将会得到缓解。

当个人和企业因受这样的公共政策的影响而蒙受损失时，做出一些补偿是适当的。但是如果现有生产的全部成本都被包括在产品的价格中，那么受这些政策影响的大多数企业不论以何种方式都会难以继续留在该行业中。牧场被过度放牧和蓄水层被耗尽的成本不应该都让后代人去承担！一旦成本被内在化，我们就会看到，停止这种剥削行为会得到正的净收益。

我们给出这些说明，只是描述人类不再对野生生物施加压力这个过程的开始。这些说明只涉及了美国西部。如果在小一些的规模上，类似的做法在新英格兰北部、中西部偏北地区和南部也是可能的。在阿拉斯加，大多数土地已经得到了某种保护。

美国半数或者更多的土地都可以从人类定居、农业和家畜的放牧中解放出来。点缀在这些主要自然区域的不仅是现有的人类定居点，而且还有娱乐场所：滑雪胜地、避暑胜地、度假牧场、狩猎以及钓鱼旅社。得到加大扩展的自然区域既会给人类带来快乐，同样也有助于其他物种的福利。

土地的商业用途还会继续。伐木应该从生态的角度上得到管理，砍伐的数量应该少于种植的数量，但是伐木活动还会继续，除了在为野生生物划拨的扩大的区域里，在大多数地区将允许进行采矿。

许多地方会禁止建立新的定居点，而一些现有的道路和定居点则会被陆续关闭。但是所有这些都不需要进行剧烈或破坏性的改变。主要的要求是将家畜迁移走，而且要阻止对野生生物栖息地的进一步侵占。第二个要求是人们要明白，在大的区域，人类应该根据野生动物的存在做出调整而不是为了方便人类来调整环境。在主要自然区域，应对人类活动进行管理而不是进行野生生物管理。人类可以与其他物种分享大地。

这些关于与其他物种分享大地支撑生命的能力的考虑，再次突出了我们反复强调的规模问题,尽管是从一个不同的角度。人类经济相对于整个生物圈的最优规模,可以以完全人类中心主义的方式,定义为对人类来说最好的规模(即使这样,这对当前的实践来说也是一种很大的进步)。或者,最优规模可以从生物中心主义的角度,定义为对所有生命形式最好的人类经济规模。前者把其他物种只看作工具;而后者既承认其内在价值,也承认其作为工具的价值。生物中心主义的经济最优规模,可能小于人类中心主义的经济最优规模。我们不能确定小多少。

从商品到托管物

当土地被看作物质和空间的时候,很容易就把它当作可以买卖的东西。第五章已展示,它如何从被看作人类的家园和谋生手段的源泉,变成被看作市场中只用价格来衡量的一种商品,其价值主要由它的位置和大小决定。第十章指出这是错误的,自然不是人类的财物,而人类是自然的一部分。在《圣经》的观点中,人类是造物的一个部分,它对所有的造物负有一种特殊的责任。我们赞同这种观点。我们可以称它为管家职分教义。

有关土地的什么经济政策会表达出管家职责而非物主身份的观点呢?一位著名的,也是相当古怪的经济学家亨利·乔治对这一问题进行了广泛的思考。他的"土地概念具有生态的特征,他把土地看作自然环境,各个共同体在与周围环境(有生命的和无生命的)的关系中存在。空气、阳光和水都是自然的礼物——是作贡献的因素"[1]。因此,"所有自然的土地应在所有地方被视为共同体而不是私人的资源"[2]。

乔治认为,经济的所有弊病都源自土地的商品化,可以废止土地

---

[1] Louis Wasserman, "The Essential Henry George." In *Critics of Henry George*, edited by Robert V. Andelson, London: Associated University Presses, 1979, p.35.

[2] Ibid., p.30.

的商品化来消除这些弊病。这里，我们不讨论那个更宽泛的主题。但是我们都反对把土地只看作商品，在此基础上我们赞成他提出的关于税收的具体建议。乔治认为，所有土地都应该征收与其租赁价值相近的赋税。在租赁价值决定的问题上，他遵循了李嘉图的观点："在使用同样的劳动力和／或资本的情况下，土地的租金由其获得的产品比从使用中的生产力最低的土地上获得的产品多出的部分决定。"①因而，土地实际上失去了作为私人商品的所有价值。在根本上，它成为出租或租借给私人使用的共同体财产。

有人可能会指责这样一种赋税等于把私人财产充公，但要看到乔治想把什么东西"充公"是重要的。他当然不是想要把人们辛苦生产的产品或者这些辛劳所换来的资本充公。事实上，他反对政府对这些征收的所有赋税。他认为，"在对劳动产品的所有权和对土地的所有权两者之间，有着根本的和不可调和的区别；一个具有自然的基础和约束力，而另一个则没有。而对土地排他性所有权的承认，必然是对劳动产品的所有权的否定"。②乔治想要"充公"的，只是那些并非来自于人类努力的收益，或者是税务师如此直率地称为"非劳动所得"的收入。他认为，这些收益似乎完全来自土地。在这点上，他有些夸张。租金并不是只有土地独有。任何生产要素都能获得一种高于其最低供应价格的回报。但是因为土地的最低供应价格是零，因此就土地而言，租金更容易得到确认。土地租金因社会的变化而产生，如城市扩展使附近的土地价格升了多倍。这一现象引发了投机活动，它吸收了本应该用于进行生产性投资的资本，并阻止了土地被用于对共同体有益的用途中。它是从土地中获得的不劳而获的利润，它源于社会的变化，乔治想要把这种利润充公用于整个共同体。

转向收取乔治所提倡的赋税将产生广泛的影响。当前，大量的资

---

① Louis Wasserman, "The Essential Henry George." In *Critics of Henry George*, edited by Robert V. Andelson, London: Associated University Presses, 1979, pp.34–35.

② Henry George, *Progress and Poverty*. New York: Random House, 1879, p.xv.

本被用于土地投资。这部分是由于当前对土地的使用，部分是由于对土地升值的预期。这一投机性的因素通常是主要原因。如果土地被征收了等于或接近其全部租赁价值的赋税，它的价格就会非常低。持有土地的大部分成本将是对其征收的赋税。因为这种赋税会随着土地价值的上升而提高，或者随着土地价值的下降而降低，因此从事土地投机活动的基础就不存在了。人们将只会因为土地的使用价值而获得它，而不是因为对其不断上涨的稀缺性价值而从事投机。

当前，主要的赋税是针对改善征收的。这是决定建筑的一个因素。今天对他们的房产进行改善（因此使共同体受益）的公寓所有者和房屋所有者必须缴纳更高的赋税。在乔治的制度下他们的赋税将不会受到影响。

当前需要大量的资本来为农场购买土地。在乔治的制度下，不需要这样做。需要的是每年支付一大笔租赁费。这个支付数额的计算方式，应该是使农民自己的辛勤劳作和对土地的改良，获得让他们受益的回报。因此，赋税的数额不应该打消想要成为农民的人获取土地的积极性。它会打击投机者获取土地的积极性。

许多城市共同体想在居民区分散构建农业区，而乔治所建议的赋税本身并不会导致这一结果。这是区域划分问题而不是征税问题。然而乔治所建议的赋税会消除许多反对这种区域划分的压力。今天，城市近郊的农民把他们的农田卖给开发商可以获得巨额的利润；因为区域划分禁止他们出售土地，因此他们会抵制区域划分。另一方面，在出售土地的私人利润趋向于零的情况下，农民将没有理由反对区域划分，这种区域划分使得农业土地税与从事耕种可以获得的利润保持相称。

尽管通过税收把凭借土地获得的非劳动所得拿走的逻辑，常常得到人们的认可，但是它的可行性受到人们的质疑。但实际上，我们可以在不造成大规模的社会破坏的条件下做到这一点。一旦更大范围的共同体决定这种转变是它们需要的，那么，人们就可以通过提高土地税和降低改良土地方面的赋税，逐步实现这种转变。正像我们将在第十七章中指出的,这已经在一些城市里实施,并且收到了很好的效果。

如果那些在现有制度下对土地进行了投机性投资的人,还是感到这样不公平,另一种方法也是可以接受的,它最终会取得许多相同的结果。哈维·伯特尔森(Harvey Bottelson)建议,政府可以按照当前的市场价值买下所有的土地。[①](作为当前市场价值的一种替代方案,我们建议采用当前课税目的所评估的价值,特别是如果那种价值是自己申报的话。)款项可以不用现金支付,而是可以延长很长一段时间从而用租金支付。这种方法将使现有土地所有者因为其财产的升值而得到回报,并使共同体得到稍少一些的直接收入。在这个基础上,开始控制大片土地使其不能用于有利可图的用途在经济上更加困难。然而通过这一计划,土地价值在未来的上升也会完全为共同体所获得。与此同时,共同体所有权将会为制定健康的发展模式提供最大的自由。资本将会被投入到生产企业中。

当通过乔治所提出的税收方式,或伯特尔森所说的购买方式,或两种方式的组合,使土地被去商品化,它就变成了一种公共托管物。因此,共同体在健康的土地方面的利益,就可以在税收政策或者一种奖惩体系中得到体现。在前面的例子中,如果表层土壤流失了和土地受到了污染,农民可能就会因为他们给土地造成的这些损害而被征收额外的赋税。如果他们改善了土壤而且让土地变得更加肥沃,他们对社会福利做出的这种贡献,就可以从他们应缴的赋税中扣除,而他们可以继续从提高的农业利润中获益。

同样的政策也可以应用于牧场。在许多例子中,退化的西部牧场无法在一个真正可持续的基础上养活足够的牲畜而使其具有经济可行性。如果牧场所有者因为每年使牧场遭受进一步退化而被课税,那么现有的很多牧场都会被放弃。这使公众可以廉价获得这片土地并使其恢复为荒野在经济上可行。同样,在干旱地区的一些农民也会发现,当自己因为土地受到损害和蓄水层被耗尽而被课税时,继续种庄稼就

---

① 哈维·伯特尔森在一份私人通信中提出了这一建议。

是无利可图的。这样一些土地会适合养牲畜,而且牧场经营者以便宜的价格就可以买到。总之,这一制度将鼓励人们将土地用于最有利可图并且可持续的用途上。

作为能量的土地

上面讨论的焦点是生物圈。它是我们整个世界中最明显可持续的部分,如果其发展进程不被人类干预所扭曲的话。它本身是太阳能的一种体现,并将那种能量转化成极其多样的生命体,而这些生命体则构成了生物圈。作为李嘉图空间的土地,也是可再生的太阳能的主要接受者。但是人类使用的许多能量,都是不可再生的低熵资源或物质—能量。金属和化石燃料在这里尤其重要。

就不可再生资源而言,我们的目标是在一个地区接近于可持续利用,完全的可持续利用是说不通的。把石油的消费降低到石油通过自然过程产生的速度,将使其失去商业用途。这将彻底地且不必要地给整个世界经济造成破坏。相反,每个国家应该决定每年使用其每种不可再生资源的已探明储量的比例。然后它可以对那一数量的开采权进行拍卖。是在政府的土地上还是在私人的土地上进行开采并不重要。购买开采权的成本将被加到其他生产成本中,因此会反映在价格里。

对技术人员来说,计算探明的储量是一件很复杂的事情。就石油来说,它不可能指所有那些人们已知的存在于地下的石油。许多石油,开采所使用的能量,比燃烧它能得到的能量还要多。根据定义,探明储量被限定在利用现有技术进行开采有利可图的那个数量。

假设每年允许开采2%的探明储量。这个数量会多于我们对某些资源需求的数量,如煤炭。在这种情况下,新政策没有多大作用或者不会产生任何作用。在其他一些情况下,如石油和铜,这个限额会低于现在的开采比例,并将迫使开采权的价格上涨。这会抬高市场价格并鼓励人们节约使用、发展替代资源和对铜进行循环利用。

这一制度也会刺激人们发展更多的高能效开采技术。这方面的技术成就将会增加探明储量，并由此增加可以开采的数量。它也会鼓励寻找新能源并产生类似的效果。

当没有取得什么技术进展以及没有发现新的资源时，可开采的资源数量会轻微下降。2%的计算将在前一年的98%的基础上进行。而且人们也一定预期到首先开采的是质量最好和最容易获得的资源。随着时间的流逝，资源将会更少，而且剩下资源的开采成本也会更高。然而转向其他能源和矿物质的替代品是一个逐步的过程。由资源突然耗竭而引发的危机是可以避免的。

如果不对进口加以控制，这些政策将是无意义的。它们必然包含关税或配额制度。在这种情况下，不能利用控制来阻止进口，因为国家经济在没有某些进口的条件下不可能良好地运转。但基于我们在第十一章中给出的理由，在大多数情况下我们应该支持国内生产。理想的情况是，最终针对国内资源调整国家经济以满足所有必要的需求。

如果其他国家制定了同样的政策，那么原材料的供应就会减少，它们的价格会上涨。另一方面，原材料的供应将会持续更久，世界原料的供应突然中断的情况可以被避免。

与不可再生资源的使用有着密切联系的，是对自然处理废物能力的利用。当然，我们的目标是将污染保持在环境可承受的范围之内。工厂不可能完全避免污染环境，而溪流可以净化工厂产生的部分废物。工厂应为使用这种稀缺的可再生资源付费，而且这种付费可以采用赋税的形式。这种赋税的水平，应该设置在鼓励工厂把其废物保持在溪流净化能力的范围之内。当然这种赋税会尽可能地传递给消费者，因为它应该如此。

同样，固体废物的数量也必须减少。一种方式是应该对商品课税从而把处置它们的成本包括进去。那样的话，生产商将有兴趣制造可回收利用或生态可降解的商品。如果对不可回收的包装收税，生产商会对生产可以再利用的包装更有兴趣。总之，如果对包装课税从而把处理费用包括进去，那么商品的包装会变得更环保、更容易降解。因为对资源消耗的放缓导致的材料价格提高，本身也会增加对材料循环利用的刺激。当然，即使没有征收污染税，资源消耗减少加上对循环利用的额外刺激，也会减少废物的数量。然而，作为一种微调的方法，我们认为需要征收污染税。

但是当我们谈到狂野的事实的时候，在第七章里提到把成本内在化仍然是不够的。这并不是说，我们不应该对工厂在破坏臭氧层、增加大气中二氧化碳的量，以及增加长期存在于土壤中的核毒物的数量这些问题上所发挥的作用而对它们课税。但是我们的确认为必须采取其他政策，这些政策远远超过单个工厂能做的事情。

我们需要国家付出巨大的努力来展望和实施一种能源政策。因为今天整个经济都是建立在大量使用不可再生能源特别是石油的基础上，而且石油供应会在40年内耗尽。从这个意义上讲，土地使用最重要的问题之一就是能源政策。最近对我们的能源选择所做的最详细的研究，是新罕布什尔大学复杂系统研究中心的吉佛、考夫曼、斯克莱和弗洛斯马提所著的《超越石油》。作者们竭尽所能避免杞人忧天，而且他们尽可能展现一个充满希望的画面，但结果并不令人鼓舞。

他们描述了步入未来的两条道路，并仿效艾默利·洛文斯（Amory Lovins）将其称为硬能源方针和软能源方针。硬能源方针使用的是不可再生资源和核动力，以及高度集中的能量生产。软能源方针则转向以分散的方式使用可再生形式的能源。引人注目的是，这两条道路的差异，在很长时间之后才在作者们的图表里清楚地显示出来。结果是，在作者们选择进行考虑的40年中，两条道路越来越多地、越来越显著地依赖煤炭来维持现有能源供应水平。两条道路都没有提供可供使用的总能源的增加。

作者们担心，煤炭正在污染环境而且开采煤矿也给地球表面留下了伤疤。他们顺便提到了温室效应问题。[①] 但是，除了停止增加能源使用量，以及随着天然气和石油被耗尽而将煤炭使用量增加两倍和三倍

---

① John Gever, Robert Kaufmann, David Skole, and Charles Vorosmarty, *Beyond Oil*. Cambridge, Mass: Ballinger, 1987, p.71.

以外，他们没能提出其他选择。

很明显，作者们偏向软能源方针，尽管他们认为这将任由国家在很长一段时间里依赖煤炭。在后记中，他们指出的发展方向也是我们所赞同的："控制人口增长、增加燃油税和/或征收进口关税；提高热电联产的容量；通过提高资源利用效率来节约资源；鼓励联邦政府做出表率；推广新型农耕方式；投资可再生燃料的开发。"[1]但是他们对于这些措施将改变整体的局面并没有抱很大希望。

的确，反思他们的结论会让读者感到很苦恼。他们没有推断出大量使用煤炭产生的完全负面的结果，对于对煤炭的高度依赖他们看不到任何的替代方案。如果他们把温室效应算在内，那么他们的预测肯定会更糟糕。在40年的时间里，化石燃料的持续大量使用会导致海平面明显上升，从而给三角洲地带和沿海城市带来大范围的损害。而且它也将导致天气发生重大变化，破坏农业和人居环境。对这些变化做出回应的能源消费方案，将减少可用于其他用途的净能源，或者因为使用更多煤炭而使问题的根源恶化。我们能够避免这种恶性循环吗？

关于使用更少的能源来维持现有能源的最终使用的可能性，艾默利·洛文斯远比他们乐观。为了证明这种可能性，他在科罗拉多的斯诺马斯修建了落基山研究所。这座建筑没有使用任何化石燃料，用电量是同类建筑的1/10，用水量也只有它们的一半，而且舒适性或便利性一点也不差。所有的节约都是通过使用被动式太阳能加热技术、优异的隔热材料以及高效的电器设备和卫生间实现的。"节约能源的这些特征的净额外费用（在减去不需要暖炉而节省的费用之后）在6000美元左右。与当地建筑的常规做法和最廉价的传统燃料（木材和丙烷）相比，这个建筑每年节约的能源价值超过7100美元。大约10个月左右的时间，节省的费用就会抵消它自身的成本，而且以后的40多年里

---

[1] John Gever, Robert Kaufmann, David Skole, and Charles Vorosmarty, *Beyond Oil*. Cambridge, Mass: Ballinger, 1987, pp.251-253.

应该会清偿整个建筑的费用。"①

能源利用效率即使出现明显轻微的变化，也会对供应计划产生很大影响。理查德·芒森认为："在世界范围内，实现能源使用每年减少 2% 将需要每年花费 50 亿—100 亿美元；然而它每年节约的价值估计为 200 亿美元。每年电力需求增长一个百分点，就相当于到本世纪末要建造 100 座大型核发电厂，其花费约为 4000 亿美元。"②芒森看到，有希望到 2000 年的时候通过热电联产来生产大约 45000 兆瓦的电力，如果国家所规定的管制被取消，那么生产的电力也许更多。

芒森也唤起人们注意，如果允许存在更多的竞争，我们就有可能从中获益。1978 年通过的公共事业管制政策法案，为电力生产的竞争打开了大门。因为它要求公共事业单位用不增加其自身电力产量而节约的成本，来购买由独立厂商生产的电力，这使得热电联产技术和太阳能技术得到了快速发展。然而，我们还可以做得更多。目前，公共事业单位能够更高比例地从它自己的机构里购买电力。芒森指出："如果公共事业单位从新生产单位建设中能够获得的仅仅是被避免了的成本，那么许多今天的反应堆就不会完工。具有讽刺意味的是，通过操纵对被避免的成本的计算，一个公共事业单位可以增建一个发电成本是每千瓦时 16 美分的反应堆，但是却会反对一个发电成本是每千瓦时 4 美分的热电联产发电厂。"③

如果整个美国的建筑习惯发生了剧烈的转变，而且如果允许电力生产进行公平竞争，那么我们对煤炭和核电厂的依赖都会减少。小规模的地区发电厂会生产出多得多的电力，那会非常适合一种分散型的经济。④汽车行业中也可以达到同样的节约效果。《超越石油》这本书

---

① Amory B. Lovins, and L. Hunter Lovins, *Visitor's Guide* (2d ed). Old Snowmass, Colo.: Rocky Mountain Institute, 1985, p.5.

② Richard Munson, *The Energy Switch: Alternatives to Nuclear Power*. Cambridge, Mass: Union of Concerned Scientists, 1987, p.55.

③ Ibid., p.57.

④ 参见：Amory B. Lovins, *Soft Energy Paths*: Toward a Durable Peace. Cambridge, Mass: Ballinger, 1977。

提到了每加仑油跑 100 英里的概念车型。超导体可以大大减少传动装置中的能量损耗。简言之，如果国家能源政策集中于高效率地使用能源，而不是增加能源生产，那么在《超越石油》研究设定的 40 年时间里，我们就可以减少化石燃料的使用量。

然而，我们认为还需要做出其他的改变。《超越石油》指出了并不如此依赖化石燃料的新的农耕方式。在第十四章中，我们将讨论这些，以及美国农业的转变如何能使这些方式得到实施。将在第十八章中讨论的国家安全观的改变，可以大大地减少军队使用的化石燃料。我们将在第十四章讨论，工业的分散以及地区和国家经济更高程度的自给自足，将大大缩短供应链和减少运输所需的更多燃料。

城市住宅

另一个具有巨大潜力来减少对不可再生资源的需求和垃圾排放场地的领域是住所。就像芭芭拉·沃德和勒奈·杜博斯所讲的："与任何单个政策相比，对人类居住区进行有计划、有目的战略规划能够更有效地利用资源、减少污染，甚至找到劳动密集型产业。"[1] 今天，越来越多的美国人住在几个大都市里，这些都市杂乱无序地向曾经富饶的土地扩展，而且需要在公共设施和交通方面投入巨资。为利用城市同时仍然拥有一块自己的土地而付出努力这种郊外居民的理想正在失去其魅力。

有两个方向是有希望的。一是把人口分散到乡下和小的城镇。这将伴随着第十四章里所描述的美国的重新安置问题。这样的乡村共同体和城镇成为重要经济单位的可能性，将在第十五章里讨论。对于数百万回归这种城镇生活的人而言，这将满足他们内心深处的社会和心理的需要。如果一个国家的大部分人口住在这样的地方，整个国家将会健康得多。许多人因为经济需要被迫离开这些地方，当经济分散时

---

[1] Barbara Ward, and René Dubos, *Only One Earth*. New York: Norton, 1972, p.180.

第三部分 为美国的共同体提出的政策

他们会很高兴回到这些地方。

另一个看起来有希望的方向是转变大城市的性质。这些大城市也有其重要的地位，能够满足由来已久的社会需要和心理需要。那些发现乡村地区和小城镇生活很压抑的人，需要获得在城市生活的选择。城市也能够成为或者容纳本书意义上的共同体。然而这不需要让大都市继续扩大。相反，大都市不可能成为共同体，而且几乎不会培育其各个区域的共同体。在欧洲，城市通常为乡村所环绕，在乡下零星分布着由发达的公共交通与城市中心相连接的城镇。这提供了一种更好的模式。无休止地建设和再建设是今天美国城市的特征，应该将其调整到这一模式，同时城市中心居住的人口将下降。这些变化将导致私人交通工具使用的减少，因此对正在快速减少的能源供应的需求也会减少。它们还会促进共同体的形成。

通过仔细规划，我们可以大大节约能源。艾默利·洛文斯已经向我们证明了这样一种可能性，即单个建筑可以在隔热方面做得如此之好，在利用太阳能方面计划得如此之好，以至于建筑物差不多不用依赖用于取暖的燃料。他也表明了使用少得多的电力就可以满足照明和其他电力需要。这些是能源使用的主要领域，由此实现的能源使用的减少会是巨大的。我们也看到，人们可以把汽车设计成使用少得多的汽油就能把人们从城市的一个地方运送到另一个地方，或者从偏僻的乡村运送到城市，而且在公共运输系统中也实现了能源非常有效的利用。我们还能做更多事情吗？

很明显，我们是可以的。例如，美国能源利用效率很低的一个方面，就是未能收集电厂和工厂中排出的废热并把它传输到有用的用途中。在这方面欧洲做得就好很多。这里，一个主要的限制，就是废热的来源通常与这种热能够作为能源有效发挥作用的地方存在一段距离。新城镇的规划可以使情况不再是这样。在城市的重建中，主要需要考虑的是最大程度地利用热电联产。

保罗·索拉里建议采取进一步的措施来整合所有这些收益并使这

259

些收益最大化。① 他设想了一种建筑生态或"生态建筑",它将把一个城镇或城市作为一个单独的单位来建设。通过废除所有的汽车运输,它比现有的城镇和城市更为紧凑。那样的话,我们就不需要占据了现代城镇中如此多土地的高速路、街道、停车场和加油站。这同时使所有的事物都距离近多了,因此取消汽车运输也消除了对这种运输的许多需要!

当然,如果大城市在土地上摊开,那么在大城市里距离仍然大得让人感到不舒服。这个问题已经通过建高楼来解决,就像在今天的大城市里。在现有城市的中心,已经有很多复杂的建筑物,在这些建筑物里,商店、商业场所、餐馆、宾馆、办公室和娱乐场所都有。在这个复杂的建筑物内,人们经常会发现很大的开放空间,那里有树、小水池、艺术品。人们通过自动扶梯或者电梯,从这些建筑的一个地方走到另一地方。这种感觉不像在人行道上或者穿越车流过马路那样拥挤。没有机动车辆,会营造安静和放松的环境。索拉里倡导的建筑会使这些开端扩展开来。这些建筑包括学校、医院、政府办公室、工厂,甚至是公园和足球场。最重要的是,它们将包括我们的家。

为了实现排斥汽车的目标,我们需要索拉里倡导的扩展。在一个屋檐下,市民们必须能够获得城镇或城市里所有通常的便利设施,不管其人口是5000还是50万。即使在大城市里,这种三维立体建筑将使居民可以在短时间内(不使用任何交通工具,除了自动扶梯、电梯,也许还有移动的人行道)到达所有地方。

市民也可以在几分钟之内走出生态建筑。这将是一种与从上面所描述的城市建筑中走出来非常不同的感受。在那种情况下,当一个人走出来时,他就是站在城市中心的一条人行道上。但是当他从索拉里倡导的生态建筑中走出来时,他所站的地方就会是乡下。进一步深入乡下到一个小城镇或者到另外一个城市,他当然需要交通工具,在那

---

① Paolo Soleri, *Arcology: The City in the Image of Man*. Cambridge, Mass: MIT Press, 1969.

里可能还需要汽车。但是用于通勤和环游城市的大部分能源预算就可以大大减少。

减少大都市的人口和向分散的共同体转变，这会最大程度地减少城镇或城市中的汽车运输。热电联产的潜力也可以完全实现。把工厂安置在生态建筑的最底层，因此工厂排出的废热很容易被收集用于建筑物的其他地方。很明显，利用洛文斯所使用和推荐的所有节约能源的设备并不存在什么困难。最后，索拉里建议，整个生态建筑可以通过直接或间接接收来自太阳的能量，来满足它所有的能源需求。

间接的接收太阳能与为生态建筑提供的食物生产有关。索拉里设想了一种为温室所环绕的生态建筑，这些温室既可以种植各类庄稼，也可以把热量导入生态建筑用作能源。没有人知道，生态建筑是否可以通过这些方式实现能源完全的自给自足。但几乎没有人怀疑，它所需的不可再生能源只占现有城镇和城市消耗的极小一部分。

将城市建在现在城市的随意扩张所占有土地的一小部分，还将释放出大多数土地，用于更具生产性的用途。城市通常是建在最适宜农业生产的土地上。我们可把一些这样的土地返还给农业生产，替代贫瘠的土地，而贫瘠的土地可以归还给荒野。

那些向往自然生活的人通常不喜欢生态建筑这种想法，因为这些生态建筑靠近现有城市的大面积区域。不是所有人都喜欢将整个环境严格地分为"室内"和"户外"，或者完全的人工环境和完全的自然环境。因为不存在原型，就像在落基山研究所的例子里，所以生态建筑中的生活会像什么，还有许多未回答的问题。然而，当我们开始关注狂野的事实并想象这些现实所表明的世界上的城市住宅，我们对于认真考虑现在看起来还主要纯粹是想象的东西会做得很好。索拉里让我们能够想象一个适宜居住的未来，它可以尽量减少对化石燃料的依赖，同时没有放弃城市生活中所包括的文化娱乐。我们希望其他人在这方面可以作出更大的贡献。

尽管这个想法是在远离现有城市的地方进行这种城市的试验，但可以在现有城市中试验其基本理念。考虑纽约或芝加哥的某个地区，因为旧房屋的老化或者住房建造计划,这些地区几乎无人居住。可以在这个地区的中心建一座生态建筑,并将其余的部分转变成公园和花园。这种建筑物既能为人们提供住处,又能提供工作场所、学校、商店等等。人们在这样的建筑物里可以过着完整的生活而不用花钱买车,而且公共设施的使用费是最低的。当然,当这种微型城市的市民希望游览大都市的其他地方时,还是需要公共交通的。如果这种试验成功了,越来越多的正在衰败的旧城区就可以按照这一方式重建。这个城市作为整体可以变成由这样一些共同体构成的共同体,其中散布着公园和小农庄。

第十四章 农　业

农业的自给自足

现代经济理论是伴随工业化成长起来的，它一直关注的是工业生产。将现代经济理论完全应用于农业是最近的事情。但是将这种理论应用于农村共同体已经产生了灾难性的后果。

从现今理论中引出的政策以三种相互联系的方式发挥作用。追求生产率减少了对农民的需要并减少了农村地区的人口。追求利润最大化并把社会成本和生态成本排除在价格之外，导致了对土地的不可持续利用。追求自由贸易导致了专门面向出口的生产，并导致农村人口无法养活自己，特别是在热带地区。

如果从为共同体服务的角度重新考虑经济学，那么它将从对农业的关注特别是对食物生产的关注开始。这是因为一个健康的共同体将是一个相对自给自足的共同体。一个共同体仅仅为了生存而完全依赖外界人士会削弱共同体。因为共同体的生存依赖于由其他人指定的条件，它通常不能为了共同体自身成员的利益制定其想要的政策。为了生存，最根本的需要是粮食。因此，如何种植粮食以及在哪里种植，对共同体经济学而言是一个基本问题。

必须进一步澄清的概念问题是，共同体在哪些层面上应该追求多大程度的自给自足。现在实施的政策的终极目标是一个自给自足的世界，在这个世界里所有的小于全球的单位为了生存都依赖于全球的贸易系统的正常运转。与之相反的极端情况是，世界完全由维持生存的农民和猎人以及采集食物者构成。他们的共同体几乎不能超出部落或村庄的范围。在这两个极端之间，是一个由共同体构成的共同体所组成的世界。最小的共同体是家庭，然后是面对面的共同体，超过这个水平就是城镇和城市、更大的地区、国家、几大洲和世界。很显然，不同水平上的共同体所追求的自给自足程度是不同的。什么准则能够帮助我们确定什么是合适的程度？

第十一章中讲到的鲁滨逊的例子表明，贸易单位自给自足的能力越强，他们参与制定贸易条件的自由就越多，而且所有参与者从贸易中获益就更加确定。另一方面，亚当·斯密非常强调的一点就是，用于消费的商品数量是专业化的函数。在存在健康的共同体的地方——也就是说，在政治体系的成员之间相互关心的地方——大量的家庭范围内的自给自足，为了更大共同体中总产量的增加，可以被安全地牺牲掉。因此，追求自给自足的层面，应该是个人人性或政治责任能够指望得到共同体成员关怀的层面。国家层面是我们可以期望实现这种相互关心的最高层面。因此，农业生产中基本的自给自足，通常应该成为国家政策的一个目标。

尽管自给自足这个目标在国家层面特别需要，但在较低的层面也不应该忽视它。尽管我们可以期望，一个负责任的国家政府对其所有国民的基本需要表现出某种关心，但不可能总是指望，它能够对其所有地区的这些需要做出及时的反应。与此同时，一个在经济上依靠于它之外的权力中心的地区，经常呈现出殖民地的特征，即使这些中心位于国家之内。它不可能控制其内部的经济生活，而且有时它不能照顾其民众。现今主流的经济理论鼓励这样的地区加强面向出口的专业化。但即使通过这种方式赚得更多的利润，这个地区对外部中心的依赖也更加严重。

我们这里提倡的经济政策鼓励一种不同的发展道路。像国家一样，地区应该以相对的自给自足为目标。如果它能满足自身的大部分基本需要，那么它就能在对自身有利的条件下与其他地区进行贸易。它可以让自己继续成为一个可存续下去的共同体。

经济分权这个总体局面不需要详细说明这些"地区"应该是什么。

最现实的回答是指向现有的政治划分。出于管理的目的，联邦政府把国家划分成了10个区域。走向分权的第一步就是考察所有这些区域实现自给自足的可能性。

生物区划运动表明在国家中存在不同类型的生态系统。在欧洲人来到美洲大陆以前，美国土著人的定居生活与这些生态系统大致相适应。每一种类型的生态系统都提供了一种独特经济和文化的基础。如果联邦政府区域边界的重新划定更加适应生物区域的话，如果更多的职能被从华盛顿和各州的首府转移到这些地区的话，那么生物区域在美国的经济、政治和文化生活中会发挥越来越重要的作用。①

这些地区已经依次分成了不同的州，而这些州大部分都分成了县和市以及不同类型的区。这些也都是区域。在区域层面上寻求相对的自给自足是指所有这些区域。当然城市层面上可能的或理想的自给自足程度，与州层面或联邦层面上是不同的。

如果我们现在可以自由地开始划定边界，这些边界将不会与现有的各州或其他单位相一致。然而，在第三部分余下的内容里，我们把现有的这些划分当作是给定的。由于要做出的变化很多，以现有结构的资源、经验和观点为基础是很重要的。

自给自足最完全的扩展将导致一个由自给农民组成的国家，每个农庄都足够养活自己。这既不是一个现实的也不是一个理想的目标。共同体经济学以超越家庭层面的共同体的自给自足为目标。然而，单个的农户家庭生产大部分自己的食物和燃料是可取的。当一个国家的农民停止生产自己的食物、种子、肥料和燃料，并越来越依赖那个他们无法施加影响的复杂经济系统时，他们的财富就会减少。绝大多数人不得不完全放弃农业生产活动。美国的农村地区已经被摧毁了。如果农业共同体即使在很小的层面上也是相对自给自足的话，那么它们要健康得多，而且生存能力要大得多。那意味着对商品市场价格和贷款利息的依赖减少。建立在这样的家庭农庄基础上的农村共同体与它

---

① Sam Love, "Redividing North America." *Ecologist* 7, No.7: 318-319, 1977.

们所支撑和依赖的城镇，就能够在经历了摧毁其他类型共同体的国家和全球经济的变革之后还能存在。如果整个经济的单位更为独立，其供应链条更短的话，那么它将会更稳固。

如果一个国家追求的不仅是农业的自给自足，而且还追求地区和农业单位相对的自给自足，那么它应该实施什么样的政策朝着这一方向发展呢？首先，就美国而言，它应该放弃最近几十年来推行的大部分政策。这些政策导致相对自给自足的家庭农庄和农村共同体被单一栽培农业综合企业取代了，尽管偶然有相反的情况出现。

沃尔特·戈德施密特清楚明白地说明了，什么给农业综合企业带来了好处："政府和其他制度上的政策支持大规模种植者，并推动连续的工业化进程和财团控制。这些特别的好处中最重要的是：（1）农业支持计划；（2）税收政策；（3）农业劳动力政策；（4）USDA（美国农业部）和赠地学院的研究导向。"① 在美国经济大萧条最严重时期，指导农庄的新政计划不同于其他计划，因为它们"不需要'经济状况审查'。而支付的补助数额直接与农场企业的总产量成比例，因此一个人（或者公司）拥有的越多，他（或它）得到的救济金就越多"②。柯克帕特里克·塞尔用类似的话语写道：

> 价格支持、土地休耕补贴制、直接支付、出口控制、研究和发展基金、灾难救助支付、农产品上市协定、税收冲销——所有这些都主要是用来让最大的农户，通常是公司获得利益，而且40多年都是如此……农场主住宅管理局每年为主要使用化肥、密集使用机器、进行单一栽培的大规模农庄提供大量贷款担保，这就为地区银行和信贷机构以及农用设备和化肥供应者设置了一种模式。因为联邦基金以这种或那种方式解决了1955年以来所有农户20%到40%的收入问题——无疑是最大的单一来源——联邦政府所做的是决

---

① Walter R. Goldschmidt, *As You Sow: Three Studies in the Social Consequences of Agribusiness*. Montclair, N.J.: Allanheld, Osmun, 1978, p.xxxii.

② Ibid., p.xxxiii.

定美国农业特征的单一最大的因素。①

这些政策制定的基础就是认为建立大企业可以实现规模经济，那么多小一些的农庄倒闭被当作是这个观点正确的证据。但是进一步考察的结果是，正是政府的政策给大一些的农庄提供了好处。②不断有研究表明，小规模的家庭经营实际上在每英亩土地上的生产效率更高。尽管现金收入可能较少，它们却可以养活一个家庭。正是当它们被吸引着扩大生产规模或为了实现"现代化"而过度借贷时，它们才被吞没在导致破产的衰退趋势中。

使大型农庄更具吸引力的唯一衡量标准是劳动生产率。③在这些大型农庄，大量的能源取代了劳动力。但如果用其他方式衡量生产率，如每英亩土地或每单位能源或资本投入的产出，则小型农庄总是胜出。正是联邦政府的政策破坏了美国如此多地区的家庭农庄，而不是家庭农庄制度的任何内在的缺点。停止联邦政府的干预，是恢复健康农村生活的第一个必要条件。

当然，政府的政策还是有可能产生有益的作用。最重要的是对石油征税从而把所有外部性都包括进去。因此，依靠石油的农业的真实价格就会清晰易见，而且与为附近消费者提供各类食物的小型农庄相比，以供应遥远市场为导向的大面积单一栽培生产就会处于劣势。美国几乎所有地区都可以在人口中心的附近生产出能够满足其需要的大

---

① Kirkpatrick Sale, *Human Scale*. New York: Cowan, McCown & Gesgheyon, 1986, p.232.

② 温德尔·贝瑞指出："在急剧削弱农庄的整个时期，我们据称'对农业进行了补贴'，但正像韦斯·杰克逊所指出的，这一陈述是错误的。我们实际上一直在做的是利用农民为农业综合企业公司洗钱，这些公司控制了农民的供应和他们的市场，而农民却在过度生产并受市场支配。"（Wendell Berry, "A Defense of the Family Farm." In *Home Economics*, San Francisco, 1987, p. 170.）

③ 沃尔特·戈德施密特认为，即使这也可能只是虚假的。"当拖拉机手驾驶一辆联合收割机去收割小麦的时候，农民利用了城里钢铁厂和炼油厂员工在制造收割机上耗费的数百小时。"（Walter R. Goldschmidt, *As You Sow: Three Studies in the Social Consequences of Agribusiness*. Montclair, N.J.: Allanheld, Osmun, 1978, p.xxxi.）

部分食物。① 立足本地种植食物是一个务实的目标，尽管它将不得不与现今复杂的全球生产、加工和分配系统中根深蒂固的利益相斗争。

可持续的农业

共同体经济学的第二个目标是，自给自足的农业生产应该成为永远可持续的。那意味着土地在现在之后的一个世纪应该和它现在一样富饶。这就像实现区域自给自足的目标一样，与当前的实践截然相反。

《超越石油》所做的最新研究让我们清楚地了解到，现今的农业实践是如何彻底的不可持续。美国早就越来越依赖进口的石油。在下一个40年里，美国必须"实现从石油和天然气到某种目前还没有确定的替代模式的转变，石油和天然气在今天占到美国能源预算的75%"。同时：

食物生产已经变得几乎完全依赖石油和天然气，不仅提供农场现在所使用的化学物质和机械设备，而且用于加工和分配农产品。同时，部分是由于工业化耕种的方法，土地基础已经因为土壤侵蚀、化学污染和水枯竭而退化了。在过去的几十年间，土地退化对农作物生产的影响，已经远远不能为工业化农业的强化和改良所抵消，包括（但不限于）发展杂交作物品种。但是在这过去的几十年间，在美国生产一个单位食物所需要的能源数量在稳步地上升。而且在过去的15年里，技术提升对农业生产率每年增长的贡献变得更小了，一些农学家警告说农业技术的源泉可能正在干枯。②

在接下来40年的某个时候，石油的成本必然会上升到使现今农业

---

① Kirkpatrick Sale, *Human Scale*. New York: Cowan, McCown, & Gesgheyon, 1986, pp.237–238.

② John Gever, Robert Kaufmann, David Skole, and Charles Vorosmarty, *Beyond Oil*. Cambridge, Mass: Ballinger, 1987, p.14.

系统崩溃的水平。如果未来的实际成本由现在化石燃料的使用者支付，那么向一种更古老的、能源密集度低得多的农耕方式转变就可能出现而产生的破坏性更少。那样，传统家庭农庄的劳动密集度更高的方式将证明成本效率最高。

即使是以高度机械化的耕种方式为基础，已经有人指出一人或两人的耕种方式仍然是最优的。一项1972年的研究显示，在加利福尼亚一座面积为440英亩的农庄可以利用机械化耕种的所有规模经济。不管在哪种情况下，就像迈克尔·佩罗曼指出的："所有其他条件都一样的情况下，机械化趋向于使产量减少。"① 即使在现在的环境下，更小的、机械化程度较低的农庄也具有竞争力。韦斯·杰克逊指出，阿米什人以他们传统的方式很好地度过了农业危机，而那些听从赠地大学专家建议的现代农业综合企业却在走向破产。②

而且，尽管更小的农庄可能是能源消耗比较大的，但它们能够通过人力和畜力以及引入太阳能来代替石油。塞尔指出："内布拉斯卡州的小型农庄能源项目所做的一系列测试表明，可以在单个家庭的农场里很便宜地安装改装和隔热、风和沼气系统、太阳热和热水收集器，而且它们所带来的节约是立竿见影的。至少美国十几个农庄从其饲养动物的粪便提供动力的沼气系统中，获得了它们所需要的全部能源。"③

美国的重塑

共同体经济学的第三个目标是保护和重建美国的农村共同体。小型家庭农庄再一次成为关键。这样说只是重新肯定了美国建国以来一

---

① Kirkpatrick Sale, *Human Scale*. New York: Cowan, McCown, & Gesgheyon, 1986, p.234.
② Wes Jackson, *Altras of Unhewn Stone: Science and the Earth*. San Francisco: North Point, 1987.
③ Kirkpatrick Sale, *Human Scale*. New York: Cowan, McCown, & Gesgheyon, 1986, p.235.

直得到人们认同的东西。盖洛德·尼尔森在给戈德施密特的《当你播种时》一书所写的前言中,对这一点做了很好的阐述:

> 家庭农庄提供了一种社会环境,在这个环境里美国生活的核心价值得到了培养。它同时是一个企业、一种工作和一系列家庭关系。它顶多就是没有提供一种轻松的生活,而且在不景气时经常存在严酷的困难。但是它提供了一种好的生活,在这种生活里对美国非常重要的独立、勤劳、努力工作、远见、合作和其他品质都得到了滋养。对于我们的大部分历史来说,家庭农庄已经成了我们文化的发源地。
>
> 我们国家的创立者们对这种关系有着很好的理解,而且对它的支持也写进了我们的宪法并在法律中得到了再次肯定,特别是宅基地法和1902年的垦荒条例。独立的家庭农庄因此成了美国开创者的远见卓识和规划所创造的一种制度。

《当你播种时》细致地描述了当家庭农庄被农业综合企业取代后美国乡村所发生的事情。在1954—1956年,沃尔特·R.戈德施密特对加利福尼亚中央谷的迪纽巴和阿尔文这两个城镇进行了研究。之所以选择这两个城镇是因为它们在规模和土地资源上都是相似的,而在它们周围的农庄的规模和数量是不同的。阿尔文有133个农庄,平均每个农庄面积为497英亩。迪纽巴有722个农庄,平均每个农庄面积为57英亩。这两个城镇的总农庄收入大致是相等的。另一方面,迪纽巴有141个商业企业,而阿尔文有62个,迪纽巴的零售总额几乎是阿尔文的两倍。很明显,从经济上讲迪纽巴是一个健康得多的共同体!当考察这两个城镇的共同体的质量时,这种对比要显著得多。

塞尔引用乔治·戈德曼所做的最近一项研究,这项研究通过建模阐明了这一点。① 他表明,把占地1280英亩的大型农庄分成320英亩的小型农庄,地区经济会得到改善,并会产生更多的工作岗位、更多

---

① Kirkpatrick Sale, *Human Scale*. New York: Cowan, McCown, & Gesgheyon, 1986, p.241.

第三部分　为美国的共同体提出的政策

的收入和更多的零售额。很明显，美国农村共同体并没有由于农业"生产率"的提高而获得收益。

因为区域和当地的自给自足、可持续的粮食生产和农村共同体生活的实现都要依赖家庭农庄，因此重要的是我们要清楚家庭农庄是什么。我们所说的家庭农庄并不仅仅是指单个家庭拥有的农庄。在美国政府的压力下，许多家庭再三扩大它们的财产。这些家庭中大多数最终都失败了，但是有一些幸存了下来。它们与公司化经营的农庄的区别仅仅在于土地的所有者仍然生活在那片土地上。①

另一方面，我们所说的家庭农庄不是指自给农业。自给农业作为一种生活方式对某些人来说是有吸引力的，而且我们也不反对它，但是它是一种与家庭农庄的恰当含义不同的模型。家庭农庄生产自身消费的许多食物，但其主要是为市场生产和满足城镇居民以及城市居住者的需要。正是这种类型的农庄能够成为农村共同体的支柱。为了达到上面所确定的三个目标，我们必须用家庭农庄来重塑美国农村。

但是我们能做到这一点吗？用机器取代人的趋势在这么长的时间处于支配地位，以至于这种趋势可能证明是不可逆转的。但是我们应该尽所有的努力去扭转它——而且要尽快。这需要满足两个基本条件：能够以负担得起的价格获得土地和人们愿意重新进行安置。

要确保人们以合理的价格获得土地，可以制定四个政策。首先，联邦政府的补助和给予农业综合企业的其他支持应该停止。联邦政府资金的这种注入不仅支持大型农庄而不利于小农庄，而且还提高了土地价格。第二，应该通过出售开采权和对石油进口征收关税来提高石油价格。还应该对石油产生的环境污染征税。如果让市场决定，那么价格无论如何都会提高，但是如果这种调整早一些开始，那么我们做出的调整会更好，而且石油供应会持续更长的一段时间。以石油为基

---

① 要了解对家庭农庄更为丰富的描述，参见温德尔·贝瑞在《家庭经济学》中"对家庭农庄的辩护"一文。(Wendell Berry, "A Defense of the Family Farm." In *Home Economics*, San Francisco, 1987, pp.162–178.)

础的农业会因为石油价格提升而马上处于不利的地位,而且许多企业拥有的土地会被出售。第三,农民应该为土地退化以及空气和溪流的污染而被征税。这将使农业综合企业在与进行仔细耕作管理的农庄比较时失去竞争力。第四,就像我们在第十一章和第十七章所建议的,对未改良的土地所征的税收应该比现在高得多,但是不应该对基于良好的农业实践科学而使农庄的土地品质得到提升而征税。事实上这种提升会以不同于税收的形式得到嘉奖,从恢复土地品质中获得的价值将成为农户赚取的收入。

这类政策会确保人们能够以低价格获得土地,因此开始耕种所需要的资本投入也会很少。在一些情况下,政府可以购买土地并使农民可以获得它用作建造家园。如果人们之后采用了使土地重新变得富饶的做法进行耕种,那么赋税将会很低。

尽管我们确信用于重新安置的土地可以很快就能为人们获得,我们却不确定有多少人愿意并能够重建农村共同体。当然还是有一些人的,因此我们毫无怀疑这个计划会有一个成功的开始。[①] 当然,千百万人在健康的乡村共同体中,会比在他们现今所居住的大城市的廉价公寓中过得更好。这些人中许多被迫离开了自己的土地,但更多的是那些人的儿孙。城市中那些失业或半失业的人,应该得到鼓励和帮助来返回需要他们的劳动并且他们的劳动能够得到合理报酬的地方。但是他们能够再做农民吗?

温德尔·贝瑞让我们意识到耕种不仅仅是一系列很容易就可以学到的技术,而且它还是一种文化。他展示了这种文化如何可能被丢失,即使人们还在种植庄稼:

> 农村土地变成了越来越大的私有财产,并集中在了越来越少的人手

---

① 数百人准备购买加利福尼亚的部分由联邦政府灌溉的家庭农庄,如果限制持有这些土地的法律得到了执行的话。(参见:W. Jackson Davis, *The Seventh Year: Industrial Civilization in Transition*. New York: Norton, 1979, pp. 208–209。戴维斯把这里所建议的改变看作是石油成本增加的必然结果。)

中——以及作为结果的经常性费用、债务以对机器依赖的增加——因此这是非常复杂的事情,而且其农业意义不可能与文化意义相剥离。它促使农民的头脑发生一场深远的变革:一旦农民对土地和机器的投资足够大,他就必须放弃耕作的价值观和接纳金融和技术的价值观。从那时起,他的思想不是由农业责任所决定,而是由财务责任和他的机器的生产能力所决定。对他来说,他的钱去了哪里比他的钱从哪里来更重要。他的注意力全部放在了能源和利息流动而不在土地上。产量的重要性开始超过维护土地的重要性。货币经济渗透和破坏了自然经济、能源以及人类灵魂。人类自身变成了一种消费机器。①

贝瑞担心农业文化正在迅速消失,而且一旦失去了,我们将几乎不可能恢复它。

新近,贝瑞以一种不那么悲观的风格写道:"我看到了足够好的农民和足够好的农庄,以及足够多的各类好农民和好农庄。这让我不容怀疑地相信建设一种在生态和文化上负责任的农业是有可能的。"②他继续指出这种耕种方式得到广泛重建的两个障碍,"首先是农业科学的民众基础薄弱。第二,在经历半个世纪的工业化农业之后,各类农民都为数不多,而好农民很稀少。"③

很明显,转变国家的态度,特别是教育新一代农户家庭的任务是令人生畏的,但它并不是没有希望。当政府放弃毁掉了那么多农民的那些政策,当农产品和土地以一种恰当的关系进行定价,以及当尊重耕种和乡村文化的新态度,取代了近些年来人们轻视这些的旧有态度时,我们所需要的环境就准备好了。那时大规模的教育计划就可以获得成功,教育不再是仅仅教授技能(尽管那很重要),而是在乡村背景中自然和人类关系的一种全新的相遇。国家教育预算的主要部分应该

---

① Wendell Berry, *The Unsettling of Amercia*. San Francisco: Sierra Club, 1977, pp.45-46.

② Wendell Berry, *The Gift of Good Land: Further Essays Cultural and Agricultural*. San Frnacisco: North Point, 1981, p.ix.

③ Ibid., p.x.

投在让其千百万国民适应回归乡村生活。如《母亲地球新闻》这种出版物的畅销意味着有很多人想要返回故土。我们面临着一个重大的机遇来立即处理城市和乡村的问题。

对反对意见的回应

人们对扭转农业工业化趋势的提议通常会提出四种反对意见。第一种反对意见认为，它会把使人疲劳至极的体力劳动重新加诸于那些幸福地从中解放出来的人身上。人们认为这种情况一定会发生，是因为它会降低资本和能源的密集度而增加劳动力的密集度。这是对早期农业生活怀有浪漫想法的一种恰当的警告。

只有详细分析经济刺激会把农业带往何方之后，才可以回答这一反对意见。如果能源变得足够昂贵而且劳动力变得足够廉价，这一担忧可能会变成现实！如果我们只是放任现有的趋势继续下去，那种情况最终会发生。然而，这一提议没有任何部分预示这一极端情况会发生。我们没有建议抛弃机械设备，尽管役畜通常证明是更有效率的。规模上的转变会减少机械设备的使用及规模，而不会消除机械设备。与农业综合企业单一栽培农庄的手工作业相比，家庭农庄生活需要人们从事更多的杂务活。最重的体力活会有所减少，尽管其他方面的体力活必然会有所增多。

当一个家庭决定要买什么样的机械设备时，狭隘的经济考量会突显，但是家庭也会受到减少其成员觉得最令人讨厌的那些家务活的愿望的激励。从整体上说，投资将用于丰富生活。当决策者和工人之间的关系很疏远时，这种情况出现的可能性就小得多。

第二种反对意见认为，恢复家庭农庄会在世界缺乏食物的时候减少食物的供应。这一反对意见不如第一种反对意见的理由充分。农业综合企业"生产率"的提高并不意味着每英亩土地种植的粮食更多，它只是说在种植中所需要的人力更少。现实表明，在每英亩的土地上，劳动力更为密集的生产方式至少和农业综合企业的生产方式不相上下，而且常常超过后者。如果把所有的成本都包括进去,情况当然如此。

确实在一些国家,把大片地产分成农户农场减少了供应市场的产品。这尤其出现在农民的理想是为维持生存进行耕种的文化中,秘鲁和智利经常被引用为这方面的例子。为了生存他们需要种田,除此以外他们不会多干,因为从来没有人向他们介绍一种生活方式,这种生活方式使他们想要或需要他们只能用商品作物进行交换才能得到的商品。没有足够的刺激让他们去种植足够的粮食来满足市镇和城市居民的需要。

但是在其他文化中结果是非常不同的。在日本,麦克阿瑟将军统治时期实行的土地改革,就为增加粮食生产和取得普遍的经济成就提供了基础。中国台湾和韩国是类似成功的情况。这些都表明这个国家的家庭有既为市场也为自身进行生产的动力。因此这些例子是更为重要的。然而应该承认的是,在转变的过程中将会有许多失败,而且这些将会带来生产损失。①

反对的观点认为全球需求和短缺在增加,而且需要我们的资源来满足所有地方的需要。这种观点最初听来似乎有理,因为饥饿是一个非常严重的世界问题。然而饥饿不是现在的全球食物短缺造成的,也不是不远的未来的全球食物短缺造成的。现在所有那些能付得起钱的人都能获得食物,而且我们知道还有大量过剩的粮食在烂掉。问题是如此多的人买不起粮食。问题还是那些现在没有钱的人也不能获得可以种植粮食养活自己的土地。土地被用来种植庄稼或饲养牲畜用于出口,有时是为了出口到美国。

即使在今天,如果大多数国家没有为国际贸易的目的而使用它们

---

① 在从传统农业向有机农业有限得多的转变中,生产出现暂时下降这种情况已经被注意到了。"之前按照传统方式耕种的农民报告说,庄稼产量在从化学向有机转变之后的头几年里通常会出现明显的减少。在这个转变过程中,杂草重生的情况会很严重,而且有时庄稼很难定植。这些庄稼偶尔会显示出缺乏营养的症状。农民说,第三或第四年之后当庄稼轮作得以确立时,产量就开始提高而且最终产量会与施放化肥收获的产量相当"(美国农业部,1980年)。那是一种很严重的反对意见吗?看起来并非如此。在一个生产和储存都过度的时代,用现有的产量交换未来土地的肥沃,以及为共同体交换现有的盈余是值得的。

的土地，那么它们是可以养活自身的。大多数的"世界"饥饿，都可以通过制定将养活自己的人民置于最优先地位的国家粮食政策而终结。这是朝着减少饥饿方向前进的一个最重要步骤。因此对减少世界的饥饿问题来说，美国所能做的最大贡献将是实现基本粮食的自给自足，并通过言传身教来鼓励其他国家也这样做。当然存在例外的情况，在这些情况下上面所说的是不可能的，而且也存在过剩的粮食应该在国家之间进行调剂以减少饥饿的情况。然而我们没有理由害怕我们的生产能力无法满足这样的粮食需要。

第三种反对意见认为粮食价格会上涨，这可能是事实。如果任由现在的趋势继续下去，石油成本不断上涨与土壤生产能力下降两者会共同驱使粮食价格上涨。精心耕种土地将需要付出更多的劳动，而消费者应该为此付钱。但是如果食物是在附近生产的并通过当地农贸市场出售，因此节省下来的许多费用可能会抵消增加的成本。

第四种反对意见认为消费者能够获得的粮食品质会下降，而且品种也会减少。这种观点有某种合理之处，但并不像大多数人想象的那样多。就品质而言，下降将主要是在外观上——通常是一种具有误导性的外观。随着杀虫剂用量的减少，消费者需要让自己适应粮食偶尔出现的瑕疵。现在因为美观而使用的许多化学添加物都会被去除。口感和食物营养价值会有明显的提升。

就品种而言，大多数本地种植的粮食确实将成为季节性的。然而，这种季节性的局限可以大大得到缓解。就像山姆·帕斯莫尔所说的："农民可以种植不同品种的庄稼——在冷一些的月份里种植耐寒的庄稼，在夏日里种植耐热的庄稼……通过资本投资，农民和食物采购者可以规避季节性的影响。农民可以使用像地膜和大棚这些廉价技术来延长许多庄稼生长的季节时间。食物供应者可以购买本地应时的粮食并将它们进行储存、冷藏或者罐装。"[①] 无论如何，粮食生产本地化的观点都不是绝对的。在某个价格上，我们仍然可以从全国和全世界购

---

① Sam Passmore, "Hendrix Turns to Arkansas Produce." *Arkansas GaZette*, June 10, 1987.

买粮食。

对这个国家实行以家庭农庄为基础的农业是否可能取得成功仍然持怀疑态度的人，请回忆一下我们早前提到的阿米什人共同体。通过避免与美国政府的政策之间有任何纠葛，他们存活下来并繁荣起来。即使在现今市场条件下以及政府的政策对其不利的情况下，他们的产品也胜过了得到政府补助的农业综合企业的产品。如果农业综合企业和阿米什的农民都要为他们的产品支付所有的社会成本和环境成本，那么农业综合企业产品的价格会飞涨，而阿米什的农户的产品价格受到的影响会很小。

我们并不是提倡阿米什人的耕种模式应成为国家统一标准。尽管它教给我们很多的东西，但它需要一种在许多人看来都没有吸引力的生活方式。即使尝试过这种生活，大多数的美国人也不可能像阿米什人那样生活。一种不太极端的农业生活方式就足够了。

我们提到阿米什人的用意在于，他们证明了我们的建议**在经济上**是可行的。他们表明家庭农庄可以让生产变得廉价和可持续，他们表明乡村共同体可以是稳固的。他们没有证明，有着不同文化和习俗的其他人也会取得同样成功。但是，如果在国家政策对他们不利的情况下，阿米什人也能够获得成功，那么，在国家政策给予全力支持时，其他人应该能够取得成功。这个有风险的事业不是没有希望的。

能源使用

第十三章揭示了，重新构想社会以减少能源使用并更好地使用能源，是非常紧迫的事情。这一章里，我们提出的建议与其是一脉相承的。与农业综合企业相比，家庭农庄的能源密集性要低得多。向家庭农庄转变并强调有机耕作的方法，对任何能源问题的解决都是最根本的。我们呼吁在非常小的地区实现相对的农业自给自足。这能在两方面帮助解决能源危机。首先，它减少了运输。第二，它能在很大程度上减少加工和包装的作用，而这种作用是超级市场的特征。

这些并非是微不足道的想法。"当人们把农业体系理解为包括了食物的运输、加工、包装和分销的时候，从单位燃料投入所生产的可食用食物能量的角度来说，它的效率低得多，而且它更加依赖燃料。这些非农业活动消耗的能源大约是农场消耗能源的三倍。"① 如果粮食生产的地区化和本地化，能够将我们在40年的时间里对能源的依赖减少2/3，那也是一个巨大的贡献。

我们还没有提到，需要做出的另一个改变就是消费习惯，它与农业也有关系。这里的罪魁祸首是畜产品：我们摄取的35%的卡路里都来自这些产品，这些动物中60%都要用庄稼来喂养，而这些动物消耗的庄稼占美国种植的所有庄稼的80%。大家都知道减少畜产品的消费会改善我们的健康。

这类消费的减少能够对种植庄稼的土地的需求量产生相当大的影响。要做精确的估算会很复杂，因为我们必须考虑许多的变量。但为了简单表明减少对畜产品的依赖对土地使用的重要性，我们考虑一下下面这个基于所有其他条件都保持不变的假设所做的计算，很明显这个假设是错误的。

假设40年中，人们消费的畜产品减少30%，那会使我们从畜产品中摄取的卡路里所占的比例从35%减少到24.5%。这意味着在日常饮食中水果、蔬菜和谷物会增加，而对牲畜肉类的需求则会减少30%。记住美国现在种植的所有庄稼的80%都用来喂养牲畜了，如果我们需要的畜产品减少30%，那么很明显需要用来种植庄稼的土地就可以大幅削减。具体来说，如果我们假设现在不依赖谷物喂养的畜产品数量（占现今总量的40%）保持不变的话，那么依赖谷物喂养的畜产品就可以减少一半，那就是说，畜产品需求总量30%的减少来自于依赖谷物喂养畜产品产量60%的减少。因为现在80%的农田都被用来喂养这60%的牲畜，现在只需要40%的农田来喂养剩下的30%，

---

① John Gever, Robert Kaufmann, David Skole, and Charle Vorosmarty, *Beyond Oil*. Cambridge, Mass: Ballinger, 1987, p.28.

那就会把现有40%的农田释放出来。当然这部分土地中有一些需要用来种植用于直接消费的粮食，但即使把这个因素考虑进去，也将实现至少35%的农业用地的减少。

现在让我们假设，不再需要用来种植牲畜饲料的这35%的农田被转变成牧场。大多数继续依靠谷物喂养的牲畜可以在这片土地上放牧，而对用来喂养动物的谷物的依赖就会大大降低。我们仅仅需要把现今25%的用来种植庄稼的土地用于喂养牲畜。因此在饮食习惯上做相当温和的转变，我们就可以把大部分的农田转变为牧场。①

把许多农田转变为牧场会是一个让土地恢复地力的过程，这个过程为将来某个时候真正需要这些土地来种植更多庄稼时做好准备。饲养牲畜可以再次成为典型农庄的一个部分，而不是一种专业化的大规模产业。因为放养动物的劳动密集程度低于种植中耕作物，因此使用非有机的能源密集的耕种方法对人们的吸引力就会减少。动物会提供非常好的有机肥料，而且从粪便中产生的甲烷也可以用来满足农户能源方面的需要。

我们知道在这个描述中使用的数字是非常粗糙的，要进行精确的计算会复杂得多。然而，这些计算结果的确表明，一个对人体健康有益的饮食习惯上的微小改变，可以使向良性粮食生产方式的转变更加容易。这些计算结果还表明，如果饮食习惯改变了，那么让贫瘠的土地退出生产并不一定导致粮食短缺。

饮食习惯中一种简单和健康的改变，以及大部分粮食生产的本地化和朝向有机耕种的重大转变，如果能够在下一代实现，那么粮食生产和分配就会摆脱现今对化石燃料的严重依赖。在这个过程中，现在强加给牲畜的巨大痛苦将大大减少。问题不是这是否可能——而是我们愿不愿意去这样做。

---

① 如果第十三章中提倡的大幅增加荒野面积的政策得到采纳的话，从狩猎中获取肉食的这个额外的供给数量将非常可观。

第十五章 工 业

关 税

如果一个国家把实现可持续的自给自足作为主要的经济目标，那么它会首先关注农业。相对工业产品而言，粮食是更为基本的需要。在一些第三世界国家，实行自给自足的决策在一段时间里可能会排除最基本产业之外的几乎所有其他产业。

另一方面，美国面临的危机不是粮食危机。美国在粮食方面足以或者说可以轻而易举地满足自己的需要。美国是一个工业国家，对它来说，自给自足必须包括它所需要的工业产品的生产。近年来，因为劳动密集型产业或者放弃了参与国际竞争的努力，或者已经转移到了劳动力更加低廉的其他国家，我们失去了这种自给自足的能力。

过去人们常常认为，劳动力没有受过良好教育的第三世界国家的生产率要比美国低得多，因此美国的工厂值得为美国的工人支付高工资，而不是雇佣其他地方的廉价劳动力。但现在那种情况已经改变了。以前没有受过教育的工人可以得到培训，而他们的工资仍然很低。彼得·德鲁克指出："最生动的例子就是'美墨联营工厂'，这些工厂地处美国和墨西哥边界的墨西哥一边。在那里，非熟练的和经常是文盲的工人为美国市场生产劳动密集型的配件和商品。对一家美国投资的美墨联营工厂来说，即使是生产高度复杂的产品，其劳动生产率至多用三年时间，就可以赶上经营良好的美国工厂或日本工厂的水平——

第三部分　为美国的共同体提出的政策

而它支付给工人的工资每小时则不到两美元。"①

只要出口到美国的工业产品没有任何关税，很明显把资本投到其他地方、使用廉价的劳动力并把产品运回美国市场是更有利可图的。许多人喜欢把大量工厂关闭的新情况描述为是后工业化的，但实际上它更应该被称为是去工业化的。在这种去工业化的经济中，实际工资将低得多。当资本由于在劳动力廉价的地方进行投资而兴旺发达时，美国的工人将继续遭受着生活标准的迅速降低。美国将越来越成为一个阶级社会。

然而表现在关税中的对经济民族主义的反对几乎是全体一致的。对贸易不应该有任何限制，这是一个信条。用莱斯特·瑟罗的话说就是："关税保护和政府补贴把我们囚禁在一个生产力很低的领域里。如果我们不能学会减少投资，那么我们就不能参与现代的增长竞赛。"②

瑟罗说得没错。如果美国致力于参与重大的国际增长竞赛，那么它就不应该设置任何关税。它应该停止生产在其他地方更有效率（也就是廉价的）生产的东西并只生产它有竞争力生产的东西。当然这甚至会使美国连一点点的自给自足都做不到，因为增长的竞赛鼓励专业化。美国人的工资将降到第三世界的水平，而争夺资本的竞争将使得国家把污染标准定得很低。美国仍然可能确信它的资本会得到有效的利用，它将参与现代的增长竞赛。与此同时，那个竞赛将会加速石油的耗尽并加剧温室效应。

把质疑任何增长竞赛的可取性的对环境的忧虑放置一边，我们注意到瑟罗而非我们做出了一个隐含的假设。根据经济学家的标准模型，资本将被再次投资到因投资缩减而失去了工作的相同劳动力能够移动的地方（也就是说，在国家内部）。如果是那样的话，工资就不会朝着第三世界的水平下降。但在第十一章里我们表明，资本的跨国流动性

---

① Peter Drucker, "The Rise and Fall of the Blue-Collar Worker." *Wall Street Journal*, April 22, 32 (1987).

② Lester C. Thurow, *Zero-Sum Society*. New York: Penguin, 1981, p.77.

大大改变了那一状况。当资本跨国流动时，劳动力大体上没有流动。新的投资所雇佣的是一支不同的劳动力量。它没有创造新的工作岗位代替旧的工作岗位，平均工资下降了而且一定会继续下降。

我们看不到有任何理由认为，参与现代的增长竞赛是神圣不可侵犯的。我们有满足人类需要的其他方法，这些方法给地球带来的痛苦更少，代价也要低得多。本书就在探索另外一种方法，那就是共同体经济学。国家是一种共同体，因此首先我们的兴趣与达德利·希尔斯在"民族主义的政治经济学"中的兴趣相一致。为了重建一种自给自足的国民经济，我们将选择退出国际增长竞赛以及参加竞赛所需要的所有缩减投资。最简单、最有效的政策工具就是设置关税。

关税将保护现在遭受威胁的工业免受进一步的侵蚀，并且让它们开始收复失地。关税也会鼓励在美国变得依赖进口的那些领域建立新企业。在确保这些产业尽管支付了合理工资仍有利可图的情况下，资本就会流向这些产业。在因为关税得到了加强的国家边界内，自由市场的运作将导致工业实现自给自足，而这使真正自由的贸易成为可能，即国家参与或者不参与贸易都是自由的。

正如任何经济学家会马上指出的，关税制度也是有经济成本的，它提高了商品的价格。提高我们所消费的许多商品的价格将对消费者的购买力产生负面影响。这是毫无疑问的。

但同样毫无疑问的是，美国人特别是美国工人的生活水平不管怎样都将会降低。我们在第十一章里考虑了自由贸易背景下各种各样的情况，所有这些情况都包括美国工人的生活水平遭遇严重倒退。指出这也会导致同样的后果是正确的。纠正美国这些年来背负巨额国际债务和恣意挥霍的做法是不能避免的。问题是，美国是应该继续采用这个强迫广大民众削减开支并将强迫民众做进一步削减的制度，还是应该尝试建立另一种制度。我们并不认为这另一种制度在 GNP 增长方面能做得更好。如果以 GNP 的增长为标准的话，这种制度的表现完全有可能更糟糕。我们认为在真正的经济福利指标方面它将做得更好，而在被视为非经济目标的方面它能做得好得多。当一个国家不遗余力地

第三部分 为美国的共同体提出的政策

保护共同体的时候,其经济体系产生的效果却是更加强有力地阻碍共同体的发展,这是非常愚蠢的。

很明显,美国作为世界最大的贸易国,从致力于建立全球自由贸易体系转向以实现国家自给自足为目标,这对贸易伙伴会产生巨大的影响。突然实施这类政策可能引起无数的困难。这些政策应该逐步采用,也许在一个10年的时间里。这将为所需要做出的调整留出时间。但是不管这些转变的实行如何缓慢,它们对国外生产者而言都将是痛苦的。因此,应该把我们的建议产生的后果,与继续执行现有政策产生的可以预想的痛苦进行比较。

当前美国处于严重的贸易逆差,而这个逆差在很大程度上是通过从国外借贷来支撑的。只有通过迅速出售国家资产,这种情况才能继续维持。为了避免去资本化,美国必须或者扩大出口,或者减少进口。现有政策的解决办法就是让美元贬值,直到贸易不平衡的情况被纠正过来。政策见效将非常缓慢,但它迟早会发挥作用。进口商品的价格会升得如此之高以至于美国人买不起许多的进口商品。这也将导致国产商品价格出现小幅上涨。简言之,实际购买力将下降。

如果针对这种实际购买力下降做出的回应是提高工资,这个循环就将继续下去。美元将会贬值,直到新的工资不允许工人购买很多的进口商品。为了减少进口,价格必须比工资上升得更快。实际工资必须下降。第十一章描述了这种情况,以表明在自由贸易背景下,工资下降的幅度必须很大。

我们并不重视大多数经济学家提出的建议所针对的那种情况,即美国的工业会通过其劳动生产率的提高而再一次富有竞争力。对大多数经济学家来说,生产率的提高是经济繁荣的关键。它使得工业既能支付高工资,又能以极具竞争力的价格出售商品。因为这个原因,大多数经济学家把他们的注意力集中在如何提高生产率上。他们认为,关键是把资本投到培训劳动力以及增加或者扩大工厂的投资。他们的模型表明,如果这个投资是充足的,那么生产率就会提高,出口就会增长。

问题是如何获得这种投资资本。在产业内部产生更多资本的可能来源是减少的营业税、减少的股息或者降低的工资。产生资本的外部来源可能是增加的存款。这可以通过减少消费、减少税负和减少政府借贷来实现。在所有这些原因中，经济学家认为政府税收和借贷是资金的最大竞争者，而这些资金应该被投资于能获得更高生产率的领域。因此过高的预算，特别是联邦政府预算成了众矢之的，它们都被看作是美国工业没落的罪魁祸首。

许多经济学家暗示，减少预算应该源自社会支出的减少。他们认为只有经济增长了，穷人才会真正受益，而且现在分配给他们的那笔资金应该投到确保经济增长的地方。具有讽刺意味的是，将美国与其最成功的竞争对手相区别的不是在社会支出上的差异，而是在军事预算上的差异。我们赞同经济学家的这些观点，即政府公共计划有改进和节省的余地。但是他们仅仅建议削减开支，却没有提出解决人类迫切需要的新方法，这是我们所不能接受的，而且它不可能使生产率得到提高。

根本无法确定缺少资本是美国未能投资生产企业的原因所在。1978年，《商业周刊》发现美国那些最大的公司有80亿美元的存款可用于投资。它们没有进行投资是因为"如果对新工厂和新设备进行投资，那么对于可以生产出来的商品和服务存在需求不足"[1]。我们猜测，这种需求不足中有许多都要归于消费者对进口商品有更大的兴趣。仅仅增加这样一大笔钱，无论如何都不会对改善这种状况起多少作用。

因此，我们并不重视那种提倡沿着里根政府引导的方向进一步深入的主流意见。到目前为止，这些倡议几乎没有收到什么实际效果。在贸易平衡的背景下，只要在引导美国人消费在美国生产的商品方面没有任何作为，我们就没有理由相信进一步深入下去会解决这个问题。如果美国人购买在其他地方生产的商品，那么美国的资本就会投到其他地方直到在美国国内生产的成本——工资——大幅下降。继续推行

---

[1] Barry Bluestone, and Bennett Harrison, *The Deindustrialization of America*. New York: Basic, 1982, p.198.

第三部分 为美国的共同体提出的政策

不成功的政策不是解决问题的方法。

重要的是，不仅要考虑美国工人遭受的痛苦，而且要考虑设置关税给美国的贸易伙伴带来的影响。日本是美国贸易赤字最大来源的贸易伙伴。对来自日本的进口商品设置关税将对日本经济产生重大的负面影响。这一定会被看作反对设置关税的一个理由。

但是有其他方法吗？美国**不可能**在出口少得多的同时无限期地继续进口大宗日本商品。这不是一个可以拿来与关税相比的解决办法。问题仅仅在于通过什么方式才会实现贸易平衡？根据自由贸易的方案，这将通过美元自动贬值和降低美国工人的实际工资来实现。那将会减少从日本进口的商品和增加出口。与通过关税减少进口相比，那对日本产生的破坏将会更小吗？

或者让我们想想经济学家们所希望出现的情况。假设美国的生产率得到了很大提高，以至于美国汽车把日本汽车挤出了美国市场第一的位置，然后在其他地方也是如此。这的确会对解决美国的经济问题有很大帮助，至少对那些更为明显的问题是如此。但它对日本经济产生的破坏会小一些吗？

日本经济无论如何都**必须**做出调整。那会很困难，但它不一定会毁掉日本的繁荣。它可以推动日本朝着为本国市场生产和变得更少依赖国际贸易的方向发展。

对第三世界国家的影响

道德方面的忧虑越来越多地与第三世界国家有关。对它们出口给我们的商品设置关税，它们将像日本一样受到损害。在某些情况下，与这些国家进行贸易更有可能实现贸易平衡，因此可能存在更多的选择，做出一些调整是可能的。但是美国实行本国自给自足的基本政策，将使第三世界国家效仿日本实现出口导向型经济增长的希望破灭，而这种希望总的来说无论如何都是不现实的，因为所有国家都成为净出口国是不可能的。

同样威胁这些国家的，是对其工业化进行投资的国际资本减少。如果第三世界的工业不能很容易地进入美国市场，美国投资者去那些地方建造工厂的动力就会小得多。人们可能提出的一个道德论据是，美国不应该做任何使贫穷国家工业化进程放缓的事情。这一观点只有在这一情况下才有效力，那就是工业化实际上使贫穷国家的穷人受益而不仅仅是精英受益，但事实通常并非如此。

因此我们需要考虑一下这种工业化是如何发生的。许多工厂建在了国家划出的自由贸易区内，这些区域与国家的其他地方是分离的。这些工厂所用的许多原材料都是从其他地方进口来的，而且它们的产品通常都用于出口。它们与东道国经济具有的唯一关联就是给劳动力支付维持最低生活水平工资的就业。毫无疑问，东道国通过向工厂提供本国劳动力获得外汇而受益。有了外汇，它可以从国外进口商品。但是如果雇佣同样的工人以减少对进口的需要，那么国家会从他们的劳动中获得更多的好处。东道国获得的利益充其量很小而且含糊不清。

还有其他对东道国的经济来说更不可或缺的投资。在这些国家里建设现代工厂，这既是为其国民服务，也是为了出口。它们在这些国家里逐步建立了一个现代化部门，在这里生活水平在提高。

通常，对精英阶层来说的这些进步，伴随着他们与大多数国民之间的差距的加大。有时当精英阶层变得更富有时，大多数人的生活变得更差了。唯一能够帮助大多数人的"发展"将是建立在"恰当"技术的基础上的，这种技术增强了普通人应对问题的能力，但外国投资者对此并没有兴趣。国际资本引入的技术和方法，使得第三世界国家更加依赖第一世界的技术资源。[1] 只有根本的社会和政治变化才能使"发展"有益于大多数人。[2] 不断增长的美国投资并没有促进这些变革的发生。

---

[1] Frances Stewart, *Technology and Underdevelopment*. Boulder, Colo.: Westview, 1977, p.274.

[2] C. T. Kurien, *Poverty, Planning and Social Transformation*. Bombay: Allied Publishers, 1978, p.126.

第三部分 为美国的共同体提出的政策

美国有两个选择。它可以继续参与自由贸易体系，但要为其工人的生活水平和未来经济力量付出高昂的代价。这样，一段时间里它可以出口资本并把企业分散在世界各地，这会有助于第三世界的精英。另一个选择是美国可以追求实现自给自足和掌控自身的经济生活。如果它那样做了，它就具有一种强烈的道德责任来帮助许多第三世界国家重新实现自给自足。因为美国在劝说或迫使它们为国际贸易体系放弃了相对自给自足的问题上负有主要责任，如果美国后来放弃了那个体系，它就必须准备为帮助其他国家同样放弃那个体系付出一些代价。这个代价会比现在奔向贫穷所需付出的代价要小得多。

对我们来说，我们的建议会对第三世界国家产生什么样的影响这个问题非常重要。我们不想为拯救美国的经济而牺牲第三世界。但与许多其他人一样，我们也得出了一个痛苦的结论，那就是第一世界对第三世界做出的开发工作，实际上很少使第三世界国家的大多数人受益，商业投资在这方面甚至更少。总的来说，就像美国政府的政策把大多数农民从土地上赶走而使少数人变得富有，第三世界国家的发展政策也让许多人失去了土地，这些人充斥于第三世界国家城市周边的巨大贫民窟中，而且加剧了饥饿问题。在《另一半人是如何死去的》一书中，苏珊·乔治报道了她对众多商业投资案例所做的研究。[1] 她发现，在几十个案例中只有一个或两个真正对那些"处于发展中"的人们有益。萨缪尔·L.帕默认为把西方技术引入印度产生的后果是灾难性的。[2] 其他的研究成果听起来没这么刺耳。大卫·C.皮特的温和评价是有代表性的，他说："中心从上至下的开发并非是一种巨大的成就……未能获得外来援助本身是亚非地区的农村和贫民窟不发达的一个重要原因。"[3] 皮特引用列奥·斯特劳斯的话说，我们可以改变而没

---

[1] Susan George, *How the Other Half Dies*. New York: Penguin, 1976.

[2] Samuel L. Parmar, "Ethical Guidelines and Social Options." *Anticipation*, No.18, August 1974.

[3] David C. Pitt, *The Social Dynamics of Development*. Oxford: Pergamon, 1976, p.266.

有破坏的只有我们自己的社会。①

像这样一些评价使我们得出了痛苦的结论，即第三世界绝大多数国家在没有国际投资和援助的情况下会变得更好。这种投资和援助摧毁了这些国家的自给自足，而且使得之前依赖自身的大多数人不能再照顾他们自己了。即使第三世界国家的精英会有抱怨（只有他们从我们的援助中得到了好处），即使我们不能发现有什么办法帮助这些国家恢复自给自足的能力（我们并不这么认为），我们认为在长期中，使他们的经济与我们的经济脱离，在大多数情况下会更好。

达德利·希尔斯从第三世界和欧洲的角度出发也得出了同样的结论。②他将民族主义看作是国家（包括第三世界国家）处理自身问题最健康的基础。他把与超级大国具有的联系看作是采纳所需要的政策的一个主要障碍。美国采纳民族主义的经济政策会大大有助于这些目标的实现。

国内竞争

假设现在美国为了实现自给自足选择通过关税来实现贸易平衡，将要出现的问题就是如何继续激励人们保持生产中的效率。即使将关税保持在足够低的水平从而使外国商品对美国市场构成某种竞争压力，但这仍然不够，关税的全部目标是减少那种竞争。然而健康的竞争对市场体系是必需的。

要确保国内市场的健康竞争，就需要恢复过去用来阻止经济势力集中在一部分人手里的政策。为了支持与日本与欧洲的大公司进行竞争，我们曾经允许这些政策失效。但是限制进口的政策必须与加强国内竞争的其他政策相配合。

---

① David C. Pitt, *The Social Dynamics of Development*. Oxford: Pergamon, 1976, p.14.

② Dudly Seers, *The Political Economy of Nationalism*. oxford：Oxford University Press, 1983.

我们应该想方设法尽全力扭转善意和恶意的兼并与收购的趋势，并增加小商人和生产者的数量。国家政策应该鼓励小规模的商业和企业家与大工业进行竞争。但是这些政策会是什么呢？

最有效的方法就是对经济进行安排使市场本身会鼓励政策目标的实现。采纳前面经常讨论的价格体系会有帮助。例如，传统的能源生产都是资本密集程度极高的，核能更甚。那意味着小型企业不可能进入这些领域。而另一方面，在发展小规模可再生资源生产和能源节约方面，企业家却可以做很多事情。他们的努力主要受到这个事实的限制，即生产的能源通常比使用传统来源所生产的能源要昂贵。

问题是，在两种情况下市场是否给能源公正的定价。要对此做出判断，一个步骤是将所有直接和间接的补贴从所有形式的能源生产中去除。例如，核工业不再从政府那里得到帮助，而且必须支付所有的保险费用、废物处理费用、铀浓缩费用和旧反应堆退役的费用。如果采取了这些措施，那么从严格的市场观点去看，相比核能，小规模的可再生能源工厂会变得非常有吸引力。对能源生产企业征税从而把化石燃料的环境成本内在化，也会在两者的比较中产生同样的效果。大量的小型企业就可以进入这一领域。

因为税赋在公司合并和分拆中发挥着如此重要的作用，因此可以制定阻碍公司合并和鼓励分拆的税法。税赋可以支持分拆后的公司成为独立的公司，而不是被其他大公司接管。如果取消企业所得税（正如我们将在第十七章里所提倡的），那么我们认为经济分权和企业集团的分解会得到鼓励。政府也可以使用经济刺激手段来鼓励这种发展。所有这些，可以通过执行已经成文的反托拉斯法和根据需要制定新的法案，来对其进行补充。不管怎样，国家必须保证有足够的竞争。美国的规模足够大，做到这一点应该并不困难。

通常反对经济分权的观点认为，规模经济很重要，然而规模经济通常被人们误解了。在大多数工业中，经济在超过某个点后并不随着工厂规模的扩大而增长。巴瑞·斯坦认为，经济规模"通常是在规模适度的个体工厂里实现的"①。在塞尔看来,"在美国,1947年每个单位的生产工人数仅为49.5,而到1967年和1972年这个数字稳步降到了44.9"②。各种迹象表明它还在继续下降。罗杰·舒默发现,"规模经济或者(不再)存在,或者是相对适度的"③。

可能有人还会说,通过对许多工厂进行集中管理,每一家工厂都变得更有效率。然而根据塞尔,一份众议院小组委员会提交的名为"对联合企业的调查"报告中指出,"在所研究的28家联合企业中,只有7家在兼并其他企业以后显示有盈利,3家保持不变,而18家公司在兼并其他企业以后盈利率都更低了,(而且)有理由推断出这些比率反映出管理是无效率的"④。

艾默利和汉特·洛文斯在对能源生产领域中经济与规模之间的关系进行全面研究之后,得出了这样的结论:"简而言之,到目前为止,大规模生产的补偿性成本不断增加,证实了小规模技术的合理性,这一点是如此明显,以至于任何理性的决策者都不可能忽视它。然而这些众多的相互对立的效果都被平衡了。除了在最集中的应用中,如巨型熔炉的运作之外,很难想象这样一种方式,即通过采用十分大规模的生产,它们能使能源供给服务的净成本比适度的、并且往往是十分小型的生产更低。"⑤

地区分权

导致美国去工业化的一个最大因素就是资本跨国流动。关税会大

---

① Kirkpatrick Sale, *Human Scale*. New York: Cowan, McCown, & Gesgheyon, 1986, p.310.
② Ibid.
③ Barry Bluestone, and Bennett Harrison, *The Deindustrialization of America*. New York: Basic, 1982, p.224.
④ Kirkpatrick Sale, *Human Scale*. New York: Cowan, McCown, & Gesgheyon, 1986, p.312.
⑤ Amory B. Lovins, and L. Hunter Lovins, *Brittle Power: Energy Strategy for National Security*. Andover, Mass: Brick House, 1982, p.353.

大减少在美国以外的地区为美国市场生产商品的动力。但另一个几乎同样严重的问题是资本在国内的流动。约翰·C.雷恩斯指出:"在成本计算中没有把给共同体带来的社会成本包括进去的资本投资的迅速流动,削弱了我们国家的公共基础。"①

资本流动导致劳资双方的斗争非常不平等。当对工人提出的要求不满时,资方就会关闭工会力量强大的地方工厂,而在工会力量薄弱的地方开设工厂。工人因此"得到了教训"。它也让工人斗志消沉。工会运动得之不易的东西很快就烟消云散了。"仅仅在10年当中,因为工厂关闭、永久性的缩编、老工业城市的废弃以及美国南部阳光地带新兴都市的无序发展而失去超过3000万的工作岗位",这表明了一个严重的问题,而这个问题主要是由于资本在国内的流动。②

资本流动也使得资方在与州的关系中占有优势。为了吸引新的工厂或者挽留旧的工厂,各个州和地区共同体不知羞耻地进行讨价还价。除了工作,其他社会关怀被弃之不顾,法定的税收收入也被放弃了。只要工业经济是全国性的,那么各个州和地区就无法管理自身的经济。由于不能管理它们自身的经济,它们的政治自主权也必然非常有限。

共同体经济学认为政治权力被赋予的层次必须与经济权力相对等。只要资本在国内是自由流动的,政治权力就必然是全国性的。那就是我们为什么在整个第三部分中拿出如此多的篇幅来讨论国家政策的原因,即使我们提倡把权力分给更小的共同体。

对大多数国民来说,国家是一个非常遥远的共同体。我们把它看作是一种由各种共同体组成的共同体会更好。国民在一个不太遥远的共同体中可以更好地参与。共同体经济学的一个目标,就是恢复较低层面的共同体决定自身事务的权力。那就需要经济权力和经济活动的

---

① John C. Raines, "Economics and the Justification of Sorrows." In *Community and Capital in Conflict: Plant Closings and Job Loss*, John C. Raines, Lenora E. Benson, and David Mac I. Gracie (eds.), Philadelphia: Temple University Press, 1982, p.298.

② Barry Bluestone, and Bennett Harrison, *The Deindustrialization of America*. New York: Basic, 1982, p.193.

区域化，它将使资本属于各个地区。每个地方都需要各种各样的工业，这些工业会认为自身的福利与各个州和各个城市的福利是一致的，并为共同体的福利与这些州和城市一起努力，而不是让这些州或城市相互倾轧从而坐收最大的利益。这将是对近来趋势的深刻逆转。什么政策将鼓励这样一种扭转呢？我们可以提出一些建议。

第一，为了确保竞争，我们所建议的分解联合型大企业和让工业分散化，也是这些企业和工业朝着地区化发展的第一个步骤。

第二，在工厂关闭以前，应该尽量使其在当地被购买。把工厂出售给工人是一种理想的解决办法。联邦法律已经为这类出售提供了便利。地方政府和州政府可以为其提供资金帮助，而不是把钱用在吸引可能不会在共同体中扎根的新工厂。工人拥有的工厂与工厂所在的共同体将建立起牢固的关系。

第三，不管什么时候工厂要易主，工人或其他本地利益相关人都应被给予与买家竞价的权利。这可以加速向地区化的转变。

第四，宣传教育共同体如何从购买共同体制造的产品中受益，可以抵消广告所培养的人们对名牌产品的依恋。对本地产品需求的不断增长将会为新企业提供激励。

第五，一座城市可以在其决策过程中更正式地让商业共同体的领导人参与进来。比如，参与一个由诸如商业、劳工、专家和宗教机构等团体选出代表所组成的委员会。尽管这个委员会没有任何正式权力，但可以这样理解它的作用，即没有任何重要的决策在未经市长和委员会磋商的情况下会被采纳。因此，市长可以把任何问题带给这个群体讨论，不仅是为了听取建议，而且是为了获取帮助。这个群体的成员可以表达他们的不满，也可以提出他们的观点。参与这样的委员会有利于建立共同体，而且会以这种方式深化基础从而减少资本的流动。这会增加他们支持当地企业的兴趣。现在大多数的新工作岗位都是这些企业提供的。①

---

① Jane Jacobs, *The Economy of Cities*. New York: Random House, 1960, p.49.

第三部分 为美国的共同体提出的政策

到目前为止,我们考虑了各个州和城市作为共同体可能获得的经济自主权。柯克帕特里克·塞尔指出,甚至在小得多的层面上也可以做到这点。一个由1万人组成的共同体可以在经济上生产所有它实际需要的东西。当然,为了证实这样一个论点,一切都取决于对需求的定义。这种规模的共同体不可能生产坦克和飞机,或者甚至是汽车。然而,塞尔不是要我们放弃大部分的现代舒适生活:

一个由5000或1万人组成的共同体有能力满足经济真正独立所需的条件——因为实际上,如果我们需要消除疑虑,人类历史的很大一部分就证明了这一点。在那个规模上……农业的自给自足和共同体的能源系统是最经济和最有效的,在那个层次上,可用于经济其余部分的劳动力(如果按现在美国的比例进行估算的话)会达到2000—4000人,可以在生产和服务两部门之间进行平均分配。现在如果我们采用当前美国制造业的数据,那么我们可以看到,开办一家一个独立的共同体所需要的基础工业的工厂会需要多少人(包括管理和生产部门),参见下表:

行业	每个工厂的工人数
纺织	132
服装	56
木材和木制品	29
家具和配件	50
纸类及纸制品	104
肥皂、清洁剂、卫生用品	43
石料、粘土和玻璃制品	39
原生金属行业	163
金属制品业	50
机械(不包括电动)	45
电动和电子设备	135
摩托车、自行车和部件	81
仪器和相关产品	75
制造行业总就业人数	1002

换句话说,按照目前的标准,1000人就可以运转这13个基本制造类别

293

中任何一个的工厂——而且如我们所知，那些目前的标准比起出于效率或人道原因所需的最佳人数要高得多，而且这些标准里面包括某些规模极其庞大的地方。在一种理性的经济体中，让那些规模缩少一半无疑是可能的，但即使它的规模不超过 1/4，那仍然意味着一个由 1 万人组成的共同体（其中 2000 名工厂工人）就能够满足这些基本类别的任何一个类别三家工厂的需要——它用一小部分人就足以满足它所有实际生产需要，而且也可以使它具有相当的多样性。①

我们的目标不是让所有由 1 万人组成的共同体都遵循这一模式。但摆脱工业社会需要把权力交给遥远的经济权力中心这样一种观念是重要的。即使钢铁也可以在本地生产。小型共同体可以施加比人们所意识到的更多的对其经济生活的掌控，而且当它们做到这一点的时候，它们的政治生活也会具有重要的地位。相对自给自足的城镇可以一起加入自给自足能力更强的各个州。当小城镇的经济都要依赖全球贸易体系的时候，国家政府就会失去其必须占有的重要地位。

能源使用

在这一章里，我们强调了我们需要既对国家层面也对地区层面的经济获得控制。因为国家要在可行的范围内尽量实现自给自足，它必须重新获得它已经丧失的许多工业，但目标不是恢复过去的生产水平。巨大和不断增长的工业给资源和填埋废物带来了沉重的负担。由于工业集中在几个地区，它就需要一个庞大的运输系统来分发其产品，那需要更多的能源和更多工业生产才能维持下去。要提高产量就需要建设更多的工厂和生产更多的机器。简言之，依靠增长来促进增长对消费者并没有什么好处。

---

① Kirkpatrick Sale, *Human Scale*. New York: Cowan, McCown, & Gesgheyon, 1986, pp.398-399.

第三部分 为美国的共同体提出的政策

假设在相对自给自足的地区进行再工业化，这些地区中的大多数都很小。产品的分销将不需要在卡车、高速公路和铁路上的大量花费。因为使用的卡车和火车将会更少，因此需要制造它们以及支撑扩张的机床的工厂将更少。运输和生产的减少将减少使用的能源。因为生产能源也要使用能源，这里有一个乘数效应。

但是如果供给消费者的商品数量没有减少，而经济活动可以大幅削减，那么工作岗位呢？如果工作岗位更少，那么失业计划不将必然变得很庞大吗？如果工业基础更小、工人更少，那么支持这些计划的税收将从哪里来？

我们对这些问题的回答很简单。用更少的人生产更多产品的方法就是让化石燃料能源取代人力。如果能源是丰富的而人力是稀缺的，那么这样做是有道理的。但如果能源并不丰富，就会导致大量的劳动力剩余。如果是这样，我们就应该用人力取代化石燃料。

那并不涉及回到艰苦繁重的体力劳动。以能源取代重体力劳动是过去100年中取得的一种实实在在的进步。但是许多能源都用在了用令人厌烦的装配线取代有趣的人类工作上。那种转变可以被逆转过来。现在主要被人们当作个人爱好的手艺可以扩展进入主要的生产中心，而能源密集型的大规模生产会减少。能源相对人力的高成本将使得那一逆转很经济。

这些变化可能使生产和消费的商品数量保持不变。总数量减少而经济生活质量却没有降低，这也是可能的。经济生活质量并不依赖商品的数量，而是依赖它们提供的服务数量和质量。生产更少的、更精良和更耐用的商品也能满足我们的需要。高质量的商品是值得我们修理的。如果对样式变化的需求减少了，那么我们可以把许多商品制作得更耐用。对新鲜事物的合理要求（不是所有人都想要穿10年很耐用的鞋子）可以在二手市场和曾经很流行的"旧货出售"上通过交换来满足。因此废弃物的数量将减少。我们可以把舒适的房屋建得很耐用，并使用很少的能源来满足供热和降温的需要。

城市生活的安排也可能出现变化，这些变化将使对某些现在的消费的需求消失。住在距离工作、商店和所有服务很近的地方，加上便捷的公共交通，就减少了私家车的使用而没有使生活质量下降。当一些街道不许车辆通行时，它们对走路和骑自行车就变得更有吸引力了，这就进一步减少了汽车的使用。生态建筑还会使这些改变进一步深化。

如果个人对商品的要求更少，工业对劳动的需求也下降，那人们的闲暇时间就会增加。随着闲暇时间不断增多，各个家庭将为它们自己做更多的事情。烹调美食就可能变成一种艺术和一种快乐。当预加工和包装昂贵的食品价格上升时，人们对其偏好也会减少。

所有这些改变都没有使生活质量下降，但都减少了对工业活动和交通运输的需求。因而这些改变减少了对包括能源在内的稀缺资源的需求。过去，依靠增长来促进增长并没有让生活质量有多少提升；现在依靠减少来促进减少也没有让生活质量有多少损失。实际上，我们认为生活质量还会得到改善！

这样的改变可以随着经济分权和食品生产的去工业化、从消费畜产品转向全部消费谷物和蔬菜而出现。化石燃料的使用所实现的减少是相当多的。向一个依靠太阳能的世界的转变可以更容易并且速度更快。国家可以成为真正自给自足的。我们可以避免预见到的生态灾难的最坏情况，生活将变得更美好。

也许我们描绘得过于乐观。也许生活的物质质量也会不得不出现某种下降。即使那样也是完全可以忍受的。大多数生活富裕的美国人所拥有的商品，比他们过着舒适和令人满意的生活所需的东西要多得多。

这一转变能使人们生活得很舒适，但如果人们没有选择这种转变，如果人们面对资源枯竭仍然维持依靠资源增长的体系，如果他们等着直到他们不得不做出改变，那么生活的质量将急剧下降。今天我们还有选择，下一代人可能就没有了。

第十六章　劳动力

工人参与企业管理和所有权

工业体系崛起的一个重要特征就是劳动力（像土地一样）被转化成了商品。作为一种商品，劳动力在市场上以由供求关系决定的价格被买卖。在生产企业里，劳动力仅仅是工厂所有者所确立的各种目的的一种工具。

卡尔·波兰尼的《大转型》一书，大篇幅表达了对其中所暗含的东西及其导致的现实后果的恐惧。① "把劳动同其他生活活动分开并把劳动置于市场法则之下，就是要消灭存在的所有有机形式，并用一种不同类型的组织、一种原子的和个体的组织取代它们。"② 需要这个的体系"不消除社会的人性和自然本旨就一刻也不可能存在。"③ "自由的劳动力市场的经济优越性不能弥补它给社会造成的破坏。"④ 罗伯特·麦基弗在为这本书写的前言中接着这一主题说："撒旦的磨坊只关注人的一个需要，它们开始无情地把社会碾压得粉碎。""人类没有认识到社会凝聚力意味着什么。人类生命的内在殿堂遭到了掠夺和亵渎。"⑤

波兰尼指出，这种自夸放任的态度在表现上是很有选择性的。它

---

① Karl Polanyi, *The Great Transformation*. Boston: Beacon, 1957 (Reprint).
② Ibid., p.163.
③ Ibid., p.3.
④ Ibid., p.77.
⑤ Ibid., p.x.

告诉政府不要干预工业对待土地和劳动力的方式。但政府必须帮助把劳动力降低为商品。不干预实际上就是要干预以"摧毁个体间非合约性质的关系和阻挠它们自发的变革"①。

当然,最后没有哪个社会能够忍受这一体系遗留的后果。工人归根到底是人,他们是共同体的成员,其个人利益必然关涉其他人。因此所有工业社会都对劳动力纯粹商品化立法制定了一些限制。

而且,工人自身做了积极的抗议。他们通过建立工会进行集体的讨价还价,从而使工资至少在工业体系的一些部分里超过了只由劳动力供需决定的水平。他们要求并获得了对其作为人的认可的工作条件。

共同体经济学支持这种对劳动力商品化的抵制。但它看到如果要保留迄今为止取得的成果,劳动者、管理层和资本三者之间的关系需要做出更多根本的改变,而如果想要扩大这些成果,需要做出的根本改变就更多。今天主要的经济趋势是迫使劳动者回到维持生存的水平,并将最终削弱经历一个世纪之久的斗争才建立起的劳动保护措施。如果国家继续致力于"自由贸易",工会就将无力阻止这一趋势的发展。在一些工人力量很强的特殊工业那里,抵制这种趋势的努力将只会加速那些工厂的关闭,随之资本就会自由地转移到国外那些工人更听话和更廉价的地方。

即使关税体系改变了这一状况和增加了管理层和工会讨价还价的动力,但恢复到过去的状况也将是不健康的。那一状况是一种对抗性的。人们认为工人和管理层的利益冲突要多过他们彼此的和谐。当资本把劳动力当作一种商品的时候,要不是因为工会的存在,管理者就可能驱使工人在几乎任何工作条件下工作而不受惩罚,这是事实。但在今天情况并非都是如此。通常工厂健康运行是工人和管理层的共同利益所在。当工厂运行得到改善时,双方都会获益。而当工厂运行受损时,双方利益也都会受损。管理层与工人构成了一种利益共同体,这在德国和日本比在美国得到了人们更为清楚的认识,我们也开始认

---

① Karl Polanyi, *The Great Transformation*. Boston: Beacon, 1957 (Reprint), p.163.

第三部分 为美国的共同体提出的政策

识到了这一点。[1]

这不是说工人应该被动地把所有的决策都留给管理层，并相信其利益会因此得到照顾，情况远非如此。但目标应该是增进工人和管理层的交流对话，这样两者的状况都会得到改善。只有在有效听取和考虑工人的关切和建议的情况下，才可以做出决策。日本就建立了相关的组织来确保工人积极参与会对他们产生影响的决策。一般来说，结果对企业是有益的。现在许多管理学理论都提倡这种合作。工人应该要求它，而政府应该支持它。日本也为工人提供了相当程度的工作保障。这也是很合理的。不可能期望那些确信针对企业衰退做出的第一个调整就是把他们裁掉而且没有高级职员去职补偿费的工人，会工作干劲很足并且很合作。在理论上，风险和不确定性被认为是由资本家—企业家承担的。这是为资本要求高回报率的一种主要辩解理由。然而在美国，最容易遭受商业周期风险和不确定性的是工人的收入。

当工人对他们的工作条件很满意并能够为企业献计献策时，企业就会运转得更好。现在美国管理学界对此普遍认同。所有锐意进取的企业现在在从事旨在改善"工作生活质量"（QWL）的试验计划。罗伯特·查根和迈克尔·P. 络斯沃指出："有超过850篇的文章和著作针对这一主题做了研究，而且至少有四个国家和国际研究中心都在关注这样的生活质量问题。"[2]

人们现在已经认识到管理层和工人之间存在共同的利益。将实践转变以使其符合对共同体的新认识是缓慢的，而且还受到许多意想不到的困扰。但是方向已经确定了。

超越QWL和工人参与决策的进一步措施就是企业管理的雇员共同决策制。这可以通过建立一个工会组织或由工人直接选举来实现。

---

[1] 参见迈克尔·哈灵顿在《新左派》（Michael Harrington, *The Next Left*. New York: Henry Holt, 1986, p.14.）中对GM-UAW协议所做的阐述。

[2] Robert Zagen, and Michael P. Rosow, *The Innovative Organization: Productivity Programs in Action*. New York: Pergamon, 1982, pp.88-89.

在德国，共同决策制在19世纪已经有了稳固基础，而且第二次世界大战以后被确立为正式的国家政策，企业监事会有一半的成员都可以由工人选举。然后由这个监事会选举出一个管理委员会，其中也有工人代表。结果是给予了工人在管理决策中的重要发言权，而且有些情况下工人对管理决策拥有否决权。它还提供了管理层和工人的交流渠道，这样工人就可以通过他们自己的代表把管理决策解释给他们。①

工人所有权

美国没有认真考虑过建立共同决策制。但是从1974年以来，美国政府通过员工持股计划（ESOP）鼓励工人参与所有权，这一计划是由经济学家路易斯·凯尔索发展的，并通过议员罗素·朗提出的税收刺激法案得到推行。这一理念"得到了从罗纳德·里根到泰德·肯尼迪，从纽约证券交易所到卡车司机工会，从保罗·沃尔克到教皇保罗二世的每一个人的赞同"②。这个计划的主要目的是扩大资本主义的参与程度。"拥有超过1100万工人的超过8000家公司现在都有员工持股计划。"③在绝大多数情况下，工人拥有的股权少于全部的15%，而且几乎不参与决策。但有100万的工人在那些所有权很重要的工厂。特别是当企业需要雇员在工资方面做出让步时，他们有时主动提出用大量股权参与作交换。由于在仅仅10年当中取得了这么多的发展，未来发展的希望是相当大的。

我们并不希望否定凯尔索计划中的积极特征，但是人们必须认识

---

① 要具体了解德国共同决策制的历史与实践，参见阿尔弗雷德·L.蒂姆的《共同决策制的虚假承诺》。（Alfred L. Thimm, *The False Promise of Codetermination*. Lexington, Mass: Heath, 1980.）尽管其题目是否定性的，但给人的整体印象是共同决策制明显是一种积极的进步。

② Michael Quarry, Joseph Blasi, and Corey Rosen, *Taking Stock: Employee Ownership at Work*. Cambridge, Mass.: Ballinger, 1986, p.23.

③ Ibid., p.viii.

到它并非像凯尔索和赫特所宣称的那样万能。凯尔索和赫特的这一主张鲜明地体现在其著作的副标题中:《两因素理论:如何靠借来的钱把 8000 万工人变成资本家》。① 让每个人从资本中获得另一份收入是个好想法,但依靠借来的钱而不是对收入进行重新分配来让每个人都变得越来越富,这就假设了极高的经济增长率,可这个计划仅因为生态上的理由就注定失败。但是除那以外,人们还必须要问:资本家为什么会以低于工人从借来的钱中得到的回报率的利率借钱给工人。工人不是企业家,他看来似乎是一个可以轻易从交易中省掉的中间人。资本家之所以会保留工人是因为提供给参加这个计划的资本家的减免税。资本家从工人和政府那里获得的回报率,高于资本家通过直接投资于任何工人所投资的项目可以得到的回报率。但是政府给资本家的补贴必须通过税收体系支付。给资本家的补贴率意味着要对所有其他人征收更高的税或要减少政府为所有人提供的服务。就像经济学家喜欢说的那句话,没有免费的午餐。员工持股的资金将主要来自存款而不是借来的钱。

员工持股而没有参与决策,并没有表现出在雇员的态度或生产率上有很大不同。我们需要的是把所有权与如共同决策权的某些事物结合起来。不会有一个放之四海而皆准的模式,但把这两个计划结合起来是有希望的。

超越工人持有企业股票和共同决策二者相结合的最终步骤,就是企业完全为工人所有。在 50 万人工作的大约 1000 家公司里,员工持有企业 50% 到 100% 的股票。这些公司里有一些特别成功。现有的联邦法律在某些情况下推动了工人接管他们公司的过程。我们可以给予许多进一步的支持。已经出现了工人购买如果没人购买就要关闭的工厂或者店铺这样引人注目的案例。在有些案例中,工人们扭亏为盈。

对美国工业的分散化控制会使工人所有权更加切实可行。政府支

---

① Louis O. Kelso, and Patricia Hetter, *Two Factor Theory: How to Turn Eighty Million Workers into Capitalists on Borrowed Money*. New York: Random House, 1967.

持拆分的政策可以为员工购买企业提供机会。有了公众的积极支持，美国商业中为员工所有的那部分就可以快速增长。这样的公司是共同体的具体表现，而且也会支持范围更大的地区共同体。

当然，还有许多问题尚未解决。其中一个问题就是工人的流动。让我们看一个例子。在成功的、完全由工人所有的企业里，一个工人所拥有的股份价值可能会达到数万美元。当那个工人想退休或离开时，她或他要么成为一个不在本企业的企业所有者，要么把其股份卖给一个新工人或所有者。通常不可能找到一个想在企业工作而又拥有足够的资本来购买这部分股份的人。一些为工人所有的成功企业就因为这种两难处境而被卖掉了。

对于这个问题，奥塔·希克在《为了一种人道的经济民主》中提出了一种解决办法。[1] 他建议资本的"中性化"，他所谓的中性化是指使属于工人的资本份额归工人集体所有，而不是归个人所有。[2] 所有工人都将是"资产管理协会"和"企业管理协会"的成员，由这两个协会选举代表来共同参与决策的制定。部分利润将分配给工人。[3]

尽管欧洲的工会沿着这里所讨论的方向在实现工厂民主的进程中发挥了领导作用，特别是共同决策方面，但美国的工会对此是持抵制态度的。美国工会的发展历史和存在原因是与同管理层进行抗争紧密联系在一起的。由于到目前为止所实施的大多数改变都是由管理层为提高生产效率提出的，因此工人领袖对此持怀疑态度是可以理解的。他们指出："一个管理顾问团队发起了所谓'使工会变得没必要'的

---

[1] Ota Sik, *For a Humane Economic Democracy*. Translated by Fred Eidlin and William Graf, New York: Praeger, 1985.

[2] Ibid., p.92ff.

[3] 要了解这种工人所有的非常成功的情况，可参见 E. F. 舒马赫在《好工作》中对斯高特巴德公司的描述（E. F. Schumacher, *Good Work*. New York: Harper & Row, 1979, pp.76-83.）。

关于工作人性化的管理人员讨论班。"① 他们控诉说:"不管工人从工作人性化改革中得到多少好处,他们永远得不到保障。正像管理层可以给员工这些好处,他们也可以把这些好处再拿走。"② 当通过艰难斗争争取到的养老金计划在与企业股票进行交换中丧失时,他们尤其感到烦恼。③ 他们反对说:"把工人或工会领导放到委员会里将会使雇员和雇主之间的明显区别变模糊——这种区别给予了工会和工会领导自己的身份。"④ 工会领导也指出,当工人把自身利益与某一家公司等同起来的时候,他们与其他工厂的其他工人结成的团结就会被公司间的竞争所替代。对工厂民主给传统工会产生的影响的这种担心是合乎情理的。这些担心是建立在这种敌对关系之上的,假定公司可以获得利润,而工人和所有者之间为划分利润而斗争。管理层有兴趣强调一个关心工人的共同体,部分是因为他们认识到除非克服他们之间的敌对关系,否则不会产生任何利润,工厂也将关闭。工人领导也开始认识到这一新的现实。

工厂民主与传统工会之间存在矛盾,但一般来说它当然不会反对隶属工会的工人。它要求工会能够发展以便在新情况下发挥新的作用。逐渐地,"工会领导真正把争取在工厂里实现更多民主的斗争看作是在过去 50 年中工会斗争的令人满意和必然的产物"⑤。

我们坚信,为了工人和整个国家共同体,工人所有权与参与决策两者的结合应该成为未来商业的基本形式。根据《美国的员工所有

---

① Daniel Zwerdling, *Workplace Democracy: A Guide to Workplace Participation and Self-Management Experiments in the United States*. New York: Harper & Row, Colophon Edition, 1980, p.171.

② Ibid., pp.171–172.

③ Barry Bluestone, and Benneth Harrison, *The Deindustrialization of America*. New York: Basic, 1982, p.261.

④ Daniel Zwerdling, *Workplace Democracy: A Guide to Workplace Participation and Self-Management Experiments in the United States*. New York: Harper & Row, Colophon Edition, 1980, p.172.

⑤ Ibid., p.175.

制》,这是把我们带到一个"由少数非常富裕的所有者、大量获得高工资的工人以及更大数量的工资极低的服务工人、未充分就业者以及失业者构成的"的经济的当前趋势的一个替代方案。① 这本书指出:"我们需要一个鼓励增长同时促进平等的制度,而不是一个坚持认为一方的收益是其他人的损失的制度。我们需要一个为劳动者与管理层的合作提供可行结构的制度,一个激励员工承担更多责任和发挥创造力的制度。如果新工业技术最终减少了社会所需的劳动者数量(就像工业革命所做的那样),我们也将需要一种人们在其中可以靠所有权而不仅仅是靠工作赚钱的制度。"② 员工所有权满足这些需求的实例给人留下的印象是深刻的。

有人可能认为工人所有权只能在小公司中发挥重要作用。然而,我们也可以制定一些计划,让它在大公司逐步地也能发挥作用。布莱恩·伯基特把这种可能作为社会经济民主化这个综合性建议的一部分进行了考察。他在如下评论的基础上总结了他的建议:

……根据这个瑞典的提议,员工人数超过100人的公司把其总利润的一部分(当前的建议是20%),以新发行的股份形式转移到由相关工会管理的员工投资基金。这笔转移的利润留在公司里用于再投资。股份的投票权属于工会,工会每四年按其股份的相对规模来选举董事,这些董事中有一半每两年或者离职或者参加再次选举。就现在的增长速度而言,最有利可图的瑞典公司将在大约30年的时间里为工人所控制,同时工会能更直接地进行监管,而且在必要时还可以对管理层进行审查。50年到60年之后,股权资本中的大多数都会为集体所有。③

---

① Cory M. Rosen, Katherine J. Klein, and Karen M. Young, *Employees Ownership in America*. Lexington, Mass.: Heath, 1986, p.189.

② Ibid., p.188.

③ Brian Burkitt, *Radical Political Economy: An Introduction to the Alternative Economics*. New York: New York University Press, 1984, p.180.

第三部分　为美国的共同体提出的政策

恢复工作的人性化

即使工人开始参与雇佣他们的企业的管理和所有权，工业体系还存在一个更深层次的问题，那就是现代企业和工业要求的很多工作都带有异化和非人性的特征。那些对工作生活质量（QWL）感兴趣的人只对这个问题做过肤浅的讨论。他们所做的贡献是在人事部门涉及的那些领域里，人事部门的任务是提升工人在工作中的士气，工作士气的基本特征是由其他因素决定的。彼得·德鲁克对这点说得很清楚：

不管什么时候人们讨论工人和工作的管理问题，他们都要谈到和写到人事管理和人际关系这些内容。它们是人事部门所关心的内容。但它们不是构成在美国工业中对工人和工作的实际管理的基础的概念。这个概念是科学管理。科学管理关注的是工作，它的核心是对工作的有组织的研究，将工作分解为最基本的要素和系统地提升工人在每一个这些要素中的表现。科学管理既有基本的概念，也有易于应用的工具和技术。不难证明它的贡献。其表现为产量更高的结果是可察觉到的，而且很容易衡量。①

如此多的工作具有的极度非人化的特征，是这个体系通过专业化分工来提高生产率的内在动力的函数。在人道上令人满意的工作和每个工人的产出数量之间，似乎存在着一种内在的张力。经济理论已经关注了满足人作为消费者的需要，即**经济人**的需要，而且它只从工资和生产率的角度把人视作工人。但是当**经济人**被看作是共同体中的人的时候，从工作中获得的满足就与从消费中获得的满足一样重要了。支配着对经济发展目标考虑的片面方法必须结束。正像保罗·瓦奇泰尔所说的："在可获得的消费品方面的收益，必须对照我们在一天中工

---

① Harry Braverman, *Labor and Monopoly Capital*. New York: Monthly Review Press, 1974, p.88.

作时所经受的额外压力和损失来权衡。"①

杰里米·西布鲁克则更加慷慨激昂。对他来说，从消费中得到的收益无法弥补损失。"我们受到了两方面的欺骗：一方面，市场不可能提供它所允诺的幸福；另一方面，那些能够提供某种较小却更现实的东西（价值感），我们的创造性技能，被剥夺了，锁在了取代我们的机器里面。"② 即使有人认为西布鲁克的说法很夸张，但他指出的现象很重要。这个现象与无论是资本主义还是苏联模式的工业化历史紧密相关，而且它深深地影响了大众化的、以消费者为导向的社会。尽管我们并不妄称拥有任何根本的或不切实际的解决办法，但我们强烈地意识到，现代世界中如此多的工作所带有的非人化特征，是反思政策的一个很好的出发点。

劳动分工已经成为人类经济从狩猎和采集食物时代发展到现在的一个部分。当社会变得更加复杂时，更多不同的任务被人们进行区分。一些任务使人身份低下而且艰苦繁重；其他工作在人道上是令人满意而且令人愉快的。

当特定的任务被分解并细分时，工业体系就开始出现了。亚当·斯密对制造大头针的描述就很经典。现在不是制造大头针一种专业化生产，而是有 11 个子类别。不是一个人制造一个大头针；相反，每个人重复做一个动作，这个动作为整个过程贡献它的那一部分。这样，产量大大增加，但工人们不再能够获得复杂的技能和以其产品为傲了。

1832 年，查尔斯·巴贝奇使人们注意到将生产细分为简单动作的另一个好处。"通过把需要完成的工作分成不同的过程，每一个过程都需要不同程度的技能或力量，主要的制造商能够购买正好是每一个过程所需的准确数量的技能和力量；然而，如果整个工作由一个工人来做，那么这个人就必须拥有足够的技能来完成工作中最困难的部分，

---

① Paul L. Wachtel, *The Poverty of Affluence: A Psychological Portrait of the American Way of Life*. New York: Free Press, 1983, p.156.

② Jeremy Seabrook, *What Went Wrong?* New York: Pantheon, 1978, p.282.

以及拥有足够的力量来完成工作中最费力的部分。"① 在他为制造一种大头钉所提供的一张工作和工资表中说明了,这究竟可以达到什么程度。这个表显示(见表 16.1)一个真正"自由"的劳动力市场是如何运作的,以及工作所达到的机械化程度。②

表 16.1

抽线	男人	3s. 3d. per day
把线拉直	女人	1s. 0d
	女孩	0s. 6d
削尖	男人	5s. 3d
拧头和切头	男孩	0s. 4 1/2d
	男人	5s. 4 1/2d
读数	女人	1s. 3d
涂白	男人	6s. 0d
	女人	3s. 0d
包装	女人	1s. 6d

正因为工人所做的如此多的工作都机械化了,工业化进程的进一步发展才有可能。人们可以发明机器来取代工人的那些机械化工作,人们主要做观测机器的工作。对技能的需要越来越少,而智慧对于高效的工作表现来讲,与其说是一种帮助,还不如说是一种障碍。

安德鲁·尤尔在他非凡的著作《生产者的哲学》中,清楚而且富有热情地庆贺这一发展。③ 他看到了斯密所描述的生产模式的问题:"看到工匠常常要牺牲健康和舒适才能换得精湛的手艺,这的确是一件遗憾的事情。对一个需要娴熟和勤奋的千篇一律的操作来说,工人的手和眼睛一刻也不得轻松。"④

然而尤尔似乎没有注意到这个新体系的隐含意义。"实际上机器设

---

① Charles Babbage, *On the Economy of Machinery and Manufactures*. London, Reprint, New York: Kelley, 1963, pp.175-176.

② 这张表出现在巴贝奇著作的第 184 页,布雷弗曼在 1974 年著作的第 80 页复制了这张表。

③ Andrew Ure, *The Philosophy of Manufacturers*. London: Knight, 1835, Reprint, London: Cass, 1967.

④ Ibid., p.22.

备的每一个进步，其目标和趋势永远都是为了完全取代人力，或者以雇佣妇女和儿童的产业取代雇佣男人的产业，或以雇佣普通劳动者的产业取代雇佣熟练技工的产业，从而削减成本。大多数的使用水力纺纱机或翼锭纺纱机的棉纺厂中，纺纱完全是由16岁和16岁以上的女性来操作的。用走锭纺纱机取代普通的纺纱机的结果，是解雇了大多数男性纺纱工人，而留下了青少年和孩子。"①

社会最终瓦解了"自由"的劳动力市场，它使得孩子取代成年人成为可能，但在其他方面主导巴贝奇思想的那些原理则被进一步延伸。弗雷德里克·泰勒对这些原则做了最彻底和一致的表述，而且因此确立了"科学管理"的至高地位。哈里·布雷弗曼对他的立场是这样总结的："那些只受一般指令和纪律支配的工人并没有被充分的支配，因为他们还保持着对劳动的实际过程的控制。只要他们控制着劳动过程本身，他们就会阻挠完全实现其劳动力内在潜能的努力。要改变这一状况，对劳动过程的控制必须转移到管理层手中，不仅是形式上的，而且必须控制和决定劳动过程的每一个步骤，包括其执行方式。"②

这个过程包含三个原则："第一个原则是收集和发展关于劳动过程的知识，第二个原则是将这种知识集中为管理层独有——以及与之相反的情况，即工人不能有这种知识……第三个原则是**使用这种对知识的垄断来控制劳动过程及其执行方式的每一步**。"③这一体系的应用不仅提高了生产，而且减少了工人所需的技能，因此也降低了工人的工资。在《工厂管理》一书中，泰勒写道，他的方法的优越性"只有在几乎所有工厂里的机器都由能力和技艺更低，并因此比旧有体系所需的那些人更廉价的人来操作的时候，才会得到实现"④。

---

① Andrew Ure, *The Philosophy of Manufacturers*. London: Knight, 1835, Reprint, London: Cass, 1967, p.23.

② Harry Braverman, *Labor and Monopoly Capital*. New York: Monthly Review Press, 1974, p.100.

③ Ibid., p.119.

④ Ibid., p.118.

尽管最近许多报告指出,与过去相比,当代工业需要工人接受更多的教育和掌握更多的技能,但布雷弗曼驳斥了这一说法,他认为将工作简化和程序化的基本原则并没有改变。工业需要的是愿意和能够为完成范围非常有限的任务而勤奋工作的人,为了完成这些任务他们很容易就能成为训练有素的。尽管布雷弗曼时代还没有受到电脑的全面影响,但是要说情况出现了重大变化也是令人怀疑的。要学的规则可能更复杂,但一旦人们学会了这些规则,操作仍然是重复性的,很少需要工人有创造性的想象或者由工人做出决定。例如,一些快餐连锁店就使用了电脑收银机,收银机上有产品的图片,而且收银机按钮上印有所有钱币的图片,因此收银员甚至无需认识数字,更不用说减法了。

同样这些快餐公司按最低工资来雇佣青少年,这本身无可厚非,但当生意意想不到的冷清时,这些青年人通常就被送回家,并在商业出现未预料到的繁忙时,他们就会被叫回去工作。即使他们工作时间的长度也变成了一种适合于雇主方便的、无法预测的变量。临时工和兼职工人所做的越来越多的是秘书工作和建筑工作。他们不能收到保险金或者退休金,而且一旦生意不景气他们就可以被辞退,而当生意兴旺时又可以把他们雇回来。这当然是很低劣的理财学,而不是高效的管家。只有我们对参与国际增长竞赛的痴迷,才会让我们愿意容忍工人遭受这种待遇。

在这个体系里,工作的非人性化特征远不是偶然的,这是很显然的。因为一般来说,如果不详细讲的话,"科学管理"是商业和工业的基础,因此问题是普遍存在的而且是根本性的。问题是除了工作生活质量(QWL)运动带来的表面变化以外,我们还能否做什么事情。

答案是自由市场不利于任何根本性的改进,而且市场的规模越大,重新调整经济活动的方向从而提供更让人满意和愉快的工作就会越困难。然而,现在的一些趋势和本书所提的一些建议可以共同造就一个新的氛围,人们在其中可以做出新的决策。

在现在的发展趋势中,我们可以注意两个。第一,看起来越来越多的人愿意做低工资的工作，如果这个工作更令人满意。这表明，某个时期枯燥的事务性工作的工资有可能面临提高的压力，那会使得其他选择对老板来讲更具吸引力。第二，人们对手工艺品的兴趣不断增长。这些手工艺品越来越受欢迎，尽管与大规模生产出来的竞争产品相比它们的成本更高，而且通常外观也不够完美。它们的生产既可以作为爱好也可以用于商业目的，因此工匠的技能得到了保留和欣赏。

在本书所提的建议中，结合能源成本可预期的不断增长，经济的分散化尤其重要。在一个能源成本很高的分散化经济中，工匠将能比现在更好地与工厂相竞争。但更重要的是，当经济分权和高能源成本与工人管理和所有制结合在一起的时候，人们做出改变生产流程的决定，就会着眼于恢复工人在工作场所的思想、技能和积极主动性。让机器为工人服务而不是给工人发号施令并不是不可能的。①

充分就业

即使工作可以恢复人性化，而且通过工人所有权美国社会阶级分化的危险得到减少，但有工作的人和没工作的人之间，仍然存在着巨大的和激起怨恨的差别。没有哪个不能处理失业问题的劳动政策是可以接受的。

在一个真正的共同体中，所有能够参与创造大家共同分享的财富的人都将愿意如此。当然，与有报酬的工作一样，照顾孩子和做家务活以及志愿者组织中的许多任务，也是这类参与的形式。但在大多数家庭里，至少有一个成员将从事有报酬的工作。那就是说，共同体在这方面唯一可能的目标就是实现充分就业。然而"充分就业"这个目标几乎是普遍都有的，但是人们可以提出非常不同的策略来实现它。

主流的新古典经济学策略告诫人们，不要采用现在以削减增长为

---

① 这个方案与 E. F. 舒马赫的要点相近。他的《好工作》这本书讨论了什么是可能的。他没有发现明确的解决办法。

代价而人为实现充分就业的政策。相反，它支持能够减少对工人需求的技术变革，因为通过这种方式，生产率——每小时的劳动产出——能够得到提高。在古典和新古典经济理论中，这是经济发展的核心所在。当生产率的提高使得资本被投资时，因生产率提高而失业的工人将会得到工作。充分就业是通过经济在整体上的快速发展，以及劳动力可以流动到经济出现增长的地方而实现的。

这个理论允许增长出现伴随着暂时失业的周期性的增长减速。但这些是使大多数工人在大多数时间都有工作的长期趋势的一部分。减少商业周期带来的痛苦的努力取得了一点成就，但与该理论正相反，长期趋势在朝着失业在长期中增加的方向发展。这一理论真正的信徒坚持认为，问题在于增长过于缓慢，而且他们呼吁减少政府干预是实现这一理论模型的方法。

这些真正的信徒在某种程度上是正确的。如果工人除了工作或挨饿以外没有其他选择，那么更多的人会接受工资比他们通常拿的工资低得多的工作。失业通常是指缺乏人们想要或期望的那种工作，而不是绝对缺少工作机会。如果劳动力再次成为纯粹的商品，那么除了商业周期以外，这个体系有可能产生足够的工作岗位。

我们已经看到，"自由贸易"如何终结高工资的工作并以低工资的工作取而代之。如果没有发生这种事情，经济学家的理论模型可能更接近现实。国内新的资本投资可能实际上创造出新的工作岗位，这些工作的工资与失去的那些工作将是一样的。因此，如果建立一种民族经济的政策得到采纳，那么这类的失业问题就可以通过这些标准政策得到缓解。

人们仍然有理由对此存在怀疑。经济学家理论模型中起作用的东西，实际上在现实世界中是没有效果的。生产率的提高事实上导致了对工作的需求更少。从兼职工作越来越多和失业不断增加就可以看到这一点。戴维·奥尔用讽刺的语言描绘了经济学家对此开出的典型药方："强调生产使得我们更多地使用越来越稀缺的资源，目的就是节省已经非常充足的劳动力。"①

《超越石油》这本书警告说这种政策不可能持续下去。只有假设技术能够取代逐渐减少的资源，这个政策才能被用于未来，然而这个假设是无效的。在今后的40年里，化石燃料能源的供应将越来越短缺。个体工人生产率的提升与能源的使用具有非常紧密的关系，而且在每个工人使用能源不增加的条件下，生产率不可能得到进一步的提高。找工作的人的数量不断增加，因此提高生产率将是不可能的。"为所有这些工人的每个工时提供更多的燃料将是不可能的，除非减少工作时间。"②工作时间的减少意味着或者雇佣更少的工人，或者雇佣更多的工人而每个人工作更少的时间。另一种方法是通过为每个工人安排更少的能源，来雇佣更多的人工作更长的时间。如果没有大量的廉价能源，通过增长来解决失业问题是不可能的，这点很快就会变得很明显。

《超越石油》的作者们正确地指出，我们必须看到从能源而不是从总产量中获得的净收益。当勘探石油所消耗的能源数量，与从所发现的石油中预计可以得到的能源数量相等时，对石油的勘探就会停止。"到2005年，在美国继续勘探石油和天然气作为能源将是无意义的：在那之后，寻找这些燃料所使用的能源，会比我们找到的石油和天然气所含的能源更多。"③技术确实能够使我们找到能源的其他矿藏，但在我们生活的世纪里，技术却没有明显减少这样做所需要的能源。我们与核能的浪漫之约并不令人鼓舞。"现在看来，如果核工业最终生产出来的能源与其所消耗的能源一样多，那么美国将是很幸运的。"④经济学家所普遍持有的新技术将会解决这个问题的臆说，经不住推敲。

幸运的是，当人们消除对限制增长政策的偏见时，就不难看到我

---

① David W. Orr, "Modernaizaiton and the Ecological Perspective." In *The Global Predicament*, David W. Orr and Marvin S. Soroos (eds.), Chapel Hill: University of NorthCarolina Press, 1979, p.80.

② John Gever, Robert Kaufmann, David Skole, and Charle Vorosmarty, *Beyond Oil*. Cambridge, Mass.: Ballinger, 1987, p.241.

③ Ibid., p.20.

④ Ibid., p.223.

第三部分　为美国的共同体提出的政策

们在实现充分就业问题上如何取得进展。首先，一系列这样的政策与我们已经讨论过的那些政策是一脉相承的。美国乡村的重新安置会吸引数百万人返回到有用的工作中去，这会使国家的健康得到大大提高。一些产业中从资本密集型和能源密集型的技术，向劳动力更加密集的技术的转变，也会有帮助。总之，保护现存的产业和逐步实现国家的再工业化将是有帮助的。这些是我们主要的政策建议。

然而，这些提议可能满足不了所有的需要。考虑一下工厂中生产工具的改进减少了对劳动力的需要这种情况。一般的做法是解雇一些员工。另一个方法是减少所有员工的工作时间，在企业为员工所有的情况下，这种做法最容易被采纳。在那种情况下，如果新的做法不能改善企业整体状况的话，很明显它们不会被采纳。如果这种状况得到了改善，那么所有工人都应该能够获得同以前一样的报酬。如果所需的劳动力减少了，那么所有人都应该干得更少。

这个观点早在经济大萧条时期就在美国的经济政策中发挥了重要作用。它使每周工作时间从60小时减到40小时。在经济大萧条的早些时候，有人提议把每周工作时间减到30小时，为的是重新雇佣许多失业的人，但这一提议遭到了罗斯福政府的反对，罗斯福政府支持采取其他措施来解决失业问题。罗斯福政府认为，在经济大萧条这样一个时期，如果工作被均分，那么结果将是每个人都分得减少了的那块馅饼的更小一块。它认为，把饼做大才是更重要的。从那时起，致力于把饼做大就支配着经济学对失业问题的思考。[①]但是这个饼已经做得大得多了，而失业问题却时不时上升到大萧条时期的水平。

当增长不再是核心目标或者不再是实现目标的手段时，通常反对工作周时间缩短的意见就会消失。然而，缩短工作周时间应该被视作更大建议的一种形式，这个更大的建议就是减少全年的总工作时间。人们的注意力首先应该被引向这个更大的想法。如果它得到了肯定，那么第二个问题应该是：如何最大程度地实现它？

---

① William J. McGaughey, Jr., *A Shorter Work Week in the 1980's*. White Bear Lake, Minn.: Thistlerose, 1981, pp.2-3.

管理层根本不会支持减少每个工人的劳动时间，而且它也只是工人的一个次要目标。即使劳动成本一样或者高一些，管理层通常也更愿意雇佣更少的工人来工作更长的时间。工人从整体上说对增加工资更有兴趣，而不是减少工作。而这种安排的受害者正是失业者和整个社会。

　　然而，无论是管理层还是工人，对此并非都异口同声地持反对意见。有证据显示，生产率会随着工作时间延长而下降，因此管理层把工作分摊是能够受益的。对工人而言，他们对增加工资和带薪休假以及度假都有兴趣。实际上许多工人都在寻找兼职工作，因为全职工作的压力太大。减少工作时间和在各类职位中雇佣更多的人，会有助于缓解这个问题。

　　假设减少全年工作的时间是对抗失业问题的一个理想因素，那么什么样的减少方式最好呢？更长的假期和更短的工作日都有其优势。一周工作四天也是值得考虑的。如果四天工作36个小时，那么每天工作往返花一个小时的人们，每周将节省出额外一个小时的闲暇时间。经验已经证明，人们很欢迎一周工作三天，而且这可以成为标准。

　　我们认为这里所建议的改变方式会大大减少失业。但是我们必须指出，它并不会消除失业问题。有些失业问题源于这样一个事实，即没有一个社会可以为所有想工作的人提供他们所期望类型的工作，而且一些人的选择是根本就不工作，而不是接受某类工作或者是工资很低的工作。下一章里我们将提出一个计划，这个计划将保障这类人的生存而不会使他们工作的动力消失。我们会用这个计划取代失业补偿金，把后者留给私人保险或者工人与雇主之间的安排。

　　一个共同体不应该把其成员认为有损人格或极其令人不快的工作强加给他们。另一方面，共同体应该为所有有这种愿望的成员，提供某种支付一定工资的有用工作的机会。在这个意义上，政府应该成为最后的雇主。所有愿意工作和身体能够胜任工作的人都不应该被拒绝给予这样的机会。

　　我们这里的建议，假定了我们将在下一章描述的收入政策，因此，不会出现没有工作就会无家可归和忍饥挨饿的情况,没有人仅为糊口而工作。那么,政府提供的工作可以被看作一种额外收入的来源,而非维持生计的来源。

当政府就业中心不能给一个想要成为工人的人提供一份固定工作的时候,它应该提供三种选择——一份有可能使工人获得长期雇佣的工作培训计划;帮助在乡下建造家园;立即提供一份工人希望做的、低工资的全职或兼职的政府工作。这些工作中有一些可能与美国综合就业和培训法案(Comprehensive Employment and Training Act,简称CETA)的那些工作相类似,这些工作是为超负荷工作的公务员提供帮助。但其他的工作则是体力劳动,如清理高速公路沿线的垃圾或者美化公园。还应该提供其他可以在家做的和残障人士可以做的工作。

如果提供的报酬合适,邀请想要工作的工人建议她或他想要做的建设性工作,这也是可能的。有些人可能发觉没有得到满足的共同体需求,而他们做这些工作是可以胜任的。当选择是由工人做出的时候,其工作的动力可能更强。

工作报酬应该很低,也许是每小时 3 美元(根据 1989 年的标准),或者在某些情况下与按件计酬的工作工资相等。这种工作几乎没有晋升的可能,但工作做得好会使工人被强烈推荐到合适的工作岗位上。目标不是和常规的就业市场竞争,而是通过雇佣现有工作岗位不需要的那些人对其进行补充。目的是把他们送回就业市场。

有人可能反对说,这个计划把本来可以用于增加固定工作机会的资源转移了。我们的目标是转移尽可能少的资源,并使政府把这方面的努力集中在构成严重社会问题的失业上。它实际上是"最后的依靠",成功与否,将依赖其他政策在大大地减少以这种方式处理的失业人数方面的效果。

这个计划应该取代最低工资。如果人们想要在私人部门工作,且获得甚至比在政府工作还要低的工资,这应当被允许。但是政府工作有保障这一事实,会促使私人部门付给人们更高的工资。

第十七章 收入政策和税收

负所得税

新古典经济理论关注的是市场,而且它们希望政府对经济的干预越少越好。市场的长处被认为是促进了经济的全面增长和有效率的配置。但没有人声称市场进行的收入分配是公平的,或者如果任其自生自灭,没有人的生活将低于维持生存的水平。在社会达尔文主义的盛行时期,人们把它理解为适者生存思想的恰当表述,不适应者早早被淘汰被认为有益于基因库。由市场来分配收入被人们接受为一种标准。

今天很少有人表达这些观点。然而,热衷支持市场的人还是不愿政府在给予穷人最有限的帮助之外对此进行干预。看看下面阿尔文·拉布什卡的这段话,他表达了新古典经济学家普遍持有的观点:"没有人会不同意帮助那些本身没有犯错却不能照顾自己的人的要求。同情确实是一种美德。帮助丧失能力的人、有残疾的人、盲人、脆弱的人或被遗弃的儿童在公共生活中是有一席之地的。但是,这些需要帮助的人,与那些身体健全却选择领救济金而不工作的男人和女人,是有区别的。他们与那些丈夫没有买保险的寡妇不同。他们与酗酒者、毒品成瘾者或者罪犯也不属于同一类。在我们的社会里,在私人慈善事业没法帮助这些真正有需要的人的地方,很少有人会完全反对我们给予他们公共的帮助。"①

---

① Alvin Rabushka, *From Adam Smith to the Wealth of America*. New Brunswick, N.J.: Transaction, 1985, p.213.

第三部分　为美国的共同体提出的政策

我们赞同，当有可能时，人们应优先选择工作而非领取失业救济金。如果经济学是为了共同体，那么所有想工作的人都应该得到工作，而且每个家庭至少有一个成员应该有明显的动力去找工作。如果数百万想工作的人却得不到工作而被迫依赖救济金，那么这就是彻底失败的信号。但是我们不赞同拉布什卡的言外之意，即大多数现今失业的那些人是因为他们更喜欢领取救济金而处于失业的状态。好逸恶劳是个问题，但肯定不是主要问题。

而且，共同体经济学不可能赞同完全让"丈夫没有买保险的寡妇"、"酗酒者"和"毒品成瘾者"挨饿。在一个真正的共同体中，只要共同体做得到，所有人的基本需求都将得到满足。这是现在所有发达国家的目标，而且它也是传统乡村生活具有的特征。拉布什卡会为实现以 GNP 衡量的增长牺牲掉这种关怀，然而，我们主要从经济在可持续的基础上满足所有人的基本需求这方面所取得的成就，来衡量真正的增长。问题不在于能否实现它，而是如何实现。

美国现在的模式是社会法规的一种混乱拼凑。如同现在的治理，它是一张网，通过它越来越多的人在步入贫穷的行列。无家可归正成为一个严重的社会问题，而且营养不良的问题大量存在，有些纯粹是因为缺钱买食物造成的。在一个富裕的国度里，这是不可忍受的。

美国现在的体系是不公正的。当一些穷人不再能够拥有容身之所时，其他人却通过多个计划受益并依靠救济金变得很富足。其效率是低下的。它需要一个成本很高的官僚机构对此进行管理。它是有辱人格的。许多救济金要求人们必须详细证明自身的贫穷和无助才能够获得，它对家庭具有破坏性。对受抚养的子女提供的帮助，通常要求家庭里没有父亲。它催生了一种依赖的文化。现在有两代和三代人都是接受福利救济的。而且它未能提供一种工作的激励。当一个人挣一份即使很少的工资时，他立刻就会失去这些救济金，因此有工作的穷人通常不比那些完全依靠救济金生活的人过得好。

人们普遍承认这个体系不能令人满意，但政治上很难做出大的改变。然而，我们在这里并不关注如何完成改革，而是关注改革应该采取什么方向。首选的体系应该：（1）要求所有人真正的基本需求得到满足；（2）简单而且执行成本不高；（3）要求接受者提供的信息尽量少，而且使他们接受的特殊条件尽量少；（4）提供强烈的刺激来促使人们工作。

满足所有这些要求的一个方法，就是征收乔治·斯蒂格勒最先主张的负所得税。[1] 米尔顿·弗里德曼在《资本主义和自由》一书中对此表示了赞同。[2] 尽管详细的说明可能很复杂，但其基本思想就是，政府会给那些申报的收入低于某个数额的人送去支票。随着收入的增加，支票的数额会减少，但减少的数额不会等于收入增加的全部，因此总会有一种鼓励人们赚更多的正面激励存在。

弗里德曼在1962年的建议中，把现有的所得税免税额和标准的免税额用作计算的基数。对一个四口之家来说，这些加在一起大约是3000美元。免税额和扣除额不随通货膨胀变化而变化，但我们可以估计出今天的同等数值会是1.2万美元左右。弗里德曼的建议得出的结论多少类似于表17.1中的内容（改编自 Philip Wogaman, *Guaranteed Annual Income: The Moral Issue*. Nashville: Abingdon, 1968, p.29.）：

表 17.1

（单位：美元）

家庭总收入	家庭补助	净收入总额
0	6000	6000
2000	5000	7000
4000	4000	8000
8000	2000	10000
12000	0	12000

因为今天四口之家能否依靠6000美元生活是令人存疑的，因此我

---

[1] George Stigler, "The Economics of Minmum Wage Legislation." *American Economic Review* 36, 1946.

[2] Milton Friedman, *Capitalism and Freedom*. Chicago: University of Chicago Press, 1962.

们建议将最低额上浮 50% 到 9000 美元,这可以更好地满足弗里德曼的意图,下降的支付额见表 17.2。

表 17.2

(单位:美元)

0	9000	9000
2000	8000	10000
4000	7000	11000
8000	5000	13000
12000	3000	15000
15000	1500	16500
18000	0	18000

因为这些更大的总额也不足以应付不可预料的医疗开支,因此我们提议建立一个覆盖所有人的国民健康保障体系。为了降低成本和阻止不必要的使用,我们做了类似这样的建议,即最初的 500 美元可减免 20%,而接下的 1000 美元则可减免 10%,以及在那之后向每次由病人引起的出诊收取 5 美元的费用。

对于上面的方法的一个更加以市场为导向的补充措施,就是通过取消医学院的入学条件限制来增加医疗服务的供给,这些入学条件每年都把数以千计有能力的学生拒之门外。如果需要,下一步就是通过资助医学院扩招来增加医生的数量。这种方法会避免尝试控制费用的困难,把其留给供求关系处理。但是医疗服务的供给增加了,而穷人的有效需求也会增加。

正所得税

弗里德曼在 1962 年估算他所提的建议会减少政府支出。它会取代受抚养子女补助、老年人补助、社会保险金支出、农产品价格支持、政府为低收入者建造公屋和所有其他补贴。① 我们会把政府给低收入者发放的食品券和医疗保障，加到这个清单中。除了医疗保险计划以外，我们认为我们的建议不会增加现在的成本。它只需要将现在分开征收的社会保险与其他税收被一起包含在其他税收中。医疗保险会增加成本，因为它是一个新计划，与医疗保障不同，它会覆盖到每一个人。我们认为所需的大部分基金，如果不是全部基金的话，都可以通过继续按照上面列表中固有的 50% 的税率收取而获得。但我们得赶快补充说明我们之所以选择 50 这个数字主要是为了在我们的例子中计算方便，而最佳所得税率是一个复杂的问题，需要做进一步的研究。

就像亚当·斯密提到所有税收时所讲的，要使所得税有效的话，它应该是公正的、简单的、经济的和确定的。② 税收不应该对经济决策造成扭曲，除非公众明确决定支持这种扭曲。例如，可能存在通过对香烟征税来劝阻抽烟的决策。按照斯密的标准，现行的个人所得税并不合格。

现有体系中免除对各种收入的税收或者对这些收入有特殊的处理方式，如同社会保险。我们建议把所有这些都加起来，并加上出租房屋的租金价值以及所有作为薪水和工资补充的救济金，而且也要把资本收益包括在内。这些建议类似于早期芝加哥学派经济学家亨利·C.西蒙斯在他的《联邦收入税收改革》中提出的那些建议。③ 现在允许扣除的有：住宅的利息支出、部长们的住房补贴和州税及地方税，这里只举几个例子。我们将保留或者采纳的只有四种：（1）房屋修缮的税费和开支，而房屋的租金已经加到了收入中；（2）谋生所必要的花费，

---

① Philip Wogaman, *Guaranteed Annual Income: The Moral Issues*. Nashville: Abingdon, 1968, p.28.

② David G. Davies, *United States Taxes and Tax Policies*. Cambridge, Mass.: Cambridge University Press, 1986, p.17.

③ Henry C. Simons, *Federal Income Tax Reform*. Chicago: University of Chicago Press, 1950.

第三部分　为美国的共同体提出的政策

例如当需要请人照看孩子从而使父母一方可以出去工作的费用；（3）送给私人组织的礼物和慈善活动（需要用它们来平衡州的支配地位）；（4）给政治家的小礼物，因为这些至少在某种程度上减少了他们对大的捐赠者的依赖。现在许多税收都通过退休计划而被推迟了。我们建议不应该允许这样。

　　资本收益还存在一个特殊的问题。用资本收益代替其他收入是避税的一个主要方法。对资本收益的处理应该与所有其他收入一样。但是部分因为通货膨胀的原因，经过长时间积累起的巨大收益可能导致一种巨大的、不公正的税收负担。例如，以不变美元计算的一个人所拥有的房产30年内可能不会增值，但按照现值美元计算的话，把房产卖出去获得的利润可能很高。为那种利润支付税费后剩余的钱，就不可能买得起另一所与之相当的房子。现在对这种情况给予特殊的考虑是值得称道的，但在许多其他利润中存在的通货膨胀影响并没有因此被减轻。

　　我们建议，在年收入中把那一年财产增值的部分包括进去。这种增值将以现值美元用政府提供的平减指标进行计算，从而避免对通货膨胀导致的增值征税。商业活动成本将被扣除。但是实际收益将作为收入被征税，不管财产是被继续持有还是被出售。这个体系将会解决现在围绕资本收益存在的问题。税费也不再会对财产的买卖造成重大影响。又一个造成扭曲的因素将从这个体系中被移除。

　　把资本收益计入每年的税费中将给那些拥有财产的人增加困难。因此总体的简化程度将不会像所期望的那么好。然而，如果每年对房屋做评估，并且如果每年给投资者提供一份投资价值报表，那么困难将会是适中的，而且通过避免现有对资本收益的计算，这些困难将在很大程度上被抵消掉。对那些没有财产的人来说，新的税费结构将是很简单的。

　　这些提议可能会遭到什么样的反对呢？我们知道的有七个，并在以下的内容中逐条进行考察。

321

1. 财政收入将不足以支付负所得税的成本和其他现在依赖所得税收入的政府计划。

这可能是事实。据我们粗略估计，当把社会保险税计算在内时，对收入达到大约6万美元的家庭所征收的税费会比现在少。对超出那个范围的收入而征收的稍高一些的税费肯定无法补偿。然而，我们的提议使得对更多的收入征税，因此这种对比具有误导性。不管怎样，这里任何的亏空，都可以由这一章下面部分中所讨论的其他税收来弥补。实际上，我们可以这样做，即降低所得税并从其他来源为联邦政府的更大比例的需要筹集资金，特别是开采税。

2. 9000美元对一个四口之家的生活来说太少了。

在许多情况下的确如此。然而，我们认为极少有人会被迫过这样的生活。如果有一份政府保障的工作，无论是全职还是兼职的，那么几乎所有的四口之家都至少有一个能从事某种工作的成员。如果有必要，这份工作可以在家里做。因此几乎所有人都将能在获得社会福利的同时额外得到至少几千美元。另一方面，我们应该指出的是，我们建议把政府工作作为最后依靠的方式取决于社会股息。假设有了那种基本的保障，这些政府工作就可以被看作是补充性的收入而非基本生活工资。此外，因为这种救济金将不受一个人生活在哪里的约束，因此没有能力工作的家庭可以搬到乡下地区，那里房屋租金更便宜，而且有更多的机会种植自己所需的一部分粮食。

3. 任何一边保障收入且一边征收高额所得税的体系，都将使得一些人选择依靠救济金生活而不去找工作。

无疑这是事实。我们期望，通过减少挫伤人们工作积极性的因素，并保障工作越多就可以赚得更多，这种情况在现有那些接受援助的人中就会明显减少。但是，那些本来可以成为中产阶级的人现在也将拥有这种机会。现在一些从事兼职工作的学生可能会去学校参加全日制学习。一些爱好艺术的人可以不必去赚钱，从而使自己能投身于他们真正的事业中，在众所周知的阁楼里进行创作。一些理想主义者可能把他们的时间奉献给全职志愿者事业。而一些人可能仅仅过着慵懒的生活，如果这种生活是节俭的。我们认为社会对这些选择没什么好怕的——而且社会会有所得。目前并没有足够的工作提供给所有想要工作的人。一些人退出竞争这些工作岗位将不会给社会造成损害。让学生在大学里学习时摆脱某种经济压力在长期看来对社会将是有利的。总体而言，对艺术和理想的追求将使所有人受益。即使是游手好闲的人，至少将消耗更少的社会稀缺资源。

4. 高边际税率（所有劳动收入的 50%）将挫伤人们多做工作的积极性。

在提到边际税率只有 45% 的情况时，戴维斯说："在这些条件下，加班或兼差的机会就都被人们放弃了，人们可能更早退休，更多请病假和旷工的情况会出现，假期和工作间歇变得更长了。"① 我们不能理解有关请病假和旷工的说法，但其他都是貌似合理的。但它有害吗？② 与许多经济学家的反对意见相似，戴维斯认为它降低了经济增长。但是，如果一些选择少做一些工作的人少做的工作，给一些会失业的人让出地方，那么总产品并不会减少，而且失业这个关键问题也会得到缓解。

实际上，在当前有关税收、刺激措施和失业的经济学文献中存在颇具讽刺意味的内容。像上面有关税收的讨论中，通常都是强调税收挫伤了人们加班或者家庭里另外一个成员找工作的积极性。在有关失业问题的文献中，所谈的就是缺少工作岗位和商业在创造更多工作岗位上的重要性。当然，创造更多工作岗位的一种方法就是让那些有工作的人工作的时间更短。但那需要把每份饼分得更小，而且工人不想为缩短工作时间而牺牲收入，这是人们反对的理由。

---

① David G. Davies, *United States Taxes and Tax Policies*. Cambridge, Mass.: Cambridge University Press, 1986, p.7.

② 关于各种收入保障和所得税体系会在多大程度上影响人们工作积极性的最详尽的研究，参见：Philip K. Robins, Robert G. Speigelman, Samuel Wiener, and Joseph G. Bell, *A Guaranteed Annual Income*. New York: Academic Press, 1980.

5. 对于一些当前社会保障计划所覆盖的人来说，新计划将达不到现有社会保障计划的水平。

这是我们能够看到的这些提议中存在的最大问题。它意味着不可能简单地在一夜之间放弃现有模式而不违背承诺。我们不赞成那样做。所有退休者的现有收入都不应该被减少。

这不是无限期地延续现有计划的根据。这个计划存在着众所周知的问题。这个计划在它的福利方面和它作为一种退休计划的作用之间存在内在的混乱。社会红利（负所得税支出）只是用来处理前者的。我们赞成私人退休金计划，但是如果人们认为退休中应该包含一种共同体的利益，那么社会红利就能服务于社会保险的双重作用。把红利保持在低水平是为了避免挫伤人们赚取额外收入的积极性。但是仍然鼓励超过一定年龄如65岁的人多赚钱则是没有道理的。因为到那时，在大多数情况下，人们去工作的可能性以及鼓励他们去工作的理由大大降低，因此高一些的社会红利支出是可行的。① 退休金的支付水平可以从3000美元提高到4500美元。按照这个比率，社会红利将能够支付更多的老年人津贴。在转型时期，我们可以做一些调整，来承担起我们对那些利益会受到损害的人所负的道德责任。

6. 我们的建议是不充分的。许多人不能负责地管理金钱，因此给他们钱起不到帮助的作用。他们需要这样的帮助：食品券、容身之所，等等。

对一些人而言这无疑也是事实，但我们认为这部分人并不是"很多"。我们也会犯这样的错误，即对人们的期望太高，而不是低估他们照料自己的能力。不能胜任这样的判决只会在法院做出，而之后法院会与州或地方政府一起合作提供替代措施，以保证社会福利被用于满足人们的基本需求。

---

① 同样的道理也适用于较年轻的由于精神或身体的原因不能工作的人，尽管首先要做的应该是找到他们能够从事的工作。

第三部分 为美国的共同体提出的政策

7. 主要依赖所得税来满足福利和税收目的，使逃税和避税这些问题没有得到解决。

尽管这个问题不是新问题，但我们承认它是很重要的。税费既要确定，而且要公正、简单和经济。我们认为我们建议的体系会使逃税困难得多。余下的漏洞会出现在个人收入和公司收入之间的复杂的相互连接上。在下一部分中我们会为此提出我们解决问题的建议。但是避税是一个更难对付的问题。据美国国会研究服务机构估计，按现值美元计算，地下经济已经从 1950 年的 134 亿美元增长到 1978 年的 2645 亿美元。① 在 1950 年它占 GNP 不足 5%，而在 1978 年则约占 GNP 的 12%。如果它继续增长，那么它就可能逐渐削弱整个经济体系的完整性，不论是对体系的现有形式还是对我们所建议的形式都是如此。我们认为，控制和减少经济的这个方面是头等大事。我们认为，选择退出正式经济和以"黑市"为生的一个主要原因，恰恰是共同体在正式经济中所经历的解体。因此，我们所有促进共同体发展的提议都将减少向非正式经济的后退。②

我们不是乌托邦主义者，不期望存在一个完美的税收体系。总会存在某种不公正和欺骗。总会存在困难没有得到公正解决的情况。没有任何一个为一般的用途所设计的体系，可以避免这些限制因素。然而我们认为与现有的体系相比，这里建议的所得税体系，会更好地满足最基本的人类需要，更好地保持人们工作的积极性，更好地缩小富人和穷人之间过大的收入差距。

---

① Alvin Rabushka, *From Adam Smith to the Wealth of America*. New Brunswick, N. J.: Transaction, 1985, p.191.

② 玛莎·N. 小泽征尔提出一个收入维持计划，它比我们提出的建议更为复杂一些，而且对收入审查的依赖更少。对满足需求而言，它是一种合理选择的例子。参见：玛莎·N. 小泽征尔《收入维持和工作激励》一书的第 8 章（Martha N. Ozawa, *Income Maintenance and Work Incentives*. New York: Prange, 1982.）。

325

其他国税

我们不认为在国家层面只依赖一种税收会是健康或明智的。仅仅通过所得税来筹集足够的税收以满足所有的需要将迫使税率非常高。反对我们提议的征收 50% 的税率的意见会变得更强有力。地下经济问题将会失控。我们在下调所得税从而减少这些倾向，同时增加其他税费来弥补收入的减少上需要灵活性。

在传统上，用来与个人所得税保持平衡的一种税是企业所得税，但是我们认为这是错误的。它对市场理性选择造成了严重扭曲，它也给逃避个人所得税提供了机会。对其进行大幅简化和标准化会有帮助。但是还有另外一个更好的解决方法。应该取消企业所得税。在这方面我们同意欧文·克里斯托[1]，诺曼·图尔[2]，马丁·费尔德斯坦[3]，和莱斯特·瑟罗[4]的观点。他们是正确的，他们的建议应该得到采纳。这样，现在商业决策中存在的许多扭曲就会减少或消失。

在取消这种税的同时，我们要求把公司利润作为收入分给股票持有人。这里就不会存在双重课税的问题，但是这些利润作为股票持有人收入的一部分会被课税。个人所得税收入的增加可能会比补偿企业所得税的损失还要多。不管怎样，它将导致从公司的留存盈余中为新的投资进行内部筹资，转变为参与资本市场竞争来获取投资资金。这更像是独立企业间的交易，其中可能存在更难回答的关于所提议的扩张是否可行的问题。

在取消企业所得税的同时，我们将继续征收赠与税和遗产税。因为我们的政策是任何一种税都不会在超过一个政府层面上被使用，因

---

[1] Irving Kristol, "Of Economics and Eco-Mania." *Wall Street Journal*, September 19 (1980): 28.

[2] Norman Ture, Cited by S. Jackson and N. Jonas, "Whittling Away at the Corporate Tax Burden." *Business Week*, April 20 (1981): 28.

[3] Martin Feldstein, "Reviewing Business Investment." *Wall Street Journal*, June 19 (1981): 24.

[4] Lester C. Thurow, *Zero-Sum Society*. New York: Penguin, 1981, pp.97–101.

此应该提高国家的赠与税和遗产税以覆盖过去由各个州征收的税。为了起到再分配的作用,作为一种社会政策,国家征收的赠与税和遗产税应该超过由各个州征收的税。

现在,关税是联邦收入一个很小的来源。我们在第十一章和第十五章中提出的把关税作为促进一个更加自给自足的国家经济的一种主要措施来使用的建议,会使关税在整个局面上成为一个大得多的因素。这也会让关税成为一个更大的税收来源。然而,关税的保护作用和筹集收入的作用之间存在冲突。禁止性关税,即一个如此之高以至于会终止所有商品进口的关税,不会使国家税收有任何增加。但是大多数关税将不会设置得高到禁止进口的水平,这既是为了保持国内企业的竞争压力,也是为了让政府获取税收。

我们为联邦政府建议了两种新的税源:污染税和资源开采配额的拍卖费(或者与之接近的替代物,即开采税)。在先前篇章中我们讨论过这些作为鼓励有效减少污染和控制经济规模的手段。出售资源开采指标就相当于征收开采税,而且简便起见,我们将在这一章中以开采税的形式谈论它。

在第十二章里,我们是把开采税作为限制使用不可再生资源的手段讨论的。这里我们建议应该把它也应用于像木材这样的可再生资源,这样它能帮助确定经济的整体规模。在长期中,土地包括所有自然资源在内都是稀缺的生产要素。随着地主阶级历史的终结,趋势一直就是牺牲资源价格和生产力。通过对资源征税,政府行使了地主保护资源的历史作用,只是现在非劳动所得——租金——将成为公共收入。它将激励人们朝着更节省资源、更多使用劳动力的生产和消费模式的方向发展。限制生产规模既减少污染,也减少对资源的消耗。我们会对我们希望更少的东西征税。

尽管我们主张征收开采税是首要的,因为它将有助于限制相对于生态系统的经济规模,但是我们认为开采税也可以成为一种重要的税收来源。作为一种税收来源,它具有明确的优势。与所得税不一样,开采税是很难逃避的。与销售税一样,开采税会自动包括在使用资源的所有商品的价格里面。因为开采税是对所有的基础资源征收的，而且因为所有商品都需要某些资源，那就意味着所有商品价格都将包含这种税。只可能在一个地方逃避这种税收，那就是在征收它的地方，即水源或不可再生资源的矿口。这些地方是非常受限制的进入点，将容易监控。来自森林和农田的可再生资源不那么容易监控，但是这个困难还是低于征收一般销售税所面临的困难。

一些人指出，从开采税中不可能得到很多税收，因为资源只占GNP的5%左右，而工资则占了GNP的80%。这意味着要获得同等数量的税收，对资源实施的税率要比收入所得税的税率高得多。这明显是正确的，但是它还是可以做到的。然而我们的建议是既依赖开采税，又依赖所得税。通过逐步的试错过程，我们可以朝着一个主要依赖所得税（负所得税）来达到公平、依赖开采税来筹集税收，并把经济规模保持在生态可承受能力范围之内的体系发展。

与开采税同时征收的应该是污染税。我们之前反复讨论了把社会和环境成本内在化的重要性，以及这种处理污染问题的方法的局限性。它必须得到限制相对于生物圈的经济规模的直接行为的补充。但是作为对这种行为的补充，将社会和环境成本内在化促进了公平，因为消费者那时将为他们所购买东西的实际成本付钱，而不是把许多的实际成本转嫁给整个社会。它也可能使得我们采纳在给定经济规模内减少污染的最有效的手段。因此我们提议经济学家尽可能制定一个充分并且公平的污染税征收体系，从而把对商品的最终处理和使用这些商品的社会和环境成本内在化在商品的价格里面。

每种税收都有它的问题。所得税推动了地下经济的增长。与销售税一样，开采税是一种递减税，因为它大部分落在了那些必须支出它们的大部分收入的人身上。污染税比较复杂，而且很难对污染进行精确的监控。我们认识到了这一点，而且因为总的来说我们提出的建议没有大大地简化现有税负结构而感到遗憾。公平和效率需要与我们所提倡的那种体系相似的事物。但是因为管理能力本身就是一种稀缺资源，因此我们盼望找到简化的方法。

我们想要大幅地削减联邦税，而且我们认为本书提出的政策能够达到这一目的。但是我们不支持继续国债数量庞大的累积，它是到目前为止减税的最明显后果！预算必须达到平衡，包括借款服务，而且这种平衡不应该以穷人为代价。除了平衡预算以外，第二件优先考虑的事应该是减少债务。如果我们与我们的孩子和孙子有着共同的利益，我们无权留给他们一个对他们来说比对我们还难处理的沉重负担。这将需要我们做出牺牲。这种牺牲不是因为本书所倡导的政策，而是因为过去10年来我们无节制的借贷和支出。国债一旦得到了大量的减少，税费应该会得到降低。

州税和地方税

本书提议经济分权，并将经济权力连同政治权力转移到各个州。然而在讨论如何满足所有国民的基本需求和如何为此筹集资金上，我们只是提出了一个国家计划。这里存在着一种矛盾，我们建议了现在就可以得到实施的税收政策，然而我们也展望了导致逐步经济分权的其他政策。在那个过程中的某个阶段，我们会把主要的福利责任连同所得税本身都转移到各个州。而且在某个阶段，开采税和污染税也可能被转移到各个州。但只要劳动力和资本是高度流动的，那么只有制定一个国家计划才能够发挥作用。现在第一步就是获得在国家层面上对经济的控制。

但即使是现在，也可以增加一些各个州所承担的责任。我们建议由州完全承担起教育、健康、安全、农业和高速公路这些责任。所有社会红利（负所得税）以外的福利计划也可以如此。这些福利计划，可能包括对那些不能工作的人和不在健康保险覆盖范围之内的需要特殊花销的残疾人提供的帮助。可能需要制定儿童保育计划从而能让单亲母亲出外工作。也应该有针对酗酒者和吸毒者的特殊计划。我们建议由各个州来处理这些事情。

作为我们的使税收体系公平、简单和经济这个目标的一部分，我们建议避免联邦税和州税之间出现重复。那意味着各个州不应该对收入、礼物、地产、开矿或者污染征税。那可能会大大减少州的税收，因而我们必须思考如何避免出现税收的减少。

目前州的收入中单笔最大来源是销售税，它应该继续成为州所独享的权利。与销售税有着密切联系的是消费税，我们取消在联邦政府层面征收的消费税。各个州可以大幅增加它们的消费税从而获得之前属于联邦政府的税收。征收销售税的唯一正当理由是收入，但与销售税不同，消费税也可以通过减少有害商品如香烟的消费而发挥一种对社会有益的作用。只要在有可能的地方，税收都应该与这种积极的社会作用紧密结合，尽管成功地减少香烟消费在超过某个点时也将减少从香烟税中获得的税收。

此时，一种无论对各个州还是对联邦政府来说都非常重要的特种营业税是汽油税。加油站的联邦汽油税将不再征收，但是将会有开采税和污染税，它们会提高汽油的价格。当卖掉汽油的时候，它仿佛又对汽油税构成了双重威胁。然而，征收汽油税的目的是让消费者为给他们建造及运营的运输系统付钱。如果各个州全权接管高速公路，那么它们当然会需要征收汽油税来获得它们一直以来征收的税赋以及联邦政府拿走的税赋。

此外，不鼓励使用私人交通工具还存在社会原因和经济原因，私人交通工具与石油的其他用途对日益减少的石油供应构成了竞争。大多数国家认识到了这一点，征收了比美国高得多的汽油税。我们建议把州汽油税提高到至少每加仑一美元。这会使各个州重新获得很多因为放弃征收所得税、赠与税和地产税而失去的收入。

我们认为，销售税、消费税和汽油税的组合就足够了。如果不够，我们建议将增值税作为最后的选择。这是一种商品的劳动附加价值税，因为在生产的每一个步骤商品都得到了加工。实际上，这种税在欧洲是很普遍的。只要它没有因为存在免税和税额差异的情况而被复杂化，那么它就是公平的、很难逃避的。欧洲的增值税率从 6% 到 20% 不等，这表明它可以根据需要进行调整。把增值税当作最后选择的原因

第三部分　为美国的共同体提出的政策

就在于，在其他条件相同的情况下，我们更愿意对我们希望更少的东西如资源开采和污染征税。增加的价值（劳动、工作）通常是我们想要更多的某种东西。因为劳动是整个产品价值中很大的一个部分，因此很难不对它征税。而且实际上我们主张建立一种对劳动征收重税的所得税体系。对劳动收入征税会趋向于减少劳动的供给；而把劳动作为一种生产要素对其进行征税则趋向于减少对劳动的需求（工作岗位的供给）。后面的刺激因素是与充分就业背道而驰的，我们想要避免它。

联邦税和州税的这种划分把财产税留给了城市、县和其他地方税收机构。这是它们现在税收的主要来源，但是对征收财产税的限制，助长了对诸如销售税和甚至所得税这样的税收进行重复课税。实际上，财产税应该成为地方征收的唯一的税种。

问题是把建筑物作为财产进行征税阻碍了建造和改进。所有者首先要为建筑物的建造和改进付费，而后再为进行了这种对社会有益的投资付费。[①]因此，对维护服务和教育征税阻碍了城市的发展和维护。老城市的许多地方处于衰落的状态或者实际上为人们遗弃，至少部分是因为这种税收结构。

包括特别是亨利·乔治及其追随者们在内的数名经济学家，都呼吁在征收财产税中对土地和建筑物区别对待。对建筑物征收更高的税，则会鼓励人们持有土地而不加利用或是任由建筑物毁坏；征收更高的土地税，则鼓励人们对财产的有效利用。尽管这点经常被提出来，而且世界的其他地方如澳大利亚和新西兰的税收结构受到了它的影响，但美国则很少使用这一税收规则。然而最近人们又对这一想法进行了认真的讨论。美国立法交流委员会拟定了鼓励这种税收改革的示范法，并发表在了1987—1988年的《美国州立法史料》中。《纽约时报》反复发表评论支持这一发展。[②]包括匹兹堡在内的数个城市都将其付诸实

---

① Walter Rybeck and Ronald D. Pasguariello, "Combating Modern-Day Feudalism: Land as God's Gift." *Christian Century*, May 13 (1987), pp.470-472.

② 《纽约时报》1983年5月13日、7月23日、9月26日、10月24日、11月15日；1984年1月30日、7月10日。

施，其效果给人留下深刻印象。

这些城市中没有一个城市取消建筑税。它们主要做的事情只是提高了土地税和降低了建筑税。在匹兹堡，城市土地税提高到了12.55%，而建筑税则停留在2.475%。因为县政府的税和教育税没有进行调整，因此两个税率之间的实际比例大约是3:1。这足以加速城市的主要建设计划。它还为城市财政带来了额外的资金。[①] 尽管土地税和城市生活的其他因素之间不可能存在一一对应的相互关系，但引人注目的是最近的一项调查把匹兹堡确定为美国最适于居住的城市，而且对住房价格的比较表明，匹兹堡的价格在美国任何主要的城市中是最低的。

对所有地方税收而言这里面有一个教训，那就是土地税的税率应该比改良税的高。指导我们建议的类似的一条规则是，农业土地税的征收，应按照土地未经改良的价值，而不应按照由于恢复地力的耕作方法导致土地增加了的价值计算。我们还不能确定需要税率的差别为多少来鼓励人们改良土地，但是匹兹堡和其他宾夕法尼亚的城市的经验表明，即使2:1的税率也能有成效。

亨利·乔治认为，接近其租金价值的土地税会带来充足的税收，以满足所有层面政府的需要。即使它曾经确实是正确的，它也不再正确了。但是即使这种税收减少了，我们也可以依靠从土地增加的价值中获得的许多收益，来满足所有的地方需要。因此，把这种土地税交到地方手中，就是使地方不再依赖州和联邦政府的财政支持，以及不受伴随财政支持而来的对地方的控制。使地区共同体变强大是共同体经济学的目标之一。

地方政府可以创造性地使用新资源。可以用土地税筹集来的资金，进一步推进土地税本身所鼓励的对正在破败城市的重建。各个城市在走向公司工人所有制的过程中可以给予工人们重要的扶助。如果高额土地税在长期的基础上证明了它们自己，那么地方政府可以接管一些州的职能，而且它也可以给州财政带来充足的资金，从而避免征收增

---

① 参见：*Wealth* 1983。

值税并降低销售税。从更小的社会构建更大的社会这个目标，就可以在这样一种税收结构中体现出来。

结　论

上面对联邦税、州税和地方税的讨论中，我们没有提到任何有关使用费的问题。这些使用费都是合法的和可取的。如果某些服务是由政府提供的，但是只惠及了社会的某部分人，那么使用者按照服务的实际成本为服务付钱就是恰当的。为了增加使用费，应该重新审查当前所有层面的政府服务。在私营部门能够做得一样好的服务领域，政府应该从中退出来。

在理想的方案中，所有筹集公共资金的手段也会起到实现公共目标的作用。所得税、赠与税和遗产税将因为它们具有再分配的作用而被保留下来。用来使成本内化的税收在这个理想体系中会成为一个重要因素。关税会确保国家对国民经济的控制。公开拍卖开采权或对使用稀缺资源征收开采税，可以为整个经济设定一个规模。消费税和汽油税会阻止有害物质的使用，或让稀缺资源用于更重要的目的和生产需要。土地税会让土地投机活动停止，促进对社会有利的应用，并为了共同体将来的利润而恢复。使用费包括所提供服务的成本。

我们认为，一个健康的共同体需要有健康的商业活动。我们也认为它需要贫富差距不能太大。出于这些原因，我们制定了支持商业活动、反对私人财富的巨大积累的税收政策。

这些税收政策对商业有利，就在于关税支持美国的商业对抗国际竞争。企业所得税和雇员税被取消。如果土地税使得建筑税、设备税和库存税得以取消，那么企业所得税还将得到进一步的简化。我们确实引入了像污染税和开采税这样的新税种，而且我们提高了土地税，但是这些都不应该对商业构成阻碍。用于将外部性内在化的税收会伴随着政府规制的减少。开采税会提高资源的生产效率，而土地税将会促进空间的高效利用。

我们所建议的这些政策的目的是反对财富的快速积累，因为它们会把从累积的财富及其财富增值中获得的半数收入以税收的形式拿走。这不一定会阻止富人变得更富，但是它至少会放慢速度。赠与税和遗产税会减少代际之间的财富累积。

我们中的一个人曾经建议，可接受的收入不平等应该有一个有限的范围，而建议的比率是 1∶10——最富的人的收入不能多于最穷的人收入的 10 倍。那意味着，如果最穷的四口之家有 9000 美元的收入，那么就不应允许富人的收入超过 9 万美元。那将需要征收没收性赋税。我们认为，最终一个健康的共同体会得以发展，在这样的共同体中这种理念在政治上是可接受的。实际上在我们看来，**无限的**不平等恰恰与共同体的概念相矛盾。我们还认为，对总增长以及最低收入加以限制，将会内在地决定了在所有人都获得最低收入之后所剩的数额有限。即使剩下的总额都给了一个人，它仍会是一个绝对的最大值。我们认为一个与对剩余进行更为广泛的分配并不矛盾的最大值是可取的。我们在本书里没有对一个最高收入提出建议，但我们支持对大笔收入征收重税。我们希望多年以后，一方面所得税和遗产税与另一方面社会红利、企业工人所有制和有保障的就业的组合，将缩小现在过大的收入差距。共同体经济学的目标不是实现完全平等，而是有限的不平等。完全的平等是集体主义者对共同体真实存在的差距的否认。无限的不平等则是个人主义者对共同体中存在的相互依赖和真正的团结的否认。有限不平等的原则作为共同体的一个条件并不是现代的观点。在《圣经》对古希伯来人管理田产、高利贷、安息日、禧年的律法的描述中，以及在《圣经》的箴言篇和诗篇的智慧文献中清楚地表述了这个原则。即使是天上掉下的吗哪（manna，一种《圣经》中记述的神赐食物），如果累积过多也会变质。我们没有得到关于可容许的不平等的恰当数量范围的指示，但是对于这个原则本身，《圣经》的教义是很清楚的。

第十八章 从世界霸权到国家安全

国家安全的含义

新古典经济学与国家安全有着双重关系。首先它的目标是实现经济最大增长，这需要越来越先进的技术和管理技能。这方面的成就构筑了工业的基础，它能够大量地生产越来越复杂的武器。实际上，衡量经济成就的通常指标，即 GNP，在很大程度上是从第二次世界大战中发展起来用于衡量国家的战争实力的。

其次，就其观点来看新古典经济学内在地就是非国家性的。它把个人和企业看作是经济活动的单位，而且寻求尽可能大的市场来作为这些经济活动的舞台。任何比市场要小的结构，包括民族国家，都可能是一种障碍或阻碍。因此，这种经济理论和实践寻求的是尽可能地消除国界。从这个角度看，它们与国家安全利益是对立的。

而共同体经济学则正相反。它的目标是为了共同体的福利提供充足的商品，而不是追求生产和消费无休止的增长。因此，所追求的充足必须把共同体对安全的需要考虑在内，但是支持这样思考问题的人，不愿把安全与武器的数量及其技术的复杂性等同起来。

另一方面，共同体经济学致力于为国家的福利服务。它以一种全面的方式来看待福利，而安全是其中一个很重要的部分。这意味着，新古典经济学鼓励国家专门从事生产效率最高的行业，无论其结果如何。而共同体经济学关心的是，国家不应该依赖其他国家来提供其必需品，即国家在必需品上应该自给自足（不是闭关自守）。几乎没有人会怀疑，不能实现这种自给自足的国家安全性就少一些。

安全的其他方面对共同体经济学也很重要。在《第29天》中，莱斯特·布朗开始了对国家安全含义的全新的探讨。通常，这个词几乎与军事实力同义，但布朗说明了这种等同是如何的荒谬。"当代政府对安全所受到的军事威胁的关注，可能不仅忽视了对更新的威胁的注意，而且可能使得对后者进行有效的处理更加困难。"①

美国的安全面临的最大威胁是什么？一是环境威胁：土壤的侵蚀、空气污染和水污染、物种灭绝、化学物质和核废料对土地的污染，以及臭氧消耗和温室效应的共同威胁。当然其中大多数对其他国家，特别是第三世界国家而言也是威胁，但那并不阻止它们也同样威胁着美国的国家安全。

二是国民士气衰落。国家崩溃经常是因为缺乏做为了生存所需要做的事情的意愿，就像国家因为被征服而崩溃一样。滥用毒品和酗酒的人增多、犯罪行为不断增加、家庭和其他共同体组织衰落、教育质量下降、对政治过程参与程度降低和消费主义泛滥，对未来而言都不是好兆头。

美国国家安全面对的第三个威胁是经济衰退。哈罗德·布朗意识到这个因素的重要性。"美国的国家安全最终将取决于，其工业化民主体制是否能在必要时推迟现有的消费，以保持其军事、政治和经济实力，甚至在经济困难时期。没能贯彻这样一种计划无疑是衰退加深的原因所在。"②我们较早的时候就指出，美国已经迅速从世界最大的债权国转变为世界上最大的债务国，其资产正在很快地被卖掉。与此同时，它继续从海外大量地借钱。美国将越来越无力做出自己的经济决策。债权国对美国提出更公开和更明显要求的日子可能不远了。每年用于"防御"的3000亿美元花费也是这种衰退的一个原因。

指出这些事情对国家安全的重要性一点也不奇怪。主持了大规模国会研究项目——《科学、技术和美国的民主》——的富兰克·P. 胡

---

① Lester Brown, *The Twenty-ninth Day*. New York: Norton, 1978, p.295.

② Harold Brown, *Thinking about National Security*. Boulder, Colo.: Westview, 1983, p.xiii.

德勒这样写道:"国家安全需要一种确保工业原料供应的稳定经济。从这个意义上说,节约原料和避免浪费对我们的国家安全来说是必需的。国家安全的含义不仅是防范敌对袭击,它还包括对文明体系的保护。"[1] 杰米·卡特总统也说:"在不远的将来,战争与和平的议题可能更多的与经济和社会问题而非军事安全问题紧密相关,而后者自从第二次世界大战以来就在国际关系中占据最主要的地位。"[2]

对安全的第四个威胁是国家失去对其边界的控制。这通常被认为是一个国家不能捍卫自己不受军事入侵。而不能执行移民法律实际上也等于是失去了控制。国家可以决定移民法律是慷慨的还是限制性的。第十二章中我们提倡了相当自由的法律,尤其是在我们自己的政策迫使周围国家的人们离开自己的家园的情况下。另一方面,既然冷战已经结束,我们的移民政策中那些旨在帮助人们逃离共产主义国家的部分应该变更,减少合法的移民。

不管怎样,无论这些法律是什么,它们都应该得到执行。对非法移民熟视无睹,不但对于那些民主地执行法律的公民不公平,而且对于那些克服重重困难并经常等很长时间以遵守我们法律的现有的和将来的合法移民也不公平。减少移民需要在两个方面采取行动。首先,应该减少对移民的激励。这意味着应该减少非法移民的就业机会和社会服务。这可以通过严格执行现有法律实现。要求未来的雇主根据外籍人士资格审查系统(SAVE)来核查工作申请者会有帮助。

第二,必须对边界进行严格的巡查。尽管这可以由其他机构进行,但是这也是军队的一个恰当的职责。军事机构的一部分可以被重新部署到边界巡查。很明显,这并不需要核武器和火箭,但它需要军官和装备。

人们对非法移民熟视无睹的一个原因,是对于那些所处的经济和

---

[1] Franklin Huddle, "The Evolving National Policy for Materials." *Science*, February 20 (1976), p.658

[2] Richard J. Barnet, *Real Security: Restoring American Power in a Dangerous Decade*. New York: Simon & Schuster, 1981, p.41.

政治境遇如此糟糕以至于不得不离开自己家园的人的困境的同情。另一个原因是在我们的国家有一个强有力的群体，他们从获得廉价劳动力中受益。对于他们来说，在关于合法移民的配额应该是多少的公开政治辩论中，公开表明支持廉价劳动力是令人尴尬的，因此不严格的执行法律是一个方便的替代物。非法入境者比合法移民的工资要低，通常低于最低工资。

在反对减少非法移民的争论中，一些人提出了劳动力短缺的幽灵，并主张允许更多移民来解决这个问题。劳动力短缺与失业和实际工作下降同时出现，有一些令人费解，但是更为根本的是，我们认为真正的劳动力短缺是一件好事。它将导致工资上涨，这意味着美国人民的大多数能够有更好的收入。当然，"国际竞争力"也许会受损，但是如果我们的人民大多数都能过上更好的生活，我们还要竞争什么？在逻辑上，自由移民，无论法理上还是事实上，都将与自由贸易、资本自由流动一样导致低工资这个结果，我们在第十一章中讨论了这个问题。

鉴于我们在本书中的全部方法都是在序言中所描述的那个意义上的"国家主义的"，我们毫不犹豫地反对自由的或无约束的移民，或者接受采取必要的军事或警方行动来执行移民法。对一些人来说，这看起来是无情和排外的。① 我们可以理解那种反应，我们当然也不会对拒绝贫困的人（也许他们中的很多人）这个可能的前景感到欣喜，直到人们普遍知道非法进入这个国家和找工作的困难。但是本书所建议的改良政策假设了一个国家权力机构能够执行这些政策，即使是国际合作或者将责任移交到地方的政策。整个国家主义的经济发展方法（我们认为是唯一切实可行的方法），在资本或人可以自由通过国家边界这个方面来说，是被削弱了。

一般来说，在这个国家尝试解决其他国家的问题之前，它具有优

---

① 尽管在美国的拉丁美洲人的共同体的领导人通常反对执行这些措施的努力，这并不必然反映了大多数拉丁美洲人的利益或观点。在一项最近的拉丁美洲国家政治调查中，"66%~79%的各种西班牙群体同意或强烈赞成'有太多的移民'这个论述"（CNN/Clearinghouse Bulletin 2/93，p.3）。没有美国公民身份的人也持有这个观点。

先帮助它自己的国民的义务，许多人情况很糟。即使美国在某种程度上感到要为其他国家的苦难（经常是因为过去的努力没能解决它们的问题）负历史责任，这也是正确的。因为一个国家解决其他国家人民问题的能力通常比解决它自己的问题要低，即使后者现在已经严重负担过重。美国可能选择在某些情况下帮助某些外国人先于帮助自己的国民。然而，这样一个政策应该承担提供证据的责任，并将那些需要被置于次要位置的贫穷市民的参与包括进来。

同样重要的是，就长远而言，让大量其他国家的经济难民进入美国实际上并没有帮助。它确实改善了那些非法进入美国的大部分人的生活。但是维吉妮亚·D.艾伯内希指出，"移民到一个过于拥挤的国家是一个零和博弈"[1]。一些人的收益与其他人的损失是相当的。此外，她令人信服地论证了，估计到的一些儿童移民的可能性，增加了那些在人口过多地区的父母希望拥有儿童的数量。因此，对移民敞开大门增加了全球人口，并使这些移民自己的国家向可持续性转变的速度放慢。让来自第三世界国家的合法移民或非法移民进入美国，并不会帮助他们解决人口过度增长的问题。一旦由现代化、城市化和经济增长导致的"人口转变"理论的错误为人们所承认，公众将认识到一般而言，各个家庭生育孩子的数量，将是他们认为他们有能力养育并能带来经济收益的孩子的数量。这种认识将导致人们对"经济援助"以及移民政策这些计划进行彻底的重新思考。

军事支出和国家安全

莱斯特·布朗谨慎地指出，聚焦于军事威胁"可能"使对其他威胁的反应效率降低。也有像约翰·肯尼斯·加尔布雷斯的那些人，他

---

[1] Virginia D. Abernethy, *Population Politics: The Choices that Shape Our Future*. New York: InsightsBooks，1993，p.296.

们认为在经济领域里这类政府的大笔支出实际上是有好处的。①它们把资金注入到经济中，并证明政府把大笔开支用于对经济增长非常重要的科学和技术研究中是正当的。

加尔布雷斯写这段话时，正是美国的富足和工业实力似乎有保障的时候。但从那时开始，美国的衰落，至少与其他国家相比，就非常明显了。经济优先权委员会研究了美国衰落的原因。其结论是加尔布雷斯的观点不适用，至少并不适用于最近的情况。军事研究现在很少会产生商业的附带利益。巨大的军事需求也从私人部门拉走了它所需要的许多人才，就像西摩·梅尔曼②多年来令人信服的论证。在梅尔曼看来，日本和德国产品现在总的来说都要优于美国的同类产品应该不会让人感到惊奇。由于被禁止制造武器，日本和德国把它们最优秀的技术人才的全部工作都投入到了消费品上，而美国75%的研究都与军事有关。作为结果的产品质量的优势是美国贸易赤字的一个很大原因。而且如果向经济中注入大量资金能够有助于经济的话，那么如果这些钱给投入建设或教育领域，它对经济的帮助会更大。③

莱斯特·布朗谨慎陈述了对聚焦于军事威胁所产生后果的担忧，无疑轻描淡写了环境问题。他新近有关环境的著作更有力度。④巨额的军事支出必然会加速资源的消耗并加重污染问题。如果现在非常清楚这种支出会造成经济的衰退，那么我们应该大量减少它们吗？

毫无疑问，军事支出的一个功能就是对国内的压力和需求做出回应。一些观察员认为这是它的主要功能。这个观点的证据来自于这样

---

① 加尔布雷斯并不认为这些支出使得军事安全程度提高很多。"我不太相信从永无休止的军备竞赛中得来的平安或安全——精心制作越来越令人痛苦的武器来对抗敌人的武器的竞争"。(John Kenneth Galbraith, *The Affluent Society*. New York: Mentor, 1958, p. 353.)

② Seymour Melman, *Our Depleted Society*, New York: Dell, 1965, Seymour Melman, The Permanent War Economy, New York: Simon & Schuster, 1974.

③ Robert De Grasse, Jr., *Military Expansion*, *Economic Decline*. New York: Council on Economic Priorities, 1983.

④ Lester Brown, "Redefining National Security." (Chap. 11) In *State of the World*, 1986, New York: Norton, 1986.

一个事实,即自从苏联坍塌后,也就是对美国及其盟国来说一个主要的军事威胁消失后,军事支出减少的速度很慢。许多赞成继续一个高水平军事支出的观点很明显是出于经济考量。

另一方面,有些人认为在20世纪80年代,美国的军事积累作为对苏联入侵这个威胁的现实回应是必要的。按照这种观点,美国以及其他美国承诺提供防御的国家真的受到军事威胁,以至于需要大量的武器进行防卫。当我们对未来的提议进行评价时,在冷战期间军事支出主要是与国内的考虑还是与安全的考虑紧密相关,这个问题仍然很重要。

米洛斯拉夫·宁契齐对这个问题做了非常仔细的研究。他指出,美国在武器上的开支通常更多地与国内发展相关,而不是与苏联的行动有关。但他承认存在与军备竞赛纠缠在一起的来自苏联的实际威胁。"此时应该……强调的是,通过仅仅强调内部的动态而忽视将超级大国联系起来的相互敌对的作用是不明智的。因而产生的恐惧和不信任迫使每一方都警惕另一方的行动;它们证明了一个确实可观察到的增加军事实力的需要,以及满足国内利益的方便的正当理由。而且,用这种方式,军备竞赛的外部环境和内部环境通过一种明显的反馈循环被连在了一起。"①

赫克托·科雷亚和金志媛在更近一段时期对同一个论题进行了统计分析。他们的结论是美国的军事支出主要是受到惯性和国家政治的影响。苏联的支出也反映出惯性,但是它也受到与美国关系的影响。②直到1992年11月,俄罗斯国防部队的格纳迪·费拉托夫将军才评论道:"我不能说我们不需要为核战争做准备……在各个地方,我都看到了美国的实力和威力。当俄罗斯说,'让我们停止试验核武器吧',你

---

① Miroslav Nincic, *The Arms Race: The Political Economy of Military Growth*. New York: Praeger, 1982, p.196.

② Hector Correa and Ji Won Kim, "A Casual Analysis of the Defense Expenditures of the USA and the USSR." *Journal of Peace Research* 29, No. 2(May 1992):161-175.

在继续。我们说'停止试验 SDI',你在继续……那就是为什么我们不能把一切都扔掉。"①

即使在冷战期间军事支出比保卫我们自己及盟国所需要的数量要大得多,人们可能认为,里根总统执政期间的大规模积累政策对于消除苏联的威胁是有很大功劳的。理由是这种积累迫使苏联参加了它负担不起的军备竞赛,而且这促使了它的经济崩溃。因此,军事支出作为终结了冷战及与之相伴的危险的外交政策的一个工具得到了辩护。

这种主张可能有一些真实性,但是比为美国巨额军事开支辩护的人所表明的要少。格伦·斯塔森对这种主张做了如下回应:"根据 CIA 关于军事支出的定期出版物,苏联的军事开支一直在增长,速度是每年**整体增长大约三个百分点,不管美国的军事开支是增长还是减少**。此后在卡特和里根总统执政时期,由于其经济变弱,苏联军事开支才开始逐渐放慢其支出到 2%,然后到 1%,最后到一个负的百分数。"②

如果苏联没有面临里根执政期间的大规模积累,那么也许它会更快地减少其支出,而且也许那将使它能够更好地处理其经济问题。这只是一种猜测。有力的证据表明,在美国和苏联的军事支出中,内部的政治和经济压力发挥了比实际的军事威胁要大得多的作用。

同时,冷战对所有国家的安全构成了一个巨大的威胁,这是毫无疑问的。这不仅仅因为存在其转变成对整个地球造成前所未有的破坏的热战的危险。还因为在欧洲北约和华约军事力量之间的对抗消耗的地球的资源。它需要"总共 1200 万人的军队,并每年消耗 6000 亿美元,或者世界每年军队支出的 2/3"③。

此外,美国的社会和经济损失也是巨大的。早在 1965 年,西摩·梅尔曼描述了情况的恶化过程是如何开始的;很明显在之后的几

---

① *The Defense Monitor*, vol.22, no. 1, 1993: 4.

② Glen Stassen, "The 'Freeze Crowd' and the Peace Challenge." *Christianity and Crisis*, December 14 1992, p.402.

③ Jonathan Dean and Peter Clausen, *The INF Treaty and the Future of Western Security*. Cambridge, Mass.:Union of Concerned Scientists, 1988, p.1.

十年中这种恶化更加严重了。

美国现在的情况与她感到自信的意识形态所内含的情况是不同的。在美国社会中一种技术的、工业的和人的退化过程已经开始了。工业体系能力从基础上在遭受腐蚀。整个工业正在陷入技术失修中,而且因为在与国外的竞争中无力保持国内的市场,现在存在大量的生产性就业的损失。经济生活中这样的损耗导致了国内大范围的生存状况的恶化。地球上最富裕的国家已经不能重新集合使它 1/5 的人口摆脱贫困所必需的资源。

即使关于国家安全的最主要的关心是我们的军事实力,其他方面的考虑也显得比军事开支更重要。詹姆斯·法罗斯指出,需要对什么构成实力进行更多的仔细研究。他将在内部机构进行的武器系统的试验视为不安全的一个主要根源。这与对复杂的、除了在"很有限的特定条件下"才有可能有效的武器系统的偏爱联合在一起。他建议使用更便宜、更简单的武器。

法罗斯认为,最重要的需要"是最可能被忽视的需要,因为它位于价值和品格的领域内,而不是可以在图表上表现出来的数量。比任何其他事情都重要的是,我们必须承认一个行使职责的军队要求在其各级别人员内部有信任、牺牲和尊重的纽带,以及一个军队及其所代表的国家之间有类似支持的纽带"①。军事安全也需要健康的共同体!在军队内部,对这样一个共同体来说的主要障碍,是法罗斯所看到的"采购的文化"和"野心家的道德"。为了恢复军队和范围更广泛的社会之间的共同体,他建议恢复征兵制度,同时为那些服从良心拒绝服兵役的人提供从事其他工作的机会。

尽管我们没有对这个情况做充分的研究以得到无偏见的判断,但是我们发现法罗斯的分析是可信的,尤其是考虑到美国海军中的背叛案件。如果我们的共同体意识受到了如此的削弱,以及对完全个人主

---

① James Fallows, *National Defense*, New York: Random House, 1982, pp.171–172.

义的狂热崇拜是如此膨胀，以至于军方的高官将机密卖给了出价最高者，那么我们自己在武器上获得的发展，对我们的威胁就跟它们对"敌人"的威胁一样大！如果人们逐渐观察到关于武器的军事合同有常规的 500% 的成本溢出，而这些武器并不是首先需要的，那么也许将它们直接卖给敌人并不是很大一步。这只是个人以共同体为代价中饱私囊的另一种方式。

无论如何，全神贯注于用武器装备应对大规模外部的挑战，使得这个国家看不到更加可能的威胁。美国已经发展为一个高度集中的社会，实际上几个相对小的破坏行为就能使其一切活动都停止。例如，整个国家所依赖的电网可以因为几个巧妙放置的炸弹而处于瘫痪状态。停电不会停止空中的飞机或地面上的坦克的活动，但是通信、供给和管理的支持系统将被灾难性地破坏掉。但是国防规划对这些事情几乎没有关注。在减少真正的国家不安全因素上，由地方越来越多地依赖小规模太阳能发电厂的分散化能量生产，要比在导弹和潜艇上额外花费几十亿美元发挥的作用大得多。

汉特和艾默利·B.洛文斯对这个问题做过详细的考察，他们总结出的危险如下：

> 美国已经达到了这种程度：
> ·一部分人就可能让国家的大多数人没电可用；
> ·一小群人一夜之间就可以切断输给美国东部天然气 3/4 的供应而不需要离开路易斯安那州；
> ·一个恐怖分子小分队可以对这个国家甚至世界的大部分石油供应造成严重破坏；
> ·一个破坏分子通过攻击某些天然气系统就可以把一个城市烧成灰烬；
> ·一部分人（也许就一个人）释放出足够的放射性物质以使美国的大部分地区不适于人类居住；

第三部分　为美国的共同体提出的政策

· 仅仅一个氢弹很可能就可以完成所有这些事情。①

这个情况类似于马奇诺防线的情况。把巨额的开支用于制造强大的武器，而敌军可以绕过这些武器并且让国家束手无策。因此需要对现实危险做出更为仔细的评估。

冷战后的军事需要

来自于任何一个超级大国的即将来临的威胁的终结，并不意味着武装部队不再有任何任务可以执行。彻底解除武装不是一个恰当的回应。然而，变化了的全球状况是一个从根本上重新思考国家安全需要的原因。我们已经指出，即使在冷战时期，我们的支出就军事安全来说也是过度的，这些支出降低了国家的真正的安全。正是国家内的特殊经济利益，决定了支出水平超过任何实际存在的外部威胁。既然没有了冷战这个借口而这些支出的大部分仍在继续，国内考虑的重要性就变得很明显了。在这个部分中我们考虑了对军事力量继续存在的真实需要。在下一个部分中，我们讨论大量减少军事支出，也就是在军事上对改变了的世界局势的恰当反应，对国内经济产生的影响。

人们通常提供三个支持继续大量军事支出的理由。第一，许多人认为对美国及其盟国的相当大的外部威胁仍然存在；第二，一些人提出，对美国来说，为了全球的经济维护其在世界范围内的补给线的安全非常重要；第三，一些人认为美国在维持世界秩序上正在发挥重要作用。我们将考察这三个理由。

1. 尽管苏联的解体大大降低了其对我们的安全威胁，在俄罗斯的控制下仍然存在强有力的武器装备。俄罗斯现在的领导人没有表现出有敌对意图的迹象，但是情况远没有稳定下来。一次反革命或宫廷政

---

① Amory B. Lovins, and L. Hunter Lovins, *Brittle Power: Energy Strategy for National Security*. Andover, Mass: Brick House, 1982, pp.1-2.

变就能恢复会对世界造成威胁的领导人的职权。如果这种情况发生，我们必须保持应对它的准备。此外，一些大规模杀伤性武器现在掌握在之前是苏联的一部分现在是新独立的国家手中，这些国家的情况更加难以预测。总是存在它们使用这些武器来要挟其他国家的危险。

这主要是保持一个有效的核威慑的论据。恢复大量华沙条约陆军是难以想象的，他们可以被视为入侵西欧的威胁。因此，这个问题是，为了威慑目的应该保持多少战略性核武器。

现在，俄罗斯看起来愿意，实际上渴望与美国达成使双方都大量减少核武器的协议。俄罗斯已经意识到核储备的强硬方式不能提供安全。对大规模削减核武器的抵制来自于美国，它想利用这个局面成为世界上占有统治地位的、甚至是唯一的核武器超级大国。

即使所有的苏联国家完全解除了其核装备，人们仍然可以为美国继续保持核威慑找到一个合理的理由。世界上的其他地方还存在核武器，应该对这些核武器的使用进行威慑。但是出于这些目的所需要的核导弹的数量，是我们现在储备的一小部分。

现在人们广泛认识到我们的武器库对于威慑这个目的来说是过剩的。美国参议院批准的《1991削减战略武器条约》，将每一方持有的战略性弹头数量减少一半到6000枚左右。《第二阶段削减战略武器条约》的目标，是将其减少到3000—3500枚这个范围，并完全消除多弹头分导重返大气层运载工具（MIRV）。但是即使这些数字也远超过出于威慑目的所需要的数量。防御信息中心建议将弹头数量减少到1000枚，并将这些弹头仅仅配置在潜水艇上，以此作为不受其他方削减弹头数量影响的近期目标。在达到这个数量目标后，可以根据其他方的行动考虑进一步的削减。① 在1998年9月的《原子科学家公报》中，安德烈·柯克辛建议600枚弹头就足够了。

人们可能有理由怀疑，即使对那个数目的弹头是否有任何真实的需要。当然，这是一个高度技术性的问题，它部分取决于各方能获得

---

① *The Defense Monitor*, Vol. 22, No. 1 (1993): 67.

第三部分　为美国的共同体提出的政策

的防御的质量。但是在所有的可能性中，如果在其他方面能够达成合理的协议，300枚弹头就足够了。杰克·门德尔松的报告称，"根据前国防部长罗伯特·麦克纳马拉，在1962年的古巴导弹危机中，当美国拥有大约5000枚战略性弹头时，苏联只拥有300枚，'肯尼迪总统和我甚至不敢考虑对苏联进行核攻击，因为我们知道即使这样一种攻击将摧毁苏联，他们的数十个武器将继续存在并被发射到美国'。"①

同时，我们可以庆祝每一次武器数量的削减，我们意识到，因为在世界各地核武器储备的减少，而不是因为美国自己继续持有大量储备，国家安全得以提高。对苏联非常恰当的一种援助形式就是为其武器的拆除付费。这为他们提供了他们急需的硬通货，同时直接增加美国的安全性。

2. 现在比保护美国不受军事攻击具有更明显的重要性的是保护补给线。卡斯帕·温伯格在1984年给国会的年度报告中清楚地阐述了这种需要。在应该由美国军队加以保护的重要利益中，他列出"要保护进入外国市场和获得海外资源，以保持美国的工业、农业和技术基础的实力以及国家福利"②。

很明显，保护补给线和贸易对国家安全的重要性，与国家对海外资源和贸易的依赖程度密切相关。最近通过的、尤其表述在《关税及贸易总协定》和《北美自由贸易协定》中占支配地位的经济政策，就是以最大化这种依赖为目标的。它们通过服务于增加作为经济健康衡量标准的产量来增加对资源的依赖。它们通过服务于在全球范围内的专业化生产来增加对贸易的依赖。这些政策越成功，任何一个国家用自己的资源为自己提供食物和衣服的能力就越低。即使补给线的暂时中断也将越来越是灾难性的。

本书的观点是这些政策在本质上破坏人类的福利。它们对国家安全也是有害的。一个如果不依赖其他国家就不能生存的国家，永远不

---

① Jack Mendelssohn, "Dismantling the Arsenals." *The Brookings Review*, Spring 1992, p.35.
② Ronald V. Dellums, *Defense Sense: The Search for a Rational Military Policy*. Cambridge, Mass.: Ballinger, 1983, p.282.

会完全安全,无论它保持多少军事力量来保护其补给线和贸易。同时,用美元以及资源计算的为了这个目的保持军事力量的成本,必须从任何被认为是从这个体系中得到的收益中扣除。

我们的提议是朝着恰恰相反的方向发展。美国以及其他国家应该为了相对的自给自足而努力,尽量减少它们对进口资源和国际贸易的依赖。这将减少对用来保护补给线的军事支出的需要。

这个争论的中心是波斯湾的石油。对控制石油供给的担忧,使美国最近卷入了那个地区的一场主要的战争。这已经被人们用来证明美国需要维持一个庞大的、能够保护美国在全世界的利益的军事机构。但是按照真正的国家安全的观点,这个政策有道理吗?

艾默利和汉特·洛文斯考察了这个问题:

> 乔治城大学外交学院的俄尔·拉维纳尔(Earl Ravenal)发现仅仅在1985财政年度,美国海军护卫舰斯塔克遇袭之前,美国就花费了470亿美元用于在波斯湾投入兵力:相当于那一年从海湾进口的石油为468美元/桶,我们所支付的是石油本身约27美元/桶的价格的18倍……实际上,如果我们把一年花费在旨在保护中东油田的军事力量上同样多的钱用于建造保温隔热建筑,那么我们可以不再需要从中东进口石油。①

因此,国家安全可以以两种方式规划。一种是可以假设,我们必须保持一个以石油为基础的庞大的军事机构,以确保能够获得世界各地尤其是波斯湾的石油。换句话说,人们需要它保护它自己。或者,与花钱和使用石油来维持一个如此规模的军事机构相反,美国可以减小军队的规模,并将省下来的钱用来降低民用经济对石油的依赖。这些来自军事部门和民用部门的双重节约,将使美国不再需要从波斯湾进口石油,并因此不再必须保持军队来保障那个来源。

---

① Amory B. Lovins and L. Hunter Lovins, "Energy: The Avoidable Oil Crisis." *The Atlantic*, December 1987, pp.26-27.

第三部分 为美国的共同体提出的政策

很明显,前面那个选择将继续加剧温室效应,并需要额外的支出来处理它所产生的危机。它将保持对石油的依赖同时加速它的消耗,导致最终的转型危机。那个危机将使国家处于极度的不稳定中。后面那个选择将放慢温室效应的步伐,并促进无痛苦的转变而不会丧失国家安全。它将使军队减少对 2/3 的石油的使用。这个减少与洛文斯所强调的效率提高结合在一起,以及我们早些建议的在城市和农业中能源使用的减少,将使得从化石燃料向太阳能的转变成为可能,而不会引起威胁国家安全的危机。

3. 实际上,上面所引用的温伯格的观点忽略了一个事实,即我们在全世界布置的军事力量不仅是为了保护国家补给线和贸易,而且是为了保护其贸易伙伴的补给线和贸易。美国已经承担了维护世界治安的任务。根据防御信息中心,"五角大楼在 1993 年所要求的军事支出中,大约 3000 亿美元是为在远离美国领土的区域性斗争中做好军事行动的准备"[①]。

仅仅就国家安全的方面进行考虑,美国在控制波斯湾上的支出是荒谬的。但是它的一些盟国真的依赖来自于这些地区的石油,并且不能很容易地依靠自己。也许为了它们的缘故维持海湾的秩序是美国的一个职责,也许这为如此巨额的支出提供了合理理由。

在得到情况确实如此的结论之前,我们应该考虑一下更广泛的背景。控制海湾的政策,使得美国先是为伊朗提供武器,然后为伊拉克提供武器。在这两种情况下,这些武器被用来与美国相抗衡。如果相反,美国与其盟国合作阻止侯赛因发展起一支具有现代装备的强大军队,那么,他对其邻国所造成的危险,以及美国保卫自己不受其攻击的需要,都将少得多。与在中东建立随后成为美国的敌对势力的附庸国相比,不再向该地区输送武器对于获取那个地区的石油能够发挥更好的作用。在海湾的干预政策是否真的提高了欧洲和日本获取石油的安全性,是值得怀疑的。

---

① *The Defense Monitor*, Vol. 21, No. 6 (1992): 2.

同样值得怀疑的是，美国的纳税人是否应该承担保护其他国家补给线的负担。当"二战"后美国经济繁荣兴盛而日本和欧洲遭到严重破坏时，美国承担一些国际责任是符合情理的。但是现在不是那种情况。欧洲人和日本人有足够的能力照顾他们自己的利益。如果对波斯湾的国际干预真的是必要的，那么美国的实力应该得到增强，这样它才能够成为干预者。美国也许能为这样一种干预提供自己那部分的军队，但是它成为世界警察不符合它的利益或者是世界的利益。

一个更清楚、更有吸引力的美国现在所发挥的警察作用的例子，是索马里的和解，就发生在我们正在写这本书的时候。这里看上去对军事和经济的考虑相对于人道的考虑是次要的。这是为了被入侵国家的人们而进行的维持治安的干预。美国应该保持一个庞大的军事机构，以便有能力参与世界各地所需要的这样的干预吗？

也许这样一个政策存在短期的合理性。在冷战后，美国具有其他国家无法匹敌的军事资源。由于没有任何其他国家能够发挥这种作用，美国来承担这个责任是有道理的。

然而，有好几个理由说明不应该将索马里作为一个先例，并在其基础上计算美国应该维持的军事机构的规模。首先，干预是必要的吗？在干预的时候，公众没有充足的信息来形成一个明智的判断。有一些人认为，尽管那个国家几近无政府状态，非军事干预可能比部署美国军队能够达成更好的善恶平衡。维持治安的行为永远有效是很罕见的。这样的例子最多应该被视为例外。

第二，索马里出现混乱局面的一个主要原因，是之前美国和苏联之间就非洲之角的权力之争。这既向该地区引进了大量的武器，又破坏了传统的治理模式，导致了我们现在正在应对的灾难性的后果。我们的外交政策应该调整为避免无政府状态，而不是首先制造无政府状态，然后进行干预来结束它。鉴于冷战已经结束，这个政策应该更容易实施。

第三，如果进行维护治安的工作是必要的，那么将这个工作分散开要好得多。非洲统一组织应该能够更好地判断非洲的需要。它还应

第三部分 为美国的共同体提出的政策

该开发应对其成员国的这些紧急维护治安工作所需要的资源。这有其自身的问题，但是非洲人承担这种决策及其实施的责任，符合非洲的长远利益。如果一个国家的问题超过了它的能力，应该要求联合国出面。实际上美国单方面的干预，既不符合非洲的利益也不符合美国的利益。因为美国出于这些目的来维持军事力量并不合理。

防御信息中心研究了美国在全世界25个地区战争中所发挥的作用后，得到的结论是：

美国过去对这些地区冲突的干涉并没有起到积极的作用。美国的武器、援助和军事干预加剧了战争，而不是调停了战争。今天，政府使用对外战争来为继续冷战时期的军事支出、蓄意扩大向其他国家出售武器以及在全球范围内无限期地驻扎美国军队提供理由。现在是利用联合国不断增长的创造和维持世界和平的意愿的时候了。美国对国际政治与经济措施解决和防止战争的积极支持，很可能比继续依赖军事行动更加成功、代价更低。在一个战争不断减少、对美国不构成军事威胁的世界里，我们的冷战全球军事维护治安部队，可以安全地被用于保卫美国的更小数量的部队取代。作为一个额外的收益，几十亿的美元将被释放出来处理其他紧迫的美国问题，尤其是失控的联邦支出赤字。[1]

取代美国军事干预的地区安全计划将满足世界大部分的需要。但是可能有人会认为，美国在西半球继续其最近在格林纳达和巴拿马行使的单方面维护治安的作用是恰当的。人们经常断言美国的安全与其在西半球的支配地位是紧密相关的。

然而，这实际上真的不是一个安全问题。在冷战期间，人们有时候提出苏联在美洲的附属国威胁美国安全的场景。这些从来没有成为现实，因为这些附属国没有能力威胁美国，即使美国的军事力量大大削减。现在这整个的思维方式毫不相关。问题是美国是否允许西半球其

---

[1] *The Defense Monitor*, Vol. 21, No.6（1992）: 14.

他国家的人们管理他们自己的事务。如果人们认为美国需要控制西半球的资源和贸易，那么我们的回答还是，它的目标应该是尽量减小而不是提高那个需求。那么它可以很安全而不需要将它的意愿强加给别人。

美国所需要的军事机构的规模，很明显取决于本书自始至终所关注的基本决策。如果我们决定强调一个全球市场，那么安全的维持确实需要在某种程度上有充分的军队来确保尽量减少对贸易的破坏。如果我们走向一个相对自给自足的国家和地区经济，那么对庞大军事力量的需要将大大减少。

即使除了这个考虑之外，冷战的结束开辟了大量减少军事支出的道路。这些减少已经开始了，现在的争论只是应该以多快的速度减少以及减少到多少。布鲁金斯学会的威廉姆·考夫曼指出了在政策没有任何重大变化的情况下，军事预算如何能在当前这个十年之末减少到1600亿美元，相当于其峰值的一半。[1] 预算的压力有可能迫使政治家朝着这个方向发展，尽管他们的许多选票支持者会遭受痛苦。

如果本书所提倡的政策得到采纳，对于维护国家安全来说，1600亿美元的军事支出仍然高得不合理。防御信息中心建议在2000年保护美国的预算为1040亿美元。[2] 如果那时没有对美国的明显威胁出现，进一步削减将是恰当的。没有任何其他国家现在支出这么多。节省下来的钱的相当一部分，但是数量仍然很小，将被用于诸如美洲国家组织的区域安全系统，以及尤其用于联合国，那样其维持治安的能力将大大增加。

经济转变的问题

现在，军事支出是出于国内政治和经济考虑，而不是出于军事安

---

[1] William Kaufmann, *Glasnost, Perestroika, and U.S. Defense Spending*. Washington, D.C.: The BrookingsInstitute, 1990.

[2] *The Defense Monitor*, Vol. 21, No.4（1992）: 1.

全。当前的军费支出水平与国家安全所面临的任何外部威胁毫不相关。与此同时,同样明显的是,美国在这些年来将它的许多资源转移到武器和军队中,已经给自己带来了巨大的经济和社会损失。因此,许多人的最初反应是美国应该迅速地大量削减其军事支出。例如,美国国会黑人阵线和进步阵线(The Black and Progressive Congressional Caucuses)提议在4年内减少50%的军费。

采纳这个建议有两种不同类型的障碍。第一种是从军事支出中获得利润的集团政治势力。第二种是以人道方式处理整个经济的迅速转变所面临的极度困难。

这两个因素解释了布什和克林顿所提议的削减为何步伐如此缓慢。布什提议在5年中支出1.42万亿美元。克林顿提议支出1.36万亿美元。然而,当急迫的国家需求不能得到满足时,继续为不需要的军事力量和海外基地支付巨额开支看起来是荒谬的。我们必须认真考虑经济的去军事化问题,尤其是其人力成本。

1946年作为美军总参谋长的艾森豪威尔将军要求建立军工联合企业[1],后来他作为总统警告我们这种联合企业不断增加的势力。他指出在"二战"之前,工业基本上是民用的,国家进行军事生产的能力是建立在可以将工厂从民用需要转变为军事需要。"二战"后,因为冷战,美国发展成为一个永久性的军事经济,其资源的主要部分致力于做好军事准备。

在肯尼迪执政期间,西摩·梅尔曼认为,作为国防部长的罗伯特·麦克纳马拉"给美国社会做了一个重大的制度改变"[2]。他建立了"一套工业管理……来控制国家工业企业的最大网络"[3]。这样,美国在其市场经济旁边,发展了一个适合军事生产的大型的指令经济。这意

---

[1] 见附录A: Seymour Melman, *Pentagon Capitalism*. New York: McGraw Hill, 1970, pp.231-234.

[2] Seymour Melman, *Pentagon Capitalism*.New York: McGraw Hill, 1970, p.vii.

[3] Ibid., p.1.

味着美国工业的大部分不适应市场竞争,就像苏联的工业一样。东欧在从一个官僚管理的经济向竞争经济转变过程中所经历的许多问题,也正是美国在缩减国防规模中所面临的问题。将这个工业转变为民用不仅需要在技术层面上进行再培训,而且需要改变其整个精神气质。

贝蒂·G.拉尔和琼·泰珀·马林以另一种方式说明了军事支出的迅速减少带来的问题。他们计算了减少的军事支出对失业可能产生的影响:

> 如果国防支出(用1990财年的美元计算)在10年中从3000亿美元减少到1750亿美元,每年减少125亿美元,那将意味着平均每年约减少6%,每年平均减少36.2万个国防岗位。在解雇人员中,典型的情况是14%的人或者约5.1万工人将流失……剩下的31.2万人的2/3……将在第四个月末被重新雇佣。
>
> 4个月后的失业净增加将为10.4万工人。[1]

他们继续计算出这将以一种累积的方式伴随着每年GNP减少110亿美元。这将导致税收收入的减少和对失业救济的需要的增加。

一个令人们相信对劳动者造成的影响要比这些数字所表明的情况要糟的原因,是许多找到新工作的人可能不得不接受更低的收入。这些国防工业受到了保护而免于国际市场力量的冲击,而国际市场力量导致其他部门的工资下降和工业岗位数量的减少。如果美国继续其将工业生产的大部分转移到海外并将国内的工资降低的政策,而同时减少经济中曾经受这些政策影响的部门,那么结果将证明比拉尔和马林所预测的要糟得多。

当我们考察重新部署我们的国家资源的建议时,这变得非常清楚。例如,西摩·梅尔曼和劳埃德·J.杜默斯建议国防工业转变为生产正

---

[1] Betty G. Lall and Joan Tepper Marlin, *Building a Peace Economy*. Boulder: Westview Press, 1992, p.75.

第三部分 为美国的共同体提出的政策

在进口的商品,如机床。① 就国家的长期经济健康来看,这是一个绝好的建议,但是如果没有工业政策的根本改变,它不可能被实施。美国机床行业在国际竞争中失败。没有理由认为一个在成本方面毫无纪律可言的行业,能够在以市场为导向的行业失败的地方取得成功。

美国有两个截然不同的工业政策。一个是以在各个企业之间的市场竞争为导向的,另一个致力于官僚管理。同时,日本和欧洲大陆已经发展了莱斯特·瑟罗称为的"公有制社会的资本主义"。② 结果是盎格鲁—美国的个人主义的资本主义,在与公有制的形式竞争中并不成功。如果美国使其工业去军事化而不改变其对个人主义资本主义的信奉,其剩下工业的大部分也将会失败。

安·马库森和乔·尤德肯认识到需要新的政策。

宏观经济和贸易政策应该与经济发展策略及其转变努力相协调。应该实施帮助管理转型而不是让它使工人和共同体遭受突如其来的经济凋零的贸易政策。与每个国家进行的贸易谈判应该包括将美国工人的工资、福利和环境保护延伸到其他国家工人的保障,而不是允许那些地方的剥削性条件以竞争力的名义压低美国国内的生活质量。③

马库森和尤德肯建议国家应该承诺在三个领域实现真正的国家安全。

环境、健康和共同体的稳定,这些领域必须与作为国家头等大事的国家

---

① Seymour Melmanand Lloyd J. Dumas, "Planning for Economic Conversion." *The Nation* (April 16 1992): 509, 522–528.

② Lester C. Thurow, "Communitarian vs Individualistic Capitalism." *The Responsive Community* 2, No. 4 (Fall, 1992): 24–30.

③ Ann Markusen and Joel Yudken, *Dismantling the War Economy*. New York: Basic Books, 1992, p.251.

为了共同的福祉

安全一竞高下。50年来，美国人把其盈余中最大的一份用于高于一切的国家安全，给经济带来了令人失望的结果，并让环境、健康和共同体危机不断加剧。今天，人们可能认为解决环境、健康和经济危机是任何对国家安全有意义的定义中一个必要的维度。而且，与在昂贵的洲际导弹（MX）或爱国者导弹上的支出不同，在这三个领域取得的收益将促进经济整体的生产率。[①]

尽管存在反对政府干预经济的偏见，也许美国人民将意识到对生计与军事工业紧密相关的成百万美国人负有责任。如果这发生了，国家也许会愿意考虑帮助这个工业转变为服务民用目的，并认识到它不可能立即具有竞争力。如果美国将干净的环境、人类的健康和共同体的稳定作为它的目标，而且致力于成为在经济上更加自给自足，那么从军事经济向民用经济的转变可以不产生巨大痛苦而实现。

如果军事支出作为对国民经济的部分回报而得以削减，军工行业向民用行业的转变可以发挥非常积极的作用。如果行业得到了足够的支持和保护，其中一些行业可以转变为一些领域的进口替代生产，否则在这些领域将需要时间重建一个工业基础。同时容易被人们忘记的平衡预算的目标也可以被实现，对积累的债务的偿还可以开始。美国经济可能恢复健康并对国家安全做出恰当的贡献。

由共同体构成的共同体的安全

在第二次世界大战以后，当"国际主义者"支持增加军事预算来对抗苏联的时候，"财政保守主义者，包括全国制造商协会都反对巨额的军事预算，理由是国家不可能负担得起这么大笔的支出。保守主义

---

① Ann Markusen and Joel Yudken, *Dismantling the War Economy*. New York: Basic Books, 1992, p.249.

者认为，斯大林的秘密计划是让美国的财政部破产"①。有人可能怀疑斯大林对美国破产抱有很大的希望，但40年后那些财政保守主义者的这种担心正在变成现实。我们赞同他们的看法，反对国际主义的观点。

实际上，我们发现今天国际主义的许多主张在方向上都是错误的。我们同意达德利·希尔斯的观点，他说："对于那些声称世界正变得越来越'相互依赖'并且对此表示欢迎的国际主义者，我的回答是这种相互依赖是高度不对称的，涉及海外那些国家不仅接受超级大国强加给它们的文化价值，而且接受武器和其他产品以及相关的政治安排。"②与希尔斯的立场相同，我们反对这种现代的国际主义，我们支持民族主义。

然而，我们会说我们是一种更为真确和后现代意义上的国际主义者。后现代的国际主义没有贬低国家边境的重要性，而是关注于国家之间的利益共同体，在这个共同体里各个国家一起做单个国家做不到的事情。今天，许多全球性问题都只能在全球层面上才能得到解决。温室效应、酸雨、臭氧层空洞，以及开发洋底和南极洲都是例证。人类在太空的活动则是另一个例子。保护世界的生物多样性应该是一种全球的努力。许多研究应该进行国际性的合作而非竞争，某些类型信息的发布最好是在全球层面上进行。威慑跨国界的军事行动是那些边境遭到侵犯的国家的首要关心的内容，但它也是寻求维护和平的国际组织应该关心的问题。因此国际组织需要有一支自己的维护和平的军队。

更可取的是，讨论中的国际组织首先是一个跨国的区域。随着北约的解散，欧洲经济共同体应该发展维护其成员国治安的能力。非洲统一组织获得足够的实力来实现这个目标也是合适的。拉丁美洲的一

---

① Richard J. Barnet, *Real Security: Restoring American Power in a Dangerous Decade*. New York: Simon & Schuster, 1981, p.55.

② Dudley Seers, *The Political Economy of Nationalism*. Oxford: Oxford University Press, 1983, p.12.

个类似的组织来替代美国支配的美洲国家组织，也是令人满意的。

只有当各个民族国家修改对绝对主权的要求时，这些功能和其他功能才能得到实现和扩展。美国应该接受世界法庭的裁决以及联合国的决议。超级大国对国际法庭嗤之以鼻以及否决联合国大多数决议的现有能力应该被削弱，尽管联合国需要一个加权投票的体系。只有当世界组织的政治和军事力量相对于民族国家力量在增加时，这种情况才会发生。当这种情况发生时，所有国家都将变得更安全。

然而，当前的趋势导致了错误的权力集中。这对于《北美自由贸易协定》和《关税与贸易总协定》尤其真实。例如，当前的《关贸总协定》提议授予了多边贸易组织巨大的权力。这是为了促进贸易和减少壁垒。为了这个目的，它被授权否决美国政府以及各个州的法律（例如保护环境的法律），如果这些法律被认为限制了贸易的话。很明显，它有更大的自由将力量弱一些国家的法律置之不理。这简直是不能接受的。任何具有那种权力的集团必须对人民负责而不仅仅对经济利益负责。那意味着它必须具有政府的特征。

如果世界继续朝着一个整合的全球经济的方向发展，由此为了对争议进行裁决的目的要求权力的集中，那么这个权力应该被赋予一个政治组织。1992年11月在汉堡举行的非政府组织会议提议由联合国大会主持设立一个国际贸易组织代替多边贸易组织。如果这个组织具有与多边贸易组织被赋予的权力相当的权力，这将使联合国向成为世界政府的方向迈进了一大步。

我们认为，在联合国下的权力集中，远比将权力集中在一个不对政治影响负责而且仅仅发挥经济功能的组织更可取。但是我们不赞成全球权力如此多的集中。我们的建议是主要强调国家层面的经济。一个优势是这使向集中的全球控制的发展（以及其所有对个人和共同体的自由的危险）成为不必要的。我们不想要对我们国家事务的国际控制。一个全球组织应该具有仅仅应对全球事务的权力。

我们上面提到了对国家安全的几种威胁而没有提到在战场上失败的威胁。缺乏经济的自给自足能力是一个主要的威胁，共同体经济学的许多内容都是为了消除这一威胁。我们提议的政策将会减少对进口原材料和国外市场的依赖,同时会确保我们有充足的农业和工业生产能力。我们的经济建议也是为了减少生态威胁、国家士气衰落和经济的下滑。经济学所包含的内容比让个人短期利润最大化多。

共同体经济学也可以为国家安全做出进一步的贡献。尽管与跨国经济相比,国民经济给国家带来了更多的安全,但它比一个更加分散的经济提供的安全更少。如果国家的每个地区都依赖从其他地区进口大量必需品,那么交通中断就可能让整个国家屈服。如果每个地区都依赖一个国家电力网络,或依赖集中的信息服务,那么这个国家就很容易受到伤害。如果相反,不管其他地区的运输、电力网络以及通讯系统受到怎样的破坏,每个地区都能继续良好运转,那么国家总体上就是更安全的。

可以对这点做进一步的阐述。如果地区内的更小共同体是相对自给自足的,那么不管国家的基础设施受到多么大量和分布广泛的攻击,国家都是可以存活下去的。所有破坏产生的影响都将是局部的。只有大规模的破坏才能对国家的生产能力和运转造成致命伤害。

这一章与其他大多数章节一样,我们关心的是作为民族国家的美国。我们讨论的是它的安全问题,这是很重要的。但是我们也展望美国国内的经济和政治权力的分散。如果这点做得足够好,那么美国可能再次成为各个州的联盟,而不是一个民族国家。在那种情况下,每个州都对自己的防御负有某种责任,尽管它部分受到自己与其他州的联盟以及规模已经被缩减但仍很重要的联邦军事力量的保护。这样一种独立的州的联盟可能安全吗?

这个想法如此奇特,以至于第一眼看上去它是很可笑的。我们习惯于将安全看作是发动核攻击、保持地球另一面的海军力量和跨洋运送军队的能力。50个州中没有哪个州拥有这样的能力。它们中的任何一个州在另一个大陆打一场战争的可能性是微乎其微的。无论如何,联邦会阻拦这样的冒险行为。

但是在经济自给自足的地方,国家安全并不需要与遥远的敌人战斗。它不需要征服外部力量的能力。它只需要抵抗侵略它的能力。一个由 50 个州组成的联盟有可能被征服吗？它们会处于来自墨西哥或加拿大的危险中吗？

即使考虑这些国家变得具有这样的侵略性，我们仍怀疑加拿大或者墨西哥发现征服是有吸引力的，只要这 50 个州非常认真地对待自己的防御，并且能够请求联盟的支持。征服和控制 50 个独立的州的问题将非常大而且征服者的回报非常小。

一种赞成在国家层面保留主权力的理由，是需要超越苏联的力量。但是苏联已经实现权力分散。这是增加了我们的安全的一个部分。如果说完好无缺的苏联被许多人视为对自由世界安全的严重威胁，乌克兰或者甚至俄罗斯造成重大威胁的可能性要小得多。美国的分权也会增加其他国家的安全系数。

这不是作为一种乌托邦式的框架提出来的。当各州变得更独立的时候，它们之间的争执会变得更加危险。在科罗拉多河水的分配问题上如果群情激奋，那么亚利桑那州就有理由畏惧加利福尼亚州。当然联邦法庭会对这个问题做出裁决，而且联邦的军事力量也会支持这一裁定。但是加利福尼亚可能会蔑视联盟并使用其军事力量将其意愿强加给亚利桑那州。

我们发现，这样一种情景至少就像欧洲经济共同体中的法国和德国之间的战争一样，令人难以置信。然而，我们确实承认人类在几乎任何制度下都有能力互相毁灭。我们相信在几个层面上分配军事力量是能够设计出的最好制度，但是我们不声称它将终结所有战争。

然而，我们确实同意柯克帕特里克·塞尔的观点，他对这个论题的讨论得出了如下结论："漫长的人类历史表明，大国使防卫和战争问题恶化而没有解决它们，而更小的社会……倾向于参与更少的战争，而且带来的后果不那么残暴。它表明，人性尺度的政治世界不会是一个没有冲突和争端的世界，但可能会成为一个具有相对稳定性的世界。"①

这是一个设想,即权力一方面从民族国家向上转移到区域和全球机构,一方面向下转移到更小的共同体。这个设想越来越为人们所接受,它在某些方面看起来是有可能实现的。亚兰·圣·邓宁正确地指出,"民族国家的统治——被认为是所有主权之所在——也许已接近其顶点。正如决策所在地可以上移到像欧洲共同体这样的区域组织以及像联合国这样的全球组织,决策所在地看起来也可能下移到各个省和当地。"② 我们要补充的是,政治权力的这种再分配,只有在经济生活也被分散化时才可能健康地出现。

民 防

我们承认,到目前为止,暴力是国防的一个主要因素,而且为参与暴力做准备是国家安全的一个必要组成部分。我们只是认为,美国庞大的军事支出不仅没有使国家安全水平得到提升,反而是降低了;我们认为如果实现了政治权力和军事力量的分散化,那么暴力的程度就会减轻。但还有一点需要做进一步的说明,那就是实现稳固的和平是最安全的,而且就像沃尔特·李普曼所说的:"任何真正的和平计划都必须依赖这样的前提,那就是我们能够预见发生争端的事由,而这些争端必须得到判决,必须找到一种方式解决这些争端,而这种方式不是战争。"③ 致力于研究历史上非暴力行动的作用的吉恩·夏普得出的结论是:"只有采取制裁以及抗议这类其他方法来取代尖锐冲突中的暴力解决方式……才可能导致以一种与自由、公正和人类尊严相容的

---

① Kirkpatrick Sale, *Human Scale*, New York: Cowan, McCown & Gesgheyon, 1986, p.471.

② Alan Thein Durning, *Guardians of the Land: Indigenous Peoples and the Health of the Planet*. Washington, D. C.: Worldwatch Institute, 1992, p.47.

③ Walter Lippmann, "The Political Equivalent of War." *Atlantic Monthly*, August 1982, p.182.

方式大量减少政治暴力。"①

不使用暴力而解决问题当然是令人满意的。但是大多数人认为这些努力在某一时刻失败了,而且在国家层面上必须做好使用暴力来实现国家目标的准备,至少在自我防卫中。但是夏普大胆地提出用"民防"取代军事防卫。"民防的目标是通过全体民众抵抗来击败军事进攻,从而使敌人不可能建立和维持对国家的政治控制。"②他知道,没有经过细致的准备,这点是不可能实现的。现在用于军事训练的精力将被引导到为民防做准备:

警察会拒绝搜查和逮捕抵抗入侵者的爱国者。教师会拒绝把入侵者的宣传带进学校——就像挪威人在纳粹统治时所做的。工人和管理者会用怠工和阻挠行为来阻止对他们国家的掠夺——就像在1923年鲁尔发生的情况那样。牧师会宣讲拒绝帮助入侵者的责任——就像荷兰人在纳粹统治时所做的。

政治家、公务员和法官通过无视或者蔑视敌人的不合法命令,而保持政府的正常机构和法院不受它的控制——就像1920年德国人抗拒卡普政变所做的那样。拒绝敌人审查制度的报纸会以大版面或非常小的版面从事地下出版——就像1905年的俄国革命和几个受纳粹占领的国家所做的。自由电台节目会不断地通过隐蔽的发射台发布——就像1968年8月,捷克斯洛伐克所做的……

而且……民防会在入侵者自己的国家(刺激国内矛盾,分裂其政权,以及甚至是激起国内的反抗)和国际社会(给入侵者制造外交压力、让其政治失利,有时是让其受到经济制裁)掀起遏制性的影响,这些都对入侵者的利益不利。③

夏普的提议是一种设想,而我们看不到有立刻采纳它的可能性。

---

① Gene Sharp, *The Politics of Nonviolent Action*. Boston: Porter Sargent, 1973, p.vi.
② Ibid., p.50.
③ Ibid., pp.51-52.

它能够发挥作用所需要的那种共同体和纪律正是美国现在所缺乏的。但是在一个权力分散的联邦里，一些州可能会采纳这个政策，而不是把它们有限的资源用于军事防御。实际上，如果亚利桑那州的人们在民防方面做好了充分的准备，那么这样的亚利桑那州比起依赖军队来保卫自己的州，就不是那么诱人的征服目标。最终，所有的州可能都会采取这种立场。50个州里每一个州都为训练有素的民防做好了准备，那么由它们组成的联邦对于外国势力来说就不是一个有吸引力的征服对象，不管外国势力可以如何轻易地进入这个国家。

在我们现在的处境中，这当然是幻想。但在一个不能再负担得起军备和军队费用的世界里，把所有能源用于支持军队和军备，会限制下一代人满足其经济需要的能力，并增加它所必须处理的狂野的事实，我们需要尽力想象一个解除武装的世界。夏普向我们揭示了有其他的路可走，而且有一天我们可能会去尝试它。同时，很少有人会怀疑，一个准备把民防作为第二道防线的国家，会比一个仅仅依赖其武装力量的国家更安全。

第四部分 向目标迈进

Getting There

第十九章　可能的步骤

本书主旨是为了人类和整个生物圈而重塑经济。第三部分描述了一些会推动美国朝着健康的共同体生活方向发展的政策。在那个意义上，本书在"向目标迈进"。但是还存在另外一个问题，那就是美国如何才能把这类政策从理论探讨带入政治日程？第四部分从两个非常不同的角度回应了这一问题。

第二十章，也就是本书的最后一章，处理了所有问题中最基本的理论问题，即宗教和哲学问题。我们认为，我们对狂野的事实所做的集体回应，首先是一种宗教信念和视角。我们认为，我们在整本书中一直在零零散散地提及这一视角，但是我们还没有以全面或连贯的方式对它进行表述或辩护，或者与其他视角比较。这是第二十章要讨论的内容。

目前这一章所采取的进路是很不同的，它从讨论期盼中的政策，到讨论现有背景下可以采取什么样的行动来实现那些政策。它讨论的问题包括，大学可能进行的改革、地区共同体的构筑、实现国民经济相对自足（这是进一步分权化的第一步）的步骤、把规模问题带入公众意识，以及改变我们衡量经济成就的方式。在附录里，我们提出了一种新的具体衡量方法。

经济转向第一步必须是人们广泛认识到某件事是错误的、现今的政策没有发挥作用，以及我们必须严肃地对待那些狂野的事实。本书在很大程度上把这一步当作是理所当然的，而且本书主要是写给那些与我们具有这种共识的人。已经有大量的文章描述了我们所面对的一系列问题，并且表明继续走我们过去的老路，只会让问题变得更糟糕。

我们特别向那些不了解情况的人推荐世界观察研究所的出版物。

不幸的是,广大民众及政治领导人还没有迈出第一步。尽管内心深处存在不安,但他们还是固守旧的思维模式。政治家或者没有认识到形势发生了改变,或者害怕公开提出这一问题。报刊偶尔会报道狂野的事实,但它然后就又回到通常的新闻上来,好像什么事情也没发生。

如果这样的许多问题看上去是彼此分离的,也许这种情况就是不可避免的。人们就会分别为每一问题寻找解决办法,而他们寻求解决方案的视角,不可避免地限制在产生问题的视角里面。又多又大的问题困扰着人们,但是这导致更多的人产生逃避心理,而不是深入反思问题原因。找不到解决办法,而且甚至怀疑不可能有任何解决办法,在这种情况下,许多人寻求获得他们现在能够获得的东西,对未来则袖手旁观。其他人则在技术乐观主义中寻找安慰。

第二步是广泛认识到人类今天面对的大多数问题是相互交织在一起的,而且实际上这些问题具有一个共同的根源。这一步是本书打算做出贡献的。不管在多大程度上采纳了这一步,认同或者抵制第一步的人所感到的如此多的困惑和普遍的苦恼,都可以得到缓解。被无以名状的力量压倒的感觉就被克服了。有了新的视角,正在发生的事情就变得可以理解了。人们可以识别和指出其原因。人的责任也会变得明晰。

第三步是要认识到,人类仍然有可能为他们自己及后代选择一个过得有价值的未来。人类的前途并没有完全陷入黑暗。人们能够为新的生活方式所吸引,同时也会为这种意识所驱使,即如果他们不做改变,那将会发生什么。本书有很多内容与第三步有关。我们认为,一丝有希望的可能性,就会使人们有可能没有恐慌或抵触地迈出第一步和第二步。我们也认为,第三步就像我们所定义的,它属于近些年来迅速成长和传播开来的一个观念。它们脱胎于女权主义和生态主义以及各种流派的宗教教义。它们还与第三世界的解放思想有关系。这些思想通过非正式的网络传播,而且构成了一个即将浮出水面,并在国家事务中变得很重要的主要文化运动。它能够回应处于半觉醒状态的国家对一种新视角和领导能力的渴望。"向目标迈进"如果指在国家层面能够严肃讨论本书第三部分所讨论的那些政策，它可能很快实现。

然而，还存在巨大的障碍。数个世纪之久的旧的思维定势不会轻易让位，特别是当所有有威望和影响力的地方都已经确立这种思维定势之时。

大学改革

有可能做出富有成效改革的一个重要组织就是大学。这是许多最有影响力的经济学家以及其他领域舆论制造者的发源地。目前它对讨论所产生的影响很大程度是负面的。它鼓励从其院系架构的狭隘视野中寻求解决办法。这就阻碍了所需要的新方法，并使那些采取新方法的人受到学科主流权威的攻击，这反过来削弱了这些人在大学里的影响。

即使在已确立的学科中，有迹象表明一直非常狭隘的研究焦点出现了逆转。计算机已经使得建构包括许多因素在内的复杂系统模型成为可能。物理学系带头使用这些新的模型。因为物理学在塑造当代学科的狭隘性中发挥了如此重要的作用，因此有理由希望，物理学的新视角也将会引导其他学科发生改变。

而且对复杂模式的研究使人们发现，许多不同学科具有人们不曾预料到的联系或者相互重叠的部分。就像亨兹·帕吉尔斯所说的："神经科学、人类学、人口生物学、非线性动力学、物理学以及宇宙学（仅列出一部分）等领域中的问题，具有彼此重叠的部分。"[①] 帕吉尔斯认为，过去科学之间的划分受到可获得的研究工具的限制，而计算机将会引出一种更复杂、分割更少的组织。

尽管这种发展是有希望的，但它本身克服不了第一章和第六章所讨论的知识学科化内在的所有问题。其中有些问题甚至因为计算机的

---

① Heiz Pagels, *The Dreams of Reason: The Computer and the Rise of the Sciences of Complexity*. New York: Simon & Schuster, 1988, p.36.

使用而变得更加尖锐。建模本身成为了一个新的学科。各个学科继续给思想强加的这些限制，在大学里并没有被人们清晰地认识到，因此如果这些学科的不足能够得到注意，那么它们对学术思想的控制就可以被打破。无论从其本身的重要性来讲，还是作为突破公开讨论新的经济组织方式的障碍的一种可能手段来讲，这都是值得追求的。对学科态度的改变，有助于克服经济思想与社会学、生物学和物理学的隔离，我们只指出这三个领域，对经济的反思应该从这些领域获取信息。为了达到这个目的，我们建议许多大学可以采取四个具体步骤。

1. 大学应该建立一个系或其他机构来持续研究自身。

这会涉及大学的历史和它们组织知识的方法的历史，以及大学如何与社会其他部分相联系的历史。它会评估大学所作的贡献，研究来自外部以及自己施加的对其探求知识的自由的威胁，而且它还会问它的自由是如何被负责任地行使的。它可以继续研究几个学科相似的和不同的假设、它们彼此联系的方式以及它们与更广阔的社会联系的方式。现在大学中只维持着一个岌岌可危地位的科学史在这里会成为核心。这对确保观点的多样化是特别重要的一个地方。例如，女权主义者最近就揭示了在女性的眼里科学史是多么的不同。[①]

这样一个系不应该以价值中立自居。其目标将是提升大学内的自我理解和鼓励变革；它应当没有执行变革的政治权力。它应该使它的价值观尽可能清晰，并让这些价值观接受最广泛的批评和讨论。各个学科内这样一种讨论和批判性的自我评估的产生，自身就是其目标的大部分内容的实现。

2. 大学也应该建立一个研究宇宙学的院系。

这里的宇宙学不是指天体物理学的一个分支，尽管来自那个学科的信息应该发挥它的作用。相反，其目标是吸收利用大学中所有学科产生的知识，来建立一个世界是什么样子的统一描述。它应该通过与

---

① 参见：Sandra Harding, *The Science Question in Feminism*. Ithaca, N. Y.: Cornell University Press, 1986., Susan R. Bordo, *The Flight to Objectivity*. Albany: SUNY Press, 1987.

那些学科进行生动的互动来实现这一点。除了被动地接受偶然产生出来的任何知识，它还会提出问题和发表建议。它所问的问题，来自它自己将从人文研究中学到的东西与从心理学、社会学和自然科学中学到的东西联系起来所做的努力。

3. 大学还应该设立一个研究社会危机和全球危机的院系。

每个人都意识到社会秩序（而且实际上生活本身）受到了威胁。这方面的零碎信息在若干学科中都显现出来。但是大学里没有哪个机构做任何努力去概述这些问题是什么，以及这些问题是如何彼此联系的。而当研究社会危机和全球危机的院系，看到了这些在学科化的方法中并没有显现的关系的时候，它会从所有学科收集信息并对所有学科提出问题。设立这个院系的目的，不仅是为了鼓励在各个院系内组织研究来应对时代迫切需要解决的问题，而且是为了与大学的各个院系就这种可能性进行交流，即大学作为一个整体，是否有责任根据社会需要来组织。

4. 如果获得足够一致的意见，那么大学也可以建立跨学科研究中心，来将它的工作与紧迫的问题联系起来。

妇女研究中心、黑人研究中心、地域研究中心以及和平研究中心提供了一些模式。尽管这些研究中心开始时必然是跨学科的，但它们的目标应该是成为非学科化的研究中心。

像这样一些变革并没有违背目前大学的坚定誓言，而且得到现有教职员不同程度的支持。如果这些变革成功了，它们将会改变这些院系的风气。它们会提高对各个学科历史上相对特点的认识，以及对作为各个学科基础的预设的认识。它们会鼓励人们围绕回答与人类紧迫需要具有现实关联的问题来组织研究。它们会使人们更清楚地意识到，研究对象实际上受到其与其他学科研究对象之间联系的影响，这样学科边界就会被削弱。在这种形势下，与有意识地向将演绎推理相对化的方向转变相结合，经济学就可以把自己从深陷于错置具体性的谬误中解放出来。

从长远来看，这种结构转变是将大学研究力量转向富有成效的研究渠道的最佳选择，但大学里的个人和群体并不需要坐等最高层的决定。他们可以揭露构成如此多学科及其方法基础的原子论的个人主义。他们可以促进整体思维方式和有机思维方式，并展现这些思维方式所产生的不同结果。他们可以竭力推动跨学科的讨论，从而推动这些讨论超越学科的边界。他们可以围绕紧要问题组织研究，并抵挡住来自各个学科的压力，从而设定他们自己的研究计划。他们可以帮助学生理解大学及其现有组织知识方式的缺陷，从而使学生不为其所束缚。

尽管大学存在各种各样的缺陷，而院系里学科崇拜又是如此盛行，但大学作为一个整体仍然非常容忍特立独行者和批评者的存在。它自由追求知识和进行彻底分析的誓言通常是真诚的。至少在自己所属的院系之外，一个人的奇特看法通常都能得到倾听。我们对学科化的知识组织方式和它在大学所占主导地位的批判，并不是要把大学当作没有前途的而加以取消。情况远非如此。我们认为大学体现了伟大价值的传统，这些传统可以通过这样一种方式而复兴，即它能够再一次成为智慧的源泉和广大共同体的指导。

构建共同体

本书提出的变革目标是建立一种自下而上的社会，一个由地方性的和相对小的共同体所组成的共同体。本书第三部分讨论的政策，就是要把权力赋予这些更小的地方性共同体。但是不必等待上层机构进行这样的授权。我们现在可以在本地层面上做许多事情，尽管经济生活和政治生活秩序并不利。实际上，如果共同体现在不行使它们必须拥有的维持和改善其共同体的生活的这种权力，那么就存在一种危险，即它们将无法有效地利用我们建议应该提供给它们的改善了的环境。幸运的是，已经有许多共同体敢为人先的案例。我们将援引三个案例。

纽约市的地方自助研究中心（ILSR）几年前断定："通过福利实现社会公正的方法没有发挥作用。"他们决定，"共同体将开始利用它们自己的废物作原材料，并发展闭环系统。那就是说，商品和服务会在本地生产，从本地获得资源，用于本地消费。城市作为与大多数人关系最密切的政府单位将扩大它的政治权力，并开始把其自身定义为……一个认真对待其边界、并提高复杂规划能力和经济发展责任的共同体"。①

ILSR 的项目中有一个是对南布朗克斯群体提供援助。他们组织建立了布朗克斯边界开发市场。市场运作一年之后，"它一个星期里生产了 70 吨堆肥成品。这些堆肥被用来恢复南布朗克斯共同体花园的土壤"②。随后布朗克斯边界开发市场成长为一个比 ILSR 更大的组织！

在州的层面上，也有对共同体经济学的兴趣。内布拉斯加州新闻协会委托在加利福尼亚门罗帕克市的国际斯坦福研究所（SRI），为内布拉斯加州的未来提供发展方向的建议。SRI 在与整个州的市民接触的基础上，在 1988 年 6 月发布了《内布拉斯加州的新希望：向前推动日程》。我们从这份出版物中发现，大家一致同意推动内布拉斯加州向着一个更加自给自足共同体方向发展。进一步讲，它把州这种共同体设想为一种由许多更小的共同体所组成的共同体。

参与者认为，内布拉斯加州需要加强小共同体的经济能力。尽管在许多情况下，这些小共同体经济基础设施是不完善的，但许多中等规模的共同体和小共同体的联合体，都已经具有经济的重要基础构件。受访者认为，通过在区域中心构建额外的经济能力，那些地区的经济将会增长，并会为居民和那些想要离开农场但留在乡村的人，或者想不需要长途跋涉去赚取非农业收入的人，提供工作机会。因此，地区增长中心策略不仅被看作是发展中等规模共同体的一种方式，而且也是发展许多极小共同体的方式。而且，通过致力于满足地区的需要，居住在这些地区的人们的独特价值能够得到更好的保护。（参见 SRI, 1988, p. 17.）

---

① John M. Richardson Jr. *Making It Happen: A Positive Guide to the Future*. Washington, D. C.: U. S. Association for the Club of Rome, 1982, p.194.

② Ibid., p.195.

在阿肯色州佛克斯的溪地计划项目资助下，一个特别有趣的计划正在进行中。它的一部分目标是向人们表明即使在现有经济体系下，"购买本地种植的农产品不只是一个吸引人的想法，它是合情合理的。食品从种植地到消费地平均要经过 1300 英里的运输。将一卡车的产品在全国范围内运输的花费多达 4500 美元。而且，花费在本地食品上的 1 美元在本地经济中循环，在其他商业活动中产生了 1.81 美元到 2.78 美元"。①

溪地计划项目与在阿肯色州康维的汉德里克斯大学合作，目的是使大学转向购买本地的产品。在一年的时间里，汉德里克斯大学将它在本州内购买的食物从 9% 提高到了 40%。俄亥俄州的欧柏林大学的一个类似的项目也在进行中。在两个学校里，对购买政策的考察使得学生参与到对经济问题和生态问题的更广泛的考察中。

向缩短供应链和鼓励地区经济方向推进的主要障碍，就在于延续现有模式是很方便的。首先，餐饮服务经理从单一食物分销商那里购买许多种类的产品是很方便的，而这些分销商反过来与国家市场体系紧密联系在一起。第二，购买预加工食品非常便利。朝着购买本地产品方向的发展需要主动联系当地供应商，并会推动人们更多地在当地的厨房里烹调食物。然而，质量的提升足以补偿带来的麻烦和增加的极少的成本。

按照溪地计划项目主持人大卫·奥尔的看法，下一步将拓展考察 5 个大学校园中粮食、能源、材料、水和废物的流通，特别是关于其社会成本和环境成本。其目的是针对现有模式提出更加可持续的替代方案。这些计划更大的目标是："（1）转换知名度高，影响力大的机构的购买力；（2）让整个大学共同体参与分析（正在进行中）它们如何影响更广阔的世界，以此来改变教育的内容和过程。"②

---

① Sam Passmore, "Hendrix Turns to Arkansas Produce." *Arkansas Gazette*, June 10, 1987.

② 这些观点发表在给作者们的一封信中（1988 年 7 月 29 日）。

改变贸易政策

尽管在任何可能的地方,都可以而且应该做很多事情来改变组织和建构共同体,但在国家层面还有出台新政策的迫切需要。除非在有政治影响力的圈子讨论美国经济目标的新观念,否则就不可能实现这一点。在当前讨论中,这些观念的主要切入点是与贸易和保护美国商业有关的争论。

到目前为止这一争论都是一边倒的。一边是所有那些视角宽阔和眼光长远的人。这些人都确信自由贸易是使人们总体上受益的过程。他们承认它导致了许多工厂倒闭和数百万人流离失所。但他们认为这是必须付出的代价。自由贸易将提高生产效率并促进经济增长,从这一点来看人们总体上都会受益。

另一边是那些看到自己的生计被毁或者商业凋敝的人们。他们扮演恳求者的角色,为了私自福利而请求政府给予他们保护,免受国外竞争。他们没有为自己的请求提出任何理论上的合理理由,仅仅提出了他们的特殊需要。有时候他们是充满歉意的,坚称他们寻求的保护只是暂时性的,并且声称他们将自由贸易作为一个理想和典范加以信奉。这个群体包括那些最易受竞争损害但还没有被竞争破坏的行业的工人和工厂主。

这时,展现于公众眼前的经典场景,是政治家在来自特殊利益群体的压力与他们对共同利益的看法之间保持平衡。结果是一系列的折中方案,然而它更多反映的是某些特殊利益群体的政治权力,而不是关于保护特定商品的好处的任何客观判断。任何保护,本身都是对明确宣称拥护的理想的一种令人遗憾的背离。

我们的观点是,对讨论的这一描述反映了对国际自由贸易价值的错误看法。国际自由贸易有其优点,但也有其负面影响。在这种关联中,人们经常求助于的比较优势原则并没有为其提供合理的理由。我们已在第十一章中对此做了充分讨论。今天自由贸易的规模和范围,给参与其中的大多数国家带来的损害，超过了它带来的好处。现在对美国来说就是如此。

一个充满希望的情景是，被毫无限制的进口严重损害的群体也开始意识到这样一个事实，那就是那些相对于他们占有优势的人实际上并没有正当的理由。他们可能开始扭转这场争论。与为乞求获得特许免受一种普遍认同的规则约束而道歉相反，他们可以对这种普遍规则提出挑战。我们相信，当人们对这种普遍规则进行公开辩论的时候，这种规则将会崩塌。然后人们就可以从经验的角度去看看，自由贸易实际上给我们国家带来了什么，那将会导致人们对其他替代方案的思考。

这种争论的结果将不单单是由逻辑决定的。社会各阶层的利益都将发挥很大的作用。因此想想谁能被列入民族经济的支持者，是很重要的。

一个如果真实地看到发生了什么就将感到焦虑的群体，是那些深深忧虑国家安全的人。即使在狭隘的军事意义上看，也没有人会对国家生产自身武器装备的能力漠不关心。关心这一点，导致五角大楼只与美国企业签协议。这看起来是确保了补给线，但实际上，军事装备的许多关键部件都是从其他国家进口的。通向世界遥远地方的补给线一中断，就可能让生产陷入停顿。

另一个天然的同盟军是所有那些已经在寻求保护的商人们。这个群体无时无刻不在壮大，或者至少直到它被竞争彻底击垮。从众议院通过的贸易法案来看，这个群体拥有相当强大的政治力量。

但是支持重新思考国家经济政策的最重要的力量是劳动者。不幸的是，劳动者在自由贸易中受到了巨大伤害，以至于它的工会遭到了削弱而且它的公众形象也下降了。只要它接受了正在摧毁它的思想，那么它对那一思想所产生后果的抵抗能力就是微弱的。但是，当劳动者意识到这一思想站不住脚，而且有充分的理由相信，建立一种不同类型的国民经济将会保护其在社会中的相对地位，并在共同体中赋予劳动者一个新的角色，开展运动的活力就可以得到恢复。

所有这些同盟军都面临着危险。尽管我们赞同，美国应该有能力给自己供应它所需要的武器，但我们并不想鼓励它继续对统治全球感兴趣。

尽管我们认同，受到竞争威胁的商业普遍应该获得保护从而免受进口商品的威胁，因此国家可以走向自给自足，但我们坚持这应该伴随着大大提高美国生产商的竞争能力，以及生产和控制的分散化。

尽管我们赞同，劳动力应该受到保护并且保留劳动者在过去一个世纪里所获得的利益，但我们不想看到，劳动力重新去同资本家和普通民众斗争，以提高它分得那块饼的份额。而且，尽管我们强烈支持建立一种民族经济，但我们希望可以通过一个渐进和有序的方式去实现，这将尽量减少对我们贸易伙伴的经济造成伤害。我们也希望在经济民族化的同时，也可以加强处理全球性问题的国际化。在减少对世界主导地位和贸易的兴趣的同时，应该增加合作解决问题的兴趣。

我们还依赖第四个群体，它们的支持与经济自我利益关系较少：这些人的意识因为参与女权主义运动和环境运动而发生了改变，他们一直崇尚节俭和自力更生的美德，他们自始至终都想使权力更加靠近人们，并允许人们在影响他们生活的经济决策和政治决策中具有发言权。没有这些具有忧患意识的人的领导，特殊利益群体的政治联合是不可能获得成功的。

还有另外一个群体我们渴望获得它的支持。这是数量相当小的一群人，他们对第三世界有着深刻的关怀和很深的了解。我们并不是指那些只从首都入手研究第三世界以及只与第三世界精英对话的人，而是指那些与人民打交道且观察在发展过程中民众身上发生了什么的人。我们需要他们的支持，不是因为他们人数众多或者拥有直接的政治力量，而是因为他们的道德威望和智慧。我们特别想到的是合作撰写布伦特兰报告（《我们共同的未来》）的那些人，这个唤起人们对可持续发展的关注，对此我们在第三章做了讨论。随着可持续发展的概念进一步明确，我们认为它将开始类似于我们所描绘的共同体经济学的轮廓。

我们对他们的道德威望具有现实的需要，因为向一种民族经济的转变会被指责是不道德的。有人会对我们说，正当他们中的一些人通过进入工业时代开始过上富裕生活时，我们却对第三世界的商品关上了大门，并迫使他们的人民陷于贫穷。有人会对我们说，正当技术转移开始缩小美国和第三世界之间的差距时，我们却只为了美国人而以第三世界的工人为代价来维护美国的生活标准。有人会对我们说，在把这些人拉进世界贸易模式中后，正当他们成功地学会玩这一游戏时，我们却正在放弃这一模式。

在这些尖锐的指责中有足够的真实性来引发人们的忧虑。我们同意美国对这些人民负有很大的责任，而且当美国朝着民族经济发展时，如果它拒绝承担那一责任，我们会感到苦恼。对于所有那些接受自给自足为目标的第三世界国家，美国应该促进这些国家的自给自足，至少在农业上应该如此。我们需要那些了解第三世界各阶层全部需要的人的帮助，以采取建设性的行动。

然而，即使美国在一种新孤立主义的影响下对世界的其他地方不理不睬，对其他国家的人民来说，比起美国现在以发展之名对他们施加压力，那样可能更好。因为除了进行根本的社会变革以外，没有什么能让第三世界国家的大多数人受益，而美国打着国际主义旗号反对并经常阻止这样的变革，因此终结这样的国际主义可能是个福音。它将导致很多第三世界领导人所要求的"脱钩"。①

此外，考虑一下谁将会反对变革也是很重要的。首先和最重要的就是，它将遭到金融共同体的反对。近些年来，金融机构取代工业成了全球经济中最有势力的力量，而工业在全球资本流动中则变得更加无足轻重。那些从资本流动中获取财富的人，会因为向民族经济的转变而遭受损失。今天这些金融家是伟大的世界主义者，他们赞美世界所有地区之间的普遍相互依赖，而退回到"孤立主义"将让他们叫苦连天。

---

① 参见第十五章对这些问题的讨论。

他们将得到所有那些经济理论家的支持，这些人拒绝承认他们的学科结构是有缺陷的。这些人将为金融共同体的自利提供值得尊敬的理论依据，而且通常都会很真诚。经济学家对自由贸易的信奉具有宗教的深度，很难通过经验证据或理性思维将其根除。

还会有来自特殊利益群体的支持，首要的就是来自进口者的支持。变革确实会损害到他们，但如果变革是逐步进行的，而且他们得到了很多告诫，这不一定会是重大的经济问题。尽管如此，相比他们现在的情况，他们的生意将获得更少的利润，并且他们可能被指望理解这个局面。当出口者开始意识到美国不能在削减进口的同时扩大出口时，他们也会抱怨，因为正是我们的进口，才使得其他国家能够赚取美元来购买我们出口的产品。

由零售商们组成的更大群体，也会把限制商品进口视作一种损失。对他们来说，损失会较少，因为他们可以逐步转为销售美国制造的产品。然而和现在相比，他们会发现更难赚取利润。

对传统自由贸易观点的大量支持，将来自把他们自己看作是经济学家所讲的经济人的那些人，即理性消费者。赚取美国工资的工人所生产的产品，会比那些从低工资国家进口的免税产品更贵。而且即使国际竞争减少之后国内的竞争加剧，许多商品的选择范围也将会减少，至少暂时会这样。最后，许多美国产品的质量会较差，而且这种状况可能会持续下去，直到有更多美国最好的科学家从军事研究中解放出来去研究民用产品，以及直到劳动者和管理层更多地成为一个一起工作来改进他们产品的共同体。

在第十一章和第十五章里，我们认为对整个人口来说，当前进口商品的丰富是不可能持久的。将来会发生一些事，纠正贸易的极端不平衡，而且不管怎样这都将减少大多数美国人购买这些商品的能力。劳动者总的来说可能会理解，它所需要的保护也意味着将以更高的价格购买美国的产品。但是许多从事低工资服务工作的工人，并不认为进口商品对他们的工作造成了威胁，这部分人在我们的经济中所占的比重在不断增长，他们会指责关税让他们的生活成本增加，金融家和理论家会助长他的敌意。

这里存在一个重大的问题。随着在所有层面上共同体的崩溃，人类变得更像是经济人模型中所描述的那样。购物成了全国性的重要娱乐活动。一个人非常确定他受到欢迎的地方就是商店。人的地位与获得不同寻常的商品和出得起不寻常的价格相关。因此任何威胁人们作为消费者角色的改变，即使它没有否认他们就商品而言的需要，也会激起相当大的敌对情绪。它可能使任何有关如何处理国家问题的讨论变得很困难。

在大规模借贷和大规模出售国家资产的基础上，美国人一直在浪费他们继承的财产而且让他们的孩子变得贫穷。他们这样做是为了当下的消费，为了与之伴随的从购物中得到的享受，而且最重要的是作为推迟质疑自由贸易和持续增长的效力的一种方式。我们必须通过某种方式有效地让公众注意到，由此获得的收益和损失之间的不成比例。接受对进口加以限制的意愿，将依赖于找到具有重大说服力的形象化描述，表明为什么现在的富足是一种假象，以及为什么民族经济是必要的。

现在的富足，不论是多么虚幻，都表明现在可能不是敦促进行变革的恰当时候。而对于揭示被应用于今天情况的比较优势原则的理论和实践谬误，现在正当其时。但是当经济的弱点变得更加为公众所熟悉时，人们将更愿意考虑进行变革。那一时刻将会再次到来。

确立一个最优规模

到目前为止，我们只讨论了如何让人们接受相对自给自足的民族经济这一理念。这对我们来说绝不是目的本身。我们相信，民族经济能够以全球经济所不能的方式，很好地为共同体服务，但没有保障它会如此。在我们为实现民族经济而努力的同时，我们必须鼓励将经济分散的观点。

更为重要的是另一个原则，即适度规模原则。让人们接受这一理念，可能比让人们接受一个国家有权保护其生产者的理念更难。它违背了"越大越好"这一根深蒂固的信念，而这一信念既是政治党派也是大多数人实际上所持有的自明之理。

并没有明显支持经济规模与生态系统相适应这个观点的人。有一个由那些学会了从生物圈角度思考问题的人组成的网络，但没有一个其显而易见的经济利益导致他们寻求限制经济规模的方法的群体。然而，如果这一理念没有被接受，那么从转向民族经济中得到的收益将会失去。一个致力于实现持续增长的美国经济将加速对地球环境的破坏，其破坏程度与拼命加入全球经济体系的国家一样快。沿着这条路走下去，等待着人类的灾难是巨大的，以致对劳动者某些收获的保护以及国家相对自给自足的好处，都只不过是聊以自慰。

因此，没有其他的选择，只有尝试去讨论经济的适当规模。但这并不在现代经济学的研究范围内，现代经济学像坚信自由贸易一样坚信无限增长。但是就像在自由贸易和比较优势原则的情况下，一旦这个问题得到了严肃讨论，经济规模适度的价值，就会被令人信服地展现在那些还没有习惯于相信物质世界跟经济无关的人面前。今天狂野的事实正在找寻有效进入公众意识的方式。问题在于要证实狂野的事实与经济增长的关系，从而人们就不会认为面对应对这些狂野的事实所需要的一切，就是一种新技术。必须向人们表明环境退化总的来说是由经济规模造成的，而不仅仅是在保持产量继续成指数增长的同时可以得到纠正的配置错误造成的。

这里的一个问题是，在许多人的印象中，有关"增长的极限"和"静态经济"的争论都是陈腐的，不知为什么他们都决定支持关于增长的正统观点。如此多的人相信正统观点中具有既得利益，而这种利益不会很容易被突破。然而面对狂野的事实，我们必须要求再听一听那些被认为是已经解决了这一问题的观点。对那些还没有习惯于将经济看作是孤立的循环流动的人来说，这些观点并没有给人留下深刻印象。如果经济学的讨论与物理学、化学和生物学的讨论相互隔离的状态可以被打破，那么思考经济规模的必要性将会证明是无法否认的。实际上，即使是打破微观经济学和宏观经济学的隔离状态，对于确立经济规模重要性也可能是大有帮助的，就像我们在第二章里所讲的。

另一个证实规模重要性的方法是通过承载能力的概念。按照目前的技术和未来可预见的技术，一个既定的区域可以**无限地**支持多少人享受一个可接受的生活水平呢？即使对承载能力进行的封底计算，也可以帮助把某些现实引入到经济发展计划中。以巴拉圭这个国家为例，它有大约 400 万人口，其人口年增长速度大约是 2.5%。有 98% 的巴拉圭人生活在这个国家的东半部，只有 2% 的人生活在西半部的查科。东部的所有土地现在都被占用了，而且经常发生围绕土地所有权的争端。东部的土地拥有现在正通过继承进行细分。可以预见巴拉圭不会勇敢地接受土地改革或人口控制，它会制定一个计划来开发查科地区空置的土地，就像巴西开发"空置的"亚马逊一样。如果你问受过教育的巴拉圭人查科地区可以容纳多少人，那么你得到的答案会是 500 万人到 2000 万人。对承载能力做一简单计算揭示的却是另外一种情况。以查科地区最成功的殖民者门诺派教徒为例。让我们把他们的人口密度推广到整个查科地区来看一下，如果每个人都像门诺派教徒那样成功的话，那么有多少人可以在那里生活。1987 年有 6650 个门诺派教徒生活在 42 万公顷的土地上，人口密度是 0.0158 人/公顷。把那个数字乘以 100 我们就得到每平方公里上的人口（1.58），然后把它再乘以查科地区的平方公里数（24.7 万平方公里），得出的数字是 39.026 万，大致是 40 万，或者再加上额外的量我们估计为 50 万。在仅仅 5 年的时间里巴拉圭的人口会增加 50 万，因此即使在这些有利的假设下，查科地区的殖民化也不会拖延很长时间。而且，门诺派教徒的土地比普通的查科地区的土地要好，而且他们还带来了欧洲农民的耕种传统，以及一个相互帮助和扶持的强大共同体，包括来自海外门诺派教徒的帮助。而巴拉圭的殖民地居民没有这些有利条件。而且门诺派教徒通过 60 年的辛勤劳动，才达到了现在的繁荣水平，而这种繁荣绝不是极度的那种。我们并不完全确定门诺派教徒在这个地区的农业是否真的可持续。出于这些原因，50 万人这个数字可能过高估计了查科地区的承载能力。这个最大承载能力的估计值，应该成为任何在查科地区移民计划首先要参考的资料。也许通过某种极好的新技术，查科地区最终能够养活 1000 万的人口，但是再过 10 年或 20 年，任何高于 50 万人口的估计值都很难提供非常有说服力的证据。政治层面不愿讨论规模的限制或承载能力问题，因为那意味着增长存在极限。如果增长受到限制，那么处理贫穷问题必须或者通过重新分配或者控制人口，两者都是禁忌。最好不要考虑这个!

为避免有人觉得比巴拉圭人有优势，应该指出的是，美国在其规划中也没有认识到规模问题或承载能力的问题，而我们的政治家关于**空间是无限**的说法，也是一派胡言，对下一代美国人而言，美国的承载能力肯定低于巴拉圭的查科地区。

但即使我们考虑了规模问题，而且深思熟虑的人们承认了它的重要性，这能够集结足够的政治支持从而影响公共政策吗？如果要这样做，那么在关于衡量的是什么的认识上就必须有所转变。如果人们把规模看作是对人类福利和幸福的衡量，那将很难获得对规模做出限制的支持。本书附录中提出的衡量方法可能对我们有帮助。规模问题指的是经济的产量，即有多少地球资源被使用以及有多少废物被生产，这与 GNP 所衡量的内容非常一致。只要 GNP 被看作是衡量了人类的福利，那么变革的阻力就是巨大的。然而，如果人们开始看到 GNP 增加的同时经济福利却出现下降，以及经济福利的提高却伴随着 GNP 的下降，那么对扩大经济规模的要求就会减少。人们会更愿意问，什么样的产量规模有助于实现可持续的经济福利。尽管我们认为这对于推动解决问题还不够，但它将是一个好的开始。公共政策可能会受到影响。

衡量经济进步

很明显，把最优规模而非无限增长作为追求目标，需要对经济福利做出的判断，不同于那种以 GNP 作为衡量经济进步的基本手段的判断。人们对从经济全球化转向相对可持续的民族经济和地区经济所提出的一个主要反对意见是，这将会减少总产量，这也是事实。只要人们认为最大的总产量有利于提升经济福利，那么其他经济生活方式将很难被纳入考虑。因此需要立即采取的一个措施是提出这样一个问题，即对那些真正关心改善人类经济福利的人来说，GNP 是否是一个令人满意的向导。我们在第三章中提出了这个问题，而我们得出的结论是，GNP 所衡量的内容与经济福利是大不相同的。

第七章回到过对衡量方式的讨论，但它主要是为了表明，所有经济成就衡量方法有可能多么失真，以及最终对共同体经济学来说是多么不合适。它们都不可避免地易于扭曲其所引导的行为。然而，让 GNP 继续作为衡量当今世界经济成就的主要方式，并不因此就是合理的！其他衡量方式的扭曲程度可能远比 GNP 的要低。

一个回应是继续让 GNP 作为衡量**经济**成就的唯一恰当手段，并通过表明社会和生态指标具有同等重要性或更重要，以寻求抵消 GNP 的影响。这方面最成功的做法就是物质生活质量指标（PQLI），它包括三个指标：婴儿死亡率、平均寿命和识字能力。适合于改善 PQLI 所衡量的条件的政策，通常与那些用来增加 GNP 的政策很不相同。在环境领域，对空气污染、水污染、土壤流失、臭氧层耗尽和全球变暖的衡量，现在都开始为人所熟悉。我们支持在更大范围内推广和使用所有这些衡量方法和许多其他方法。

然而，我们对于这种间接方式足以对 GNP 的霸主地位构成挑战，并不充满希望。对大多数政策制定者来说，经济具有如此之大和首要的重要性，以至于他们首先可能考虑的就是促进经济发展。他们可能会接受某些对经济政策的社会约束和环境约束，而且这些约束可能会受到社会指标和环境指标的影响。但是给定这些限制，政治制定者的目标仍会是帮助经济取得成功。

如果是这样，那么什么构成了经济成就这个问题就至关重要。今天，出于现实的目的，经济成就已经意味着任何 GNP 所衡量的内容。但是没有任何一个严肃的经济学家会为这种做法辩护。因此经济学家中的问题不是，GNP是不是一种衡量经济福利的直接手段，而是它是不是以一般来说对国家的经济福利有利的方式引导着政策。

在第三章里，我们考察了GNP之外的其他两种衡量手段：希克斯收入和经济福利指标。在这二者当中，希克斯收入的理论定义很充分，而经济福利则不然。另一方面，从正式定义到确定如何详细计算希克斯收入则是一个困难的任务，它包含了许多衡量可持续福利所面临的同样问题。还没有人尝试过它，但至少世界银行和联合国统计机构正在讨论它。人们对经济福利进行了更加充分的讨论，而且提出了如何衡量经济福利的重要的、详细的建议。我们在附录中会对后者做更全面的阐述。

在已有的指标中，诺德豪斯和托宾设计的经济福利衡量指标（MEW）是最有希望的。改变对经济增长的态度和观点的一个步骤，就是使用最新的衡量方法，并用这种最新的衡量方法而不是GNP来评估各种政策和提议。如果做到了这一点，本书提出的建议就会被更好地听取（相比于只是根据对GNP增长的贡献来评判这些建议而言）。然而，MEW存在许多缺陷，其中有些是非常重要的。我们认为需要考虑日本国民福利净额（NNW）的衡量方法和佐洛塔斯提出的福利的经济层面（EAW）中的提议，在此基础上对其进行修改。实际上，我们需要的是一种新的衡量方法。

因为对政策变化的评估如此严重地依赖于它们对经济增长产生的预期效果，而且因为增长被如此广泛地认为是GNP所衡量的产量增长，所以我们认为，要赢得人们倾听像我们所提出的倾向于减少GNP的建议，一种新的衡量方法是不可或缺的。因此，我们承担起了提出这样一种衡量方法的任务。我们把它称为可持续经济福利指标（ISEW），我们会在附录里详细介绍它。

对ISEW的论证，并不是建立在构成本书主体的对共同体经济学的讨论基础上，而是建立在当代主流经济学的讨论基础上。当然在争论的问题上我们有自己的立场，那就是把收入的平等分配当作是一种经济的迫切需要，以及把污染和资源消耗作为经济的负面效应。而且我们认为，指引我们实现 ISEW 所衡量的进步的政策，会引导我们朝着共同体经济学所要求的方向发展。但是，我们在阐述采纳 ISEW 的理由时，并没有排斥当代经济学理论中的个人主义偏见。我们希望有一天，对共同体健康程度而不是对经济商品的人均可获得性的衡量，可以引导政策制定。但是在这一章里，我们讨论的是**现在**可以采取的措施，它不依赖于根本观点的巨大转变。我们认为，现在迫切需要的，是用一种不鼓励贫富差距不断拉大并阻止不可持续的经济活动的衡量方法，来取代 GNP。ISEW 远不是完美的。所有的统计衡量都不可避免地在许多方面带有误导性。但是，为促进 ISEW 安排的政策，与为 GNP 增长安排的那些政策的差别会相当大，而且它们会帮助我们为所需要的更深层次的变革赢取时间。

态度的转变

还有一个困难仍然存在，那就是尽管人们可能意识到真正的福利是通过产量的减少而提高的，但许多个人和企业会发现这也会减少他们的眼前利益。他们的短期利益在于产量的增加。实际上，如果对每个群体单独考虑的话，非常多的群体都是如此，这个压力是很难抵抗的。

需要做出的转变不能单独由诉诸人们的政治利益来实现。其层次非常之深。它谴责多少代人形成的思维和期望模式。它必须以不寻常的方式诉诸长期利益。长期包括儿孙的有生之年，而且它必须对他们抱有深切关怀。实际上它还不仅仅如此。做出改变的持续意愿取决于对地球的爱，人类曾经强烈地感受过这种爱，但是随着土地被商品化，这种爱被淡化和贬低了。

那是不是意味着目前的境况就是没有希望的呢？我们必须假设会这样吗？即只要能获得眼前利益，人们会不管警告而过度使用地球资源和过度排放废物，以至于只有当什么都没有剩下时，人们才会做出变革。不！我们不认为那是不可避免的。观念与领导才能总有机会正确结合，在合适时机产生共鸣。我们这些作者不是独一无二的。我们与其他人是一样的，因此一旦其他人从教条化的学科迷梦中醒来，那些令我们信服的观点也会对他们的大脑产生类似的影响力。

在人类的内心里，对地球的爱并没有完全死去。人们仍然关心自己的后代能否继承一个适宜居住的世界。如果对巨大沉重的生态问题真正有重要意义的话，人们仍然有过节俭和有纪律的生活意愿。做出牺牲的能力并没有完全消失。简言之，无数人心中保持一种宗教般的虔诚，它能够通过过一种符合现实的生活表现出来。内心深处的那种虔诚必须被触动，并且必须由一种真诚而全面的实在观所指引。如果做到了这一点，我们就有希望。

我们自己的理解和努力都是宗教性的（第二十章里我们对此有更为详细的解释），而且我们怀疑，如果没有那样一种信仰，我们将既看不到我们现在已经看到的，也不可能在一个普遍不受欢迎的背景下，坚持清楚地表述那一远见并呼吁变革。我们看到，与我们同样具有这种感情和信念的其他人，从深层次上讲也都是宗教性的。我们在整本书里尝试以世俗的模式来阐明我们的观点。我们认为，每一个观点和建议，在与赋予了它对我们来说的终极意义的更大背景相分离的情况下，仍有其自身的价值。但是我们也认为，变革的真正可能性取决于，在一个世俗主义非常陈腐的世界中，人们内心深层的宗教情怀之觉醒。

也许问题不是深层的宗教情怀在社会中不起作用，而是宗教情怀如此经常地以偶像崇拜的方式表达自己。很清楚的宗教变成了神圣的华盖，它为狭隘的甚至是自私的利益以及继承下来的产生不良后果的思维和道德模式辩护。在高度世俗化的背景下，绝对化的世俗信念、方法和思维习惯同样表现出宗教化的特征。从某种意义上讲，正是这种宗教化才是新视角必须克服的东西。

我们并不是说，宗教不是一个好东西就是一个坏东西。我们只是说，社会现在所需要的变革，在某种程度上是那些激发宗教热情的变革。争论将带有宗教的特征，不管人们是不是明确这一点。对现实的整体理解和现实定位都处于危险之中。我们认为，忽略那一点，以为这些问题可以通过抽象理性解决，都是误导人的。胜利将属于那些人，他们能够唤醒自我内心最深层的力量，塑造自我并指明方向。实现未来目标（如果真能实现的话），将是一个宗教事件，正像我们发展到今天是一个宗教事件一样。以错置具体性谬误和学科崇拜为幌子的偶像崇拜，把我们带入了现今的危机中。克服这些是一种宗教性的任务。

第二十章 宗教观

另一种生物圈视角

第十章里我们简要讨论了对于构成本书基础的宗教理解来说最重要的内容，即生物圈视角（Biospheric Visions）。然而，我们在选择讨论的假设前提上尽可能范围广泛的努力，使得我们淡化了这一主题的重要性，在我们自己看来，这使得我们的论证没有建立在充分牢固的基础上。在这一章，我们想建立一种一般意义上的生物圈思维，但是我们也想阐明实际上始终支配着我们的生物圈思维的形式和基础，这种生物圈思维实际上一直在引导着我们。我们两人都是基督教有神论者，我们想要表明我们的信仰是如何为这种生物圈视角提供支持的。

把这一章包括进来的第二个原因是，实际上存在着多种多样的生物圈观点。当从主导当代世界的人类中心主义和二元论的背景远观这些生物圈观点时，它们似乎是相似的。但是，区分它们的神学问题和哲学问题，在理论上和实践上都是重要的。尽管我们希望从所有同样持有生物圈观点的人那里获得支持，但我们知道，我们自己对经济问题的关注和我们处理这些问题的方法，都来自我们特有的生物圈观点。其他生物圈观点，导致人们提出不同的问题和不同的处理方式。当生物圈思维变得越来越普遍时，这些分歧会变得愈加明显。

增加这一章还有第三个原因。有许多有神论者认为，信仰上帝与生物圈思维是对立的。与经济学一样，现代西方基督教通常与人类中心主义结盟，漠视自然。它已经导致了对人类及其共同体的有机观点的怀疑，以及对人类独特性将被掩盖的担心。人类的独特性既包括人是按照上帝形象创造（Imago dei）的，也包括原罪，这些独特性将人和其他造物区别开来。一些现代基督徒已经将精力投入到关心人权和同情被压迫者，以致他们怀疑，任何对生物圈的关注，都会分散对社会公正问题的注意力。我们重视这些怀疑，但是我们认为，生物圈观点可以以一种不会忽视公正，而且实际上是公正所要求的方式，被整合到上帝中心论中并以上帝中心论为基础。我们想要表明这一点，并且想要把我们信仰基督的同伴们的力量，引导到我们认为真正合乎我们共同的传统的方向上来。

生物圈观点包含的内容广泛并具有改变人的看法的能力。一旦人们真正体验和理解了我们与其他生物是一个共同体的时候，我们之前认为是理所应当的那些思想观点和生活方式，就会变得不可接受。简言之，它本身是一种宗教观。这一观点的产生，尤其是通过生态意识和女权主义意识的影响，是这一代人取得的最大进步之一。只有当这一观点得到深化和广泛传播时，才有希望做出狂野的事实所要求的改变。

"深层生态学"这个词有时被用来指这一观点以及这一观点所要求的远离人类中心主义的运动。这一运动的两位领导者阿恩·奈斯和乔治·塞森斯对这一运动提出了8条基本原则。

1. 地球上的人类和其他生命的福利和繁荣都有其自身的价值（同义词：内在价值，固有价值）。这些价值与非人类的世界对人类目的而言的有用性无关。
2. 生命形式的丰富和多样性有助于实现这些价值，而且它们本身也是价值。
3. 人类无权减少这种丰富性和多样性，除非是为了满足**维持生命所必需**的需要。
4. 人类生活和文化的繁荣与人口数量的大量减少是相容的。其他生命的繁荣需要人口数量的减少。
5. 人类现在对非人类世界的干预是过度的，而且这一状况正在迅速恶化。
6. 政策因而必须改变。这些政策影响基本的经济结构、技术结构和思想结构。政策改变导致的事态将会极大地不同于现在。

7. 思想的改变主要是指重视**生活质量**（活在具有内在价值的状态下），而不是坚持生活标准的不断提高。人们将会深深意识到大和伟大之间的区别。

8. 那些赞成前面观点的人有责任直接或间接尝试做出必要的转变。①

我们基本赞同如此表述的深层生态学的原则。我们会把第 4 条改述为指，"人类生态位（human niche）的大量减少，它或者由人口减少来实现，或者由人均资源消耗减少来实现"。我们仍然完全支持这样定义深层生态学的那些人。

但是事情并不这么简单。对奈斯和塞森斯来说，尽管我们接受这 8 条基本原则，但我们的立场实际上是被排除在深层生态学之外的。对他们而言，基本原则 1 和 2 都是从"生物中心平等"角度解释的，即这样一种直觉："生物圈的所有东西都有生存和发展的平等权利，都有在更大范围的自我实现中获得它们自身独特形式的演变和自我实现的平等权利……生物圈的所有有机体和实体作为相互联系的整体的组成部分，在内在价值上都是平等的。"②

我们确实不赞同这一观点。我们认为，与一只蚊子或者一个病毒相比，人类具有更大的内在价值。我们还认为，一只黑猩猩或者一只海豚的内在价值，大于一只蚯蚓或一个细菌的内在价值。这种对内在价值的判断，与判断一个物种对与其相互联系的整体的重要性很不相同。相互联系的整体可能在黑猩猩灭绝以后还会继续存在而没有受到多少损害，但是某些细菌物种的灭绝则会使它受到严重干扰。我们认为，以这类区分指导现实生活和经济政策是非常重要的，而深层生态学家坚持拒绝做这种区分，是严重不切实际的。

这一争论可能没有它初看起来的那样大。奈斯认为，生物中心平

---

① Bill Devall and George Sessions, *Deep Ecology: Living As If Nature Mattered*. Salt Lake City, Utah: Gibbs M. Smith, 1985, p.70.

② Ibid., p.67.

等作为一种直觉在原则上是正确的,尽管在生活过程中,所有物种都要以彼此为食物、为庇护所等等。这表明,关于哪个物种更适合用作食物、用作庇护所和满足其他需要,是可以做出判断的。但是"基本的直觉"实际上主导着讨论的进一步发展,将注意力从这些现实议题转移开。与此相反,我们既区分工具价值的等级,也区分内在价值的等级,同时肯定所有生物都具有不依赖于其对人类目的的有用性的价值这一基本直觉,从而鼓励形成一种指导实践行为的基本视角。[1]

也许对生物圈观点的表达影响最广泛的就是奥尔多·列奥波德的观点。列奥波德提出了大地伦理,其基本原则是:"当一个事物趋向于维护生物共同体的完整、稳定和美丽时,它就是正确的;反之,它就是错误的。"[2] 与"生物中心平等"相比,它为人类行为提供了更清晰的指导。列奥波德认为,这一伦理学所表达的情感,可能产生于人们对与所有生物具有的亲缘关系和相互依赖关系的认识。

对列奥波德伦理学的最强烈反对来自这些人,他们害怕人对人类所担负的责任将会彻底从属于对土地健康的关怀,而且,甚至没有为动物个体的真实利益提供基础。如果人们仅仅看到生物圈共同体的整体性、稳定性和美丽,那么个体所遭受的苦难似乎毫不重要。

针对这种指责,最近 J. 巴尔德·克利考特为列奥波德做了辩护,并指出一种得到充分发展的生物中心学说,可以公正地对待对整体的奉献和对个体的敏感——特别是但不仅仅是人类个体。他的表述与我们在第九章里的表述非常接近,在第九章中我们谈到了拓展至整个生物圈的由共同体构成的共同体。在由共同体构成的共同体中,存在一种与更直接的共同体的特殊联系,但是也存在对与之有关的其他共同体的关心。而且,对作为整体的共同体的福利的关心,不可能与对其个体成员的尊重相分离。克利考特援引了列奥波德的观点来表明,这

---

[1] Charles Birch and John B. Cobb, Jr. *The Liberation of Life*. Cambridge: Cambridge University Press, 1981.

[2] Aldo Leopold, *Sand County Almanac*. New York: Ballantine, 1966, p.240.

并非与列奥波德不相容:"大地伦理把现代人类的角色,从大地共同体的征服者,变成了普通成员和平民。它暗含着要尊重其他成员而且也要尊重共同体本身。"①

克利考特的生物共同体视角,使得他以与我们相似的方式为人类社会的发展做出了规划:"人类文明要以用于家庭、生产和运输的无污染太阳能和小规模的、保护土壤的有机农业为基础。物质的**东西**会更少,而**服务**、**信息**会更多,人们有从事艺术活动和娱乐活动的机会;人会更少,而熊会更多;停车场会更少,而荒野会更多。"② 这表明,我们在第三部分里提倡的政策,实际上可能产生于包括所有生物在内的由共同体组成的共同体的视角,我们在第二部分中以这个视角结束。我们支持克利考特的视角和观点。

然而,我们对其并不完全满意。尽管我们非常同意克利考特对个体和整体的关怀的平衡,但我们发现这两方面都存在一些困难。尽管我们同意尊重所有其他生物是可能的,但我们**为什么**应该这样做,则不是很清楚。有时理由似乎是,对亲缘性和相互依赖性的认识本身,产生了这种尊重。我们认为它可能是,也可能不是。当它不是的时候,是否存在需要这种认识并宣称一个人应该具有这种尊重的基础?在某种程度上,理由似乎是进化过程选择那些具有这样更加广泛的爱的人。我们还是无法确定这是不是事实。克利考特对进化问题的描述,强调了相互支持的共同体具有更强的生存能力。这的确是这个过程的一个方面。但是,进化似乎也选择了那些人类共同体,他们具有高级技术,并且在与其他共同体的战争中毫不犹豫地使用这些技术。它是一个利弊共存的过程,不是完全有益的。我们担心进化所选择的那些因素,可能将导致人类以一种将要毁灭生物圈的很多东西的方式采取行动。这似乎是正在发生的事情,并且我们怀疑,等待由进化选择而产

---

① J. Baird Callicott, "The Search for an Environmental Ethic." In *Matters of Life and Death* (2d ed), Tom Regan (ed.), New York: Random House, 1980, p.408.

② Ibid., p.415.

生的内心变化是否可靠。实际上我们没有看到克利考特这样做。他给我们提供了另一个有吸引力的伦理，一个自我一致、充分的和实用的伦理。他呼吁人们基于导向这一方向的他们的那些情感而接纳这种伦理。我们希望他的呼吁获得广泛的成功，但到目前为止还没有。我们想知道，为采纳他所支持的这种伦理提供更为坚实的基础，是否可能。

他所诉诸的"整体"这一方面，也存在某种模棱两可的意思。这个整体似乎有时指整个宇宙，但它通常看起来是指生物共同体或生物圈。我们同意，寻求将共同体的意义延伸到人类种群之外，这是很有意义的。但是这个整体的本质是什么？它存在于哪里？它只存在于构成它的个体中并为这些个体而存在吗？克利考特的话语表明这并不是他要表达的意思。然而如果不是，那它具有什么样的地位呢？最后，生物共同体实际上是一个充分和合适的信仰目标吗？当我们强烈认同的生物圈思维把生物圈当作终极关怀对象时，当它在这个意义上是生物中心时，局限性就出现了。

如果生物中心主义把有生命的东西和无生命的东西过于严格地区分开来，那么它就可能缺少我们所需要的东西。当把无生命的东西包括在共同体里的时候，以相似性和对个体的关怀为基础的共同体就会近乎消失。但是某种以相互联系和相互依赖为基础的类似于共同体的事物会保留下来。而且，这种共同体的意义在人类历史上是存在过的，它在北美的前欧洲居民（印第安人）那里是普遍的。即使在现代人当中，对自己的故土抱有这种感情也并不出奇。从太空拍摄的地球图片激发了我们对作为我们家园的地球的深厚感情。以地球为中心的视角在其更广泛的背景中包括了生态视角。我们认为，从以地球为中心的视角看，我们提倡的政策是恰当的，而且实际上这些政策可以源自于这个视角。对于人类居住者而言，整个地球应该成为由共同体组成的共同体。

系统思维已经指引一些人走上这一方向。最近，在《盖亚假说》

中，拉夫洛克对这个意义的地球做了生动表述。[1] 它受到了出人意料的广泛关注和赞同。生物中心的思维在很大程度上是建立在生物学，特别是作为生物学的一个分支的生态学基础上的，拉夫洛克以地球为中心的思想，则是建立在化学的基础上。他关注大气气体和受其影响的全球温度，表明了它们保持相对恒定的平衡是多么的不同寻常。尽管人们经常认为大气的构成成分是给定的，它碰巧让生命在这个星球上成为可能，而在其他地方生命则是不可能的，拉夫洛克却认为，在极大程度上，正是地球的生命系统产生并保持着大气。他把地球描述成一个自我调节系统。

从人们学到的关于地球有机部分和无机部分之间相互作用的所有知识中，"产生了这样的假设，在这个模型当中，地球的生命物质、空气、海洋和地表构成了一个复杂的系统，我们可以把这个系统看成一个单一的有机体，它有能力让我们的地球继续成为一个适合生命成长的地方"[2]。从这一角度，拉夫洛克把地球称作盖亚。

拉夫洛克强调，在地球自身调节的过程不涉及有意识的思维的意义上，这个过程是自动的。自我平衡过程通常都是如此。但是他认为："即使在自动过程中，也需要某种形式的智慧，来正确地解读从环境中获得的信息……机体的自动温度调节系统有智慧，甚至是个天才。"[3] 至少在这个有限的意义上，拉夫洛克把盖亚看作是很有智慧的。

如果地球像拉夫洛克所认为的那样被恰当地理解为盖亚，"那么我们可能发现我们自己和所有其他生物，都是一个巨大存在物的组成部分和伙伴，这个存在物作为一个整体，有能力让我们的地球成为一个合适和舒适的居住场所"[4]。这使得我们从准宗教的观点去看待人类的命运：

---

[1] J. E. Lovelock, *Gaia: A New Look at Life on Earth*. Oxford: Oxford University Press, 1979.

[2] Ibid., p.vii.

[3] Ibid., p.146.

[4] Ibid., p.1.

为了共同的福祉

人类的进化,还有其技术发明创造能力和越来越精巧的通讯网络,都大大扩展了盖亚的感知范围。通过我们,现在她已经醒来并意识到她自己。通过宇航员的眼睛和轨道太空船的电子摄影机,她看到了她美丽的脸庞。她与我们分享着我们对奇迹和快乐的感受、我们有意识的思想和推理的能力、我们永不停歇的好奇心和能动性。盖亚与人的这种新型内在关系绝没有完全得到确立:我们还不是一个真正的集体种群,作为整个生物圈的一个组成部分,我们没有被集合在一起,没有被驯化,就像我们作为个体生物一样。也许人类的命运会变得驯服,这样,部落文化和民族主义的残暴的、破坏性的和贪婪的力量,就会被融合成一种归属于构成盖亚的所有生物共同体的迫切要求。它可能看起来是一种屈服,但我认为,福利和满足感不断增加,以及认识到我们自己是更大存在物的一个能动部分,这些回报是值得牺牲部落自由的。[①]

尽管拉夫洛克的观点是令人钦佩的,而且我们非常希望能够与那些同样具有这种观点的人合作,但是我们应该指出它的局限性。因为它关注的是化学循环,地球生命系统对这些循环并不重要的那些方面会被忽视。也许,地球是一个更大系统的组成部分这一事实并没有那么重要,因此把地球从那个更大的系统中抽象出来作为终极关怀的对象,就夸大了地球的自主性,并继续鼓励人们专注于部分而非整体。

我们已经指出了生物中心论者以一种轻视个体生物所受苦难的重要性的方式,把注意力放在作为整体的地球系统上的倾向。在拉夫洛克的以地球为中心的观点中,这种倾向更强烈。我们认为,需要有一种观点,能够把这些思想家所说的系统利益,与对每个个体参与者在系统中的重要性(且不说它对整体的贡献)的欣赏结合起来。

---

① J. E. Lovelock, *Gaia: A New Look at Life on Earth*. Oxford: Oxford University Press, 1979, p.148.

先知传统

我们对我们之前讨论过的生物中心论者和地球中心论者的赞赏，还有我们对他们的批评都源于我们对《圣经》的深深信仰。这使得我们关心生物个体及其遭受的苦难，同时关心把我们最终的信仰和忠诚奉献给整体的重要性。从这种角度上讲，最终致力于信仰非整体的某种东西，就是偶像崇拜。

偶像崇拜可以被正式定义为，把那种不是终极或整体的东西当作终极或整体的东西来对待。它非常类似于错置具体性谬误，错置具体性谬误是把实际上抽象的东西当作具体的东西来对待。那种谬误的许多例子都导致了偶像崇拜。我们的生活离不开抽象，然而当我们忘记它们是抽象的东西时就存在严重的危险。同样，我们在生活中总是会致力于非终极的东西。然而当我们忘记我们努力的对象仅仅是一个更大整体的组成部分时，这也是极其危险的。每个人都会犯错置具体性谬误，我们所有人都是偶像崇拜者，那将永远是人类所处的境况。但是我们不必因此而在努力检查推理和纠正错误时，不再区分抽象和具体。如果要对我们的思想不断纠正，我们也不能否认或者忽视部分和整体、人和神之间的区别。我们需要不断提醒，我们所做的努力尽管有价值，但都不是最终的。

正典先知所做的预言主要是针对他们自己的共同体——以色列，正是在这个背景下出现了西方个体主义人格最深的根源。预言家作为个体得到上帝的教诲，并宣称他所传达的信息具有上帝的权威性。人类共同体的绝对权威被展示为是偶像崇拜的。没有哪个人类共同体可以最终操控个体与上帝之间的关系。

但是对以色列的预言家而言，与共同体的重要性和人是共同体中的人的观点相比，这种个体的自主性是微不足道的。上帝的话语通常是传达给整个共同体的，特别是以色列。上帝选中以色列是因为它最高的责任感。因此，它由于在作为一个共同体方面的缺陷而受到最严厉的批评。

总的来说，基督教起源于犹太教中的先知传统。基督教强调了个体相对于自然共同体的重要性，而基督教本身作为一个共同体，则被提升到近乎超自然的地位。基督教的历史充满了先知对它自己的生活和实践的批评，但是它也经常把先知批评转向外面，用来反对整个社会和其他宗教共同体。在绝大多数情况下，基督教的理论和实践而非上帝成了这种批评的标准，对多样的共同体的内在价值（即使是排在倒数第二位）的赞赏太少了。

这种对先知传统的片面挪用是新教改革中很多内容的特征。新教在它自己的信徒中建立了新的共同体。在对这些共同体的理解中，它保持着希伯来先知对以色列作为一个共同体的正当性所怀有的某种感情。它强调每个个体都与上帝有着直接的关系，修改的只是上帝用以选择表达那种直接性的恩典工具。但是它没有强调所有人类共同体都是展现上帝恩典的一种工具。启蒙运动主要是在新教的土壤中产生的。它清除掉了神圣恩典借助的工具和为其服务的共同体。只有个体和上帝与国家一起被保留下来。个体可以共同参与到他们不能单独完成的事业中，但是所有的这些联系都是契约性的。因此，没有得到滋养的共同体观念开始萎缩。

随着启蒙运动继续发展，即使是人类与上帝的直接联系也消失了。人类与他们自己直接联系，而且那就足够了。"上帝"不再在造物中并通过造物得到理解，而被看作是处于他们之外和超越他们之上的。只能通过理性来理解上帝。没有上帝，生物能够非常自主地发挥作用。那么"上帝"就变成多余的并且消失了。只有人类灵魂才是神圣的，其他的都是虚空中的原子。对一些人来说，灵魂也是这个无意义的物质世界的组成部分，没有什么是神圣的。

受启蒙运动影响的人到处散布他们的福音。世界上所有的古代文化都感受到了启蒙运动的批判力量。它们听不到任何对它们起源于伟大传统的共同体所取得的巨大成就的支持。然后起源于这种思维方式的经济体系的势力开始对它们发起进攻。为了在这一新体系中取得成功，古代文化需要现代化或者理性化，而这意味着传统和共同体势力的摧毁。大地和劳动——也就是说，地球和人类——必须变为商品。其结果成为了一场大屠杀，这个理性化和商品化的过程有摧毁更多东西的危险。

先知传统就像它在新教中所起的作用一样，以另一种方式让人类失望了。在《圣经》的起源那里，它并没有把土地当作一件商品来看待，而是当作上帝的造物和礼物来看待的。在创世纪的故事中，上帝将在创造人类之前以及除人类的创造之外的许多生物看作是"好的"。犹太人的经文自始至终认为，土地是属于上帝的，而不是一种为人类所拥有的商品。所有生物都被看作是荣耀上帝的。在耶稣的教导中，上帝关爱麻雀，也关爱田野中的百合花。耶稣的教导是，上帝对人的关爱要多得多，但上帝对百合花和麻雀的关爱并不仅仅是为了人类；上帝因为百合花和麻雀本身而关爱它们。

但是先知传统的这个方面在基督教中没有得到推进和发展。相反，这一传统特别是在新教那里变成了只关注上帝和人的灵魂。因此，新教教义为启蒙运动的人类中心主义，以及把其余造物的地位贬为由人类按照人类的目的来塑造的被动物质，铺平了道路。

作为本书的作者，我们经由新教继承了先知传统和启蒙运动。从两者的内部我们深深地理解到它们净化的力量和毁灭的力量。我们不否认它们的真理。但我们为它们发挥作用所带有的片面性感到懊悔。我们会把那种真理与另一种真理相结合，这种真理在先知传统的《圣经》起源那里得到了有力证实，即我们是共同体中的人，当共同体被毁灭时，不会有真正的人类生命存在。我们要申明**所有共同体都应该受到赞美**，就像我们天主教的兄弟姐妹们一直以来所了解的那样。

我们认为，对世界而言，这一信息是现在最紧要的信息之一。因此我们在书中所强调的内容就在于此。我们赞颂所有的人类共同体，因为它与内在于启蒙思想和现代实践，特别是经济实践中的原子化进行斗争。在我们这个时代，一些人开始重申应该与所有人、其他动物、所有生物和整个地球组建共同体，这种对共同体的扩展让我们深感欣慰。但是在对共同体的赞美当中，我们并不想失去在先知传统中有用的东西：对偶像崇拜的警告。这种关切使我们把自己同生物中心论和地球中心论形式的生物圈思维区别开来。生物中心论和地球中心论思想家所说的是必须要讲的，但最终它们的缺陷也必须得到说明。从一开始就认识到这些局限的存在，并把一个人的终极信仰保留给上帝是恰当的，即使在此时此地对终极信仰的恰当表达，也会把我们自己热诚地交给非终极的东西。

当它独领风骚之时，现代先知传统可能不仅轻视人类共同体，而且轻视所有尘世的事物。与上帝之间的直接关系所发挥的作用如此之大，以至于对世界的甚至对邻人的所有兴趣，都似乎是一种让人分散注意力的东西。在这方面，它可能和新柏拉图的神秘主义的某些倾向联合起来。真正爱上帝，有时似乎意味着一个人要完全沉浸在与上帝的那种直接关系中。

那并不是《圣经》的先知观。在《圣经》中，上帝的直接性把人们从绝对的尘世忠诚中解放出来，从而给世界带来公平和正义。爱上帝和爱邻人二者的统一明白无误地得到肯定。实际上，真正为上帝服务的方法就是为邻人服务。一个人对邻人，特别是对地位低下的邻人做了什么，就是对上帝做了什么。

我们强烈希望与所有那些正在扩大关怀范围的人团结在一起。我们在本书里的兴趣当然不是与他们争论，而是提供一种许多人可能赞同的行动计划。然而，根本观点上的差异可能导致在如何考虑更为紧迫的问题上产生分歧。在我们的观点显得与众不同的地方，我们需要承认那种分歧是存在的。

有时，在这两种人之间存在冲突，一种人强调关怀其他物种个体成员才是恰当的，而另一种人则关注生物圈及其整体健康，贬低个体生物的重要性。在许多斗争中，人类社会和生态运动都可以是同盟，但是他们强调的重点是不同的，有时是相互冲突的。一个强调对所有遭受苦难者的同情，另一个强调所有生物之间的相互关联，因此生物圈一个组成部分的健康对所有部分来说是很重要的。这两点都应该重视。我们的任务就是把它们整合进一个更大的整体中。

我们坚信，这种先知有神论观点为完成这一重要任务提供了最佳基础。从这个角度出发，所有动物都是与上帝直接关联的。它所遭受的苦难对其自身是直接的，而且也让上帝感同身受。那些爱上帝的人甚至避免给上帝最小的造物带来不必要的痛苦。

但是上帝也是无所不包的整体，不管除此之外上帝还是什么。生物圈相互联系部分的多样性，使作为神的生命的整体更加丰富。物种的灭绝和生态系统的简单化使上帝枯竭，即使它没有威胁到生物圈支撑不断发展的人类生活的能力。因此生命系统崩溃的危险，绝不是反对大规模砍伐热带森林的唯一理由！

一些不承认有神论的人，仍然承认个体的价值和整个系统的价值。我们与他们有着同样的立场，而且我们认为许多人在直觉上与我们有着同样的信念，即两者都很重要。我们的观点是，这种承认最好以这种观点为基础，即存在一个统一的整体，它对在其中发生的一切都很敏感。我们确信，这个无所不包的统一体就是先知传统中的上帝，而且确信，这种先知的有神论，可以引导我们超越在那些追求突破人类中心主义传统的人之间代价极高的冲突。这种传统仍在误导我们的文化。

人的位置

一些从生物圈角度看待世界的人强调，人类仅仅是其他物种中的一个物种。他们批评《圣经》中人类管理自然界的观念是一个根本错误和歪曲，地球上的许多罪恶都要由它负责。

对于这些问题，我们和我们希望与之结为盟友的一些人之间，确实存在分歧。人类的确是动物物种中的一种。我们不仅承认这一点，而且我们想尽我们所能强化那一见解，与根深蒂固地否认这一点的习惯做斗争。《圣经》没有在人与其他动物之间划出一条界线，而是在上帝和造物之间划出一条界线。英文《圣经》中被翻译为"众生"的这个词就表达了这种共性。

但是人类不"仅仅"是其他物种中的一个物种。人的作用是独一无二的。在以狩猎和采集食物为生的社会里，人类的作用就已经很独特了，即使他们与环境的关系通常比我们与环境关系的破坏程度要低。那时，人们也实行一定程度的管理。而今天那种管理几乎是全方位的。人和其他物种之间关系的任何改善，都是通过更好地行使管理，而不是通过放弃管理。

问题是管理的观念被《圣经》的读者们误读了。人们忘记了，在上帝的命令中，管理者是为了被管理者的利益而管理的。管理被用来为对那些被管理者进行的剥削辩护。无疑，《圣经》要求人们管理，应为许多不当的残忍和破坏行为负责。但是，对管理进行更深刻和更负责任的理解，才是前进之路。现在实行管理的最好方式，可能是为其他物种提供更多生存空间，而不受人类干扰。实际上，这就是许多人所讲的放弃管理的意思。但是这个政策仍然要通过人类的决定才能产生，并将因此反映我们的管理。

在那些批评《圣经》肯定人们管理的人中，一些人走得更远、层次也更深。他们把人类追求精神自我超越和先知呼吁我们自我批评的整个运动，都看作是有破坏力的。在《自然和疯狂》（1982）中，保罗·谢伯德（Paul Shepard）就对这类思想给出了特别有力和富有见识的表述。人类应该像其他动物一样，做本真的自我，而非寻求理解和改变自己，也不是根据一个全面的观点来看到自己观点的相对性。培养人类与众不同的潜力，不可避免地导致一种危险的人类中心主义，它让人类认为自己可以控制事件过程，而不是让自然过程顺其自然。有人说朴素的人类中心主义是可以接受的。不追求超越自我的人类，自然也会通过人类的眼睛和观点来看待世界。但这是无害的。以那种方式看，他们作为自然秩序的一部分而不是位于自然秩序之上，来发挥作用。

这里提出的问题都是非常根本的。如果谢伯德是正确的，那么先知—启蒙传统就没有任何可取之处。它信以为真的精神上的成就只不过是破坏性的。唯一的希望，是让那些所谓的"精神成就"凋零并死亡，并让人的灵魂里某种更为根本的东西，那种接受人的地位只是其他动物物种中的一个物种的东西,以健康的方式再次呈现出来。

这个观点有两个层次。首先是如果"进步"的过程没有出现,那么世界是否会更好的问题——如果人类继续过着狩猎和采集食物的生活。即使用《圣经》的术语来说,这也是一个很难回答的问题:如果人类没有堕落,他们是否会过得更好。

伊甸园相当于以狩猎和采集食物为生的社会。基督教神话中的伊甸园与谢伯德所描绘的标准的人类状况,在两方面不同。第一,即使在人类堕落以前,上帝就赋予了人对植物和动物的管理权。第二,对谢伯德而言,狩猎属于标准的人类状况的一部分,而驯养动物代表堕落,但在伊甸园中,人的管理权既不是通过狩猎,也不是通过驯养动物来表现的。这些都属于堕落以后的状况。在《圣经》传统中,不像谢伯德那样完全接受人类杀害其他动物。但我们不会继续讨论那一问题。

依照《圣经》,人类堕落以前的存在状态具有某种完美性。人类堕落是犯过错的结果,也是人类和其他动物遭受苦难的原因。它首先当然不会被视为一种成就!然而这个判断还有点含糊。善恶知识对人类仍然有吸引力,他们不会高高兴兴地放弃。人类希望得到的拯救,不是回归到亚当和夏娃最初的纯真状态,而是某种在根本上更好的东西。

我们发现自己在继续着《圣经》的这种矛盾心态。当我们看到世界占主导地位的组织在加速走向自我毁灭的时候,当我们看到对善恶的认识在其中所发挥的作用的时候,我们不得不认为,如果我们的祖先从未离开伊甸园,那么情况实际上可能会更好。在当代以狩猎和采集食物为生的社会里,确实有一种我们的文明社会里所没有的健康。我们认为,善恶知识中有一种谢伯德所未感受到的内在的乐趣,但是,除非地球的未来不同于今天看起来最可能出现的那样,我们又必须承认他是对的。从基督教的角度来看,偷吃智慧之果的诱惑确实是一种诱惑。如果人类没有偷吃那种果子,那么人类和整个生物圈都会更好。

即使我们承认谢伯德所讲的那一点,真正的问题还是没有得到解决。一旦堕落了,人类还能返回伊甸园吗?《圣经》说,不能,天使挡住了那条路。且不说这个神话，信息是很明确的。那个解决方案是不可能的。破坏了我们纯真状态的善恶知识，现在必须发挥作用来引导我们穿越堕落的世界。另一方面，尽管谢伯德知道没有任何办法能使过去的情况重复一遍，但他认为，将诸如此类的近似情况——一种善恶知识消失的生活——作为目标，是可能的。

谢伯德反对《圣经》立场的论证给人留下了深刻印象。人类超越的力量具有内在的破坏性。当人类社会建立各种模式，当共同体形成，当及时行乐变得可能时，批评却搅乱了这一切。为了更高的理想，现实的好处被人们拒绝。然而结果却从来没有体现那些理想。实现一种新的平衡变得更为困难。

先知传统的回应常常变得更具天启论色彩。由于认识到人类强加美德的努力事实上使历史进程变得更加血腥，一些信仰者迫切向往一种最后的应验，它将逆转所有这一切，并且还会使历史这个屠场可以理解。他们不是把上帝看作是通过人类的努力以及指引那些努力的超越的视角来起作用的，相反，他们吁请处于历史进程之外的上帝介入，并把所有事情办好。如果这是先知传统可以提供的最好的东西，那么谢伯德就是正确的。放弃善恶知识，并接受是其所是的本真，这比指望一种超自然的介入最终来救赎时带着无助的恐惧看待它，要更好。

但是我们不确信这些是唯一的选择。我们认为，即使现在来深化对善恶的认识，也可以使我们的状况有这样的前景，即如果不能避免历史加速走向灾难，至少能有选择的余地来减少这些灾难。我们不认为，如果所有人都仅仅在当前事情发展进程中不加鉴别地一路走下去，情况会更好。

当然，谢伯德实际上并没有采纳他所倡导的立场。我们这个时代，已经不再具有强有力且独具慧眼的先知的洞见了。正是只有通过最激进的自我超越，他才得出了自我超越在地球的历史中发挥了巨大的破坏性作用这样的洞见。他和我们一样陷入两难处境，即人类的堕落这一两难处境，而他所做的回应也与我们一样。尽管细节上有差别，但他的回应寻求深化先知性的批判，先知性的批判通过自我超越而成为可能。

那么，在堕落的历史中确实没有先知立场的替代方案。提供给人们的选择，要么是要求回到伊甸园，要么是提出某种目标，它既不同于我们开始的地方，也不同于我们一直以来所在的地方。谢伯德选择了伊甸园，我们选择了一个不同的目标。

我们对后者的选择取决于我们对历史有一种稍微不同的解读。与谢伯德一样，我们看到了历史的恐怖，以及这种恐怖经常恰好是这样一些努力所导致的，这些努力试图改变智慧之树的恶果让人们判断其为恶的一种状况。在最近向第三世界国家发展提供的大多数援助中，那个模式看起来再清楚不过了。那些要改变其他人的人做了一些善事，但做了更多恶事。

然而，自我超越导致了激励人们采取行动的憧憬，这些行动尽管具有含糊性却是有益的，到处都是这样的例子。在我们有生之年，我们可以援引甘地和马丁·路德·金的事业当作最有影响力和广受赞赏的榜样。妇女运动鼓舞了人们对未被认识到的压迫习俗进行有意识的批判，并且已经开始兑现构建更好人际关系模式的承诺。除此以外，还有成千上万的人。他们没有改变大范围的事件，但是他们表明，善也可以产生于自我超越。我们没有放弃希望，而且我们继续认为，希望是上帝给坚持希望之人的恩典，而不是最终的恶。

生物学主义和有神论

E. O. 威尔逊是一个更加典型的无神论倡导者，他甚至反对有神论的生物中心观点。他的立场是一种形式的生物学主义。他认为科学的生物学方法提供了人类理解自身的综合框架。他对这一立场所做的自我批判式的辩护确实是令人耳目一新，并为我们开辟了一条道路，来解释我们为什么偏爱一种有神论而非生物学主义的生物圈视角。在他所著的《人类本性》这本书里，威尔逊阐明了生物学主义面临的困境。第一个困境是："物种缺乏任何它自身的生物本性之外的目标……传统的宗教信仰遭到了侵蚀，与其说是由于他们的神话受到令他们羞愧的反驳，倒不如说是由于他们逐渐意识到，信仰实际上是生存的支持机制。宗教就像其他人类组织一样，其发展是为了提升其践行者的存续和影响力"。①

值得赞扬的是，威尔逊看到了"第一个困境中内含的危险是先验目标的迅速消失，而正是朝着这些目标社会才可能组织它们的能量"②。当然威尔逊是一个科学唯物主义者，他不相信先验的目标，但是他认识到它们在社会秩序中所起的重要作用，即使它们是虚幻的。威尔逊没有把我们的社会建立在先验的幻想之上，而是认为我们应该"寻求一种建立在对人更加真实的定义基础上的新道德，（我们）应该仔细研究我们的思想机制——并追溯其进化的历史"。

但威尔逊指出这只是引导我们走向第二个困境，"必须在人的生物本性中固有的道德假设中做出选择……我们必须有意识地在我们继承的各种情感导向中进行选择"。我们如何决定听从哪个情感导向，抑制哪个情感导向？"在第二个困境的核心我们会发现一种循环：我们不得不参考价值体系在人类本性的各种因素中做出选择，而由这些相同的因素在进化时期所产生的这些价值体系，已经荡然无存了。"③

威尔逊的观点实际上存在问题。就我们在基因上继承了价值体系来说，这些价值体系是早期狩猎者——采集食物者的生存环境的一个副产品，并不是原子能和基因工程时代的一个可靠向导。困难是更为普遍的：如果道德价值完全可以解释为非道德或者非理性原因的结果，那么没有任何道德价值（实际上根本没有任何理性上的思想）可以是有效的，可以具有权威性。随机突变和自然选择都是非道德和非理性的事件，尽管它们可以解释很多东西，但它们不可能完全解释理性思想和道德思想。另外，进化论本身就仅仅是基因偶然性和自然选择的一种产物，而且从长期来看它是成功还是失败，不是看它提出的在很

---

① E. O. Wilson, *On Human Nature*. Cambridge, Mass.: Harvard Univerity Press, 1978, p.3.
② Ibid., p.3.
③ Ibid., p.196.

大程度上正确的合理主张,而是要看它的生存值。但是威尔逊明确地承认这个生存值是相当低的,因为在他看来,进化论必定会削弱对先验价值的信仰,而先验价值无论对错都为社会凝聚力提供一个基础,因此具有很高的生存价值。如果头脑中没有以某种方式与自然相联系的价值的先验来源,或者如果在基因偶然性和进化必然性的背后没有神的力量,那么在选择如何重构人类本性的问题上,除了碰运气或者幻想以外,一个人还可以求助于什么呢?

人们必须钦佩科学的唯物主义者在其最佳状态下不感情用事的逻辑一贯性。威尔逊遵循了逻辑的引导,而那引向了一种两难处境。有两个选择:承认先验的价值是一种现实,我们可以将其作为引导;或者肯定科学唯物主义中隐含的虚无主义,并放弃所有对真理或正义的诉求。威尔逊会转向哪一边呢?都不是。他尝试的是逃避:"幸运的是,人类这种两难困境不是如此难以解开,我们能够运用意志来突破它。"①

这种逃避行为存在两个逻辑问题。第一,对一个持有"把思想作为一种大脑神经机制的附带现象将得到更加准确的解释"观点的科学唯物主义者来说,"意志"来自哪里?意志是神经机制的一部分吗?如果是,它就是由过去的进化决定的,而不可能突然推翻其主人。或者意志是一种附带现象吗?能够改变基础现象的奇怪的附带现象!或者意志也许是从先验价值的有神论领域偷偷地运进科学唯物主义领地的走私品吗?

第二个问题更糟糕。即使我们通常诉诸于意志是合情合理的,对意志所提出的特别要求是否合理的问题仍然存在。意志能够破除一种逻辑循环吗?即使是最忠实的自由意志的信仰者,也不会宣称一个人可以通过运用意志来避开一个符合逻辑的结论。一个人能够理解人们如何求助于意志来作为采取行动的推动力,但不是作为一种决定采取哪种行动的标准。解决威尔逊的两难困境需要一个标准,而不是一个

---

① E.O. Wilson, *On Human Nature*. Cambridge, Mass.: Harvard Univerity Press, 1978, p.196.

推动力。威尔逊不仅在声称并不相信意志（除了意志作为一种附带现象）的同时求助于意志，还要求意志去完成不可思议的任务：打破一个纯粹的逻辑循环，且既充当标准也充当推动力。这恰恰是不行的。

最具有讽刺意味的事情是，威尔逊警告说："无论何时其他哲学家放松警惕，自然神论者就能够以过程神学的方式，视一个无处不在的先验意志为当然。"威尔逊对科学决定论面对的无法解决的两难处境所做的坦诚斗争，为作为过程神学家的我们开辟了一条服膺其警告的道路。我们不能确定其他哲学家已经放松了警惕，但是我们的确认为，威尔逊自己的表述表明，现实中一定有某种超越物质决定论的东西；否则思想和选择根本就毫无意义。但是当威尔逊假定人的意志有这个能力时，他就产生了一种极端的二元主义。这与其整个的进化论思想是背道而驰的。而且，一旦某种先验的东西得到了肯定，那么把它限定于人的意志的做法就是武断的。

从我们作为过程思想家的观点看，更好的办法是避免盲目的物质和人的意志之间这种明显的形而上学的二元主义，把它们都看作是从组成世界的现实事件中抽象出来的东西。我们认为所有的事件，包括人的意志活动，在很大程度上都是先前事件的结果。但是我们也认为，没有什么东西完全由过去所决定。在每个事件中都会有某种新的东西呈现。在所有地方都有某些方面，发生的事情仅仅当它发生时才被决定。这是自我决定原则，它限制着科学家们常常假定的绝对先决论。人类的选择行为是普遍的实在特征①最引人注目和最生动的例子。它不是一个在其他方面完美的机器中的、在形而上学意义上孤立的因素。

如果人类意志确实与所有其他事件一样属于同一个宇宙，如果它没有人类想的那样自由，如果在老鼠和阿米巴虫里也发现了某种细微的类似，那么宇宙就不仅仅是一团运动中的物质。宇宙中还有可供选择的确实存在的选项。尽管所有事物都由过去决定，但它们也凭借参与具有现实可能性的每一个事件，而超越了过去，而这些现实可能性

---

① 指物质与人的意志相互关联。——译者注

里只有一个能被实现。通常这些"决定"是微不足道的，但在时间的流逝中，它们累积的效果却不然。而且就人类而言，决定偶尔就会上升到意识并产生引人注目的直接后果。

至少就人类而言，人们在权衡各种选项时，就已经体验到了这些选项。人们会感觉一些选项要比其他的更好。有时它们看起来或对或错，或真或假。这种权衡并不预先决定结果。人们可能会抵制对正义和真理的诉求，实际上他们经常这么做。但很难否认这样一种诉求是存在的。对目的和选择的直接体验，就像我们所经历的任何事情一样真实。既然经验是未经感觉调和的，那么它就不可能是一种感官错觉。至少在这个意义上，我们同意笛卡尔，相信上帝虽然允许我们被严重误解，却不允许我们受到根本和绝望的欺骗。

所有这些意味着，除了过去之外，还有一些别的东西被给予了每个事件。正因为如此，每个事件都是对其世界的回应，而不是一个惰性的产物。马丁·海德格尔曾经写道"应召前行"。怀特海则用了"诱引"一词，而且既强调目的因的吸引力，也强调了动力因的推动力。不管它的名字如何，它指的都是整体大全的普遍特征，所有事件都在这个整体大全中发生，而忽略这个整体大全就会导致困惑和矛盾。正是凭借那个特征，各种可能性与现实世界相关，并成为现实。我们认为这在整个宇宙都是普遍的，而不是地球生命的一个独特特征。因此我们把它与整体联系了起来，我们把它称作上帝。我们认为，离开了上帝，就不会有任何意义、任何生命、任何正义、任何真理、任何价值。就只会有威尔逊所描绘的过去对现在的机械决定。我们认为，当人的生命来自上帝和为上帝而活时，人才活得最为丰富多彩而且最为公正恰当。

上帝中心论的优点

我们基于几个理由认为，这种上帝中心论为生物圈视角提供了坚实基础。

第一，它抑制了偶像崇拜。那些根本不考虑上帝的人，他们还是追求某种东西作为价值导向。在现代世界，对伦理学家、经济学家和许多其他人而言，这个导向就是人类的终极价值，或者是人类个体（对经济学家来说）的终极价值，或者是人类集体（对某些伦理学家来说）的终极价值。但是，不管如何有价值，人类都不具有终极价值。把人类看作具有终极价值，已经导致人类走向毁灭的边缘。而且，把不是终极的东西当作终极的东西，把部分当作整体，把值得相对信仰的东西当作值得终极信仰的东西——就是偶像崇拜。

当然，谈论"上帝"并不能阻止偶像崇拜。那些信仰上帝的人，也面临把上帝等同于整体的某个部分或者想象中某种虚构的事物的危险。上帝一词的使用，有可能增加所有偶像崇拜都有的那种狂热。但在先知传统还没有消亡的那个背景中去思考上帝，至少开启了批判性考察这个主题的大门。它可以驱使心灵和思想超越偶像崇拜。

有神论具有防范未经批判的偶像崇拜的作用，与最世俗化且根深蒂固的启蒙运动主张是背道而驰的。无神论和实证主义认为自己摧毁了最后残余的迷信，并认为有神论是偶像崇拜和迷信的。而启蒙运动的人本主义，赋予了人或者人的灵魂以神圣意义，这些更极端的方法，承担了消除宗教情感（因而也是偶像崇拜情感）之基础的任务。通过把所有事物都简化为物质和空间，或者简化为感官经验的直接材料，所有从远古时代开始就一直折磨人的思想、诱引它将这或那识别为神圣东西的神话，都被置之不顾了。剩下的唯一任务就是解释和控制物质过程。人们认为，通过把其注意力引向现实问题和可以回答的问题，就可以控制事件，并建立自己梦想的世界。

那样一种期待现在已经崩塌了。那些拒绝终极问题的人所建构的世界，并不比专注于终极问题的各种文化所建构的世界更安全、更公正、更友爱，或者更有希望。这一方法在大大增加地球上的人口和人工制品数量方面，取得了成功。但是即使有这些成就，也是不牢固的。经济增长正变得步履蹒跚。人类生活面临着巨大威胁，而且现在看来，正是人们感到如此自豪的增长，是威胁人类生活延续的根源。由于人们放弃终极问题,有效引导人类抉择的眼界,被缩小到了一个非常有限的范围内。在对未来的规划中,甚至人口和商品的巨大扩张所依赖的资源也被忽视了。这些资源的有限性让制订计划的人大吃一惊。

但有人可能会认为,拒绝把时间花费在终极奥秘上,至少已经使人清除了头脑中的迷信和错误,人们已经理解了认知的限度,并欣然接受信仰和观点的相对性。唉,如果真是如此就好了!但是我们已经看到,构成现代思想结构的是一些假设,错误的假设,它们都表现为绝对真理的形式,而且大学的组织方式也阻止了对这些绝对真理提出任何质疑或挑战。我们怀疑,现代思想在镇压异端方面比它的前辈更加成功。它宣布异端的教义是无意义的,而不是错误的,这样就证明,忽略它而不是尝试指出它的错误是合理的。早前社会都是公开地把异端逐出教会,并为他们这样的行动给出理由,而现代专家则在悄无声息中做到了这一点。其结果就是教条主义。例如,经济学家不需要为最终致力于促进生产力和增长给出任何异议。没有人列举这种做法使人类遭受痛苦的令人恐惧的事,更不用说给其他生物带来的痛苦了。没有人解释在过去使增长可能发生的物质条件正在迅速消失,没有人阐明人类的福利如何可以通过其他方式来满足——所有这些没有一个足以撼动在经济学这个学科中根深蒂固的观点,即增长既是最重要的目标,也是达到那个目标的最重要的手段。正是通过限制探索的范围,人们才能够达到这种思想状况。经济学家经常认为,其他的东西都是"神学",因此不值得他们花费时间。但如果事实如此,那么将启蒙运动的实证主义应用于思考经济学,使它摆脱偶像崇拜了吗?或者,经济学科独具特色的对刻板信条的执着,不正是重申偶像崇拜的迹象吗?而且,经济学科的偶像崇拜更加强大,因为它如此激烈地否定自己存在偶像崇拜。

第二,上帝中心论就是承认这样一种观点,即上帝超越我们自身而且包含关于整体大全的一切真理。世界之所以是上帝所了解的世界,是因为上帝对世界的了解不偏不倚地把所有事物都包括在内。上帝了解和重视所有的麻雀,也了解和看重所有的人。麻雀自身有价值,而人类自身也有价值。但仅仅在这个世界中很难把麻雀的价值和人的价值进行比较。正是在上帝那里，每一种价值都恰好是它自己，并与所有其他的价值处于适当的和睦关系中。

不信仰上帝的伦理学家有时候讲，在每种情况下我们真正应该做的事情，就是一个公正的和无所不知的旁观者所乐意做的。他们通常否认这就是宗教信仰者所指的"上帝"，因为它并不同于他们一直反对的作为偶像崇拜的那种"上帝"形象。但真正的上帝是所有事物的无所不知的和公正的统一来源。实际上，我们在每种情况下应该做的事情，就是与上帝的意图相一致和丰富上帝的生命。在某种程度上，人们可以按照"好像"是怎么样的情况来生活。他们可以在好像有这样的一种存在的情况下，做出他们的决定，同时又认为它并不存在。但是，相信上帝确实存在，会使伦理生活更具真实性。信仰提升了对现实方面的敏感性，否则这些方面就会被忽略掉。它赋予世界上所发生的事情以价值，特别是那些受轻视的东西。

第三，信仰引起人们的忠诚并指引承诺的方向。那些竭力避免偶像崇拜的人，可能试图不做出任何承诺，或者尽他们所能地将无所不包的总全设计为信仰对象。前一种努力是危险的和无益的，而后者可能导致与上帝中心论非常相似的结果；例如，信奉某种诸如"盖亚"的相当包罗万象的统一体。当这样做时，产生的许多结果都类似于我们的有神论。我们很高兴与那些同我们一样爱地球和希望保护提升地球生命系统的人一起努力。然而在指引承诺方向等具体细节上，哲学立场和神学立场有不同的方式。拉夫洛克的立场，把他引向了那些对地球保持其化学平衡来说最关键的地球系统特征。生物只有在对这些使地球活着的化学系统有贡献时，它们才有其价值。因此许多东西是不重要的。人们并不关心它们与人们自身的直接性。而且生物圈丰富的复杂性本身也没有很多吸引力，因为它不是"盖亚"所需要的。

从我们有神论的角度看，保持地球的化学平衡的确很重要。如果失去了那一平衡，整个生物圈都会瓦解。但是这个价值主要位于整个生物圈。生物圈丰富的多样性和复杂的模式，都为神圣的生命贡献丰饶之美。而且它的每一个个体成员都既与其自身直接相关,也与上帝直接相关。从这个角度上看,拉夫洛克对盖亚的信奉,并没有公平对待每个生物或者整个生物圈的内在价值。尽管盖亚假设具有一定的吸引力,它所引出的对整体的一个部分而不是对整体的信奉,确实导致了扭曲。先知的批评是很中肯的。

我们倡导有神论的第四个原因是,它为理解我们与未来的关系提供了基础。第七章讨论了给经济理论带来麻烦的将未来贴现的问题。罗伯特·海尔布罗纳是一个有异常广泛的哲学兴趣的经济学家,他就将未来贴现这个论题对"人类前景"的影响,做了敏锐的分析。海尔布罗纳本人致力于长期维护地球上的人类生活,而且他希望其他人愿意和他一起为实现这一目标而做出牺牲。但是,他不认为可以提供任何论据来支持这种努力。他说,伦敦大学"一个著名的政治经济学教授"发表了理性的意见:"假设因为用光了所有的世界资源,人类的生命确实终止了。可那又怎样呢?除了宗教信念以外,人类这个物种无限延续还有什么值得向往的呢?很可能几乎所有现在生活在地球上的人都不愿死,而且所有人都对死亡有一种本能的畏惧。但是一定不能把它与这样一种概念混淆在一起,即从任何理性的角度来讲,还没有出生的后代,出生比不出生更好。"[1]

我们赞同"除了宗教信念以外",这可能是"理性的"。但那只说明了宗教信念的重要性。除对上帝的信仰以外,理性确实可能使人们对还没有出生的人漠不关心。因为他们现在并不存在,因此他们没有被尊重的需要。但是把对上帝的理性信仰包括在内的理性,具有完全不同的结果。上帝是永恒的,对上帝来说,未来的生命与现在的生命同样重要。侍奉上帝,可不能为了满足当下的奢侈欲望而要求牺牲未来的生命。上帝的信徒们知道,他们所属的共同体是随时间不断扩展的。一个人不能将与上帝直接联系的未来贴现。信仰上帝为海尔布罗

---

[1] Robert Heilbroner, *A Inquiry into the Human Prospect: Updated and Reconsidered for the 1980's*. New York: Norton, 1980, p.180.

纳所支持但却不知道如何论证的伦理观点提供了基础。

结　语

　　我们没有尝试证明基督教信仰或者上帝存在的真实性,但是我们尝试表明,人们如何思考他们自己和自然世界,以及我们是否也思考了包含我们和赋予我们活力的整体,这确实有重要意义。我们推荐用我们这种形式的基督教有神论,来理解经验并对思想及行为提供有益指导。在这个阐述过程中,我们批判了各种形式的无神论的生物中心主义和地球中心主义。

　　然而实际上,我们与某些形式的基督教之间的分歧,与我们的生态观和其他形式的生态观之间的分歧一样大,甚至更大。基督教有神论对造成世界现在所处的危险境况负有很多责任。它以各种各样的形式支持了人类中心主义,忽视或者轻视自然世界,反对阻止人口增长的努力,使人们的注意力远离现世迫切的需要,将那些旨在影响一个非常不同的世界的教义当作今天的绝对权威,引起人们错误的希望,给予错误的保证,而且声称上帝许可所有这些罪过。我们这些从内心明了基督教信仰力量的人,也了解它对人类思想和感情的歪曲和误导是多么危险。将信仰的力量导向对生命的肯定和对生命共同体的归属感,是我们毕生的一个目标。

　　我们的基督教有神论,让我们以深深忧虑的方式理解这个世界。在过去的每一年里,我们都看到未来更幸福生活的可能性被排除掉。今天我们知道,地球将在未来几十年里变得越来越热,而且许多毁灭性后果将随之而来。我们知道臭氧层将缩小,而我们的后代将无法得到它现在提供给我们的很多保护。现在要避免温室效应或者臭氧层的减少都太晚了。现在的问题是,这种状况恶化的速度会有多快,恶化的程度将有多严重。我们现在的行为可以决定地球环境的恶化是否可以放缓,并停在某个使生物圈的许多东西能幸存下来的水平上。

　　认识到幸福生活的可能性将永远失去的紧迫感激励着我们立刻采

取行动。耽搁对我们而言是代价很高的,对我们的后代以及与我们一起分享地球的其他物种而言,代价更高。已经很晚了。我们很难不为本来可以做的事情和每天累积错失的机会而感到痛苦。我们很难不对继续如此成功地阻挠所需变革的那些人感到愤怒。

然而还有希望。在一个越来越热的地球上,虽然三角洲消失了、海岸线缩短了、太阳更加危险了、肥沃的土地更少了、人越来越多了、生物物种越来越少了、遗留下的废物是有毒的,而且许多美丽也都一去不复返了,我们的后代仍有可能在最后学会作为众多共同体中的一个共同体来生活。也许他们也将学会原谅我们这代人盲目追求更多的消费品。也许他们甚至会感激这代人姗姗来迟的努力,给他们留下一个仍能支撑共同体生活的地球。

后　记
货币、债务和财富

看似财富的东西，实际上可能只是带来广泛而深远之毁灭的镀金指标。

约翰·罗斯金（《给未来者言》，1862年）

导　语

《为了共同的福祉》没有探讨所有的经济学主题。第一版中忽略的货币问题在我们看来是非常重要的一个问题。理想的情况是，我们应该在第一部分设置一章题为"错置具体性：货币"，在第二部分设置一章题为"从拜物教到交易媒介和投资"，在第三部分设置一章题为"货币和金融改革"。如果当前对金融问题的思考方式以及体现这种思考方式的机构不做出根本改变的话，我们提出的其他变革就可能证明是不充分的。然而我们没有准备好对这些难解的议题给出一套系统的解决办法，但是我们现在可以指出货币在当今经济中运行方式的一些基本问题，以及让人注意一些重要但却完全不同的金融思路。

让现代世界得以产生的古代发明中，货币与车轮和火并驾齐驱，但它却更为神秘。货币是一种可以改变尺寸的记账单位，就像橡胶尺；一种随着时间可以增值或贬值的价值储藏手段；一种通常永远不会离开银行的交易中介；一种有息债务和无息债务；一种商品（如黄金）和一种非商品符号（纸币）。个体可以很容易地将货币转化为实物资产，但这对共同体而言却根本不可能。制造假币者会因此入狱，但是私有银行体系却可以凭空创造货币并从事有偿借贷活动。市民损毁货币的行为是非法的，但是私有银行却可以销毁它。一些经济学家认为货币仅仅是一层面纱，在它背后实际因素决定了经济生活，其他经济学家则把货币看作最为重要的决定因素之一；一些人认为货币数量应该由固定的规律所决定，而其他人则认为货币应该由政府当局来管制。而且，一些人甚至指出，货币激发了一种成为万恶之源的爱。至少它是众多困惑和危险的一个来源。在今天的世界里，人们可能更多地被失控的货币而非失控的车轮和火所吞噬。

指数增长文化中的货币

我们国家掌管货币和金融的机构是植根于一种把指数增长当作标准的文化中。尽管现实财富不可能长时间成指数增长，但货币作为我们的文化符号和财富尺度，也许确实既可以成指数增长，也可以无限地增长。被衡量的现实与衡量标尺之间的这种行为不对称，产生了严重的后果。

指数增长具有一个固定的倍增时间的特点。一个经典的例子就是，把一粒小麦放在棋盘的第一个格子上，在第二个格子上放两粒小麦，第三个格子放四粒小麦，以此类推，结果是最后一个格子或者说第64个格子放置的小麦是 2^{63} 粒，或者大约是世界每年小麦产量的1000倍。整个棋盘上的小麦数量是这个年产量的2倍，或者说是 2^{64} 粒小麦。就像 M. 金·哈伯特（M. King Hubbert）所说的，世界甚至不能忍受让一粒小麦进行64次倍增。如果现在的人口数量从一对夫妇开始，那么倍增的数量就不可能超过31次。在倍增的数量达到46次的时候，地球上的人口密度就会达到每平方米1个人。哈伯特的结论是，任何单一生物种群或工业品的倍增只能是几十的量级。如果许多生物种群和工业品的库存必须同时翻倍，就像一个以指数增长经济的情况那样，那么即使几十次的倍增都太多了。很显然，哈伯特把"指数增长当作人类历史的一种暂时现象"来看是正确的。① 然而，正如哈伯特也指出："最近200年来我们唯一认识的就是指数增长，与此同时我们逐步发展了一种指数增长的文化，这种文化如此严重依赖于持续的指数增长以维持其稳定，以至于考虑不增长的问题都是不可能的。"

这种指数增长文化的特征是什么？本书在前面已经讨论了将未来价值贴现来得到一个等价的现值这样一个惯例，并且强调了其异常之处。贴现仅仅是复利计算的逆运算。但是我们更加习惯于向着未来进行计算，来了解我们必须为养老存留多少钱。如果没有成指数的增长，我们如何能够支付养老金和保险赔偿（而这些支付的保险精算正是以增长为假设前提的）？如果没有增长，穷人和富人如何能够过得更好？如果我们不能像政治家们现在提出的那样"让经济增长"，不增加税收或者减少政府开支如何能使美国赤字得到削减？还有，如果不刺激投资我们如何能够保持充分的就业，投资不是意味着增长吗？我们不就真的困于指数增长文化中了吗？

马克思指出，指数增长文化是资本主义不可缺少的一部分。② 他的历史分析以下面的方式将增长文化与货币联系起来。物物交换（用C—C* 表示），即用一种商品交换另一种不同的商品，它是最简单和最古老的交换方式。一个人拥有 C 却想要 C*，另一个人拥有 C* 而想要 C。交换之后两人的境况都更好了，尽管没有进行新的物质生产。两个个体的使用价值都得到了提高，但却无关交换价值。物物交换可以使相互都受益，但它受到彼此需求必须相符的严重限制。

将货币作为交易中介（C—M—C*）克服了这一局限，从而产生了马克思所讲的简单商品生产。这里货币发挥了克服物物交换中需求必须相符合的问题的功能。但人们关注的仍然是让每一个个体获得更多的使用价值。交换价值即货币总和 M 完全是一种工具，它通过为只为

---

① M. King Hubbert, "Exponential Growth as a Transient Phenomenon in Human History." In *Valuing the Earth: Economics*, *Ecology*, Ethics. Daly, H., and K. Townsend (eds.), Cambridge, Mass.: M.I.T. Press, 1993.

② Karl Marx, *Capital* (Vol. 1, Chapters 2 and 3.), 1867.

增加使用价值进行交换的物品交易提供便利，从而增加了使用价值。这一过程是以商品的使用价值为开始和结束的。

接下来的历史阶段中发生了重要变化，即马克思所说的资本循环（用 M—C—M* 表示）。目标不再是增加使用价值而是扩大货币的交换价值。M* − M=dM，而且 dM 必须增加。最初的资本 M 被用来雇佣工人和购买原材料，然后它们被转化为商品 C，商品反过来被出售以获得更多的货币，M*。

人们的注意力从使用价值转变为交换价值，是很关键的。商品积累和使用价值 C 都有着自我局限性。就使用价值而言，50 把斧头并不比 2 把斧头（一把斧头和一把备用斧头）好得多。但是如果我们把注意力转向交换价值，那么 50 把斧头就比 2 把斧头好得多，而且如果作为与 50 把斧头的价值等同的货币而存在的话就更好了。

通常，抽象在货币中的商品的交换价值成为积累的焦点。对于一个人能够拥有多少抽象的交换价值，不存在任何限制。与具体的使用价值不同，使用价值在贮藏的过程中会由于熵而变质或者变坏，抽象的交换价值可以无限地积累，而不存在变质或者储藏成本。实际上，抽象的交换价值靠自己就能增长，获取利息收入，而后是利滚利。马克思和在他之前的亚里士多德指出了在这种"货币拜物教"中存在的危险，而货币拜物教就是我们在第一章中所讨论的错置具体性谬误的一个特殊案例。

在我们当前的时代，从更加远离使用价值抽象出来的这个历史过程，在所谓的"货币经济"（可以表示为 M—M*）那里也许已经达到了极限，这里的货币经济就是货币直接变成更多的货币，甚至不借助商品作为一个中间环节。当然长久以来这种情况一直陪伴着我们，其形式是在银行里的存款因为有利息而增加。但是通过避税、兼并、收购、"绿票讹诈"和各种形式的内幕交易而获取钱财的范围，已经让货币摆脱使用价值而扩张的能力显著增加。实际上，有时候由于把财富与债务混淆起来的税则本身，如给垃圾债券免税来为杠杆收购筹措资金，导致了对使用价值的破坏。迈克尔·米尔肯入狱之前，这一趋势在其事业如日中天之时达到了顶峰。

正如威廉·格雷德所说，收购的目标是"将投资到未充分使用的公司实物资产中的资本提取出来，这样资金就可以被重新投入到收益更高的金融工具中。这是金融如何击败实体经济的另一个引人注目的案例。如果你的资本能通过纸币获取更多的实际回报，那么为何还要拥有一家工厂呢？"① 但是正如格雷德进一步指出的，收购背后的根本动力是20世纪80年代的高水平的实际利率。如果一家企业的实物资产不能获得与高利率相匹配的回报，那么就会刺激它解散企业和将企业卖掉变为现金，并且把钱投入金融领域获取高额利息。

当然所有的投资都要与利率相竞争，而且如果它们不能产生更高的收益，根据效率原则，它们就应该被清算，而且资本会投到收益超过利率的领域里。② 这就假定了利率本身反映了一种资本的边际实际回报率。但那只是构成利率基础的一个因素，利率也反映货币政策、收支平衡政策、关心未来或缺乏对未来的关心、对未来的预期（理性的和非理性的）、垄断势力、补贴形式和税则中的惩罚，等等。当这些其他的因素使利率走高的时候，实物资产就会被拆分和重新组合，用于其他增长更快的用途中，就像当被开发利用的物种数量的自然增长率达不到利率的水平时，它们就会被逼入灭绝的境地，而且它们的位置会被一种增长速度更快的物种所取代一样。③ 但比原来的资产赚取更多回报的实物投资在哪里呢？它们会赚取足够多的回报，来支付失业劳动者、被中断的养老金和医疗保险以及共同体解体所产生的社会成本吗？如果这些新投资的成效如此显著，为什么商人们没有看到它们，并在事务正常的进程中对其进行投资呢？为什么我们需要律师、经纪人和会计师来推动这一进程？特别是当这些人对于生产技术过程或者

---

① William Greider, *The Trouble with Money*. Knoxville, Tenn.: Whittle Direct Books, 1989.

② 这是衡量投资的配置效率标准，并不意味着它就是可持续的。后者必须由一个单独的标准来保障。

③ 参见本书第7章"把未来贴现"小节相关内容。

他们的金融活动正在破坏的社会共同体关系一无所知。而且当他们中的大多数人通过大交易（即使结果被证明是一场公共灾难）而赚钱的时候，我们似乎都潜在地面临相当大的"道德风险"，而"道德风险"是经济学家用语，它是指盲目冒险的成本由某人而不是冒险的人承担这样一种情况。这个概念我们以后还会在其他场合使用。

一些人已经尝试了通过否认我们生活在一个有限的世界，来拯救指数增长的文化。一些人宣称，外太空是无限的，而我们是命中注定要向外太空拓展的。地球将是一个向着所有方向散发孢子播种的蒲公英。其他人并不指望外太空，但却否认增长存在物理极限的必然性。[①]他们认为，真正在增长的是价值而非质量，因此经济增长可以持续而不会遇到任何物理的限制。

然而，就经济增长而言，价值不是指仙尘（pixie dust）。它指的是价格乘以商品数量的货币总和。为了衡量经济增长（以实际 GNP 表示的增长），我们需要保持价格不变，这样价值的变化将只会由商品数量的变化引起。商品与服务的数量存在物理维度（质量和能量），因此它们受守恒定律和熵的物理定律的支配。甚至"服务"总是某个时期由某物或者某人提供的服务。经济价值当然不可简化为物理定律，但它也不是免受它们的支配。实际 GNP 是数量变化的价值指标。创造一个用来衡量产出的总数量变化的价值指标，并不会使商品的物理维度消失，从而允许经济在一个有限的星球上永远增长！

肯尼斯·博尔丁（Kenneth Boulding）在"被用掉"的资产和"被用坏"的资产之间做了一个很有价值的区分。为了提供它们的服务，一些东西（比如食物和燃料）必须被用掉。而其他东西却不一定因为使用而被耗尽，随着时间的变化它们会被用坏，但它们被用坏是它们在使用中为我们提供服务的一个偶然的，甚至是不可避免的结果。例如，人的身体、固定设备以及耐用消费品都最终会被用坏，但能够提

---

① Martin W. Lewis, *Green Delusions: An Environmentalist Critique of Radical Environmentalism*. Durham, N.C.: Duke University Press, 1992.

供服务；甚至它们没提供服务，也会用坏。但是汽油或者食物只能够在被用掉的情况下才能提供服务。这两种形式的资产是互补的，用于生产的机器设备存量需要能量流来驱动，而能量流需要借助材料才能被用于满足人们的需求。

人类历史的绝大部分时间里，能量流都是每年被植物所捕捉到的来自太阳的收益。如同上帝赐予的食物一样，每一天它都会更新，但却不可以为了未来的使用而被累积，除了在有限的期限内。世界通常是在饥荒之后才会有一场丰收。伴随化石燃料的发现，人们能够获得远古时期储存下来的阳光。但是我们不能直接用它来满足我们体内新陈代谢的动力需要，因为这仍然需要植物所捕捉到的阳光，尽管植物捕捉阳光的能力可以通过用化石燃料制成的化肥而得到提升。我们使用化石燃料来满足减轻我们劳动的外部机器的动力需求。但是化石燃料注定会被用尽，而弗雷德里克·索迪（Frederick Soddy）所说的建立在使用化石燃料基础上的"盛世"将会走向终结。

尽管为未来积累资本是可能的，但这个过程受存量（被用坏的永久性财富）与赋予存量活力并维护它所需要的年收入（被用掉的易腐烂财富）之间互补性的制约。当存量增加时，它每年的折旧也越多。从未来收入中扣除的维护成本会增加，而经营更大资本存量（人力、牲畜和机器）所需要的数额也会更大。数量固定的阳光流量以及它所产生的可再生但是易腐烂的收益，将被证明是财富积累的限制因素，因为它是最不受制于积累和扩张的，它与永久性财富存量之间的互补性，限制了永久性财富存量的扩张。

然而，主要的问题是财富的增长在物理上存在极限，而债务的增长却不是。对财富增长的限制所借以发挥作用的确切的生物物理链条，是很令人感兴趣的，但却不是中心的议题。不管科学在发现新的资源和技术方面取得多大的进展，它都比不上复利的爆炸式数学增长。

亚里士多德和神父们，以及犹太世界和伊斯兰世界都谴责高利贷为某种意义上"反自然的"。亚里士多德说，钱是非生产性的，它不像庄稼和牲畜那样具有繁殖自身的自然能力。我们在这里阐述的问题并

后记 货币、债务和财富

不是说钱不具有生产性，而是它的增长太快太不自然，正如亚里士多德所言，从数学的角度上讲它是过于高产的，但从自然的角度上讲它则是贫瘠的。因此，用货币来思考财富会成为错置具体性谬误的非常严重的做法。

诺贝尔经济学奖获得者詹姆斯·托宾对现实财富与货币之间的区别做出如下阐述：

> 现在，共同体的财富由两部分组成：过往实际投资累积下来的现实商品和政府凭空发行的信托或纸币"商品"。当然，这样一个国家的非人类财富"实际上"只包括它的有形资本。但是正如国家民众个人所看到的，财富超过了有形资本存量，其超过的规模就是我们所称的信用发行。这是一种假象，但只是众多对任何经济或社会都很重要的合成谬误中的一个。只要社会不真的尝试将其所有的纸币财富变为商品，那么这种假象就可以保持下去而不受任何损害。①

在接下来的部分里，我们将回顾商业银行如何能够在凭空制造货币方面发挥比政府大得多的作用这一众所周知的过程。然而，基本点不变。为了维持假象，社会不必试图将其所有的货币转化为实际财富，也不必试图将其所有的"信用发行"转化为货币，也就是将它所有的有息私人银行债务（非法定货币）转化为无息政府债务（法定货币）。

我们的结论是，现在主导西方社会而且越来越成为世界主流的指数增长文化是不可持续的。要脱离这种文化向着一种能够解决不增长问题的文化发展，就需要我们将货币与现实财富更加紧密地联系起来。要了解这怎样实现，我们需要清楚地看到货币是如何产生的，以及它实际上是什么。我们必须理解私人银行如何制造货币，在历史上它们是如何获得这种权力的，以及国家完全收回这种权力所需要的是什么。

---

① James Tobin, "Money and Economic Growth." *Econometrica* (October 1965) : 676.

货币的产生

通常，我们对于真正的财富是如何产生的，具有充分的常识性概念。它需要将自然资源转化为可以使用的商品的劳动。每个工人产量的提升，需要劳动分工以及以能量和机器形式投入的资本。

另一方面，公众对货币的产生却知之甚少。一些人还天真地认为，制造货币主要是政府印刷机的工作。但这只适用于包括硬币和纸币在内的法定货币。这实际上只是在经济领域流通的货币一个很小的组成部分。大多数货币都是商业银行制造的。

最初，货币只能由统治者制造。只要货币是一种商品如金子，并且其价值由开采金矿的实际成本所决定，那么货币作为交易工具就仅仅是一种标准化的商品。从中世纪开始，即使当金子作为货币流通时，金币的货币价值和金子作为金属商品的市场价值之间通常就存在差别。一盎司带着国王头像的金币，其含金量通常低于一盎司的金子，而且在这一点上它是部分的代币。国王在一盎司金币中投入的金子少于一盎司所带来的利润，被称之为铸币税。它最初因为是支付铸币开销所必需的而被认为是合理的，但它实际上是国王从其发行货币的特权中攫取利润的一种来源。铸币税是代币的货币价值和其商品价值之间的差额。今天，就政府制造的纸币而言，商品价值是零，因而铸币税就相当于纸币几乎全部的货币价值。

因此，政府制造货币是公共收入的一个来源。然而，今天由于大多数货币由私有银行制造，因此这个来源的收入大大减少了。制造货币变成了私人收入的一个来源。在历史上，造币特权的这种转移是从金匠银行家开始的，金匠银行家接受黄金寄存品以妥善保管。对保险箱里的金子所有权要求的转移，要比把金子拿出来并给予另一方，然后另一方又把它储存到金匠那里进行妥善保管更方便。因此，使用支票进行支付得到了发展。经验告诉金匠银行家，大多数金子只是躺在金库里，而手边只需要小部分作为准备金放在钱柜里，来应付每天新的存款和提款之间的差额。许多金子可以安全地进行有偿借贷。当然

后记 货币、债务和财富

总是存在恐慌或者挤兑金匠银行家的可能性,因此这种活动是有一定风险的。阿姆斯特丹的金匠银行家设法使一项法律得到通过,这项法律对发起对金匠的挤兑行为判处绞刑。但是一旦出现挤兑,金匠当然无力支付。此时,问题不是通过对发起挤兑的那个人判处绞刑来解决,而是通过吊死金匠来解决。[1]

尽管出现这样的挫折,但保持部分准备金应对贷款的活动增加了,而且在这个活动中银行获得了制造货币(不是传统意义上的法定货币,而是在商品和服务交易中人们接受的常用支付手段,如支票)的权力。这种增加不依赖于任何政府决策。这种活动把供应货币的公共职能与有偿借贷的私人活动结合在了一起,这个事实是历史的偶然,而不是立法设计的结果。[2]

私人银行制造货币发展了很久才为人所了解。约瑟夫·熊彼特指出,截至20世纪20年代,99%的经济学家认为,银行不能够制造货币就好比衣帽间不能够制造外套。[3] 部分困惑可能在于货币(常用支付手段)和法定货币(法律规定支付过程中必须接受的货币)之间存在区别。银行并不制造法定货币,只有政府才能那样做。但是银行确实制造了常用支付工具。经济学家在认识到这一点上所遇到的困难,引起了熊彼特的如下评论:"这非常有趣地说明了推进分析所必须对付的禁忌,并且特别说明了这样一个事实:人们也许长久以来非常熟悉一个现象,甚至经常谈起它,却没有认识到它的真正意义,也没有准许

---

[1] G. Russell Barber, Jr. "The One Hundred Percent Reserve System." *American Economist* 17, No. 1, 1973.

[2] 正如詹姆斯·托宾所说:"毕竟现代经济中交易媒介的供应逐渐成为银行商业的副产品而且易受其风险的影响,这是历史的偶然。"(James Tobin, "Financial Intermediaries." In *The World of Economics: The New Palgrave*. Eatwell, John, et al (eds.), NewYork: W. W. Norton, 1991.

[3] Joseph Schumpeter, *History of Economic Analysis*. New York: Oxford University Press, 1954, p.1114.

它进入自己常规的思维框架。"①

尽管今天商业银行制造的货币比政府多得多这一事实在所有的经济学入门教材中都得到了说明，但我们认为，它对于经济的全部意义和作用仍然没有得到充分思考。当货币的本质得到更好理解的时候，我们相信就有可能制定更有效地利用货币来为共同的福祉服务的政策。

在一个以部分准备金为基础的不受规制的银行体系中，每一家银行决定手边保留多少准备金来满足其顾客提现的净需求？准备金越少，可以借出去的货币就越多，而银行的利润就越多。因此，一些银行保留的准备金是不充足的，从而导致它们的顾客对其失去信任，银行出现挤兑并倒闭，许多储户损失了钱。为了减少这种风险，美国建立了联邦储备制度来调节所需的准备金数量，并提供紧急情况下的额外基金。美国联邦存款保险公司现在也把储户损失保险金额提高到10万美元，以防止银行出现恐慌性挤兑。

今天，银行的准备金不是金子或者其他任何商品，而是现金和银行存放在联邦储备银行中的保证金。法律要求银行持有应对活期存款的准备金。法律对必须作为准备金保留的全部活期存款份额做出了规定，目前这个比例平均来说低于10%。如果法律规定的作为准备金保留的储蓄份额是 r，那么高于规定部分的实际准备金就是超额准备金，而这部分就是（1–r）。

我们举一个例子，假设 r 是10%，那么（1–r）就是90%。假设只有一家银行，它是垄断银行。增加100美元现金存款（或联邦储备银行新增加100美元储备）的结果是，储户的活期存款增加了100美元。到目前为止，并没有产生任何货币，仅仅是把现金变为储户存折中的活期存款。但是现在银行就有了90美元的超额准备金。它最多可以借出去900美元，以借款人的名义创造了900美元的活期存款。现在全部增加的活期存款是1000美元，包括900美元的新贷款和用以交换原

---

① Joseph Schumpeter, *History of Economic Analysis*. New York: Oxford University Press, 1954, p.1115.

初 100 美元现金存款的活期存款。增加的准备金是 100 美元（原初现金存款）。10% 的准备金要求得到满足，900 美元的新货币被创造出来了。垄断银行可以以 1/r=1/0.1=10 倍于新准备金的数额扩大其活期存款，因为它是唯一的银行，因此它知道根据这些新存款所开出的全部支票将会再存进来。

如果存在多家不同的银行，那么每一家银行必须假定，根据它的新活期存款所开出的支票将会存入另一家银行，而它将很快地失去它在联邦储备银行账户中的那部分准备金，因为那张支票，将会通过把准备金从其账户转入其他银行在联邦储备银行的账户中而得到清算。记住，银行在联邦储备银行的存款是当作准备金的。因此，在存在多家银行的情况下，一个收到新增加 100 美元存款的银行只能够借出去其超额准备金，即 90 美元。但是当 90 美元被花掉，它就被接收者重新存入另一家银行。第二家银行必须保持 10% 的准备金，因此它就有 $0.9 \times (90) = 81$ 美元的超额准备金。这 81 美元被借出去，花掉并且存进第三家银行，然后这第三家银行可以借出去 $0.9 \times (81) = 72.9$ 美元，等等。这个借出去、花掉并且重新存入银行的过程的结果，就是包含多家不同银行的整个银行体系，最终会像垄断银行那样以新的准备金乘以因子 1/r。[①] 因此银行系统，不管是一家垄断银行还是多家银行都有一个 1/r 的准备金—存款乘数。当然，如果我们规定存款准备金率是 100%，就是说 r=1，存款乘数结果就会是 1/r=1/1=1，那就意味着银行不可能创造货币。

上述对银行创造货币的综述是不完整的，因为我们还没有让人们注意到由于准备金的损失，活期存款同时减少的过程。当支票兑现以及当顾客将活期存款变成现金的时候，单个银行损失了准备金。整个体系并没有因为支票兑现而损失准备金，因为这只是准备金在银行间的转移。当广大民众决定持有更多现金和更少支票，以及当联邦储备

---

① 重新存入和重新贷出这一链条在数学上用无限数列表示就是：$1+(1-r)+(1-r)^2+(1-r)^3+\cdots+(1-r)^n=1/r$。

局降低总准备金的时候,整个银行体系就损失了准备金。准备金的减少导致银行货币成倍减少。当贷款得到偿还的时候,收款银行获得的准备金数额就是本金加利息。对于收款银行来说这些是超额准备金,但对于付款银行来说却是损失的准备金。损失的准备金需要贷款数额的减少是其 10 倍(或者 1/r),因此货币因为贷款偿还而被消除。如果收款银行把准备金作为超额准备金保留,那么货币的减少就是永久的。然而,收款银行从事把超额准备金借出去的业务,并产生新的贷款,这些贷款很快就会重新创造出因为偿还旧贷款而被消除掉的货币。银行的货币存在一个创造和消除的连续过程,而在任何时刻的供应都是这两个过程的最终结果。如果银行把钱全部贷出去(没有超额准备金),那么,货币供应就是由政府通过设定存款保证金,以及控制保证金数量(现金和商业银行在联邦储备银行的存款)来进行管控的。

银行并没有以它所创造新的货币的数量增加自己的资产。当贷款被偿还的时候,这种货币创造就因为新货币的消除而抵消了。但是银行能就创造出来的这部分货币向借款者收取利息,而这个利息是即使贷款被偿还也不会消失的实际收入。它可以被转化为实际资产。如果商业银行领域存在着竞争(现实确实如此),那么它就会把一部分贷款利息支付给其储户,从而吸引到更多存款,能够创造更多的货币、贷出更多的钱。银行体系(或者垄断银行)从最初 100 美元现金存款中获取的毛利等于 900 美元贷款(新创造的货币)产生的利息收入减去为最初 100 美元现金存款支出的利息差。即使存款利率与贷款利率相等,也会有相当可观的利润。当然,贷款利率比存款利率高很多,从而大幅增加银行利润。

虚拟财富

将货币与实际财富更密切地联系在一起,是一种非常激进的建议。为了理解它以及制定将会实施这个建议的政策,需要对这一令人难以捉摸的实体的本质进行更为根本的思考。但是那些深入思考货币和金融问题的人，很少考虑我们在本书里提出的假设，即经济学必须关乎共同体而不可化约为个体；它具有现实的生物物理基础，不能只在理想观念的范畴里讨论；错置具体性谬误是现代经济学的主要罪过。

经济学家弗雷德里克·索迪（1877—1956）带着深刻的洞察力，站在这个角度上彻底地思考了货币和金融问题。他认为，几乎所有的经济问题都应该为金融改革让步，对此我们不同意。我们写作此书，也倡导在许多其他方面进行变革。但是我们看到，我们整本书中的分析与索迪有关货币的思想和提议之间是一致的。

弗雷德里克·索迪的出名不在于他是一位经济学家，而在于他是1921年诺贝尔化学奖的得主，他因为发现了同位素的存在以及他与卢瑟福对放射性衰变的研究而获此殊荣。从他自身的研究中，他确信原子为人类能源提供了一个巨大的潜在来源。但是他也预见到了它的危险，他说："如果明天我们发现了这一事物，任何国家都会全身心地致力于将它应用到战争中，就像它们现在致力于研发用于毒气战的化学武器一样……如果（原子能）在现有的经济条件下产生，它将意味着科学文明的自我否定（reductio ad absurdum），文明会被快速地毁灭。"[①]

索迪相信"现有的经济状况"、经济思想和经济组织必定存在着严重的问题，因为科学知识的赠礼演变成了这样一种威胁。这导致索迪对经济学进行了激烈的批判，这成为他生命后40年时间里学术工作的核心。正如人们可以预料到一个化学家的做法那样，他从解释热力学第一定律和第二定律与经济学的关系，开始他的经济学分析，在我们之前讨论过的乔治斯库·罗根的权威性研究之前50年，就提出了这个研究的基本观点。然而，经济研究中最吸引索迪注意力的部分是货币问题。正因为它是一个可测量却不遵守热力学定律的量，他把焦点放在了货币在经济生活中的作用问题上，并将大部分的经济问题追溯到

---

① Frederick Soddy, *Wealth, Virtual Wealth, and Debt: The Solution of the Economic Paradox* (3rd ed).Hawthorne, Calif.: Omni Publications, 1961 (1st ed., London, 1926).

货币的秘密特性那里。

经济学家把索迪当做一个"异类"而不屑一顾，认为他与梅洁尔·道格拉斯或者斯尔文·格塞尔是同一类人。索迪尊敬这些经济学家看到了问题的存在，但他不会赞同滥发货币（funny money）这一解决方法。实际上，他认为受人们尊重的银行业的信条本身只不过是滥发货币的计划，其目的是迷惑公众从而让银行家及其阶层发财致富。但是鉴于索迪经常被当做另类而遭排斥，因此记录下著名的芝加哥学派经济学家弗兰克·奈特提出的相反观点是有价值的，他认为索迪的主要著作《财富、虚拟财富和债务》，"写得非常精彩而且非常有启发力和让人兴奋"，他进一步指出，索迪有关货币的实际观点"非常重要并且在理论上是正确的"[1]。

同样值得一提的是索迪的一个主要提议，即他在1926年提出的"均等的银行业务"（pound for pound banking），几乎与美国伟大的经济学家欧文·费雪（Irving Fisher）在1935年提出的100%的货币计划是完全一样的。但总体而言，索迪的经济学让所有的人感到尴尬，除了他自己。当然经济学家几乎没有注意它，而同行的化学家则认为，这么杰出的科学家把他的时间浪费在一个与他的研究领域如此风马牛不相及的事情上，是一件令人羞愧的事情。

正确理解货币问题的第一步是回到这样一个事实，那就是货币不是财富；它甚至不再是一种商品（像金或银）。它是一种象征。它象征着什么？我们很想说它是财富的象征，但那种说法并不正确，因为财富的价值在任何时候都要比货币总量的价值大得多。也就是说，在衣帽间的外套多于衣帽领取牌。货币是欠债的象征，是一种债务。货币是个体持有、共同体负有的共同体或者国家债务的一种形式，通过自愿转移给另一个愿意用财富交换货币的人，它可以即期变成财富。货币总量的价值不是由现有财富的存量（或者新产品的流量）决定，而是以一种奇特的方式由个体认为存在但实际上并不存在的财富所决

---

[1] Frank Knight, "Review of Wealth, Virtual Wealth, and Debt." *Saturday Review of Literature*, 1927, p. 732.

定——这种财富就是弗雷德里克·索迪所说的虚拟财富。

虚拟财富是由共同体为了持有货币而自愿放弃购买的实物资产的总价值来衡量的。为了避免物物交换存在的不便,所有人都必须持有货币,个人可以用它来交换实际财富,而它却不是实际的财富。用索迪的话说就是,"这种共同体连续而且永久没有也行的可交易商品和服务的总和(尽管货币拥有者能够马上从其他人那里要求并得到它),作者称之为共同体的虚拟财富。"[1]

如果所有人都尝试把他们持有的货币交换为实物资产,那么这是不可能实现的事情,因为所有的实物资产都已经为某人所有,归根结底某人不得不以持有货币告终。因此除了所有实物资产的价值以外,虚拟财富实际上并不存在(这就是称之为"虚拟的"原因)。然而作为个体的人们的行为,就好像虚拟财富是真实的,因为他们能够容易地把它交换成实物资产。[2] 个体总和的行为就好像它比共同体的实际情况更富裕,超过的部分等于共同体的虚拟财富。除非货币本身是一种商品——一种按照其商品价值流通的实物资产,否则,虚拟财富现象必然在货币经济中出现。每单位货币的价值,仅仅是虚拟财富除以现有货币数量得到的商。虚拟财富随着人口数量、国家收入以及共同体的商业习惯和支付习惯而变化。既然在决定个体行为时,虚拟财富被视为财富但其实际上并不存在,那么,我们认为它更像债务而非财富,就是合理的。

虚拟财富不可能仅仅通过发行更多的货币而得到增加,因为它是由共同体为持有货币而愿意放弃持有的财富数量所决定。发行的货币超过公众愿意持有的数量,就会导致他们将货币交换为实物财富,并使实物资产的价格提高到这样的水平,即更大数量的货币的购买力,降低为共同体为持有货币而愿意放弃持有的实物资产的数量。债务的价值等于虚拟财富的价值除以货币的数量。

谁拥有共同体的虚拟财富?很显然,它是共同体相互依赖和相互

---

[1] Frederick Soddy, *The Role of Money*, London, 1934, p.36.
[2] 索迪所讲的虚拟财富很像之前从詹姆斯·托宾那里引用来的"信用发行"。

关系的一种人为结果。它被个体拥有，然而它在现实中并不存在，因此没有人拥有它。但是任何持有货币的人都为了它而放弃了实物资产。实际上，唯一能够将虚拟财富交换成实物资产的人，就是货币的发行者。无论货币的创造者以及第一个通过花费或者借贷货币而将其投入流通的是谁，他都交换出去了货币而收到了实物资产。其他任何人都必须放弃实物资产来得到货币，而后货币被用于获得另一种实物资产。因此，与虚拟财富相等的大量现实价值被转移到了货币发行者手中。

国王拥有的铸币特权在历史上没有转移到国家（除了很小的部分），而是转到了私人银行业，私人银行业发行的货币至少占 9/10。私人银行家能够将超过 90% 的实际上并不属于他们的共同体虚拟财富借贷出去，并因此获取归属于他们的利息。大多数人会认为那是一笔非常划算的买卖。

那些经营这些建立在合成谬误基础上的纸币金字塔的机构，通常给自己冠以"安全、尽责、谨慎、保险、诚信……"公司之名，来设法激发人们对它们的信任，这让人吃惊吗？或者它们借助由大理石圆柱制成的建筑物，使人联想起古代神庙，挂着天鹅绒绳，引导信仰者进入圣餐围栏，在这里银行职员以平静的声调宣告信用发行，这让人吃惊吗？或者没有联邦储备保险公司（FDIC），整个体系就会崩塌，这让人吃惊吗？实际上，它现在就可能部分因为 FDIC 而崩塌，因为银行会自由地动用储户存入的货币，而储户因为他们的货币有了保险而停止了监督。而且，使情况更糟糕的是，一旦银行"过于庞大而不允许倒闭"，因为它会导致信用和货币的连锁崩溃（崩溃源于只把存款的一小部分作为储备金），银行股东和储户实际上就都得到了"保险"而免受损失。

很重要的一点，是认识到货币和虚拟财富是一种社会现象，这种现象不是源于原子意义上的个体的简单集合，而是源自社会共识并因此普遍愿意把货币作为一致同意的代币。个人不可能发行自己的货币。货币的本质在于它本身在共同体中得到普遍接受，而对同一种货币标准的接受是共同体的典型约定之一。① 虚拟财富应该在多大程度上用于满足私人利益,而非由国家用于公共领域,这是一个应该讨论却不再讨论的话题。② 我们将回到这个问题上。但是首先,我们应该仔细弄清债务和财富之间存在的混淆,这可能是经济学中存在的错置具体性谬误的最重要例证。

债务对财富

正数的两只猪代表的是可以看得见摸得着的财富。但是负数的两只猪,也就是债务,则只是想象中的数量,它没有物理维度。一个人能够很容易地拥有两只负数的猪,同样也能够很容易地拥有1000只负数的猪。实际上,在索迪看来,是印度数学家首先看到了负数与债务的类似之处。负数的猪的复利或者指数增长,没有带来任何问题。但是正数的猪的指数增长则很快会导致混乱和毁灭。

考虑到拥有负数的猪而非正数的猪的便利性,在现代经济中个体的主要兴趣就是把财富转变成债务,目的是从中获取永久的未来收入——把会腐烂的财富转变成能持久的债务,债务不会腐烂,没有维

---

① 由州或者城市而非国家发行货币是可能的,这可能是倡导地方主义的一种方式。如果经济非集权化进行得足够深入,我们就应该考虑地方货币,但在这里我们只在共同体的国家层面上讨论货币问题。

② 正如索迪所说:"个人主义经济学的旧有极端放任自流政策嫉妒地拒绝国家在生产性企业所有权方面拥有以任何方式同个人竞争的权利,从对生产性企业的所有权中可以产生货币利益或利润。而这甚至被无知地扩展到共同体的虚拟财富问题上。"[Frederick Soddy, *Wealth, Virtual Wealth, and Debt: The Solution of the Economic Paradox*(3d ed).Hawthorne, Calif.: Omni Publications, 1961(1st ed., London, 1926), p.228.]

护成本，而且带来的是长期收益。① 个体不可能将所有他们需要用来维持晚年生活的物资积聚起来，因为就像吗哪一样它会腐烂。因此他们必须通过让其他人消费他们无法储存的剩余物资，将其变成一种获取未来收入的留置权，并在现在把他们的剩余物资进行投资，来交换分享不断增长的未来收入的权利。

尽管债务可以遵循复利规律，但从未来的阳光中获取的能源收益，债务所要留置的未来实际收入，它们却不能长久地根据复利增长。然而，当财富被转变成债务的时候，财富就脱去了其会腐坏的躯壳，而换上了不朽之身。在这个过程中，债务似乎提供了一种规避自然、热力学第二定律、随机化规律、不会生锈而且不会腐朽的工具。但是，所有人可以依靠他们彼此债务所产生的利息生活的想法，仅仅是另一个永动机计划——一种广泛存在的庸俗幻想。

索迪解释说，每个人都依靠源自债务利息生活的永动机幻想之所以出现，"因为以前的土地所有权——由于阳光照耀在这片土地上而提供了一种财富的收入——以租的形式得到担保，不需要劳动或者服务就可以分享每年的收成。在此基础上，一个有文化、有闲的阶级能够永久地确立自己的地位，这个时代似乎怀有这种荒谬的观念，即货币

---

① 索迪认为："在心理学的意义上，个体的经济目标一直以来总是而且可能将来也会一直是，获取永久性的收入，而不依赖于未来的努力、不受时间流逝和环境机遇的影响，从而支撑自己晚年的生活以及在自己死后永远支撑自己家庭的生活。通过在自己身强力壮的时候积累大量财产来尽力达到这个目标，这样自己和后代就可以在以后永远依靠财产的利息生活。经济的和社会的历史就是人类的这种愿景与物理学定律的冲突，物理学定律使制造这样一种永动机变得不可能，这个历史将问题仅仅简化为一个方法，通过这个方法一个人可能把另一个人或者共同体变成他的债务并阻止债务的偿还，由此个体或者社会就必须与债权人共享他们劳动的产物。" [Frederick Soddy, *Wealth, Virtual Wealth, and Debt: The Solution of the Economic Paradox* (3d ed.).Hawthorne, Calif.: Omni Publications, 1961 (1st ed., London, 1926), p.153.]

许多美国人似乎认为，他们毕生贡献给社会保障的货币就像银行里的资本一样，从那里获取的利息将在他们退休之后维持他们的生活。但是一切社会保障所做的就是给他们一种对更年轻的那代人所生产的未来收益的留置权。这种存在于代与代之间的债务可能被拒绝清偿。实际上，当大量婴儿潮时代出生的人退休并被数量更少的、其中大多数人都不能实现比其父辈更富有的传统预期的工薪阶层取代时，对这种债务中的一些拒绝清偿的情况似乎很可能会发生。

可以购买土地，因此货币本身也一定具有同样的生利能力。"①

很难找到错置具体性谬误的一个更佳例证。在尝试进一步说清财富和债务之间存在的混淆时，索迪说："显而易见的是，虽然砝码被它所拉起的东西所衡量，然而砝码不过是一个下拉物。为了衡量一个东西的量而让另一个东西与之保持平衡，这整个想法，就是将被衡量的量相等于一个处在另一端的平等的量。财富是被衡量的正数，而作为自称是财富的货币，则是一种负债。"②

合成谬误加重了错置具体性的错误。因为某些人可以依靠利息生活，但这并不是说所有人都可以。索迪指出，对共同体而言明显不可能的事情，在某种程度上必须对个体也禁止。如果不禁止或者不以某种方式进行限制的话，那么在某个时候，债务持有者以指数增长的留置权，将会让缓慢增长的未来收入缩减到这样的程度，以至于那种收益的生产者不再愿意转移如此大量的收益，并将会引发冲突。正如索迪所言，"你不可能长久地使一种荒唐的人类惯例，如债务自发增加（复利），与财富自发减少的自然规律（熵）相违背"。③

用于投资的收入最终会被用掉或者用坏，就像收入直接用于消费一样。如果投资是生产性的，它将会增加未来的收益，然而所有存在于债权人手中的东西，都是一种对未来收益的留置权。④现有剩余的积累从来不可能变成未来的收益，而只可以按照某种社会惯例来交换未

---

① Frederick Soddy, *Wealth, Virtual Wealth, and Debt: The Solution of the Economic Paradox* (3d ed).Hawthorne, Calif.: Omni Publications, 1961 (1st ed., London, 1926), p.106.

② Ibid., p.103.

③ Frederick Soddy, *Cartesian Economics: The Bearing of Physical Science upon State Stewardship*. London: Hendersons, 1922, p.30.

④ 正如索迪所说："通过在人类生产中以无限的程度节省了时间的花费，资本似乎不需要进一步劳动就可以不断获得一份财产收益，但是财富产生的根源则是因为人类不断地使用资本，而不在资本自身。没有任何伦理规则可以诉诸，来使在积累中花费的时间与为了保持资本的生产性所必要的持续花费相等，或者将生产出来的财富在资本家和工人之间进行公平分割"。[Frederick Soddy, *Wealth, Virtual Wealth, and Debt: The Solution of the Economic Paradox* (3d ed).Hawthorne, Calif.: Omni Publications, 1961 (1st ed., London, 1926), p.326.]

来的收益。在索迪看来,"资本只是等于非劳动所得除以利率,再乘以100"①。

债务无限增长和现实财富有限增长之间存在的逻辑矛盾,演变成了食利者(收取利息的人)和工人之间的社会冲突。这种冲突将以拒绝清偿债务的形式存在。债务以复利增长,而且债务作为纯数学的量其增长不受任何限度的制约。财富在一段时间里以复利增长,但是因为它存在一个物理维度,所以它的增长迟早会遇到极限。复利的正反馈导致债务的爆炸式增长,爆炸式增长的债务,通过抑制防御性的拒付债务行为,如通货膨胀、破产、没收性赋税、诈骗、偷窃——所有这些都会滋生暴力——而得到支付。传统观点认为这些后果是病态的,却把复利的存在看做是正常的。然而,逻辑要求我们以某种方式对复利加以束缚,或者把偶尔发生的拒绝清偿债务行为当成是正常和必要的调整。当然,简单的腐败或者无能,也会导致通货膨胀、破产和诈骗的出现。但问题是,债务的指数增长最终会导致,即使在通常很诚实并且很有能力的人们和机构当中,也发生这些情况。

索迪将凯恩斯在 1923 年对法郎价值所做的论述改述为:从长远而言,货币的购买力是由工人允许食利者(这里是指债务持有者)获得的他的劳动收入的比例决定的。购买力会持续下降,直到归于食利者的货币的商品价值降低到国民收入那个比例,用凯恩斯的话说就是,那个比例"符合国家的习俗和心态",或用索迪的改述就是,符合不断增长的世界的习俗和心态②。我们对这句话的理解就是,依靠从债务获取利息生活的食利者阶层的增加,最终需要让工人转移给他们更多的收入,超过工人所能忍受的限度,从而导致(通常由通货膨胀引发)

---

① Frederick Soddy, *Cartesian Economics: The Bearing of Physical Science upon State Stewardship*. London:Hendersons, 1922, p.27.

② Frederick Soddy, *Wealth, Virtual Wealth, and Debt: The Solution of the Economic Paradox* (3d ed).Hawthorne, Calif.: Omni Publications, 1961(1st ed., London, 1926), p.198.

冲突和债务拒付，因为货币债务的增长比现实财富生产更快。①

货币不应该将产生利息作为其存在的条件，除非在所有者放弃使用货币而把它真正借出去的同时，借贷者占有这部分货币。当商业银行体系将钱借出去的时候，它什么也没有放弃，凭空创造出的存款达到储备金要求所规定的限额。银行存在着一种机会成本，因为在把钱借给 A 的过程中，它就放弃了把同样的钱借给 B 的机会。在不同借贷者之间分配虚拟财富，存在机会成本，但是银行在首先获得虚拟财富的过程中，不存在任何机会成本。与个体不同的是，当银行将钱借出去的时候，在这期间，它没有放弃花那笔钱。节制消费的负担就转给了公众。

真正的出借者是共同体，它最终持有更多的货币债务和更少的实物资产。换言之，共同体放弃了使用实物资产，从而使得银行的借款者可以得到它，并用它来交换银行创造的并出借给借款者的货币。如果共同体不想再持有货币而试图把增加的钱转换成实物资产，那么它只是抬高了实物资产的要价，从而降低了所持货币的实际价值（购买力），这个差额就流到了创造出新货币的银行那里。如果共同体对虚拟财富的需求还没有得到满足，那么共同体就会通过持有额外的货币和更少的资产，来自愿地把钱借出去。如果它不想持有额外的货币，它就会通过提高要价和降低所持货币的购买力，来为借款者借入的新货币"腾出空间"，以这种形式不自愿地把钱借出去。无论是哪种情况，一部分共同体虚拟财富从公众转移到了新货币的发行者那里。我们知道新发行的货币将会被消费掉并增加需求，因为如果借款者不想花掉它的话，他不会为此支付利息。价格最终会被抬高，因为与**基于原料**（ex materia）创造新的物质财富（供给）相比，**凭空**（ex nihilo）创造

---

① 在 1980 年和 1991 年间，联邦总债务以每年 13.3% 的复利增加。消费者债务的增长速度是 9.3%，而商业债务的增长速度是 7.8%。综合在一起的总债务以年均 10% 的复利增长。同一时期，GDP 的增长速度低于 5%。[John H. Cavanagh and Frederick F. Clairmonte, "US Finance Capitalism: The Tottering Empire." *Third World Economics* 16–31（October 1992），No. 51: 17–20.]

货币（需求）更容易、更快捷。现在我们使用的大量货币，其存在依赖于永远不会退出流通而只会不断转存的债务。货币的存在变成了私人收入的一个来源，而它的总供给变成了"鼓风机"，它拉伸的时候会为繁荣注入动力（当存在贷款需求的时候），而压缩的时候会加速衰退（当新增贷款需求不旺的时候）。

索迪对这些议题进行了总结。他指出，现代银行家：

"已经被允许把他们自己当做是共同体并不占有的虚拟财富的所有者，并且把它借出去，并收取贷款的利息，就好像这些虚拟财富真的存在而且他们拥有它一样。贫穷的借款者通过这种方式获得的财富，并不是出借者放弃的，他们收取贷款的利息却没有放弃任何东西，而是被整个共同体放弃的，整个共同体因为货币购买力的普遍降低而遭受损失。"[①]

当债券持有者从商业银行借钱的时候，他们将有息国家债务用做抵押品的这种活动，引起了更进一步的矛盾。银行为借款的债券持有者创造存款（新货币）并向其收取利息。公众被征税以使得政府能够为债券向债券持有者支付利息，而债券持有者实际上把利息转给了银行。索迪得出的结论是："税收被用来支付给银行，而它所做的正是税收被强制禁止做的事情，即增加货币。否则，国家没有任何理由支付利息来借款，如果它不希望阻止货币增加的话。"[②] 对索迪而言，这最终就是货币体系的**归谬法**（reductio ad absurdum）。

索迪的重要性在于他努力地解决不增长问题。尽管他是科学进步的热心支持者，并且相信所有人都可能因为科技发展而走向富裕，然而他确信，在一种把债务和财富混为一谈并且表现得好像财富增长会带动债务增加的经济体系中，这是绝不可能实现的事情。他的货币改

[①] Frederick Soddy, *Wealth, Virtual Wealth, and Debt: The Solution of the Economic Paradox* (3d ed).Hawthorne, Calif.: Omni Publications, 1961（1st ed., London, 1926）, p.296.

[②] Ibid., p.298.

革目标（我们将要讨论），是阻止货币—债务以财富都不可能起作用的方式来起作用。远离指数增长文化以及朝着一种能够解决不增长问题的文化所做的第一步，就是限制货币去做某些财富都不能做的事情的能力。这似乎就是指两件事情：第一，限制货币价值的无限指数增长，这种增长隐含在对长期复利增长的预计之中；第二，限制凭空造币然后毁灭的"魔术师把戏"。应该剥夺私人银行的那种权力，并将其保留给政府。

货币改革

劳埃德·明茨的评论可以帮助我们理解这些议题为什么如此令人烦恼：

"如果一个邪恶的暴君想就公共政策问题在他的臣民中间制造极度混乱，他肯定会要求，任何重要的问题一定要与至少另外一个无关联的问题一起考虑；而且如果他的顾问中真有一个天才的话，后者会马上建议，把私人贷款操作与货币政策放在一起讨论，会非常好地满足其主人的目的……如果存在一个合理的金融结构，这两个问题并不存在任何共性。看起来似乎是一个不怀好意的人类事务设计者，具有不寻常的预见性来安排事情，以致必须立即付款的资金成为存款机构进行有利可图的操作的基础。可以从这种资金的使用中赚取收入，完全是偶然的，但这样做的结果是产生了在很大程度上操控货币存量的机构，而控制货币是政府的一个必要职能。"[①]

索迪建议进行三方面的根本变革，来实行后来明茨所提倡的剥离，并恢复经济体系中货币的诚信和准确功能：

1. 对商业银行提出100%的存款准备金要求；

---

① Lloyd Mints, *Monetary Policy for a Competitive Society*. New York: McGraw-Hill, 1950, p.4.

2. 保持物价指数稳定的政策；
3. 自由波动的国际汇率。

我们认为，尽管在这些政策被提出后的半个世纪中世界发生了很多变化，它们仍然是非常明智的。

有了100%的存款准备金制度，商业银行体系就不可能再创造或者毁灭货币。这个基本特权以及造币特权和虚拟财富所有权都将重新为国家所有，国家会再次变成唯一的货币"代言人"。银行将必须依靠他们"合法"的服务收入存活，即那些不需要创造货币的服务，如保管、支付核算和清算，以及将现实储户的真实货币借贷出去来收取利息（存款或者定期存款，非活期存款）。金融中间媒介作用（将其他人的钱借出去）将不再与货币供应存在任何关联，而且金融中介借出去的财富，将会是某个储户在借贷期间放弃使用的财富。借款者消费的所有增长，都会与储户方面的存款或者节约行为相匹配，而不与私人挪用部分社会虚拟财富相匹配。

弗兰克·奈特完全赞同这一提议，他支持："共同体为了商业银行体系，将交易媒介的数量增加数倍而向其支付'利息'的做法，是荒唐和奇怪的，因为：（1）公共机构可以用微乎其微的成本做到这件事；（2）做这件事根本就是无意义的，因为其结果仅仅是提高了价格；（3）它产生了重大的恶果，尤其是引发整个经济体系的可怕动荡。"[①] 奈特可能还会说，公共机构不仅要承担发行新货币的微乎其微的成本，而且也会享有相当多的铸币税利润。

文献中给出了为什么要制定100%存款准备金制度的三条理由。第一，这项制度会阻止私人银行创造货币，这样政府就可以实施更有效的监管。政府逐步直接控制货币，它就能够对就业、国家收入和通货膨胀施加更强有力的间接影响。所有人都认识到通货膨胀主要是货币问题。但货币主义学派则更激进，他们认为就业和国家收入也受货币供给的强烈影响。第二，100%准备金制度会阻止出现挤兑潮和恐

[①] Frank Knight, "Review of Wealth, Virtual Wealth, and Debt." *Saturday Review of Literature*, 1927, p. 732.

慌，它可以是 FDIC 的一种替代方案，因为 FDIC 具有后面将要讨论的"道德风险"。第三，100% 存款准备金制度会从重新掌握虚拟财富的使用和铸币权来服务于公共目标，这样就减少了政府为给公共事业筹措资金进行有息借贷的必要。与索迪一样，我们强调了第三点理由，尽管大部分讨论强调的是第一点和第二点理由。①

如果国家因此成为货币的唯一发行者，那么在决定将多少货币投入流通的问题上，指导它的原则将会是什么呢？为了保持货币购买力的稳定，国家在必要时将会创造货币或者收回货币。国家统计部门会制定一个物价指数，它类似于现在的消费者价格指数，然而比它更为全面。如果物价指数显示未来的价格趋于回落，政府就会通过印制新的钞票来为其活动筹措资金。作为选择方案，它可能会降低税收，或者使用新铸造的货币来购回有息国债。换言之，通货紧缩问题将会由某种形式的货币创造的政府赤字来纠正。如果物价指数显示出上升的趋势，政府就会提高税收，或者发行有息国债，并且**不支出**通过这些方式筹集到的收入。通货膨胀会由政府盈余来纠正。物价指数的功能类似于一个恒温器，或者蒸汽机的调节阀。它会为负反馈或者稳定性反馈提供一种机制。相反，部分储备银行体系提供的是不稳定或者正反馈，因为货币供应在繁荣时期会扩大而在萧条时期会缩减，从而强化最初的发展倾向。而且，在通胀膨胀繁荣的情况下银行发行货币，而在通货紧缩萧条的情况下收取净还款，就此而言，银行收到还款美元的购买力会比借出去的美元大。

在关于货币政策里"规则 VS 权威"争论的语言中，恒定的物价指数属于规则的范畴，并且得到了芝加哥学派创始人亨利·瑞哥西蒙的支持。② 规则具有清晰以及为所有人知晓的好处，从而减少了商业预

---

① G. Russell Barber, Jr. "The One Hundred Percent Reserve System." *American Economist* 17, No. 1, 1973.

② Henry C. Simons, *Economic Policy for a Free Society*. Chicago: University of Chicago Press, 1948.

期的不确定性。而权威的行为是不可预期的，并且受到政治和错误判断的影响。规则到底应该是什么（稳定的货币供应、稳定的货币供应增长率或者稳定的物价指数）的重要性，一点也不亚于对**某些**规则的采纳。物价指数保持稳定这一规则的明显优点是带来持续的公平，从而避免通货膨胀和通货紧缩引发的那些众所周知的问题。

我们认识到构建指标数字存在技术上的问题：当消费模式改变时，这些数字随着时间的流逝会"失效"，导致改变权重的需要；用期初权重或者期末权重衡量的改变问题，等等。然而，一个合理的消费者价格指数已经存在，而且我们确实例行公事地对通货膨胀进行充分的（如果不是完美的）衡量，因此这并不是什么新鲜事。我们承认很难通过政策控制这一指数，因为货币流通速度存在着滞后性和变化，但这些还是我们在当前安排下就已然面对的问题。当然，如果存在100%的存款准备金制度，货币控制中的延误就会少得多。

一个更严重的困难是"准货币"的存在，如信用卡或者高度流动的资产。它们可以非常容易地转化为货币，以至于个人在制定他们的计划时会把它们当做货币看待。准货币的存在削弱了货币政策工具的效力。解除金融管制，导致了由不受规制的自由机构创造的以支票提取存款的做法。很显然，如果要控制银行创造货币的能力，那么允许非银行的私人组织开始创造货币就是不恰当的。但那在现有体系中是一个问题，在我们提出的替代方案中也存在这个问题。

因为黄金在国际范围内流动（在索迪的时代，黄金是货币基础）会让所有保持国内物价水平稳定的政策陷入混乱，因此有必要使国内政策脱离变化莫测的国际收支平衡的影响。这点可以通过汇率自由波动来实现，汇率自由浮动会自动地按照市场汇率达到收支平衡，市场汇率大概可以反映本国货币和外国货币之间的购买力平价。国际黄金流动以及因此对本国货币产生的通货膨胀和通货紧缩压力就会被消除。自20世纪20年代以来，汇率自由浮动已经或多或少地开始形成，但重要的是要看到它们在索迪整个政策背景中所发挥的作用。我们要记住，索迪倡导弹性汇率所处的是大多数经济学家固执地坚持金本位的时代。

与索迪不同，我们并不认为这三方面的政策可以解决一切问题。然而我们相信，让实体经济与其象征性的金融调控体系紧密地结合起来，是非常重要的。如果我们在信用没有同时扩大的情况下不允许货币—债务扩大——也就是，如果某个地方的出借人实际上必须放弃使用其他地方的借款人所花费的每一美元——那么债务的扩大就会更多地与财富增加的现实可能性保持一致。某人会预期，一个人的贷款与另一个人的节约之间具有这种一致性，会使得人们在提供借款的过程中更加保守。如果某人实际上必须放弃借款者获得的借款，那么人们就会对借款计划的性质和借款人的声誉和能力提出更多重要的询问。对关于偿还能力的信息提出更多的要求，可以让小一些的、更立足于本地的金融中介机构获得优势，特别是如果这些机构不再同那些因为造币权具有优势的大银行相竞争。而借款通常会受到更多的仔细审核。例如，保守的住房按揭贷款，看起来会比贷款给金融杠杆收购或者外币投机更佳。

如果它给人的感觉是这种做法太保守，以及社会的虚拟财富应该可以为金融信贷获得，那么政府可以建立信贷机构，并且仅仅通过按照物价指数中的变化所指示的那样创造和消灭货币来从事纯贷款业务或者纯贷款收回业务。然而我们认为，对虚拟财富（或铸币税）的优先要求权将用来直接为公共投资筹措资金（不用收税或者借款）。避免借款也防止在未来钱从纳税人转移到债券持有人手中。当然，一旦这类公共投资的价值超过了社会的虚拟财富，政府从事这项活动的能力就会受到物价指标走高的限制。但是至少社会的虚拟财富会为社会（国家）而非私人银行使用。我们看到这里的观点类似于亨利·乔治建议的（我们前文支持的）土地租金应该用于公共目的。土地和货币都不是个体劳动或发明创造的产物。两者都是社会的基础，而且我们认为，从二者中产生的收入更适合被当做公共收入而不是私人收入。① 如果从这些社会事业中获得更多的公共收入，降低对个体劳动和发明创造征税的税率就是可能的，从而减少我们现有税收体系对激励产生的抑制效果。

根据圣路易斯联邦储备银行所做的一项研究②，在过去的40年当中，美国铸币税每年平均占到了年度联邦支出的2%。这一特权概念是政府垄断发行基础货币（即储备金与流通货币之和）那里产生出来的收益。既然特权在定义上就是归属于政府的利益，那么它就是被算作只是从政府本身直接创造的那部分货币供给中（也就是说，"货币基数而不是私人存款机构创造出来的存款"）③获取的收益。然而，就像我们看到的，私人商业银行让储备金大约翻了10倍。因此，初步估计，"私人特权"（或者如果这个词在定义上自相矛盾的话，那么我们可以用"从创造货币中获得的与铸币税类似的私人收益"来表示）看来应该大约等于在货币基数方面的铸币税乘以10，或者约20%的联邦收入。

然而我们必须对此做两点修正。首先，现实储备金要求更接近于3%，而不是我们给出的10%。（后者只适用于超过4680万美元的账

---

① 澳大利亚优仕达的亚瑟·皮尔博士发行了一份双周的短刊名为《亚瑟的席位》，其内容都是围绕经济和货币问题展开的。在1992年6月刊发的那期中，他讲述了175年以前发生在格恩西海峡岛屿上的一个有趣的故事。岛屿上的居民因为拿破仑战争而欠债并且需要建设基础设施，特别是要建设一个公共市场。当局不想继续增加债务，因此它决定印发4500英镑的格恩西债券用以支付建设费用。市场建成后，其中大约36家商铺或摊位被出租了。政府将每年收取的部分租金烧毁，直到烧毁的总金额达到4500英镑。债务被清偿了，或者更确切地说是蒸发了。从来没有付过任何利息，而且商铺租金继续作为公共收入，这种状况一直维持到了今天。在我们看来，这对社会的虚拟财富如何用于公共福祉提供了一个很有启发的案例。我们并不是说，庞大的美国债务可以通过收回虚拟财富而得到偿还，但我们认为皮尔先生所做的历史比喻值得我们反思。

② Manfred J. M. Neumann, "Seigniorage in the United States: How Much Does the U. S. Government Make from Money Production?" *Review*, Federal Reserve Bank of St. Louis, 74, No. 2(March/April 1992).

③ Ibid., p.30.

户，低于这一数额的账户，当然占绝大多数，则只需3%。）因此，实际的乘数更接近于1/0.03=33，而不是10。另一个修正要考虑这样一个事实，即只有部分基础货币（储备金而非流通中的货币）的乘数因子是33。① 大概为2%的联邦开支的铸币税，包括了流通货币的铸币税和商业银行持有的储备金的铸币税。如果基础货币是一半储备金一半流通货币，那么我们估算私人银行获得的铸币税就是2%的一半，即1%，乘以33，或者等于33%的公共开支。令人吃惊的是，当前储备金似乎只有基础货币的1/6，因此私人银行获得的铸币税就是大约（1/6）×2%×33=11%。通过建立100%的储备金制度来收回虚拟财富的公共所有权，尽管不是解决金融问题的万灵药，却会让公共收入出现显著增加（在公共开支的11%到33%之间）。这些估算的数字是粗略的，而且仅仅是为了说明，私人获得铸币税尽管不是很多，但也并不很少。

商业银行拥有的"私人铸币税"是如此明显地类似于政府在储备金上获取的铸币税，因此，文献中并没有提到它或者对它进行计算，是十分令人吃惊的。在经济学基础教科书关于货币和银行的篇章中，我们也没发现"私人铸币税"，尽管它们都描述了银行是怎样创造货币的。假使只存在一家垄断银行，银行的铸币收入将完全属于银行的收益。假使银行体系存在完全竞争，银行铸币收入就会因为费用较低或者储蓄利息更高而消失，就像在任何可以自由进入和完全竞争的市场中不可能存在超额利润一样。在任一极端情况下，或者在一个更为现实的折中情况下，政府仍然能够通过制定100%的储备金体系，来把私人铸币税转化成真正的政府铸币收入。很显然，通过每年增加几个百分点的储备金要求，就可以逐步达到100%这个数字。

我们早前认为，货币具有一种倾向，那就是培养指数增长文化，因为货币使用者容易犯错置具体性的谬误。其原因有两个。第一，货

---

① 实际的储备金要求可能低于3%，因为低于一定限度的某些存款根本不需任何保证金。相关数据参照每月发布的《美联储公告》。

币可以被凭空创造，而且可以无限增加，因为这一事实，我们总是认为财富（货币是财富的象征）也可以一样做到。第二，随着历史从简单商品生产（C—M—C*）向货币引起的资本循环（M—C—M*）转变，我们的注意力也转向了抽象的交换价值（而交换价值的积累似乎是无限的）与具体的使用价值是相分离的，而使用价值的增加很明显受我们使用累积物品的能力所限制。

我们的建议不会消除这种指数增长的文化——它们并不直接禁止，或者限制复利的存在。但是 100% 存款准备金的要求，比我们能想到的其他任何金融手段，似乎都更有效地间接阻碍了指数增长文化。按自然规律限制产出的其他政策，已经在本书其他部分讨论过了，而且我们认为，对于抵御指数增长不良后果而言，这些政策比通过控制货币来间接控制产出更好。然而，货币行为与实体经济应该变得更加一致。100% 准备金制度是朝着那一方向迈出的一步。此外，从有息资产投资向有股息的股票投资总体转变，也许会是值得推动的一件事情。股息是变化的，它是基于现实经历的事后（ex post）收入。然而有息资产是基于预期的事前（ex ante）承诺，如果这个预期投向非常遥远的未来，那么它就会变得不现实。

但是，如果财富增加而货币供应没有增加，那不会使商业活动变得更加困难吗？也许会，但它将很快导致价格下跌，而价格下跌就要求政府在流通中投入更多货币，来保持物价指数稳定。保持物价指数稳定的主要原因，是为了保持债权人和债务人之间的长久公平，以及避免像橡皮一样弹性太大的标准（rubber yardstick）造成的多重不公正——而不是担心，由于货币供应相对于商品和服务不足，商业可能无法实现。共同体自愿持有的虚拟财富的数量，会自动随着人口、收入水平和社会的支付习惯进行调整——而且虚拟财富的调整数额会在与流通领域里等量的货币中间进行分配。当下的交易可能通过便士或者美元进行，而且不会有任何问题（假设价格是弹性的）。但是，如果债务人今天必须偿还的货币，价值多于（或少于）他们当时所借货币价值的 100 倍，那么问题就产生了。

在存款保证金为 100% 的情况下,我们远不需要成立联邦存款保险公司,联邦存款保险公司也不需要给银行和存款人错误的刺激,使其可能去接受高风险贷款。只需要制定 100% 存款保证金这一个制度,就会让其他银行调控手段变得不必要。人们所担心的这种情况也不会出现,即少数大银行倒闭导致其他银行塌方式倒闭(由于存款级联损失及货币收紧)。因此支配当前银行调控的"太大而不允许倒闭"的教条,就会失去它大部分的合理性。这一教条实际上将政府的"保险"延伸到了股东、银行管理层以及储户,大大增加了经济学家所讲的"道德风险"——即刺激人们冒更大风险来寻求高回报,而不是小心谨慎,因为其他人会为损失买单。

道德风险:当前金融实践

道德风险的另一种定义就是,利润私有化和损失社会化相结合导致的结果。用美国银行家协会执行副总裁肯尼斯·A.顾恩斯的话说就是:"解除利率管制与 100% 存款保险制度组合在一起就像火药的发明——它注定迟早要爆炸。"[①] 但是解除对银行业和金融的管制在里根执政期间非常流行,而银行业希望"政府走开"。现在,银行业最不希望政府做的事,就是离开失事列车的现场。具有讽刺意味的是,在其清除债务活动中,政府通过美国信托公司来介入金融领域的程度,证明远大于从前。一些储蓄和贷款机构正在私下协议,以优惠的价格购买被收回的储蓄和信贷机构——因政府出钱,它们倒获得了巨大的竞争优势,压倒那些经营良好并且在金融风暴中幸存下来的储蓄和信贷机构。后者仍然在账目上有些坏账,它们与重生的储蓄和信贷机构是不同的。重生的储蓄和信贷机构的坏账全部因政府的恩惠而被免除,以吸引有意的买家。那些被认为"太大而不允许倒闭"的机构当然特

---

① William Greider, *The Trouble with Money*. Knoxville, Tenn.: Whittle Direct Books, 1989.

别受到扶持，鼓励它们进一步做大。

在道德危机的条件下，对风险厌恶的减少也使得美国商业银行加大了在南方国家（第三世界）的投资力度，从而引发世界债务危机。美国和其他北方国家债权人对这一危机做出的一个反应，是对多边开发银行施加压力，促使它们加快向南方国家发放贷款，从而为这些国家提供必需的外币来偿还北方国家商业银行的债务。由于在部分准备金银行制度下，防止北方国家商业银行倒闭在很大程度上确实符合公共利益，因此这样做是合理的。这是世界银行增加利用所谓的快速支付结构调整贷款的一个理由，下面我们将讨论。

道德风险似乎在金融世界中是普遍存在的。它是因为没有认识到财富增加不可能像债务增加一样快而产生的吗？凯恩斯认为任何在现实中可能的东西，凭借一点想象，在金融上也应该是可能的。我们能把这一合理格言变成其不合理的逆命题吗？即在金融上可能的甚或便捷的东西，在现实当中也一定是可能的吗？当实际增长受到限制而变得越加困难，我们就越努力地推动金融增长——通过并购和全球整合的增长。试图用各种担保和刺激措施来推动日益困难的增长，导致道德风险。道德风险是一个推动我们拒付债务的力量，拒付债务使金融世界向现实世界短暂地重新调整。不幸的是，不管在逻辑上如何不可避免，拒付债务都可能是不公正行为和暴力手段。

分析乃至详述美国最近还未结束的金融自由化的灾难或者国际债务危机的后果，远远超出了本书范围。我们确信，为了公共利益重新加强监管，最终必然包括在后果之内。尽管索迪时代之后世界改变了许多，但我们认为，对于我们从根本上重新思考货币怎么能够更好地为共同福祉服务，他的分析和倡导的政策给我们提供了一个好的起点。

国际金融的危害

共同福祉受到来自金融的国际化本性的特殊威胁。与劳动力、生产工具乃至产品相比，货币更自由地在全世界流动。这种流动深刻影响着产品在哪里生产,以及世界不同地区的经济前景。如果区域或者国家无法控制货币流动,那么就不可能建立稳定的区域经济或国民经济。

不幸的是,当前的趋势是国家对货币流动的控制正被削弱。到目前为止,许多第三世界国家已经认识到,它们作为独立国家运作的能力,依赖于它们拥有自己的一些金融机构。因此,它们对这些机构加以保护使其免受外部竞争。然而,关贸总协定(GATT)乌拉圭回合谈判的一个主要改革,就是对这些做法加以禁止。如果国家对它们的这些机构加以保护而免于同国际银行和保险公司竞争的话,就会受到限制商品贸易的处罚。如果新关贸总协定付诸实施的话,大型国际金融机构就会挤垮世界大多数地区的本土银行和保险机构。

20年以前,从事生产的跨国公司可能对全球经济拥有最大的控制权。今天这一权力转移到了金融机构手中。投资逐渐地变成了购买和出售生产性的企业,而不是建立或扩大企业。

从事本国货币投机活动也能够赚钱。巨额资产可以在一瞬间周游世界,从而在汇率和利率即使很微小的波动中获利。我们的观点是,金融应该为生产性企业服务,而且不应该被吸引到投机活动中。即使对国际金融交易收取很少的税,也会阻止这种无意义的投机。

另一方面,这样的税不大能阻止对被认为估价过高的货币的大规模投机性攻击。只要货币在国际交易中被人为估价,这类攻击就会继续,而且如果他们成功了,投机者就会获得巨额利润而把损失留给大众。阻止这类投机的最佳方式就是采取自由波动的汇率。

反对浮动汇率的主要理由,是汇率波动会给国际贸易带来额外风险,这种风险会对贸易、分工专业化和世界经济一体化构成障碍。弹性汇率不会阻止与不平衡贸易相联系的借贷活动,但是它们提供了更快速的反馈和一种纠正过度举债的机制。当贷款必须用外币偿还的时候,对外币的额外需求就会抬高它的价格。这会使得进口更加困难而出口更容易,从而增加赚取的外币净额,并且明显减少债务人的实际消费。这可以使得借款更少,并降低对贸易的依赖。

然而，大多数经济学家和政策制定者，把任何阻碍全球经济一体化的做法都看做是坏事，读过本书第十一章的读者，会知晓我们并不赞同这种观点。以全球一体化的经济来取代本国和本地区经济为目标的政策，对人类共同体和自然环境产生的毁灭性后果，让我们印象深刻。我们认为全球经济一体化已经走得太远，因此我们欢迎弹性汇率对此所起的抑制作用。不幸的是，考虑到远期外汇市场提供规避汇率风险的可能性，我们担心这些抑制作用不会很大。

在第十一章里，我们敦促建立贸易平衡政策，也就是说，当下的出口应该足以支付当下的进口，而且国家之间转移的资本额（债务）应该相对很小。不幸的是，当前正是资本账户支配着外汇市场，而且资本账户中很多都是短期债务，而这些短期债务的频繁国际流动是以投机而非实际投资为动机的。对贸易账户中可接受的贸易不平衡程度加以限制，会自动限制资本账户中的不平衡，反之亦然。也许对资本转移加以限制，将是强制走向贸易平衡的最佳途径。

长期国际债务更明显地对国际金融造成了恶劣影响，特别是在第三世界国家里。在 20 世纪 70 年代，第三世界国家从美国和其他北半球国家的商业银行大量举债。其理论是这笔钱会被投资用于生产性发展，由此可以产生利润来偿还债务。但实际上，这笔钱里有很多并没有被明智地投资，而是花在了没有任何经济效益的项目上，或者被人窃取了。

20 世纪 80 年代，当从这些"投资"中产生的收益不足以偿还债务这种情况变得清晰明了时，债权人开始对多边发展银行施压，让它们对南方国家加速放贷，从而为他们提供偿还北方国家商业银行债务所必需的外币。这是世界银行增加利用所谓的快速支付结构调整贷款的一个原因。结构调整贷款也是从基于项目的贷款向基于政策的贷款总体转变的一部分。其根本原因是，有效益的项目常常因为宏观经济的非理性而失败，世界银行将资金投入到那些处于永久性非理性大环境中的仅仅暂时有效率的项目中，这无异于把大量的钱扔进大海。

因为世界银行和国际货币基金组织教条化地确信什么是理性的宏

观经济政策（取消补贴、减少赤字、贸易自由化以及私有化，这些共同构成了"结构性调整"），因此就不需要像在基于项目进行放贷的情况那样，耽搁时间长期研究准备，而且贷款能够很快让货币流动起来。如果一项有效的政策提高的产出超过了为贷款支付的利息，那么这个国家就会变得更好，至少在传统的更多产出的意义上是如此。然而，有人可能会问，为什么借钱来制定更有效的政策是必要的呢？在某种程度上，为了促使国家制定世界银行和国际货币基金组织确信会对这些国家有好处的政策，结构性调整贷款是必要的，然而这些国家本身对此却不这么确信。即使借款政府赞同此点，而世界银行和国际货币基金组织需要某种东西来帮助在政治上进行推销，那么贷款就会具有贿赂的某些特征。为了政策改革而借款也有很大意义，如果改革措施削减了所需的收入，就好比降低关税会削减所需收入一样。因此，如果确信降低关税是一个好政策，那么，借款来补偿损失的收入直到创造出新的收入来源，就是有意义的一件事。当然，在降低关税之前就创造出新的收入来源也会是有意义的，而且这样的话就可以避免借债。但是不借款就意味着没有外汇流入，来支付北方国家私有银行。

正确的决策依赖于利率和政策改革的生产率。我们知晓前者，却不了解后者。在现实中，我们甚至没有尝试估算政策贷款的回报率，因为它太难以捉摸。同样，我们也没有对教育贷款和公共医疗贷款进行估算。所有这些给人的感觉是，在所有的情况下这一理论非常可靠，足以推进而无需经验的再验证。然而，教育和公共医疗与福利有着直接而明确的联系，不依赖它们之间由提高的生产率而产生的间接联系，然而，政策改革却没有直接的福利收益，而且其合理性完全依赖于人们假设的、新古典经济学理论所表述的间接效果的正确性。而幕后是这种尴尬的要求：将外汇转移到南方国家，从而它能够作为利息流回北方国家的银行。这是必需的，因为几家大银行的倒闭可能导致信用累积缩减，带来灾难性后果。在我们的部分储备金银行体系之下，许多向第三世界国家大量放贷的银行规模如此之大，以至于国家不可能允许它们倒闭。

愿意放弃对这些贷款回报率进行成本效益计算的部分原因，无疑源自这一认识，即这类计算结果可能是而且经常是"被篡改过的"，以便给出任何你想要的答案。因此，在实际上（de facto）的操作模式中不对这些贷款回报率进行成本效益计算，并不会有多大的区别。但是世界银行不关心贷款能否得到偿还吗？而且那不会使得它在借贷方面更加谨慎（至少根据它自己最好的理解）吗？事实是，世界银行的贷款几乎总会得到偿还，即使它资助的项目或政策只会造成损失。这是因为世界银行贷款的对象是主权政府，而主权政府有权征税和印发货币。它们不能印发外汇，但是它们能够通过印发更多本国货币来购买外汇，并且承受通货膨胀和通货紧缩的后果——或者它们还可以坦诚地向人民征税，而不是制造通货膨胀。无论是哪种情况，它都能够偿还世界银行的贷款，而且几乎总是会这样做而不会因为违约让它的信用评级受损。

世界银行实际上处于优先偿还的债权人行列。此外还有下面的事实：政治家们喜欢借大量的钱；世界银行处于借出更多钱的压力之下，由于南方国家偿还以往贷款的数额现在如此巨大，以至于从世界银行到南方国家的资金净流动是个负数；世界银行贷款官员的工作业绩，部分是根据他们动用的款项来评估的。为什么从严格的传统意义上讲，世界银行的投资组合质量下降了，原因很明显。[1] 对世界银行的雇员而言，让自己变得不受欢迎的最快方式就是放慢贷款投放，即使无可辩驳的证明显示，某一贷款是愚蠢的。在一个肯定会因为愚蠢行为而赔钱的组织中，这类证明将受到奖赏而非惩罚。我们也能够看到，为什么这种情况具有"道德风险"的全部特征。

世界银行应该做什么？放慢步伐，把更大的资源份额投入到项目监管中，办理更小额的贷款，或许持有某些项目的股权，或者在某种程度上承担一部分损失。后者会帮助克服道德风险问题，并且可能会

---

[1] Wapenhans Report, *Effective Implementation: Key to Development Impact*（R92-125）. Washington, D. C.: World Bank, 1992.

提升项目监管程度。从内部对项目进行更强有力的对立审核，就如人事评鉴的转变，有助于标准从满足贷款目标向项目实际绩效转变。更根本的问题是，就像在其他地方谈到的①，世界银行应该更多地关注为恢复自然资本所进行的投资，对资源利用效率的投资，对供本土使用并受本土控制的基本商品和服务的国内生产投资。这意味着实质性地远离当前出口导向的发展模式，还有这种发展模式根据比较优势对专业化和贸易的颂扬。我们认为进一步全球化的成本超过收益的理由，在前面章节做了详细说明，特别是在第十一章。

分权主义者的赞歌

在结语部分，我们回到共同体这一基本主题，并且用芝加哥经济学派创始人亨利·C.西蒙的话，将它与金融联系起来。除了提倡对商业银行做出100%准备金要求之外，西蒙认为，在机构上把保管、核对和结算这些专门的银行功能与投资功能分离开来，是个好主意。他把小型信托公司当做银行的补充：

但是那些小一些的银行，可以转化成极其有用的机构，其主管们真正对本地或社区企业有所了解，他们可以调动本地基金为本地投资，就像建设和贷款协会曾经做的那样，但是要在股权的基础上……

作为自由主义者，如果预想到我们的资本市场可能通过使投资信托公司本地化而彻底分散化，就很容易变得狂喜。以不同的资金获得方式，它可能最终让当前企业规模无节制的人为经济失效，甚至将其扭转过来。当庞大的企业联合体受到反复无常的纽约证券交易所的困扰，并且只得到最多变的投资者的支持时，小型和中等规模的企业，则可以享有通过本地信托投资公司所表现的共同体对它们的稳定的忠诚度，并且，利益相关的本地股东（实

---

① R. J. A. Goodland, Herman Daly, and Salah El Serafy, eds., *Population, Technology, and Lifestyles: The Transition to Sustainability*. Washington, D. C.: Island Press, 1992.

际上是作为社会团体运行的整个共同体），还对其管理进行有益的、近距离的监督。

如果本地信托公司真的像它们应该做的那样，服务于调动他们共同体中大量的小额存款，那么，甚至我们的劳动力问题可能也会有好的解决办法。在这样的环境中，共同体的压力会抑制过高的工资要求，那会威胁本地产业相对繁荣，也就是说，会削弱其相对于其他共同体的竞争力。另一方面，这种压力也会阻止工资降低到不必要的水平上，那会损害企业吸引或者挽留优质劳动力的能力，或者损害共同体保留或招募好的工人——市民的能力。但这只是狂想！[①]

尽管他把它叫做热情洋溢的狂想，但这明显是西蒙所追求的愿景，而且，它确实表达出了我们自己关于共同体经济学的金融要求的想法。但它是如何在随后的极端个人主义的兴起（与当前芝加哥学派有关）中被遗忘的，则是留待经济思想史学家们研究的一个有趣问题。

货币和金融都是非常晦涩难解的问题。我们在后记里提供的这些东西，当然不是一份用于具体改革的技术蓝图，而是一些基本的政策方向，以及对作为它们的理论来源的基本原则的讨论。我们试图说明，至少这些政策方向的最初结果看起来是有益的。我们欢迎专家们对我们的建议和我们复述的弗雷德里克·索迪的部分观点做出评论。我们欢迎他们不仅指出我们的错误，也提出更好的建议。刚才评论的令人遗憾的金融事务现状，让我们斗胆接受这种挑战。我们发现这是很难想象的，采纳索迪提出的三项保守性建议，特别是如果经过富有同情心的专家们"清理"（cleaned up），它的结果怎么可能比继续把债务和财富混为一谈的传统金融骗子所造成的破坏更糟糕。

[①] Henry C. Simons, *Economic Policy for a Free Society*. Chicago: University of Chicago Press, 1948, p.238.

附　录
可持续经济福利指数

导　言

　　第三章和第十九章指出，我们需要一种衡量经济的方法。相比 GNP，这种方法将给那些想要提高经济福利的人提供更佳的指导。

　　一种可能性是把早已被人们提出的衡量经济福利的一种指标进行更新。然而通过进一步的考察，可选的指标中似乎没有哪个足以应对今日的情形。例如，佐洛塔斯[①]没有考虑可持续的问题，而诺德豪斯和托宾[②]虽然把可持续的问题考虑进去了，但他们没有考虑环境问题，而环境问题自他们的著作出版以后变得日益重要。在某些方面佐洛塔斯对我们更有帮助，而在另一些方面诺德豪斯和托宾则对我们更有益。我们从日本的国民净福利衡量方法那里学到了一些东西。因此，我们没有对现有的衡量方法进行修改和更新，我们建议在吸取它们优点的基础上提出一种新的衡量方法，即可持续的经济福利指标（ISEW）。ISEW 把第三章里讨论的所有那三种指标都没有涉及的一些因素，以及处理这三种指标中所包含的问题的新方法，都包括了进去。

　　[①] Xenophon Zolotas, *Economic Growth and Declining Social Welfare*. New York: New York University Press, 1981.

　　[②] William Nordhaus and James Tobin, "Is Growth Obsolete?" *In Economic Growth*, National Bureau of Economic Research General Series, No. 96E, New York: Columbia University Press, 1972.

我们对《为了共同的福祉》初版中的 ISEW 做了大量修改。凯罗尔·卡森、美国经济分析局的艾伦·杨、E. J. 米沙、罗伯特·艾斯纳、罗伯特·戈特弗里德、托马斯·迈克尔·帕沃尔、简·丁伯根、理查德·拉姆和汉斯·巴赫对 ISEW 提出了详细建议，我们所做的一些修改即是对这些建议的回应。巴赫的意见是最令我们感兴趣的，因为他在 1950 年到 1987 年间为西德设计了一个相似的指标。我们邀请这些专家审核 ISEW 并对其做出评议，作为小小的补偿，我们把他们的批评意见一并发表。在下面详细的讨论中，我们将提到他们针对最初的 ISEW 提出的一些批评。读者们可以在克利福德·W. 科布（Clifford W. Cobb）和小约翰·B. 柯布的《绿色国民产值：国民生产总值以外的另一种福利衡量方式》（Lanham, Md: University Press of America，即将出版）里看到他们全部的批评意见。

《为了共同的福祉》初版面世以来，其他两本出版的书对于设计对生态敏感的经济指标也具有特殊意义。在《浪费资产》中，罗伯特·雷佩托和世界资源研究所的研究员考察了印度尼西亚的国民收入账目，以此判断降低自然资本的耗竭（如减少石油开采、林木采伐和土壤流失）所产生的影响。[1] 尽管印度尼西亚官方数据显示，从 1971 年到 1984 年其国内生产总值的年增长速度是 7.1%，但将资源损耗考虑进来后，增长率只有 4.0%。

罗伯特·科斯坦萨主编的《生态经济》第二部分的文章里，汇聚了很多有关国民收入核算中如何恰当地对待环境资源的重要理论见地。[2] 由科斯坦萨主编的学术期刊《生态经济》促进了对这些议题的持续探讨。

在接下来的内容里，我们将阐述构建 ISEW 中所涉及的主要理论

---

[1] Robert Repetto, Robert, William Magrath, Michael Wells, Christine Beer, and Fabrizio Rossini, *Wasting Assets: Natural Resources in the National Income Accounts*. Washington, D. C.: World Resources Institute, 1989.

[2] Robert Costanza, Robert (ed.), *Ecological Economics: The Science and Management of Sustainability*. New York: Columbia University Press, 1991.

观点。然后我们为读者提供 1950 年到 1990 年的 ISEW 统计数据表和某些其他结论。附录其余部分详细解释了表格各个栏目的含义。

个人消费

我们熟知的所有经济福利衡量指标都因为包括了个人消费而与 GNP 是重叠的。但正是在个人消费指标问题上，它们彼此各异，同样它们也都不同于 GNP。我们同样也是从消费问题开始，但是帕沃尔和米沙已经让我们意识到，消费和福利的关系中存在一些概念性问题。

一个问题是，生活成本在一个国家中随着地区或者城市的不同而不同。在高消费城市 3 万美元收入带来的幸福感，与在低消费城市带来的幸福感并不相同。特别是，花费在住房上的同样多的钱所产生的满足感的水平非常不同。因此，理想的情况是，我们应该分别估算每一个城市或者地区的福利，并将那些经过调整的测量值相加，而不是把所有的消费混为一谈。然而，当前这些统计数据还不可得。

收入分配

我们在这样的假设下将收入分配包括进来，即收入增加 1000 美元给一个贫穷家庭所带来的福利，多于它给一个富裕家庭带来的福利。尽管经济学家普遍认为分配平等的问题很重要，但他们把分配平等的问题与经济福利多少的问题分开来看。因此有人可能会问：如果收益的总量（福利的单位）以 X 百分点减少，而收入分配的衡量以 Y 百分点增加，那么我们生活得更好了还是更差了？新古典经济学是无法回答这个问题的。我们意识到了把分配要素包括在我们的可持续经济福利指数中所涉及的概念上的问题。然而，我们认为继续把分配当成独立的问题来处理，会贬低它在经济福利分析中的重要性。因此我们选择把它作为我们指标的一个组成部分。

资本净增长

我们将诺德豪斯和托宾在计算净资本存量的变化中所做的事情,做了相当大的修改。特别是,我们在计算中只把可再生产的固定资本存量的变化包括在内,而没有包括人力资本。

我们在关于资本存量的变化的计算中去除了人力资本,即使我们知道在可持续的经济福利中它具有重要的理论价值。人力资本——即劳动力的特性,比如健康和技能,使得它具有生产力——无疑有助于经济福利。然而即使我们承认这个普遍原理,我们还是怀疑,通过衡量在医疗或者教育上的支出,能有效得出有意义的人力资本存量的估值。我们认为,我们还没有对人力资本的实际源泉进行定义,因此它是不可衡量的。就我们在计算中包括了医疗和教育支出来说,我们是把它们当成消费的一部分处理的。

在一个营养良好的(well-nourished)社会中,医疗支出增加和人们健康状况提升之间的关系是很细微的,而且我们没有看到有证据表明,在健康方面的支出对生产效率的提高有明显贡献。从直观的角度上讲,我们可以假设把更多的钱投入医疗保障将使人们更健康,而这反过来会减少旷工现象并使生产效率更高。然而,有关这种关系的记录是很模糊的。根据美国国家健康数据中心[①]的数据,每个人"限制活动天数"从1965年的16.4天增加到1980年的19.1天,而同时期实际人均医疗保障支出增加了70%以上。这并不是说我们在1980年的健康状况不如1965年,其他统计数字可能表明人们的健康有某种程度的提高。我们引用"限制活动天数"这个统计数据仅仅是想说明,任何医疗保健支出与生产效率提高之间所假定的关系,都是不确定的。

教育程度的提高对生产效率的影响也远远不是明确的。经济学家爱德华·丹尼森和西奥多·舒尔茨(后者是诺德豪斯和托宾的人力资本计算的一个理论来源)的研究认为,教育对生产效率的贡献,与诸

---

① 参见:*Statistical Abstract*。

如受教育的时间和每个学生的支出这类投入有关系。①那个假设就其表面可能看起来是合理的。然而，无论理论还是经验问题，都对通过这些投入来评估"教育资本"的有效性提出了严重质疑。

在准备 ISEW 的一个阶段，我们把基于劳动力成员教育支出的人力资本估值包括了进来。我们发现，经通胀调整的每个学生的教育支出在 1945 年到 1985 年间翻了两番，而且我们对人力资本的估值在那个时期也出现了近 11 倍的增长。然而，由于教育质量在那个时期并没有提升的迹象（而且可能还下降了），因此使用教育支出来衡量人力资本似乎是完全不恰当的。人力资本或者至少是人力资本随时间的变化，看起来很大程度上是源自于在职培训和经验。除非某人设计出一种巧妙的方法来衡量工人和管理者体现出的知识价值，否则我们还是不可能对人力资本存量进行合理的衡量。

在理论层面，正规教育水平和收入差别之间的相关性，也许不能显示二者之间具有因果联系，或者至少其理由并不符合人力资本模型。莱斯特·瑟罗认为，教育和收入之间的相关性，可以通过他所讲的"工作竞争"这个模型得到解释。②通常所讲的工资竞争，是指在找工作的时候工人是根据他们的技能来接受工资的。与之相比，工作竞争模型认为，工人受雇佣的基础是他们"在劳动队伍中所处的相对地位"，它更多地由学历水平决定，而非他们的工作技能。根据这个模型，工作技能主要是通过工作而不是正规教育获得的。因此相比高中毕业生，大学毕业生能拿更高的工资，其基础不在于他们拥有更多的知识储备或技能（人力资本），而在于这样一个事实，即雇主以学历为参照，把

---

① Edward W. Denison, *The Sources of Economic Growth in the United States and the Alternatives before Us*.New York: Committee for Economic Development, 1962, p. 68ff., Theodore W. Schultz, "Education and Economic Growth." *Social Forces Influencing American Education*, Edited by Nelson B. Henry. Chicago: University of Chicago Press, 1961.

② Lester C. Thurow, "Education and Economic Equality." In *The "Inequality" Controversy: Schooling and Distributive Justice*, Edited by Donald M. Levine and Mary Jo Bane. New York: Basic, 1975, pp.175–184.

他们认为会使他们的培训成本更高的那些人剔除出去。瑟罗认为就那一点而言,这个模型是有效的。

教育的作用,不是传授技能,从而让生产效率得到提高,以及使工人获得更高的工资;而是证明他(或她)的"可塑性",以及通过这种证明而赋予他(或她)一定的地位。工作和更高的收入,就是基于这种被证明的地位进行分配的。①

这个模型有助于解释,为什么从 1950 年以来教育分配的平等,并没有使收入分配达到一种对等的平衡,以及为什么生产效率整体的增长,没有跟上教育开支增长的步伐。它也解释了,为什么即使教育投入只给社会提供了很小的回报,但却为个人提供了相对高的回报率。正规教育的价值不在于传授技能,而在于它把个人放到劳动队伍中比其他人更高的位置:"实际上,教育变成了保护一个人'市场份额'所必需的一种自我保护性开支。受过教育的劳动力的阶级越壮大,它增长得越快,这种自我保护开支就越有必要 。"② 换句话说,一个人被迫获取大学学历来得到某些工作,就是因为其他人也拥有这个学历。如果投在教育上的很多费用都是用来保护个人的相对地位,那么从 1950 年以来教育开支的大规模增加,就不能被看成是促成生产效率提高的一个重要因素,或者人力资本的一个源泉。

即使瑟罗的工作竞争模型完全无效,其他经验证据也对正规教育在创造人力资本上的重要性提出了质疑。特别是收入和教育之间的相关性看起来是非常微弱的。雅各布·明塞尔是一位卓越的人力资本投资分析师,他指出在从事非农行业的白人男性当中,其收入里只有

---

① Lester C. Thurow, "Education and Economic Equality." In *The "Inequality" Controversy: Schooling and Distributive Justice*, Edited by Donald M. Levine and Mary Jo Bane. New York: Basic, 1975, p.172.

② Ibid., p.182.

7% 的不同，可以归因于他们受教育层次的差别[①]。[②]（如果把所有的劳动力都包括进去，那么教育所导致的收入不同比例会更小，因为还存在因为种族和性别所导致的歧视。）换言之，93% 的不同都是由其他因素决定的，这些因素包括运气、个人的抱负、天生的能力和从工作中学到的技能。

出于对这些因素的考虑，我们在计算人力资本存量的变化中，忽略了所有对人力资本的估算。原则上我们认为应该把人力资本包括在内，但是我们认为，医疗开支和教育开支夸大了人力资本存量变化对提高生产效率的作用。

除了把整个人力资本因素从诺德豪斯和托宾所做的计算过程中去除之外，我们还把增长需求重新定义为补偿折旧和人口增长所必需的资本增长，它不包括任何对劳动生产率变化的考虑。即使对诺德豪斯和托宾来说，他们也不清楚，为什么可持续应该意味着增长而不是达到一种稳定的状态，即为什么净资本应该按照人口增长和生产效率增长的综合比率增长：

资本存量必须与人口及劳动力保持一样的增长速率。这种扩大资本的需要，实际上与直接的资本消费一样，是为保持相同状况而付出的成本。当增长完全是人口和劳动力的增长时，这一原则是足够明晰的。但它对伴随着技术进步的经济所具有的影响却是不明晰的。实际上，国民收入概念变得含混了。[③]

[①] Jacob Mincer, *Schooling, Experience, and Earnings*. New York: National Bureau of Economic Research, 1974, p.44.

[②] 在完成学业后的第 8 年里，收入变化中大约有 1/3 可以用受教育水平来解释，尽管在接下来的年月里这部分所占的比例下降得很快。

[③] William Nordhaus and James Tobin, "Is Growth Obsolete?" In *Economic Growth*, National Bureau of Economic Research General Series, No. 96E, New York: Columbia University Press, 1972, p.6.

当诺德豪斯和托宾提议把提高生产效率包括在增长需求里面的时候，他们也许没有预见到生产效率会下降。自他们的著作出版以后，在很长一段岁月里生产效率一直在下降。按照他们的计算方法，可持续的 MEW 的增长，因为生产效率降低而得到提高，这是一个荒谬的结果。[①] 相反，生产效率的降低应该扩大增长需求，因为资本必须用于补偿减少的生产效率，如果消费水平保持不变的话。因此，计算增长需求的一个合理方法，就是从人口增长和劳动力增长那里减去（而不是加上）生产效率增长的百分比。对于我们的 ISEW，我们选取了更为保守的方法，那就是把生产效率的变化从可持续性的计算中完全剔除掉。

外资与国内资本

除了计算资本净额的构成是否足以跟得上人口的增长以外，我们还要把一个概念包括进来，即考虑资本的来源是否可持续。在国家经济发展的早期阶段，增长可以依靠从其他国家借入资本。然而，当一个发达资本主义国家是通过从国外借贷资本来为其资本积累提供资金时，我们认为那反映出那个经济体在长远生存能力方面存在一个根本弱点。因此我们增加了美国净投资地位的变化（或者当它是负的时候减去它），理论依据就是可持续性需要国家实现长远的自给自足。

自然资源的消耗

我们也把对可持续生产的关注，扩展到包括自然资源或"自然资本"的可获得性，而不仅仅是人类创造的资本。我们所讲的自然资本概念，不仅包括燃料和矿产，还包括湿地和农田。佐洛塔斯通过修正

[①] 加入 MEW 的资本净增长等于净资本存量变化减去增长需求部分，增长需求部分由劳动力和生产效率的变化构成。如果生产效率降低了，增长需求部分就会增加得更为缓慢，而 MEW 的增长则更为迅速。

他认为市场略低的燃料和矿产定价,对这个问题做了一定程度的考虑。MEW 则完全省略了自然资本耗尽的成本,但这并非疏忽。相反,诺德豪斯和托宾解释了为什么他们认为资源耗尽并不会对可持续造成任何威胁:

> 占主流地位的经济增长标准模式认为,我们可以无限地扩大对非人类生产要素的供应……也许大家都默认,可再生资本可以近乎完美地替代土地和其他可耗竭的资源……如果在任何现有的技术条件下都不可能有替代品,或者如果一种特定的资源被耗尽了,我们默认能"扩张土地"的技术革新将克服这种稀缺性。这些对技术所抱的乐观看法,与环境学家所默认的不存在自然资源的替代品的观点大相径庭。在这种条件下,很容易看到产量实际上会停止增加或者减少。①

因此,在可持续性的范畴下是否需要因为资源耗竭做出调整的问题,取决于替代和技术进步这个议题。为了给他们的乐观看法提供支持,诺德豪斯和托宾引用了爱德华·丹尼森的研究,这个研究揭示,从 1909 年到 1958 年,越来越少的国民收入份额是由自然资源贡献的。② 他们也参考了巴奈特和莫尔斯 1963 年的研究,这项研究得出的结论是,除了林业产品以外,相对整体的商品价格来说,资源密集商品的价格并没有出现更快的增长。③ 因此,产品替代和技术进步"解决了资源稀缺性问题"。

对于不可再生资源具有无限替代性的看法,是基于一个特定历史时期的经验,在那个时期能源是极其廉价的。但是那个时代现在已经

---

① William Nordhaus and James Tobin, "Is Growth Obsolete?" In *Economic Growth*, National Bureau of Economic Research General Series, No. 96E, New York: Columbia University Press, 1972, p.14.

② Edward W. Denison, *The Sources of Economic Growth in the United States and the Alternatives before Us*.New York: Committee for Economic Development, 1962, p.13.

③ Harold Barnett and Chandler Morse, *Scarcity and Growth*. Baltimore: Johns Hopkins University Press, 1963, p.3.

结束了，所有资源的成本都将提高，因为提炼和加工能源的成本增加了。在20世纪头70年的时间里，自然资源价格下降是只出现一次的现象，而对未来的错误看法就是建立在这个现象基础上的。

约翰·吉佛等人所著的《超越石油：未来几十年内食物和燃料所面临的威胁》这部具有突破意义的著作，解释了经济学家为什么低估了资源耗竭的后果。问题在于能源现在是很昂贵的，不仅仅就经济意义而言要花更多的钱，而且因为需要更多的能源来获得它。能源产出/投入比——从用于开采、提炼和加工的一定能源投入中，获得的可用能源产出数量——就石油而言，它从20世纪40年代的100降为20世纪70年代的23①。② 煤炭业也出现了类似的下降。然而即使当能源成本增加时（因为能源产出/投入比在下降），按美元计算的能源成本也可能继续走低。只要化石燃料的美元价格相对低于劳动力成本，那么就可能出现这种悖论。只要用于提炼和精炼能源的能源密集技术减少了对劳动力的需求，那么就会减少美元成本。因为化石燃料的价格在下降，其他资源的单位价格，也可以通过使用廉价的能源来替代昂贵的劳动力这一相同的过程，而得到降低。既然就新发现的石油而言，能源产出/投入比已经降到了8左右，而大多数其他能源的这个比率则小于5，资源成本下降的日子一去不复返了！③

因此在20世纪70年代，能源的货币成本是上升的，而且从长远看它还会继续升高，不仅仅是因为生产者形成了垄断联盟，而是因为需要用于发现、提炼和加工新能源的能源投入在增加。《超越石油》的

---

① John Gever, Robert Kaufmann, David Skole, and Charle Vorosmarty, *Beyond Oil*, Cambridge, Mass: Ballinger, 1987, p.70.

② 《超越石油》用"能源效益比"来指从相对系统使用的能源投入中可以获得的能源产出量。我们选择使用"能源产出/投入比"是为了避免可能产生的混淆，那就是效益一词可能是指经济利益而非剩余的能源。

③ 按照吉佛及其合作者的说法（John Gever, Robert Kaufmann, David Skole, and Charle Vorosmarty, *Beyond Oil*, Cambridge, Mass: Ballinger, 1987, p.70.），核电厂生产电力的能源产出/投入比是4（如果把反应堆退役的成本包括进来，那么这个数字会更低），而对西部露天开采的煤而言是2.5，如果把使用净化器的成本包括进去的话。

作者们指出:"到 2005 年,在美国继续勘探石油和天然气来作为能源将是徒劳的:在那之后用于寻找这些燃料的能源,要比我们发现的石油和天然气所包含的能源更多。"[1]而且,即使把预期的新发现都包括进去,他们的分析也表明"国内的石油和天然气商店……实际上到 2020 年将是空的(而)……世界石油和天然气供应也许还能再坚持 30 年,或者更长的时间,如果第三世界经济不能发展的话"[2]。

问题不在于资源是有限的。经济学家很久以来就认识到那是事实,但他们认为,如果人们愿意付出足够高的价格来获得资源,那么资源实际上就是无限的。然而对资源的分析让我们看到,如果提炼和加工能源的成本超过未被开采出来的资源的能源含量的话,即使当一种资源的地下储量巨大,它也会被耗尽。开发不以石油为基础的能源,也不太可能改变这一总体的格局。除非像核聚变这类未得到证明的技术提供廉价的、无限的能源(相比其最初的承诺,根据可查的核裂变记录来看,这点看起来是很成问题的),否则没有哪种技术变革将从实质上改变能源减少和成本更高的基本趋势。即使技术突破不能使生产得到极大扩展,经济学家还是认为,提高价格将鼓励改进提高能源使用效率的技术,还有减少能源消费。这一观点是,通过更有效率地使用正在减少的能源,我们能够保持我们的生活水平,甚至实现继续增长。

《超越石油》的作者们解释了,为什么技术没能给实现这个目标带来希望。首先,他们指出,物质生活标准的进步一直都取决于两个因素的综合作用:知识和资源。增长依赖于资本形式的新观念的具体实施,而这需要使用能源。只要能源成本在降低,物质增长的制约因素就是知识。在那些情况下,一定程度的乐观主义,即可以保持无限地增长,看起来是有道理的。知识的增长不存在明显的限制。然而,近些年来,资源开始变成制约增长的因素。我们必须把越来越多的资源

---

[1] John Gever, Robert Kaufmann, David Skole, and Charle Vorosmarty, *Beyond Oil*, Cambridge, Mass: Ballinger, 1987, p.20.

[2] Ibid.

用来开发更多的可用资源，剩下的用于提升福利的资源则更少。因此克里夫兰及其合著者指出："仅仅在最近的10年里（1974—1984），自然资源提炼所占GNP的份额从4%增长到了10%。"[1] 现在我们能够认识到，技术进步传统上包括了发明创造和廉价能源两者的结合。新技术可以略微提高能源使用效率，但是就绝大部分而言，物质的增长已经不可能了。

第二，《超越石油》的作者们指出，以前对国家保护能源能力的估计过于乐观，因为许多看起来是对自然的保护，实际上涉及用于特殊目的（燃料使用效率而非能源使用效率本身）的燃料种类的替换。而且，对能源使用效率可能得到提升的乐观估计，是建立在从个体部门向整个经济外推基础上的。然而当把用于提高能源使用效率技术的间接能源成本包括在内时，效率收益似乎是很少的：

如果所有公司都用劳动力和资本来替代燃料，那么经济的某些领域就需要更多的燃料，来增加劳动力和资本的数量，而国家能源净节约就会减少。例如在农业上，直接用于玉米田来生产1公斤玉米的燃料数量在1959年和1970年间下降了14.6%。然而当计算时把经济其他领域制造拖拉机、生产肥料和杀虫剂等使用的燃料包括进去的时候，结果是那个时期生产1公斤玉米的总能源成本实际上增加了3%。[2]

因此，在技术上实现的能源保护并没有全面补救能源储备的下降。能源效率的收益将在多大程度上被间接能源成本抵消，还不清楚。在能源经济的某些部门，如家庭取暖和汽车油料消费，埃默里·洛文斯

---

[1] C. J. Cleveland, R. Costanza, C. A. S. Hall, and R. Kaufmann, "Energy and the U. S. Economy: A Biophysical Perspective." *Science* 225: 890–897, 1984. cited in John Gever, Robert Kaufmann, David Skole, and Charle Vorosmarty, *Beyond Oil*, Cambridge, Mass: Ballinger, 1987, p.101.

[2] John Gever, Robert Kaufmann, David Skole, and Charle Vorosmarty, *Beyond Oil*, Cambridge, Mass: Ballinger, 1987, p.101, Cited from D. Pimentel et al., "Food Production and the Energy Crisis," *Science* 182（1973）: 443.

估算，通过转向能源利用效率更高，而且相比当前技术需要更少资本的技术，可以节省巨大的能源。然而在整个经济中，净能源利用效率的改进（结合直接和间接能源成本）可能会非常小。

然而一些经济学家认为，如果足够大份额的能源被转变成资本而不是在当下被消费掉，那么能源消耗会让我们后代的生活比我们自己的更好。[1] 根据这种观点，剥夺我们自己现在对自然资源的享用是不公平的，因为我们现在的投资，使我们的后代拥有的经济体量比我们现在的更大了。这个观点背后隐含的假设是，资本可以完美取代（甚至是改进）社会的自然资源基础。从某种程度上讲，这种说法似乎是合理的。对下一代而言，与储存用来制造机器的矿产相比，似乎用钢铁制成的机器是一个更好的礼物。然而，正像米沙（E. J. Mishan）指出的："经济学家们普遍认为，对有限资源的消费……通过形成其他资本，在价值上得到了补偿，这一观点是错误的。在我们所熟悉的行为假设下，它不过是有限资源的价值的一部分被替代了，而且这一部分可以忽略不计。"[2] 即使有限资源的全部价值都被资本取代了，这通常并不会让我们的后代像把资源不予开发而留给他们一样受益。（1）资本的生产会消耗资源，而我们的后代可能希望把资源用于其他目的。（2）资本货物会随着时间损耗，这会把维修费用强加给我们的后代，如果保持这部分资源的自然状态，这种情况就不会发生。（这方面的例子，可以参照美国修复高速公路所付出的巨额费用，这笔费用会因为风化问题而强加给我们的后代，即使这些高速公路从来没有用于交通。）（3）资本不可能最终取代资源，因为资本本身是由资源构成的。换言之，就像在第十章里讨论的，劳动力和资本帮助把物质资源转变成产品。要想我们提供给后代的资本有任何价值的话，还必须同时提供自

---

[1] 例如，参见 Robert Solow, "Intergenerational Equity and Exhaustible Resources," *Review of Economic Studies*, Symposium on the Economics of Exhaustible Resources, 41（suppl. 1974）: 29-45。

[2] E. J. Mishan, "GNP Measurement or Mirage." *National Westminster Bank Quarterly Review*, No.5（1984）: 13.

然资源。

我们已经开始为我们过去肆意使用资源来快速发展经济的行为付出代价。1973年以来实际工资的下降，以及1977年后生产率增长的放慢，都表明了资源尤其是能源成本上升的结果。

资源减少和价格提高的前景对诺德豪斯和托宾的研究的意义，是很清楚的。我们需要把资源耗竭的问题包括在对可持续的福利的衡量内容里。就现今的享受剥夺了未来人享受同样程度经济福利的潜能而言，当前人们所享受的福利应该减少。在引入了与净资本积累相关的可持续观念后，他们本应该将同样的逻辑延伸到"自然资本"的消耗。①

然而即使诺德豪斯和托宾已经注意到现在的资源消耗会使我们后代变得贫穷这一观点，他们也很可能会通过建议对未来的影响按实际利率进行贴现，来使这种代际冲突降到最小。在新古典经济理论看来，在当前计算资源（或可再生资源，或不可再生资源）耗竭造成的损害时，要先按长期利率来贴现（减少）。实际上，这个理论认为，只要一种资源的**原有**（in situ）价格增长率低于利率，它就应该被消耗掉。我们认为，这种把我们现在的政策给后代带来的影响进行贴现的做法，

---

① 威廉姆·诺德豪斯最新的研究将资源或者自然资本当做可持续性的要素囊括了进去。1992年10月在国际经济学会发表的一篇题为《增长是可持续的吗？——对可持续增长概念的反思》的文章中，他计算了1950年到1986年间的"希克斯收入"（在保持资本存量不变的情况下的每年最大消费）。就像我们在ISEW中所做的，他对自然资源损耗做了修正，但是他的方法导致这个数字非常小（全球变暖对环境造成的长期损害也是同样的结果）。

诺德豪斯将他计算的希克斯收入同本书第一版中的ISEW进行了比较。1950年到1965年，希克斯收入增长了4.41%。1965年到1986年，希克斯收入增长了2.18%。相比之下，同样两个时期，ISEW的年增长率分别是3.81%和1.02%。因此，对ISEW而言，增长的下降幅度是2.79%，而对希克斯收入而言，增长的下降幅度是2.06%（对ISEW而言，人均下降幅度是2.18%。对希克斯收入而言，人均下降幅度是1.45%）。尽管诺德豪斯强调了ISEW的增长速度下滑幅度"剧烈"与希克斯收入增长速度下滑幅度较少之间的差别，后者下滑的幅度三倍于GNP增长速度的下降幅度（从年均3.75%下滑至3.05%，下降幅度只有0.70%）。与MEW的情况一样，以某种方式解释可持续性的衡量指标表明GNP的增速是建立在当前对潜在的未来资产的消耗基础上的。GNP再一次被证明对于衡量可持续的福利并非一个好的代理量。

附录 可持续经济福利指数

从社会角度上讲是不恰当的，即使它在个人的层次上是合理的。换句话说，在给定的现有一系列的刺激下，对个体而言是理性的做法，对整个社会来说则不一定是一个理性的政策。因此，我们原则上反对把资源消耗（以及对环境的损害）对未来所产生的结果进行贴现。相反我们认为，使得未来经济福利低于现有水平的所有下降，都应该计算，就好像其成本发生在当前那样计算。

贴现的概念中暗含的是对未来的一种漠然态度，它一直困扰着经济学专业的一些领军人物。就像 A. C. 庇古在 1924 年指出的：

> 大家普遍认为，国家从某种程度上应该保护未来的利益，反对我们所进行的非理性贴现，以及我们优待自己胜于后代。美国整个的"保护"运动都是建立在这种信念基础上的。政府作为未出生一代以及当前公民的受托人，照看以及通过制定法律（如果需要的话）来保护国家自然资源免受草率和鲁莽的掠夺，是政府明确的职责。[①]

然而，实际上庇古仅仅意识到了问题的存在，而没有为处理这个问题提出一个合适的基础。他暗示对遥远未来的考虑不在经济理论的范围之内，回避了思考可持续问题的所有专业责任。

因此，在我们的可持续经济福利指数里，我们在永久的收入流中减去了一个估值，它需要留出来用于补偿后代因为不能使用不可再生能源（还有其他可耗竭的矿产资源）而遭受的损失。另外，我们减去了生态资源的损失，比如湿地和农田的损失（因为土地使用方式的转变和土壤流失以及板结）。这可以被视作一种计算贬值的"自然资本"的方法，类似于从 GNP 中减去资产折旧而得到 NNP。

---

① Sandra S. Batie, "Why Soil Erosion: A Social Science Perspective." In *Conserving Soil: Insights from Socioeconomic Research*, Edited by Stephen B. Lovejoy and Ted L. Napier. Ankeny, Iowa: Soil Conservation Society of America, 1986, p.10.

环境损害

在诺德豪斯和托宾以及佐洛塔斯的研究中，他们都在某种程度上认为，计算经济福利时应该减去污染和其他环境损害。在空气污染和水污染方面，我们使用更新的资料和构建时间序列的不同方法论，更新了佐洛塔斯的估算数字。我们也把噪音污染的估算数字包括了进来。然而，最重要的改变是增加了对长期环境损害（特别是气候变化造成的损害）的估算，它带有相当大的推测性质。我们认为那些损害都是累积性的，而且直接与能源和含氯氟烃的消耗有关。与在资源消耗的情况中一样，我们寻求那些不对未来成本进行贴现的设计方法。

休闲的价值

我们在 ISEW 中省略了所有休闲价值的设算，因为这种计算都是以相当武断的假设为基础，我们意识到这些假设是很有问题的。①

---

① 休闲的价值也常常是一个很大的问题，在如何计算它的诸多假设中存在的不同，对于任何包含它在内的福利指标都产生了很大的影响。例如，根据人们对技术进步与休闲和非市场劳动力的价值之间联系做出哪种假设，MEW 增长速度的不同大约是 2 倍。然而，在每个变量中，休闲价值是目前为止指标中最大的一项，它在整个 MEW 中所占的比例在 1/2 到 3/5 之间。不计休闲价值的话，那么 1947—1965 年年间人均可持续 MEW 的年均增长是 0.86%，而计入休闲价值的话，这个数字则是 0.40%。因此，去除休闲这一项，显著缩小了 MEW 增长和 GNP 增长之间的差距（这一时期后者的年均增长速度是 2.2%）。我们怀疑，把休闲价值计入 ISEW 同样会扩大 ISEW 增长速度和 GNP 增长速度之间的差距，因此这就强化了我们的观点，即我们需要另外一种衡量可持续经济福利的方法。然而，我们没有尝试做这种计算，因为我们不可能为休闲价值找到一个理论上合理和经验上牢固的基础。如果没有一个可靠的理论框架，休闲在衡量福利结果中占有很大比例就是说不通的。

为了说明把休闲包括进来可能导致荒唐的结论，让我们考虑这样一种假设，那就是所有花费的非工作时间，包括睡觉时间都是休闲。如果一天工作 8 小时，每天的休闲时间就是 16 小时，那么每个充分就业的工人每年总的休闲时间就大约是 6766 个小时（兼职雇员的休闲时间就更多）。如果我们假设每小时的平均实际工资是 5 美元（按 1972 年美元计算的话），以及休闲时间的边际价值与这个工资率相等的话，那么每年工人人均的休闲价值就是 33830 美元，而整个劳动人口的休闲价值就是 3.7 万亿左右。按 1972 年美元计算的话，这就超过了 GNP 价值的 2 倍。

首先，休闲的含义就不是完全明确的。它仅仅是指从事没有任何酬劳的活动花费的所有时间吗？那样的话，它就会包括所有那些失业的人、未充分就业的人或者非自愿退休而愿意工作的人的所有时间。它包括花费在从事像照顾孩子和做饭这类活动的时间吗？在同一个家庭里，这些活动在不同的情况下或者被当成工作，或者被当成快乐的事情。最后，休闲的价值应该如何用美元来计算？正像诺德豪斯和托宾所说的，"通常时间是按照其机会成本，即工资率来估价的"[1]。然而因为歧视问题的存在，妇女和少数族裔的每小时收入要少一些，因此女人和少数族裔的休闲价值低于白人男性的休闲价值是恰当的吗？这些都是无法精确估量的，这使得所有衡量休闲价值的方法，在理论上都是令人存疑的。

回到与休闲有关的经验证据，我们发现休闲价值的增长，至少那些诺德豪斯和托宾采用的 1954 年以来的调查数据，几乎完全是因为实际工资率的增长，而不是因为工作时间有任何减少。正如佐洛塔斯所讲：

> 1965 年以前，鲁宾逊和康佛斯（Converse）所做的样本调查所得到的休闲数据表明，男性务工者、男性非务工者、女性务工者和女性非务工者这四个主要人群可支配的自由时间并没有任何变化。这与托宾和诺德豪斯所采用的 1954 年的调查结果是一致的。[2]

后来他又指出，1975 年的调查显示有酬劳的每周工作时间"在 1965—1975 年这个时期实际上没有任何改变"。他得出的结论是，那

---

[1] William Nordhaus and James Tobin, "Is Growth Obsolete?" In *Economic Growth*, National Bureau of Economic Research General Series, No. 96E, New York: Columbia University Press, 1972, p.44.

[2] Xenophon Zolotas, *Economic Growth and Declining Social Welfare*. New York: New York University Press, 1981, p.95. 佐洛塔斯引用的调查数据源自：J. P. Robinson and P. E. Converse, *Seventy-six Basic Tables of Time Budget Research Data for the UnitedStates*. Ann Arbor: University of Michigan Survey Research Center, 1967。

一时期整个休闲时间增加（从每周 34.8 小时到 38.5 小时），"主要是因为照顾家庭的投入时间，从 1965 年的每周 25.4 小时减少为 1975 年的每周 20.5 小时"①。休闲时间增多多大程度上缘于人口出生率下降而非照顾孩子模式的改变，这个问题还不清楚。然而，因为此消彼长并非发生在工作时间和休闲时间之间，因此把这种改变算作一种福利收益是存在问题的。

1987 年，路易斯·哈里斯公布了一份民意调查数据，这份数据表明每个人的平均工作时间出现了大量增加，从 1973 年的每周 40.6 小时增加到 1985 年的 48.8 小时。②相应的，休闲时间减少了。然而，对调查中所提问题的分析表明，所记录的变化可能是由对"工作"的不同定义导致的。在 1980 年及之后的年份中，工作这个字眼包括了家务劳动和学习；在 1973 年，工作不包含这些内容。全国民意研究中心和人口调查局表明，在相同的时期工作时间是相对稳定的。③因此，工作周不变看起来是貌似最合理的假设。

市场活动增加没有让我们工作更少并且享受更多的休闲时间，它仅仅是加强了地位的争夺。正像佐洛塔斯如此恰当地指出：

> 人们最初相信经济增长最终会缩短工作时间。而这一点在今天的发达经济体中并没有得到证实。这暗示着人类正在不断地被驱使远离长期均衡点，在这个均衡点，人类本可以舒舒服服地坐下来在和平与安宁中享受文明成果。原因是，现代经济中的物质产品的增长方式，常常是长期压力之源，它迫使人们更努力地工作，以便能买得起经济体系提供的源源不断的"新"产品。④

---

① Xenophon Zolotas, *Economic Growth and Declining Social Welfare*. New York: New York University Press, 1981, p.97.

② Louis Harris, *Inside America*. New York: Vintage, 1987.

③ Richard F. Hamilton, "Work and Leisure: On the Reporting of Poll Results." *Public Opinion Quarterly* 55, No. 3 (Fall 1991): 347–356.

④ Xenophon Zolotas, *Economic Growth and Declining Social Welfare*. New York: New York University Press, 1981, p.94.

如果这种不断努力的描述实际上是正确的,那么休闲时间没有显著增加应该就不足为奇了。

考虑到很难确切了解**休闲**一词的含义,也难以衡量它随着时间发生的变化,我们认为把休闲时间包括在福利的衡量中是不合适的。如果将来每周平均工作时间出现显著减少(就像1929年和1954年之间出现的显著减少那样),那么可能需要对休闲做某种估算。即使那样,衡量未充分就业人员和失业人员、具有不同实际工资率的男人和女人的休闲时间,仍会是很折磨人的理论问题。至少目前,我们忽略了休闲的设算,因为把休闲价值计入福利的计算存在问题,而且休闲价值测算数字很大,其重要性会超过福利衡量中的所有其他构成因素。

无偿家务劳动的价值

家庭服务价值的计算与休闲的计算有许多相同问题,但是把非市场劳动包括进来的理由如此强有力,因此我们不能省略它。家庭成员提供的服务应该与在市场中和为市场提供的服务一样被包括进来,这一想法在直觉上是非常有说服力的。而且因为这个数字比休闲价值小得多,所以它不会对指数产生巨大的影响。然而,它也存在严重的问题,而且它是一个影响足够大的因素,以至于有关它的可疑判断对于整体结果还是有重要影响。把休闲价值去除之后,在诺德豪斯和托宾的整体 MEW 中,家庭服务价值的估算所占的比重,介于 1/3 和 1/2 之间。

尽管我们原则上赞同,家务劳动的价值应该包括在经济福利指标里,但要衡量它,在理论和经验上都存在巨大困难。理论上的主要困难是如何定义家务或家庭生产。家庭中哪种活动应该划为工作而不是休闲,或者内在地让人开心的活动?那些对这个问题有详细研究的人,特别是伯克夫妇,讨论了这样一些相当精细的问题,即因界定不清而妨碍对家务时间的价值做任何简单的计算。例如,当要求调查对象说明家务劳动是工作还是闲暇时,一些活动(尤其是做饭和照顾孩子)通常既被看作工作也被看作闲暇。① 而且,那些承担管理家庭最终责任的人(由于性别角色期望所致,通常是女人),应该被看作与那些在监督下完成特定任务的人不同吗?② 如果管理和劳动之间的区别在市场中是重要的,那么它在家庭里也应被视为重要的。那么,身负重任的妇女的时间,就不应该按照她们的工资水平来衡量其价值,而应按照管理薪酬来衡量,市场通常是不会给妇女这份管理薪酬的。

前面的内容应该说明了,为什么实证衡量"家庭生产函数"乃至是用于家务劳动的时间,都非常困难。然而,即使研究者不能确切知道他们所衡量的是什么,但一些家庭时间分配研究显示,就用于家务的时间而言,结果是惊人的相似。尽管过去80年里家庭增添了各种"节省劳动"的设备,但花费在做家务上的时间的减少是微不足道的。在1910年后的10年中,家庭主妇每周做家务的平均时间是56个小时,而1965—1966年每周仍要花费53个小时。1924—1925年间和1930—1931年间的研究也得出了类似的结论。③ 就20世纪80年代而言,伯克的研究表明,家庭主妇用于家务的平均工作日时间是8.5小时,而对有工作的妇女而言这个数字是7小时。④ 因为这项研究需要受访者只记录工作日的活动,因此不能与前面的研究做精确的比较。不过,

---

① Richard A. Berk and Sarah Fenstermaker Berk, *Labor and Leisure at Home: Content and Organization of the Household Day*. Beverly Hills, Calif.: Sage, 1979.

② "完成家务劳动包括思考任务或计划任务,以及计划本身所要求的实际工作……我们早期的研究……揭示出'帮忙'做家务和对家务负责之间有明显区别。"(Sarah Fenstermaker Berk, *The Gender Factory*. New York: Plenum, 1985, p.69.)

③ 1910年之后的10年间,柯万(Cowan)引用的是利兹(Leeds)1917年所写的一份未发表的博士论文(Ruth Schwartz Cowan, *More Work for Mother*. New York: Basic, 1983, p.159.)。对于20世纪20年代和20世纪30年代,她参考(Ruth Schwartz Cowan, *More Work for Mother*. New York: Basic, 1983, p.178.)的是美国农业部的调查,这个调查发现用于家务的时间在61个小时和48个小时这个范围之间。对于20世纪60年代,她援引的资料来自J.P.鲁宾逊的《美国人如何使用时间:每日行为的社会心理学分析》(Ruth Schwartz Cowan, *More Work for Mother*. New York: Basic, 1983, pp.63-64.)。

④ Sarah Fenstermaker Berk, *The Gender Factory*. New York: Plenum, 1985, p.64.

它表明妇女每周用于家务的平均时间可能仍在 50 个小时左右。伯克还指出，广泛鼓吹的男性参与家务程度有所提高多半是幻想，没有任何大范围的研究证实这一点。①

尽管准确界定非市场的家务劳动和衡量它对经济福利的贡献存在巨大困难，但我们不能忽略它。我们选择采用罗伯特·艾斯纳给出的相当保守的估值，他在家政工人平均工资水平的基础上，计算出花费在没有报酬的家务劳动上的时间价值。② 尽管这低估了经营一个家庭的管理因素，但它避免了对于男人和女人使用不同的市场工资水平的问题。

另一个重要的问题是，家务劳动的效率在我们分析涵盖的时期内是否得到了提高。因为需要从事家务劳动的时间没有减少，而且因为家务劳动的产出没有明显提升，因此我们认为，家务劳动的总价值仅仅随着人口数量的增长而增加，而不是随市场效率的提高而增加。汉斯·迪芬巴赫（Hans Diefenbacher）在他为德国设计的 ISEW 中提出了另一种模式，它假设家务效率的提高速度与市场效率的提高速度是相同的。如果我们把这一模式应用于美国的 ISEW，那么家务劳动产生的服务价值，就从 1950 年的大约 3000 亿美元，增加到 1990 年的 1.2 万亿美元（按 1972 年美元计算）。1990 年的 ISEW 值，将大约是其原来计算值的两倍。换句话说，ISEW 的最后估值，非常容易受到家务劳动效率变化水平的影响。就如在休闲的情形中一样，根据所做的假设，家务劳动服务价值这一因素，其重要性可能很容易超过 ISEW 中的所有其他因素。不过，从家庭经济到市场经济的普遍转向，更多的妇女进入市场就业，以及单身家庭比重增加，所有这些都减少了对无偿家务的依赖，因为有孩子的家庭数量少了，而且一个人把全部时间都投入家务的家庭也少了。然而，从事无偿家务的时间却几乎没有改变。也许正如帕金森定律所言，工作量增加了，填满了可用的时间。

---

① Sarah Fenstermaker Berk, *The Gender Factory*. New York: Plenum, 1985, p.8.

② Robert Eisner, "The Total Incomes System of Accounts." *Survey of Current Business*, January 1985, p.30.

无论如何，没有证据表明，无偿家务劳动的效率或者每小时产出实质性提高了。因此，我们还是认为，无偿家务服务的实际人均产出仍然保持不变（这就是说，这些服务的增长与人口增长率是对应的）。

说明和局限

为了使人们认识到评估随时间而变化的经济福利的困难性，最好就是尝试设计一种指标。我们来考虑我们这个指标的局限性。

第一，它依赖的基础是个人消费。尽管消费当然比生产更适合用来衡量福利，但它仍然是令人存疑的。对于人类生活在何种程度上因为消费增加而变得更好，一个人可以提出与之有关的许多问题。最重要的是，消费边际增长带来的满足回报是递减的。实际上，通过将收入分配用于衡量消费，我们含蓄地认为，穷人消费边际增长的价值大于富人消费边际增长的价值。

另一方面，我们计算经济福利时没有考虑这个事实，即幸福显然与财富或消费的相对水平而非绝对水平相关。拥有更多，远没有比"邻居"（Joneses）拥有更多重要。[1] 然而在没有任何方法量化这种相对幸福感的情况下，同其他人一样，我们在我们的指标里忽略了这一重要发现。

第二，我们省略了许多可能要增加或删减的项目。从"地下经济"（不包括非法活动）中获得的未申报收入，没有计算在国民收入账目中，我们想把它纳入对福利的衡量。工作条件的改变也应该包括进来，如果有合理的计算方法的话。[2] 在要删除的项目中，有人可能想减去用

---

[1] Richard Easterlin, "Does Economic Growth Improve the Human Lot? Some Empirical Evidence." In *Nations and Households in Economic Growth*. New York: Academic Press, 1974.

[2] 在此，我们非常感谢 C. O. 马修斯对诺德豪斯和托宾的研究所做的评论。参见：William Nordhaus and James Tobin, "Is Growth Obsolete?" In *Economic Growth*, National Bureau of Economic Research General Series, No. 96E, New York: Columbia University Press, 1972, pp.88–89.

于垃圾食品、烟草、色情文学和不可胜数的其他项目上的花费，这些花费对真正的经济福利是否有贡献，是存在疑问的。我们认识到这会导致高度主观性的判断，尽管我们怀疑人们可能会就某些项目达成一致意见。

第三，我们在编写 ISEW 的过程中被迫做了一些大胆的假设。在某些情况下，我们把对天生不可测量的量的估值包括了进去，例如自然资源损耗给我们的后代所强加的成本。任何关于长期环境破坏的成本的估算，都因为人类活动的具体物理效应具有高度不确定性，而被遮上了一层迷雾。（温室效应将会导致温度上升多少？以及生态后果将会是什么？有没有任何地质结构可以长久容纳高度辐射性的废物并阻止它们污染环境？）我们当然不认为，我们对这些问题和其他问题有任何确切的答案。我们仅仅做一些我们认为适度的推测，这些推测并不会在指标中占有绝对优势，但却在最终结果中扮演一个重要角色。

然而，相比其他估值所使用的计算步骤，用于估算自然资源消耗和长期环境损害（参见表 A.1 中的 S 列和 T 列）成本的方法，推测性更强，因此我们也计算了不包括那些列的可持续经济福利指数。（换言之，在表 A.1 中，我们把 S 列和 T 列的数值加到了 X 列的数值中，因为起初在计算 X 列时，它们被减去了。）尽管我们在表 A.1 中没有显示这个计算过程，但我们在图 A.1 和表 A.13 中，计入了一个修改后的人均 ISEW 估值，我们标注为 PC-ISEW*。在表 A.13 中，我们计算了三种经济福利衡量指标的年增长速度：人均 GNP，人均 ISEW，以及人均 ISEW*。

表A.1 可持续经济福利指数（1950—1990）

年份	个人消费	分配不平等	加权个人消费（B/C）	服务：家务劳动	服务：耐用消费品	服务：公路和街道	医疗保健和公共教育支出	耐用消费品支出	医疗/教育的个人防御性支出
A	B	C	D	E(+)	F(+)	G(+)	H(+)	I(−)	J(−)
1950	337.3	111.1	303.6	311.4	30.2	6.2	4.9	42.6	13.9
1951	341.6	100.0	341.6	315.4	32.9	6.3	4.9	39.1	14.5
1952	350.1	102.0	343.1	319.5	34.9	6.5	5.1	38.0	14.9
1953	363.4	106.4	341.6	323.6	37.3	6.7	5.3	42.1	15.5
1954	370.0	111.1	333.0	327.8	39.3	7.0	5.5	42.5	16.1
1955	394.1	104.2	378.3	332.0	42.2	7.4	5.8	51.1	16.9
1956	405.4	100.0	405.4	336.3	44.2	7.7	6.2	48.8	17.9
1957	413.8	98.0	422.1	340.6	45.7	8.1	6.5	48.6	18.9
1958	418.0	100.0	418.0	345.0	46.3	8.5	6.9	45.3	19.5
1959	440.4	102.0	431.6	349.5	47.6	9.0	7.3	50.7	20.2
1960	452.0	104.2	433.9	354.0	48.8	9.5	7.8	51.4	21.1
1961	461.4	106.4	433.7	358.5	49.4	9.9	8.6	49.3	22.9
1962	482.0	100.0	482.0	363.2	51.0	10.4	9.4	54.7	24.8
1963	500.5	100.0	500.5	367.9	53.0	11.0	10.4	59.7	26.6
1964	528.0	98.0	538.6	372.6	56.2	11.6	11.4	64.8	28.5
1965	557.5	96.2	579.8	377.4	60.4	12.1	12.5	72.6	30.2
1966	585.7	89.3	656.0	382.3	65.2	12.7	15.4	78.4	31.9
1967	602.7	90.9	663.0	387.2	69.6	13.3	17.9	79.5	32.6
1968	634.4	89.3	710.5	392.3	75.2	13.9	19.4	88.3	33.7
1969	657.9	89.3	736.8	397.2	80.3	14.4	20.8	91.8	34.2
1970	672.1	92.6	725.9	402.4	83.9	14.8	22.6	89.1	34.5
1971	696.8	90.9	766.5	407.5	88.5	15.3	23.9	98.2	35.9
1972	737.1	92.6	796.1	412.8	94.7	15.7	25.5	111.1	38.1
1973	767.9	90.9	844.7	418.1	101.9	16.0	27.3	121.3	39.9
1974	762.8	90.9	839.1	423.5	106.2	16.2	29.7	112.3	39.4
1975	779.4	92.6	841.8	429.0	109.7	16.3	30.4	112.7	39.3
1976	823.1	92.6	888.9	434.5	115.0	16.5	32.2	126.6	40.7
1977	864.3	96.2	898.9	440.1	121.7	16.6	32.7	138.0	42.0
1978	903.2	96.2	939.3	445.8	128.9	16.7	34.0	146.8	43.2
1979	927.6	96.2	964.7	451.5	135.0	16.7	35.3	147.2	44.4
1980	931.8	98.0	950.4	457.3	137.9	16.8	37.1	137.5	45.8
1981	950.5	100.0	950.5	463.2	141.1	16.8	38.4	140.9	47.7
1982	963.3	106.4	905.5	469.2	143.4	16.9	37.9	140.5	48.4
1983	1009.2	106.4	948.6	475.3	148.7	16.9	38.2	157.5	49.9
1984	1058.6	106.4	995.0	481.4	156.6	17.1	38.6	177.9	51.9
1985	1108.2	108.7	1019.5	487.6	167.2	17.3	39.9	195.5	53.0
1986	1151.3	108.7	1059.2	493.9	179.4	17.4	40.1	211.7	54.1
1987	1184.0	108.7	1089.3	500.3	190.3	17.5	39.5	215.5	56.8
1988	1226.7	108.7	1128.5	506.7	204.3	17.7	42.4	230.3	60.0
1989	1250.3	108.7	1150.3	513.2	216.2	17.8	43.9	235.7	62.6
1990	1265.6	108.7	1164.4	519.8	224.9	18.0	45.1	234.6	63.2

附录 可持续经济福利指数

续表

年份	通勤支出	污染控制方面的个人支出	交通事故的成本	水污染成本	空气污染成本	噪音污染成本	湿地损失成本	农田损失成本	不可再生资源耗竭的成本
A	K (-)	L (-)	M (-)	N (-)	O (-)	P (-)	Q (-)	R (-)	S (-)
1950	9.0	0.0	11.6	9.0	21.6	2.0	10.0	7.2	46.8
1951	8.5	0.0	13.2	9.2	21.8	2.1	10.4	7.8	53.0
1952	8.4	0.0	13.3	9.4	22.0	2.2	10.7	8.5	53.4
1953	9.3	0.0	13.9	9.7	22.2	2.2	11.1	9.1	55.6
1954	9.6	0.0	13.3	9.9	22.5	2.3	11.4	9.7	54.8
1955	10.9	0.0	13.9	10.2	22.7	2.4	11.8	10.4	62.5
1956	10.4	0.0	14.4	10.4	22.9	2.5	12.2	11.0	68.6
1957	10.5	0.0	14.3	10.7	23.2	2.5	12.5	11.7	71.4
1958	9.9	0.1	14.0	10.9	23.4	2.6	12.9	12.4	68.2
1959	10.7	0.1	14.3	11.2	23.6	2.7	13.2	13.0	73.8
1960	11.3	0.1	14.4	11.5	23.9	2.8	13.6	13.7	77.7
1961	10.9	0.1	14.4	11.8	24.1	2.9	14.0	14.4	81.0
1962	11.7	0.1	15.4	12.1	24.7	2.9	14.3	15.1	86.5
1963	12.4	0.2	16.2	12.4	25.3	3.0	14.7	15.8	94.1
1964	12.8	0.2	17.4	12.7	25.9	3.1	15.0	16.5	100.9
1965	14.3	0.3	18.8	13.1	26.6	3.2	15.4	17.2	107.3
1966	14.9	0.3	19.4	13.4	27.2	3.3	15.8	17.9	117.2
1967	15.2	0.4	19.5	13.8	27.9	3.4	16.1	18.7	127.0
1968	16.7	0.5	20.8	14.1	28.6	3.5	16.5	19.4	135.3
1969	17.7	0.7	23.0	14.5	29.3	3.7	16.8	20.1	144.6
1970	17.4	0.8	25.3	14.9	30.0	3.8	17.2	20.9	157.0
1971	19.5	1.0	26.3	15.3	29.1	3.9	17.6	21.6	159.2
1972	21.6	1.3	28.7	15.3	28.2	4.0	17.9	22.4	167.1
1973	23.1	1.4	28.6	15.3	27.4	4.0	18.3	23.2	171.2
1974	22.4	1.6	25.8	15.3	26.6	4.1	18.5	24.0	171.9
1975	22.4	1.7	28.1	15.3	25.8	4.1	18.6	24.7	174.2
1976	25.0	1.9	30.1	15.3	25.0	4.2	18.8	25.5	180.2
1977	27.2	2.1	32.1	15.3	24.2	4.2	19.0	26.3	189.0
1978	28.2	2.4	33.7	15.3	23.6	4.2	19.2	27.1	195.8
1979	29.2	2.6	32.5	15.3	23.2	4.3	19.4	27.8	211.2
1980	28.6	2.9	29.0	15.3	22.5	4.3	19.5	28.6	221.2
1981	29.0	3.2	27.0	15.3	21.5	4.4	19.7	29.4	227.3
1982	27.7	3.6	26.1	15.3	19.5	4.4	19.9	30.2	230.5
1983	30.2	4.3	26.3	15.3	19.2	4.5	20.1	31.0	225.8
1984	32.8	4.7	27.8	15.3	19.6	4.5	20.3	31.7	252.2
1985	35.3	5.1	29.6	15.3	18.8	4.6	20.4	32.5	257.1
1986	33.5	5.5	30.5	15.3	18.7	4.6	20.6	33.3	262.3
1987	32.0	4.6	31.3	15.3	18.7	4.6	20.8	34.1	274.8
1988	34.3	5.0	31.5	15.3	18.9	4.7	21.0	34.9	290.1
1989	34.8	5.0	31.7	15.3	18.9	4.7	21.2	35.7	296.9
1990	34.6	5.0	31.9	15.3	18.9	4.8	21.3	36.5	312.6

续表

年份	环境污染的长期损害	臭氧层耗竭的成本	净资本增长	净国际投资头寸变化	可持续经济福利指数（ISEW）	人均可持续经济福利指数	国民生产总值	人均国民生产总值	人口
A	T（-）	U（-）	V（+）	W（+）	X（sum）	Y	Z	AA	AB
1950	84.0	1.1	-17.2	0.0	380.2	2496.9	534.8	3512.2	152271
1951	86.9	1.3	-1.0	0.2	432.5	2792.6	579.4	3741.0	154878
1952	89.9	1.6	11.1	0.2	448.1	2844.4	600.8	3813.3	157553
1953	92.9	1.9	17.6	0.2	446.8	2789.1	623.6	3893.0	160184
1954	95.8	2.2	23.1	0.2	445.6	2733.4	616.1	3779.2	163026
1955	99.0	2.7	27.3	0.2	478.8	2885.3	657.5	3962.5	165931
1956	102.4	3.2	22.4	2.4	499.2	2959.8	671.6	3976.2	168903
1957	105.7	3.7	21.3	2.3	513.1	2983.4	683.8	3976.2	171984
1958	109.1	4.2	21.5	2.3	516.0	2950.7	680.9	3893.5	174882
1959	112.5	4.8	20.9	2.2	517.0	2907.5	721.7	4058.4	177830
1960	116.2	5.6	21.2	2.2	514.1	2845.6	737.2	4080.3	180671
1961	120.2	6.4	25.4	4.8	518.1	2820.7	756.6	4118.9	183691
1962	124.0	7.5	28.1	4.8	555.1	2975.8	800.3	4290.3	186538
1963	128.0	8.7	28.5	4.7	559.0	2953.7	832.5	4399.1	189242
1964	132.2	10.1	28.7	4.7	583.5	3040.6	876.4	4567.2	191889
1965	136.6	11.6	30.4	4.6	610.1	3140.1	929.3	4782.7	194303
1966	141.2	13.4	31.0	-0.9	667.3	3394.7	984.8	5010.2	196560
1967	146.0	15.4	28.0	-0.8	662.8	3335.6	1011.4	5089.8	198712
1968	151.0	17.7	29.6	-0.7	693.8	3456.9	1058.1	5271.9	200706
1969	156.3	20.2	29.0	-0.7	705.0	3478.5	1087.6	5366.2	202677
1970	161.8	22.7	28.6	-0.7	682.1	3326.6	1085.6	5294.3	205052
1971	167.4	26.1	27.3	3.2	711.3	3425.2	1122.4	5405.0	207661
1972	173.3	29.5	23.2	3.1	712.5	3394.3	1185.9	5649.9	209896
1973	179.5	33.4	19.1	3.0	743.5	3508.6	1254.3	5919.1	211909
1974	185.4	37.4	17.1	2.8	750.0	3506.9	1246.3	5827.8	213854
1975	191.2	40.9	17.9	2.5	748.4	3465.4	1231.6	5702.6	215973
1976	197.4	44.7	14.0	7.1	773.8	3545.5	1298.2	5954.1	218035
1977	203.7	48.2	12.8	-7.8	743.8	3377.2	1369.7	6219.2	220239
1978	210.2	51.6	9.0	2.3	774.7	3480.5	1438.6	6463.1	222585
1979	216.7	54.8	7.8	11.3	793.8	3527.1	1479.4	6573.5	225055
1980	223.0	58.0	3.8	6.4	773.5	3396.3	1475.0	6476.7	227726
1981	229.1	61.2	5.1	17.9	777.4	3379.3	1521.2	6573.6	229966
1982	234.9	64.2	4.8	-2.0	710.5	3058.1	1480.0	6369.8	232188
1983	240.6	67.4	12.5	-16.0	732.3	3122.5	1534.7	6543.5	234307
1984	246.6	70.9	13.1	-50.3	695.3	2933.9	1642.5	6930.4	236348
1985	252.7	74.4	19.0	-20.0	736.3	3077.3	1697.5	7094.3	238446
1986	258.8	76.6	19.8	-21.1	763.1	3158.5	1744.1	7219.0	240651
1987	265.1	78.8	24.4	-23.3	785.4	3220.1	1803.8	7395.4	242804
1988	271.8	81.0	24.9	-43.0	782.8	3178.0	1884.3	7649.7	245021
1989	278.5	83.2	28.5	-44.6	801.2	3220.4	1931.6	7764.4	247342
1990	285.3	85.3	29.4	-34.0	818.2	3253.1	1950.8	7755.9	249900

注：

1. 除了 A 列（年份），C 列（1951 年的指标为 100），Y 列和 AA 列（单位是美元，而不是 10 亿美元）外，所有的数字都是以经通胀调整的 10 亿美元为单位。

2. 表 A.1 中的各列数据的说明见正文。

3. 图 A.1 比较了 Y 列，AA 列和减去 S 和 T 列之后的人均可持续经济福利指标的修订估值（过程未显示）。

4. C、G、H、J、L、M、P、S、U 和 V 列中的数据出处参见表 A.2 至表 A.12。

5. 人均国民生产总值和人均可持续经济福利指标（Y 列和 AA 列）每年变化的数据出处参见表 A.13。

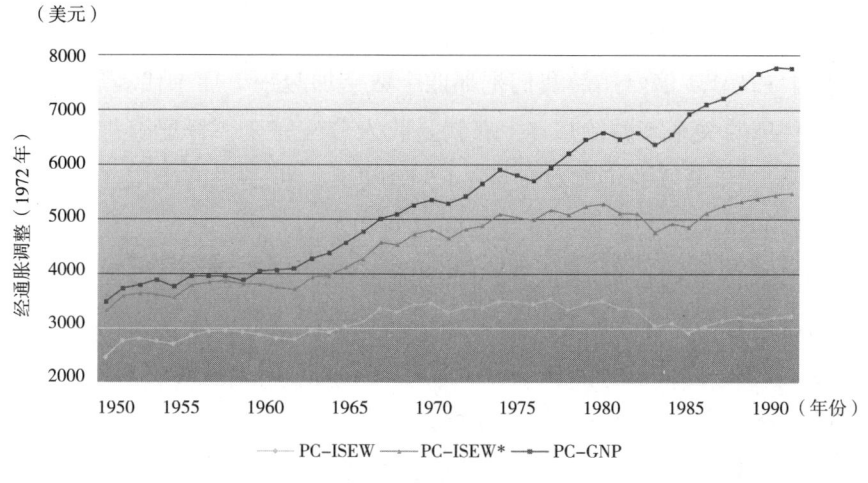

图 A.1

表 A.1 中各列的说明

A 列：年份。

B 列：个人消费支出的值，源自《国民收入和生产账目》的表 1.2 和 7 月的《现代商业概览》。两者都由美国商务部经济分析局出版。截至 1984 年，这都以 1972 年美元价格计。因为 1985 年至 1990 年的通货膨胀调整是按 1982 年美元价格计算的，因此我们对那些年以 1972 年美元计算的 GNP 是这样处理的：先计算 1984 年以来按不变的 1982 年美元价格计算的增长率，然后将按 1972 年美元价格计算的那一比例的增长值,加到之前每年的数值中。

C 列:"分配不平等指标"。① 这些收入的份额见表 A.2-1。我们考虑 5 种方式来为每年建立一个指标。(在所有情况下,我们将 1951 年的值设为 100。)

(1)调和平均数。这种方法强调最高的 1/5 和其他 1/5 之间关系的变化。最高 1/5 所占的份额除以其他每个 1/5 所占的份额,将得出的 5 个比例加在一起并除以 5。换句话说,这是最高的 1/5 与五个 1/5 的调和平均数之比。

例如在 1975 年,最高 1/5 的收入大约是最低 1/5 收入的 7.6 倍,是排在第二的 1/5 的 3.5 倍,是排在第三的 1/5 的 2.3 倍,是排在第四的 1/5 的 1.7 倍。然后我们把那四个数字加起来(加 1 代表最高 1/5 与其自身的关系)并除以 5(那就是收入分配完全一样能够得到的数字)。某一年最低的可能数字是 1(5 除以 5),但是没有上限(它与基尼系数不同,基尼系数的变化区间是 0 和 1)。

(2)高 1/5 选项。第二种可能的指标是收入最高的 1/5 所占的份额除以所有 5 个 1/5 的平均数。由于按照定义 5 个 1/5 所占的份额总和是 100%,因此这种方法实际上是比较不同时间里最高的 1/5 所占的份额。这也许是值得嫉妒的最好指标。

(3)低 1/5 选项。与高 1/5 选项相反的低 1/5 选项,就是计算收入最低的 1/5 所占份额的变化。这一方法的基本原理是,社会最贫穷阶层的这些人状况的改善是最重要的,因为我们可以推定,增加的收入的边际效用对他们比对其他人更大。

(4)份额的比率加权。第四种可能的指标,是给每个 1/5 所占份额的比率任意分配一个权数。以这种方法对比率进行加权的基本原

---

① Cited from U. S. Bureau of the Census, *Money Income of Families and Households*, Current Population Reports: Consumer Income, Series P–60, No. 159, table12, page 39, "Income at Selected Positions and Percentage Share of Aggregate Income in 1947 to 1986 Received by Each Fifth and Top 5 Percent of Families and Unrelated Individuals by Race of Householder" and Series P–60, No. 174, table B–13 for the years 1987 to 1990.

理，是基于收入的边际效用递减的概念：收入增加一美元的价值对富人并不像对穷人那么大。因为我们的指标衡量的是不平等而不是平等，因此我们给最高的 1/5 的权重最大，而最低 1/5 的权重最小。我们在（b+2c+3d+4e+5f）/b 的表述基础上，计算一个标准化的指标，其中 b 是最低的 1/5，而 f 是最高的 1/5。（除了 1、2、3、4、5 以外，我们也对包括 1、10、20、30、60 在内的不同数量级的权数做了测试。结果几乎完全对这些不同的权数不敏感，因此我们在我们的比较中使用了 1、2、3、4、5 这组数字。）

（5）基尼系数。衡量收入平等的常用工具是基尼系数，它反映了实际的分配和平等的分配之间的差距。通过计算每个 1/5 与 20% 的份额之方差和的平方根，它给所有的收入水平赋予相同的权数。

这些可替代的分配指标见表 A.2-2。按照"调和平均数"指标，最低的年份和最高的年份的比率是 0.79。按照"高 1/5"指标，比率是 0.91。按照"低 1/5"指标，比率是 0.80。按照"加权"指标，比率是 0.79。而按照"基尼系数"指标，比率是 0.87。小的数字表明在最低年份和最高年份之间存在很大差别，因此它在我们为 ISEW 计算的价值区间表现为更大的变化。高 1/5 指标对 ISEW 摊平的效果最大，而调和平均数指标展示的是最大的变化。各种不同的指标对 ISEW 变化的影响见表 A.2-2。

我们更倾向于低 1/5 指标，因为它对社会最贫穷成员的困境给予了特别的重要性，这很契合约翰·罗尔斯提出的公平理论。罗尔斯认为，如果我们生活在一个社会或者经济分为不同等级的社会中，并且不知道在那个社会里我们所处的位置可能是什么的话，那么我们就会选择那些会保护最贫穷或者最弱小成员利益的社会规则。[1]

我们使用的收入分配数据没有精确反映可支配收入的差别，因为它们衡量的是税前收入，而且它们不包括所有的转移支付。（然而，它们包括社会保障支付，失业补偿和某些给予穷人的现金补助，如

---

[1] John Rawls, *A Theory of Justice*. Cambridge: Harvard University Press，1971。

AFDC 和 SSI。）人口普查局最近开始计算税后收入分配，减去所有转移支付的净值。① 然而，因为那一时间序列的数据没有追溯到 1950 年，因此我们选择追溯到 1950 年的税前收入数据。而且，税后收入和扣除福利后收入这一时间序列的年均变化，与我们使用的时间序列变化很匹配。然而，税后收入和扣除福利后收入时间序列确实揭示出一些有价值的信息。例如在 1990 年，最低 1/5 的家庭收到了 3.9% 的税前收入。② 再将资本收益和雇主提供的医疗保险支付加上，并且减去政府向穷人提供的转移支付现金，最低 1/5 只收到 1.1% 的收入。如果减去联邦和州的所得税（富人的所得税负担更重于穷人），它使得最低 1/5 所占的份额提高到了 1.4%。令人吃惊的是，分级所得税对可支配收入的分配产生的作用很小。然而，当所有形式的转移支付被加上的时候（包括医疗保险和医疗补助），最低 1/5 的份额上升到 5.1%。因此，与所得税相比，现金和非现金转移支付对收入的重新分配具有更大的影响。然而，如果我们考虑在没有转移支付的情况下，最低 1/5 只会得到 1.1% 的收入，那么很显然，通过就业政策、最低工资法律和刺激投资措施来实现某种表面的平等所做的努力，已经失败了。

　　D 列：加权个人消费是 B 列（个人消费）除以 C 列（分配不平等指数）再乘以 100。（用除法而不是乘法的原因是，C 列的数字越大表示越不平等。）

　　D 列是基数，其他数值都是以此为基础进行加或减得来的。我们首先加入四列（E、F、G 和 H），它们代表那些没有被当作个人消费列入国民收入账目的服务流。然后，我们减去八列（从 I 到 P），这八列所代表的内容，是用来抵消隐含在衡量个人消费中对福利的过高估

---

① 参见：Bureau of the Census, *Measuring the Effect of Benefits and Taxes on Income and Poverty*, Current PopulationReports, Consumer Income, Series P-60, No. 176-RD [for 1989 and 1990], No. 170-RD [for 198788], and No.164-RD [for 1986]。

② 最低 1/5 的家庭（与住户相比）在 1990 年获得了 4.6% 的税前收入。我们在分配指标中使用了家庭收入。然而，唯一的税后收入数据是对于住户而言的，这个数据是无法与家庭进行精确对比的。

算。然后，我们再减去五列（Q、R、S、T 和 U），这五列所代表的，是我们对现今活动损害我们自然资源基础可持续性的程度所做的估算。最后，我们再加上两列（V 和 W），这两列所代表的，是资本积累的程度，以及国内和国外对资本的掌控转变对美国经济可持续性影响的程度。因此 Q 列至 W 列所代表的是，在一个更长的时期里经济继续提供同等水平福利的能力。

E 列：烹饪、清洁和照看儿童这类家务对经济福利有贡献，尽管它们并不在市场明码标价出售。在"无偿家务劳动的价值"那一小节，我们指出，计算家务这种非市场化劳动的价值，存在若干理论问题和实证问题。然而我们之所以把它包括在内，是因为它在整个经济福利中是一个极其重要的要素。

从罗伯特·艾斯纳在《账目的总收入系统》提供的数字中，我们得到了这一列数据。以 1972 年美元价格计，他提供了 1946 年、1956 年、1966 年、1971 年、1976 年和 1981 年的估值。我们在那些估值使用了对数回归以插入并且外推其他年份的数据。艾斯纳解释了他所使用的方法论："无酬劳的家务劳动价值，被保守地当作每年从事相关家庭活动的时间和家政工人每小时平均薪酬的乘积。时间估值源自密歇根调查研究中心对 1965 年、1975 年和 1981 年所做的时间利用研究，以 1975 年的调查为基准数据。"[1]

F 列：为了只计每年从资本设备而不是它原始购买价格中获得的价值，我们在这里加上耐用消费品中产生的服务价值，并在其他地方减去对耐用消费品的实际支出（见 I 列）。家用设备磨损的速度比可能的情况快得多，从这个角度上说，它使个人消费账目得到增加却没有对福利作出贡献。如果洗衣机通常可以用 100 年而不是 15 年，那么人们买的洗衣机就会更少，个人消费就不会增长得那么快，而福利却不会减少。通过使用这类设备服务价值的估值而非购买价格，我们尝试

---

[1] Robert Eisner, "The Total Incomes System of Accounts," *Survey of Current Business*, January 1985, p.30.

着克服当前计量中存在的这种歪曲。

为了计算这一栏的数据，我们采用了1979年3月、1981年4月、1982年10月和1983年、1984年和1987年的8月的《现代商业概览》中名为"耐用消费品不变美元净存量"的表格。我们将每一年的总净存量乘以22.5%。这包括了估算价值（利息）和资本存量折旧，这一步骤正是罗伯特·艾斯纳所建议的。（实际的折旧平均在15%左右，但在不同的年份它是不一样的。因为利率也随着年份不同而变化，其变动量是未知的，我们更倾向于为折旧和利息的组合选择一个唯一的价值。）当我们把计算的服务估值考虑进去的时候，使用22.5%这个数字的结果，从直观的意义上看也似乎是合理的。根据我们的估计，耐用消费品提供的服务，只有在一些经济衰退的年份里才超出了消费开支。为什么会这样呢？在一个非增长的经济体中，消费开支等于服务（因为它们只会替代损耗掉的商品）。在一个不断增长的经济体中，消费开支应该略微超过服务，而且在一个不断衰退的经济体中，服务会略微超过消费。

G列：除了这一列和H列（某些医疗和教育开支），我们没有把政府开支计入福利，因为这些开支本质上很大程度是防御性的。就是说，政府计划增加与其说是增加了福利净值，倒不如说是通过维持安全、环境健康和商业经营持久力，来阻止福利状况的恶化。而且，一些政府事业，如公交系统和下水道或给水系统，如同私人企业一样提供付费服务。这些费用在国民收入账目中已被列为个人消费。然而，政府提供的有些服务在理论上可以由市场来提供，但却很难去计量。那一类中的主要项目就是街道和高速公路。因为没有人对道路每年提供的服务价值进行过计算，因此我们从街道和高速公路存量的估算价值对其进行推算。

为了计算这一列（参见表A.3），我们使用了《现代商业概览》1980年3月、1981年2月、1982年10月、1983年8月、1984年8月和1992年1月中名为《除军事外按照结构类型划分的政府所有的建筑物不变美元总存量》的表格。我们把联邦、州和地方政府的"高速公路和街道"这些列相加（因为对政府所有的建筑物存量的估算——1984年至1990年——没有分解到高速公路和街道以及其他建筑物中，我们必须在总数的基础上对那些年做出估算）。在政府所有的全部非军事建筑物净值与总值的大概比率的基础上，我们估计其净存量占总存量的2/3。

与耐用消费品相比，服务的价值要低得多，因为折旧只占高速公路净存量的2.5%，与之相对，折旧占到耐用消费品的大约15%（见F列）。加上我们在计算耐用消费品提供的服务价值中使用的相同的7.5%的平均利率，我们得到街道和高速公路服务价值占净存量的10%。然而，我们认为，全部车辆行驶里程的1/4是用于通勤的，因此它并不是一种服务而是一种防御性开支。换句话说，从高速公路和街道中产生的服务，其中只有75%增加了福利。我们把3/4乘以10%，这样就得出服务的净价值，它等于7.5%的净存量。

H列：在我们的估算中，我们把大多数政府开支都排除在外（参见G列），因为要衡量的是投入或成本而不是产出或收益。政府开支增加和福利实际增长之间的关系是很细微的，因为难以对政府提供的各类服务的需求进行衡量。然而，我们认为用于教育和医疗方面支出的一部分对福利是有贡献的，我们把它加到个人消费中。

除用于高等教育的一半公共支出外，我们认为大多数教育开支既不是消费也不是投资。之前，我们解释了我们为什么没有把教育算作投资：有证据显示它对生产力贡献很少。另一方面，把教育算作消费也不合适，因为大多数学校教育似乎都是必需的。换句话说，人们上学是因为没有上学就意味着在文凭或学历的竞争中落后。拿到文凭和学历的人能够得到高收入。（我们认为强制教育的法律并非是入学的主要动因。）然而我们认为，正如佐洛塔斯在他的研究中所指出的，高等教育开支中有一半是纯粹的消费，原因就在于人们追求高等教育是因为其自身的原因，而不是为了其他目标服务。因此，我们加上了《国民收入和生产账目》的表3.15、表3.16，以及《现代商业概览》各期中用于高等教育的公共支出（联邦、州和地区）的一半。（参见表

A.4 中 c 列。）我们依据 1990 年以前的年份为 1990 年进行了估算，因为《现代商业概览》1992 年 1 月提供的州和地区高等教育开支数据，与《现代商业概览》1990 年 7 月的数据是不可比较的。例如 1992 年 1 月的数据显示，1987 年州和地区政府的高等教育开支是 41.3 亿美元（按当下美元价格计），但是根据 1990 年 7 月的数据，州和地区政府在这一年份的开支是 55.9 亿美元。我们无法解释这种异常状况。如果较低的数字是准确的，那么这一列数据的增长将会更加缓慢，从而略微降低了 ISEW。

至于公共部门在医疗上的支出，我们认为它们与出于同样目的的私人消费同等重要。我们只把被认为是增加了社会福利的那部分公共医疗开支（50%）加进来。（参见表 A. 4 中 e 列。）我们认为另一半是"防御性"的开支，它对于补偿环境给健康增加的压力是必需的（就像我们在 J 列的私人医疗开支所做的）。直到 1989 年的数据源自《美国统计摘要》（1991，表 136，第 92 页）。1990 年的估值源自美国健康基金会 1991 年秋发布的《健康基金概览》。因为通货膨胀，我们利用《美国统计摘要》[①] 中消费者价格指数中的"医疗保健"部分开支，根据通货膨胀做了调整。（请注意，对于这里和所有所参考的《美国统计摘要》，我们只援引了 1991 年的版本。实际上，我们经常参考前面的版本以弥补资料的缺漏。）

I 列：按不变（1972 年）美元价格计算的私人耐用品开支数据，源自《国民收入和生产账目》的表 1.2。1985 年至 1990 年的估值，作为个人消费估值，是以同样的方法得出的。减去耐用消费品开支的原因，在 F 列的注解中做了说明。

J 列：这一列与 H 列是相反的关系。这里我们减去对福利没有贡献的私人教育和医疗开支部分。我们减去它们是因为它们被包括在 B 列的个人消费里，而且我们把它们划作防御性的开支。

基于 H 列注解中给出的相同理由，除了用于高等教育的 1/2 的私

---

① *Statistical Abstract of the United States*, Table 769, 1991, p. 477.

人开支外，我们减去了所有私人教育开支。（参见表 A.5 中 d 列。）无论是整个私人教育开支还是高等教育私人开支的成本，都源自《国民收入和生产账目》（NIPA）的名为《按类别的个人消费开支》的表 2.4，而且依据表 7.12 的私人教育价格的隐性物价平减指数，按 1972 年美元价格做了调整。

同样，我们从总福利中减去了防御性的私人医疗费用。同公共医疗开支一样，我们认为私人医疗费用实际增长中有半数本质上完全是防御性的，即对城市化和工业化给健康构成的威胁不断增长所做的补偿。我们将这些开支的一半减掉了（参见表 A.5 中 f 列）。总私人医疗开支数据源自《美国统计摘要》。① 根据《美国统计摘要》中消费者价格指数里的"医疗保健"部分，按 1972 年美元价格对开支做了调整。②

K 列：通勤支出直接（现金支付）成本的计算方法如下（见表 A.6）：

$$C = 0.3（A-0.3A）+ 0.3B$$
$$= 0.3（0.7A）+ 0.3B$$
$$= 0.21A + 0.3B$$

等式中，C 是通勤的直接成本；A 是《国民收入和生产账目》中用户自驾（主要是汽车）的成本（表 2.4）。这个数字根据《国民收入和生产账目》（表 7.12）中的个人机动车辆和配件的花费支出的价格平减指数，被调整为不变（1972 年）美元的数值。

0.3A 是《美国统计摘要》对私人汽车折旧成本的估算（这里把它排除在外是为了避免重复计算，因为它已经作为 G 列的一部分被包括在里面了）。③ 0.3 是对 1983 年用于通勤的所有非商业机动车辆里程份额的估算。④

---

① *Statistical Abstract of the United States*, Table 136, 1991, p. 92.
② Ibid., Table 769, 1991, p. 477.
③ Ibid., Table 1040, 1987, p. 593.
④ Ibid., Table 1033, 1987, p. 591.

B 是本地运输的购买价格(《国民收入和生产账目》,表 2.4)。

0.3 是对用于通勤的本地公共运输乘客里程份额的估算。

我们计算时没有把通勤间接成本(通勤损失的时间价值)包括进去,因为我们缺少可靠的数据。理论上我们认为,由于可以想见伴随着城市扩张交通拥堵会越来越严重,这是一项重要的成本,但是我们不能找到一个反映花在通勤上的时间变化的时间序列。佐洛塔斯使用了一份对 1965—1966 年所做的估算数据,男人通勤时间是 52 分钟,女人通勤时间是 42 分钟。然后他假设,在那以后每年通勤时间都增加了 2 分钟。那就意味着到 1980 年男人通勤时间应该是 80 分钟,而女人通勤时间是 70 分钟。实际上,根据 1980 年的人口普查(Census)[①],1980 年通勤时间平均为 43 分钟,低于 1965—1966 年男女通勤时间的混合平均数。通勤时间随着时间真的减少了吗?两种调查所用的方法不同,或者人口数量差别,足以说明这种区别吗?我们根本就不知道。因此我们没有把通勤间接成本减去,不过如果减去的话,必定会让每年减少的经济福利达数十亿美元。

L 列:污染给住户带来的一个成本就是,人们需要在个人污染控制设备如空气过滤器和水过滤器方面,投入防御性的开支。这一列从 1972 年到 1987 年的数据,是美国商务部经济分析局的凯罗尔·卡森(Carol Carson)和艾伦·杨(Allan Young)提供的。对于 1972 年以前的年份,我们认为个人在降低污染和控制污染方面的开支,以每年 20% 的速度增加。我们认为,在 1988 年至 1990 年,这一笔开支就等于前 4 年的平均数。这些开支没有增加人们的福利,而仅仅是试图将福利恢复到某种基准的水平。因为企业开支和政府开支没有包括在个人消费开支中(B 列),因此它们没有将他们降低污染的开支减掉。

M 列:交通事故造成的损失,是工业化和更高的交通密度的一种现实成本。只有机动车辆事故造成的损失的数据可以获得,这些数据

---

① Census Vol. C3.223/7:980, *General Social and Economic Characteristics*, p. 70

来自《美国统计摘要》。[①] 我们使用消费者价格指数对通货膨胀进行了调整。1989 年和 1990 年的估值是基于推断而不是测量值得出的。

N 列：这一列的数据是两组估算数值的复合：（1）给水质带来的危害，主要是点源污染的排放（污水和工业废物）；（2）来自农场、建筑工地和道路的土壤侵蚀导致泥沙淤积造成的损失。尽管其中可能存在一些重复计算（如泥沙淤积也损害水质），但我们怀疑我们整体上还是低估了第一类的损害，原因是缺少非点源污染方面的资料。把它们最低限度地包括在土壤侵蚀成本之下，只是对更为普遍的低估整个损害的部分纠正。

点源污染排放造成的损失。 我们估算，1972 年因水污染造成的损失达 120 亿美元，并在主观估计和调查的基础上得到了早些年和后来年份的估值。（我们没有把建筑物污水处理设施费用包括进去，因为那是一项公共开支，因此不包括在我们对福利的初始估算即 B 列的"个人消费"中。）这一列的数据可靠性有限，尽管我们认为它们合情合理。

有很多因素导致很难对按美元计算的水污染造成的价值损失做出可靠估算，如下：

1. 不存在公认的"水质"测量方法。许多不同因素可能导致水质差，例如生化需氧量（或者相反，溶氧量低）、磷、氮、固体悬浮物、固体不溶物、混浊度和温度。如果不能开发出对它们的联合效应的单一复合测量方法，"水质"这个词就没有确切含义。

2. 即使我们有一套水质的复合测量方法，但对水样的实际测量也不是很可靠。样本稀少，测量不精确导致不准确，以及错误的监测和试验步骤都会导致测量结果可靠程度不高。[②]

---

① *Statistical Abstract of the United States*, Table 1042, 1991, p. 612.

② 参见：Leonard P., Gianessiand Henry M. Peskin, "Analysis of National Water Pollution Control Policies: 2.Agricultural Sediment Control." *Water Resources Research* 17, 1981, pp.803-821, and especially, pp.813–817。

3. 在水质的构成要素（上面讨论的因素1）和水维持鱼类或其他野生动植物生活或者支撑游泳以及其他娱乐活动的能力之间，还没有建立精确的数量关系。

4. 如果可以针对某个水域的水污染情况做一种可靠估算，那么我们还是没有可能对跨地区的数据进行计总。不同于空气污染问题（整个大气充当了空气传播的污染物的"接收器"，而且谈论国家空气质量是有一定意义的），聚合衡量水质是很复杂的，因为存在这样一个事实，即某个流域或湖的水质可能有改善，而另一流域或湖的污染正变得更加严重。

5. 即使可以获得某一年的可靠基线估算数值，但如果没有其他年份的可比数据，我们还是不知道水质是在改善还是在恶化。这里只有非常主观性的估值。

6. 与空气污染损害的相对直接估算方法不同（参见O列的注解），水污染造成的许多损失，几乎必须完全依靠间接证据进行计算，如游泳、打鱼和行舟机会的损失。因此，为了判断水质改善带来的闲暇娱乐收益，经济学家不得不依靠衡量代理量的方式，如因为水质变化而前往其他娱乐场所在**交通**方面耗费的时间和货币数额的变化。（换句话说，对污染损害的衡量，方法来自估算人们因为更近的娱乐场所已经被污染，而愿意为驱车去一个新的娱乐场所多付的钱。）这些研究结果严重依赖一些假定，即如果1985年美国国会制定的水质标准得以满足的话，人们对水上娱乐活动的参与率很可能出现很大转变。

7. 最后，估算水污染造成的损失，通常只试图衡量点源污染排放带来的损害（也就是城市污水和工业污水的污染）。城市径流和农田径流造成的损失则没有被包括在内。因为那些非点源污染造成的损失，至少常常与点源污染一样严重，因此，忽略它们的影响，在相当大的程度上，就低估了水污染造成的实际损失或损害。截至20世纪70年代末，当人们对控制点源污染已经做出了数年努力时，对非点源污染进行的控制却几乎没有，美国水路里57%的BOD、98%的固体悬浮物、83%的固体不溶物、87%的磷和88%的氮都是由后者排放的。①

考虑了这些说明和条件,我们估算 1972 年水污染造成的总损害接近 120 亿美元。米瑞克·弗里曼所引用的三项研究得出的结论是:按 1978 年美元价格计,点源污染给休闲娱乐造成的损失估值范围,其上限在 180 亿美元左右。②弗里曼自己估算,按 1978 年美元价格计算,减少点源污染获得的休闲娱乐收益,其上限是 87 亿美元(或者按 1972 年美元价格计算则为 60 亿美元左右)。加上给审美、生态、财产价值和其他用途(家庭用水和工业用水的供应)带来的损失,按 1978 年美元价格计算,他估算损失上限是 184 亿美元(按 1972 年美元价格计算是 120 亿美元)。尽管弗里曼对点源污染造成的最小损害的估算仅为 94 亿美元(按 1972 年美元价格计算是 60 亿美元),但我们使用了不那么保守的数据,因为将非点源污染计算在内,至少会让许多流域的总污染物含量翻番,而且会让其他流域的总污染物含量增加数倍。因此就 1972 年水污染损害而言,120 亿美元甚至是很保守的估算。

因为缺乏与水污染有关的可靠的时间序列数据,我们对污染损害随着时间变化的估算并不是非常可靠。根据水土保护基金会编订的《环境状况:十年中期评估》,"1974 年至 1981 年,就常规污染分析指标而言,水质几乎没有什么变化"。这一发现是基于美国地质调查局的国家河流环境质量核算网络。它得到了州和州际水污染控制管理委员会 1984 年的一项调查和 1982 年至 1983 年的美国渔业调查的证实。③我们认为整体状况没有改善意味着,更为严格的污染控制措施带来的改善,却因人口和污染活动的增加而抵消了。与 20 世纪 70 年代和 20 世纪 80 年代水污染程度没有任何变化相比,我们认为 20 世纪 50 年代和 20 世纪 60 年代期间,水质在以每年 3% 的速度下降,之后国家才

---

① Leonard P., Gianessiand Henry M. Peskin, "Analysis of National Water Pollution Control Policies: 2.Agricultural Sediment Control." *Water Resources Research* 17, Table 1, 1981, p.804.

② A. Myrick Freeman, *Air and Water Pollution Control: A Benefit-Cost Assessment* (Chapter 9). New York: Wiley, 1982.

③ *Conservation Foundation Report*, p.109.

协商努力解决这一问题。

泥沙淤积造成的损害。除了对水质受损的情况进行估算以外，我们还把农田、河坝、路基和建筑场所造成的土壤侵蚀后果数据包括在内。这里我们认为，这些非点源污染造成的水质恶化一般已经计入了第一部分计算中。在第二部分，我们估算的是疏通河流航道成本，泥沙淤积给水坝和其他水利设施造成的损害，以及与泥沙淤积有关的洪水泛滥和其他河道外影响产生的成本。据水土保护基金会估计，1980年这些损害造成的损失在 32 亿美元到 130 亿美元之间，最乐观的估计也在 60 亿美元左右。按照 1972 年美元价格计算约为 33 亿美元（使用 GNP 平减指数）。

评估这些成本随着时间的变化是很困难的。我们可以从国家资源清查那里得到 1977 年和 1982 年的土壤流失总量的估算，这项清查工作是由土壤保持局和爱荷华州立大学共同承担的。在 1977 年和 1982 年两年里，土壤流失总量估计为 65 亿吨。我们认为，1972 年以来 5 年的趋势一直没有改变，而在 1972 年谷物出口的大规模增长导致土地用途发生转变，特别在贫瘠而易受侵蚀的土地上耕种，以便从对世界粮食的高需求中获利。我们认为，之前的 22 年里土壤流失年均增长速度是 1%。我们认识到，对之前这些年土壤流失的估算在本质上是推测性的，而且我们更想获得可靠的数据。我们也意识到，在没有相反数据的情况下，那一时期农田土壤流失量可能保持大致不变。然而我们认为，因为这一时期普遍的经济增长，特别是城市建设和州际高速公路系统的发展，土壤流失造成沉积这整个问题可能更严重了。

O 列：跟随麦瑞克·弗里曼（Myrick Freeman）的分析，就像我们对待水污染问题一样，我们把对空气污染成本的估值分为 6 个部分：（1）对农作物的损害；（2）物质损失；（3）清洁被污染产品的费用；（4）酸雨损害；（5）都市生活的不舒适；（6）审美价值损失。

1. 据我们估算，空气污染给农作物造成的损失达 40 亿美元。亨茨（Heintz）、沙夫特（Herschaft）和郝莱克（Horak）在 1976 年做出的题为《国家空气污染和水污染损害》的研究指出，1973 年氧化剂给农作物造成的损失达 28 亿美元。弗里曼认为这个估算太少,因为它没有反映这样一个事实,即农民不仅承受了空气污染造成的农作物损失,也转为种植经济效益较低的农作物。我们认为,这部分额外损失会使空气污染给农作物造成的总损失,在 1970 年达到约 40 亿美元(按 1972 年美元价格计算)。

2. 我们估算,因涂料、金属、橡胶等受腐蚀等造成的物质损失为 60 亿美元。佐洛塔斯使用了来自 Liu 和 Yu 的估算数值,1970 年这个数字是 384 亿美元。因为那一数量只占 1970 年家庭拥有的固定可再生财富净存量的 3% 左右(包括所有住宅和耐用设备),因此空气污染造成的损耗率实际上可能是合理的。我们选择 60 亿美元作为我们的估算数值,目的是使得它与弗里曼估算的 32 亿美元这个中间数值更一致。

3. 我们跟佐洛塔斯一样,清洁被空气污染的产品的费用,使用 50 亿美元这个估值。那个数字源自 Liu 和 Yu。它得到了弗里曼估算的证实,即空气中的微粒减少 20%,会让清洁成本减少 6 亿—38 亿美元。尽管空气中微粒进一步减少不会产生相应的显著结果,然而这表明就这一范畴内的总损失而言,50 亿美元的估算数字是合理的,而且也许是很保守的。

4. 基于弗里曼的研究,我们保守地估算酸雨给森林和水生生态系统造成的总损失,按 1972 年美元价格计算是 15 亿美元。①

5. 我们估算空气污染造成的城市整体生活质量下降损失为 90 亿美元左右。这包括两部分:(1)与一个地区的污染水平成比例的财产价值的减少;(2)为了吸引人们在高度污染的地方工作必须支付更高工资的必要性。弗里曼估算,因固定污染源造成的财产价值损失为 40 亿美元,因流动污染源造成的财产价值损失则为 1.5 亿美元(两者都是按 1972 年美元价格计算)。至于工资差别,他引用了梅耶和莱昂内所做的研究。这个研究得出的结论是,为了吸引工人去易受污染区域所

---

① A. Myrick Freeman, *Air and Water Pollution Control: A Benefit-Cost Assessment* (Chapter 9). New York: Wiley, 1982, p.107.

必要的工资差别，在空气悬浮颗粒多的地方为 61 亿美元，在受二氧化硫污染的地方为 21 亿美元，在受二氧化氮污染的地方则为 51 亿美元。如果所有这些因素（财产价值的减少和工资差别）是可以简单相加的，那么整体生活质量下降的损失会达到 188 亿美元。因为它们的影响之间以及与其他的损失估算之间（例如清洁费用和财产价值之间）存在重叠，因此我们这里所列的数字只有 90 亿美元，或者大约是这方面总损失的 1/2。

6. 我们认为，因国家公园和其他风景区能见度下降和娱乐损失而给审美价值造成的损害，总数为 45 亿美元。这一数字是基于对四角发电厂周边地区所做的一项研究，这个地区的居民说，他们愿意每年付 85 美元来大幅改善该地区的景色。我们估算的 45 亿美元意味着，每人每年为能见度改善支付大约 20 美元，因此我们认为这个数字是合理的。

把这些数字加起来（40 亿美元的农作物损失，60 亿美元的腐蚀和物资损失，50 亿美元的污染清洁费用，15 亿美元的酸雨损失，90 亿美元的城市生活质量下降损失，以及 45 亿美元的审美价值损失），我们得出 1970 年与空气污染有关的总成本为 300 亿美元（按 1972 年美元价格计算）。

如果这 300 亿美元的估算看起来过多，那么我们想指出这个数字还是很保守的，因为我们在计算中把空气污染给健康带来的所有损害的估值去除了。那些损害可能间接地包含在工资差别的估算中，但是我们有意避免把健康成本作为一种独立的类别包含进去。我们也把健康成本排除在外，因为我们把它们放在了其他两列（H 和 J），这两列在保健福利的估算中特别排除了"防御性的"医疗保健费用。尽管如此，我们认为这里可以把空气污染造成的某部分健康损失包括进来，许多呼吸道疾病（例如感冒、流感、支气管炎）虽然不需要到医院治疗，然而它们却会因为暴露在空气污染中而使得病情加重和拖延，所以这里并没有重复计算。其他导致不适和降低生产效率的慢性病也不需要医疗看护——从气短到头疼到眼睛灼伤——所有这些都会构成空气污染对健康的损害，但不会作为防御性的医疗保健费用出现。我们怀疑这些费用每年会达数十亿美元。

而且，我们对空气污染成本的计算，没有把死亡率增加的所有成本估算包括进来，部分是因为这可能会造成一些重复计算。我们也不赞同给人类生命设定一个美元价值的想法。另一方面，完全忽略这一范畴，就像我们做的，则意味着把人类生命的价值（或者更准确地说是活得更长的价值）设为零。我们也不愿意看到那样一种结果。然而，如果我们把死亡率增加的某种成本估算包括进来，那么我们就会把它放在这样一个基础上，即从一大群人中人们为降低整体死亡率付费的意愿中所揭示出的生命价值。因为我们所有人都是在死亡概率更高的活动和可测度的收益之间做出权衡，这个过程反映我们隐性地赋予继续活着的概率以价值。就像一些研究所揭示的，如果在社会中避开每种死亡（就其可能的意义而言）的价值是 100 万美元左右，那么我们至少可以在一个数量级内判定与死亡率相关的空气污染的美元成本。有了那个美元价值作为基数，一旦知道了空气污染和死亡率之间的物理关系，那就可能估算出空气污染造成的损害。弗里曼援引了大量研究，这些研究得出与空气污染有关的死亡率弹性估算数值在 0.01 到 0.09 之间（这意味着空气污染增加 1%，导致的死亡率增加值则在 0.01% 到 0.09% 之间）。通过使用那些数字和弗里曼的计算方法，我们得出空气污染造成的死亡率增加成本，最乐观估计是 130 亿美元左右（按 1972 年美元价格计算）。这是建立在这一估算数字基础上的，即空气污染减少 20% 和 60%，就会获得对应的大约 105 亿和 120 亿美元的死亡率减少的收益。我们认为，消除空气污染剩余的 40% 只能在收益上增加 10 亿美元。不管怎样，我们认为 1970 年与空气污染相关的死亡率增加带来的额外成本，会在我们实际使用的 300 亿美元这个估算数字基础上，再增加 100 亿到 150 亿美元。

我们估算的空气污染损害时间序列，以《美国统计摘要》中摘抄的美国环保署（简称 EPA）的《国家空气污染物排放量估算》为基础。[1]然而，可用的只有从 1977 年到 1988 年的资料。我们认为在 20 世纪 50 年代，环境空气质量在以每年 1% 的速度恶化，在 20 世纪 60 年代这个速度是每年 2.4%，而从 1971 年到 1977 年环境空气质量以每年 3.0% 的速度得到了改善（空气清洁法案产生的结果），而且 1989 年和 1990 年的空气质量与 1988 年的空气质量是相同的。我们把每一年微粒、二氧化硫和二氧化氮的环境指标组合在一起，并建立了一种指标来揭示这些年来的变化。（参见表 A.7）更佳的模型是计算每年每类污染造成的损害，并把那些美元数额加在一起，但是我们不足以发展出这样一种模型。而且，因环境空气质量随着位置变化的幅度非常大，我们应该对每一个县或者每个地区的空气污染损害估值进行计算，然后加在一起，得出整个国家的估值。

P 列：据世界卫生组织估计，1972 年美国因为噪音污染造成的损失为 40 亿美元。[2]我们认为，从 1950 年到 1972 年，工业化程度的不断提高、高速公路系统的扩展，以及机场数量的增加，使得噪音污染以每年 3% 的速度加重。我们认为，1972 年以来噪音控制法案使得噪音污染的增速降为每年 1%。

Q 列：为了计算湿地损失的价值，我们先估算从一英亩湿地中获得的一系列服务价值为每英亩 600 美元（按 1972 年美元价格计算），这大约比 T. R. 古普塔（T. R. Gupta）和 J. H. 福斯特（J. H. Foster）在《马萨诸塞州淡水湿地政策的经济准则》中就湿地的防洪功能、水净化功能、为野生动植物提供栖居地以及审美所做的每年每英亩 448 美元中间价值的估算[3]多 1/3。我们的估值高于古普塔和福斯特，因为在评估中他们没有说明经济学家所讲的"消费者盈余"。（消费者盈余是指，一项物品或服务的购买者或受益者，愿意付出比实际价格更高或超过

---

[1] *Statistical Abstract of the United States*, Table359, 1991, p. 209.

[2] *Congressional Quarterly Almanac*, 1972, p. 980.

[3] *The American Journal of Agricultural Economics*, 57(1): 40-45, Cited in Phillip Greeson, John Clarkand Judith Clark (eds.), *Wetland Functions and Values: The State of Our Understanding*. Minneapolis: American Water Works Association, 1979, p.88.

实际价格的那部分数额。但我们不知道就湿地所提供的服务而言,这个数字实际上会是多少,因此我们做了一种合理的估算。)而且 600 美元是个相对保守的数字,因为咸水湿地的价值是其 3 倍到 20 倍。[1] 据《1981 年环境质量:环境质量委员会第 12 份年度报告》(1982 年 7 月)估计,到 1973 年每年损失的湿地面积为 60 万英亩。而随后年份里每年损失的湿地面积估计为 30 万英亩,这个估算来自美国鱼类和野生生物内务管理局的主管罗伯特·A.詹特森在 1981 年 11 月 20 日参议院环境和公共事业委员会上的证词。

从湿地中得到的一系列好处的丧失是个累积的过程。换句话说,如果 60 万英亩的湿地在连续两年时间里被填平或被排干水,那么第二年年末其损失就等于从 120 万英亩的湿地中获得的一系列好处。因此,我们把每年从湿地中获得的利益损失,与前一年的全部损失加在了一起。

1950 年我们给出的计算基数是 100 亿美元,这个数字具有很大程度的武断性。我们估计,从殖民地时期到 1950 年,北美总共约有 1 亿英亩的湿地被填平用于农耕和其他活动。(这个数字是基于,从最初约有 2.15 亿英亩降到 1950 年的 1.1 亿英亩左右。)[2] 我们推测,最初损失的数千万英亩湿地中每一英亩的价值,都低于最近几十年间被填平的剩余湿地面积的边际价值。(同样,美国大陆最后 100 万英亩湿地的价值将会高于每亩 600 美元,因为那时资源更稀缺。)因此,我们把从湿地中获得的平均每英亩 100 美元的服务价值,乘以 1 亿英亩,得出 100 亿美元这个数字,它是对那时累积损失的一种合理估计。

R 列:这一列反映让农田生物生产能力降低的两种不同方式。一方面,城市扩张(包括修建高速路)通过把土地压平而使土地永远不能用于生产。另一方面,土地管理不善造成土壤侵蚀、土壤压实和有

---

[1] Phillip Greeson, John Clark, and Judith Clark (eds.), *Wetland Functions and Values: The State of Our Understanding*. Minneapolis: American Water Works Association, 1979, p.124.

[2] *Wetlands of the U.S.: Current Status and Recent Trends*, Fish and Wildlife Service, March 1984, p. 29.

机物质分解而破坏了土壤，由于降低了土地的生产能力从而逐步使土地不能用于生产。用美元来衡量这两种损失既复杂又带有某种程度的武断，但是因为就经济长远可持续的角度而言，粮食生产是很重要的，因此我们认为必须尝试衡量这种损失。

作为农业工业化的结果，特别是第二次世界大战之后，劳动和其他非能源投入（包括农田）的生产率随着时间稳步提高，因为那些投入被越来越多的能源（包括本身需要能量来生产的化肥或机器等隐含能源）取代。这就产生了一种观点，即当新遗传品系得到开发以及新技术得到应用时，农作物的产量就会继续无限增加。在那种观点看来，每年将一小部分的农田转为非农业用途的损失，或者构成其基础的土壤基质生产能力每年的轻微下降，都不重要，如果相比那些下降，技术进步增长更快的话。

在一个现实能源成本不断下降的世界里，那种看法有部分道理（尽管我们有一些保留，因为化学投入不可能完全替代土壤的有机成分，这种替代有一定限度）。然而，就像我们在引言中指出的，因为勘探、提取和加工新能源所需要的能源成本不断上涨，能源的实际成本在上升并将会继续上升。农业可用的低成本能源消耗迅速，其可能引发的后果是令人震惊的。在40多年的时间里，能源密集型投入在农业中的使用，掩盖了土壤基质的减少和质量的下降，而这是农业最终依赖的基础。化肥极大提高了粮食产量，但代价却是破坏了土壤中的腐殖质、氧化了土壤中的碳，以及让农民忽视土壤侵蚀的后果。只要化肥是相对廉价的，那么土地退化的后果，就可以通过增加更多的化肥而得到暂时克服，尽管在长远的角度上那只会让问题恶化。同样，灌溉可以大大提高粮食产量，只要从河流或者蓄水层中抽水的成本很低。然而，当能源（包括隐含能源）成本增加以及当蓄水层被抽干时，我们将会看到这种农业增长是不可持续的。而且，灌溉过程本身可能导致土壤退化，如果它使得土壤侵蚀程度加深或者土壤盐分增加的话。

经济学家也容易轻视农田数量的减少和质量的下降，他们指出超过1亿英亩的土地现在没有得到利用或者被用作牧场或草原,而这些土地都可以用作粮食生产。无疑,随着投入农业的能源越来越昂贵,以及当前用于种植庄稼的土地中有一些会因为过度耕种而无法种植庄稼,这类土地中有一些实际上会在未来用作粮食生产。然而,这类土地出于经济原因没有用来种植庄稼,而且存在严重土壤流失的可能。罗伯特·希利(Robert Healy)报道说:"大部分有高度或中度转化潜力的土地,在土壤级别上都是Ⅱe,Ⅲe,或者Ⅳe,而'e'代表土壤易受侵蚀。根据1980年RCA草案,即使那些较好的土壤用作粮食生产时也存在易受侵蚀的危险。"① 换言之,乐观地以为把其他土地转为更集约的用途可以补偿宝贵农田的损失,是没有事实依据的。

经济学另一个轻视土壤流失的重要性的有害的做法,是把未来的成本和收益贴现。如此一来,农田的现值是基于土地的生产力,但仅仅是在未来产量的价值按照一种复利公式被减少之后。因此在传统经济学分析中,土壤侵蚀或城市化给土地未来生产力造成的损害,似乎并不重要。实际上,这一理论认为一个"理性的"农场主,应该让土地物尽其用,只要从不可持续的耕种中获得的净收入流入贴现值,大于在可持续生产基础上管理农场中获得的净收入流入贴现值。如果以不可持续的方式耕种产生的收益流更高,盈余就可以投资到其他地方,与农场主在地力没有耗竭的状态下把土地转让出去相比,那会使得下一代过得更好(理论上)。

我们的目标是计算各种活动带来的**可持续的**经济福利。因此我们减去了因城市化和土地管理不善给土地生产力长远造成的累积损失。我们本应该估算我们当前行为强加给后代人未经贴现的成本,后代人将不再能够通过化石燃料来补偿土地损失和土壤质量的下降。然而,我们却被迫接受那些无疑仅仅基于土地生产力损失的贴现值的估算

---

① Robert G. Healey, Note to Michael Brewer and Robert Boxley, "The Potential Supply of Cropland." In *The Cropland Crisis: Myth or Reality?* edited by Pierre R. Crosson. Baltimore: Johns Hopkins University Press, 1982, p.115.

（特别是下面讨论的土壤状况恶化造成的损失）。因此我们认为，我们的估算低估了因不可持续的行为强加给未来的成本。

城市化造成的损失。因城市化损失的农田数量是一个很有争议的主题。1981年《国家农业土地研究》（简称NALS）认为，农田损失速度已经从1958—1967年每年减少100万英亩，增加到1967—1975年每年的300万英亩，这一观点引发了轰动。由于认识到这项研究中存在某些方法论问题和定义问题，我们认为每年100万英亩的数字在我们研究的整个时期（1950—1990年）中可能是不变的，而转为城市用地的农田比例，则保持在那个数字的30%左右。换言之，我们采用了对因城市化损失的农田的保守估计，这个数字达每年30万英亩。（这与《国家农业土地研究》估算的每年损失60万英亩的农田，或加上潜在的农田就是80万英亩，形成了对比。）

然后基于没有高度使用化肥和其他能源密集投入的农田生产率，我们估算被转化的农田平均价值是每年每英亩100美元，或者资本化价值是每英亩1000美元（按1972年美元价格计算）。我们认为农田潜在的价值超过了今天的市场价值。我们的目标是计算可持续的经济福利，因此我们所选的数字反映了**假如廉价能源已经被耗尽时**的土地价值。例如，没有氮肥（从天然气中提取的），农田产量会变得较低而食物价格则会变得较高。农民对高质量农田的需要会增加，这会提高农田的价格。当计算因城市化损失的农田价值时，我们把那个（未知的）价格当作一个合理的价格使用。我们认为每英亩1000美元是一个保守数字，即使就当前市场价格而言它似乎高些。应该记得的是，城市的最佳用地就坡度、排水和其他土壤性质而言，通常都是质量最好的农田。因此伴随城市化，通常是最宝贵的农田被转化成了其他用途。

我们从10亿美元开始计算，这个数字是估计的累积损失，它代表截至1950年因城市化损失的农田服务价值。因为截至那一时间城市占地达1500万英亩，而另外2400万英亩的土地则被转作高速公路和道路用地（rights-of-way）[1]，我们所估计的 10 亿美元意味着，农业损失平均价值约为每年每英亩 25 美元。就好比在湿地例子中，我们认为从农业拿走的最初那些土地的边际效用或价值，低于新近被城市化的土地价值。

总之，我们计算的结果是，城市化每年要从基础农田那里去除的一系列农业服务价值达 3000 万美元（30 万英亩乘以每英亩 100 美元），而总成本是这些损失累积的结果，1950 年这一损失的初始数字是 10 亿美元。（参见表 A.8 中 d 列。）

土壤退化的损失。管理措施不善给土地质量造成的损害并不明显，但问题的严重性超过因城市化导致的看得见的土地损失。经济学家容易轻视管理不善造成的生产率损失，原因是过去 40 年里土地可见的生产率（这是就每亩产量而言的，尽管不是就能源投入的单位产出而言的）提升很快。而且，因为地力耗尽造成的生产率损失可能不是直线式的，就是说土壤侵蚀和土壤压实以及土壤中有机物质流失产生的结果，可能直到土壤遭到了不可挽回的破坏才会在产量减少中表现出来。这点是尤其真实的，就像上面提到的，化学肥料暂时掩盖了地力耗尽的后果，即使从长远角度上讲它们促成了这一后果。

因此，计算土壤生产能力的损失是很困难的。我们认为我们对这一成本的估算并不代表当前活动的真实成本，因为对未来的影响很可能是被贴现了，而且因为所衡量的生产能力损失，只是就通过能源密集投入方式所提高的产量而言的。

1980 年美国农业部水土保持局（简称 SCS，现为美国自然资源保护局）的经济学家估计，因土壤侵蚀造成的农业生产能力损失约为 13 亿美元（或者按 1972 年美元价格计算是 7 亿美元左右）。[2] 我们不知道

---

① *Statistical Abstract*, Table 1154, 1982, p. 658, From U. S. Department of Agriculture, *Major Uses of Land in the United States*, 1978.

② "Background for 1985 Farm Legislation", Agricultural Information Bulletin Number 486, January 1985, Also cited in *Environmental Quality 1984: Fifteenth Annual Report of the Council on Environmental Quality*.

他们如何得出的那一结果，因此我们使用另外一种计算方法和不同的数据来源来检验这一结果。《国家农业土地研究》在 1977 年估算，每年因土壤侵蚀损失的土地相当于 170 万英亩。如果我们假定土壤受严重侵蚀的 1/2 发生在农田，那么这类受侵蚀的土地每英亩约 800 美元成本，就会产生与水土保持局的估算相同的结果。（也就是相当于 170 万英亩的土地除以 2，乘以每英亩 800 美元，为 6.8 亿美元。）

就像我们在讨论土壤受侵蚀给河道带来的影响中所做的（参见 N 列的注释），我们认为 1972 年以来土壤侵蚀速度一直是相当稳定的，从 1950 年开始每年增长 1%，然后直到那一速度。我们还认为，早在 1950 年以前就已经存在某种损害了。因此我们从 1949 年 50 亿美元这个累积损失开始计算，在那之上追加进一步的成本。（参见表 A.8 中 b 列。）

R. 尼尔·桑普森在《农田还是荒地》中估算，1980 年因使用重型机械使得土壤被压实造成的损失为 30 亿美元（按 1972 年美元价格计算是 16.7 亿美元）。① 我们认为，无论是 1980 年前还是 1980 年后，那一数字每年都在以 3% 的速度递增。（参见表 A.8 中 c 列。）

R 列中的数据代表两类土壤流失的总和：城市化和土壤退化，其中后者被分成了两部分。（参见表 A.8 中 e 列。）

S 列：我们认为，不可再生资源耗尽是后代人承担的一种成本，它应该从现在这一代的资本账目中减去（或者说记入现在这一代的资本账目的借方）。

为了估算因为"自然资本"耗尽而要减去的合适数额，我们开始考虑世界银行的沙拉·埃尔·塞阿弗在一篇题为《来自可耗竭自然资源的收入的合理计算方法》的文章中提出的一种方法。② 沙拉·埃尔·塞

---

① R. Neil Sampson, *Farmland or Wasteland.* Emmaus, Penna.: Rodale, 1981.

② Salah El Serafy, "The Proper Calculation of Income from Depletable Natural Resources." In *Environmental and Resource Accounting and Their Relevance to the Measurement of Sustainable Income*, Ernst Lutz and Salah El Serafy（ed.）, Washington, D.C.: World Bank, 1988.

阿弗的方法是，估算需要从一项资产（如一种矿藏）清算的收益中留出来的那部分钱。留出这部分钱是为了形成一种永久的收入流，未来这笔收入会等于从现在消费的不可再生资产中获得的那部分收益。

消耗性资产的所有者，如果他消费的仅仅是他的收入，那么他就必须把他的一部分收益再借出去收取利息，来补偿他所预期的其消耗性资产未能在未来获得的收入。这种观点（在J. R.希克斯的《价值与资本》中可以看到），让我把相关的矿产转变成一种长久的收入流。假如连续开采10年而使得资源耗尽，从资源中获得的一系列有限收入，就必须被转变成一系列无限的真实收入，以致这两个系列的资本化价值（the capitalized value）相等。从每年的销售收入中，必须确定收入的一部分可以被用于消费，而剩余的部分，即资本要素，每年被留出来用于投资，以创造长期的收入流，使得在资源存在期和资源被耗尽之后，"真实"收入保持在同等水平。我着手找出当前收入的两个构成部分：资本部分和收入部分。在某些既不是太严格限定也并非不切实际的预设下，我得出真实收入与总收入的比率，也就是：

$$\frac{X}{R} = 1 - \frac{1}{(1+r)^{n+1}}$$

X是真实收入；R是总收入（开采成本的净利）；r是贴现率；n是资源可开采的周期数。R−X是"用户成本"或"消耗要素"（depletion factor），它应作为资本投资留出来，而且完全不计入GDP（或者这里不计入ISEW）。[1]

我们赞赏这一模型，在我们看来，它是处理不可再生资源或"自然资本"消耗恰当的入账方法的最好尝试。作为一个普遍原则，我们同意将现有收入资本化以产生一种永久性的收入，但我们并不完全赞

---

[1] Salah El Serafy, "The Proper Calculation of Income from Depletable Natural Resources." In *Environmental and Resource Accounting and Their Relevance to the Measurement of Sustainable Income*, Ernst Lutz and Salah El Serafy (ed.), Washington, D. C.: World Bank, 1988.

同沙拉·埃尔·塞阿弗模型的细节。

首先，n 的计算，即资源可开采时间，提出了一些概念问题。一种矿藏以一定开采速度可以开采多长时间，不是一个简单的物理事实。资源的可获得性，不仅是"那里"有多少的函数，而且是用来开采资源所付出努力的强度（劳动、资本和能源）的函数。换言之，在沙拉·埃尔·塞阿弗的等式中，n（资源可开采年数）依赖于一种外生变量，即开采成本。因此等式没有进行详细说明或者说是模糊的。[1]

其次，我们对沙拉·埃尔·塞阿弗模型所做的简单化预设的适当性表示怀疑，即相对于一般物价水平，不可再生资源的价格未来会保持恒定。因为开采成本在不断增加，因此我们预计油价日后相对于其他价格而言会上升。从 1900 年之前至 1972 年，能源成本的下降使得资源价格保持了稳定。那个时期，投入到矿产资源的那部分 GNP 在 3% 和 4% 之间波动。然而，那种趋势可能已经不可逆转地改变了。就像之前所讲的，投在矿产上的那部分 GNP，在 1972 年至 1982 年间，从 4% 跃至 10%。尽管这种急速增长因为石油需求暂时减少和石油价格暂时下降有了一定程度的消退，但吉佛等人在《超越石油》中的分析指出，可以预见，石油和其他能源的实际价格在 20 世纪 90 年代将开始再次攀升，从而推高所有能源密集型的矿产勘探价格和开采价格。

能源价格上涨的结果是，沙拉·埃尔·塞阿弗模型中留出来以维持一个永久性收入流的那一数额，应该是挖掘出的矿产未来价格的一部分，而不是当前价格的一部分。否则，收入流在未来的所得就会比现在少，这就违背了那个所宣称的原则，即每个时间周期内产生的实

---

[1] 沙拉·埃尔·塞阿弗建议把开采成本上涨的因素考虑进去，他认为"储量……应该通过一种会反映未来开采成本上涨的因素向下进行调整。"（Salah El Serafy, "The Proper Calculation of Income from Depletable Natural Resources." In *Environmental and Resource Accounting and Their Relevance to the Measurement of Sustainable Income*, Ernst Lutz and Salah El Serafy (ed.), Washington, D.C.: World Bank, 1988, p.22.）这种调整会反映当市场价格低于开采（和加工）成本时，矿山和矿井就会关闭。这明显是外在于基本模型之外的一种特别调整。然而，这是我们所发现的最让人满意的一种处理办法。

际收入都相等。因此，使用在不变价格这种简化假设基础上得出的总收入所提供的数额，不足以满足未来从收入流中获得收入的要求。然而，因为对于资源的未来价格我们不能比沙拉·埃尔·塞阿弗做出更多的预测，因此我们不能提出一种替代等式中总收入的具体方法。不过，与沙拉·埃尔·塞阿弗相比，我们更倾向于认为，相对于一般物价水平，未来的资源价格将高于现在。

第三，从非常实际的层面讲，我们不清楚如何从现存资源估算出总收入的价值（至少在美国）。《矿产普查》提供了采矿业的装运价格、资本支出、供应成本和附加值方面的数据，而且它把附加值定义为前两个的价值相加再减去第三个的价值。也许在沙拉·埃尔·塞阿弗的公式中，总收入代表拥有矿产权的企业的租金、回报或"利润"。原则上，可以从附加值中减去工资、利息和其他生产成本后得出的残值，来计算这个数，但在实际中，数据的提供方式使这种计算是不可能的。

总结这些对沙拉·埃尔·塞阿弗模型的批评，我们可以看到，任何对解释"自然资本"的消耗所做出的努力，都存在很多武断的因素。我们认为，总收入的适当值可能是当前市场价格的几倍（算上未来价格的上涨）。如果不考虑对开采成本的某种估算的话，资源可开采周期的数值就不能在等式中得到阐明。而且因为资源的实际成本是开采成本及其总量限制的函数，因此总收入（收益减去开采成本）并不是反映福利指标的一个合适的数字。所以我们使用了总收入加上开采成本。因为开采成本"很遗憾是必需的"，因此不应该把它们从这一列中剔除，为了获得对福利的衡量值，必须把这些开采成本减去。

为了避免沙拉·埃尔·塞阿弗模型中存在的一些概念问题和数据收集问题，我们选择建立另外一种评估被消耗资源价值的方法。和沙拉·埃尔·塞阿弗一样，我们也正在寻求确定，为了维持将来同等收入水平，该从资源销售收入量中拿出多少来再投资。与尝试评估资源的开采年限不同，我们使用一种以物理量为基础的方法。对于被消耗的每一单位的不可更新资源，我们评估需要多少资金投入这一过程，来创造永久的可再生资源产出流，以替代不可更新资源。计算再生产一种同类产品的预期成本，就在某种程度上，减少了我们推断不可更新资源的相对价格变化的需要，以及推断评估那些价格使用的贴现率的需要。因此，处理评估被开采的石油的未来价值这一难题的一种方式，是思考生产相近替代品（如从甘蔗或者其他有机物中提炼的酒精汽油混合燃料）所需要的边际成本。这种方法使我们不必使用零贴现率，因为它假设，可耗竭资源能够现在被用来创造为提供永久性的替代品之流所必要的资本。

我们对每年必须用来替代那一年开采出来（生产出来）的资源所花费的资金做了估值。我们专注于能源，那是因为它们占美国生产的原材料价值中的75%—80%，而且因为我们使用了一种具体的衡量能源的方法，来把各种各样的能源（煤炭、石油、天然气和核能）合并成一个数字，而这对其他矿产而言是不可能的。而且，便宜的能源可以补偿从低品级矿石中开采矿物质的成本，但是高品级的锌矿或者铜矿则几乎不能提供更多的能源。

我们从美国能源部能源信息管理局发布的《年度能源概览》表2中，得到了每年生产的、以千兆英热单位（quadrillions of BTUs）计算的不可再生能源的总量。我们将这一总量除以580万（一桶石油大概包含的BTU）来评估生产出来的能源的桶数。然后我们再将其乘以按不变美元计算的每桶替代产品成本，这一成本假设从1950年到1990年每年增长3%。1988年，我们得出替代成本按名义美元计算是每桶75美元，或者按1972年不变美元计算约为26.5美元（见表A.9）。

1988年账面替代成本为每桶75美元的估值，刚看上去可能有点高，特别是那年的世界石油价格大约为12美元。然而，12美元这一较低的数字与从可更新资源中生产替代油品的成本没有多大关系。（如果替代品不是从可更新资源中生产出来的，那么，这种方法就没有解决这一难题，即如何比较当今消费者和未来消费者对不可再生资源的要求权。那样的话，用于计算的适当价格就是不确定的。）然而，即使是从生物质中提取的可更新能源，在1988年也可能以低于每桶75

美元的价格生产。我们为什么要使用这么高的一个数字呢？

根据1988年美国农业部经济研究局发布的一项名为《乙醇：经济和政策折中品》的研究，即使生物质的转换没有得到补贴，即使玉米售价为每蒲式耳2美元，在石油卖到每桶40美元时，乙醇就非常具有成本竞争力。如果玉米的售价为每蒲式耳4美元，那么乙醇的保本价格将上升到每桶50美元。然而，这不是故事的全部。这项研究的作者们指出，现在乙醇在美国占到了汽油能源含量的0.5%，而且其产量翻一番或者翻两番，"就会开始给玉米和其他谷类价格带来强烈的上行压力，从而提高乙醇的生产成本，并减少它相对于其他能源的竞争力"。[1] 换言之，为了生产乙醇投入数百万英亩农田来种植玉米，会推高土地和食物的价格，也会抬高用作燃料的农作物价格。利用数千万抑或数亿英亩的农田来让乙醇的产量增加100倍（达到美国使用的汽油能源含量的一半），将很可能使得农产品价格达到比当前农产品价格高得多的地步。玉米价格可能达到每蒲式耳15美元或者20美元，它会使得乙醇的生产成本提高到超过每桶100美元。这甚至没考虑土壤进一步遭受侵蚀的成本，如果玉米和其他谷物的有机残渣没有留在土地的话。根据爱荷华州埃姆斯农业科学和技术委员会1984年发布的一份名为《农业的能源使用及其生产》报告，移除农作物残渣会让土壤流失程度提高9倍。消除这些后果的保护措施所耗费的能源，可能高得足以抵消所有从乙醇生产中提取的净能源。霍普金森和戴指出，从甘蔗中提取转化成乙醇的净能源为0.8—1.7，这取决于生产工厂使用汽油还是甘蔗渣（甘蔗茎）作为其能源来源。[2] 0.8意味着每消耗10个单位的能源就能产生8个单位的能源。换言之，净能源是负数。即使1.7这个数字也是很低的，而且它还不包括将乙醇用作终端消费的运输

---

[1] Economic Research Service of the U. S. Department of Agriculture, *Ethanol: Economic and Policy Tradeoffs*, 1988, p.vi.

[2] C. S. Hopkinson, Jr. and J. W. Day, Jr. 1980. "Net Energy Analysis of Alcohol Production from Sugarcane." *Science* 207 (January 1980).

成本。由于生产乙醇的能源成本如此之高，因此高货币成本就不足为奇了。

因此，作为在 1988 年替代所生产能源的每桶成本的估值，75 美元看起来还是一个保守数字。我们还可以考虑的另外一种比较是，在海湾战争之前，美国从波斯湾进口的每桶石油花费已经超过了 468 美元，如果把保卫运输线的军事花费成本列入成本的话。①

我们估计每年替代能源的实际成本的增长速度是 3%，理由有这样几个：第一，能源产量的增长，需要把更多的农田用于提供作为生产乙醇的原料的生物质。而且，当世界人口增加时，将土地用于其他用途（种植粮食）的要求也会随之增加。第二，因为生产乙醇的大部分成本（种植、收割、加工）都是能源成本，更高的能源成本会形成一种正反馈或者自我强化反馈。第三，生产乙醇中必需的资本设备需要各种资源，而这些资源的开采成本也在不断增加。

选择 3% 的增长速度估值也带有部分的主观性。然而，与石油钻探每英尺成本的增长速度相比，就会表明这个数字还是合理的。从 1970 年到 1975 年，每口油井的钻探成本增长了 5.7%，1975 年至 1980 年增长了 7.4%，1981 年增长了 12.4%，而 1982 年增长了 6.5%。在那之后，国际石油价格下跌，勘探量减少，钻探可能被限制在成本较低的油井上。然而，在油价不断上升的时期，不断增长的钻探成本验证了这一基本原理，即当我们达到一种资源的开采极限的时候，在后面开采的每一单位的成本都高于前一个单位。可以想见，这一原理也适用于可更新的燃料，尽管并不像石油和天然气那样引人注目。因此，我们使用的每桶成本的增长速度，是 20 世纪 70 年代化石燃料的一半。

计算资源开采成本的另一种方法，可能就是对不可更新资源所征税收的数量进行估值，这一税收会高到足以阻止不可更新资源价格的上涨速度高于一般物价。不可更新资源税会达到塔尔伯特·蓓姬为公

---

① Amory B. Lovins and L. Hunter Lovins, "Energy: The Avoidable Oil Crisis." *The Atlantic*, December（1987）: 26-27.

平的资源开采提出的所谓"保护标准"。① 然而,我们并不确定如何估计这一假定税收的合理数量,或者如何将其整合进 ISEW,因此我们没有采纳这一方法。

T 列:除了正在耗尽矿物和燃料资源以外,我们将废物倾入环境而让未来承担成本的这一集体行为,将具有长远影响。例如,数千年来阻止具有很长半衰期的辐射元素进入环境,对于保护人类健康和安全的价值巨大,但是从来没有被计算过。然而,对这些元素的永久性处置的好处(避开的成本),看来远远超过了暂时储存和最终处理的成本,假设我们可以设计出一种长期处置的方法的话。处理汉福德武器发展研究中心产生的废物成本,每年达数十亿美元。而这些废物只占美国产生的废物总量的一部分。维护和保护这些设施的成本将会继续无限地延续下去。我们还没有可靠的方法,对原子反应堆退役和处理它们产生的高放射性废物的成本进行估值。因此,每年原子反应堆强加给后人的成本可能达数百亿美元。

尽管放射性废物管理的成本可能非常大,但与气候变化的潜在成本相比,这些成本就是小巫见大巫了。增加大气中二氧化碳、一氧化二氮和甲烷(导致"温室效应"和全球气候变化的元凶)的工业或者农业活动强加给未来的成本,直到最近才开始为人们所关注。尽管由于计算机模型对于模拟全球气候变化中所有关键交互作用的能力有限,科学界围绕温室效应的预期规模还存在争论,但是二氧化碳(和其他吸热化合物)含量加倍最可能产生的结果,就是气温上升 1.5—4.5 摄氏度,而高海拔地区升温幅度将会最大。尽管计算机模型的某些因素可能夸大了温室气体效应,但其他加速全球变暖的因素则被低估了。作为全球变暖加速的一个例证,平均气温更高增加了二氧化碳和甲烷的释放,因为生物分解程度提高了,它反过来又进一步加剧变暖。② 如

---

① Talbot Page, *Conservation and Economic Efficiency* (Chapter 8). Baltimore: Johns Hopkins University Press, 1977.

② Dean E. Abraham (ed.), *The Challenge of Global Warming*. Washington, D. C.: Island Press, 1989, p.12.

果北极地区的气温升高到一定程度,就会让包含大量泥炭的陆地融解,而泥炭的腐烂会给大气增加相当数量的二氧化碳。因此,人类释放的温室气体能够引发一个不可逆转的过程,它导致的气候变化甚至超过现今模型所预测的。而且,由于这些模型假设气温在数十年间会逐步上升,因此海洋洋流变化导致的气候变化,可能导致不可预见的问题突然出现。①

因为地球的天气模式在很大程度上是由南北极和赤道之间的温差决定的,因此,南北极气候更温暖就意味着海洋洋流系统和大陆气候系统将变得不那么有活力。

大概从1950年开始的全球变暖,通常不像计算机模型预测的由大气中的二氧化碳浓度增加所引发的结果那么坏。这种异常的一种合理解释是,大气中人类产生的硫酸盐浓度增加,抵消了北半球的变暖趋势。然而,由于硫酸盐在大气中仅能保持数月,而温室气体则可以保持数年之久,因此从长远来看变暖可能是主要的趋势。②

伴随气候变化累积效应可能会产生的具体危害的程度,是很难预测的。海平面上升导致城市被淹没和海岸被侵蚀,只是这种威胁的第一阶段。甚至干旱和越来越多变和难以预见的天气导致既有农业模式遭到破坏,也不会是这些变化的最严重后果。最大的威胁是生态性的。除了适应能力最强的植物和动物以外,全球气候的瞬息变化(从地质的角度上),可能对生长和生活在地球最受气候变化影响地区中的所有物种带来危害。例如,美国的气温上升3摄氏度,就会迫使植被带大约向北迁移200英里,它会导致不可能按照需要的速度分散的成千上万的物种灭亡。③

---

① Broecker, "Greenhouse Surprises", In *The Challenge of Global Warming* (Chapter 13), Dean E. Abraham (ed.), Washington, D. C.: Island Press, 1989.

② William R. Cline, *Global Warming: The Economic Stakes*. Washington, D. C.: Institute for International Economics, 1992.

③ Dean E. Abraham (ed.), *The Challenge of Global Warming* (Chapter 6). Washington, D. C.: Island Press, 1989.

附录　可持续经济福利指数

在政府间气候变化专门委员会（简称IPCC）的大多数科学家的意见基础上，威廉姆·L.克林纳在最近所做的一项经济学研究中指出，到2025年全球气温升高2.5摄氏度，会导致每年有形的损失达到约600亿美元（以1990年美元计），而每年无形的损失（特别是损失的物种）也许也会高达600亿美元。① 克林纳指出，IPCC"最大胆的估计"可能也低估了变暖造成的损失，因为它忽略了城市污染产生的硫酸盐暂时掩盖了的变暖趋势。还有各种各样的其他正反馈机制可能也被IPCC低估了，例如，从沉积的泥炭中释放的甲烷和热量不断为大气上层云彩所捕获，因为气候变暖导致云朵从大气下层重新分配进入大气上层。

克林纳竭尽全力思考对全球变暖假设提出的批评，但他可能考虑得太多了。因此，他提出到2025年每年损失高达1200亿美元这一数字，可能也是保守的。除了接受他承认可能过低的气温变化估值以外，他还对保守的损害估值赋予了过高的权重。例如，当他考察气候变暖对农业产生的影响时，他专注的是二氧化碳浓度增加所产生的碳施肥效应，即使他知道，证明这种效应的实验室结果，是在有充足水分和化肥的条件下得出的。而且，这些研究忽视了一个事实，即杂草也会获取更多的二氧化碳，而生物质生产的增加可能导致碳水化合物对蛋白质的比率更高，很难说在营养方面有增益。

尽管我们认识到温室气体捕获热量的程度是不同的，但为了简便，我们假设给气候和环境造成的长期损害，与化石燃料和核能的消费——实际上与不可更新能源的消费——是直接成正比的。因此我们从1900年开始，将每年消费的以千兆英热单位表示的不可更新能源总数相加（这些数字源自美国能源部能源信息管理局发布的《年度能源概览》中的表1）。假设一桶原油包含大约580万的英热单位（BTUs），

---

① William R. Cline, *Global Warming: The Economic Stakes*, Washington, D. C.: Institute for International Economics, 1992. A more comprehensive book by Cline, entitled *The Economics of Global Warming*, was not available at the time of this writing.

我们计算从1900年到1990年每年消费的能源总量等于多少桶原油。然后我们设想那一时期对所有消费的不可更新能源征收的税或租金为每桶0.5美元，并把它留出来在无息账目中进行累积（见表A.10）。这一账目可以被看作用于补偿后代因化石燃料和核能使用造成的长期损害的基金。我们暗中假设，现在消费一桶原油或者其对等物给未来带来的累积的未经贴现的损害，等于0.5美元（按1972年美元计）。如果克林纳估算的每年1200亿美元的损失大致是准确的，那就意味着到2025年累积的损失大致为1.2万亿美元。这个数字可以算作对我们估算的1990年损失为2850亿美元（以1972年美元计）的合理性的间接肯定。

U列：近年来北极和南极上空出现的臭氧层空洞让大多数科学家相信，氯氟烃（CFCs）的释放对抵御太阳紫外线的关键保护层造成了严重损害。

在1978年11月到1986年10月的8年中，北半球中纬度上空同温层中的臭氧含量下降幅度大约在4.4%到7.4%之间。[1] 到达地球表面紫外线辐射强度增强的一个可能后果，就是皮肤癌发生率增加，特别是浅肤色的人群。患恶性黑色素瘤的风险已经从1950年的1/600，增加到1987年的1/135。[2] 事实上，皮肤癌患病率增加给人类带来的直接后果，只是到达地球表面的紫外线辐射增加所产生的一个最微不足道的后果。从理论上讲，人类可以保护自己不受辐射增强带来的有害影响（即使这种行为变化会构成未来的一种负担）。然而，植物和动物不可能让自己免受大气上层臭氧层减少带来的变化影响。因此紫外线辐射更强给生态带来的影响，可能远远大于对人类健康的影响，尽管没有人确切知道这些影响会是什么。

表A.11为这一栏所做的计算，涉及将全球的CFC-11和CFC-12

---

[1] 美国宇航局戈达德太空飞行中心的唐纳德·希斯（Goddard Space）在健康和环境委员会小组举行的听证会中的证词，美国众议院能源和商业委员会，《臭氧层空洞》（编号1007），1987年3月9日，第32页。

[2] 达伦·里赫尔（Darrel Rigel），在《臭氧层空洞》听证会中的证词，第70—80页。

的累积产量,乘以每千克5美元。①(因为美国生产的CFC大约占全球1/3,因此每千克5美元的估值,实际上相当于美国产量乘以每千克15美元。)CFC-11和CFC-12各自的寿命是75年和110年。(其他CFC和卤代化合物也导致臭氧含量减少,但是我们找到的唯一时间序列数据是有关CFC-11和CFC-12的,因此我们的估值仅限于这两种化合物。)

由于缺少1986年至1990年的资料,我们通过回归分析对那些年累计生产的CFC-11和CFC-12总量进行了推测。尽管对数回归($R^2=0.97$)相比线性模式($R^2=0.91$)更合适,但我们还是使用了后者更为保守的增长估值。使用对数模型进行推算(也就是假设CFC产量的增长速度是不变的),会得出1990年的损害估值是1334亿美元而不是853亿美元。那样的话,人均ISEW就约为3060美元,这意味着20世纪80年代末的几年里,人均ISEW出现了下降而非增加。

我们所假设的美国因为CFC的生产和排放累积所造成的臭氧层空洞损害等于每千克15美元,相当于假设了美国人每人在1985年需要大约960美元(以1972年美元计),来弥补生产和已经生产CFC所包含的风险。或者可以被认为,需要留出这个数字的资金用来补偿后代,因为我们让他们的星球更加不适合居住。

V列:为了实现经济福利的可持续,资本的供应必须增加,以满足人口增长的需求。说得更具体一些,我们认为经济可持续的一个因素是,每个工人可用的资本数量要保持不变或者不断增加。我们采纳了诺德豪斯和托宾使用的那种普遍方法。但与他们不同的是,我们在估算中把人力资本排除在外,原因先前已经解释过。因此我们计算的是资本净增长,方法是加上新资本存量(固定可再生产性资本的增量)再减去资本需求,它是保持人均资本处于同等水平所必需的数量。我们用劳动力的百分比变化乘以上一年的资本存量来估算资本需求。(参

---

① 累计产量的资料源自《臭氧层空洞》听证会中的证词,第435—436页。1986年至1990年我们所用的估值是基于回归分析所做的推测。

见表 A.12 中 h 列。）实际上，我们采用劳动力和资本变动的 5 年平均数来消除年度波动的影响。（参见表 A.12 中 d 列和 f 列。）

固定可再生产性资本的数据来源于 1982 年 8 月、1987 年 8 月和 1992 年 1 月的《现代商业概览》。劳动力规模的数据来自《美国总统经济咨文》中的表 B-29，它使用的是美国劳工统计局的《就业与收入》中的估算数据。

W 列：美国净国际投资头寸衡量的是，美国投资到海外的数量减去外国人在美国投资的数量。每年美国净国际投资头寸的变化，表示美国是朝着净贷款方向发展（如果为正）还是朝着净借款（如果为负）方向发展。如果变化为正值，那么美国的资产实际上就增加了，如果变化为负值，那么美国的部分资产组成实际上就是来自国外的借贷，它最终要连本带利偿还。因此我们把净国际投资头寸每年的变化包括进来，以衡量我们经济福利的可持续性。

因为美国在 20 世纪 80 年代变得负债累累，而且其净国际投资头寸状况恶化，因此罗伯特·艾斯纳和其他经济学家批评计算这个数值的方法。他们指出，根据其历史购买价格而非当前市场价格来对美国人拥有的海外资产进行估价，这种方法低估了美国的净国际投资头寸。（美国的海外资产历史更为悠久，因此相比外国人最近才获得的在美国拥有的资产，它更有可能被低估。）

这一栏中的数值源自《美国统计摘要》[①]1950 年至 1981 年的数据，其中插入了从 1950 年至 1975 年之间的某些年份数据。从 1950 年至 1981 年，历史成本和市场价格之间的差别，并不会大幅改变美国的净国际投资头寸状况。然而，从 1982 年至 1990 年这段时期，美国经济分析局使用按照市场价格估值的资产，来对美国的净国际投资头寸进行估计，相比按照历史成本的估值，它提供了对美国净投资的一种更

---

① *Statistical Abstract of the Vnited States*, Table 1330, 1988, p. 758.

有价值的估值。[①] 我们使用国民收入和生产账目（表 7.4）中的 GNP 平减指标，根据通胀对每年的数据做了调整。

X 列：这一列标记 ISEW（或者可持续经济福利指数），是用"加权个人消费"（D 列）加上随后的 4 列（E 列到 H 列），再减去 13 列（I 列到 U 列），然后再加上两列（V 列和 W 列）。

Y 列：人均 ISEW 为 ISEW 除以人口数量。[②]

Z 列：GNP 的值源于《国民收入和生产账目》的表 1.2。与我们在 B 列对个人消费所做的调整一样，我们对 1985 年至 1990 年的数据也做了同样的调整。（参见 B 栏。）

AA 列：人均 GNP 等于 GNP 除以人口数量。

---

① *Survey of Current Business*, June 1991. Or *Economic Report of the President*, 1992, Table B-99, p. 411.

② *Statistical Abstract of the Vnited States*, Table 2, 1991, p. 7.

表 A.2-1　其他收入分配指标

年份	调和平均数指数	高 1/5 指数	低 1/5 指数	加权比率指数	基尼系数
a	b	c	d	e	f
1950	109.0	102.6	111.1	112.2	104.4
1951	100.0	100.0	100.0	100.0	100.0
1952	102.0	100.7	102.0	102.2	101.4
1953	100.8	98.3	106.4	106.3	98.9
1954	106.2	100.5	111.1	111.7	102.2
1955	101.2	99.3	104.2	104.1	100.0
1956	98.1	98.6	100.0	99.8	98.6
1957	95.3	97.1	98.0	97.5	96.7
1958	97.1	97.6	100.0	99.6	97.5
1959	99.6	98.8	102.0	102.0	99.4
1960	101.3	99.3	104.2	104.4	100.3
1961	105.3	101.4	106.4	107.2	103.0
1962	99.6	99.3	100.0	100.1	99.7
1963	99.2	99.0	100.0	100.0	99.7
1964	98.5	99.0	98.0	98.0	99.4
1965	96.5	98.3	96.2	95.9	98.1
1966	92.0	97.4	89.3	88.7	96.1
1967	92.5	97.1	90.9	90.3	95.9
1968	92.0	97.4	89.3	88.6	95.9
1969	92.4	97.6	89.3	88.6	96.1
1970	95.0	98.3	92.6	92.1	97.5
1971	94.9	98.8	90.9	90.6	98.1
1972	96.6	99.5	92.6	92.6	99.2
1973	95.1	98.8	90.9	90.7	98.1
1974	94.7	98.6	90.9	90.6	98.1
1975	95.9	98.8	92.6	92.5	98.6
1976	95.9	98.8	92.6	92.5	98.9
1977	99.0	99.8	96.2	96.4	100.3
1978	99.0	99.8	96.2	96.3	100.3
1979	99.5	100.2	96.2	96.6	100.6
1980	100.1	100.0	98.0	98.5	100.6
1981	102.4	100.7	100.0	100.7	101.9
1982	107.9	102.6	106.4	107.7	105.0
1983	108.1	102.6	106.4	107.8	105.2
1984	108.9	103.1	106.4	107.9	105.5
1985	110.8	104.6	106.4	108.2	107.2
1986	112.8	105.0	108.7	110.6	108.0
1987	113.0	105.3	108.7	110.8	108.3
1988	113.9	105.8	108.7	110.9	108.8
1989	115.9	107.2	108.7	111.2	110.5
1990	114.5	106.5	108.7	111.1	109.1
各指标中，指标最低的年份除以最高的年份： （越小意味指标越分散）					
	0.7938	0.9058	0.8038	0.7897	0.8678

表 A.2-2 其他收入分配的效果，基于人均可持续经济福利指标（PC-ISEW）的指标

年份	调和平均数指数 PC-ISEW	高 1/5 指数 PC-ISEW	低 1/5 指数 PC-ISEW	加权比率指数 PC-ISEW	基尼系数 PC-ISEW
a	b	c	d	e	f
1950	2536.0	2661.4	2496.9	2478.4	2624.9
1951	2792.6	2792.6	2792.6	2792.6	2792.6
1952	2844.8	2872.9	2844.4	2841.0	2858.6
1953	2906.3	2964.0	2789.1	2791.3	2950.5
1954	2828.4	2949.5	2733.4	2721.8	2911.4
1955	2951.3	2997.6	2885.3	2885.9	2980.3
1956	3005.8	2995.0	2959.8	2964.2	2993.4
1957	3052.9	3006.7	2983.4	2997.5	3017.5
1958	3023.0	3009.6	2950.7	2960.7	3011.5
1959	2966.5	2987.2	2907.5	2909.4	2970.8
1960	2914.2	2963.9	2845.6	2840.0	2938.8
1961	2844.7	2935.7	2820.7	2802.4	2897.5
1962	2987.5	2994.6	2975.8	2973.8	2983.0
1963	2973.8	2979.4	2953.7	2953.0	2961.0
1964	3028.8	3012.3	3040.6	3040.6	3000.8
1965	3129.6	3074.5	3140.1	3148.7	3081.8
1966	3295.3	3118.0	3394.7	3418.3	3156.6
1967	3279.1	3122.4	3335.6	3358.3	3163.0
1968	3352.7	3163.4	3456.9	3482.9	3213.8
1969	3357.5	3168.9	3478.5	3506.1	3219.2
1970	3238.3	3120.5	3326.6	3344.2	3147.7
1971	3269.7	3130.4	3425.2	3436.7	3155.6
1972	3237.2	3130.4	3394.3	3393.3	3142.7
1973	3334.1	3190.4	3508.6	3518.0	3217.5
1974	3350.4	3202.4	3506.9	3519.2	3220.3
1975	3329.1	3220.6	3465.4	3470.5	3227.1
1976	3402.9	3289.4	3545.5	3550.8	3285.5
1977	3260.7	3229.7	3377.2	3366.6	3209.4
1978	3358.3	3328.0	3480.5	3473.9	3307.0
1979	3384.2	3352.3	3527.1	3509.3	3339.6
1980	3310.6	3314.5	3396.3	3376.8	3292.0
1981	3284.0	3349.7	3379.3	3350.4	3301.1
1982	3001.8	3200.1	3058.1	3009.1	3111.0
1983	3058.1	3269.8	3122.5	3069.5	3166.7
1984	2837.7	3066.6	2933.9	2873.6	2968.7
1985	2994.6	3245.5	3077.3	3096.4	3138.3
1986	2999.1	3310.8	3158.5	3081.2	3187.2
1987	3048.4	3364.7	3220.1	3135.8	3237.9
1988	2970.6	3304.8	3178.0	3085.7	3173.0
1989	2933.4	3284.4	3220.4	3115.7	3146.2
1990	3016.6	3348.9	3253.1	3152.8	3236.3

表 A.3 公路的服务价值

年份	联邦、州和地方政府的公路净存量	公路的估算服务价值
a	b	c
1950	82.8	6.2
1951	84.3	6.3
1952	86.5	6.5
1953	89.5	6.7
1954	93.4	7.0
1955	98.2	7.4
1956	102.5	7.7
1957	107.7	8.1
1958	113.8	8.5
1959	119.9	9.0
1960	126.0	9.5
1961	132.6	9.9
1962	139.1	10.4
1963	147.0	11.0
1964	154.4	11.6
1965	161.8	12.1
1966	169.8	12.7
1967	177.3	13.3
1968	185.1	13.9
1969	191.7	14.4
1970	197.8	14.8
1971	203.9	15.3
1972	208.8	15.7
1973	213.2	16.0
1974	216.2	16.2
1975	218.0	16.3
1976	220.2	16.5
1977	221.2	16.6
1978	222.5	16.7
1979	223.1	16.7
1980	223.5	16.8
1981	224.1	16.8
1982	225.1	16.9
1983	226.0	16.9
1984	227.7	17.1
1985	230.3	17.3
1986	231.7	17.4
1987	233.9	17.5
1988	235.8	17.7
1989	237.7	17.8
1990	240.1	18.0

表 A.4 个人消费性质的医疗保健和教育的公共支出

年份	高等教育的公共支出	纯消费性质的高等教育公共支出（b/2）	医疗保健的公共支出	纯消费性质的医疗保健支出(d/2)	纯消费性质的医疗保健和教育公共支出（c+e）
a	b	c	d	e	f
1950	2.2	1.1	7.6	3.8	4.9
1951	2.0	1.0	7.9	3.9	4.9
1952	2.2	1.1	8.1	4.0	5.1
1953	2.2	1.1	8.4	4.2	5.3
1954	2.4	1.2	8.7	4.3	5.5
1955	2.6	1.3	9.0	4.5	5.8
1956	2.9	1.4	9.5	4.7	6.2
1957	3.2	1.6	9.9	4.9	6.5
1958	3.6	1.8	10.1	5.1	6.9
1959	4.1	2.1	10.4	5.2	7.3
1960	4.8	2.4	10.7	5.4	7.8
1961	5.4	2.7	11.8	5.9	8.6
1962	6.0	3.0	12.9	6.4	9.4
1963	7.0	3.5	13.9	7.0	10.4
1964	7.8	3.9	14.9	7.5	11.4
1965	9.2	4.6	15.9	7.9	12.5
1966	10.8	5.4	20.0	10.0	15.4
1967	12.5	6.3	23.2	11.6	17.9
1968	12.6	6.3	26.2	13.1	19.4
1969	13.2	6.6	28.5	14.2	20.8
1970	14.8	7.4	30.5	15.3	22.6
1971	15.4	7.7	32.4	16.2	23.9
1972	16.1	8.0	35.0	17.5	25.5
1973	17.2	8.6	37.3	18.7	27.3
1974	17.8	8.9	41.5	20.7	29.7
1975	18.9	9.5	41.9	21.0	30.4
1976	19.3	9.7	45.1	22.6	32.2
1977	19.6	9.8	45.9	22.9	32.7
1978	19.9	10.0	48.1	24.0	34.0
1979	20.6	10.3	50.0	25.0	35.3
1980	21.7	10.9	52.4	26.2	37.1
1981	22.2	11.1	54.5	27.3	38.4
1982	21.3	10.6	54.5	27.3	37.9
1983	21.6	10.8	54.7	27.4	38.2
1984	21.5	10.8	55.7	27.8	38.6
1985	22.0	11.0	57.8	28.9	39.9
1986	22.1	11.1	58.0	29.0	40.1
1987	22.7	11.3	60.1	30.0	41.4
1988	23.6	11.8	61.3	30.6	42.4
1989	24.5	12.2	63.4	31.7	43.9
1990	25.4	12.7	64.8	32.4	45.1

表 A.5　个人防御性的医疗保健和教育支出

年份	个人教育支出	个人高等教育支出	个人防御性的教育支出 b−(c/2)	个人医疗保健支出	个人防御性的医疗保健支出 (e/2)	个人防御性的教育和医疗保健支出 (d+f)
a	b	c	d	e	f	g
1950	3.6	1.6	2.9	22.1	11.1	13.9
1951	3.8	1.6	3.0	22.9	11.5	14.5
1952	4.0	1.6	3.2	23.6	11.8	14.9
1953	4.1	1.7	3.3	24.5	12.2	15.5
1954	4.3	1.7	3.4	25.3	12.7	16.1
1955	4.6	1.8	3.7	26.4	13.2	16.9
1956	4.8	1.9	3.9	28.0	14.0	17.9
1957	5.2	2.1	4.1	29.4	14.7	18.9
1958	5.4	2.2	4.3	30.5	15.2	19.5
1959	5.6	2.3	4.5	31.5	15.7	20.2
1960	6.0	2.4	4.8	32.6	16.3	21.1
1961	6.2	2.5	5.0	35.9	17.9	22.9
1962	6.6	2.6	5.3	39.0	19.5	24.8
1963	7.0	2.7	5.6	42.0	21.0	26.6
1964	7.4	2.9	5.9	45.1	22.6	28.5
1965	7.9	3.3	6.3	47.8	23.9	30.2
1966	8.7	3.5	6.9	50.1	25.0	31.9
1967	9.0	3.6	7.2	50.7	25.4	32.6
1968	9.8	3.8	7.9	51.5	25.8	33.7
1969	10.3	4.0	8.4	51.7	25.8	34.2
1970	10.7	4.1	8.6	51.9	25.9	34.5
1971	10.9	4.3	8.8	54.1	27.1	35.9
1972	11.4	4.4	9.2	57.7	28.9	38.1
1973	11.5	4.5	9.3	61.2	30.6	39.9
1974	11.1	4.4	9.0	61.0	30.5	39.4
1975	11.5	4.4	9.3	60.0	30.0	39.3
1976	11.8	4.4	9.6	62.2	31.1	40.7
1977	11.7	4.4	9.5	64.9	32.5	42.0
1978	12.2	4.5	9.9	66.5	33.2	43.2
1979	12.4	4.6	10.1	68.6	34.3	44.4
1980	12.6	4.7	10.2	71.2	35.6	45.8
1981	12.8	4.9	10.4	74.6	37.3	47.7
1982	12.9	4.8	10.5	75.9	38.0	48.4
1983	13.5	5.0	11.1	77.7	38.9	49.9
1984	14.1	5.1	11.6	80.5	40.3	51.9
1985	15.1	5.3	12.5	81.1	40.5	53.0
1986	15.8	5.4	13.1	82.1	41.0	54.1
1987	16.6	5.5	13.9	85.8	42.9	56.8
1988	17.9	5.7	15.1	89.8	44.9	60.0
1989	19.1	5.8	16.2	92.8	46.4	62.6
1990	19.6	5.9	16.7	93.0	46.5	63.2

表 A.6 通勤成本

年份	个人自驾通勤	乘坐本地公共交通	通勤成本（0.21b+0.3c）
a	b	c	d
1950	34.2	6.1	9.0
1951	32.4	5.6	8.5
1952	32.3	5.4	8.4
1953	37.1	5.1	9.3
1954	39.2	4.7	9.6
1955	45.7	4.4	10.9
1956	43.3	4.3	10.4
1957	43.8	4.2	10.5
1958	41.8	3.9	9.9
1959	45.6	3.9	10.7
1960	48.4	3.9	11.3
1961	46.6	3.6	10.9
1962	50.5	3.6	11.7
1963	53.9	3.5	12.4
1964	56.2	3.4	12.8
1965	63.2	3.3	14.3
1966	66.5	3.3	14.9
1967	67.5	3.2	15.2
1968	74.7	3.3	16.7
1969	79.2	3.5	17.7
1970	78.3	3.4	17.4
1971	87.8	3.4	19.5
1972	97.8	3.4	21.6
1973	105.3	3.4	23.1
1974	101.5	3.5	22.4
1975	101.8	3.5	22.4
1976	113.8	3.6	25.0
1977	124.4	3.6	27.2
1978	129.0	3.7	28.2
1979	133.4	3.8	29.2
1980	131.2	3.5	28.6
1981	133.6	3.2	29.0
1982	127.8	3.0	27.7
1983	139.4	3.0	30.2
1984	152.1	3.0	32.8
1985	163.6	3.0	35.3
1986	155.3	2.9	33.5
1987	148.0	3.1	32.0
1988	159.2	3.0	34.3
1989	161.7	2.9	34.8
1990	160.5	2.9	34.6

表A.7 空气污染成本

年份	二氧化氮	二氧化硫	悬浮颗粒物	环境空气污染指数	空气污染成本
a	b	c	d	e	f
1950				89.0	21.6
1951				89.9	21.8
1952				90.8	22.0
1953				91.7	22.2
1954	据估计从1950年到1960年,环境空气污染水平年均增加1%			92.7	22.5
1955				93.6	22.7
1956				94.5	22.9
1957				95.5	23.2
1958				96.5	23.4
1959				97.4	23.6
1960				98.4	23.9
1961				99.4	24.1
1962				101.9	24.7
1963				104.4	25.3
1964	据估计从1960年到1970年,环境空气污染水平年均增加2.4%			106.9	25.9
1965				109.6	26.6
1966				112.2	27.2
1967				115.0	27.9
1968				117.8	28.6
1969				120.7	29.3
1970				123.7	30.0
1971				120.0	29.1
1972	据估计从1971年到1977年,环境空气污染水平年均降低3%			116.4	28.2
1973				112.9	27.4
1974				109.5	26.6
1975				106.2	25.8
1976				103.0	25.0
1977	100.0	100.0	100.0	100.0	24.3
1978	100.0	93.0	99.0	97.3	23.6
1979	100.0	86.0	101.0	95.7	23.2
1980	97.3	78.1	102.7	92.7	22.5
1981	95.0	74.6	96.6	88.7	21.5
1982	92.2	68.8	80.2	80.4	19.5
1983	91.5	66.0	79.6	79.0	19.2
1984	92.6	67.3	81.9	80.6	19.6
1985	91.5	63.0	78.1	77.5	18.8
1986	92.6	60.9	77.8	77.1	18.7
1987	92.2	59.5	79.6	77.1	18.7
1988	92.6	60.2	80.8	77.9	18.9
1989				77.9	18.9
1990				77.9	18.9

表A.8 农田损失（侵蚀、硬化和城市化）

年份	土壤侵蚀导致的地力损失	土壤硬化导致的地力损失	因城市化损失的农田	农田损失总和（b+c+d）
a	b	c	d	e
1950	5.6	0.7	1.0	7.2
1951	6.1	0.7	1.0	7.8
1952	6.7	0.7	1.1	8.5
1953	7.3	0.7	1.1	9.1
1954	7.9	0.8	1.1	9.7
1955	8.5	0.8	1.2	10.4
1956	9.0	0.8	1.2	11.0
1957	9.7	0.8	1.2	11.7
1958	10.3	0.9	1.2	12.4
1959	10.9	0.9	1.3	13.0
1960	11.5	0.9	1.3	13.7
1961	12.1	0.9	1.3	14.4
1962	12.8	1.0	1.4	15.1
1963	13.4	1.0	1.4	15.8
1964	14.0	1.0	1.4	16.5
1965	14.7	1.1	1.5	17.2
1966	15.4	1.1	1.5	17.9
1967	16.0	1.1	1.5	18.7
1968	16.7	1.2	1.5	19.4
1969	17.4	1.2	1.6	20.1
1970	18.1	1.2	1.6	20.9
1971	18.7	1.3	1.6	21.6
1972	19.4	1.3	1.7	22.4
1973	20.1	1.3	1.7	23.2
1974	20.8	1.4	1.7	24.0
1975	21.5	1.4	1.8	24.7
1976	22.2	1.5	1.8	25.5
1977	22.9	1.5	1.8	26.3
1978	23.6	1.6	1.8	27.1
1979	24.3	1.6	1.9	27.8
1980	25.0	1.7	1.9	28.6
1981	25.7	1.7	1.9	29.4
1982	26.4	1.8	2.0	30.2
1983	27.1	1.8	2.0	31.0
1984	27.8	1.9	2.0	31.7
1985	28.5	1.9	2.1	32.5
1986	29.2	2.0	2.1	33.3
1987	29.9	2.1	2.1	34.1
1988	30.6	2.1	2.1	34.9
1989	31.3	2.2	2.2	35.7
1990	32.0	2.2	2.2	36.5

表 A.9 不可再生能源减损（以替代能源成本替代）

年份	不可再生能源生产	桶油当量（b/5.8）	替代能源或一桶原油成本年增 3%	替代总成本
a	b	c	d	e
1950	32.6	5.6	8.3	46.8
1951	35.8	6.2	8.6	53.0
1952	35.0	6.0	8.9	53.4
1953	35.4	6.1	9.1	55.6
1954	33.8	5.8	9.4	54.8
1955	37.4	6.4	9.7	62.5
1956	39.8	6.9	10.0	68.6
1957	40.1	6.9	10.3	71.4
1958	37.2	6.4	10.6	68.2
1959	39.1	6.7	11.0	73.8
1960	39.9	6.9	11.3	77.7
1961	40.3	7.0	11.6	81.0
1962	41.8	7.2	12.0	86.5
1963	44.1	7.6	12.4	94.1
1964	45.8	7.9	12.8	100.9
1965	47.3	8.2	13.2	107.3
1966	50.1	8.6	13.6	117.2
1967	52.7	9.1	14.0	127.0
1968	54.5	9.4	14.4	135.3
1969	56.4	9.7	14.9	144.6
1970	59.4	10.2	15.3	157.0
1971	58.5	10.1	15.8	159.2
1972	59.5	10.3	16.3	167.1
1973	59.2	10.2	16.8	171.2
1974	57.6	9.9	17.3	171.9
1975	56.6	9.8	17.8	174.2
1976	56.8	9.8	18.4	180.2
1977	57.8	10.0	19.0	189.0
1978	58.1	10.0	19.6	195.8
1979	60.8	10.5	20.2	211.2
1980	61.8	10.6	20.8	221.2
1981	61.5	10.6	21.4	227.3
1982	60.5	10.4	22.1	230.5
1983	57.5	9.9	22.8	225.8
1984	62.3	10.7	23.5	252.2
1985	61.6	10.6	24.2	257.1
1986	61.0	10.5	24.9	262.3
1987	62.0	10.7	25.7	274.8
1988	63.5	10.9	26.5	290.1
1989	63.1	10.9	27.3	296.9
1990	64.5	11.1	28.1	312.6

表 A.10 根据能源消费衡量对环境的长期损害

年份	能源消费总量	能源消费的桶油当量（b/5.8）	每桶原油0.5美元的累进税（十亿美元）	年份	能源消费总量	能源消费的桶油当量（f/5.8）	每桶原油0.5美元的累进税（十亿美元）
a	b	c	d	e	f	g	h
1900	7.3	1.3	0.6	1945	30.1	5.2	70.7
1901	8.0	1.4	1.3	1946	29.0	5.0	73.2
1902	8.4	1.5	2.0	1947	31.4	5.4	75.9
1903	9.9	1.7	2.9	1948	32.5	5.6	78.7
1904	9.8	1.7	3.7	1949	30.0	5.2	81.3
1905	11.0	1.9	4.7	1950	31.7	5.5	84.0
1906	11.5	2.0	5.7	1951	34.1	5.9	86.9
1907	13.4	2.3	6.8	1952	33.8	5.8	89.9
1908	11.8	2.0	7.9	1953	34.9	6.0	92.9
1909	13.0	2.2	9.0	1954	33.9	5.8	95.8
1910	14.3	2.5	10.2	1955	37.4	6.4	99.0
1911	14.0	2.4	11.4	1956	38.9	6.7	102.4
1912	15.1	2.6	12.7	1957	38.9	6.7	105.7
1913	16.1	2.8	14.1	1958	38.8	6.7	109.1
1914	14.9	2.6	15.4	1959	40.5	7.0	112.5
1915	15.4	2.7	16.7	1960	42.1	7.3	116.2
1916	17.1	2.9	18.2	1961	46.2	8.0	120.2
1917	18.8	3.2	19.8	1962	44.7	7.7	124.0
1918	19.7	3.4	21.5	1963	46.5	8.0	128.0
1919	16.8	2.9	22.9	1964	48.6	8.4	132.2
1920	19.0	3.3	24.6	1965	50.6	8.7	136.6
1921	15.8	2.7	25.9	1966	53.6	9.2	141.2
1922	16.5	2.9	27.4	1967	55.3	9.5	146.0
1923	21.0	3.6	29.2	1968	58.7	10.1	151.0
1924	19.8	3.4	30.9	1969	61.5	10.6	156.3
1925	20.2	3.5	32.6	1970	63.7	11.0	161.8
1926	21.7	3.7	34.5	1971	65.0	11.2	167.4
1927	21.0	3.6	36.3	1972	68.4	11.8	173.3
1928	21.5	3.7	38.2	1973	71.3	12.3	179.5
1929	22.9	4.0	40.1	1974	69.1	11.9	185.4
1930	21.5	3.7	42.0	1975	67.2	11.6	191.2
1931	18.1	3.1	43.6	1976	71.2	12.3	197.4
1932	15.7	2.7	44.9	1977	73.7	12.7	203.7
1933	16.2	2.8	46.3	1978	74.9	12.9	210.2
1934	17.2	3.0	47.8	1979	75.7	13.1	216.7
1935	18.3	3.2	49.4	1980	72.8	12.6	223.0
1936	20.6	3.6	51.1	1981	70.8	12.2	229.1
1937	21.9	3.8	53.0	1982	67.1	11.6	234.9
1938	19.0	3.3	54.7	1983	66.5	11.5	240.6
1939	20.8	3.6	56.4	1984	70.1	12.1	246.6
1940	23.0	4.0	58.4	1985	70.4	12.1	252.7
1941	25.7	4.4	60.6	1986	70.6	12.2	258.8
1942	26.7	4.6	62.9	1987	73.4	12.7	265.1
1943	29.1	5.0	65.5	1988	77.3	13.3	271.8
1944	30.4	5.2	68.1	1989	78.2	13.5	278.5
				1990	78.3	13.5	285.3

表 A.11 臭氧层所受的累积损害

年份	CFC-11 的累积产量（000s 公吨）	CFC-12 的累积产量（000s 公吨）	总和（b+c）	损害：1kg=5 美元每年损失（0.005×d）
a	b	c	d	e
1950	18.6	198.3	216.9	1.1
1951	27.6	234.5	262.1	1.3
1952	41.2	271.7	312.9	1.6
1953	58.5	318.2	376.7	1.9
1954	79.4	367.1	446.5	2.2
1955	105.6	425.0	530.6	2.7
1956	138.1	493.6	631.7	3.2
1957	172.0	567.8	739.8	3.7
1958	201.6	641.2	842.8	4.2
1959	237.1	728.8	965.9	4.8
1960	286.9	828.3	1115.2	5.6
1961	347.3	936.8	1284.1	6.4
1962	425.4	1064.9	1490.3	7.5
1963	518.7	1211.3	1730.0	8.7
1964	629.8	1381.4	2011.2	10.1
1965	752.6	1571.4	2324.0	11.6
1966	893.7	1787.6	2681.3	13.4
1967	1053.4	2030.4	3083.8	15.4
1968	1236.5	2297.9	3534.4	17.7
1969	1453.8	2595.1	4048.9	20.2
1970	1619.9	2916.2	4536.1	22.7
1971	1955.1	3257.8	5212.9	26.1
1972	2262.0	3637.7	5899.7	29.5
1973	2611.1	4061.0	6672.1	33.4
1974	2980.8	4503.8	7484.6	37.4
1975	3294.8	4884.8	8179.6	40.9
1976	3634.7	5295.5	8930.2	44.7
1977	3955.1	5678.3	9633.4	48.2
1978	4264.0	6050.4	10314.4	51.6
1979	4553.5	6407.6	10961.1	54.8
1980	4843.1	6757.8	11600.9	58.0
1981	5130.0	7109.1	12239.1	61.2
1982	5401.5	7437.1	12838.6	64.2
1983	5693.2	7792.5	13485.7	67.4
1984	6005.6	8174.6	14180.2	70.9
1985	6332.4	8550.9	14883.3	74.4
1986			15320.6	76.6
1987			15757.9	78.8
1988			16195.2	81.0
1989			16632.4	83.2
1990			17069.7	85.3

注：因缺少 1986 年到 1990 年的相关数据，我们通过回归分析的方法推导出那几年的累积产量总和。尽管对数回归方法（R=0.97）比简单回归方法（R=0.91）得出的结果更恰当，但我们还是使用了后一种方法，因为就增长数据估算来讲，它更为保守。如果使用对数回归方法，1990 年造成的损害数据估算则为 133.4，而不是 85.3。

附录　可持续经济福利指数

表 A.12　净资本增长

年份	劳动力	劳动力变化百分比（%）	劳动力变化的5年平均百分比（%）	净固定资本存量	净固定资本存量的5年平均数	资本存量平均数变化 f−f(t−1)	劳动力所需资本 d×f(t−1)	净资本增长（g−h）
a	b	c	d	e	f	g	h	i
1945	53060			735.8				
1946	56720	6.90		743.1				
1947	59350	4.64		750.3				
1948	60621	2.14		757.5				
1949	61286	1.10	3.69	764.8	750.3			
1950	62208	1.50	3.26	772.0	757.5	7.2	24.4	−17.2
1951	62017	−0.31	1.81	806.8	770.3	12.7	13.7	−1.0
1952	62138	0.20	0.93	841.6	788.5	18.3	7.1	11.1
1953	63015	1.41	0.78	876.4	812.3	23.8	6.2	17.6
1954	63643	1.00	0.76	911.2	841.6	29.3	6.2	23.1
1955	65023	2.17	0.89	946.0	876.4	34.8	7.5	27.3
1956	66552	2.35	1.42	981.2	911.3	34.9	12.5	22.4
1957	66929	0.57	1.50	1016.4	946.2	35.0	13.7	21.3
1958	67639	1.06	1.43	1051.6	981.3	35.0	13.5	21.5
1959	68369	1.08	1.45	1086.8	1016.4	35.1	14.2	20.9
1960	69628	1.84	1.38	1122.0	1051.6	35.2	14.0	21.2
1961	70459	1.19	1.15	1168.8	1089.1	37.5	12.1	25.4
1962	70614	0.22	1.08	1215.6	1129.0	39.8	11.8	28.1
1963	71833	1.73	1.21	1262.4	1171.1	42.2	13.7	28.5
1964	73091	1.75	1.35	1309.2	1215.6	44.5	15.8	28.7
1965	74455	1.87	1.35	1356.0	1262.4	46.8	16.4	30.4
1966	75770	1.77	1.47	1416.2	1311.9	49.5	18.5	31.0
1967	77347	2.08	1.84	1476.4	1364.0	52.2	24.1	28.0
1968	78737	1.80	1.85	1536.6	1418.9	54.8	25.3	29.6
1969	80734	2.54	2.01	1596.8	1476.4	57.5	28.5	29.0
1970	82771	2.52	2.14	1657.0	1536.6	60.2	31.6	28.6
1971	84382	1.95	2.18	1720.0	1597.4	60.8	33.4	27.3
1972	87034	3.14	2.39	1783.0	1658.7	61.3	38.2	23.2
1973	89429	2.75	2.58	1846.0	1720.6	61.9	42.8	19.1
1974	91949	2.82	2.64	1909.0	1783.0	62.4	45.4	17.1
1975	93775	1.99	2.53	1972.0	1846.0	63.0	45.1	17.9
1976	96158	2.54	2.65	2034.3	1908.9	62.8	48.9	14.0
1977	99009	2.96	2.61	2096.5	1971.6	62.7	49.9	12.8
1978	102251	3.27	2.72	2158.8	2034.1	62.5	53.6	9.0
1979	104962	2.65	2.68	2221.0	2096.5	62.4	54.6	7.8
1980	106940	1.88	2.66	2270.0	2156.1	59.6	55.8	3.8
1981	108670	1.62	2.48	2327.1	2214.7	58.6	53.4	5.1
1982	110204	1.41	2.17	2360.3	2267.4	52.8	48.0	4.8
1983	110550	0.31	1.58	2400.0	2315.7	48.3	35.7	12.5
1984	113544	2.71	1.59	2470.3	2365.6	49.9	36.8	13.1
1985	115461	1.69	1.55	2548.2	2421.2	55.6	36.6	19.0
1986	117834	2.06	1.64	2623.8	2480.6	59.3	39.6	19.8
1987	119865	1.72	1.70	2692.8	2547.0	66.5	42.1	24.4
1988	121669	1.51	1.94	2771.0	2621.2	74.2	49.3	24.9
1989	123869	1.81	1.76	2843.0	2695.8	74.5	46.0	28.5
1990	124787	0.74	1.57	2906.2	2767.3	71.6	42.2	29.4

结　论

就可持续经济福利指数衡量的1950年到1990年的经济真正健康程度而言，结果是相当令人失望的。1990年人均ISEW只比这个时期的起点提高了大约16.5%——在1990年人均ISEW大约是3253美元，而1951年是2793美元。（选择1951年作为基准年的原因，参见表A.13的注释。）根据表A.13，1951年至1990年的年均增长速度是0.39%。

表A.13　人均国民生产总值和人均可持续经济福利年度增幅

年份	人均国民生产总值（PC-GNP）（%）	人均可持续经济福利指数（PC-ISEW）（%）	PC-ISEW*（%）	年份	人均国民生产总值（PC-GNP）（%）	人均可持续经济福利指数（PC-ISEW）（%）	PC-ISEW*（%）
1950—1960	1.51	1.31	1.56	1951—1960	0.97	0.21	0.65
1951—1960	0.97	0.21	0.65	1960—1970	2.64	1.57	2.22
1950—1965	2.08	1.54	1.82	1970—1980	2.04	0.21	0.91
1951—1965	1.77	0.84	1.25	1980—1990	1.82	−0.43	0.52
1950—1977	2.14	1.12	1.61				
1951—1977	1.97	0.73	1.29				
1950—1990	2.00	0.66	1.30				
1951—1990	1.89	0.39	1.08				

注释：PC-ISEW*指不计S栏（资源消耗）和T栏（对环境的长远损害）的PC-ISEW。我们把1950年和1951年作为计算每年变化的另外基础年份来计算每年的变化，原因是那两年之间人均ISEW的变化大于1950年至1990年这段时期的其他任何时间。（参见表A.1中Y栏。）因为存在这种异常情况，我们认为把1951年作为进行对比的年份是恰当的。

ISEW的整体增长，掩盖了按照每个十年来看的一个更为重要的变化模式。1951年至1960年，人均ISEW的年均增长速度是0.21%。而1960年至1970年，年均增长速度约为1.57%，比人均GNP（那十年GNP的年均增长速度是2.64%）大约慢1个百分点。1970年至1980年这段时期人均ISEW每年增长0.21%，这与20世纪50年代相同。最后，在20世纪80年代期间，人均ISEW实际上每年下降了

0.43%。因此，1951年至1990年这段时期里整体的增长，掩盖了这四个十年当中的变化，以及20世纪80年代的下降。

当我们不把资源消耗和长期的环境污染损害（见表A.1中的S栏和T栏）计入人均ISEW，结果仍然显示出某些类似的模式。20世纪70年代和80年代期间，人均ISEW这个变量的增长比20世纪60年代更为缓慢，尽管它没有出现实际的下降。从表A.13中名为PC-ISEW*的栏目和表A.1中，可以看到这一点。因此，产量（GNP）和福利（ISEW）之间的这种显著差异，在很大程度上源自这些组成因素（还包括U列，臭氧层空洞），它们聚焦于当前消费模式给可持续的福祉带来的影响。

在人均ISEW的变化当中，另一个主要因素是收入分配的变化。例如，1961年至1968年，个人消费增加了37.5%左右，而用收入分配中的变化对个人消费进行加权，使增长达到将近64%。（这个加权因子——连同净资本增长从负数跃为正数一起——很大程度上也导致了1950年至1951年ISEW的异常增长。）相比较而言，20世纪80年代，收入不平等加剧对ISEW衡量的经济福利的下滑，产生了巨大影响。不平等加深近11%，导致加权个人消费只增长了22%左右，而所衡量的个人消费则增长了33%。

净资本增长的变化，也对ISEW的变化产生了强烈影响。20世纪50年代中期至20世纪70年代中期，净资本稳步增长。它随后缓慢增长了大约10年，但在1984年以后重新开始稳健增长。然而，在后面那一时期，投资明显改善的部分被1984年至1990年净国际投资头寸的下滑抵消了。因此，近些年净资本投资的增长，似乎很大程度上依赖于国外的借贷资本，因此也是不可持续的。

控制空气污染和减少事故的努力，改善了20世纪70年代和80年代的经济福利，已取得了成效。1970年空气污染成本达到巅峰，而汽车事故导致的经济损失则在1978年达到顶峰。自那时起，两个领域里情况的改善，起到了阻止ISEW普遍下降这一趋势的效果。这证明，政府的政策选择实际上可以对经济福利产生积极影响，即使这些政策没有增加有形产出。

　　为了将 ISEW 与诺德豪斯和托宾提出的 MEW 以及佐洛塔斯提出的 EAW 做一对比，我们计算了 1951 年至 1965 年和 1951 年至 1977 年人均 ISEW 的年增长。（我们使用 1951 年而不是 1950 年，因为后者与那 10 年里其他年份的结果完全不同。）1951 年至 1965 年人均 ISEW 年增长速度是 0.84%，而 1947 年至 1965 年人均 MEW 年增长速度是 0.40%。类似地，1951 年至 1977 年人均 ISEW 年增长速度是 0.73%，而 1950 年至 1977 年人均 EAW 增长只有 0.63%。因此在这些可比年份中，相比 EAW 或者 MEW，ISEW 显示出更多的改善。

　　尽管 ISEW 在每年都有变化，但它表明，从 20 世纪 70 年代后期到现在，长远的趋势实际上是黯淡的。近 10 年来，经济福利减少了，主要是因为收入不平等拉大、资源耗尽以及不可持续地依赖海外资本来支付国内消费和投资。尽管这三个因素可以通过不同的政策措施得到处理，但它们实际上是相互交织在一起的。就可持续的经济福利而言，最根本的问题是能源投入产出比所衡量的能源质量出现了下降。这种熵的过程的结果是，国内石油的勘探与开采所耗费的能源，将很快超过开采出来的石油，这就给廉价能源时代划上了一个句号。这也意味着国内资本设备的生产（这些设备内含能源）将越来越昂贵，而且美国将继续保持其净债务国的地位。对海外资本的依赖，将会使美元价值和美国人民的生活水平继续下降。而且，工人人均可用能源数量减少，将导致工人生产效率出现长期的下降，尽管改善管理也许能够在短期内阻止下滑的趋势。因为竞争的加剧降低了劳动回报，以及稀缺资本回报增加，如果我们不采取措施促进平等的话，收入差距可能会更大。

　　力求衡量经济福利的指标，不仅仅是为了让我们了解我们现在情况怎样，或者情况可能怎样。它也应该揭示各类会让国家改善其福利的政策。就像我们已经看到的，汽车安全性能的提高和空气污染的减少，对提升经济福利水平贡献虽小，却很重要。20 世纪 60 年代的社会政策，似乎通过减少收入不平等改善了经济福利。因此，经济福利可以通过制定正确的政策而得到改善。

很显然,重要的问题就是,我们的国家是继续努力提高总产出,还是重新调整我们的重点,朝着提升可持续经济福利的方向发展?我们政府的政策将受 GNP 引导,还是受 ISEW 或其他可持续福利衡量方法引导呢?

参考文献

Abernethy, Virginia D. 1993a. *Population Politics: The Choices that Shape Our Future.* New York: Insights Books.

Abernethy, Virginia D. 1993b. "The Demographic Transition Revisited: Lessos for Foreign Aid and U.S. Immigration Policy." *Ecological Economics* (in press).

Abraham, Dean E., ed. 1989. *The Challenge of Global Warming.* Washington, D.C.: Island Press.

Abramovitz, Moses. 1979. "Economic Growth and Its Discontents." In *Economics and Human Welfare,* edited by M. Boskin. New York: Academic Press.

Adams, Walter, and James Brock. 1987. *The Bigness Complex.* New York: Pantheon.

Ariyaratne, A. T. 1985. *Collected Works.*Vol.3, edited by Nandansena Ratnapala. SriLanka:VishnaLekha.

Arrow, Kenneth. 1966. *Social Choice and Individual Values.* 2d ed. New York: Wiley.

Babbage, Charles. [1832] 1963. *On the Economy of Machinery and Manufactures.* London. Reprint. New York: Kelley.

Bagehot, Walter. 1953. *Economic Studies.* Stanford, Calif.: Academic Reprints.

Barber, Benjamin R. 1986. "Against Economics: Capitalism, Socialism, but Whatever Happened to Democracy?" In *Democratic Capitalism?* Edited by Fred E. Bauman. Charlottesville: University of Virginia Press.

Barber, G. Russell, Jr. 1973. "The One Hundred Percent Reserve System." *American Economist* 17, no. 1:115–127.

参考文献

Barnet, Richard J. 1981. *Real Security: Restoring American Power in a Dangerous Decade*. New York: Simon & Schuster.

Barnett, Harold, and Chandler Morse. 1963. *Scarcity and Growth*. Baltimore: Johns Hopkins University Press.

Batie, Sandra S. 1986. "Why Soil Erosion: A Social Science Perspective." In *Conserving Soil: Insights from Socioeconomic Research*, edited by Stephen B. Lovejoy and Ted L. Napier. Ankeny, Iowa: Soil Conservation Society of America.

Becker, Gary, and Nigel Tomes. 1979. "An Equilibrium Theory of the Distribution of Income and Intergenerational Mobility." *Journal of Political Economy* 87, no. 61.

Belloc, Hilaire. 1913. *The Servile State*. London: T. N. Foulis.

Bentham, Jeremy. [1879] 1970. *An Introduction to the Principles of Morals and Legislation*. Reprint. London: University of London.

Berk, Richard A., and Sarah Fenstermaker Berk. 1979. *Labor and Leisure at Home: Content and Organization of the Household Day*. Beverly Hills, Calif.: Sage.

Berk, Sarah Fenstermaker. 1985. *The Gender Factory*. New York: Plenum.

Bernstein, Richard J. 1976. *The Restructuring of Economic and Political Theory*. New York: Harcourt Brace Jovanovitch.

Berry, Wendell. 1977. *The Unsettling of America*. San Francisco: Sierra Club.

———. 1981. *The Gift of Good Land: Further Essays Cultural and Agricultural*. San Francisco: North Point.

———. 1987. "A Defense of the Family Farm." In *Home Economics*. San Francisco: North Point.

Birch, Charles, and John B. Cobb, Jr. 1981. *The Liberation of Life*. Cambridge: Cambridge University Press.

Bloom, Alan. 1987. *The Closing of the American Mind*. New York: Simon & Schuster.

Bluestone, Barry, and Bennett Harrison. 1982. *The Deindustrialization of America*. New York: Basic.

Bordo, Susan R., 1987. *The Flight to Objectivity*. Albany: SUNY Press.

Boulding, Kenneth E. 1964. *The Meaning of the Twentieth Century*. New York: Harper & Row.

——. 1968. *Beyond Economics*. Ann Arber: University of Michigan Press.

Bowles, Samuel, and Herbert Gintis. 1986. *Democracy and Capitalism: Property, Community and the Contradictions of Modern Social Thought*. New York: Basic.

Braverman, Harry. 1974. *Labor and Monopoly Capital*. New York: Monthly Review Press.

Brewer, Anthony. 1985. "Trade with Fixed Real Wages and Mobile Capital." *Journal of International Economics* 18: 177–86.

Brown, Harold. 1983. *Thinking about National Security*. Boulder, Colo.: Westview.

Brown, Lester R. 1978. *The Twenty-ninth* Day. New York: Norton.

——. 1986. "Redefining National Security." Chap. 11 in *State of the World*, 1986. New York: Norton.

Brown, Lester R., William Chandler, Christopher Flavin, Sandra Postel, Linda Starke, and Edward Wolf. 1984. *State of the World*, 1984. New York: Norton.

Brown, Lester R., William Chandler, Christopher Flavin, Jodi Jacobson, Cynthia Pollock, Sandra Postel, Linda Starke, and Edward Wolf. 1987. *State of the World*, 1987. New York: Norton.

Brownell, Baker.1950. *The Human Community: Its Philosophy and Practice for a Time of Crisis*. New York: Harper.

Brueggemann, Walter. 1977. *The Land: Place as Gift, Promise and Challenge in Biblical Faith*. Philadelphia: Fortress.

Buber, Martin. 1949. *Paths in Utopia*. Translated by R. F. C. Hull. London: Routledge & Kegan Paul.

Bunch, Roland. 1982. *Two Ears of Corn: A Guide to People-centered Agricultural Improvement*. Oklahoma City: World Neighbors.

Bunker, Stephen G. 1984. "Modes of Extraction, Unequal Exchange, and the Progressive Underdevelopment of an Extreme Periphery: The Brazilian Amazon."

American Journal of Sociology 89, no. 5: 1017–64.

———. 1985. *Underdeveloping the Amazon*. Urbana: University of Illinois Press.

Burkitt, Brian. 1984. *Radical Political Economy: An Introduction to the Alternative Economics*. New York: New York University Press.

Cairnes, J. E. 1875. *The Character and Logical Method of Political Economy*. 2d ed. London: Macmillan.

Callicott, J. Baird. 1980. "The Search for an Environmental Ethic." In *Matters of Life and Death*, 2d ed., edited by Tom Regan. New York: Random House.

Carey, Henry C. 1965. *Principles of Political Economy*. Reprint. New York: A. M. Kelly.

Cavanagh, John H., and Frederick F. Clairmonte. 1992. "US Finance Capitalism: The Tottering Empire." *Third World Economics* 16–31 October, no. 51: 17–20.

Christensen, Paul P. 1989. "Historical Roots for Ecological Economics: Biophysical versus Allocative Approaches." *Ecological Economics* 1, no. 1: 17–36.

Clark, Colin. 1976. *Mathematical Bioeconomics*. New York: Wiley.

Cleveland, C. J., R. Costanza, C. A. S. Hall, and R. Kaufmann. 1984. "Energy and the U. S. Economy: A Biophysical Perspective." *Science* 225: 890–897.

Cline, William R. 1992. Global Warming: *The Economic Stakes*. Washington, D. C.: Institute for International Economics.

Coase, R. H. 1937. "The Nature of the Firm." *Economica, November*, pp. 386–405.

Colander, D., and A. Klamer. 1987. "The Making of an Economist." *Economic Perspectives* 1:95–111.

Correa, Hector, and Ji Won Kim. 1992. "A Casual Analysis of the Defense Expenditures of the USA and the USSR." *Journal of Peace Research* 29, no. 2(May): 161–175.

Costanza, Robert, ed. 1991. *Ecological Economics: The Science and Management of Sustainability*. New York: Columbia University Press. (Proceedings of a 1990 conference of the International Society for Ecological Economics, held at the World Bank in Washington, D. C.)

Cowan, Ruth Schwartz. 1983. *More Work for Mother*. New York: Basic.

Culbertson, John M. 1984. *International Trade and the Future of the West*. Madison Wis.: Twenty-First Century Press.

——. 1986. "A Realistic View of International Trade and National Trade Policy." *Journal of International Law and Politics* 18, no. 4:1119–1135.

Daly, Herman E. 1974. "The Economics of the Steady State." *American Economic Review*.

——. 1980. "The Economic Thought of Frederick Soddy." *History of Political Economy* 12, no.4.

——. 1982. "Chicago School Individualism Versus Sexual Reproduction: A Critique of Becker and Tomes." *Journal of Economic Issues*.

——. 1985. "The Circular Flow of Exchange Value and the Linear Throughput of Matter-Energy: A Case of Misplaced Concreteness." *Review of Social Economy*.

Davies, David G. 1986. *United States Taxes and Tax Policies*. Cambridge, Mass.: Cambridge University Press.

Davis, W. Jackson. 1979. *The Seventh Year: Industrial Civilization in Transition*. New York: Norton.

Dean, Jonathan, and Peter Clausen. 1988. *The INF Treaty and the Future of Western Security*. Cambridge, Mass.: Union of Concerned Scientists.

De Grasse, Robert, Jr. 1983. *Military Expansion, Economic Decline*. New York: Council on Economic Priorities.

Dellums, Ronald V. 1983. *Defense Sense: The Search for a Rational Military Policy*. Cambridge, Mass.: Ballinger.

Dempsey, Bernard W. 1958. *The Functional Economy*. Englewood Cliffs, N.J.: Prentice-Hall.

Denison, Edward W. 1962. *The Sources of Economic Growth in the United States and the Alternatives before Us*. New York: Committee for Economic Development.

Devall, Bill, and George Sessions. 1985. *Deep Ecology: Living As If Nature*

Mattered. Salt Lake City, Utah: Gibbs M. Smith.

Drewnowski, Jan. 1961. "The Economic Theory of Socialism: A Suggestion for Reconsideration." *Journal of Political Economy* 69, no.4.

Drucker, Peter. 1954. *The Practice of Management*. New York: Harper.

——. 1987. "The Rise and Fall of the Blue-Collar Worker." *Wall Street Journal*, April 22, 32.

Duchrow, Ulrich. 1987. *Global Economy: A Confessional Issue for the Churches*. Translated by David Lewis. Geneva: WCC Publications

Dumbald, Edward, ed. 1955. *The Political Writings of Thomas Jefferson*. Indianapolis: Bobbs Merrill.

Durning, Alan Thein. 1992. *Guardians of the Land: Indigenous Peoples and the Health of the Planet*. Washington, D. C.: Worldwatch Institute.

Easterlin, Richard. 1974. "Does Economic Growth Improve the Human Lot? Some Empirical Evidence." In *Nations and Households in Economic Growth*. New York: Academic Press.

Eckstein, Otto. 1983. "The NIPA Accounts: A User's View." In *The U. S. National Income and Public Accounts*, edited by Murray F. Foss. Chicago: University of Chicago Press.

Edgeworth, F. Y. 1881. *Mathematical Psychics*. London: C. K. Paul.

Eggers, Melvin A., and A. Dale Tussing. 1965. *The Composition of Economic Activity*. New York: Holt, Rinehart, & Winston.

Eisner, Robert. 1985. "The Total Incomes System of Accounts." *Survey of Current Business*, January.

El Serafy, Salah. 1988. "The Proper Calculation of Income from Depletable Natural Resources." In *Environmental and Resource Accounting and Their Relevance to the Measurement of Sustainable Income*, edited by Ernst Lutz and Salah El Serafy. Washington, D. C.: World Bank.

Ely, Richard T., Mary S. Shine, and George S. Wehrwein. 1922. *Outlines of Land Economics*. Vol. 1, *Classification of Land*. Ann Arbor, Mich.: Edwards.

Ely, Richard T., and George S. Wehrwein. 1984. *Land Economics*. Madison: University of Wisconsin.

Etzioni, Amitai. 1983. *An Immodest Agenda.* New York: McGraw Hill.

Fallows, James. 1982. *National Defense.* New York: Random House.

Fearnside, Philip M. 1986. *Human Carrying Capacity of the Brazilian Rainforest.* New York: Columbia University Press.

Feldstein, Martin. 1981. "Reviewing Business Investment." *Wall Street Journal.* June 19, 24.

Fisher, Irving. 1906. *The Nature of Capital and Income.* London: Macmillan.

Fornos, Werner. 1987. *Gaining People, Losing Ground.* Washington, D. C.: Population Institute.

Fortune. 1983. "Higher Taxes that Promote Development." August 8.

Foy, George. 1987. "The Extension of Economic Principles to Provide a Conceptual Framework for Environmental Accounting." Ph. D. diss., Louisiana State University, Baton Rouge.

Freeman, A. Myrick. 1982. *Air and Water Pollution Control: A Benefit-Cost Assessment.* New York: Wiley.

Friedman, Milton. 1949. "The Marshallian Demand Curve." *Journal of Political Economy* 57:489.

——. 1962. *Capitalism and Freedom.* Chicago: University of Chicago Press.

Furkiss, Victor. 1974. *The Future of Technological Civilization.* New York: Braziller.

Galbraith, John Kenneth. 1958. *The Affluent society.* New York: Mentor.

George, Henry. 1879. *Progress and Poverty.* New York: Random House.

George, Susan. 1976. *How the Other Half Dies.* New York: Penguin.

——. 1988. *A Fate Worse than Debt.* New York: Grove.

Georgescu-Roegen, Nicholas. 1950. "Economic Theory and Agrarian Economics." *Oxford Economic Papers* 12.

——. 1971. *The Entropy Law and the Economic Process.* Cambridge, Mass.: Harvard University Press.

Gever, John, Robert Kaufmann, David Skole, and Charles Vorosmarty. 1987. *Beyond Oil.* Cambridge, Mass.: Ballinger.

Gevetz, Harry, ed. 1967. *Democracy and Elitism.* New York: Scribners.

参考文献

Gianessi, Leonard P., and Henry M. Peskin. 1981. "Analysis of National Water Pollution Control Policies: 2. Agricultural Sediment Control." *Water Resources Research* 17, no. 2: 803–21.

Gilder, George. 1981. *Wealth and Poverty*. New York: Basic.

Goldschmidt, Walter R. 1978. *As You Sow: Three Studies in the Social Consequences of Agribusiness*. Montclair, N. J.: Allanheld, Osmun.

Goodland, R. J. A. 1987. "How to Save the Jungle: Opportunities for Personal Action." November 7. Mimeograph.

Goodland, R. J. A., and Howard S. Irwin. 1975. *Amazon Jungle: Green Hell to Red Desert?* Amsterdam: Elsevier.

Goodland, R. J. A., Herman Daly, and Salah El Serafy, eds. 1992. *Population, Technology, and Lifestyles: The Transition to Sustainability*. Washington, D. C.: Island Press.

Gossen, Herrmann Heinrich. [1854] 1983. *The Laws of Human Relations*. Reprint. Cambridge, Mass.: MIT Press.

Gottwald, N. K., ed. 1986. *Social Scientific Criticism of the Hebrew Bible and Its Social World*. Volume 7 of *Semeia*.

Gould, Carol C. 1978. *Marx's Social Ontology: Individuality and Community in Marx's Theory of Social Reality*. Cambridge, Mass.: MIT Press.

Goulet, Denis. 1983. *Mexico: Development Strategies for the Future*. Notre Dame, Ill.: University of Notre Dame Press.

Greeson, Phillip, John Clark, and Judith Clark, eds. 1979. *Wetland Functions and Values: The State of Our Understanding*. Minneapolis: American Water Works Association.

Greider, William. 1989. *The Trouble with Money*. Knoxville, Tenn.: Whittle Direct Books.

Gupta, T. R., and J. H. Foster. 1975. "Economic Criteria for Freshwater Wetland Policy in Massachusetts." *American Journal of Agricultural Economics* 57, No. 1:40–45.

Hamilton, Richard F. 1991. "Work and Leisure: On the Reporting of Poll Results." *Public Opinion Quarterly* 55, no. 3 (Fall): 347–356.

Haney, Lewis H. 1949. *History of Economic Thought*. 4th ed. New York: Macmillan.

Harding, Sandra. 1986. *The Science Question in Feminism*. Ithaca, N.Y.: Cornell University Press.

Harrington, Michael. 1986. *The Next Left*. New York: Henry Holt.

Harris, Louis. 1987. *Inside America*. New York: Vintage.

Hayek, F. A. 1945. "The Use of Knowledge in Society." *American Economic Review* 35, no. 4:519–530.

Healey, Robert G. 1982. Note to Michael Brewer and Robert Boxley, "The Potential Supply of Cropland." In *The Cropland Crisis: Myth or Reality?* edited by Pierre R. Crosson. Baltimore: Johns Hopkins University Press.

Heer, David M. 1975. "Marketable Licenses for Babies: Boulding's Proposal Revisited." *Social Biology*, Spring.

Heilbroner, Robert. 1980. *An Inquiry into the Human Prospect: Updated and Reconsidered for the 1980's*. New York: Norton.

Henderson, Hazel. 1978. *Creating Alternative Futures*. New York: Berkley.

Henry, James. 1986. "Where the Money Went." *New Republic*. April 14.

Hicks, J. R. 1948. *Value and Capital*. 2d ed. Oxford: Clarendon.

Hinkelammert, Franz. J. 1986. *The Ideological Weapons of Death: A Theological Critique of Capitalism*. Translated by Phillip Berryman. Maryknoll, N.Y.: Orbis.

Hirsh, Fred. 1976. *The Social Limits to Growth*. Cambridge, Mass.: Harvard University Press.

Hopkinson, C. S. Jr., and J. W. Day, Jr. 1980. "Net Energy Analysis of Alcohol Production from Sugarcane." *Science* 207 (January).

Hubbert, M. King. 1993. "Exponential Growth as a Transient Phenomenon in Human History." In Daly, H., and K. Townsend, eds. *Valuing the Earth: Economics, Ecology, Ethics*. Cambridge, Mass.: M. I. T. Press.

Huddle, Franklin P. 1976. "The Evolving National Policy for Materials." *Science*. February 20.

Jackson, Wes. 1987. *Altars of Unhewn Stone: Science and the Earth*. San

Francisco: North Point.

Jacobs, Jane. 1960. *The Economy of Cities*. New York: Random House.

Jaszi, George. 1973. "Comment." In *The Measurement of Economic and Social Performance*, edited by Milton Moss. New York: National Bureau of Economic Research, Columbia University Press.

Jevons, William Stanley. 1924. *The Theory of Political Economy*. 4th ed. London: Macmillan.

Jonas, Hans. 1966. *The Phenomenon of Life*. New York: Harper & Row.

Kapp, K. W. 1972. "Environmental Disruption and Social Costs." In *Political Economy of the Environment*. Hawthorne, N.Y.: Mouton.

Kauffman, George B., ed. 1986. *Frederick Soddy (1877-1965)*. Boston: D. Reidel Publishing Company.

Kaufmann, William. 1990. *Glasnost, Perestroika, and U. S. Defense Spending*. Washington, D. C.: The Brookings Institute.

Kelso, Louis O., and Patricia Hetter. 1967. *Two Factor Theory: How to Turn Eighty Million Workers into Capitalists on Borrowed Money*. New York: Random House.

Keynes, John Maynard. 1933. "National Self-Sufficiency." In *The Collected Writings of John Maynard Keynes*, Vol. 21. Edited by Donald Moggeridge. London: Macmillan Cambridge University Press, for the Royal Economic Society.

———. [1936] 1973. *The General Theory of Employment, Interest, and Money*. Reprint. London: Macmillan.

Knight, Frank. 1927. "Review of Wealth, Virtual Wealth, and Debt." *Saturday Review of Literature*, p. 732.

Koenig, René. 1968. *The Community*. Translated by Edward Fitzgerald. New York: Schocken.

Kohr, Leopold. 1957. *The Breakdown of Nations*. New York: Rinehart.

Kristol, Irving. 1980. "Of Economics and Eco-Mania." *Wall Street Journal*. September 19, 28.

Krugman, Paul. 1987. "Is Free Trade Passé?" *Economic Perspectives* 1, no.2.

Kurien, C. T. 1978. *Poverty, Planning and Social Transformation*. Bombay: Allied Publishers.

Lall, Betty G., and Joan Tepper Marlin. 1992. *Building a Peace Economy*. Boulder: Westview Press.

Laslet, Peter. 1965. *The World We Have Lost*. New York: Scribner.

Lauderdale, James Maitland. 1819. *An Inquiry into the Nature and Origin of Public Wealth and into the Means and Causes of Its Increase*. 2d ed. Edinburgh: Constable.

Lea, Stephen E. G., Roger M. Tarpy, and Paul Webley. 1987. *The Individual in the Economy: A Survey of Economic Psychology*. Cambridge: Cambridge University Press.

Leontief, Wassily. 1982. *Science* 217 (July 9): 104–105.

Leopold, Aldo. 1966. *Sand County Almanac*. New York: Ballantine.

Lewis, Martin W. 1992. *Green Delusions: An Environmentalist Critique of Radical Environmentalism*. Durham, N. C.: Duke University Press.

Lippmann, Walter. 1982. "The Political Equivalent of War." *Atlantic Monthly*. August, 182.

Lipsey, Richard, Peter Steiner, and Douglas Purvis. 1987. *Economics*. 8th ed. New York: Harper & Row.

Lipton, Michael. 1976. *Why Poor People Stay Poor: Urban Bias in World Development*. Cambridge, Mass.: Harvard University Press.

Love, Sam. 1977. "Redividing North America." *Ecologist* 7, no. 7: 318–319.

Lovelock, J. E. 1979. *Gaia: A New Look at Life on Earth*. Oxford: Oxford University Press.

Lovins, Amory B. 1977. *Soft Energy Paths: Towards a Durable Peace*. Cambridge, Mass.: Ballinger.

Lovins, Amory B., and L. Hunter Lovins. 1982. *Brittle Power: Energy Strategy for National Security*. Andover, Mass.: Brick House.

———. 1985. *Visitor's Guide*. 2d ed. Old Snowmass, Colo.: Rocky Mountain Institute.

———. 1987. "Energy: The Avoidable Oil Crisis." *The Atlantic*. December:

22–30.

McDonald, Glenn M., and James R. Markusen. 1985. "A Rehabilitation of Absolute Advantage." *Journal of Political Economy* 93, no. 2:227–97.

Macey, Samuel L. 1980. *Clocks and Cosmos: Time in Western Life and Thought*. Hamden, Conn.: Anchor.

McGaughey, William J., Jr. 1981. *A Shorter Work Week in the 1980's*. White Bear Lake, Minn.: Thistlerose.

Maital, Shlomo. 1982. *Minds, Markets, and Money*. New York: Basic.

Markusen, Ann, and Joel Yudken. 1992. *Dismantling the War Economy*. New York: Basic Books.

Marshall, Alfred. 1925. *Principles of Economics*. 8th ed. London: Macmillan.

Marx, Karl. 1867. *Capital*, vol.1, chapters 2 and 3.

Melman, Seymour. 1965. *Our Depleted Society*. New York: Dell.

——. 1970. *Pentagon Capitalism*. New York: McGraw Hill.

——. 1974. *The Permanent War Economy*. New York: Simon & Schuster.

Melman, Seymour, and Lloyd J. Dumas. 1992. "Planning for Economic Conversion." *The Nation*(April 16, 1992): 509, 522–528.

Mendelssohn, Jack. 1992. "Dismantling the Arsenals." *The Brookings Review*(Spring): 34–39.

Menger, Karl. 1950. *Principles of Economics*. Translated by James Dingwall and Bert F. Hoselitz. Glencoe, Ill.: Harper & Row.

Mill, John Stuart. [1859] 1952. *On Liberty*. Reprint. Chicago: Encyclopedia Britannica Great Books.

——. 1973. *Principles of Political Economy*, edited by William Ashby. Clifton, N. J.: Kelly.

Millikan, R. A. 1930. "The Alleged Sins of Science." *Scribner's Magazine* 872: 119–130.

Mincer, Jacob. 1974. *Schooling, Experience, and Earnings*. New York: National Bureau of Economic Research.

Mints, Lloyd. 1950. *Monetary Policy for a competitive Society*. New York: McGraw Hill.

Mishan, E. J. 1984. "GNP-Measurement for Mirage." *National Westminster Bank Quarterly Review*.

Morton, Nelle. 1983. *The Journey Is Home*. Boston: Beacon.

Moss, Milton, ed. 1973. *The Measurement of Economic and Social Performance*. New York: Columbia University Press, for the National Bureau of Economic Research.

Mulcahey, Richard E. 1952. *The Economics of Heinrich Pesch*. New York: Holt.

Munson, Richard. 1987. *The Energy Switch: Alternatives to Nuclear Power*. Cambridge, Mass.: Union of Concerned Scientists.

Neumann, Manfred J. M. 1992. "Seigniorage in the United States: How Much Does the U. S. Government Make from Money Production?" *Review*, Federal Reserve Bank of St. Louis, 74, no.2 (March/April): 29–40.

Nincic, Miroslav. 1982. *The Arms Race: The Political Economy of Military Growth*. New York: Praeger.

Nisbett, Robert. 1966. *The Sociological Imagination*. New York: Basic.

Nordhaus, William. 1977. "Metering Economic Growth." In *Prospects for Growth: Changing Expectations for the Future*, edited by Kenneth D. Wilson. New York: Basic.

Nordhaus, William, and James Tobin. 1972. "Is Growth obsolete?" In *Economic Growth*. National Bureau of Economic Research General Series, no. 96E. New York: Columbia University Press.

O'Boyle, Edward J. 1985. Science, Technology, and Economic Systems. Workshop of the Institute for Theological Encounter with Science and Technology.

Ohlin, Bertil. 1933. *Interregional and International Trade*. Cambridge, Mass.: Harvard University Press.

Orr, David W. 1979. "Modernization and the Ecological Perspective." In *The Global Predicament*, edited by David W. Orr and Marvin S. Soroos. Chapel Hill: University of North Carolina Press.

Ozawa, Martha N. 1982. *Income Maintenance and Work Incentives*. New York: Prange.

Page, Talbot. 1977. *Conservation and Economic Efficiency*. Baltimore: Johns Hopkins University Press.

Pagels, Heinz. 1988. *The Dreams of Reason: The Computer and the Rise of the Sciences of Complexity*. New York: Simon & Schuster.

Parmar, Samuel L. 1974. "Ethical Guidelines and Social Options." *Anticipation* no.18 (August).

Passmore, Sam. 1987. "Hendrix Turns to Arkansas Produce." *Arkansas Gazette*. June 10.

Perrings, Charles. 1987. *Economy and Environment*. Cambridge: Cambridge University Press.

Petty, William. *The Economic Writings of Sir William Petty*, edited by C. H. Hull. Vol. 1. London: Cambridge University Press.

Pigou, A. C. 1920. *The Economics of Welfare*. London: Macmillan.

Pitt, David C. 1976. *The Social Dynamics of Development*. Oxford: Pergamon.

Pius XI. 1931. *Quadragesimo Anno*.

Polanyi, Karl. [1944] 1957. *The Great Transformation*. Reprint. Boston: Beacon.

Power, Thomas Michael. 1988. *The Economic Pursuit of Quality*. Armonk, N.Y.: Sharp.

Quarry, Michael, Joseph Blasi, and Corey Rosen. 1986. *Taking Stock: Employee Ownership at Work*. Cambridge, Mass.: Ballinger.

Rabushka, Alvin. 1985. *From Adam Smith to the Wealth of America*. New Brunswick, N. J.: Transaction.

Raines, John C. 1982. "Economics and the Justification of Sorrows." In *Community and Capital in Conflict: Plant Closings and Job Loss*, edited by John C. Raines, Lenora E. Benson, and David Mac I. Gracie, Philadelphia: Temple University Press.

Ramsay, William, and Milton Russell. 1978. "Time—Adjusted Health Impacts from Electricity Generation." *Public Policy* 26, no.3.

Rawls, John, 1971. *A Theory of Justice*. Cambridge: Harvard University

Press.

Repetto, Robert. 1987. "Creating Incentives for Sustainable Forest Development." *Ambio* 16, no. 2–3:94–99.

Repetto, Robert, William Magrath, Michael Wells, Christine Beer, and Fabrizio Rossini. 1989. *Wasting Assets: Natural Resources in the National Income Accounts*. Washington, D. C.: World Resources Institute.

Rhoads, Steven E. 1985. *The Economist's View of the World*. Cambridge: Cambridge University Press.

Ricardo, David. 1951. *Principles of Political Economy and Taxation*. Sraffa Edition, Cambridge.

Richardson, John M., Jr. 1982. *Making It Happen: A Positive Guide to the Future*. Washington, D. C.: U. S. Association for the Club of Rome.

Robertson, D. H. 1956. *Economic Commentaries*. London: Staples.

Robins, Philip K., Robert G. Speilgelman, Samuel Wiener, and Joseph G. Bell. 1980. *A Guaranteed Annual Income*. New York: Academic Press.

Robinson, J. P., and P. E. Converse. 1967. *Seventy-six Basic Tables of Time Budget Research Data for the United States*. Ann Arbor: University of Michigan Survey Research Center.

Rosen, Cory M., Katherine J. Klein, and Karen M. Young. 1986. *Employees Ownership in America. Lexington*, Mass.: Heath.

Ruggles, Richard. 1983. "The United States National Income Accounts, 1947–1977. Their Conceptual Basis and Evolution." In *The U. S. National Income and Product Accounts*, edited by Murray F. Foss. Chicago: University of Chicago Press.

Rybeck, Walter, and Ronald D. Pasguariello. 1987. "Combating Modern–Day Feudalism: Land as God's Gift." *Christian Century*, May 13.

Sagoff, Mark. 1988. "Some Problems with Environmental Economics." *Environmental Ethics*, Spring.

Sale, Kirkpatrick. 1986. *Human Scale*. New York: Cowan, McCown, & Gesgheyon.

Sampson, R. Neil. 1981. *Farmland or Wasteland*. Emmaus, Penna.: Rodale.

Samuelson, Paul. 1962. "Economists and the History of Ideas." *American Economic Review* 52.

Sauvy, Alfred. 1948. *Théorie Générale de la Population*. 2 vols. Paris: Presses Universitaires.

Schultz, Theodore W. 1961. "Education and Economic Growth." In *Social Forces Influencing American Education*, edited by Nelson B. Henry. Chicago: University of Chicago Press.

Schumacher, E. F. 1979. *Good Work*. New York: Harper & Row.

Schumpeter, Joseph. 1954. *History of Economic Analysis*. New York: Oxford University Press.

———. 1975. "The Future of Private Enterprise in the Face of Modern Socialistic Tendencies." *History of Political Economy* 7, no.3:294–298.

Schurr, Sam, et al. 1979. *Energy in America's Future: The Choices before Us*. Baltimore: Johns Hopkins University Press.

Schwartz, Barry. 1987. *The Battle for Human Nature*. New York: Norton.

Schwarz, Edward. 1982. "Economic Development as If Neighborhoods Mattered." In *Community and Capital in Conflict: Plant Closing and Job Loss*, edited by John C. Raines, Lenora E. Benson, and David Mc I. Gracie. Philadelphia: Temple University Press.

Seabrook, Jeremy. 1978. *What Went Wrong?* New York: Pantheon.

Seers, Dudley. 1983. *The Political Economy of Nationalism*. Oxford: Oxford University Press.

Sharp, Gene. 1973. *The Politics of Nonviolent Action*. Boston: Porter Sargent.

———. 1980. *Social Power and Political Freedom*. Boston: Porter Sargent.

Shepard, Paul. 1982. *Nature and Madness*. San Francisco: Sierra Club.

Sherman, Howard J. 1966. *Elementary Aggregate Economics*. New York: Appleton–Century–Crofts, Meredith.

Sik, Ota. 1985. *For a Humane Economic Democracy*. Translated by Fred Eidlin and William Graf. New York: Praeger.

Simon, Julian. 1981. *The Ultimate Resource*. Princeton, N.J.: Princeton University Press.

———. 1982. Interview with William F. Buckley, Jr. Reprinted in *Population and Development Review*(March): 205–218.

Simons, Henry C. 1948. *Economic Policy for a Free Society*. Chicago: University of Chicago Press.

———. 1950. *Federal Income Tax Reform*. Chicago: University of Chicago Press.

Sinsheimer, R. L. 1978. "The Presumptions of Science." *Daedalus*, pp.23–25.

Sismondi, J. C. L. Simonde de. 1827. *Nouveaux Principes d'Economie Politique ou de la Richesse dans ses Rapports avec la Population*. Paris.

Smith, Adam. [1759] 1971. *The Theory of Moral Sentiments*. New York: Garland. 1971.

———. 1776. *Wealth of Nations*. New York: Random House.

Soddy, Frederick. 1922. *Cartesian Economics: The Bearing of Physical Science upon State Stewardship*. London: Hendersons.

———. 1926. *Wealth, Virtual Wealth, and Debt: The Solution of the Economic Paradox*. Hawthorne, Calif.: Omni Publications, 3rd ed. 1961 (1st ed., London, 1926).

———. 1934. *The Role of Money*, London.

———. 1943. *The Arch Enemy of Economic Freedom*. London.

Soleri, Paolo. 1969. *Arcology: The City in the Image of Man*. Cambridge, Mass.: MIT Press.

Stackhouse, Max L. 1985. "Jesus and Economics." In *The Bible in American Law, Politics, and Political Rhetoric*, edited by James Turner Johner. Philadelphia: Fortress.

Stanford Research Institute. 1988. *New Seeds for Nebraska: Moving the Agenda Ahead*. Menlo Park, Calif.: SRI International.

Stassen, Glen. 1992. "The 'Freeze Crowd' and the Peace Challenge." *Christianity and Crisis* (December 14):402–403.

Stewart, Frances. 1977. *Technology and Underdevelopment*. Boulder, Colo.: Westview.

Stigler, George. 1946. "The Economics of Minimum Wage Legislation."

American Economic Review 36.

Stiglitz, J. E. 1979. "A Neoclassical Analysis of the Economics of Natural Resources." In *Scarcity and Growth Reconsidered*, edited by V. Kerry Smith. Baltimore: Johns Hopkins University Press.

Thimm, Alfred L. 1980. *The False Promise of Codetermination*. Lexington, Mass.: Heath.

Thurow, Lester C. 1975. "Education and Economic Equality." In *The "Inequality" Controversy: Schooling and Distributive Justice*, edited by Donald M. Levine and Mary Jo Bane. New York: Basic.

———. 1976. "Implications of Zero Economic Growth." In *The Steady-State Economy*. Vol. 5 of *US Economic Growth from 1976 to 1986: Prospects, Problems, and Patterns*. Joint Economic Committee. Washington, D.C.: U.S. Government Printing Office.

———. 1981. *Zero-Sum Society*. New York: Penguin.

———. 1983. *Dangerous Currents*. New York: Random House.

———. 1985. *The Zero-Sum Solution: Building a World-Class American Economy*. New York: Simon & Schuster.

———. 1992. "Communitarian vs. Individualistic Capitalism." *The Responsive Community* 2, No. 4(Fall): 24–30.

Tobin, James. 1965. "Money and Economic Growth." *Econometrica* October: 676.

———. 1987. "Financial Intermediaries." In Eatwell, John, et al., eds. *The World of Economics: The New Palgrave*. New York: W. W. Norton, 1991, pp. 261–278.

Tocqueville, Alexis de. 1945. *Democracy in America*. New York: Vintage.

Toennies, Ferdinand. 1965. *Community and Society*. Translated by Charles P. Loomis. New York: Harper & Row.

Torrey, Archer. 1985. *The Land and Biblical Economics*. New York: Henry George Institute.

Trenn, Thaddeus J. 1979. "The Central Role of Energy in Soddy's Holistic and Critical Approach to Nuclear Science, Economics, and Social Responsibility."

The British Journal for the History of Science 12:42.

Ture, Norman. 1981. Cited by S. Jackson and N. Jonas, "Whittling Away at the corporate Tax Burden." *Business Week*. April 20.

Turner, Frederick. 1986. "Design for New Academy: An End to Division by Department." *Harper Magazine. September*, pp.47–53.

Ure, Andrew. [1835] 1967. *The Philosophy of Manufactures*. London: Knight. Reprint. London: Cass.

U. S. Department of Agriculture. 1980. Report and Recommendations on Organic Farming.

Vaizey, John. 1962. *The Economics of Education*. London: Faber & Faber.

Vitousek, Peter M. et al. 1986. "Human Appropriation of the Products of Photosynthesis." *BioScience* 34, No. 6:368–73.

Wachtel, Paul L. 1983. *The Poverty of Affluence: A Psychological Portrait of the American Way of Life*. New York: Free Press.

Walras, Leon. 1954. *Elements of Pure Economics*. Homewood, Ill.: Irwin.

Walzer, Michael. 1983. *Spheres of Justice: A Defense of Pluralism and Equality*. New York: Basic Books.

Wapenhans Report. 1992. *Effective Implementation: Key to Development Impact*(R92–125). Washington, D. C.: World Bank.

Ward, Barbara, and René Dubos. 1972. *Only One Earth*. New York: Norton.

Warman, Arturo. 1980.*We Come to Object*. Baltimore: Johns Hopkins University Press.

Wasserman, Louis. 1979. "The Essential Henry George." In *Critics of Henry George*, edited by Robert V. Andelson. London: Associated University Presses.

Wattenberg, Ben, and Hans Zinsmeister. 1986. "The Birth Dearth: The Geopolitical Consequences." *Public Opinion*, December/January.

Weber, Susan, ed. 1987. *USA by Numbers*. Washington, D. C.: Zero Population Growth.

Weiner, Norbert. 1964. *God and Golem, Inc.* Cambridge, Mass.: MIT Press.

Weisskopf, Walter. 1971. *Alienation and Economics*. New York: Dutton.

Welt, Leo G. B. 1984. *Trade Without Money: Barter and Countertrade*. New

York: Harcourt Brace Jovanovich.

Whitehead, A.N. 1925. *Science and the Modern World.* New York: Macmillan.

——. 1929a. *The Function of Reason.* Boston: Beacon.

——. 1929b. *Process and Reality.* New York: Harper.

Wilson, E. O. 1978. *On Human Nature.* Cambridge, Mass.: Harvard University Press.

Wogaman, Phillip. 1968. *Guaranteed Annual Income: The Moral Issues.* Nashville: Abingdon.

Wood, Nancy, ed. 1972. *Hollering Sun.* New York: Simon & Schuster.

World Commission on Employment and Development Staff. 1987. *Our Common Future.* Oxford: Oxford University Press.

Zagen, Robert, and Michael P. Rosow. 1982. *The Innovative Organization: Productivity Programs in Action.* New York: Pergamon.

Zolotas, Xenophon. 1981. *Economic Growth and Declining Social Welfare.* New York: New York University Press.

Zwerdling, Daniel. 1980. *Workplace Democracy: A Guide to Workplace Participation and Self-Management Experiments in the United States.* New York: Harper & Row, Colophon Edition.

主要译名对照表

A. Rapaport　A. 拉帕波特
A. C. Pigou　A. C. 庇古
A. M. Chammah　A. M. 夏玛
A. T. Ariyaratne　A. T. 阿里雅拉奈
Adam Smith　亚当·斯密
Alan Bloom　艾伦·布罗姆
Alan Thein Durning　亚兰·圣·邓宁
Albert Schweitzer　艾尔伯特·史怀哲
Aldo Leopold　阿尔多·列奥波德
Alexis de Tocqueville　亚历克斯·德·托克维尔
Alfred L. Thimm　阿尔弗雷德·L. 蒂姆
Alfred Marshall　阿尔弗雷德·马歇尔
Alfred North Whitehead　阿尔弗雷德·诺斯·怀特海
Alfred Sauvy　阿尔弗雷德·索维
Allan Young　艾伦·杨
Alvin Rabushka　阿尔文·拉布什卡
American Economic Association　美国经济学会
Amish Community　阿米什社区
Amitai Etzione　艾米特依·艾特奥尼
Amory Lovins　艾默利·洛文斯
Andrei Kokoshin　安德烈·柯克辛
Andrew Ure　安德鲁·尤尔
Ann Markusen　安·马库森
Anthony Brewer　安东尼·布鲁厄
Archer Torrey　阿切尔·叨雷
Arne Naess　阿伦·奈斯
Arthur Peel　亚瑟·皮尔
Arturo Warman　阿图罗·沃曼
Association of State and Interstate Water Pollution Control Administrators　州和州际水污染控制管理委员会

Baker Brownell　贝克·布朗尼
Barbara Ward　芭芭拉·沃德
Barry Stein　巴瑞·斯坦
Ben Wattenberg　本·瓦滕伯格
Benjamin R. Barber　本杰明·R. 巴伯
Berk　伯克
Bernard W. Dempsey　伯纳德·W. 邓普斯
Bertil Ohlin　贝蒂儿·俄林

Betty G. Lall　贝蒂·G. 拉尔
Biomes　生物群落
Brian Burkitt　布莱恩·伯基特
Bronx Frontier Development Market　布朗克斯边界开发市场
Brooking Institute　布鲁金斯学会
Brundtland Reprot　布伦特兰报告
Bureau of Economic Analysis, U. S. Commerce Department　美国商务部经济分析局

C. O. Matthews　C. O. 马修斯
Carol Carson　凯罗尔·卡森
Carol Johnston　卡罗尔·约翰逊
Carolyn Merchant　卡罗琳·麦茜特
Caspar Weinberger　卡斯帕·温伯格
Chaco　查科
Chandler Morse　钱德勒·莫尔斯
Charles Babbage　查尔斯·巴贝奇
Charles Birch　查理斯·伯奇
Charles L. Schultze　查尔斯·L. 舒尔茨
Chrematistics　理财学
Chris Ives　克里斯·艾夫斯
Cleveland　克里夫兰
Clifford Cobb　克利福德·柯布
Cornel West　科内尔·韦斯特
Cosmopolitanism　世界大同主义
Council on Economic Priorities　经济优先权委员会

D. Pimentel　D. 皮门特尔
D. H. Roberson　D. H. 罗伯特森
Daniel Finn　丹尼尔·费恩
Darrel Rigel　达伦·里赫尔
David Batker　大卫·巴特克
David C. Pitt　大卫·C. 皮特
David G. Davies　大卫·G. 戴维斯
David Griffin　大卫·格里芬
David Orr　大卫·奥尔
David Ricardo　大卫·李嘉图
Day　戴
Dean Freudenberger　迪安·费登伯格
Decentralization　分散化
Denison　丹尼森
Dennis Goulet　丹尼斯·古利特
Deuterium-Tritium Reaction　氘氚反应堆
Disciplinolatry　学科崇拜
Donald Heath　唐纳德·希斯
Dudly Seers　达德利·希尔斯

E. F. Schumacher　E. F. 舒马赫
E. J. Mishan　E. J. 米沙
E. O. Wilson　E. O. 威尔逊
Earl Ravenal　俄尔·拉维纳尔
Economic Welfare Study Group　经济福利研究团体
Eddington　埃丁顿
Edward Schwarz　爱德华·施瓦茨

F. A. Hayek	F. A. 哈耶克
F. Y. Edgeworth	F. Y. 埃奇沃斯
Farmers Home Administration	农场主住宅管理局
Ferdinand Toennies	费迪南德·滕尼斯
Fox	佛克斯
Foy	佛依
Frank Knight	弗兰克·奈特
Frank Notestein	弗兰克·诺德斯坦
Franklin P. Huddle	富兰克林·P. 胡德勒
Fred Hirsch	弗雷德·赫希
Frederick Soddy	弗雷德里克·索迪
Frederick Tayler	弗雷德里克·泰勒
French Academy	法兰西研究院
Gary Becker	加里·贝克尔
Gaylord Nelson	盖洛德·尼尔森
Gene Sharp	吉恩·夏普
Gennady Filatov	格纳迪·费拉托夫
George Foy	乔治·佛依
George Gilder	乔治·吉尔德
George Goldman	乔治·戈德曼
George Jaszi	乔治·贾西
George S. Wehrwein	乔治·S. 韦尔温
George Sessions	乔治·塞森斯
George Stigler	乔治·斯蒂格勒
Gever	吉佛
Glenn Stassen	格伦·斯塔森
Glenn M. Mcdonald	格伦·M. 麦克唐纳
goldsmith-banker	金匠银行家
Greenmailer	绿票讹诈者
Hans Diefenbacher	汉斯·迪芬巴赫
Hans Jonas	汉斯·乔纳斯
Hans Zinsmeister	汉斯·津斯迈斯特
Harold Barnett	哈罗德·巴奈特
Harold Brown	哈罗德·布朗
Harry Braverman	哈里·布雷弗曼
Harvey Bottelson	哈维·伯特尔森
Hector Correa	赫克托·科雷亚
Heinrich Pesch	亨利希·帕斯
Heintz	亨茨
Heinz Pagels	亨兹·帕吉尔斯
Hendrix College	汉德里克斯大学
Henry C. Carey	亨利·C. 凯里
Henry C. Simons	亨利·C. 西蒙
Henry George	亨利·乔治
Herbert Gintis	郝伯特·金迪斯
Hermann Heinrich Gossen	赫尔曼·海因里希·戈森
Herschaft	沙夫特
Hicksian income	希克斯收入
Hilaire Belloc	希拉尔·贝洛克
Homestead Law	宅基地法
Homo economics	经济人

主要译名对照表

Homo sapiens　现代人类
Hopkinson　霍普金森
Horak　郝莱克
Howard J. Sherman　霍华德·J. 谢尔曼
Howard S. Irwin　霍华德·S. 厄温
Human niche　人类生态位
Hunter Lovins　汉特·洛文斯

Iliff School of Theology　伊利夫神学院
Index of Sustainable Economic Welfare　可持续经济福利指标
Institute for Local Self-Reliance　地方自助研究中心
Irving Fisher　欧文·费雪
Irving Kristol　欧文·克里斯托

J. Baird Callicott　J. 巴尔德·克利考特
J. E. Cairnes　J. E. 凯尔恩斯
J. H. Foster　J. H. 福斯特
J. P. Robinson　J. P. 鲁宾逊
J. E. Stiglitz　J. E. 斯蒂格利茨
J. E. Lovelock　J. E. 拉夫洛克
J. M. Keynes　约翰·梅纳德·凯恩斯
Jack Mendelsohn　杰克·门德尔松
James Brock　詹姆斯·布洛克
James Fallows　詹姆斯·法罗斯
James R. Markusen　詹姆斯·R. 马库森
James Tobin　詹姆斯·托宾
Jan Drewnowski　扬·德鲁诺斯基

Jan Tinbergen　简·丁伯根
Jay McDaniel　杰伊·麦克丹尼尔
Jeremy Bentham　杰里米·边沁
Jeremy Seabrook　杰里米·西布鲁克
Jevons　杰文斯
Ji Won Kim　金志媛
Jimmy Carter　杰米·卡特
Jinnah　真纳
Joan Tepper Marlin　琼·泰珀·马林
Joel Yudken　乔·尤德肯
John Bates Clark　约翰·贝茨·克拉克
John C. Raines　约翰·C. 雷恩斯
John Kenneth Galbraith　约翰·肯尼斯·加尔布雷斯
John Locke　约翰·洛克
John M. Culbertson　约翰·M. 卡伯特森
John Ruskin　约翰·罗斯金
John Steinbeck　约翰·斯坦贝克
John Stuart Mill　约翰·斯图尔特·密尔
John Vaizey　约翰·瓦伊泽伊
Joneses　地位相同的人
Joseph Schumpeter　约瑟夫·熊彼特
Jubilee Year　禧年
Julian Simon　朱利安·西蒙
Junk-Bond Dealer　垃圾债券的交易者

Karen Horney　卡伦·霍妮
Karl Menger　卡尔·门格尔

Karl Polanyi 卡尔·波兰尼
Kenneth A. Guenther 肯尼斯·A.顾恩斯
Kenneth Arrow 肯尼斯·阿罗
Kenneth E. Boulding 肯尼斯·E.博尔丁
Kirkpatrick Sale 柯克帕特里克·塞尔
Kurt Dopfer 库尔特·道夫

Lauderdale 劳德戴尔
Lawrence Lidsky 劳伦斯·利德斯凯
League of Nations 国际联盟
Leipert 莱佩特
Leo Strauss 列奥·斯特劳斯
Leon Walras 里昂·瓦尔拉斯
Leone 莱昂内
Leopold Kohr 利奥波德·柯尔
Les Muray 莱斯·莫莉
Lester Brown 莱斯特·布朗
Lester Thurow 莱斯特·瑟罗
Lewis H. Haney 路易斯·H.黑尼
Lloyd J. Dumas 劳埃德·J.杜默斯
Lloyd Mints 劳埃德·明茨
Loren Eisley 劳伦·艾斯利
Louis Harris 路易斯·哈里斯
Louis Kelso 路易斯·凯尔索

M. King Hubbert M.金·哈伯特
Major Douglas 梅洁尔·道格拉斯

Marcia Daly 玛西亚·达利
Mark Sagoff 马克·萨格奥夫
Marketing Agreement 农产品上市协定
Martha N. Ozawa 玛莎·N.小泽征尔
Martin Buber 马丁·布伯
Martin Feldstein 马丁·费尔德斯坦
Martin Heidegger 马丁·海德格尔
Martin L. Chaney 马丁·L.钱尼
Max L. Stackhouse 马克思·L.斯塔克豪斯
Meadowcreek Project 溪地计划
Merger Manipulator 公司合并的操纵者
Meyer 梅耶
Michael Harrington 迈克尔·哈灵顿
Michael Lipton 迈克尔·利普顿
Michael Milken 迈克尔·米尔肯
Michael P. Rosow 迈克尔·P.络斯沃
Michael Perelman 迈克尔·佩罗曼
Michael Walzer 迈克尔·沃尔泽
Milgram Experiment 米尔格伦实验
Mill Social Ethics Fund 米勒社会伦理学基金
Milton Friedman 米尔顿·弗里德曼
Milton Russell 米尔顿·罗素
Miroslav Nincic 米洛斯拉夫·宁契齐
Monocultural Agribusiness 单一栽培农业综合企业
Myrick Freeman 米瑞克·弗里曼

Nancy Wood 南希·伍德	Otto Eckstein 奥托·埃克斯坦
Nation Accounting System 国民经济核算体系	Ownership in America 《美国的员工所有制》
National Ambient Stream Quality Accounting Network 美国周边河流质量核算网络	P. E. Converse P. E. 康佛斯
	Paolo Soleri 保罗·索拉里
National Associaton of Manufacturers 美国制造商协会	Patricia Hetter 帕特丽夏·赫特
	Paul Krugman 保罗·克鲁格曼
National Fisheries Survey 美国渔业调查	Paul Samuelson 保罗·萨缪尔森
	Paul Sheperd 保罗·谢伯德
National Resources Inventory 美国资源清查	Paul Wachtel 保罗·瓦奇泰尔
	Person-in-community 共同体中的人
Nebraska Press Association 内布拉斯加州新闻协会	Person-in-community-and-society 共同体和社会中的人
Nelle Morton 奈拉·莫顿	Person-in-society 社会中的人
New Hampshire's Complex Systems Research Center 新罕布什尔州复杂系统研究中心	Peter Drucker 彼得·德鲁克
	Peter Laslet 彼得·拉斯莱特
	Philip Fearnside 菲利普·费恩赛德
Nicholas Georgescu-Roegen 尼古拉斯·乔治斯库·罗根	Physical Quality of Life Index 物质生活质量指标
Nigel Tomes 尼格尔·托姆斯	Pius XI 罗马教皇庇护十一世
Norbert Weiner 诺伯特·维纳	Pixie Dust 仙尘
Norman Ture 诺曼·图尔	Ponzi Scheme 庞氏骗局
Nunawading 优仕达	Positive Income Tax 正所得税
	Prophetic Tradition 先知传统
Oberlin College 欧柏林大学	Public Utilities Regulatory Policies Act 公共事业管制政策法案
Oikonomia 家政学	
Oikonomist 经济学家	
Ota Sik 奥塔·希克	

QWL　工作生活质量

R. Neil Sampson　R. 尼尔·桑普森
R. Steppacher　R. 斯坦帕歇
Reclamation Act　复垦法
René Dubos　勒奈·杜博斯
René Koenig　勒内·柯尼希
Rent-seeker　寻租者
Richard E. Mulcahey　理查德·E. 穆尔卡伊
Richard J. Bernstein　理查德·J. 伯恩斯坦
Richard Lamm　理查德·拉姆
Richard Munson　理查德·芒森
Richard Ruggles　理查德·鲁格斯
Richard T. Ely　理查德·T. 伊利
Robert A. Jantzen　罗伯特·A. 詹特森
Robert Eisner　罗伯特·艾斯纳
Robert Gottfried　罗伯特·戈特弗里德
Robert Hamrin　罗伯特·哈姆林
Robert Healy　罗伯特·希利
Robert Herlbroner　罗伯特·海尔布罗纳
Robert J.A. Goodland　罗伯特·J.A. 古德兰
Robert Mciver　罗伯特·麦基弗
Robert Mcnamara　罗伯特·麦克纳马拉
Robert Nisbet　罗伯特·尼斯贝
Robert Owen　罗伯特·欧文
Robert Schutz　罗伯特·舒茨
Robert Zagen　罗伯特·查根
Rocky Mountain Institute　落基山研究所
Roger Schuemmer　罗杰·舒默
Russel Long　罗素·朗
Salah El Serafy　沙拉·埃尔·塞阿弗
Sam Pssmore　山姆·帕斯莫尔
Samuel Bowles　萨缪·鲍尔斯
Samuel L. Parmar　萨缪·L. 帕默
Sandra Harding　桑德拉·哈丁
Sandra Postel　桑德拉·波斯特尔
Sandy Dawson　桑迪·道森
Sarvodaya Movement　利益众生运动
Scott Bader　斯高特巴德公司
Seymour Melman　西摩·梅尔曼
Shelton Davis　谢尔顿·戴维斯
Shlomo Maital　施洛莫·麦特尔
Silvio Gesell　斯尔文·格塞尔
Sir John Hicks　约翰·希克斯爵士
Sir William Petty　威廉姆·佩蒂爵士
Sismondi　西斯蒙第
Skole　斯克莱
Soil Conservation Service　土壤保持局
Soil-Bank　土地休耕补贴制
South Bronx Group　南布朗克斯群体
St. Francis　圣·弗朗西斯
Statement on Population Stabilization by World Leaders　《世界领导人关于人

口稳定的宣言》
Stephen Bunker 斯蒂芬·邦克
Stephen Marglin 史蒂芬·马格林
Steven E. Rhoads 史蒂文·E.罗兹
Stewardship 管家职位
Susan George 苏珊·乔治
Susan R. Bordo 苏珊·R.博尔多

T. R. Gupta T. R. 古普塔
T. S. Eliot T. S. 艾里托
Talbot Page 塔尔伯特·蓓姬
Taos Indians 塔奥斯印第安人
Ted Winslow 泰德·温斯洛
The Conservation Foundation 水土保护基金会
Theocentrism 上帝中心论
Thomas Jefferson 托马斯·杰斐逊
Thomas Kuhn 托马斯·库恩
Thomas Michael Power 托马斯·迈克尔·帕沃尔
Tokiyuki Nobuhara 时幸·信原

U. S. Bureau of the Census 美国人口普查局
U. S. Health Care Financing Adminstration 美国健康基金会
Ulrich Duchrow 乌尔里希·杜赫罗

Victor Furkiss 维克托·佛克斯

Virginia D. Abernethy 维吉妮亚·D.艾伯内希
Vitousek 维托塞克
Vorosmarty 弗洛斯马提

W. Jackson Davis W.杰克逊·戴维斯
Walter Adams 沃尔特·亚当斯
Walter Bagehot 沃尔特·白芝浩
Walter Brueggemann 沃尔特·布鲁格曼
Walter GoldSchmidt 沃尔特·戈德施密特
Walter Lippman 沃尔特·李普曼
Walter Weisskopf 沃尔特·威斯柯夫
Wassily Leontieff 瓦西里·里昂惕夫
Wendell Berry 温德尔·贝瑞
Wes Jackson 韦斯·杰克逊
Wilhelm Von Hermann 威廉·冯·赫尔曼
William Greider 威廉·格雷德
William Kaufmann 威廉姆·考夫曼
William Nordhaus 威廉姆·诺德豪斯
William R. Cline 威廉姆·R.克林纳
William Ramsay 威廉姆·拉姆齐
William Stanley Jevons 威廉姆·斯坦利·杰文斯

Xenophon Zolotas 色诺芬·佐洛塔斯

译后记

经济发展的最终目的是什么？经济发展和生态环境之间的矛盾因何而起，又该怎么克服？什么是衡量经济发展的恰当标准？

自有历史记载之日起，人类社会从来没有像今天达到了如此之高的发展程度，但也遭遇了前所未有的生态危机。为了化解这场危机，柯布教授和达利教授怀着对人类前途的深深忧虑，以学者特有的历史责任感，在其合著的《为了共同的福祉》一书中，对这些问题给出了自己的答案。无论译者在这里描绘得多精彩，也不如读者静下心来，去了解两位伟大学者在书中所表达的深邃思想和闪烁的智慧之光。

出于对原著和广大读者负责的态度，从王治河博士2009年委托翻译柯布教授和达利教授合著的《为了共同的福祉》一书到最终定稿，经反复推敲，再三斟酌，多次修改，几易其稿，不想历时竟已近五载。回忆整个翻译、润色和修改的过程，译者可谓近水楼台，先睹为快，获益甚多。

此书的翻译出版，首先感谢浙江大学王志成教授的引荐。同时，香港中文大学赖品超教授在翻译前期提出了很多宝贵意见。美国过程研究中心中国部主任王治河博士在百忙之中抽出时间通读全稿，提出了具体的修改意见。杨志华博士不畏辛苦逐字逐句审校译稿，提出了很多非常有价值的意见。还有郭海鹏博士，在第二次校稿时不计名利地帮助校对润色了九章书稿。我们在此一并表示最诚挚的谢意！最后，感谢中央编译出版社愿意把这本书推介给广大读者。

全书翻译方面存在的任何问题,均由译者能力不济所致,恳请各位读者批评指正。

译　者

2014 年 10 月

For the Common Good: Redirecting the Economy toward Community, the Environment, and a Sustainable Future

Copyright © Herman E. Daly and John B. Cobb, Jr. 1994

Simplified Chinese Edition © CENTRAL COMPILATION & TRANSLATION PRESS,

All Rights Reserved.

图书在版编目(CIP)数据

为了共同的福祉：重塑面向共同体，环境和可持续未来的经济／（美）赫尔曼·E.达利，（美）小约翰·B.柯布著；王俊，韩冬筠译．—北京：中央编译出版社，2017.10

ISBN 978-7-5117-3396-2

Ⅰ.①为…

Ⅱ.①赫… ②小… ③王… ④韩…

Ⅲ.①生态经济学②经济可持续发展

Ⅳ.① F062.2 ② F061.3

中国版本图书馆 CIP 数据核字 (2017) 第 223005 号

为了共同的福祉：重塑面向共同体，环境和可持续未来的经济

出 版 人：	葛海彦
出版统筹：	贾宇琰
责任编辑：	盛菊艳
责任印制：	刘 慧
出版发行：	中央编译出版社
地 址：	北京西城区车公庄大街乙 5 号鸿儒大厦 B 座 (100044)
电 话：	(010) 52612345（总编室） (010) 52612335（编辑室）
	(010) 52612316（发行部） (010) 52612346（馆配部）
传 真：	(010) 66515838
经 销：	全国新华书店
印 刷：	北京中兴印刷有限公司
开 本：	700 毫米 × 1000 毫米 1/16
字 数：	556 千字
印 张：	37.5
版 次：	2017 年 10 月第 2 版
印 次：	2017 年 10 月第 1 次印刷
定 价：	99.00 元
网 址：	www.cctphome.com 邮 箱：cctp@cctphome.com
新浪微博：	@中央编译出版社 微 信：中央编译出版社 (ID：cctphome)
淘宝店铺：	中央编译出版社直销店 https://shop108367160.taobao.com (010) 55626985

本社常年法律顾问：北京市吴栾赵阎律师事务所律师 闫军 梁勤
凡有印装质量问题，本社负责调换，电话：(010) 55626985